W0202549

Wolfgang Bauer, Sergius Golowin
Christian Rätsch, Clemens Zerling

Das Lexikon des Dunklen

Mythen - Kunst - Musik
Von der Antike über die Romantik
bis zur Gothic-Kultur

Herausgegeben von

Wolfgang Bauer und Clemens Zerling

Arun

Zur Umschlagillustration:

Der Schein trügt; der erste Eindruck dieses Bildes mag für manchen wie der Einblick in die Hölle erscheinen: Teufelsfratze, Feuersbrunst, Irrlichter, Stoßhörner. Aber diese Interpretation ist so weit voneinander entfernt, wie Himmel und Hölle. Das Bild zeigt eine Percht bei einem Perchtenlauf in St. Wolfgang, etwas südlich von München, am 13. Dezember – dem traditionellen Perchtentag – auf dem Weihnachtsmarkt vor der kleinen Dorfkirche mit einer heiligen Quelle. Dort in Bayern gehört der Perchtenlauf zum Weihnachtsbrauchtum. Die Percht, die wie ein Teufel oder Dämon erscheint, ist ein Überbleibsel aus heidnischer Zeit. Die Perchten stehen unter dem Schutz des Wotan. Das Wort Percht (siehe auch Eintrag im Lexikon) leitet sich von mittelhochdeutsch perahtun, die »Lichtbringerin« ab. Die so grausig erscheinende Gestalt ist eine Lichtbringende Göttin. Sie bringt Licht ins Dunkle.

Copyright © 2006 by Arun-Verlag
Arun-Verlag, Engerda 28, D-07407 Uhlstädt-Kirchhasel,
Tel.: 036743-233-0, Fax 036743-233-17,
email: info@arun-verlag.de, Internet: www.arun-verlag.de.
Titelbild: Stefan Ulbrich unter Verwendung eines Bildes von Dr. Christian Rätsch.
Alle Bilder stammen, soweit nicht anders angegeben, aus den Archiven der Autoren.
Redaktionelle Mitarbeit: Barbara Aigmüller, Claudia Müller-Ebeling, Heidi Ramseier und Katja Redemann.
Buchgestaltung: Holger Kliemannel, Frances Hoffmann, Arun.
Gesamtherstellung: GGP Media, Pößneck.

Alle Rechte der Verbreitung in deutscher Sprache und der Übersetzung, auch durch Film, Funk und Fernsehen, fotomechanische Wiedergabe, Ton- und Datenträger jeder Art und auszugsweisen Nachdrucks sind vorbehalten.

ISBN 3-86663-006-9

Gewidmet dem Gedenken unseres

verehrten Freundes und Kollegen

Sergius Golowin

(verstorben 2006)

Diese aztekische Darstellung des unzertrennlichen Götterpaares
Quetzalcoatl »Gefiederte Schlange« und Mictlantechtli »Herrn der Unterwelt.
Ihre Körper und Attribute zeigen sowohl das Dunkle als auch das Helle und
demonstrieren die Einheit von Dunkel und Hell;
denn beides gibt es nur durch das andere.

Die Nachkommen der Nacht

»Die Nacht aber gebar das verhasste Geschick und das schwarze Verderben
und den Tod. Sie gebar auch den Schlaf. Sie gebar auch das Geschlecht der Träume.
Die dunkle Nacht gebar (diese alle) ohne mit irgendeinem (Mann) zusammengekommen zu sein.
Als nächstes aber gebar sie den Tadel und den schmerzlichen Jammer
Und die Hesperiden, denen jenseits des berühmten Okeanos goldene
Schöne Äpfel anvertraut sind und die Bäume, die diese Frucht tragen.
Und sie gebar die Moiren und die unbarmherzig strafenden Keren,
[Klotho und Lachesis und Atropos, die den Sterblichen bei der Geburt den Besitz des Guten und des Schlechten geben].
Die (Keren) verfolgen die Übertretungen der Menschen und der Götter,
und niemals lassen die Göttinnen ab von ihrem gewaltigen Groll,
bevor sie dem eine schlimme Strafe gegeben haben, der gefehlt hat.
Sie gebar auch als ein Unglück für die sterblichen Menschen die Nemesis,
die verderbenbringende Nacht. Nach ihr gebar sie die Täuschung und die Liebesleidenschaft,
das verderbliche Alter gebar sie und die starkmutige Eris.
Aber die böse Eris gebar die schmerzerfüllte Mühe
Und die Vergessenheit und den Hunger und die tränenreichen Schmerzen
Und die Kämpfe und die Tötungen und die Schlachten und die Männermorde
Und die Zwistigkeiten und die Lügen und die Reden und die Gegenreden
Und die Gesetzlosigkeit und die Verblendung, die nah beieinander wohnen,
und den Eid, der wohl am meisten die auf der Erde lebenden Menschen
bekümmert, wenn einer freiwillig einen Meineid schwört.«

(Hesiod, THEOGONIE, 211-232)

Anmerkung: Eris: griechische Göttin der Zwietracht, Schwester des Ares; Erisapfel (löst den trojanischen Krieg aus!); Eris im Garten der Hesperiden. Von éris, altgriechisch »Zwietracht, Streit«; eine Personifikation, eine »Göttin« ohne Kult, nur Mythologie!

chr.r.

Mut zum Dunklen
Vorwort

„Wer sich selbst völlig erfasst hat,
verzweifelt völlig an sich selbst…
Wer an sich selbst verzweifelt,
beginnt den zu erkennen, welcher ist.“
Philo von Alexandria

„Im Dunkeln ist gut Munkeln.“

Ein Lexikon über das Dunkle hat es bisher noch nicht gegeben. Dass es nun eines gibt, ist zu begrüßen, zumal die Menschen heute über das Dunkle zu wenig zu wissen scheinen. Vielleicht ist dieses Lexikon sogar in der Lage, einen gesellschaftlichen Diskurs über das Dunkle herzustellen.

Zunächst bedarf es jedoch der Klärung: Was ist das Dunkle? Die Frage ist nur schwer zu beantworten, hat sie jedoch vor allem mit dem subjektiven Empfinden jedes Einzelnen zu tun. Obschon es eindeutig dunkle Themen gibt – wie Tod, Teufel und Laster, Okkultismus, Voodoo und Schwarze Messen –, die sich alle in diesem Buch finden, gibt es vieles, was sowohl als ‚dunkel' als auch als ‚nicht dunkel' bestimmt werden könnte. Hier herrschen Ungewissheit und Unschärfe: Die Grenzen des Dunklen sind dunkel.

Leichter ist da schon, zu sagen, wo Dunkelheit ist: Überall da, wo kein Licht ist. Das, was uns umgibt, ist dunkel: der Weltraum. Licht durchschwirrt zwar das All, ist aber nur dort sichtbar, wo es auf reflektierende Materie trifft. Das Licht kommt aus dem Dunkel. Der Tag wird aus der Nacht geboren, der wir überhaupt alles Leben zu verdanken haben, wie es uns schon die orphischen Hymnen sangen.

Das Dunkle bleibt jedoch dunkel und wird daher als beunruhigend empfunden und bekämpft. Wir leben in einer Zeit, in der die Menschen offenbar ganz auf die Helligkeit setzen: auf das Weiße, Klare, Erleuchtete, Verständliche, Friedliche. Das ist weder unverständlich noch schlimm. Im Gegenteil: für diese Position wäre ich sofort zu haben. Doch das Streben nach Helligkeit bedeutet meistens auch: das Harmlose, das Flache, das Nur-Nette und vor allem die bewusste Ausschließung des Dunklen. Es kommt dabei zu seiner Diskreditierung, ja, was noch schlimmer erscheint, zu seiner Verdrängung und zu Ignorierung.

Dabei sind das Dunkle und das Helle ohnehin nie zu trennen. Wer solches verneint, der irrt. Es geht um *eine* Welt, *einen* Zusammenhang, dieselbe Medaille, nur eben um zwei Seiten. Wo Dunkelheit ist, ist auch Licht, sagt der Volksmund. Und bei den chinesischen Taoisten birgt das Dunkle den Keim des Hellen und umgekehrt, ausgedrückt im allen bekannten Zeichen des Yin-Yang. Wer sich also mit dem Dunklen beschäftigt, der meint auch immer das Helle, ob er will oder nicht – so wie es vice versa auch dem geht, der sich dem Hellen widmet.

Das Dunkle und das Helle entsprechen zwei grundsätzlichen Haltungen zu dieser Welt, die in der griechischen Philosophie definiert worden sind und die durch Friedrich Nietzsche wieder in das Bewusstsein der modernen, ‚aufgeklärten' Menschen gekommen sind: das Dionysische und das Apollinische. Wie die antiken Götter, nach denen sie benannt sind, stehen diese Haltungen für Entgegengesetztes: Das Apollinische für die Sonne, den klaren Verstand, die Aufklärung, das alles Ausleuchtende; mit Apoll sitzt man hoch auf dem hellen Olymp und sieht bis in jeden Winkel der darunter liegenden Welt hinein. Somit steht das Apollinische auch für die aufgeklärte Haltung des technisierten und industriellen, in der keine dunklen Flecken mehr geduldet werden.

Das Dionysische steht für die Nacht, den Rausch, den Tanz und die Ekstase, das Kultische und Rituelle; mit Dionysos befindet man sich im dunklen Tal, in Kellern und Gewölben, wo gefeiert, gesungen und gedichtet wird, und lässt den Trieben, Visionen und der Unvernunft freien Lauf.

Mag jeder selbst entscheiden, für welche Sicht und welchen Lebensweg er sich entscheidet, es sind beides nur verschiedene Seiten derselben Sache. Wir Menschen sind in die gleiche Welt geworfen und haben dieselben Aufgaben zu erledigen. Somit ist das „Lexikon des Dunklen" auch immer ein „Lexikon des Hellen", wenn es auch nicht explizit genannt wird und wenig davon zu lesen ist. Und somit ist diese Welt, in der wir alle leben, auch nicht *nur* hell, – und nicht bis in den letzten Winkel ausgeleuchtet. Das Dunkle ist da, mögen die Anstrengungen noch so groß sein, die letzten Flecken von ihm wegzubleichen. Gefahr ist in Verzug: Denn wäre das Dunkle nicht mehr vorhanden, könnten wir vor der apollinischen Sonne in keinen schützenden Schatten flüchten und würden in Helligkeit vergleißen.

Das Dunkle ist da. Und es ist ein weites Feld. Es meint nicht nur das Morbide, das Gewaltsame, das Unheilvolle, es meint ebenso das Verborgene, das Unterirdische, das Unbegreifliche, das Unvollendete, die Mysterien, den Schatten, die Sehnsucht, die dunklen Triebe, die Magie, die Lust. *Im Dunkeln ist gut Munkeln.*

So wie es heute die Hingabe der Menschen an das Helle gibt, so gibt es auch die Huldigung des Dunklen, teils ganz offen, teils verborgen oder uneingestanden. Wir sehen auf den Straßen schwarz gekleidete und geschminkte Jugendliche, im Kino tummeln sich Draculas, Vampire und Gralsritter, und wenn man einen alternativen Radiosender anschaltet, kündigt der Moderator „Dark Dreams, die finstersten Träume" an. Das Schwarze ist Zeichen einer Jugendbewegung geworden, die gegen den verlogenen Schein einer schönen, heilen, netten, hellen Gesellschaft revoltiert.

Was bei den Jungen als Subkultur und als Protest zum Ausdruck kommt, findet sich zuhauf im ‚normalen' Leben. Schon seit jeher haben sich die Menschen vom Dunklen, von der Finsternis, vom Okkulten, vom Dämonischen, vom Verbotenen, vom Laster faszinieren und versuchen lassen. Viele Mythen, Sagen und Märchen, Dichtungen, Lieder und Dramen, Opern, Filme und Comics zeugen davon. Die bildenden Künste widmen sich den dunklen Themen, den Schattenseiten der Psyche. Das Dunkle drückt sich in phantastischen, sagenhaften Figuren und ihren charakteristischen Geschichten aus. Nach wie vor wird ihm gehuldigt: in heidnischen Ritualen, Mysterienkulten, Schwarzen Messen, Untergrundorganisationen, in Kino- und Fernsehfilmen, in Opernaufführungen, in Heavy-Metal-Shows und auf Gothic-Festivals, in Comics, sogar in der Mode – Kult *fashion.* Schließlich dominiert heute in den Nachrichten und Zeitungen der Schrecken, der Horror von Krieg, Kriminalität und Elend. Und die Neugier des Publikums danach scheint immer größer zu werden. All das zeugt von der aktuellen Faszination am Dunklen.

Dieses einzigartige Lexikon entspringt dieser Faszination und ermöglicht einen Zugang zur phantastischen Welt des Dunklen, führt zu ihren finsteren Mythen, stellt ihre archetypischen Gestalten vor und erschließt ihre dunklen Kunstwerke. Vier große, erfahrene Autoren haben es zusammen verfasst. Sie treffen sich in ihrer Sympathie für alles Dunkle, ergänzen sich in ihren verschiedenen Kompetenzen und Forschungsgebieten: Wolfgang Bauer, der Meister des Schwarzen Humors, Freund des Horrors und Kenner der dunklen Gestalten der abendländischen Geistesgeschichte. Clemens Zerling, der Fachmann für die Symbolik der dunklen Dinge, für die schwarzen Mythen und Legenden, Ahnen und Idole. Sergius Golowin, der weise Mann, Liebhaber des Magischen, der dunklen Künste, der Esoterik und der Märchen. Und Christian Rätsch, großer Ethno-Pharmakologe, Freund der Schamanen und Wanderer zwischen den Bewusstseinswelten, mit seinem immensen Wissen, vor allem auch über die schwarze Musik, von Oper bis Gothic und Dark Metal.

Sergius Golowin grüßt übrigens heiter und in dionysischer Verzückung aus dem Jenseits. In altbekannter und bewährter Meisterschaft hat er seine Beiträge abgeliefert und uns dann in dieser Welt zurückgelassen, ohne das Erscheinen des Buches abzuwarten. Wir danken ihm alle von Herzen und grüßen zurück.

Von Anfang an wurde diesem Buchprojekt Widerstand entgegengebracht. Immer wieder meldeten sich Buchhändler, Verlagsvertreter, Kollegen und Autoren bei mir, der ich als Leiter eines kleinen, jungen Verlags zusammen mit vier Herausgebern versuchte, dieses Buch aus der Taufe zu heben, und meinten, mir versichern zu müssen, dieses Buch könne und dürfe nicht erscheinen, weil man das Dunkle nicht thematisieren oder zumindest nicht isoliert betrachten dürfe; das Dunkle sei gefährlich und würde somit gestärkt.

Diese „Verteufelung des Dunklen" ist bedauerlich, und jeder soll selbst seine Schlüsse daraus ziehen. Ungeachtet der dafür verantwortlichen Gründe scheint mir diese vehemente Ablehnung jedoch eines ganz klar zu zeigen: dass es einen Mangel an Wissen über das Dunkle gibt und dass die Auseinandersetzung mit ihm fehlt.

Ich gratuliere Wolfgang Bauer, Clemens Zerling, Christian Rätsch und Sergius Golowin zu diesem Werk und zu der Beharrlichkeit, es gegen alle Widrigkeiten ans Licht der Welt gebracht zu haben. Und ich beglückwünsche Stefan Ulbrich zu seinem Mut zum Dunklen sowie zu dem Entschluss und der verlegerischen Weitsicht, dieses Projekt in seinen Arun-Verlag geholt und dort publiziert zu haben.

Wer dieses Lexikon viel benützt, ja, wer seine Einträge wie einen zusammenhängenden Text liest, der wird am Ende nicht nur essentiell über das Dunkle und seine Erscheinungsformen informiert sein, der wird auch Wesentliches über das Leben auf der Erde und in diesem Universum begriffen haben. Und er wird im besten Fall auch in der Lage sein, das Dunkle, wo immer es auch sein mag, zu erkennen, mit ihm umzugehen und gut zu leben.

München, 6.9.2006

Michael Günther

A

Abend-Zauber: Traumschlüssel zu schöpferischen Ideen

Gut und Böse wurden in Vergangenheit und Gegenwart recht häufig mit Tag und Nacht, Licht und Finsternis, hell und dunkel gleichgesetzt. Dies finden wir als Begründung der Kriege mit teuflischer Technologie; der Revolutionen, die in der Zerstörung von sehr viel Schönem mündeten; des Kolonialismus mit der rücksichtslosen Aufdrängung der Zivilisation an "unterentwickelte Rassen".

Es gab aber, wenn wir unsere Sinne für die Hintergründe der Kulturgeschichte zu öffnen wagen, immer Dichter und Denker, die eine Einteilung in "weiß und schwarz" als verhängnisvollen Irrtum ansahen. Es stieß sie gefühlsmäßig ab, dass am Tag, wenn man ihn über die Nacht stellte, die Menschen nur zu häufig die Liebe und die Spiele der Fantasie vergaßen: Nur die Beschäftigung mit dem Verstand und von ihm "organisierter" Arbeit galt dann für sie als Fortschritt...

In Erwartung des Abends

Immer wieder kamen deswegen Bewegungen auf, welche "die gewöhnlichen Werte umwerteten". Sie begannen den Abschluss des Werktages zu entdecken, wenn die Schatten der kommenden Nacht länger wurden. Oder wie die Sagen verkünden: Sie spürten, wie erst im Dunkeln der Glanz aus den seelischen Tiefen aufglüht und wahrnehmbar wird. Dieses Weltbild lebte immer, sogar, als man seine Anhänger während der grausamen Hexenverfolgungen quälte oder später als "abergläubische Narren" lächerlich zu machen versuchte.

Man nannte sie bald "Gotiker" (→ GOTHIC WAVE), weil nach den Sagen die gotischen und keltischen Stämme anstelle des starren römischen Weltreiches ein Mittelalter voll farbiger Bilder zu setzen versuchten. Dann kamen schließlich im Wunder der Renaissance die Eltern der Romantischen Dichtung, wie → PARACELSUS und die "das Kreuz des schweren Daseins mit Blumen schmückenden" Rosenkreuzer. Heute zählen sie bei der Jugend (und jung gebliebenen Alten!) immer mehr zu den "Gruftis", "neuen Gotikern", → HIPPIES OF DARKNESS oder wie immer sie noch genannt sein mögen.

Es ist eigentlich kaum möglich, den Reichtum um uns und in uns, den wir auf diesen wiederentdeckten Wegen finden, gerecht einzuschätzen. Die Entwicklung der "Freunde des Dunkeln" zu erfassen, etwa mit irgendwelchen exakten statistischen Zahlen, ist kaum jemand imstande. Wir haben nur die Möglichkeit, mit Überliefertem und neu Erlebtem diese Geschichte des modernen Geistes spielerisch einzukreisen. Dann öffnen sich unsere Augen immer weiter, und es erscheint uns, dass wir vor der Entdeckung einer wahrhaft neuen Welt stehen.

Das Eindunkeln wird zum Schritt einer Begeisterung für tiefe und treue Freundschaften. In Mondsilber und Sternenglanz werden Traumschlüssel sichtbar – zu den schöpferischen Ideen aus allen Zeiten: Wir haben sie nie gänzlich verloren, höchstens oberflächlich vergessen.

Dann wird auch die Nacht selber zur liebenden Mutter des kommenden Tages. Dieser naht uns dann nicht nur zu Mühen und Sorgen, sondern durchdrungen von Freude an den wiedergefundenen Schätzen und voller Erwartung der Geschenke der künftigen Abende.

Mozarts Frau Konstanze erzählt, wie ihr großer Gatte in der Nacht an seinem unsterblichen DON GIOVANNI arbeitete. Sie hielt ihn "munter", indem sie ihm Märchen erzählte, Aladins Zauberlampe und Aschenbrödel. Der Musiker musste Tränen lachen. Er "arbeitete, wenn sie erzählte" (ROSENBERG 1968:154).

s.g.

Aberglaube: Verfälschung alter Überlieferungen

Was der Mensch ehrlich glaubt, wird für ihn Wirklichkeit. Von der Großmutter vernahm ich die wunderbare Lehre, nach der überlieferter Volksglauben eigentlich für alle Geschöpfe schön und heilsam sei; was allerdings nicht zutreffe für tierquälerischen oder gegen Mitmenschen gerichteten Aberglauben. Dieser sei aus Verdrehungen und Missverständnissen entstanden. Dass z.B. die schwarze Katze Unheil bringe, eine Vorstellung, die in einigen Ländern vorherrschend wurde, sei von Hassern der alten Überlieferungen ausgegangen.

s.g.

Abgrund oder Abyssos: Grundlose Tiefe der Unendlichkeit

Nicht nur wenn wir uns im Fiebertraum wie ein Bohrer spiralförmig und in immer rasenderer Fahrt in ein → SCHWARZES LOCH hineindrehen, verbindet sich Abgrund mit → HÖLLE. Viele stürzen philosophisch in den Abyssos, den "grundlosen Grund der Unendlichkeit", in das Dunkel eines Nicht-Seins aller Dinge. Und wer nicht mit "klarem Kopf" in den "Abgrund der Seele" hinabsteigt, droht in ihren mitunter diffusen Gefühlswelten jede Orientierung zu verlieren. Manche, wie Ritter Blaubart, waten im unauslotbaren Abgrund der Psyche, um jede Tiefe von Dunkelheit und Sünde auszuleben. Alle Bewusstseinsbegrenzungen trennt zu Lebzeiten ein unüberbrückbarer Abyssos als Abgrund des Todes vor einer Daseinsebene, in der sich alle anstrengenden Gegensätze und Widersprüche auflösen.

Im griechischen Mythos klafft am Urbeginn der Schöpfung nur ein gähnender Schlund des Chaos, ein dunkler, aber sehr lebendiger Urquell allen Lebens in der Welt, in grenzenlosen Dimensionen noch jenseits von Zeit und Raum. Aus dieser ungeordneten formlosen Masse entstand das gesamte Universum. Im Bild des Chaos präsentiert sich auch die alle Aspekte in sich bergende androgyne Wesenheit (→ TIÂMAT), Feindin des gestaltenden und ordnenden Geistes. Oft lockt sie mit ihrer unwiderstehlichen Sirenenstimme, die Zerstörung alles Aufgebauten selbst einzuleiten. Abyssos beschreibt ebenso eine Daseinsbedingung ohne Beziehung zu natürlichen Gesetzen und Zyklen.

Doch manchmal verdeckt laut Sage ein großer platter Stein diesen eigentlichen "untiefen" Erdschlund: der sog. Dillestein, der gnädig das Nichtausdenkbare verhindert. Gewöhnlich treiben sich darunter Drachen herum. Ein altes Volkslied beschreibt diesen Dillestein ausgesprochen dunkel als etwas, "das kein Hund überbal, kein Wind überwehte, kein Regen übersprehte" (GRIMM 1875-78:II,672f). Wie viele stehen geschäftlich, partnerschaftlich oder finanziell am Abgrund und entdecken keinen Dillestein! → NIKOLAUS LENAU beschrieb seine Gefühle in → FAUST als

Ein Fremdling ohne Ziel und Vaterland,
Indem ich schwindelnd, strauchelnd fort mich quäle
Zwischen dem dunkeln Abgrund meiner Seele
Und dieser Welt verschlossner Felsenwand,
Auf des Bewusstseins schmalem, schwankem Stege,
Solang dem Herz belieben seine Schläge.

C.Z.

Abraxas: Gott der Jahrestage

Andere Namen: Abracax, Abrasax, Abraxis, Angnipede ("Schlangenfüßler")

Abraxas ist ein geheimnisvoller Gott aus den asiatischen Götter-Genealogien. Er wird auf spätantiken Amuletten mit Menschenkörper, einem Hahnenkopf, Drachenfüßen und einer Peitsche in der Hand (→ PERCHTEN) dargestellt. Die frühen Dämonographen haben aus ihm einen → DÄMON gemacht, der den Kopf eines Königs trägt und Schlangen als Füße hat, einen Angnipedes ("Schlangenfüßler").

Die Anhänger des Basilides (um 150 n. Chr.), die zu den Häretikern des 2. Jh. gehörten und eine gnostische Sekte bildeten (Onanie galt ihnen nicht als Sünde!), haben Abraxas zu ihrem höchsten Gott erhoben. Die sieben griechischen Buchstaben seines Namens (Beziehung zu den sieben Planeten) ergeben den numerologischen Zahlenwert von 365, also die Anzahl der Tage eines Jahres. Deshalb wurden ihm Schutzgeister, die den 365 Himmeln vorstanden und die mit 365 Tugenden verbunden waren, untergeordnet. Die Basilidier konstatierten, dass Jesus Christus lediglich ein "freundliches Gespenst sei, von Abracax auf die Erde geschickt" (COLLIN DE PLANCY 1989:12). In der griechisch-orientalischen Gnosis war der "göttliche Geheimname" Abraxas wegen seiner Zahlenmystik ein Jahresgott und das Symbol für das Jahr. Im Mittelalter und in der frühen Neuzeit wurde der dunkle Gott Abraxas als ein Dämon aus der Gefolgschaft des Teufels, als Kind Lucifers oder als schwarzer Engel betrachtet. Gelegentlich wurde Abraxas mit Baphomet gleichgesetzt. In der Alchemie galt Abraxas als der Geheimname des obersten Herrschers der Planeten und als wesensgleich mit Hermes oder Thot, sowie als Manifestation des Logos ("Der Logos ward Fleisch")...

Das etymologisch unsichere Wort Abraxas wird manchmal als "der Allmächtige" gedeutet. Der Name Abracax oder Abraxas, der als Zauberwort auf spätantiken Gemmen erscheint, ist die Grundlage des Philakterons *Abrakadabra* (Zauberspruch). Die Formel erscheint zuerst in dem Werk RES RECONDITAE ("Geheimnisse") von Serenus Sammonicus, der 212 n. Chr. auf Befehl Carcallas ermordet wurde.

Wie so viele Bücher von Hermann Hesse (STEPPENWOLF), gehörte auch die Erzählung DEMIAN (1919) zur Lieblingsliteratur der Hippies. Im DEMIAN spielt Abraxas eine zentrale Rolle. Im fünften Kapitel heißt es:

> "Der Vogel kämpft sich aus dem Ei. Das Ei ist die Welt. Wer geboren werden will, muss die Welt zerstören. Der Vogel fliegt zu Gott. Der Gott heißt Abraxas." - "Man nennt diesen Namen in Verbindung mit griechischen Zauberformeln und hält ihn vielfach für den Namen irgendeines Zauberteufels, wie ihn etwa wilde Völker heute noch haben. Es scheint aber, dass Abraxas viel mehr bedeutet. Wir können uns den Namen etwa denken als den einer Gottheit, welche die symbolische Aufgabe hatte, das Göttliche und das Teuflische zu vereinigen." - "... wir hätten wohl einen Gott, den wir verehrten, aber der stelle nur eine willkürlich abgetrennte Hälfte der Welt dar (es war die offizielle, erlaubte ‚lichte' Welt). Man müsse aber die ganze Welt verehren können, also müsse man entweder einen Gott haben, der auch Teufel sei, oder man müsse neben dem Gottesdienst auch einen Dienst des Teufels einrichten. – Und nun war also Abraxas der Gott, der sowohl Gott wie Teufel war." - "Wonne und Grauen, Mann und Weib gemischt, Heiligstes und Grässliches ineinander verflochten, tiefe Schuld durch zarteste Unschuld zuckend – so war mein Lieblingstraumbild, und so war auch Abraxas. Liebe war nicht mehr tierisch dunkler Trieb... Sie war beides, beides und noch viel mehr, sie war Engelsbild und Satan, Mann und Weib in einem, Mensch und Tier, höchstes Gut und äußerstes Böses."

Von dieser Erzählung inspiriert, nannte der Ausnahmegitarrist Carlos Santana (*1947) sein zweites Album *Abraxas.* Auf dem Cover befindet sich sogar ein Zitat aus DEMIAN:

> "We stood before it and began to freeze inside from the exertion. We questioned the painting, berated it, made love to it, prayed to it: We called it Mother, called it whore and slut, called it our beloved, called it Abraxas..."

Werke:

• Santana, *Abraxas* (CBS, 1970). Im selben Jahr wie *Bitches Brew* (→ MILES DAVIS) erschien von Santana *Abraxas* (CBS, 1970), mit einem Gemälde von Mati Klarwein, ebenfalls ein absoluter Klassiker der Musikgeschichte, ein Markstein der psychotropen Musik. *Abraxas* wurde zum *Best Rock Album* und zum *Record of the Year* von der Playboy All-Star Jazz and Pop Poll gewählt und erhielt viele Preise. Der ebenfalls ausgezeichnete Song "Black Magic Woman" (Voodoo) wurde ein internationaler Superhit; ebenso die Gitarrenballade "Samba Pa Ti". Trotzdem hetzte die Musikzeitschrift ROLLING STONE: "Wie Methedrin (Amphetamine, Speed) einen Rausch ohne Bilder erzeugt, offerierte Santana manchmal einen aufregenden Rockstil ohne Substanz."

• Werner Egk (1901-1983), *Abraxas* (1946/47). Ein Faust-Ballett in 5 Bildern mit der Choreographie von M. Luipart ("Der Pakt" - "Die Verstrickung" - "Pandämonium" - "Das Trugbild" - "Die Begleichung"), Szenario vom Komponisten nach dem *Tanzpoem* von Heinrich Heine (1851).

Die an sich schon tänzerische Musik dieses Ballettes ist durch die häufigen Taktwechsel, lebendige Rhythmik und tonale Harmonik, durchsetzt von bitonalen Reizklangen, charakterisiert. Seine Melodien sind ein Amalgam aus bayerischer Folklore, außereuropäischen Musikformen und romantischen Figuren.

Der gebürtige Bayer Egk sah in seinem Bühnenwerk ein Spektrum zwischen ÖDIPUS REX von Strawinski und der DREIGROSCHENOPER. Für ihn war der DON GIOVANNI von Mozart der "Idealfall der Spezies Oper"; er sagte, diese Oper sei "die schönste, die zauberische Ungeheuerlichkeit, unwahrscheinlicher als das geflügelte Pferd und verführerischer als die fischleibigen Sirenen." (in RENNER 1965:618) - Egk hat auch die Sujets → FAUST und → Kirke als → OPER vertont, sowie die Oper DIE ZAUBERGEIGE (1935) geschrieben.

chr.r.

Absinth: Aphrodisiacum des Ichs

Andere Namen: Absenta (Catalan), "Die Grüne Fee", Absinta, Absenta Serpis (Spanien), Absinthe, La Folie Verte, The Green Fairy. Alfred Jarry nannte den Absinth "Heiliges Wasser" (PENDELL 1995:110)

"Das Leben ist Traum und die Welt ein Bankett."
aus einer Geschichte der Chumash-Indianer (KAISER 1993:193)

Absinth ist eine Fee, die "Grüne Fee", und – ein literarisches Aphrodisiakum. Absinth ist zum einen ein Name des Wermutkrautes (*Artemisia absinthium*), zum anderen der Name für einen Schnaps, der eben dieses Kraut enthält, und zwar in größerer Menge. Absinth wirkt nicht wie Alkohol. Das weiß jeder, der einmal einen echten Absinthrausch erlebt hat. Er ist der Kuss der Grünen Fee, die Muse der Dichter, das göttliche Gift der Denker, das farbenfrohe Feuer der Maler, aber auch das böse Erwachen, der Schmerz über die ungerechte Welt, die Verzweiflung des Liebenden, die Sehn-Sucht.

Die keltischen Gallier stellten aus dem Wermut, keltisch santonikon, römisch Absinthium gallicum genannt, eine Art Wein her, den Marcellus (XXX,36) absinthium potum nennt. Ein Vinum absinthites, ein mit Zucker oder Honig und Wermut versetzter Wein, wird von Columnella (60 n. Chr.) beschrieben und galt als "gallische Spezialität" (HÖFLER 1911:245f.).

Absinth ist ein destillierter hochprozentiger Schnaps. Der Maische werden verschiedene Kräuter, immer Wermut (*Artemisia absinthium*), dazu andere (meist nach geheimen Rezepten der Destilleure) zugesetzt. Dadurch destillieren die ätherischen Öle der Absinthpflanzen (vor allem Thujon) mit. Absinth ist immer hochprozentig, mindestens 48°vol.; in Spanien gibt es Absinth in 55°vol, 75°vol. Aber der Hauptwirkstoff ist nicht der Alkohol, sondern das darin gelöste Thujon, das sich pharmakologisch etwas ähnlich wie THC verhält (→ DROGEN).

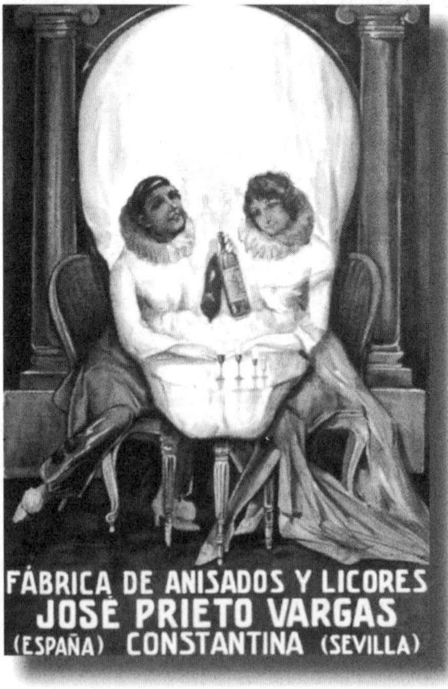

Düstere Absinth-Werbung aus Spanien

Der Absinth ist im 19. Jahrhundert in der Schweiz, dem Valle de Travais, erfunden worden. Von dort hat er sich besonders nach Frankreich und Spanien verbreitet. 1919 wurde der Absinth verboten, weil er angeblich zu Gehirnerweichung und Schwachsinn führe. Aber eigentlich war das Verbot gegen die Kurpfuscherei gerichtet. Denn Absinth ist für Schwangere ein stark wirksames, recht gut verträgliches Abtreibemittel. Seit einigen Jahren ist Absinth zwar wieder legal (in der EU), darf aber nur sehr wenig Thujon enthalten. Aber es gibt genug Absinthbrenner die den echten, d.h. wirksamen Absinth heimlich kochen.

Absinth hat einen starken Zuspruch unter Künstlern und Bohèmiens gefunden. Viele Maler des Fin de Siècle haben nicht nur unter Absintheinfluss gemalt, sondern ihn auch verschiedentlich dargestellt (z.B. Picasso, Toulouse Lautrec). Für die Künstler war die Grüne Fee aber nicht nur ein Reizmittel, sondern sie sahen darin eine Art Rauschgift, dem sie immer wieder verfallen. Die Verführung, Absinth zu reichlich zu genießen, ist dessen dunkle Seite.

Absinth kommt auch oft in der Literatur vor, besonders in Romanen mit delikaten Inhalten, da Absinth als Aphrodisiakum gilt. Der junge französische Autor Christophe Bataille beschreibt in seinem Roman ABSINTH (1994) sehr stimmungsvoll die Geschichte des Absinthschnapses und dessen Verbot aus der Perspektive eines jugendlichen Beobachters (Buchtitel der deutschen Ausgabe, Frankfurt/M. 1998).

Absinth kommt auch zunehmend im Kintop vor, z.B. in den Filmen Francis Ford Coppolas DRACULA, MOULIN ROUGE und FROM HELL!

In Francis Ford Coppolas DRACULA kommt eine fantastisch-visionäre und erotische Absinthszene vor. Graf Dracula als verführerischer Mann schenkt seiner Angebeteten reinen Absinth ein und haucht ihr zu: "Absinth ist das Aphrodisiakum des Ichs" – Was heißt das? Was bedeutet das? Gibt es auch ein Aphrodisiakum des Selbstes? Ist es eine aphrodisische Wirkung auf den Intellekt? Die Ich-bezogene Konstruktion des wollenden Geistes? Wenn der Geist unwillig ist, der Körper aber verlangt? Und weiter?

Der Kinofilm MOULIN ROUGE vom "visionären Regisseur" Baz Luhrmann (Twentieth Century Fox, 2001; als DVD 2002), mit Nicole Kidman und Ewan McGregor in den Hauptrollen, ist eine Absinthvision: Die australische Popdiva Kylie Minogue singt und spielt die verführerische Grüne Fee, den Geist aus dem Absinth. "Folgen Sie der grünen Fee in die geheime Welt hinter dem roten Vorhang – eine ganz neue Sicht der Wirklichkeit! ... Lassen Sie sich verzaubern ...!" heißt es im Begleitheft der DVD. Der Film beginnt mit einem gemeinsamen Absinthrausch, der in eine visionäre Welt, eine faszinierende andere Wirklichkeit, führt. Die ganze erotische Dimension des Absinths wird rauschhaft erschlossen.

Der Kinofilm FROM HELL (→ JACK THE RIPPER) zeigt ein ungewöhnliches Rezept: Ein Zuckerlöffel wird auf ein Absinthglas gelegt. Der Zuckerwürfel wird mit Laudanum beträufelt und angezündet. Dabei erlebt der Inspektor Abberdee eine grüne Traumvision.

Absinth ist auch in der Musik verewigt. In der Absinthzeit (fin-de-siècle) wurden in Paris zahlreiche Lieder und Salonmusiken für die "Grüne Stunde" geschrieben.

Aber auch in der schwarzen Szene (→ BLACK METAL) gibt es viele Absintheure (Auswahl), die dem verlockenden Getränk frönen:

• → DIMMU BORGIR

Im Booklet ihrer CD *Death Cult Armageddon* (Nuclear Blast, 2003) zeigt ein Foto den Keyboarder (Mustis) am Klavier, das wie ein Altar mit Kerzen und Totenschädel dekoriert ist. Neben der Tastatur steht eine Flasche Absinth, dessen grüne Farbe hervorsticht. Siehe auch → CRADLE OF FILTH.

• Marilyn Manson

Es gibt einen Remix eines Hits des exzentrischen amerikanischen Rockstars Marilyn Manson "I don't like the drugs (but the drugs like me)" mit dem Untertitel "Absinth makes the heart grow fonder" (Interscope Records, 1999).

• Blood Axis & Les Joyaux De La Princesse, *Absinthe – La Folie Verte* (CD: Musée de l'Absinthe, Paris; ca. 2001) Musikcollage (soundscape) mit Zitaten aus historischen Absinthliedern mit der Musik von Gustave Ferrari, Emil Duhem, Emile Spencer, ...

chr.r.

Addams, Charles: Meister schaurig schöner Cartoons

Der Cartoonist Charles Samuel Addams (geboren 1912) kreierte eine morbide, amerikanische Antifamilie, deren Abenteuer, 1964-1966 in einer 64-teiligen Serie entstanden, bald weltweit im Fernsehen zu sehen waren. Es folgten zwei Kinofilme: 1991 (DIE ADDAMS FAMILY) und 1993 (DIE ADDAMS FAMILY IN VERRÜCKTER TRADITION). Die Addams Family wurde für Millionen von Fans Kult.

Der Hausherr, Gomez Addams, rollt immer dann seine Froschaugen in ekstatischer Verzückung, wenn seine Frau Französisch spricht. Die tiefschwarz gekleidete, einer Fledermaus ähnliche Morticia schneidet Blumen die Blüten ab und arrangiert die Stengel gekonnt in einer Vase. Liebevoll versorgt sie ihren Liebling, die fleischfressende Pflanze Cleopatra. Freitage, die auf einen → DREIZEHN. fallen, werden als hohe Feiertage begangen. Den Weihnachtsbaum schmückt sie allerliebst mit Geierfiguren, Mumien, Schlangen und Spielzeuggalgen.

Pugsley, der Sohn, hält einen Tintenfisch und eine mutierte Schildkröte als Haustiere und ist mit dem Zirkusgorilla Gorgo befreundet, der gelegentlich im Haushalt "aufräumt". Im Bastelunterricht in der Schule baut er Särge. Pugsley zeigt zum Entsetzen seiner Eltern schwere Anzeichen von Normalität, wenn er Hunde streichelt, Baseball spielt oder stolz in einer Pfadfinderuniform herumläuft. Das Lieblingsspielzeug der Tochter Wednesday ist eine geköpfte Marie-Antoinette-Puppe. Gern ist sie auch mit ihrer Lieblingsspinne zusammen. In einem Baum vor dem Haus befindet sich ein kleines Spukhaus aus Holz, in dem → FLEDERMÄUSE wohnen. Die Kinder, die gern aneinander allerlei Gifte ausprobieren, eröffnen einen Stand mit giftigen Softdrinks. Als sie sie an die Nachbarn verkaufen wollen, haben die Eltern ein Problem.

Morticias psychopathisch wirkender, glatzköpfiger Onkel Fester bringt Glühlampen, die er in den Mund steckt, zum Glühen und fischt Handgranaten mit dem Mund aus einer Schüssel mit Wasser. Im Schlaf wandelt er in der Nachbarschaft umher und raubt Häuser aus. Im Park füttert er die Geier anstatt die Tauben. Die Großmutter, eine Hexe, bereitet sehr ungewöhnliche Gerichte zu.

Das Haarbündel Itt, das vorne wie hinten aussieht, ein Cousin, will der Zoodirektor als ausgefallenes Tier hinter Gittern ausstellen. Das eiskalte Händchen, eine abgehackte Männerhand, das stilvoll in einem Holzkästchen lebt, entzückt sich gern an zarten Damenfingern. Ein Schrumpfkopf, ein ausgestopfter Geier und ein ausgestopfter Bär ergänzen die bizarre Hauseinrichtung. Ein Glas mit Pestviren gehört zu den meist geschätzten Wertsachen der Familie. Bewacht wird das Haus nachts von The Thing, einem Wesen ohne Gesicht, das schauerliche Laute ausstößt und mit unsichtbaren Ketten rasselt.

Cover des Taschenbuchs ADDAMS AND EVIL mit Cartoons von Charles Addams (Pocket Books, Inc., New York 1965) Die Abbildung zeigt die Addams Family, von links: Butler Lurch, Mutter Morticia, Sohn Pugsley, Vater Gomez und Tochter Wednesday.

Der Cembalo spielende Butler Lurch, der dem Frankenstein-Monster nachempfunden ist, muss sich um Kitty Kat, den Hauslöwen, kümmern. → Boris Karloff, der das Monster 1931 im Film gespielt hatte, schrieb in einem Vorwort zu einem Band mit Zeichnungen von Addams: "Ich hoffe, ich werde nicht der übertriebenen Eitelkeit bezichtigt, wenn ich öffentlich Mr. Addams danke, dass er mich in der Gestalt des Butlers unsterblich gemacht hat."

Addams makabre Cartoons waren ab 1940 kontinuierlich in dem renommierten Magazin The New Yorker erschienen.

Als Kind lebte Addams in einem alten viktorianischen Haus in der Stadt Westfield in New Jersey, was sehr anregend auf seine Phantasie wirkte. Er saß gern im Friedhof und ging dort für Stunden glücklich düsteren Tagträumen nach. Als Erwachsener sammelte er mittelalterliche Armbrüste und alte Autos, darunter auch einen VW-Käfer. Seine Freunde schilderten ihn als unauffälligen, freundlichen Menschen. Ein wenig seltsam wirkte es aber doch, wenn er einem Zehnjährigen einen beleuchtbaren Totenkopf zum Geburtstag schenkte. 1988 bei einer Ausfahrt mit einem seiner Oldies, starb er an einem Herzversagen. Er wollte kein ernstes Begräbnis, sondern eine Party, die dann auch in der New York Public Library laut mit Jazzbands und einem Buffet gefeiert wurde.

In einer Bostoner Zeitung erschien ihm zu Ehren ein Cartoon, das die Addams Family zeigt, wie sie traurig auf sein → Grab blickt, während er auf der anderen Seite gerade wieder herauskriecht.

w.b.

Ahasver: Der ewige Jude und rastlose Wanderer

Aus einem finsteren Geklüfte Karmels
Kroch Ahasver. Bald sind`s zweitausend Jahre.
Seit Unruh ihn durch alle Länder peitschte,

beginnt Christian Friedrich Schubarts lyrische Rhapsodie: Der ewige Jude (1783). Ahasver (= hebräisch: Fürst) findet sich vermutlich erstmalig im Alten Testament als Name für den Perserkönig Xerxes. Irgendwann aber taucht im Mittelalter das Motiv vom "Ewigen Juden Ahasver" auf, der zur permanenten Wanderung verurteilt ist. Bis zum Ende der Welt – alternativ: bis zu seiner Erlösung – kann und darf er nirgends ruhen. Unstet hastet er über die Erde, aus Strafe dafür, dass er Christus verhöhnt oder geschlagen oder ihm bei seinem → Kreuzweg nach Golgatha eine kurze Rast versagt habe.

Als Ursprung der Legende zog man verschiedene Stellen des Johannesevangeliums heran (18,22-23; 18,4-10; 21,20-23). Der Mönch Rupert von Deutz (ca. 1075/80-1129/30) vergleicht den → Raben, den Noah aus der Arche fliegen ließ und der nicht wieder kam, weil er sich lieber mit dem Aas der schwimmenden Fische beschäftigte, mit dem Ewigen Juden. Ahasver blicke auch dann immer noch lieber rückwärts in die Vergangenheit, selbst nachdem das neue Heil schon in Christo aufgegangen sei (FRIEDREICH 1859:51). Bei soviel finsterer Zuweisung und gleichzeitiger Unklarheit nimmt es nicht wunder, dass die Phantasien ausuferten.

Bald kursierten weitere Einzelheiten. Der "mindestens sieben Schuh große" Ahasver trüge einen langen schwarzen Talar und eine schwarze (→ SCHWARZ) Binde um die Stirn. Dahinter verberge er ein flammendes → KREUZ, dessen Licht immer wieder sein Gehirn verzehre, bis dieses zu einem gewissen Grade der Vollkommenheit erwachse. Seine Augen seien ohne Weiß und ohne Pupillen, wie Schlünde oder → ABGRÜNDE. In den Museen von Basel und Bern lagern als Kuriositäten je ein rechter und ein linker Schuh, einen Meter lang, zentnerschwer und aus Lederstücken zusammengesetzt. Man habe sie an verschiedenen Gebirgspässen der schweizerisch-italienischen Grenze gefunden und eindeutig dem Ewigen Juden zuweisen können.

Gustave Doré: Plakatankündung des Buches
DIE LEGENDE VOM EWIGEN JUDEN, Paris 1856

Um 1602 erschien die deutschsprachige Broschüre KURZE BESCHREIBUNG VON EINEM JUDEN MIT NAMEN AHASVERUS. Diese anonyme Schrift, in vielen Sprachen übersetzt, erregte die Gemüter, entfachte einen neuen Hass auf die Juden, löste aber auch eine Flut unterschiedlicher Rezeptionen aus. 1542, so erzählt diese Geschichte, habe Paulus von Eitzen, ein lutherischer Bischof aus Schleswig, in Hamburg einen uralten

Juden getroffen. Dieser bekannte, Jesus auf dem Weg zur Kreuzigung verhöhnt zu haben. Und Jesus habe zu ihm gesagt: "Ich bleibe und ruhe, aber du wirst wandern."

Zu denen, die sich unter verschiedenem Blickwinkel dem Thema zu nähern suchten, gehörten Johann Wolfgang von Goethe, Achim von Arnim, → NIKOLAUS LENAU, Johann Nestroy, Lion Feuchtwanger, → RICHARD WAGNER im FLIEGENDEN HOLLÄNDER – in jüngerer Zeit: Pär Lagerkvist und Stefan Heym. Theaterbühnen und Maler griffen das Thema auf, auch die Filmpropaganda des Dritten Reiches, so in JUD SÜß und DER EWIGE JUDE. Einen recht eigenwilligen Zugang suchte Gustav Meyrink in DAS GRÜNE GESICHT. Er deutet die Auseinandersetzung zwischen Christus und dem "erzgrünen" Ahasver als ein Spiel an zwischen der Symbolik von Sonne und → MOND um ein ruhendes Zentrum der Ordnung. Spiegelt sich im Mythos des Ahasver das Geheimnis der Rota (→ KREUZ) und der Unsterblichkeit als Leben im Tode oder Tod im Leben? Das dramatische bis kuriose Prinzip ewiger Wiedergeburt des Seelenfunkens? Oder der Archetyp einer seelischen Fähigkeit selbstgewählten Leidens und sich Heraushebens, das mit einer Portion Blindheit einhergeht? Einzelheiten lässt Meyrink im Dunkeln – das ist vielleicht auch besser so.

c.z.

Ahnenprägung: Vom Nutzen und Ballast des Erbgutes

Totenkulte verbanden sich ursprünglich meist mit den jahreszeitlichen Fruchtbarkeitsriten, die nach den herbstlichen Erntefesten zur Wintersonnenwende in den Feierlichkeiten zur vegetativen Neuzeugung gipfelten, bei Frühlingsbeginn zur Neugeburt des Lebens. So finden sich Verehrung von Verstorbenen und der Glaube an ihr Weiterleben nach dem Tode in vielen Kulturen, wenn auch die Vorstellungen darüber oft weit auseinanderklaffen. Das Verhältnis zu den Toten blieb dabei meist recht zwiespältig. Besonders Ackerbaukulturen hielten deren Erfahrungen, Kenntnisse und damit Weisheit in höchsten Ehren, als unverzichtbare Bestandteile des Überlebens. Rückidentifikation mit menschlichen oder tierischen Ahnen versteht C.G. Jung psychologisch als "Erneuerungsbad in der Lebensquelle", als "Wiedervereinigung mit der vererbten, instinktiven Disposition" und gehöre zu den Erneuerungsriten aller Naturvölker (1984:158,162). In Gesichtsmasken oder ihren echten Totenschädeln vergegenwärtigt werden Ahnen heute noch in manchen Kulturen als Weissageobjekt "angezapft" und um Rat gefragt.

Auf der anderen Seite fürchtete man die Verstorbenen. Wenn sie an Samhain (→ ALLERHEILIGEN), zu Mittwinter oder während der Rauhnächte auf die Erde zurückkehrten, um bei den Lebenden Visite und Kontrolle durchzuführen, war der Mensch oft bereit, sich ihrem Gericht zu stellen, Strafe anzunehmen, um entsühnt wieder ihren vollen Segen genießen zu können. Denn im Zuge der Ichfindung und des erwachenden Selbstbewusstseins hatte sich der Einzelne immer mehr vom Kollektiv entfernt. Es löste häufig belastende Schuldgefühle aus, vor allem dann, wenn man aus festen Familientraditionen ausscherte oder eigene Vorstellungen entwickelte, die wenig mit denen der Eltern und Vorgänger konform gingen. Maskentänzer vertraten an solchen "Rückkehrterminen" meist eher unzufriedene Ahnen, rügten

Sog. Ahnenmasken in der Werdenfelser Fasnacht, Allgäu.
Foto von Erika Groth Schmachtenberger

und verteilten Schläge, die man hinnahm, wie wir es heute noch regional im Karnevalsbrauch erleben.

Meist aber verblasst in unserer westlichen Kultur der Respekt vor Ahnen und Familie zusehends. Und in aller Regel unterschätzen wir dabei ihren verbleibenden Einfluss. Sie leben in vielen Dingen weiter in uns fort, nicht nur im Gesichtsprofil, in Körpergröße und anderen Äußerlichkeiten. Auch dort, wo sie nicht so leicht zu erkennen sind. Dazu können so einfache Dinge gehören wie Geschmack, Ess- und andere Gewohnheiten, darüber hinaus aber ebenso Veranlagungen und Lebenseinstellungen. Wie sehr sind wir beispielsweise durch unsere Kindheit konditioniert, welche Bedingungen wir für unser Wohlgefühl brauchen!

So wirken Ahnen im Guten wie im Schlechten. Doch müssen wir uns Klarheit darüber verschaffen, um ihren Einfluss objektiv werten zu können. Familiäre Suggestionen, die in unserer Kindheit auf uns einwirkten, können unsere Vorstellung von der Welt so bestimmend einschnüren, dass wir uns nicht mehr oder nur schwer von solchen Erbmustern zu lösen vermögen. Oft findet sich in jeder Familie ein "Schwarzes Schaf" und jemand, der die scheinbar positiven Erwartungen des Ahnenerbes erfüllt. Der Psychotherapeut Bert Hellinger versucht solche "Ahnengeister" in Familienaufstellungen sichtbar und – durch Vertreter – hörbar werden zu lassen. Auf diese Weise bewusst gemacht, spuken sie nicht weiter herum, können reintegriert oder leichter dauerhaft verabschiedet werden.

Manche wollen aber "auf → TEUFEL komm raus!" ganz mit ihrer Familie brechen. Doch so leicht ist es nicht, sich von ihren vielfältigen Tentakeln zu lösen. Da bedarf es schon einer gründlichen "Selbsterkenntnis" und der sorgfältigen Unterscheidung, ob man sich nicht gerade deswegen lösen will, weil man zumindest auf seiner Schattenseite (→ SCHATTEN) die Hauptmuster seiner Ahnen geradezu trefflich präsentiert.

c.z.

Ahnungen: Geschenke wohlwollender Geister

Es gilt als besonders schön und dem Menschen ist "wohl", kann er sich am Abend so richtig entspannen. Auf dem Lande ist es für ihn "eine Freude", wenn er sich ein "Stündchen" am Waldrand, unter einem Baume, bei einem Brunnen erholen kann – und dabei schaut, wie die Welt in Ruhe sinkt, sich von den Anstrengungen des Tages zu befreien sucht.

Hat man dabei jemanden, mit dem man sich gemeinsam dieser Entspannung hingibt, dann vermittelt das Gespräch, wenn es dazu dient, die Mühen des Tages abzubauen, neben viel Witzigem, "Närrischem" – auch manch bedeutsame Erkenntnisse. Unsere Seele verarbeitet sie dann im Schlaf und verwendet sie für den kommenden Tag als Anregung. "Am Abend hat man die besten Ahnungen", heißt es, wobei das Wort "Ahnungen" gern als Geschenk der "Ahnen", der wohlwollenden Geister verstanden wird.

s.g.

Ahriman: Herr der Fliegen und aller Täuschung

Nach altpersischer Kosmologie der AVESTA umfasst der komplette Weltenablauf 12.000 Jahre. In den ersten 3000 Jahren werden alle Schöpfungen von Ahura Mazda (Herr der Weisheit) hervorgebracht. Sie verharren in einem himmlisch transzendenten Zustand, bis sie sich in einer zweiten Periode von 3000 Jahren verfestigen. Jetzt betritt auch schon der Urmensch die Bühne. Alles Körperliche und alle Materie lebt in unangefochtener Sündenlosigkeit und schwelgt im Ambiente eines Paradieses. Unglücklicherweise hat allerdings zu Beginn dieser Periode Angru Mainyu (= böser Geist), bislang ein eher geistig träger und mit geringer Auffassungskraft ausgestatteter Gegenpol von Ahura Mazda, aus seinem anfangslosen Abgrund heraus die Schöpfung entdeckt. Im Neupersischen heißen die beiden Kontrahenten Ormuzd

Ahriman als Fliege, Kupferstich von Louis Breton, 1863

und Ahriman. Letzterem gelingt es, sich zur Grenze der Lichtwelt hoch zu hangeln. Geblendet taumelt er dort zurück. Doch er hat auch schon genug gesehen. Von nun an legt er sich mächtig ins Zeug, ein Zerrbild als Gegenschöpfung aufzubauen. Ormuzd erfindet schnell das heiligste Gebet, die Ahuna-Vairya-Formel. In das Werden hineingesprochen, vermag die Formel Ahriman vorübergehend zu paralysieren.

In der dritten Periode von 3000 Jahren erwacht Ahriman aus seiner Betäubung. Wütend und rasend versucht er, in die Welt des Lichts einzudringen. Glänzend und fleckenlos liegt sie in Gestalt eines riesengroßen Eies im Kosmos vor ihm. Schamlos bohrt er sich von unten her ein. Hinter ihm schlüpft sein Gefolge nach, fällt wie schwarze Schmeißfliegen über die arglose Schöpfung her und verbreitet Krankheit, Verderben und Tod. Der Urmensch Gayomart und das Urrind Göush Urvan erliegen dieser Vergiftung. Doch noch im Tod sondern sie einige Samentropfen ab, aus denen das erste Menschenpaar und das Urvieh entstehen. Damit beginnt die Periode alles Sterblichen, das mit dem Bösen vermengte Leben auf Erden. Es dauert bis zur Apokalypse und dem Erscheinen des Messias. Am Ende der Zeiten fährt der Geist der Finsternis machtlos und frustriert in sein ursprüngliches Refugium zurück.

Ahriman wurde zum Prototyp der Repräsentanz alles Dunklen. Satan (→ Teufel und Satan) geht sicherlich motivgeschichtlich auf ihn zurück. Mit Eingreifen des dunklen Ahriman treten also die Gegensätze ins Dasein, zumindest werden sie vom

Menschen erfasst: Manifestes und Nichtmanifestes, Licht und Dunkel, Aktivität und Passivität, usw. Unserem äußeren Bewusstsein erscheinen sie oft unvereinbar. Außerhalb dessen gehören alle gegensätzlichen Erscheinungen zur Vollständigkeit der Welt und der Bandbreite von Gestaltungen kosmischer Entfaltung. Aber auch oder gerade ein polarisiertes duales System schafft durch Spannung oder Reibung Fortschritt und Ausgewogenheit. Ein Paradies ohne Veränderung wäre bald nur noch ein lästiges Bollwerk für den steten Fluss der Lebenskraft. Ihren immer mächtiger anbrandenden Wogen hielte es nicht lange stand und würde gerade durch seine unflexible Struktur zerstört. So ist Ahriman nur die andere Seite von Ormuzd, sein Bruder, unser Helfer, Agent und Motor im Werden.

c.z.

Akkord des Teufels

"Kein Akkord ist hässlich genug, all die Scheußlichkeiten zu kommentieren, die von der Regierung in unserem Namen verübt werden."

Frank Zappa (in: REICHERT 2001:4)

Der Tritonus (gr.-lat. "Dreiton") ist in der → MUSIK ein dissonanter Dreiklang, gebildet aus drei Tönen mit einer übermäßigen Quarte. Der Tritonus wurde von der Kirche in der Musik verboten und als "Akkord des Teufels" bezeichnet.

Der italienische Komponist Claudio Monteverdi (1567-1643) hat vielleicht zuerst den "Akkord des Teufels" als musikalisches Ausdrucksmittel einer dunklen Atmosphäre benutzt. Seine → OPER ORFEO (→ TARTAROS) gilt als das "erste meisterhafte Gesamtkunstwerk seiner Art" (COTTE 1992:139). Sie wurde im Jahr 1607 am Hofe von Mantua (Italien) uraufgeführt (Neubearbeitung von Carl Orff, 1940, Leipzig). Die Töne des Schwarzen oder Krummen Zinks symbolisieren die Erde und Finsternis. Bei Monteverdi begleitet die Blockflöte die Hirten oder Satyrn. Dramatische Steigerungen entstehen durch ungewöhnliche Dissonanzketten; Monteverdi gilt als "Vater der Dissonanz" (RENNER 1965:146). Seither gehört der Akkord des Teufels zum Klangrepertoire der Kompositionen, die das Dunkle charakterisieren (z.B. in → OPERN, → REQUIEN und → SYMPHONISCHER MUSIK).

Der Akkord des Teufels spielt in der → HEAVY METAL-Musik seit → BLACK SABBATH eine hervorragende Rolle in der dunklen und düsteren Musik. Vor allem in der → GOTHIC Dark Wave.

Der Akkord des Teufels wird oft mit dem → TEUFELSTRILLER verwechselt.

chr.r.

Allerheiligen: Die Anderswelt öffnet ihre Pforten

Ein allgemeines Seelenfest zum 2. November verordnete im Jahre 998 Abt Odilo von Clugny in allen Benediktinerklöstern. 1006 führte es Papst Johannes XIX. für die ganze Christenheit ein. Das ganze Jahr über freuen sich die verstorbenen Seelen auf diesen Tag, geistern schon Tage vorher als kleine Lichtlein umher, dürfen aber wohl erst vom Mittagsläuten zu Allerheiligen kurzzeitig das Fegefeuer verlassen. Zuerst würden sie ihre Gräber aufsuchen, dann ihre Häuser und Familien.

Irdische sahen diesen Zeitpunkt eher mit gemischtem Gefühl entgegen. Auf der einen Seite gab es meist genug an Wiedergutmachung zu leisten – vor allem an den Ahnen (→ AHNENPRÄGUNG) –, andererseits hatte man gehörigen Respekt vor Besuchern aus dem Jenseits (→ UNTERWELT). So prägten diese Tagen eine Fülle von Schutzmaßnahmen, um alles begleitende Unheil fernzuhalten und sicher zu stellen, dass diejenigen, die da kamen, auch zur rechten Zeit wieder gingen.

Schon am Tag vor Allerheiligen schmücken und bearbeiten noch heute Katholiken die Gräber und entzünden dort Totenlämpchen. Früher legte man Speisen dazu, meist Brot, Bohnen und Wein. Auch in den Häusern stellte man ihnen Speise und Trank zurecht. Manche boten den Seelen sogar eine Möglichkeit zu baden. Das hat schließlich noch niemandem geschadet. Weit verbreitet war die Sage von "Geistermessen" in der Kirche, bei der jeder Besuch und jede nähere Beobachtung von Irdischen besser unterblieb, wollten sie nicht Leib und Leben gefährden.

Eine ältere Parallele findet sich im höchsten keltischen Fest Samhain (etwa: Ende des Sommers) zum 1. November. An diesem Tag begann einst das Winterhalbjahr, die Zeit der erstarrenden Kälte, des Todes, und gleichzeitig das neue Jahr. In dieser Nacht fielen Vergangenheit, Gegenwart und Zukunft zusammen – herrschte → EWIGKEIT. Die Anderswelt öffnete ihre Pforten in einigen als hohl geltenden Bergen (→ BERG) oder in alten Grabhügeln. Jetzt häuften sich Besuche nach hüben und drüben. Und nicht nur Verstorbene machten dann die physische Welt unsicher. Jetzt erwachte Cailleach, die hässliche Alte mit dem bläulichen Gesicht (Zeit des Winters) und einem Gefolge Entsetzen verbreitender Dämonen. Ihrer Vorherrschaft bereitete aber der Geist des Frühlings ein Ende. Am 30. April lief sie noch einmal mit all ihrer schrecklichen Macht zu Hochform auf (→ WALPURGISNACHT), bevor sie um Mitternacht in einem Felsen versteinerte.

c.z.

Alp-Geister: Sinnliche Traumwelt

Das Wort "Alp-Druck" für eine eher drohende, erschreckende Traumwelt entstammt eigentlich der freundlichen Bezeichnung für die uns in Sagen und Märchen umkreisenden, meist schönen Elfen, Elben, Alfen, Alben. Im 18. Jahrhundert verband man das Wort sogar mit dem Namen des Alpengebirges: "Weil man ihnen (den Elfen) vornehmlich die Berge zu ihrem Wohnsitz anwies." (ADELUNG 1799-1801:1,223)

Das Alp-Volk soll im Schlaf zu uns kommen, wenn jemand zumindest im Traum mit uns verbunden sein will. Da der "Alp" vielfach uns "auf der Brust hockt", verflechten sich solche Geschichten leicht mit Sagen um Vampire, da diese uns nahen sollen, "um mit uns Lebenskräfte auszutauschen". Alps bieten sogar eine Erklärung für viele sinnliche, lustvolle Liebesträume. Es wird noch heute behauptet, dass man Menschen, die man zuerst als Alpwesen im Schlaf sieht, viel später treffen kann... Die vorausgegangenen nächtlichen Verbindungen könnten sich dann in der "Wirklichkeit des Tages" meistens recht glücklich auswirken (Ende gut - alles gut!). Auch Drud, Druden, Trutten, wie man die Alpgeister ebenfalls nennt, sollen sich sogar vom Wort traut, also "geliebt", ableiten.

s.g.

Alraune: Wurzel aus dem Dunkel der Erde

"Der eigentliche Mandragoras ist der ‚Baum der Erkenntnis', und die aus seinem Genus aufbrennende Liebe ist der Ursprung des menschlichen Geschlechts."

GRIECHISCHE MYTHEN IN CHRISTLICHER DEUTUNG

(HUGO RAHNER 1957:221)

Die Alraune (*Mandragora*) ist ein Nachtschattengewächs, das gerne als Geschöpf des Dunklen gesehen wird. Da die Pflanze hauptsächlich Wurzel ist, also überwiegend im Dunkel der Erde besteht, hat dieser Pflanzenteil die höchste kulturelle Aufmerksamkeit inne. Die Alraune ist schon während der Antike zu einem chthonischen Geschöpf mutiert.

Obwohl die Alraune seit Jahrtausenden eine der berühmtesten psychoaktiven Arzneipflanzen darstellt, und sie ganze Heerscharen von Autoren zum Schreiben inspiriert hat, gibt es in der Fülle an Literatur kaum Erfahrungsberichte. Einer der frühesten stammt von dem Kirchenvater Augustin (354-430 n.Chr.), der nach eigenen Aussagen in die Wurzel hinein gebissen hat, sie aber nur "von abscheulich bitterem Geschmack befand" (RAHNER 1957:201). Der spätantike Lexicograph Suidas sagte, die Alraune hat "eine Frucht, die hypnotisch wirkt und alles in Vergessenheit sinken lässt" (Lexicon 136; Lexicographi Graeci III, 317).

Die Alraune, aber vor allem die Wurzel, war die Pflanze der → HEKATE. Die chthonische Göttin stammt aus Kairen (Kleinasien) und trägt viele asiatische Attribute. Als Göttin der Dreiwege (Enodia, Trivia) war sie dreigestaltig, hatte drei Köpfe und sechs Arme. Sie war im Himmel, auf Erden und in der Unterwelt zugleich verwurzelt. Als Göttin des nächtlichen Spuks (visuelle Halluzinationen), wurde sie von bellenden Hunden und lärmenden Schreckgespenstern (akustische Halluzinationen) bei ihrem wilden Treiben begleitet. Die Hekate galt gleichermaßen als Schaden stiftende Hexengöttin (Giftküche) als auch als Geburtsgöttin (Aphrodisiakum; erotische Halluzinationen). Im Argonautensang wird der Zaubergarten der Hekate beschrieben: "Darin wachsen reichlich Mandragoren" (Orph. Argonaut. 922 f.).

Als Entheogen gedeiht die Alraune im Garten der Hekate und der Hexen. Sie dient als zentrale Ingredienz zur Bereitung von Liebestrünken und den berüchtigten Hexen-, Buhl- oder Flugsalben.

Laut der Volksheiligen und Seherin Hildegard von Bingen (1098-1179) erzeugt die Alraune "Trugbilder" (PHYSICA 1-56). In ihrer PHYSICA ("Naturkunde") bei dem Eintrag Mandragore wird die Pflanze plötzlich in einen christlich-moralischen Zusammenhang gestellt:

"Die Alraune ist warm und etwas wässrig und ist von jener Erde verbreitet worden, aus der Adam geschaffen wurde; sie ähnelt etwas dem Menschen. Jedoch ist bei diesem Kraut, auch wegen seiner Ähnlichkeit mit dem Menschen, mehr teuflische Einflüsterung als bei anderen Kräutern dabei und stellt ihm nach. Daher wird auch der Mensch gemäß seinen Wünschen, seien sie gut oder schlecht, durch die Alraune angetrieben, wie er es auch einst mit den Götzenbildern machte. [...] Sie ist schädlich durch vieles Verderbliche der Zauberer und Trugbilder, wie denn auch einst viel Schlimmes mit den Götzenbildern getrieben wurde." (PHYSICA I,56)

In der Musik hat die Alraune erstaunlicherweise nur wenige Spuren hinterlassen. Die magische Wurzel wurde von einigen Rock-, Metal- oder Jazzbands (Deep Purple, Edguy, Gong) in gleichnamigen Songs besungen. Einige Bands haben sich nach ihr benannt (Mandra Gora Light Show Society, Mandragora, Mandragora Scream, Mandrake, The Mandrake Memorial, Mandrake Paddle Steamer), ihren Namen für die Albumtitel benutzt oder diesbezügliche Illustrationen auf ihren Albumcovern oder Booklets verwendet (Mighty Diamonds, Nick Riff).

In der Comic-Kunst ist die Alraune vielfach verarbeitet. Durch das Gedicht "Mandrake Root" von John Donne angeregt produzierte Lee Falk ab 1934 die Comic-Serie Mandrake (deutsch: Mandra). Mandrake ist ein geheimnisvoller Zauberer aus dem Himalaja, der Zeit und Raum überwinden kann. In der französischen Comic-Serie

"Die Schlümpfe von Peyo" benutzt ein "böser Zauberer" ständig Alraunen, um die kleinen blauen Pilzbewohner zu verzaubern. In der Geschichte "Blauschlümpfe und Schwarzschlümpfe" (Carlsen Comics 1979) stellt der Zauberer aus Alraunenwurzel und Schlangengift einen kleinen Schlumpf (einen → Homunkulus) her.

In der Geschichte "Ein Alchemist wacht auf" lässt Alexis seinen Helden das Leben eines normalen Bürgers unter Einfluss einer mit Käse überbackenen Mandragora halluzinieren (in: Einsame Phantasien, Linden: Volksverlag, 1983: 37-38). Der psychedelische Comix-Künstler Caza hat eine fantastische Geschichte mit dem Titel Mandragore gezeichnet, bei der eine unter einem Galgen eingegrabene Alraune durch ein magisches Ritual in eine verführerische, aber verhängnisvolle Frau verwandelt wird (in: Gesammelte Werke Bd.4, Linden: Volksverlag, 1980). Der italienische Comic-Künstler Paolo Eleuteri Serpieri hat in seiner extrem bizarren und erotischen SF-Serie Morbus Gravis, die stark von psychedelischen Erfahrungen geprägt ist, einen Band mit dem Titel Mandragora veröffentlicht (1995). Es geht tatsächlich um die "Wunderblume". Ein Comix-Künstler der psychedelischen Avantgarde schließlich hat sich selbst mit der Alraune identifiziert und zeichnet unter dem Pseudonym "Mandryko".

chr.r.

Amorphis: Sinnsuche in alten Sagen

Amorphis ist eine finnische Metalband, die 1991 von dem Gitarristen Esa Holopainen gegründet wurde. Am Anfang war sie dem Death Metal (→ Heavy Metal) verschrieben. Die Band fand bereits auf ihrer dritten CD (*Tales...*) ihren eigenen Stil, der stark von finnischer Folklore und psychedelischer Rockmusik geprägt ist. *Tales* ist ein Konzeptalbum, das Texte aus dem finnischen Nationalepos Kalevala behandelt. Auf dem Album *Elegy* (mit dem neuen Sänger Pasi Koskinen) wird dem Kanteletar, einer Sammlung von 700 traditionellen finnischen Liedern, Balladen und Gedichten, gedacht.

Die am Schamanismus interessierte Band (→ Sentenced) ist stark mit dem finnischen Heidentum verbunden. Die Songs beschäftigen sich mit vielen dunklen Themen und Gothic Sujets, wie dem Gral, Kelten, → Satan, Totenkult, Trance, Schierling, Gifte, → Mond, Halluzination, Trauer. Sie covern den Song "Levitation" von Hawkwind (auf *My Kantele*)... Auf dem Album *Tuonela* wird sogar ein → Saxophon eingesetzt!

Amorphis gehört bis heute zu den Headlinern des → Dark Metal, wird aber zunehmend in die Ecke Prog Rock gesetzt. Die Zeitschrift Eclipsed spricht von "Psychedelic Gothic Folk Metal".

Amorphis sticht nicht nur unter den finnischen Metal Bands heraus, sondern fällt auch in der internationalen Szene als eine besondere Band auf. Der einzigartige Stil der Band, in dem Heavy Metal, Psychedelik und Gothic mit der traditionellen Musik ihrer finnischen Heimat verschmolzen wird, sowie die auf finnischen Epen und Gedichten basierenden Texte geben Amorphis eine unverwechselbare Eigenständigkeit und Einzigartigkeit.

Amorphis: *Eclipse*, Nuclear Blast 2006

Discographie:

- *Privilege of Evil* (Relapse Records, 1993)
- *The Karelian Isthmus* (Nuclear Blast, 1993)
- *Tales from The Thousand Lakes* (Nuclear Blast, 1994)
- *Black Winter Day* (Nuclear Blast, 1994)
- *Elegy* (Nuclear Blast, 1996)
- *My Kantele* (Nuclear Blast, 1997)
- *Tuonela* (Nuclear Blast, 1999)
- *Am Universum* (Nuclear Blast, 2001)
- *Far From The Sun* (Virgin, 2003)
- *Eclipse* (Nuclear Blast, 2006)

www.amorphis.net

chr.r.

Angst: Vor allem und vor nichts

Angst: Vom lateinischen angustia, Enge, eng werden, ein Gefühl der Beklemmung auf der Brust haben.

Im Erleben gehen Gefühle von Bangigkeit und Furcht oft dem Empfinden der Angst voraus, Gefühle des Schauderns, des Schreckens, des Entsetzens, der Panik und des Horrors können dem Zustand der Angst folgen. Angst kann etwas Konkretes zum Gegenstand haben (etwa eine Wespe), ein seelisches Unbehagen ausdrücken (z.B. beim Einsteigen in eine → HÖHLE), oder als allgemeine Lebens- oder Weltangst gegenstandslos sein. Angst ist oft irrational. "Ihr Ort ist das Ich" (R. Kaufmann). Tritt Angst auf, kann die Denktätigkeit vollkommen aufgehoben sein.

Neben den vielen Menschen gemeinsamen Urängsten wie der Angst vor Schlangen, Spinnen, → FLEDERMÄUSEN und Hunden, der Angst vor großer Höhe, der Angst vor dem Dunklen, der Angst, allein im Wald zu sein oder der Angst, in einem alten Gemäuer einem Geist zu begegnen, hat homo sapiens auch Ängste entwickelt, die dem, der nicht unter ihnen leidet, so überflüssig erscheinen wie ein Kropf. Mediziner kennen Hunderte von "verrückten" Ängsten, wie die Angst vor Bärten, Eingeweidewürmern, Hühnern, Schnee, der Zahl → DREIZEHN, Fahrrädern und Flöten!

Für den Psychoanalytiker Fritz Riemann (1902-1979) gibt es vier Grundbefindlichkeiten, aus denen alle Ängste abgeleitet werden können. Es sind dies:

1. Die Angst vor der Selbsthingabe, als Ich-Verlust und Abhängigkeit erlebt (= Schizoidie)
2. Die Angst vor der Selbstwerdung, als Ungeborgenheit und Isolierung erlebt (= Depression)
3. Die Angst vor der Wandlung, als Vergänglichkeit und Unsicherheit erlebt (= Zwang)
4. Die Angst vor der Notwendigkeit, als Endgültigkeit und Unfreiheit erlebt (= Hysterie)

Riemann leitet aus dem Überwertigwerden dieser Ängste vier Arten des "In-der-Welt-Seins" ab:

Für den schizoiden Typus kann die Nähe zu anderen Menschen als völliges Sichausliefern, als Ich-Aufgabe und Verschlungenwerden erlebt werden. Der daraus resultierende Rückzug von den anderen, von der Welt im Gesamt, in ein überstarkes Autarkiebedürfnis wird mit zunehmender Einsamkeit bezahlt.

Der depressive Typus fühlt sich als Trabant eines anderen, oder er macht einen Partner zu seinem Trabanten. Eigene Unabhängigkeitswünsche oder Unabhängigkeitsprozesse anderer lösen Ängste aus. Gefühle von Trennung, Distanz, Alleingelassensein, Einsamkeit sind die Folgen. Es entstehen Abhängigkeiten, die alle möglichen Formen des Masochismus annehmen können.

Der zwanghafte Typus hat Angst vor Veränderungen, vor dem Wandel, vor der Vergänglichkeit der Dinge, vor dem Tod. Um seine Ängste in den Griff zu bekommen, rettet er sich in starre Abläufe, in Rituale und Zeremonien, die zu immer schwereren Zwängen und Einschränkungen führen. Der von vielen Ängsten geplagte Komiker Karl → VALENTIN hatte eine ausgesprochene Neuerungsscheu. Als er einmal die Anlage eines Gartens plante, kamen ihm sofort die heftigsten Bedenken. Alles mögliche konnte dazwischen kommen: "Die Sintflut, Lawinen, ein Erdbeben."

Der hysterische Typus hat Angst vor den Notwendigkeiten des Lebens. Jedes scheinbare Festgelegtwerden oder sich festlegen müssen, macht Angst. Nichts soll verpflichtend und verbindlich sein, nichts hat Anspruch auf dauernde Gültigkeit. Die Welt mit ihren unvermeidlichen Realitäten wird geleugnet. Valentin griff in seinen Sketchen die Angst vor Festlegungen gekonnt in vielen in sich widersprüchlichen oder völlig sinnlosen Zeitangaben auf: "7 Uhr 96, "Abendhimmel gegen sechs

In alten Gemäuern spukt es gern

Uhr am Morgen", "hie und da oft sehr selten sogar", "damals erst übermorgen", "von vorgestern bis heute hab i acht Nächt net mehr geschlafn". (SCHWIMMER 1977:77)

Dass Menschen eine Spukgeschichte lesen, in einen Horrorfilm gehen oder eine Geisterbahn besuchen, und Angst lustvoll erleben, hat damit zu tun, dass man zu wissen glaubt, dass am Ende alles gut ausgeht. Dass man *vorher* weiß, dass die Spinne, die in der Geisterbahn auf einen herabfällt, aus Styropor und dass das Skelett, das aus dem Sarg aufspringt, aus Plastik ist, hilft nichts: Die Angst tritt trotzdem auf.

Auch das "Kino der Angst" spielt mit unseren Ängsten: Der schauerliche, halb verweste Tote, der als Ding, als Zombie, aus dem → GRAB kriecht, in das Haus der Lebenden eindringt, um sie, oder vielleicht auch nur ihre Gehirne, aufzufressen. Der → VAMPIR, der bei Nacht Menschen blutleer säuft und sie dann wie eine Getränkedose wegwirft. Die gräuliche Hexe, die bei einem Ausflug in den Wald heimlich alle Freunde wegfängt, um sie zu schlachten, und der der Übriggebliebene zum Schluss ganz allein gegenübersteht. Oder der harmlos und freundliche wirkende Angestellte eines kleinen Hotels, der mit dem Hackmesser in der Hand nur darauf wartet, dass sein Gast eine Dusche nimmt.

Im Interesse an Kriminalromanen, Gruselmärchen, Gespenstergeschichten und Horrorfilmen sah der Sexualwissenschaftler Ernest Bornemann den Ausdruck einer masochistischen Prägung, die durch Schläge in der Kindheit verursacht werde. Und das Spiel von Erwachsenen mit der Gefahr (Autorennen, Börsenspekulation, Krieg) stelle eine Kompensation für Verlustängste in der Kindheit dar.

w.b.

"Ich bewundere alle Komponisten, die gegen den Wind der öffentlichen Meinung und der Mode ihren schwierigen und steinigen Weg gegangen sind. Um ihrer Vision zu folgen, um sie zu Klang zu formen, auf dass sie weiterklinge für alle Zeiten."

(METZMACHER 2005:12)

Es gibt verschiedene Arten von Angst: sinnvolle, die uns bei Rot nicht über die Kreuzung gehen lässt und pathologische, d.h. eingebildete, psychotische Angst ohne realen Hintergrund. Die Angst vor Verkehrsübertretungen rettet uns das Leben; die Angst vor eingebildeten Objekten macht uns das Leben zur Hölle (Panik, Paranoia, Existenzängste, psychotische Erscheinungen, schizoide Anfälle). Jeder Mensch ist von Geburt an mit der Fähigkeit Angst zu erleben ausgestattet, allerdings unterschiedlich stark.

Viele Menschen haben vor bestimmten Arten von → MUSIK oder Orchesterklängen erhebliche bis starke Angst. Diese Angst kann durch die Fremdartigkeit einer Komposition, durch die Andersartigkeit der Töne (und Tonabstände), oder durch die öffentliche Stigmatisierung entstehen. Menschen, die es gewohnt sind, westliche Musik mit ihrer in acht Töne aufgeteilten Oktave zu hören und als "Musik" zu bezeichnen, erregen sich sehr, wenn die Oktave, wie beispielsweise bei der Flötenmusik gewisser Südseeinsulaner, in nur sieben Töne mit dem jeweils gleichen Abstand gegliedert ist, hören. Sie klingt ihnen falsch, schräge und erzeugt starkes Unbehagen, das sich bis zur Angst steigern kann.

Durch die Angst vor einer Musik entsteht eine Ablehnung selbiger, die sich bis zu juristischen Sanktionen, (staatlicher) Zensur und politischem Verbot steigern kann. So herrscht in Israel eine enorme Angst vor der Musik → RICHARD WAGNERS, was dazu geführt hat, dass dort ein Aufführungsverbot erlassen wurde, dass bis heute rechtskräftig ist und staatlich kontrolliert wird. Die Begründung ist fadenscheinig. Man glaubt, dass diese Musik faschistisch und antisemitisch sei.

In der deutschen Radiolandschaft herrscht große Angst vor schrägen Tönen; es könnte ja großes Missfallen beim Hörer verursachen. Die Sender fürchten sich vor allem vor Frank Zappa, aber auch vor Free Jazz und → ZWÖLFTONMUSIK... und natürlich vor → HEAVY METAL der dunkleren Art, → GOTHIC u.a. Weit verbreitet ist die Angst vor dem → REQUIEM.

Manchmal erwachsen aus dieser Angst skurrile Theorien. So wird gerne behauptet, dass die Musik von Mozart gesund mache, aber die von Wagner aggressives Verhalten stimuliere. Das ganze wird dann mit merkwürdigen Experimenten – Beschallung von Topfpflanzen oder Haustieren mit unterschiedlicher Musik – bewiesen. Wenn die Pflanzen verkümmern, soll es an Wagner oder am Metal liegen, usw. Wenn Katzen verstört auf bestimmte Klänge reagieren, schließt man, dass diese Klänge auch für den Menschen schädlich seien. Wer solchen angeblich "wissenschaftlichen" Versuchen erliegt, dem ist nicht mehr zu helfen.

Discographie (Auswahl):

- Crash, *Experimental State Of Fear* (Seoul Records, 1997)
  Dark Metal aus Korea!
- Elegy, *Manifestation of Fear* (Modern Music Records, 1998)
  Dieses Konzeptalbum der deutschen Metal Band erzählt die Geschichte eines Lebens in Angst: Die Manifestation der Angst ist des Menschen eigene Schöpfung, eine Übertreibung des Geistes... bis hin zur Furcht vor der Angst...
- Primal Fear, *Jaws Of Death* (Nuclear Blast, 1999)
  Dark Metal aus Deutschland...

chr.r.

Antichrist: Penetrante Widerstände in unserem Dasein

Endzeitliche Schreckvisionen mit der prophezeiten Ankunft des Widersachers Christi schürten vor allem im Mittelalter Ängste und knebelten jede Vernunft. Antichristen hatten Konjunktur. Päpste und ihre Gegenpäpste mutmaßten das Erscheinen dieses Prinzips im jeweils anderen. Unter Verdacht standen auch der römische Kaiser Nero, Dschingis Khan, Hunnenkönig Attila, der Stauferkaiser Friedrich II. und der Prophet Mohammed. Heutzutage hängt das Attribut an bestimmten amerikanischen Präsidenten oder Persönlichkeiten des internationalen Terrorismus.

Erstmalig benutzt diesen Begriff das Neue Testament und ursprünglich nur für die christlichen Häretiker der Gnosis, so in den Johannes zugeschriebenen Briefen (1.JOH 2,18ff; 4,3ff; 2.JOH 7). Auch → DIE ZAHL DES TIERES 666 der Offenbarung (13,18) wird in diesem Sinne gedeutet. Vermutlich stammt das Vorbild solcher Anschauungen aus dem Iran, wo in einer Art "dualem System" dem Lichtgott das Prinzip des Dunklen und scheinbar Bösen, → AHRIMAN, gleichwertig gegenüber stand. Dann wäre der Antichrist in seiner Grundform nur ein Ausdruck von → TYPHON, des jeder Schöpfung inhärenten Widerstands.

Auch der Prophet Hesekiel des Alten Testaments hatte endzeitliche Vorgänge geweissagt, ausgehend von einem boshaften Fürsten Gog im Lande Magog (38,1ff). Islamische Überlieferungen sprechen von Gog und Magog als zwei Völkern, die in den letzten Tagen der Welt aus dem Nordosten (Richtung des Anbruchs eines neuen Tages und neuer Ordnung), wo sie bislang in vollkommener Abgeschlossenheit gelebt haben, hervorbrechen und die ganze Welt im Süden heimsuchen. Dabei werden sie auch die Kinder Israels vernichten, das Volk Gottes. Islamische Eschatologie verbindet dieses Bild mit dem Wiedererscheinen von Jesus (= al-masih Isa) auf Erden.

"In der Zeit, in der Gog und Magog (...) die sie umgebende Mauer durchbrechen würden, würde er [al-dadjal, der große Verführer und Antichrist] auf einem Esel von gleicher Größe wie er selbst erscheinen."

Nur vierzig Tage dauere seine Herrschaft. Während dieser Zeit werde er jedoch die ganze Erde von Osten nach Westen durchstreifen. Dann aber steige al-masih Isa (der Prophet Jesus) vom Himmel in das Heilige Land hinab, erscheine an einem Afik genannten Ort mit einer Lanze (Symbol des Sonnenimpulses) in der Hand und töte mit dieser al-dadjal. Darauf werde Isa zur Zeit des Morgengebets nach Jerusalem kommen und hinter dem Vorbeter entsprechend sein Gebet den Vorschriften Mohammeds verrichten. Nach der Tötung des dadjal, so glauben manche, sei ohnehin niemand vom ahl al-kitab, vom *Volk der Schrift*, also von den Christen und Juden, mehr übrig, der nicht an den Koran glaube. Somit werde es dann nur noch eine einzige Religion, nämlich den Islam geben. Der Zustand der allgemeinen Eintracht, der dann zwischen den Menschen herrsche, erweitere sich auch auf die Tiere, und Isa bleibe noch vierzig Jahre auf Erden. "Nach seinem Tod werde er in Medina neben Mohammed begraben" (FUHLENDORF 1992:125f).

c.z.

Äolsharfe: Musik, die die Windgeister spielen

Die Äolsharfe (nach Äolus, dem Gott der Winde benannt; auch Windharfe; Geisterharfe) war schon im Altertum bekannt. Nach dem Talmud soll König David bei Nacht seine Harfe neben dem Bett aufgehängt haben. Um Mitternacht, wenn der Nordwind aufkam und über die Saiten strich, begann die Harfe zu tönen. In ähnlicher Weise gab die Harfe des hl. Dunstan einen wohlklingenden Antiphon von sich, wenn er sie an der Mauer seiner Zelle aufhängte. Schon Homer berichtete, dass Hermes einen Schildkrötenpanzer mit Saiten bespannte und dem Wind zum Spiel überließ.

Der Jesuitenpater Athanasius Kircher entdeckte die Äolsharfe wieder und beschrieb sie in seinen Büchern (1650 MUSURGIA UNIVERSALIS, 1673: PHONURGIA NOVA, 1684: NEUE HALL- UND THONKUNST). Kircher versteckte das von ihm gebaute Instrument, einen einfachen mit Saiten bezogenen Holzkasten, in einem Schrank in seinem Haus. In die Mauer dahinter hatte er ein Loch geschlagen. Kamen Besucher, öffnete er den Schrank. Bei Durchzug war im Haus dann ein geheimnisvoller, ätherischer, geisterhafter Klang zu vernehmen, der die Gäste höchstlich verwunderte. Auch der Dichter A. Pope versuchte sich im Bau einer Windharfe.

Der von den Berichten über eine Riesenwetterharfe, gebaut von dem italienischen Geistlichen Gattoni, angeregte → E.T.A. HOFFMAN setzt ein solches Instrument als Requisit in seinem Roman "Lebensansichten des Kater Murr" ein. Der Physiker und Mechaniker Meister Abraham erschreckt und verblüfft mit einer solchen Wetterharfe, die er im Park seines Fürsten aufgestellt hatte, den Hofstaat. Seinem Freund, dem Kapellmeister Johannes Kreisler (einem Alter Ego Hoffmanns) beschreibt er den Effekt:

> "Oh', ich weiß es ja, das Wildeste, Schauerlichste ist dir eben recht, und doch habe ich das vergessen, was dich ganz und gar den unheimlichen Mächten der Geisterwelt preisgegeben hätte. Ich hatte die Wetterharfe anspannen lassen, auf der der Sturm als tüchtiger Harmoniker gar wacker spielte. In dem Geheul, in dem Gebraus des Orkans, in dem Krachen des Donners erklangen furchtbar die Akkorde der Riesenorgel. Schneller und schneller schlugen die gewaltigen Töne los, und man mochte wohl ein Furienballett vernehmen, dessen Stil ungemein groß zu nennen, wie man es beinahe zwischen den leinewandnen Wänden des Theaters nicht zu hören bekommt! – Nun! – In einer halben Stunde war alles vorüber. Der Mond trat hinter den Wolken hervor. Der Nachtwind säuselte tröstend durch den erschrockenen Wald und trocknete die Tränen weg von den dunklen Büschen. Dazwischen ertönte noch dann und wann die Wetterharfe wie dumpfes, fernes Glockengeläute."

Eduard → MÖRICKE widmete der Äolsharfe als ausdrucksstarker mystischer Stimme der Natur ein Gedicht ("An eine Äolsharfe"), das später von Johannes Brahms vertont wurde. Der "Gespenster" → KERNER hängte Äolsharfen in den Turm der Burg Weibertreu, der nahe an seinem Haus stand, um seinen vielen Besuchern das ferne Reich der Geister nehe zu bringen.

1999 erbaute der Musiker Rüdiger Oppermann auf der Schlossruine Hohenbaden in Baden-Baden eine riesige Windharfe mit 120 Saiten und über 4 m Höhe. Eine CD (*Songs of the Wind*), direkt im Resonanzkorpus aufgenommen, macht die Klänge erfahrbar:

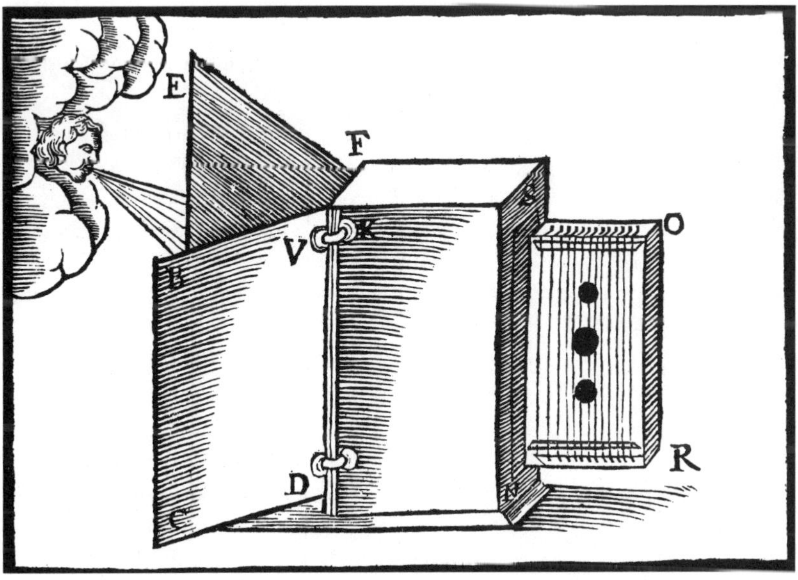

Windharfe, Zeichnung von Athanasius Kirchner (1684)

> "Die sphärischen Klänge der Windharfe scheinen manchmal ruhig zu schweben, dann wieder dynamisch an- und abzuschweifen. Hier spielt kein Mensch, nur der Wind bringt die Saiten zum Schwingen. Kraft und Eleganz, Spannung und Entspannung, alles was in der Musik wichtig ist, ist in der Natur schon vorhanden." (Backcovertext)

Die Töne der Windharfe sind die hörbar gemachte Stimme der Natur. Sie spricht viele Gefühlsbereiche an. Den Hörenden befallen himmelahnende Sehnsüchte, er fühlt sich dem Jenseits verbunden und meint das Klagen der Toten zu hören wie auch die Sphären des Weltalls mit ihren Klängen.

Reinhold Hammerstein schreibt in seinem Buch MACHT UND KLANG:

> "Ihre Töne werden mit Außermenschlichem, Göttlichem assoziiert. Sie sind (wie) Musik aus dem Jenseits, Stimmen der Toten, aber auch Ausdruck finsterer unheimlicher Mächte aus der Nachtseite der Natur, Stimmen von Dämonen und Geistern. Andererseits ist die Äolsharfe Sinnbild für die Unsterblichkeit der Seele und damit Bestandteil oder doch Abglanz der Harmonie der Welt." (1986:220)

w.b.

Arkham House: Spezialist für den gepflegten Schrecken

Cover eines Buches, das bei Arkham 1975 erschien

Der von den Schriftstellern August Derleth und Donald Wandrei 1939 in Sauk City (Wisconsin) gegründete Verlag für Weird Fiction ist nach der kleinen, fiktiven Universitätsstadt Arkham benannt, in der viele Cthulhu-Geschichten von → H.P. LOVECRAFT situiert sind. Neben Texten und Briefen ihres Freundes Lovecraft, ihren eigenen Werken und von Nachdrucken von Autoren wie Sheridan Le Fanu veröffentlichte Arkham House die Texte von Schriftstellern, die heute zu den Klassikern des Genres der phantastischen Literatur gehören, z.B. von Henry Whitehead, dem Verfasser atemberaubend spannender Voodoogeschichten, von dem SF-Autor Ray Bradbury, dem Verfasser der MARS-CHRONIKEN, von dem Horrorspezialisten John R. Campbell, von dem Fantasy-Schriftsteller Robert Howard, dem Erfinder der Helden Conan, Kull und Bran Mak Morn sowie des gegen schwarze Magie ankämpfenden Solomon Kane, von dem Lovecraft-Freund Frank Belknap Long, der das Cthulhu-Universum um einige furchtbare Schrecken erweiterte und von der Spezialistin für klassischen Hexenhorror, Evangeline Walton.

Unter dem Signet "Mycroft & Moran" gab Arkham House auch Bücher von August Derleth, William Hope Hodgson und von Seabury Quinn heraus, in denen die Detektive Carnacki, Solar Pons und Jules de Grandin Phantome und Geister aufspürten und außer Gefecht setzen.

Seit 1967 informiert der hauseigene "Arkham Collector" über Neuerscheinungen. Die Geschichte des Verlags und eine Bibliographie stellte August Derleth in dem Reader 20 YEARS OF ARKHAM HOUSE zusammen. In Franz Rottensteiners sagenhafter Literaturzeitschrift QUARBER MERKUR erschien im Heft 9 eine Übersetzung des Textes.

w.b.

Askese: Beherrschung des Verlangens

Askese, vom griechischen askeo (= sich befleißigen, üben), bezeichnete ursprünglich die Vorbereitung athletischer Wettkämpfer. Religiöser Sprachgebrauch übernahm den Begriff für unermüdliches Bestreben nach "Verwirklichung" und Vollkommenheit. Askese als Ausdrucksform von körperlichen Torturen, Fasten, Triebverzicht und anderen harten Prüfungen gehört aber auch schon seit dem Altertum zum Repertoire vieler Völker, um magische Kraft zu erlangen oder eine → INITIATION herbeizuführen. Im Zuge mittelalterlichen Bedeutungswandels und mit der Verflachung des religiösen Lebens fordern Asketen schließlich den völligen Verzicht auf Genuss und jede Annehmlichkeit des Lebens, Beherrschung des → VERLANGENS, heftige Abwehr aller mit Macht hereinbrechenden Verlockung oder martialische Buße, falls "Frau Welt" schon triumphierend den Sieg davon getragen hat. Solche gewöhnlich strengen Enthaltsamkeiten und Entsagungen können einem direkten Ziel unterstellt werden, wie in der Magie. Besonnene Enthaltsamkeit oder Zurückhaltung sammelt schließlich Energie, die man durchaus messianisch nutzen kann: z.B., um Schwierigkeiten aus dem Weg zu räumen oder hinderliche Ängste,

Blockaden und törichte Vorstellungen. In Religion und Spiritualität dienen sie mehr allgemein der Förderung von Konzentration und geistigen Übungen zur höchsten Erkenntnis und Vervollkommnung, zur mystischen Einheit mit dem Göttlichen. Lustbetontere Ansätze dazu finden wir im Kult des Dionysos und der Verbeugung vor → LUXURIA.

Oft lauert hinter Askese die Auffassung, Geist und Materie stünden im unversöhnlichen Gegensatz zueinander. Materie, wie der Körper, müsse deshalb als Hindernis überwunden oder sogar vernichtet werden. Eine solche Sicht kann sich dann auch mit blutiger Selbstkasteiung verbinden und mit der pauschalen Verteufelung der irdischen Welt. Zur Zeit der Kreuzzüge zogen "Geißler und Flaggellanten" in größeren Prozessionen durch die Städte, peitschten ihre nackte Haut in Fetzen und prophezeiten lauthals den → WELTUNTERGANG, würden sich nicht alle ähnlich rigoros von Schuld, Sünde und ihrem Lotterleben reinigen.

Besondere Dunkelheit erzeugt eine Einstellung, die Leid und Entbehrung zur ausschließlichen Maxime erhebt und mit der fixen Vorstellung verknüpft, nur so finde man vor Gott Gnade oder Erhebung. Dann läuft man Gefahr, vom freudlosen Spielverderber zum extrovertierten Fanatiker aufzulaufen.

Andererseits vermag jede Art von Leiden Befriedigung schaffen, die nach weiterer Erfüllung strebt. Masochisten frönen dem Schmerz und der Fremdkasteiung gerade wegen des erhöhten Lustgewinns. Indische Fakire haben allerdings jeglichen körperlichen Schmerz überwunden und dieser geistigen Beherrschung einen übergebührlichen Stellenwert eingeräumt. Im 19. Jahrhundert schlug auch hierzulande Askese in eine rationale Übung um und diente eigener Erhebung durch "Geld anhäufen". Fleiß, Sparzwang, Knauserigkeit und Puritanismus schufen eine Geisteshaltung, in der manche Soziologen die Grundlage früher kapitalistischer Wirtschaftsmoral zu entdecken glauben. Großunternehmer wurden dabei besonders von den Lehren des Reformators Calvin angezogen. Nach dessen Auffassung dürften steigender Reichtum und wirtschaftlicher Erfolg als eine göttliche Auszeichnung verstanden werden. Im Zuge jüngster Auswüchse dieser Auszeichnung zwingt eine steigende Verarmung nicht nur das Proletariat zu Ansätzen von Askese. Doch mit den Ansätzen zu geistigen Übungen hapert`s noch.

c.z.

Asterix: Verkörperung eines Traums

Die Bildgeschichten um die Helden Asterix und Obelix, gedichtet von den Franzosen René Goszinny und Albert Uderzo (seit 1959!): In Riesenauflagen überschwemmten diese Alben – schon 1990 über 200 Millionen, in 40 Sprachen übersetzt! – die Welt. Sie verherrlichen auf lustige Art und Weise ein Dorf im Westen, in welchem eine Handvoll frei lebender und froh zechender Kelten dem römischen Weltreich und dessen gewaltigen Armeen trotzt. Hier fand der Traum von Jung und Alt von einem Dasein der Unabhängigkeit in enger Verbindung mit der ursprünglichen Natur eine wichtige zeitgemäße Verkörperung. Überall öffneten sich dadurch die Augen für ein neues Bild der Weltgeschichte: In dieser sah man nicht mehr die Entwicklung zu einer immer "höheren" Zivilisation, sondern die Überlieferung vom Ringen der Menschen um Freiheit in Freundschaftskreisen voll reicher Erlebnisse.

s.g.

Atem: Kreislauf der Lebenskräfte

Erwachen wir oder fallen wir in den Schlaf, gehen wir am Morgen aus dem Haus oder kehren wir am Abend heim, beginnen wir ein Werk oder schließen wir es ab – es gilt als gut, "dankbar", "mit voller Brust" den Atem zu beachten.

In der Ukraine, wie in Tschechien und im schweizerischen Tessin hörte ich, dass man dies am besten siebenfach tut: "Man zählt dabei in Gedanken vierfach bis sieben. Zuerst sieben mal beim entspannten Ausatmen, dann wiederum siebenmal mit geleerter Lunge." Nun folgt noch siebenfach beim bewussten Einatmen - und dann gleichermaßen bei gefüllter Lunge. Dies wird, wie gesagt, siebenfach wiederholt. Wie mich eine Dame in Ascona belehrte, kommt man also jedes Mal vierfach auf die Zahl sieben, oder im gesamten auf 7+7+7+7 = 28. Das ist die Zahl der Nächte des Mondmonats, die als Symbol für die Kreisläufe der Lebenskräfte "in uns und um uns gelten".

s.g.

Atomic Rooster: Dämonen an der Orgel

Der Atomare Hahn (Hahn = Teufel) ist eine britische Band, die aus der Asche von The Crazy World of Arthur Brown hervorgegangen ist. Der klassisch ausgebildete Organist (→ ORGEL) und Keyborder Vincent Crane und der Schlagzeuger Carl Palmer (Emerson Lake & Palmer, Asia) haben die gitarrenfreie Gruppe 1969 in London formiert. Zunächst fehlte der dreiköpfigen Band natürlich ein charismatischer Sänger wie → ARTHUR BROWN. Später stieß der Ausnahmesänger Chris Farlow (Thunderbirds, Colloseum) dazu und verfeinerte mit seiner Gesangskunst das virtuose Gespann Crane-Palmer. Carl Palmer wurde später durch Ginger Baker (→ GRAHAM BOND, Crossroads, Hawkwind) kurzzeitig ersetzt.

1971 hatte die Band ihren größten Hit *Devil's Answer* (DuCann): Nummer 4 in den britischen Charts. Atomic Rooster werden historisch als Innovatoren in Sachen → HEAVY METAL im Zusammenhang mit einem Image von → TOD und → TEUFEL angesehen. Crane, der selbst die Orchesterparts (→ SYMPHONISCHE MUSIK) geschrieben und arrangiert hat, wurde als "dämonischer Orgelspieler" hoch gefeiert. Die Gruppe galt als "Kings Of Heavy Metal"... ihre Konzerte als "satanische Rock-Rituale"...

Vincent Crane hat nach Auflösung von ATOMIC ROOSTER mit Klaus Schulze und erneut mit → ARTHUR BROWN zusammengearbeitet. Vincent Crane erlag schweren Depressionen und nahm sich schließlich am Valentinstag 1989 das Leben.

Discographie

- Atomic Rooster, *Atomic Ro-O-oster* (B & C Records, 1970)

  "Friday The Thirteenth"; mit Nick Graham (b, ex-Rhinoceros).
- Atomic Rooster, *Death Walks Behind You* (B & C Records, 1970)

  "The Devil's Answer"
- Atomic Rooster, *In Hearing of Atomic Rooster* (B & C Records, 1971)
- Atomic Rooster, *Made in England* (PYE Records, 1972) mit Chris Farlow. In dem psychedelischen Song "Little Bit Of Inner Air" werden die → ZAUBERPILZE besungen.

  "All In Satan's Name"; "Satans Wheel" (als Bonustrack auf der CD, 1991, Repertoire Records)
- Atomic Rooster, *Nice & Greasy* (Brain Records, 1973)

  Song "Voodoo In You"...
- Atomic Rooster, *Nice ,n' Greasy* (LP: PYE, 1973/CD: Repertoire Records, 1991)

  Die Jungs der Band, die aus ARTHUR BROWN'S CRAZY WORLD herausgeschneit kam, um Vincent Crane stecken ihre Ohren in den Schnee um besser hören zu können mit einem *"essentially instrumental... you may experience the inner cosmic overdrive of essential quintessence transporting you through the polyrhythmic innovations of the infinite cosmos or you may go deaf..."* --- Kommentar des Bandleaders.
- Atomic Rooster, *Assortment* (Charisma Records, 1973) Zwei unterschiedliche Kompilationen unter dem selben Titel.
- Atomic Rooster, *The Devil's Answer* (Kompilation, 2 CD; Receiver Records, 1989)

  "A Spoonful Of Bromide Helps The Pulse Rate Go Down".
- Atomic Rooster, *The Devil's Answer* (Kompilation; Prism Leisure, 1997) Live-Mitschnitte!
- Atomic Rooster, *The Devil Hits Back* (Kompilation; New Millenium Communications, 1999) Mit Bonustracks: Aufnahmen aus dem Deutschlandfunk.

chr.r.

B

Bands des Dunklen

Bands nennt man Gruppen aus mehreren, meist 3-5 Musikern, die gemeinsam Lieder oder Songs spielen (→ MUSIK). Für gewöhnlich bilden Gitarrist (g), Bassist (b) und Schlagzeuger (dr) die Grundausstattung einer Band. Der Gesang (voc) kann von den Musikern oder von einem Vokalisten stammen. Es können noch weitere Instrumente hinzutreten, wie → ORGEL, → SAXOPHON, Geige usw. Von Bands spricht man vor allem in den Bereichen der Popmusik, im Beat, im Rock, im Punk, im Heavy Metal, im Gothic usw., seltener im Blues und Jazz.

Bis zu den Beatles waren Bands so etwas wie angeheuerte Orchestermitglieder, die populäre Werke von Komponisten aufführten. Die Beatles war die weltweit erste Band, die mit eigenen Kompositionen (Songwriting) und eigenem Sound den Durchbruch schafften. Seither (seit etwa 1965) gehört das eigene Material zum festen Bestandteil einer Band (Ausnahme Coverbands). Schon in den 60ern profilierten sich zahlreiche Bands durch ihre Songs, ihren Stil, ihren Sound und ihr Auftreten. Sie wurden zu Jugendidolen und rekrutierten eine feste Anhängerschaft (Fangemeinde). Bands liefern Identifikationsmuster und bilden die Kerne sogenannter Subkulturen, d.h. sie generieren zusammen mit ihren Anhängern kulturelle Gruppen innerhalb der Dominatorkultur.

Es gibt viele Bands aus vielen Musikrichtungen, die dem Dunklen frönen. In diesem Lexikon ist natürlich nicht der Platz vorhanden, alle Bands in einzelnen Einträgen zu behandeln. Es werden nur die diesbezüglich historisch und thematisch wichtigsten und einflussreichsten Bands einzeln erfasst (→ BLUE CHEER, Crazy World of ARTHUR BROWN, → GRAHAM BOND Organisation, Led Zeppelin, Rolling Stones, Velvet Underground). Viele Hinweise auf Bands finden sich in anderen Einträgen. Wer sich weiter in das verschlungene Schattenreich der → GOTHIC und Dark Metal Bands vertiefen möchte, sollte die einschlägigen diesbezüglichen Handbücher (CHRISTE 2004) und Lexika (MATZKE und SEELIGER 2003) konsultieren (→ GOTHIC DARK WAVE-MAGAZINE).

Die Bandnamen lesen sich wie eine kognitive Karte des Dunklen: Die Namen der Bands beziehen sich häufig auf Sujets der → GOTHIC Literatur, auf Schwarze Magie und Satanismus, auf → DÄMONEN und dunkle Gottheiten, mythische Gestalten, → DROGEN und Gifte, Hexerei und Schamanismus, → TOD und → TEUFEL, okkulte Themen, Blut und → SEX (MAGICK), Gewalt und Vernichtung.

• *Bandnamen, die sich auf das Dunkle, die Finsternis und die Nacht beziehen*:

Abyzz, Before the Dawn, Black Widow, Blackend, Dark, Dark Age, Dark Avengers, Dark Deception, Dark Diciple, Dark Fortress, Dark Moor, Dark Tranquility, Darkness, Darkthrowne, Die My Darling, My Darkest Hate, Midwinter, Nightwish, Nocte Obducta, Schattenkinder, Shadow Gallery, Shadow Pointe, Shadowland, Shadowman, Sun of the Sleepless & Nachtmahr, Sundown, The Black League, The Crüxshadows

• *Bandnamen, die sich auf die Gothic Literatur beziehen*:

Bathory, Dracul, Dracula, Electric Frankenstein, Fantomas, Frankenstein, Fu Manchu, Ghost, Gothminister, H.P. Lovecraft, Necronomicon, Nemo, Paradise Lost, Ulver

• *Bandnamen, die sich auf Schwarze Magie und Satanismus beziehen*:

Black Sabbath, Coven, Darediablo, Force Of Evil, Grand Magus, Incantation, Ritual, Uncle Devil Show, Wixxen

• *Bandnamen, die sich auf Tod und Tote, Begräbnis und Trauer, Friedhof und Totenkulte beziehen*:

All That Remains, Braindeadz, Cadaveria, Carved in Stone, Crematory, Dark Funeral, Dead Can Dance, Dead Fly Buchowski, Dead Soul Tribe, Death, Death Angel, Death Machine, Death & Taxes, Defleshed, Doomstone, Dying Fetus, Einherjer, Elfengrab, Grateful Dead, Grave, Grave Digger, Imago Mortis, Immemorial, Immortal, Immortal Rites, Lacrimosa, Megadeath, Mors Principium Est, Mortis, Obituary ("Totenanzeige"), Requiem, Requiem in White, Saltatio Mortis, Sepultura, Six Feet Under, Testament, The Monolith Deathcult, Time Requiem, Vobiscum, Watch Them Die

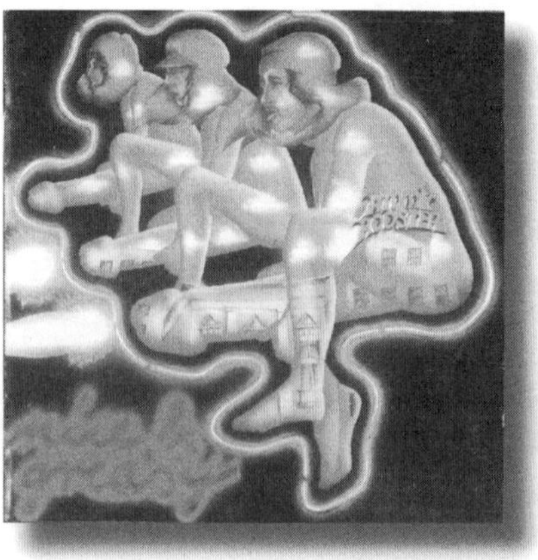

• *Bandnamen, die sich auf das Böse, Teufel und Hölle beziehen*:

Burner, Devil Doll, Divinefire, Force of Evil, Gluecifer, Hellacopters, Hellborn, Hellfire, Hellhammer, In Flames, Ministry, Purgatory, Sinister ("böse"), Summoning, The Electric Hellfire Club, The Hellacopters

• *Bandnamen, die sich auf Dämonen und dunkle Gottheiten beziehen*:

Agaloch, Agathodaimon, Amon Amarth, Amon Düül, Behemoth, Belphegor, Demon, Dionysos, Gorgoroth, Hideous Sun Demons, Isis, Key of Mythras, Lord Belial, Samael, Setherial, Styx, The Equinox of the Gods, Therion, Tiamat, Zyclope

• *Bandnamen, die sich auf dunkle und mythische Gestalten beziehen*:

Aragon, Balck Maria, Charon, Dwarves, Faust, Faust Again, Golem, Macbeth, Merlin, Morgana Lefay

• *Bandnamen, die sich auf Tiere, Ungeheuer, Monster und Tierverwandlung beziehen*:

Black Cat Bone, Buffalo, Capricorns, Cerberus, Cerberus Shoal, Cuatro Gatos, Dragonauta, Finntroll, Gorilla, Lizard, Lycantroph, Mastodon, Raven, Tarantula, Viperine, Wolfenmond, Wolfsheim, Wolverine

• *Bandnamen, die sich auf magische und mythische Orte beziehen*:

Ankhara, Babylon Bombs, Black Mountain, Cataract, Children Of Bodom (Bodom-See in S-Finnland), Danzig, Dimmu Borgir, Felsenreich, Gardens of Gehennia, Gordian Knot, Kamelot, Magelan, Olympos Mons, Rammstein, Salem Hill, Wolfsheim

• *Bandnamen, die sich auf Pflanzen, Drogen und Gifte beziehen*:

Acid King, Akacia, Belladonna, Black Label Society (Ozzy Osbourne), Blue Cheer, Datura, Death Angel, Delerium, Fleur, Gift, Godsmack, Isildurs Bane, Laudanum, Love Spiral Downwards (= L.S.D.), Mandra Gora Light Show Society, Mandragora Scream, Mandrake, Mandrake Root, Medication, Motorpsycho, Needle Sharing, Poison, Snow.b.lind, Spoon, Stoner Kings, Surrogat, The Almighty Punchdrunk, Venom, Wonderstuff

• *Bandnamen, die sich auf Hexerei und Schamanismus beziehen:*

Brujería, Covenant, Deathwitch, Dixie Witch, Incubus, Kovenant, Shaaman, Shaman, Shamen, Soulfly, The Gathering, Two Witches, Witchfinder General, Witchfynde, Walpurgis

• *Bandnamen, die sich auf Voodoo und afroamerikanische Kulte beziehen:*

Hoodoo Gang, Philip Boa & The Voodoo Club, Rob Zombie, The Zombies, Voodoo Gang, Voodooshock, Wall of Voodoo, White Zombie

• *Bandnamen, die sich auf Sex (Magick), Orgien und Perversionen beziehen:*

Alien Sex Fiend (→ SEX MAGICK), Cannibal Corpse, Obszön Geschöpf, Porn, Rammstein, Satyricon, Sodom, Supersuckers

• *Bandnamen, die sich auf Blut und Vampirismus beziehen:*

Blood, Bloody Dead and Sexy, Blutengel, Love Like Blood, My Bloody Valentine, Nosferatu, Sanguis, Theatres des Vampires, Untoten

• *Bandnamen, die sich auf okkulte Themen, Astrologie und Alchemie beziehen:*

Aeternus, Andromeda, Arkane, Astral Doors, Equilibrium, Illuminate, Led Zeppelin, Lunar Aurora, Lunaris, Mysterium, Mystic Circle, Los Planetas, Moonchild, Morgenstern, Praxis, Saturnia, Saturnus, Secrets of the Moon, Sternenstaub, The Distillers, Thirdmoon, Wolfenmond

• *Bandnamen, die sich auf das Heidentum, Ketzerei, Häresie und Antichristliches beziehen:*

Deadly Sin, Corpus Christi, Cradle Of Filth, Dementi, Exodus, Faith No More, Garden Of Delight, Holy Moses, Hypocrisy ("Heuchelei"), Impaled Nazarene, Judas Iscariot, Judas Priest, Kingdom Come, Rotting Christ, Sanctification, Sanctimonious Order, Sanctum, The Church, Velvet Acid Christ

• *Bandnamen, die sich auf Prophezeiungen, Orakel und das Weltende beziehen:*

Apocalyptica, Apokrypha, Die Apokalyptischen Reiter, Apoptygma Berzerk, Lostprophets, Mystic Prophecy, Zarathustra

• *Bandnamen, die sich auf Krieg, Tötung, Selbstmord, Mord und Vernichtung, Mörder und Serienkiller beziehen:*

Aborted, Atrocity, Berzerks, Blitzkrieg, Circus Maximus, Death SS, Dissection, Elend, Iron Maiden, Manowar, Marilyn Manson, Napalm Death, Pain, Perzonal War, Savatage, Saxon, Saxorior, Sentenced, Septic Flesh, Slayer, Suicidal, Suicide Commando, Suicidal Tendencies, Thorn, To/Die/For, Trümmerwelten, Urkraft, Usurper, Vader, Warhammer, Warlord, Warrior

• *Bandnamen, die sich auf Folter, Inquisition und Sadismus beziehen:*

Alice In Chains, Cattle Decapitation, Chain, Cock and Ball Torture, Dismember, Edgecrusher, Enslaved, Iron Maiden, Mayhem ("schwere Körperverletzung"), Painmuseum, Pro-Pain, The Cramps ("Fesseln), Tremors

Wesentliche Werke zu den entsprechenden Sujets finden sich in den Discographien der diesbezüglichen Einträge.

chr.r.

... "ihr wollt doch auch den Dolch ins Laken stecken
ihr wollt doch auch das Blut vom Degen lecken
/ Rammstein" ...

CD-Cover *Herzeleid* der Band Rammstein
Zitat aus dem Lied "Wollt ihr das Bett in Flammen sehen"
(Universal 1995)

Bathory, Erszebeth: Das Dunkelweib

Am 29. Dezember 1610 verhaftete Georg Turzo, Paladin von Ungarn, Erszebeth Bathory, die Witwe des Kriegshelden Graf Ferenz Nadasdy, im kleinen Schloss des Dorfes Csejthe, wohin sie sich, Schlimmes ahnend, von ihrem Hauptschloss aus hingeflüchtet hatte.

Im Lauf der Jahre hatte die 1560 geborene Erszebeth, ein weiblicher Gilles de Rais, wie sie ihre Biografin Valentine Penrose nennt, angeblich bis zu 600 Mädchen aufs Grausamste gefoltert und getötet. In ihrer letzten großen Blutorgie tötete sie innerhalb von 14 Tagen 23 Töchter aus Familien des österreichischen Kleinadels, die als Gesellschafterinnen auf das Schloss der Bathory gelockt worden waren, während die Opfer davor aus den Familien armer Leute stammten. Zwei weitere adelige Mädchen hatte sie bereits vorher im Keller des Alten Harnischhauses in Wien in einem an die Decke hochgezogenen Käfig zu Tode martern lassen. Sobald Blut floss, rückte die Gräfin ihren Lehnstuhl unter den Käfig, um eine Blutdusche nehmen zu können, die ihr die Schönheit erhalten sollte. Ihre Untaten beging Erszebeth in Wien, auf langen Fahrten in ihrer Kutsche oder in einem der zahlreichen, einsam gelegenen Schlösser, die sie besaß.

Willige Helfer waren ihre Beschließerin Dorko, ihre Magd Jo Illona und Ficzko, ihr verwachsener Hofnarr. Ficzko wurde geköpft, die beiden Dienerinnen wurden lebend auf dem Scheiterhaufen verbrannt.

Da Erszebeth auch allerlei magische Mixturen an den Mädchen ausprobiert hatte (die Zutaten dazu kaufte sie auf dem Judenplatz in Wien), hätte man ihr eigentlich als Hexe den Prozess machen müssen. Die Kinder und Schwiegersöhne baten deshalb um die Gnade einer normalen Verhandlung für die Gräfin, da im Falle eines Hexenprozesses das Erbe an die Krone gegangen und für sie verloren gewesen wäre.

Im ersten Prozess zu lebenslanger Haft verurteilt, wurde die Blutgräfin in einem zweiten Prozess dazu verdammt, lebenslang lebendig in ihrem Schloss in Csejthe eingemauert zu werden. Nur kleine Luken für den Luftzutritt und das Essen blieben in ihrem Schlafgemach offen. Knapp zwei Jahre später, 1614, starb die Bathory, vom Wahnsinn geschlagen, an Hunger und Kälte. Schloss Csejthe, in Nordungarn gelegen, ist heute eine von Fledermäusen bewohnte Ruine.

In einer Arbeit über die Frau als Sexualverbrecherin kommt Heidemarie Hirschmann zu folgendem Schluss:

> "Sexualpsychologisch gesehen ist der Fall der Erszebeth Bathory der einer manisch-depressiven Sadistin mit rein lesbisch gerichtetem Aktionsdrang. Nie wurde ein Mann misshandelt. Dorko und Jo Illona mussten, wenn sie bei den Folterungen assistierten, Männerkleidung tragen. Alle Opfer waren junge Mädchen zwischen zwölf und fünfundzwanzig Jahren, und alle waren stets nackt. Die Quälereien trugen meist typisch weibliche Handschrift, etwa wenn den Mädchen der Mund vernäht wurde, damit sie nicht schreien konnten, wenn man ihnen unter jeden Fingernagel eine Nähnadel steckte, wenn sie mit Nadeln, Bügeleisen und Bügelbolzen gemartert wurden oder wenn die Gräfin sie Männerblicken aussetzte. Keine Nymphomanin hätte soviel Unheil stiften können, kein Sadist hätte so viele Opfer gebraucht, weil sich beim Mann eben die Befriedigung eingestellt hätte, während die Gräfin einen ganz bestimmten Rausch, einen Trancezustand suchte, einen Orgasmus des Gehirns." (zitiert in SCHREIBER 1971:32f.)

w.b.

Beckford, William: Abstieg in Iblis Hallen

William Beckford wurde 1760 geboren. Seine Eltern: Maria Hamilton (Williams Spitzname für sie: "Begum"), die von einem schottischen Grafengeschlecht abstammte, und William Beckford, ein steinreicher Zuckerrohrmagnat. Als Williams Vater 1770 starb, hinterließ er ein riesiges Vermögen, das dem Sohn zu einem Jahreseinkommen von 120.000 Pfund verhalf. Beckford, der neben vielen anderen Sprachen Persisch und Arabisch beherrschte, las die Märchen von TAUSEND UND EINER NACHT im Original. Die Welt des Orients mit ihren alten Mythen und ihrer exotischen Pracht beeindruckte ihn tief.

1781 veranstaltete er in Fonthill, dem Familiensitz, mit seiner Geliebten Louisa, der Frau seines Cousins, mit seinem Geliebten William Courtenay, einem Sechzehnjährigen, und einem Kreis auserwählter Jünglinge und Mädchen eine mehrere Tage und Nächte dauernde Weihnachtsorgie in einer Atmosphäre orientalischer Sinnlichkeit. Die Presse stempelte daraufhin Beckford zum von der Gesellschaft Ausgestoßenen. Rastlos reiste der Outlaw in ganz Europa umher, bildete sich und sammelte Kunstschätze.

1782 schrieb er in französischer Sprache die Geschichte des Kalifen Vathek nieder, sein Hauptwerk neben einer Reihe von Kunstbetrachtungen und Reisebeschreibungen. Die Geschichte des Kalifen hatte er d'Hebelots BIBLIOTHEQUE ORIENTALE von 1697 entnommen. Bei den Figuren des Romans machte er Anleihen aus seiner unmittelbaren Umgebung. Der unersättlich gierige Kalif, der auszieht um die Hölle, die unterirdischen Hallen des Iblis, zu erobern, spiegelt ihn selbst. Carathis, die ihn – vom Gift ihrer eigenen Pläne vergiftet – zum Bösen verleitet, ist seine hassgeliebte, herrschsüchtig-dominante Mutter Maria. Aus seiner Cousine Louisa wurde Vatheks wollüstige Geliebte, die Emirtochter Nouronihar. Beckfords Gespiele Courtenay gab den unschuldigen, reinen Knaben Gulchenrouz ab, dem der Zugang zum Paradies erhalten bleibt, während Vathek, der die schrecklichsten Verbrechen begangen hat, der ewigen Verdammnis anheim fallt.

Wolfram Benda, Übersetzer des "Vathek":

> "Beckfords kontrapunktische Kompositionsweise, die auf den Widerstreit zwischen Gut und Böse, Engel und Satan rekrutiert und im Roman unaufhörliche Variationen erfährt – am Anfang thront Mahomet im siebenten Himmel, das Ende spielt in Eblis' (Iblis) unterirdischem Palast, den Dschinnen oben entsprechen die Ghulen unten, dem Licht wird das Dunkel entgegengesetzt –, gründet auf dem Gegensatz zwischen sokratischer und epikuräischer Philosophie; einem tugendmäßigen Leben in Reinheit und Unschuld und einem der Lust." (zitiert in BECKFORD 1987:192)

Ab 1795 ließ Beckford den Familiensitz nach seinen von Piranesis Zeichnungen inspirierten, exzentrischen Träumen auf das Prächtigste im gotischen Stil zum "Palast der fünf Sinne" umbauen. Sogar der riesenhafte Turm entstand nach dem Vorbild im "Vathek". An den 11 Meter hohen Toren empfing ein Zwerg standesgemäß die Besucher. Die Räume füllte er mit seinen Sammlungen: Mineralien

Edelsteine, Münzen, Miniaturen, Zeichnungen, Gemälde, Porzellan, Vasen, Kelche, Kuriositäten. Eine große Bibliothek barg kostbare Bücher, Drucke und alte Manuskripte. Die Bibliothek hatte in einem alten Abbé einen eigens angestellten Bibliothekar. Außer bei heißem Wetter unterhielt die Dienerschaft in sechzig Räumen beständig Feuer.

1823 waren Beckfords Geldmittel erschöpft. Er verkaufte Fonthill Abbey und errichtete in der Nähe von Bath einen neuen, "Lansdown Baghdad" genannten Wohnsitz. 1844 starb er. Auf den Zuspruch und die Segnung durch einen Geistlichen verzichtete er ausdrücklich. Um nichts mochte er sich dem Schicksal entziehen, dass → Iblis dem Kalifen Vathek zugedacht hatte, "dem Gewissen zur Beute gegeben und einem Schmerz sonder Ende noch Grenzen".

w.b.

Beethoven, Ludwig van: Der dunkle Gott der Musik

Busoni: "Die Wege, die uns Beethoven eröffnet, können nur von Generationen zurückgelegt werden. Sie mögen – wie alles im Weltensystem – nur einen Kreis bilden; dieser aber ist von solchen Dimensionen, dass der Teil, den wir von ihm sehen, uns als gerade Linie erscheint." (RENNER 1965:353)

Der in Bonn geborene Ludwig van Beethoven (1770-1827) stammt aus einer Musikerfamilie. Er hatte eine schwere Kindheit, der Vater war Alkoholiker, seine Mutter starb bereits 1787. Durch seinen Lehrer Christian Gottlob Neefe lernte er die Musik Johann Sebastian Bachs kennen und beherrschte bald dessen Wohltemperiertes Klavier – auswendig, versteht sich! Als er nach Wien übersiedelte, genoss er bereits einen Ruf als Klaviervirtuose (→ Franz Liszt). Bereits Ende der 1790er Jahre erlitt er seine ersten Gehörstörungen, die seine Karriere als Pianist vorzeitig beendeten. Die beginnende Taubheit brachte ihm 1801/02 eine heftige Krise, die er durch Selbstmord beenden wollte. Er aber hat sich für das Leben entschieden und weiter komponiert. Sein historisch bedeutsamstes Werk, die 9. Symphonie hat er als Tauber komponiert und niemals gehört. Ohne Richard Wagner wäre diese Symphonie verloren gegangen. Er hat die Partitur von all ihren Fehlern bereinigt und in die bis heute meist aufgeführte Form gebracht. Beethovens Neunte gilt als die Symphonie an sich; für Wagner war sie der Beginn der dramatischen Musik und des Musikdramas.

Von Beethoven stammt der viel zitierte Satz: "Musik ist eine höhere Offenbarung als alle Weisheit und Philosophie"!

Beethoven blieb zeitlebens Junggeselle, eine Tatsache, die zu vielen Spekulationen über eine etwaige unerreichbare "unsterbliche Liebe" oder Homosexualität führte. Sein eremitenhaftes Dasein sorgte für öffentliches Unbehagen. Den Bürgern galt er als verwahrlost und dreckig.

Mit seiner Eroica, seiner dritten → SYMPHONIE, errang er internationalen Ruhm und wurde als originellster Geist der europäischen Musikszene gefeiert. Seine Musik inspirierte oder deprimierte die nachfolgenden Komponisten der Romantik. Er galt ihnen als das herausragende Genie, als "Gigant", dessen Leistungen unerreichbar bleiben würden. Der deutsche Komponist Franz Schubert (1797-1828) sprach vom "dunklen Gott Beethoven". → RICHARD WAGNER schätzte ihn über alle Maßen. Er sagt, "dass Beethoven der größte Melodiker war, der je gelebt; es war wie die Kondeszendenz eines Gottes..." (16.1.1880) Vom Anfang der Neunten sagte Wagner: "Das ist der Kessel, der dämonische, der immer gebrodelt hat, den man nur nicht hört." (26.91879)

Beethoven ist vor allem als der Symphonien-Komponist in die Musik- und Kulturgeschichte eingegangen. Seine insgesamt neun Symphonien bilden das Kernstück der Klassik. Seine Symphonien, die nicht nur Nummern trugen, sondern Namen hatten (Eroica, Schicksalssymphonie, Pastorale), erreichten Weltruhm und gehören bis heute zu den beliebtesten klassischen Konzertstücken. Der Schlusssatz aus seiner neunten Symphonie wurde sogar zur Europahymne von der EU gewählt.

Beethoven war der Komponist der Freiheit, Brüderlichkeit, Gleichheit, den Idealen der französischen Revolution, sowie der Aufklärung. Davon künden vor allem seine 9. Symphonie, mit dem Text "Ode an die Freiheit" von Friedrich Schiller, und die → OPER FIDELIO.

Der als Medicus ausgebildete Schiller wurde der engste Freund Beethovens. Schillers medizinischer Grundsatz war recht einfach: "Viel hilft viel", vor allem reichlich → OPIUM und Campher (= Kampfer).

Beethoven hat als erster Komponist richtig "gerockt"! Vor allem in seinen Symphonien, z.B. der 5ten, der "Schicksalssymphonie", die mit einem pochenden Rhythmus beginnt, dem Anklopfen des Todes an die eigene Tür! Seine "rockige" Symphonie Nr.7 hat → RICHARD WAGNER als "Apotheose des Tanzes" bezeichnet und als vollkommenes Werk hoch geschätzt. Rockige Rhythmen tauchen häufig in seiner Oper FIDELIO auf. Wenn Beethoven die klassische Rockmusik erfunden hat, dann hat Wagner den Heavy Metal begründet.

In Beethovens einziger Oper FIDELIO (1805; sie sollte zunächst Leonore heißen) gibt es in der Kerkerszene (2. Akt) eine sehr ergreifende Arie (Florestan, Tenor), deren Text einem Gothic-Stück entsprungen sein könnte. Der unschuldige Häftling ist zunächst verzweifelt:

"Gott, welch‘ Dunkel hier!
O grauenvolle Stille!
Öd ist es um mich her;
Nichts lebet außer mir.
O schwere Prüfung!
Doch gerecht ist Gottes Wille..."

Doch erklingt am Ende der Angst das Licht. Von einer ergreifenden Oboenmelodie begleitet ergreift ihn eine ekstatische Vision:

"Und spür' ich nicht linde, sanft säuselnde Luft?
Und ist nicht mein Grab mir erhellet?
Ich seh', wie ein Engel im rosigen Duft
Sich tröstend zur Seite mir stellet,
ein Engel, Leonoren,
Leonoren, der Gattin so gleich,
der, der führt mich zur Freiheit
ins himmlische Reich!"

• FIDELIO (1805/1814)

Oper in zwei Akten, Text: Erstfassung von Joseph Sonnleithner; Endfassung von Friedrich Treitschke. UA der ersten Fassung, Wien 1805; der zweiten Fassung, Wien, 1814). Das Werk wäre fasst der Zensur zum Opfer gefallen, wegen "revolutionärer Gesinnung"!

FIDELIO ist vielleicht das erste Musikdrama, da die Musik durchweg symphonisch konzipiert ist... Die schwierigen und anstrengenden Partien der Leonore und des Florestan deuten schon auf die großen Wagnerrollen; sie werden seit Ende des 19. Jh. fast immer von → WAGNER-Heroinen und Wagner-Tenören gesungen.

Die Kompositionen Beethovens (vor allem seine Symphonien und Streichquartette, aber auch seine Klavierwerke) haben nicht nur die folgenden Komponistengenerationen maßgeblich beeinflusst, sondern auch stark auf die Rockmusik, den Symphonic Rock und den → HEAVY METAL und sogar auf den → JAZZ gewirkt. Seine Musik wird oft in Soundtracks für Kino- und Fernsehfilme zitiert oder paraphrasiert. Die Klänge aus seiner Missa Solemnis (1819-23), eine Art → REQUIEM für sich selbst, dienen als Vorlage für die musikalische Untermalung von mystischen Szenen, dunklen Ritualen und klösterlichen Atmosphären.

chr.r.

Berg: Gipfel des befreiten Denkens

"Wolken schweben zu meinen Füßen, und schon scheinen mir Athos und Olymp nicht mehr ganz unglaubhaft", sinniert Petrarca 1326 in einem Brief an seinen Vater. Sieht man von Özzis unbekannten Beweggründen ab, beginnt mit diesem Frühhumanisten die erste dokumentierte Alpenbesteigung allein der Bergbegehung wegen.

Bei allen Völkern müssen die oft wuchtigen Erhebungen mit ihren botanischen, geologischen und meteorologischen Besonderheiten ein Objekt tiefer Ehrfurcht gewesen sein. Verbindet sich doch *Berg* mit *bergen*, *etwas verbergen*, aber ebenso mit *Geborgenheit.* Hohe Gipfel verbergen sich wolkenverhangen oder unter ewigem Eis.

Sie vermitteln Beständigkeit, Festigkeit, schweigende Gefestigtheit. Goethe, der oft die passenden Worte fand, dichtete: "Über allen Gipfeln ist Ruh`." Tatsächlich aber bleiben Berge unmerklich immer in Bewegung, geprägt von permanenten Wettereinflüssen. Gelegentlich trennen sie sich von mürbem Ballast und lassen unter unnachahmlichem Brausen Muren und Lawinen ins Tal donnern. Der mythische Berg Meru versinnbildlicht die Weltenachse,. Nabel und Zentrum der Erde, um den die Drachen der kosmischen Kräfte schweben und tosen. Auf dem Olymp im "hohen → NORDEN" wohnen, feiern und zeugen die Götter.

Berge sind Orte der Begegnung zwischen unteren und oberen Ebenen des Seins (Merkur- und Wodansberge), der Offenbarung (Sinai), der Verklärung (Tabor), der Entrückung (Untersberg), der Bannung lästiger Geister (Feldberg im Schwarzwald), der Begegnung mit dem Seelenprinzip Dionysos, so im nordeuropäischen Bild der

Steinerne Agnes im Lattengebirge, Bad Reichenhall.
Unter dem Pseudonym "Karl und Agnes" geistern Wodan und Frigga durch die christlichen Sagen der Alpen

→ WALPURGISNACHT (Brocken) oder mit Venus als Göttin frühlingshafter Liebe und neuen Lebens aus dem Tod (Hörselberg). In Indien repräsentieren spitze, phallusähnliche Gipfel den Lingam Shivas, Symbol universeller Fruchtbarkeit. Auf der psychologischen Ebene bieten Lingam und Hochgipfel Ausdruck für Vorbereitung, Organisation und innovative Ideen.

Pilgerfahrten zu heiligen Bergen demonstrieren unsere Sehnsucht nach geistigem Aufstieg, höchster Menschwerdung und unsere Chancen dazu. Berge werden so auch Sinnbild des Zustands meditativer, kontemplativer Erhöhung, befreiten Denkens, "schauender Begegnung mit der Wirklichkeit des Seins" und der Erfahrung des persönlichen Gottesbilds. Unzählige Gipfelkreuze (→ KREUZ) hierzulande zeugen noch davon. Vermutlich war es wieder Goethe, der sein tiefes Naturerlebnis in den Bergen zum ersten Male literarisch verarbeitet hat (FAUST, WILHELM MEISTERS WANDERJAHRE und im Gedicht "Harzreise im Winter"). Er erhöhte dieses Urerleben zur Apotheose.

Doch weitläufige Gebirgshöhen im ewigen Eis weisen auf eine frostige Sphäre, in der ein schneidender Wind alles erstarren lässt. In okkulter Symbolik bieten sie ein Bild für abstraktes Denken, höchstes Verstehen auf Basis sorgfältigster Unterscheidungskraft, gereinigt und befreit von spekulativem Ballast, von sentimentalem Wunschdenken, dunklen Hirngespinsten und stark eingegrenzter Weltsicht. Es findet seinen reinsten Ausdruck in der Wissenschaft der Mathematik. Solche Vorstellungen erscheinen den meisten Menschen als kalt und unwirtlich. Gletscher im Hochgebirge speisen allerdings unsere Gewässer und unser Grundwasser. Zur Zeit laufen sie leider alle Gefahr, hinwegzuschmelzen.

c.z.

Berlioz, Hector: Ein Mensch gewordenes Paradoxon

1803-1869

Der Komponist Hector Berlioz als Begründer der französischen musikalischen Romantik, als Prophet der modernen Instrumentation und Erfinder der "Programm-Musik" oder der "Programm-Sinfonie". Seine → OPERN nannte er "szenische Programm-Musiken". Der "Don Quixote der → MUSIK" sagte: "Man soll ausdrucksvoll und wahr sein, dabei aber doch der Musik... neue Mittel geben, um sie wirkungsvoll zu machen." Sein Ziel war es, dichterische Visionen möglichst "realistisch" in Tönen zu malen. Mit Tönen und Klängen im Hörer innere Reisen und Visionen auszulösen. Das musikalische Programm als Triperfahrung.

Berlioz wurde in Côte Saint-Andre geboren. Sein Vater war Landarzt und schickte seinen Jungen nach Paris zum Medizinstudium. Der beschäftigte sich aber viel lieber mit den Künsten, mit klassischer Literatur (vor allem mit Vergil), las Shakespeare und vertiefte sich in die Musik von → CHRISTOPH WILLIBALD GLUCK. Als er das Medizinstudium schmiss, bekam er vom Vater keine weitere finanzielle Unterstützung. Er schlug sich als Theater-Chorist durch. Er begann ein Musikstudium am Conservatoire, brach dies jedoch ab, weil ihn der akademische Drill anwiderte. Als

Musiker konnte er sich nicht selbst ernähren. Erst 1830 erhielt er den begehrten und ruhmreichen Rompreis und damit ein dreijähriges Stipendium in Rom. Allerdings wurden seine Werke vom Pariser Publikum ausgepfiffen. Er wurde in Frankreich erst nach seinem Tode erkannt und geschätzt. Heute gilt Berlioz als der erste "Klangzauberer" und als erster "Zukunftsmusiker". Berlioz hat in seinem Werk einen erheblich Beitrag zur "schwarzen Romantik" geschaffen.

Saint-Saëns nannte ihn ein "Mensch gewordenes Paradoxon".

> "Mag Berlioz‘ Lebenswerk fragmentarisch sein und in sich zwiespältig -: Selbst wo er irrte, erzwang er mit seinen ‚aufgetürmten Unmöglichkeiten‘ Entscheidungen, erschloss er neue Wege, und sei es, indem er Widerspruch erweckte. An Berlioz schieden sich die Geister. Nie war eine wohltemperierte Atmosphäre um ihn; Tumulte, Pfeifkonzerte, Schlägereien waren die Begleitmusik seines Weges. Niederlagen musste er hinnehmen, Triumphe wurden ihm zuteil; zu rebellieren und rebellisch zu machen, das war sein Schicksal." (RENNER 1965:454)

Berlioz wurde stark von der deutschen Musik (→ Gluck, → Beethoven, Weber) beeinflusst. Er bearbeitete die Opern Alceste und Orpheus und Eurydike von Gluck (seither ist es üblich, den Orpheus von einer Altstimme singen zu lassen). Die gesprochenen Dialoge im → Freischütz mussten für die Pariser Aufführung des Le Freischutz 1841 an der Académie Royale de la Musique (Grand Opéra) von Berlioz nachkomponiert werden.

Berlioz war fasziniert von Goethes Faust, den er 1828 in der französischen Übertragung des 19-jährigen Gérard de Nerval kennenlernte. Sein erstes "offiziel-

Hector Berlioz (1803-1869),
Zeitgenössisches Porträit (Stahlstich, 19.Jh.)

les" Opus oder Werk wurde dann auch HUIT SCÈNES DE FAUST, OP. 1 (1829). Dabei handelt es sich um ein Auswahl einiger Ausschnitte und Lieder (insgesamt 8 Szenen) aus der literarischen Vorlage. Berlioz war mit diesem Opus jedoch unzufrieden und zog es zurück. Erst 18 Jahre später nahm er das Werk wieder auf und benutzte es als Grundlage für seine "Oper" LA DAMNATION DE FAUST (1846 – ein Jahr nach Gründung des Club de Haschichins in Paris!).

Faust war ein wahrer Quell der Inspiration: "Ich suchte die Ideen nicht, ich ließ sie herankommen, und sie traten in ganz unvorhergesehener Ordnung auf." Die Musik komponierte sich selbst. Die BALLADE VOM KÖNIG IN THULE (LE ROI DE THULÉ) (Chanson gothique) vertonte er 1828 im "style gothique"; kirchentonartig unter Verwendung "altertümelnder" Intervalle der übermäßigen, "lydischen" Quart. Die "überirdische" Musik, die "Traummusik" im Tempo di Valse (Walzertakt) zum "Tanz der Sylphen" ist geradezu zum Archetypen für entsprechende Szenen in der → FILMMUSIK avanciert, an dem sich Filmkomponisten reichlich bedienten. In der Pandaemonium Szene benutzt Berlioz eine frei nach Swedenborg (18. Jh.) gebildete (künstliche) "Höllensprache", mit der → SATAN, Belphégor, Méphisto, Kroix, Astaroth und Belzébub beschworen werden. Bei Berlioz fährt Faust zur Hölle, wo sich ein "gähnender Höllenschlund" öffnet und den Verdammten verschlingt. Diesen Schluss hat er von Marlowe's Versdrama THE TRAGICAL HISTORY OF DR. FAUSTUS.

An Goethe schickte Berlioz die Zeilen:

> "Obgleich ich fest entschlossen war, niemals meine schwachen Klänge mit Ihrer erhabenen Dichtung zu vereinen, wurde die Versuchung doch nach und nach so stark, der Reiz so mächtig, dass sich die Musik zu den meisten Szenen beinahe gegen meinen Willen einstellte."

Carl Friedrich Zelter, der musikalische Berater Goethes spottete über Berlioz Komposition: "Der Schwefelgeruch des Mephisto zieht ihn an, nun muss er niesen und prusten, dass sich alle Instrumente im Orchester regen und spuken."

Die Musik von Berlioz hat oft etwas sehr illustratives. Sie illustriert die Handlung. Seine Musik erzählt Geschichten und erzeugt entsprechende Bilder. Soundtracks für innere Filme.

Aber der literarische Einfluss von Goethes FAUST hat sich ebenfalls in der SYMPHONIE FANTASTIQUE von 1830 niedergeschlagen.

> "Berlioz hat ein so enges und vor allem auch so ins musikalische Schaffen eindringendes Verhältnis zur Literatur überhaupt wie kein Komponist vor ihm; er ist der Prototyp des literarischen Komponisten..." (DÖMLING 2001:31f.)

Die von Victor Hugo proklamierte "prophetische Vision einer Kunst der Moderne" erfüllte sich in seiner SYMPHONIE FANTASTIQUE (BERLIOZ 2002:203).

Die SYMPHONIE FANTASTIQUE (op.14, 1829), Untertitel: Épisode de la Vie d'un Artiste (Episode aus dem Leben eines Künstlers), gilt als sein Hauptwerk. Dieser

"Archetyp" der Programm-Musik ist eine musikalische Phantasiereise, ein musikinduzierter Opiumtrip – so wollte es Berlioz selbst! Der Komponist wollte die dichterische Vision möglichst realistisch in Tönen ausmalen, akustische Traumbilder erwecken. Der medizinisch gebildete Berlioz kannte das → OPIUM selbst; "1830: wird Opium zur meist gehandelten Ware der Erde!" (FOYLE 1998:33).[1] Er wurde nicht nur durch Faust inspiriert, sondern wesentlich durch die Lektüre von Thomas de Quinceys BEKENNTNISSE EINES ENGLISCHEN OPIUMESSERS[2] beeinflusst. Der US-amerikanische Komponist und Dirigent Leonard Bernstein (1918-1990) schrieb in seinem Buch YOUNG PEOPLE'S CONCERTS (1962), dass Berlioz' SYMPHONIE FANTASTIQUE der erste psychedelische Musiktrip sei, die erste "psychedelische Symphonie" – 130 Jahre vor den Beatles!

Die Geschichte dieser (ersten) Programm-Symphonie ist ein "autobiographisches Bekenntnis". Sie beruht laut Berlioz auf einer "wahren Begebenheit", über die leidenschaftliche Liebe und unerfülltes Begehren eines jungen Künstlers. "Als er seine Liebe verschmäht glaubt, vergiftet der Künstler sich mit Opium und verfällt in einen von grausigen Visionen begleiteten Schlaf." (Text aus gedrucktem Programm für die Konzertbesucher)[3] Der opiumberauschte Künstler, der sich zunächst leidenschaftlichen Träumen und der schönen Landschaft hingibt, erlebt einen wahren Hexensabbat. Plötzlich wird er ergriffen und zum Schafott geführt. Sein ursprünglich beglückender Traum wird zur Nachtmahr, zum Albtraum. Die zitierte katholische Hymne *Dies irae* (→ REQUIEM) geht in einen furiosen Sabbat-Tanz über! Er sieht sich plötzlich inmitten eines wilden Hexengelages. Die Hexen und Geister haben sich zu einer Totenfeier versammelt. Der junge Musiker erkennt in dem grausigen Treiben das Begräbnis seiner Geliebten und – so würde man heute sagen – freakt aus. Ein "Rausch in Musik", ein "instrumentales Drama". Im Satz V (Songe d'une nuit du Sabbat, Traum einer Sabbatnacht) weisen die dunklen stampfenden Trommeln und Paukenrhythmen zu den obertonreichen, schrillen hohen Flöten beim Hexentanz auf die dionysische Ekstasemusik (→ WALPURGISNACHT)!

"Ich hatte einen rasenden Erfolg, die SYMPHONIE FANTASTIQUE wurde mit Geschrei und Getrampel begrüßt, die *March au supplice* hat man *da capo* verlangt. Der ‚Sabbat' hat alles mit fortgerissen durch seine satanische Wirkung", schrieb er nach der Uraufführung. Was war geschehen? – Wie konnte Musik eine "satanische Wirkung" ausüben, die auch noch ekstatisch bejubelt wurde – wie heutzutage bei einem Rockkonzert? - "Ein ganzer → BEETHOVEN steckt in diesem Franzosen", schwärmte Ludwig Börne bei der Uraufführung. Berlioz lernte dabei → FRANZ LISZT (1811-1886) kennen, daraus entwickelte sich eine lebenslange Freundschaft. Es ist auch Liszt gewesen, der das Werk nach Deutschland brachte und bekannt machte. 1855 gab es die Erstaufführung der beiden zusammenhängenden Werke SYMPHONIE FANTASTIQUE und LÉLIO in Weimar unter Leitung von Franz Liszt. → RICHARD WAGNER liebte und schätzte die SYMPHONIE FANTASTIQUE mehr als andere Kompositionen:

> "die Gewalt der nie zuvor von mir geahnten Virtuosität des Orchestervortrags [hat] auf mich geradezu betäubend gewirkt. Die phantastische Kühnheit

Hector Berlioz (1803-1869)

und scharfe Präzision, mit welcher hier die gewagtesten Kombinationen auf mich eindrangen, trieben mein eigenes musikalisch-poetisches Empfinden mit schonungslosem Ungestüm scheu in mein Inneres zurück. Ich war nun ganz Ohr für Dinge, von denen ich bisher keinen Begriff hatte."

Der Teufelsgeiger → NICOLÒ PAGANINI erlebte am 16. Dezember 1838 in Paris eine Aufführung der SYMPHONIE FANTASTIQUE unter Stabführung des Komponisten. Darauf schrieb Paganini an Berlioz, lobte dessen "göttliche, Ihrem Genius so würdigen Kompositionen" und schenkte dem stets verschuldeten Komponisten großzügig zwanzigtausend Francs! Das ist eins der Beispiele wie die fantastische Symphonie auf die Menschen der Romantik wirkte!

Berlioz setzte den Opiumtrip seiner phantastischen Symphonie in dem szenischen, von dunklen Chorälen durchzogenen und von einem Sprecher geführten Werk LÉLIO ODER DIE RÜCKKEHR ZUM LEBEN (op.14bis, 1831) fort. Nach dem der opiumberauschte Künstler (Lélio ist eine Verballhornung von Berlioz) sein visionäres Sterbe- und Wiedergeburtserlebnis ausgekostet hat, kehrt er quasi neugeboren ins Leben zurück. Lélio:

"Wenn aber das treulose Gift meine Verzweiflung täuschte, wie konnte ich jenen Traum überleben; wo nahm ich Kraft her, um nicht zu erliegen dem entsetzlichen Druck der eisernen Hand, die mich packte?"

Berlioz schätzte LÉLIO höher ein als die SYMPHONIE FANTASTIQUE, weil in dem Monodrama die Unterwerfung des symphonischen unter das poetische Prinzip konsequenter sei. LÉLIO ist die Erfindung des Hörspiels vor dem Radio. Der Zuschauer sollte möglichst nicht sehen, sondern durch Hören erfahren.

→ FRANZ LISZT hat von diesem Werke ausgehend im Jahre 1834 seine GRANDE FANTAISIE SYMPHONIQUE SUR DES THÈMES DE "LÉLIO" DE BERLIOZ ("GROßE SYMPHONISCHE PHANTASIE ÜBER THEMEN AUS DEM ‚LÉLIO' VON BERLIOZ") für Klavier und Orchester geschrieben (eine "selten gehörte Kuriosität"); ein Beispiel für die damalige "Zukunftsmusik".

Berlioz hatte eine deutliche Affinität zur opiuminspirierten Lyrik seiner Zeitgenossen. Seine Programm-Symphonie für Bratsche und Orchester HAROLD EN ITALIE (op.16, 1834) entstand nach → LORD BYRONS CHILDE HAROLD'S PILGRIMAGE (1818). Sein Musiklehrer Pastou machte Berlioz ein großes Kompliment: "Sie sind der Byron der Musik." In der Tat identifizierte sich Berlioz mit Byrons Helden Harold, einem melancholischen Träumer. Im Finale (*Allegro frenetico*) beschreibt Berlioz eine

"rasende Orgie, wo der Rausch des Weines, des Blutes, der Freude und des Zorns zusammenwirken, wo der Rhythmus bald zu stolpern, bald wild vorwärts zu drängen scheint, wo wie aus metallenem Munde Flüche geschleudert werden und Gotteslästerungen auf flehende Stimmen antworten, wo man lacht, trinkt, schlägt, tötet, schändet und sich schließlich amüsiert."

1840/41 vertonte Berlioz sechs Gedichte aus COMÉDIE DE LA MORT von Théophile Gautier (1811-1872), dem Protagonisten des Club de Haschichins, unter dem Titel

Les Nuits d'été ("Sommernächte", op.7). In diesen Liedern, zunächst für Tenor oder Mezzosopran und Klavier, später (1956) orchestriert, *sieht* man förmlich den Hauch des Opiums und Haschischs. Sie gelten als die Krönung seines Liedschaffens.

Weitere Werke (Auswahl):

• La Damnation de Faust (Fausts Verdammnis), Dramatische Legende in vier Teilen (1846)

Text von Hector Berlioz, Almire Gandonnière & Gérard de Nerval nach Goethes Faust. Goethes Faust wurde von dem 20jährigen Gérard de Nerval ins Französische übersetzt. Diese Komposition wurde Franz Liszt gewidmet; sie ist noch eine Art Kantate, fast schon eine Oper, auf jeden fall ein frühes Musikdrama und wurde als "Traumoper" (Wolfgang Dömling, guter Kenner von Berlioz' Werk) bezeichnet.

Die von Mephisto beschworenen Gnomen und Sylphen singen Faust in einen "wollüstigen" Schlaf bzw. in einen somnambulen, also einen veränderten Bewusstseinszustand. In Trance umgaukeln Faust die Geister in einer Liebesvision. Musikalisch ist die Beschwörungsszene mit Mephisto durch den Intervall des Tritonus, dem *Diabolus in musica*, charakterisiert (→ Teufelstriller, → Akkord des Teufels). Mit der neckischen Musik "Menuett der Irrlichter" hat Berlioz eine Art Urtypus für spätere Vertonungen von Zeichentrickfilmen geschaffen (→ Filmmusik). Die "Prinzen der Finsternis" (*Les princes des ténèbres*) singen zum Chor aus der Hölle, der in der Swedenborg'schen Höllensprache des 18. Jahrhunderts (einer Geheimsprache) Satan, Belphégor, Méphisto, Kroix, Astaroth und Belzébuth beschwört – Höllenmusik.

• Requiem (*Grande messe des morts*), op. 5 (1837)

Text zu gleichen Teilen aus der Liturgie und aus dem Gedicht von Thomas von Celano (gest. ca. 1250).

Dieses monumentale → Requiem verlangt ein unglaubliches Ausmaß der Darbietenden, ein pompöses, sehr großes Hauptorchester, vier Blechbläsergruppen als tönende Satelliten, einen riesigen Chor und nur einen Solisten (Tenor). Das explodierende *Dies irae* und das gewaltige *Tuba mirum* gehören zu den lautesten jemals komponierten Stücken. Das Auftragswerk wurde im Gegensatz zu anderen Kompositionen über Nacht ein großer Erfolg.

• Roméo et Juliette - Symphonie dramatique, Op.17, (1839)

Programmusik nach Shakespeares Drama.

Der geistesverwandte Freund Théophile Gautier (1811-1872) sagte, dass Faust und Roméo et Juliette auf einer "Scène idéale" spielten, also ihre Show in der Phantasie des Publikums abspulten. Auch in Roméo et Juliette spielt ein Gift, das den → Tod vortäuscht, aber den Vergifteten nach einer Weile wieder zum Leben erwachen lässt, eine zentrale Rolle: es ist wahrscheinlich ebenfalls Opium gemeint!

• TRISTIA, op. 18 (1852)

Für Chor und Orchester; dreiteilige Sammlung: I *Méditation religieuse* (Gedicht von Thomas Moore) – II *La Morte d'Ophélie: Ballade* (Gedicht von Ernest Legouvé) – III *Marche funèbre pour la dernière scène d'Hamlet* (nach Shakespeare; Trauermarsch). Den Ausdruck *tristia*, "traurige Dinge" hat er von Ovid entlehnt.

• LES TROYENS (Die Trojaner) (1863; Uraufführung der ganzen Oper 1890)

Grand Opéra in fünf Akten; Libretto von Berlioz nach der AENEIS von Vergil (70-19 v. Chr.), dem römischen Nationalepos.

Mit dieser "Ars poetica in dramatischer Form" schuf Berlioz ein Musikdrama, keine herkömmliche Oper. Der Opernreformer erklärte hiermit den Krieg gegen die Konventionen und gegen das Diktat der Sänger. Kein Unterhaltungsprogramm, sondern hoher Anspruch an Text und Klang. Es wird die Niederlage der Trojaner geradezu klassizistisch dramatisiert, eine "vershakespearete Aeneis". Ständig begegnet man dem Dunklen: in der Prophetie der Cassandra, im von ihr angeordneten Massenselbstmord, in der Erscheinung von Hectors Schatten, in Didons Weltabschied und in der Trauerzeremonie. Berlioz hat hierfür neue Klänge geschaffen, z.B. die vier gestopften Hörner, der Summchor, die starke Anregungen für spätere → FILMMUSIKEN lieferten.

chr.r.

Anmerkungen:

[1] "Der Rausch der Sinne als Daseinsform war ein Ideal vieler Pariser Künstler des 19. Jahrhunderts. Um diese herzustellen, wurde nicht selten nachgeholfen und zum Opium, der Modedroge des 19. Jahrhunderts, gegriffen." (Heidlberger in BERLIOZ 2002:139)

[2] In der französischen Nacherzählung (nicht Übersetzung!) von Alfred de Musset, L'ANGLAIS MANGEUR D'OPIUM (Paris, 1828)

[3] Druckausgaben von 1845 und nach 1855: "Ein wichtiger Unterschied zwischen diesen beiden besteht darin, dass die letzte Version die ganze Symphonie, nicht nur die beiden Schlusssätze, als Vision im Opiumrausch deutet." (DÖMLING 2001:35)

Bermudadreieck: Spuk des versunkenen Atlantis?

Zwischen Miami, Bermuda und Puerto Rico gähnt das geheimnisvolle und berüchtigte Bermudadreieck, eine Art → SCHWARZES LOCH. Tatsächlich verschwinden dort jährlich bis zu dreißig Flugzeuge oder Schiffe. Spurlos, wie manche meinen, da sie sich zumindest auf Nimmerwiedersehen vom Radar-Schirm verabschieden. Kenner wissen mehr und berichten von Piloten, die plötzlich in dunkle Nebel- oder Dunstwolken hineinflogen. Dabei seien sie weit zurück in die Vergangenheit oder in die Zukunft katapultiert worden. Als Gründe kursieren magnetische Anomalien in diesem magischen Dreieck, die jede Kompassnadel versagen lassen. Andere wähnen ein gieriges Ungeheuer vom Ausmaß einer → TIÂMAT, das vor dem Abyssos wacht (→ ABGRUND) oder unruhig konvulsivischen Spuk des versunkenen Atlantis. Amerikaner sollen im 2. Weltkrieg an dieser Stelle Experimente mit einem künstlichen Magnetfeld durchgeführt haben, deren Wirkung heute noch auf Navigationsinst rumente schlage. Neuerdings glauben Zeitgenossen sogar an Entführungen durch wie Al-Kaida weltweit operierende Aliens. Aber ähnliche Phänomene spurlosen Verschwindens ereignen sich ebenso auf meinem Schreibtisch.

Wissenschaft gibt sich denn auch mit weniger aufregenden Erklärungen zufrieden. Extrem hohe Windgeschwindigkeiten in diesem Bereich können Flüge verlangsamen oder beschleunigen, Messgeräte beeinträchtigen und vom Ziel ablenken. Neuerdings fanden Geowissenschaftler ein ungeheures Methangas-Vorkommen im Bermudadreieck. Methan bildet sich da, wo Biomasse in feuchter Umgebung und von der Luft abgeschlossen durch die Stoffwechselaktivität natürlicher Mikroorganismen zersetzt wird. Wird der Druck in diesen Gasblasen zu groß oder reißen seismische Aktivitäten alles Gefüge auseinander, befreit sich das Methan mit ungeheurer Kraft aus seinem unterirdischen Kerker und jagt nach oben. Dabei verringert es die Dichte des Wassers und letztlich seine Auftriebskraft. Dringen große Mengen nach oben, sacken schwere Frachtschiffe wie dicke Steine nach unten.

Methangas steigt aber auch als hochexplosiver Stoff in die Atmosphäre, beeinflusst die Aerodynamik eines Flugzeugs und kann es zum Schlingern oder gar zum Absturz bringen. Ein einziger Funken aus den Kerosinmotoren vermag dabei eine gewaltige Explosion auszulösen. Dann bleibt selbst von einer Boeing kaum noch etwas übrig.

c.z.

Besessenheit: Den Dämonen verfallen

Theologen unterscheiden zwei Formen der Besessenheit.

- In der Umsessenheit (circumsessio) belagert der Teufel und seine dämonischen (→ Dämonen) Helfer einen oder mehrere Menschen.

Eine Umsessenheit, die über 35 Jahre andauerte und gut dokumentiert ist, ereignete sich im Leben von Johannes Vianney (1786-1859), des Pfarrers von Ars. Bei Nacht wurde an den Vorhängen seines Bettes gerissen, Keulenhiebe wurden gegen die Tür geführt, im Haus hörte man ein Donnergepolter wie vom Vorbeirollen mehrerer Wagen, Feuer züngelte auf das Pfarrhaus zu, im Hof hörte man unverständliche Schreie. Im Zimmer des Pfarrers wurden Stühle umgeworfen, die Möbel hin und her gerückt, die Matratze aus dem Bett gezerrt, auf dem Speicher hörte man ein Getrappel wie von einer Schafherde, ein Gemälde, das die Verkündigung darstellte, fand man mit Kot bedeckt. Am Morgen des 24. Februar 1857, Vianney saß schon lange in der Kirche im Beichtstuhl, schlugen Flammen aus seinem Bett.

Mehrfach hatte der Pfarrer das Gefühl, dass der Teufel ihm auf der Treppe vorausging. Eines Nachts, ohne dass ein Riegel gegangen war, fühlte er den Teufel ganz in seiner Nähe. Vianney spürte Furcht und ein schreckliches, inneres Erschauern. Erst das Zeichen des Kreuzes machte dem Spuk ein Ende. Nach einiger Zeit kam dem Pfarrer dieses dauernde Zuzweitsein fast schon normal vor. "Man gewöhnt sich an alles", erklärte er, "der Teufel und ich sind sozusagen Kameraden."

Wegen dieser Nähe zu den höllischen Geistern hatte der Bischof dem Pfarrer von Ars die Befugnis erteilt, als Exorzist zu wirken. Mal legte der Pfarrer den Besessenen ein Reliquienkästchen auf, mal sprach er Segensworte oder Gebete. Meistens konnte er die Opfer von ihrem Peiniger befreien. Noch am Abend vor seinem Tod brachte man ihm eine Besessene in den Pfarrhof. Als die Frau nach dem Exorzismus frei und glückstrahlend zu ihrem Gatten heraustrat, konnte man im Hof ein Geräusch wie von wildem Niederbrechen von Baumästen hören, so dass alle Anwesenden erschauerten. Als man im Hof nachschaute, fand man die Bäume aber unberührt.

- In der Obsessio nimmt der Dämon von einem Menschen Besitz, wohnt in ihm und bedient sich seines Organismus und seiner Organe, quält ihn, verleiht ihm aber auch außergewöhnliche Kräfte.

Nach dem 2. Weltkrieg, als das ganze Ausmaß des Terrors, den die Nationalsozialisten ausgeübt hatten, offenkundig wurde, spekulierte man häufig, ob → HITLER und seine Gefolgsleute von Dämonen bzw. vom Teufel besessen waren. Der Exorzismusfachmann der katholischen Kirche, Pater Adolf Rodewyk, verfasste zwei Bücher über die dämonische Besessenheit (1963 DIE DÄMONISCHE BESESSENHEIT IN DER SICHT DES RITUALE ROMANUM und 1966: DÄMONISCHE BESESSENHEIT HEUTE – TATSACHEN UND DEUTUNGEN), in denen er auch dieses Thema diskutiert.

1973 drehte William Friedkin den Horrorfilm DER EXORZIST. Die Handlung: Während der Dämonologe und Exorzist Pater Merrin (Richard Burton) im Irak bei einer Ausgrabung ein Bild des Teufels freilegt, wird in einem anderen Teil der Welt, in Georgetown (USA), die 12 jährige Regan (Linda Blair) vom → DÄMON → PAZUZU besessen. Sie gibt obszöne Beschimpfungen von sich, uriniert hemmungslos ins Bett, masturbiert mit einem blutbesudelten Kreuz und wirft den Freund

Der Pfarrer von Ars

ihrer Mutter aus dem Fenster. Die Ärzte sind hilflos. Die besorgte Mutter holt sich bei dem jungen, psychiatrisch ausgebildeten Pater Karras Rat, der sich mit Pater Merrin an einem Exorzismus versucht. Als der Dämon seine Macht demonstriert und das Mädchen in Kreuzes Form über dem Bett schweben lässt, und auf ihrem Bauch das Wort HELP (Hilfe) erscheint, begreift Pater Karras, dass er es wirklich mit einer teuflischen, übernatürlichen Kraft zu tun hat. Er findet zwar im Kampf gegen den Dämon den Tod, befreit aber das Mädchen, so scheint es, von seiner Besessenheit.

In dem Film EXORZIST II – DER KETZER zeigte sich der doch nicht gänzlich ausgetriebene Pazuzu erneut in Regan, die mittlerweile eine junge Frau ist.

In dem Film EXORZIST III – LEGION übernahm Pazuzu als bereits im Gefängnis eingesperrter "Gemini-Killer" gleich ganz die Hauptrolle. Getreu dem Teufelsspruch "Ich bin Legion" verleibte er sich die Seelen seiner vielen Opfer ein.

2006 drehte Regisseur Hans-Christian Schmid den Film REQUIEM. Er beruht auf einem authentischen Fall einer Teufelsaustreibung 1976 durch zwei Geistliche an Anneliese Michel, einem jungen, psychisch kranken Mädchen aus Klingenberg/ Main, die dabei zu Tode kam. Aufgedeckt wurde der Fall erst durch den Arzt, der den Totenschein ausstellen sollte. Da er kein Formular bei sich hatte, rief er im Gemeindeamt an und erfuhr von den Hintergründen.

w.b.

Nächtlicher Ritualtanz.
Illustration zu einer Geschichte Skandinaviens aus dem 17. Jahrhundert

Beuys, Joseph: Vom Dunkel ins Licht

Am 12. Mai 1921 wurde Joseph Beuys in Krefeld geboren. Die Kindheit verbrachte er in Rindern und Kleve. Mit 5 Jahren war Joseph Chef eines kleinen Heimzoos mit allerlei absonderlichen Tieren. Er gerierte sich einerseits als wildes Kind, andererseits nahm er Cello- und Klavierunterricht. Gern hielt er sich in der Natur auf. Seine Beobachtungen legte er in dicken Kladden nieder. Sein Vorbild als Junge war der aus Kleve stammende, 1794 in Paris auf Befehl von Robbespierre hingerichtete Baron Anarcharsis von Cloots. Als Hitlerjunge rettete Beuys 1938 einen Katalog mit Abbildungen von Skulpturen des Bildhauers Wilhelm Lehmbruck, der mit anderen Büchern im Hof des Klever Gymnasiums von den Nazis verbrannt werden sollte. Ein Jahr vor dem Abitur schloss er sich einem Wanderzirkus an, der in Kleve gastierte. Nach dem 1939 doch noch abgelegten Abitur wollte Beuys Medizin studieren, wurde aber vorher eingezogen. In Posen erlernte er das Funken. Hier befreundete er sich mit seinem Vorgesetzten, dem späteren Tierfilmer Heinz Sielmann, und schloss sich einem Philosophiezirkel von Kameraden an. Besonders die visionären Schriften des Anthroposophen Rudolf Steiner faszinierten ihn.

In Erfurt und in Königsgrätz wurde Beuys als Flugzeugführer und Bordschütze ausgebildet. Nach dem Absturz mit einem Sturzkampfbomber über der Krim hatte Beuys ein Heilungserlebnis, das ihn als Künstler später stark beeinflusste. Aus dem Schnee mit einem Schlitten geborgen, mit Fett eingerieben, in Filz gehüllt und mit einem Kräutertrunk versehen, lag er am Feuer eines Tartarenstammes und hörte die Frauen an seinem Lager singen. (Es erscheint mir unwichtig zu sein, ob dieses Geschehen von ihm tatsächlich erlebt oder von dem Schwerverletzten als Selbstheilungsversuch im Lazarett nur imaginiert wurde.) Die tierischen Stoffe Fett und Filz standen seither in seinen Werken bildhaft für Wärme, Liebe und Schutz.

Nach seiner Genesung wurde er bei Einsätzen noch viermal verwundet. Krank, ein körperliches Wrack, geriet er 1945 in britische Gefangenschaft. Die Kriegserlebnisse schlugen sich in vielen Arbeiten nieder: 1949 in der Zeichnung *Schrecken*, 1952 in der Arbeit *Eiserne Schädelplatte*, 1957 in dem Ölgemälde *Landendes Flugzeug*, 1966 in der Installation *Urschlitten mit Todesgeistern* und 1969 in dem Environnement *Das Rudel*. Dieses Ensemble aus einem VW-Bus und mehreren Schlitten mit Filz, Talg und Leuchten befindet sich heute im Untergeschoss der Neuen Galerie in Kassel. Die Kunsthistorikerin Claudia Müller-Ebeling:

> "Bei dieser Installation symbolisiert der Filz sowohl den Menschen selbst, mit seinem warmblütigen Organismus, als auch das lebensrettende, kälteisolierende Material. Die Schlitten, im Titel als "Rudel" bezeichnet, verkörpern sowohl die Hunde als auch das Moment der Bewegung, ohne die Leben nicht denkbar ist und welche die Vorbedingung für die Errettung aus der erstarrenden Kälte ist. Der VW-Bus und die Taschenlampen, die sich in jeder Filzrolle befinden, mögen für die Konfrontation einer archaisch-schamanischen Nomadenwelt mit der modernen Zivilisation, bzw. für das Lebenslicht des einzelnen stehen." (2003:12)

1947 begann Beuys in Düsseldorf an der Staatlichen Kunstakademie Bildhauerei zu studieren. Ab 1954 kam es zu Ausstellungen, Beuys fühlte sich als Künstler aber nicht bestätigt. Als die Verlobung mit einer Düsseldorfer Postangestellten in die Brüche ging und seine finanzielle Lage katastrophal wurde, fiel er in eine tiefe Depression. Er verkroch sich in eine mit Teer bestrichene Kiste und wollte nicht mehr leben. Freunde fanden ihn bereits mit Wasser in den Beinen. Aufenthalte in Nervenkliniken folgten. Beuys gesundete erst, als er auf dem Hof "van der Grinter" lebte und auf dem Feld mitarbeitete. In langen Gesprächen mit der Familie fand er wieder zu sich.

Angesprochen auf sein zeichnerisches Frühwerk sah sich der Künstler als wiedergeborenen Höhlenzeichner, der, in die Kultur der Gegenwart versetzt, mit elementaren Fragen bombardiert werde: "Fragen, die die Würde der Natur und die der Tiere in den Mittelpunkt des gefühlsmäßigen Erlebens stellen."

Seine auch der Selbstfindung dienenden Zeichnungen und Collagen von Pflanzen, Salamandern, Hasen, Bibern, Hirschen, Elchen, Eisbären, Berggeistern, Hexen, Tierfrauen, Seherinnen, Schamanen und Tierführern waren für ihn Synonyme für eine ältere, naturnähere, magisch aufgeladene Kultur und ihre intuitiv entwickelten Heilpraktiken. Sein Blick zurück wollte nicht die romantische Beschwörung eines goldenen Zeitalters sein, sondern war als Blick nach vorn gedacht, "um für zukünftige Bewusstseinszustände etwas anzuregen".

Eva Wurmbach, die er beim Karneval kennenlernte und 1959 heiratete, nähte ihm die Anglerweste, die über einem weißen Hemd getragen, zusammen mit Jeans, Turnschuhen und einem Stetson sein Erscheinungsbild als "Schamane der Kunst" bleibend prägte. 1961 wurde er Professor für Bildhauerei an der Staatlichen Kunstakademie in Düsseldorf, schloss sich im darauf folgenden Jahr der Fluxus-Bewegung an und erregte durch eine Reihe von spektakulären Happenings Aufsehen. In einer Hommage an den französischen Künstler und Radierer Rodolphe Bresdin, der mit seinem Lieblingshasen im Arm von Paris nach Toulouse gewandert war und den man den "Meister mit dem Hasen" nannte, veranstaltete er 1965 in Düsseldorf die Aktion "Wie man dem toten Hasen die Bilder erklärt". Seinem konventionellen Lebenslauf stellte Beuys 1964 einen imaginierten, persönlichen "Lebenslauf-Werklauf" gegenüber. Seine Geburt beschrieb er darin als: *Kleve: Ausstellung einer mit Heftpflaster zusammengezogenen Wunde.* Er reklamierte fiktive Ausstellungen, die eine *Schnurrbarttasse, Heidenkinder*, einen *Hirschführer, Ausstrahlung, Kälte*, ein *Erdklavier* usw. zum Thema haben.

Kunst war für Beuys das Zaubermittel, die Isolation des Menschen, "dem alle spirituellen Nabelschnüre abgeschnitten sind", zu durchbrechen und "die Wahrheit des Gesamtzusammenhanges" zwischen Mensch, Natur und Kosmos zu finden.

Beuys sah Tiere, Pflanzen, Landschaften und die Erde als "ein Organ" des Menschen, das Verhältnis des Menschen zu diesem Organ aber stark gestört:

> "Was zur Folge hat, dass die Naturgrundlage, auf der wir stehen, nicht nur gestört, sondern sogar restlos zerstört zu werden droht. Wir sind auf dem besten Wege, diese Basis völlig zu vernichten, indem wir ein Wirtschafts-

system praktizieren, das auf hemmungsloser Ausbeutung eben dieser Naturgrundlage beruht. Brutale Ausbeutung ist die selbstverständliche Konsequenz eines Wirtschaftssystems, dessen obere Richtschnur Profitinteressen sind."

Beuys öffentliche Aktionen und Happenings, von vielen verglichen mit dem Agieren eines Schamanen in Trance, für Beuys die Möglichkeit zur Nutzung der Kunst zur Therapie der Gesellschaft, fand einen Höhepunkt in seinem spektakulären Auftritt 1982 bei der 7. documenta in Kassel. Auf einem Podest über den Basaltsteinen, die zu seiner *Sozialen Skulptur 7000 Eichen* als Baumwächter die Gegenstücke bildeten, schmolz er vor einer großen Menge von (z. T. heftig protestierenden und Eier werfenden) Zuschauern eine wertvolle, goldene Nachbildung der Zarenkrone Iwan des Schrecklichen ein und goss daraus, unter Beschwörung der Namen der Alchimisten und Magier Agrippa von Nettesheim, Athanasius Kircher und Paracelsus, einen Friedenshasen und eine kleine Sonnenkugel. Der Hase stellte für Beuys Fruchtbarkeitssymbol und Sinnbild der gehetzten und verfolgten Kreatur dar. Die Sonnenkugel sollte auf ein Umdenken in der Wirtschaftsweise des Menschen hinweisen, die Sonnenenergie besser zu nutzen, und mit der Pflanzung von 7000 Eichen im Kasseler Stadtgebiet wollte er ein Zeichen setzen zur Umkehr

herman de vries streute 1991 zum Gedenken an Beuys Rosen.

des Raubbaues an der Natur. Zu dieser von Beuys propagierten *Verwaldung statt Verwaltung* ließ sich der damalige Bürgermeister Hans Eichel erst nicht überzeugen, aber von Beuys' Charme beeindruckt, dann doch überreden. Sofort protestierten Geschäftsleute, weil sich in geschäftsschädigender Weise die Zahl der Parkplätze verringere und die Frankfurter Allgemeine Zeitung befürchtete gar, die Stadt könne womöglich an dieser "totalen Verwaldung" ersticken.

Wenige Tage vor seinem Tod am 23. Januar 1986 verlieh ihm die Stadt Duisburg den Wilhelm-Lehmbruck-Preis. Am 14. April wurde seine Asche vor Helgoland in die Nordsee gestreut.

Viele Rollen hatte Beuys in seinem Leben ausgefüllt: Ritualkünstler, Schamane, Alchimist, Provokateur, Mystiker, Philosoph, Parteigründer, Politsänger. Sein Biograph Heiner Stachelhaus schrieb:

> "Er tat in Wahrheit immer das andere, immer das, was scheinbar abwegig war – 100 Tage auf der documenta reden, sich in Filz einwickeln, stundenlang auf einem Fleck stehen, mit einem Kojoten zusammenleben, Leuten die Füße waschen, Gelatine von der Wand nehmen, den Wald fegen, dem toten Hasen die Bilder erklären, eine Partei der Tiere gründen und das Messer verbinden, als er sich in den Finger geschnitten hatte."

Am 70. Geburtstag von Beuys im Jahr 1991 streute der holländische Künstler und Botaniker → HERMAN DE VRIES eine "Rosenspur der Erinnerung" von der Düsseldorfer Kunstakademie, wo Beuys tätig gewesen war, zur Gaststätte "Ohme Jupp" in der Ratinger Straße, wo Beuys sich gern aufgehalten hatte. Zu seinem Gedenken blies er dort auf einer Muschel, eine Gruppe von zufällig anwesenden Hippies begleitete ihn lautstark mit Kuhhörnern.

w.b.

Black Metal: Konzerte für den Teufel

Der Black Metal oder "Schwarzmetall" hat sich aus dem → HEAVY METAL (→ BLACK SABBATH) über den NWOBHM (= New Wave of British Metal; Motorhead) und einer Prise Punk zu Anfang der 80er Jahre entwickelt. Die Bezeichnung geht auf das gleichnamige Album der → BAND Venom (doppeldeutig: entweder der Kausativ von lat. Venus ["durch die Liebesgöttin"] oder Englisch "[Schlangen]-Gift/Gehässigkeit") zurück.

Venom war ein englisches Powertrio, dessen Musiker aussagekräftige Pseudonyme angenommen haben: Cronos (b, voc), Mantas (g) und Abaddon (dr). Ihr Debütalbum trägt den Titel *Welcome To Hell* (1981; → HÖLLE) und konnte bereits einen Fankreis rekrutieren. Der internationale und mediale Durchbruch kam jedoch mit ihrem zweiten Album namens *Black Metal* (1982). Es schlug ein wie eine Bombe: die stimmungsmachenden Medien und besorgten Eltern wurden von einem Schockgewitter erschüttert und von → ANGST erfüllt. Die wilde Band verkündete lautstark und rasant die Lebensform des Black Metal, beschworen in ihren Songs

den → Teufel, riefen den neuen Satanismus aus, verherrlichten → Drogen (z.B. LSD im Song *Acid Queen*) und Rebellion. Ihre Musik wirkte brutal und aggressiv. Ihre Konzerte glichen Schwarzen Messen. Die Presse schrie auf: *Satan Killer's Private Hell*... und behauptete, dass kein Psychiater den davon infizierten Jugendlichen mehr helfen könne.

Die Band sagte über ihre Musik: "Unsere Musik ist *Power Metal*, *Venom Metal*, *Black Metal*, kein *Heavy Metal*, denn der ist nur für dumme Hühner"...

> "Wir sind besessen von allem Bösen / Den Tod eures Gottes fordern wir / Wir spucken auf die Jungfrau, die ihr verehrt / Und sitzen an Herrn Satans linker Hand" (Covertext *Welcome To Hell*, 1981).

In ihren Texten geht es um das Dunkle, um Höllentrips, die Auferstehung der Toten, Blutlust, Opferriten, Teufelspakt, Hexen, aber auch um die Countess → Bathory, Dracula und Motive von → E.A. Poe. Und alles *In Nomine Satanas* ("Im Namen Satans"; → Sprache). Auffällig war der Schriftzug ihres Bandnamens, dessen Kalligraphie stilprägend für die ganze Richtung werden sollte.

Die schnelle, dreckige Black Metal Musik von Venom hat vor allem in Skandinavien (speziell in Norwegen) einen mächtigen Einfluss auf junge nachwachsende Metal Bands gehabt. Der Song *Black Metal* hat wesentlich zur Entwicklung des Industrial Metal beigetragen; er wirkt wie der Urgrund von dem herrausragenden Song *Jesus Built My Hotrod* von Ministry. Zudem hat die Band Metallica ihre Karriere als Vorgruppe oder Support von Venom begonnen.

Aus dem Black Metal hat sich der → Gothic Rock (Mercyful Fate) und der → Dark Metal (→ Cradle Of Filth, → Dimmu Borgir) abgeleitet bzw. entwickelt. "Kennzeichnend für Black Metal sind Texte über Tod, Schmerz und Leid. Meist sind sie paganistisch und antichristlich. In nordischen Ländern werden Wikinger-Sagen als Vorlagen genommen. Auch Vampirismus und Schauergeschichten sind Einflussquellen." (KLEINMANN 2003:63)

Der Black Metal ist anfänglich noch im christlichen Dualismus von Schwarz und Weiß, Böse und Gut, Satan und Gott, Hölle und Himmel verhaftet. Es wird der Satan verehrt, dem Bösen gehuldigt, die → HÖLLE beschworen; es werden Schwarze Messen zelebriert, Kirchen in Brand gesetzt, Ritualmorde begangen. "Denn Satan ist das ewig Böse, und das ewig Böse ist das Leben." (PRZYBYSZEWSKI 1979: 71) Das im Black Metal verherrlichte Heidentum wird nicht so sehr als Alternative, sondern als Antihaltung gesehen. Erst der → DARK METAL löst sich aus dem Dualismus und wendet sich dem Heidentum als Alternative zu. Die Philosophie des gereifteren Black Metal ist eindeutig: Das "Böse" ist aus monotheistischer Sicht das Heidnische, das aber nicht das "Gute" und das "Böse" kennt, sondern nur das Arrangieren mit Eigenschaften, die in bezug auf Etwas schädlich oder nützlich sein können. Deshalb identifiziert sich die schwarze Szene extra mit dem monotheistisch definiertem "Bösen", denn es ist die heidnische Multiperspektivität der erlebten Wirklichkeit. Darin sieht der ehemalige Hitlerjunge, langjährige Oberinquisitor Kardinal Ratzinger und jetziger Papst Benedict XVI die "Diktatur des Relativismus" ("Diktatur der Vielfältigkeit").

Black oder Dark Metal ist viel zu intelligent und anspruchsvoll für gläubige Monotheisten, für sensationslüsterne Schlagzeilen-Journalisten und die sogenannten "Kritiker", die selbst nichts Kreatives auf die Beine bringen.

Discographie (Auswahl):

- Bathory, *Under The Sign Of The Black Mark* (1987)
- Burzum, *Filosofem* (1996)
- Celtic Frost, *To Mega Therion* (1986)
- Darkthrone, *Transilvanian Hunger* (1994)
- Hellhammer, *Apocalyptic Raids* (1984)
- Mayhem, *De Mysteriis Dom Sathanas* (1993)
- Mercyful Fate, *Don't Break The Oath* (Roadrunner Records, 1984)
- Morbid Angel, *Abominations Of Desolation* (1986)
- Possessed, *Seven Churches* (1985)
- Sepultura, *Morbid Visions* (1986)
- Slayer, *Show No Mercy* (1983)
- Sodom, *Obsessed By Cruelty* (1986)
- Venom, *Welcome To Hell* (Neat Records, 1981)
- Venom, *Black Metal* (Neat Records, 1982)
- Witchfynde, *Cloak & Dagger* (Roadrunner Records, 1983)

chr.r.

Black Sabbath: Die erste Gothic Band

"Es gibt all diese verschiedenen Götter,
aber es gibt nur eine Welt."
Ozzy Osbourne (2003:157)

Die englische Band Black Sabbath ("Schwarze Messe") gründete sich 1967 in Birmingham in der berühmten Urbesetzung: Ozzy Osbourne (voc), Tony Iommi (g), Gezer Butler (b) und Bill Ward (dr). Die Band entstand aus Opposition gegen den Love and Peace-Hype. Schon die ersten Riffs von Riffmeister Iommi verbreiteten eine düstere Stimmung; die finsteren Texte den Rest. Schnell wurde aus der Undergroundband eine der international erfolgreichsten Gruppen. Für viele gilt Black Sabbath als die erste Heavy Metal Band der Welt (→ Blue Cheer).

Peter Steele, von der Dark Metal Band Type O Negative schrieb im Booklet zur CD *Nativity In Black – A Tribute to Black Sabbath* (Sony Music, 1994): "Ich glaube, dass Sabbath für alle Metal, Hardcore, Thrash und Goth Musik verantwortlich sind. Sie sind die erste Gothic Band."

Der Bandname war Programm; sie entfesselte in ihren exzentrischen Bühnendarbietungen eine teuflische, höllische, schwarzmagische Atmosphäre. Den Medien war die Band suspekt; sie berichteten von Schwarzen Messen und der Verherrlichung des Dunklen. Die Band sah das ganze eher theatralisch als schwarzmagisch. Besonders der Sänger Ozzy Osbourne amüsierte sich über die Ecke, in die seine Band gestellt wurde und über die Rolle, die man ihm zuschrieb. "Ich bin nur ein Clown, ein Enfant Terrible des Showbiz. Ich bin kein Musiker. Ich bin kein Sänger. Warum also nehmen sie das alles so ernst?" (OSBOURNE 2003:78) Aber das Publikum nahm die Band ernst. Sie wurde die Kultband der langsam aufkommenden Schwarzen Szene. Black Sabbath war dunkel, düster, finster; ihre Themen kamen aus Hexenkulten, Teufelsbeschwörungen und der Hölle in all ihren Facetten. - "Ehrlich, ich sag's dir, da gab es keine internen Geheimnisse und auch keinen satanistischen Scheiß. Wir waren einfach vier Typen, die gemacht haben, was immer sie konnten." (OSBOURNE 2003:28)

Am Freitag, den 13. Februar erschien ihr selbstbetiteltes Album, das als eines der einflussreichsten Debütalben aller Zeiten gilt. Mit diesem und den folgenden vier Alben stürmten sie die Charts. Ihr Klassiker *Paranoid* gehört zu einem der größten Hits aller Zeiten. Die Band bewies mit ihrem Hang zum Dunklen, dass es dort Bedarf gab. Iommi entwarf viele Riffs, die die christlich verbotenen Tritoni (→ Akkord des Teufels) und → Teufelstriller enthielten. Er bediente sich der dunklen oder "dämonischen" Klänge. Die hatten auf das Publikum eine enorme Wirkung. Dazu kamen die Gerüchte, dass bei den Konzerten tatsächlich Schwarze Messen gefeiert wurden. Sensationell waren manche Auftritte von Ozzy Osbourne (*1948), einem ungebildeten Schlachterlehrling. Besonders seine Aktion auf der Bühne, einer lebenden Fledermaus den Kopf abgebissen zu haben.

Der enorme Erfolg führte bei der Band zu einem extremen Drogenkonsum, vor allem war Kokain angesagt. So sollte eigentlich der Titel der LP, die als Vol. 4 erschien, lauten. Diese LP ist der Coca-Cola-Company gewidmet.

Erst als Ozzy ausstieg bzw. wegen Unzurechnungsfähigkeit (aufgrund seines exzessiven Drogenkonsums) gehen musste, veränderte sich die Musik, da die Band immer neue Sänger brauchte (DIO, Ian Gillan). Sie wurde komplexer und gitarrenlastiger. Die Band hat bis heute so viele Anhänger, dass bei einer Reunionshow gute schwarze Zahlen geschrieben wurden.

Ozzy Osbourne wurde in der Presse nur noch als Rocklegende bezeichnet; dazu sagte er selbst: "Wie zur Hölle soll man sich schon fühlen, wenn man eine Legende ist. Soll man da morgens aufwachen und sagen: ‚Ach Schatz, ich fühle mich heute Morgen so legendär.‘?" (OSBOURNE 2003:149)

Dennoch ist Black Sabbath eine rockgeschichtlich zentrale Band, die ihren ganz eigenen Sound entwickelt hatte. Davon ließen sich alle späteren Heavy Metal Bands beeinflussen.

Discographie (Auswahl):

- *Black Sabbath* (Castle Music/Sanctuary Records, 1970)
- *Paranoid* (Castle Music/Sanctuary Records, 1970)
- *Sabbath Bloody Sabbath* (Castle Music/Sanctuary Records, 1970)
- *Master of Reality* (Castle Music/Sanctuary Records, 1971)
- *Vol 4* (Castle Music/Sanctuary Records, 1972); diese LP gilt vielen Fans als das musikalische Glanzstück der Gruppe. Bei dieser Produktion hört man, dass die Studios voll mit Kokainsäcken standen.
- *Sabotage* (Castle Music/Sanctuary Records, 1975)
- *Technical Ecstasy* (Castle Music/Sanctuary Records, 1976); "Die Namen ‚Black Sabbath‘ und ‚Technical Ecstasy‘ scheinen mir einander diametral gegenüber zu stehen..." (OSBOURNE 2003: 40)
- *Never Say Die!* (Castle Music/Sanctuary Records, 1978)
- *Heaven and Hell* (1980)
- *Mob Rules* (Gimcastle/Sanctuary Records, 1981)
  Das Stück "Voodoo" beschwört diese afroamerikanische Religion.
- *Blackest Sabbath/Black Sabbath* 1970-1987 (Phonogram, 1989)
- *Black Sabbath, The Complete 70's Replica CD Collection – 1970-1978* (Sanctuary Records, 2001)
- Black Sabbath, TYR (IRS Records, 1990); Der Titel TYR ist auf dem Albumcover in Runen geschrieben: TXR ...
- *Nativity In Black – A Tribute to Black Sabbath* (Sony/Columbia, 1994)

  → HEAVY METAL Bands, die Stücke von Black Sabbath spielen: Biohazard, White Zombie (Zombie), Megadeath, 1.000 Homo DJ's Ministry), Ozzy Osbourne w/Therapy?, Sepultura, Bruce Dickinson w/Godspeed, Ugly Kid Joe, Faith No More, Type O Negative u.a.

Der durch Black Sabbath berühmt gewordene charismatische Sänger Ozzy Osbourne begann 1980 eine steile Solokarriere. Zunächst mit dem leider viel zu früh verstorbenen Gitarristen Randy Rhoads; er hat auf dem berühmten Song "Mr. Crowley" (→ ALEISTER CROWLEY) ein barockes Gitarrensolo eingespielt, einer der ersten Versuche → HEAVY METAL und Barock zu fusionieren... Randy Rhoads war Gitarrist bei der Rockband Quiet Riot (von 1977-1979).

Der US-amerikanische Ausnahmegitarrist Zakk Wylde stieg dann bei Ozzy Osbourne ein, als eine Art Kapellmeister. Er coverte den Procol Harum-Hit *A Whiter Shade of Pale* (Brooker/Reid), nur mit Gesang und Klavier! Bis heute gilt Ozzy als eine der herausragendsten Gestalten der Rockgeschichte. Dennoch ist er am berühmtesten geworden durch die US-amerikanische Dokusoup "Die Osbournes". Die meisten seiner jungen Fans wissen gar nichts von seiner musikhistorisch relevanten Rolle und Geschichte.

chr.r

Blackwood, Algernon: Sagen vom Geisterreich

Der englische Dichter Algernon Blackwood, der nach Lovecraft einer der größten Kenner der modernen Geistergeschichten war, hat uns die Meistererzählung IM BANNE DES SCHNEES hinterlassen. Der Dichter schildert sich hier als einen Mann, von dem er sagt, "was er wirklich liebte, waren die einmaligen, unberührten Gegenden der Erde".

Er kommt in ein alpenländisches Bergdorf, in dem er voll maßloser, stets wachsender Leidenschaft mit einem geheimnisvollen Mädchen, das nächtlich im Mondlicht völlig weiß wirkt, sich dem Skifahren und dem Schlittschuhlaufen hingibt. Er wagt sich dabei in Höhen, "die vor ihm kein vollsinniger Mensch betreten".

Er kann knapp gerettet werden, – und die Menschen finden neben seinen Spuren in der einsamen winterlichen Schneelandschaft keinerlei andere – er erkennt, dass seine schöne Begleiterin zum geheimnisvollen Alpenvolk gehört, das die ihm seelenverwandten Menschen in sein Reich lockt.

Es ist unbestreitbar, dass Blackwood in dem von ihm betriebenen Bergsport auch die Sagen von den Geisterreichen liebte: Es ist kein Märchen sondern eine Tatsache: Als er 82jährig starb, ließ er seine Asche in den alpenländischen Saanenmösern ausstreuen.

s.g.

Blaue Blume: Symbol der Romantik

Als → NOVALIS (= Freiherr Friedrich von Hardenberg) 1799 zur Taufe eines Patenkindes nach Artern im Harz kam, verbrachte er einige Tage in der Landschaft um den sagenumwobenen Kyffhäuser, um dort Studien zu seinem Dichtwerk HEINRICH VON OFTERDINGEN zu machen. Von Artern aus scheint Novalis mehrfach über die Goldene Aue zum Kyffhäuser gewandert zu sein. Die Sage vom alten Kaiser

Friedrich, der in einer Höhle im Kyffhäuser schläft, berührte ihn sehr.

Den Moment, wo Heinrich, sein Held, im Traum die blaue Blume erblickt, verlegte der Dichter wohl angeregt durch seine Wanderungen in eine Höhle in einem Berg. Die Begebenheiten in dem Traum, den Novalis seinen Helden Heinrich hier erleben lässt, enthalten alle Elemente einer rauschinduzierten Vision. Bevor Heinrich entschlummert, "verlor er sich allmählich in süßen Phantasien", wanderte dann "über die Meere mit unbegreiflicher Leichtigkeit", "durchlebte ein unendlich buntes Leben, starb und kam wieder". Ein Becken wogt und zittert "mit unendlichen Farben". Als Heinrich seine Hand in das Becken taucht und seine Lippen benetzt, ist ihm, als durchdringe ihn ein geistiger Hauch.

Novalis weiter:

> "Er fühlte sich innigst gestärkt und erfrischt. Ein unwiderstehliches Verlangen ergriff ihn sich zu baden, er entkleidete sich und stieg in das Becken. Es dünkte ihn, als umflösse ihn eine Wolke des Abendrots; eine himmlische Empfindung überströmte sein Inneres; mit inniger Wollust strebten unzählige Gedanken in ihm sich zu vermischen; neue, niegesehene Bilder entstanden, die auch ineinander flossen und zu sichtbaren Wesen um ihn wurden, und jede Welle des lieblichen Elements schmiegte sich wie ein zarter Busen an ihn. Die Flut schien eine Auflösung reizender Mädchen, die an dem Jünglinge sich augenblicklich verkörperten. Berauscht von Entzücken und doch jedes Eindrucks bewusst, schwamm er gemach dem leuchtenden Strome nach, der aus dem Becken in den Felsen hineinfloss. Eine Art von süßem Schlummer befiel ihn, in welchem er unbeschreibliche Begebenheiten träumte, und woraus ihn eine andere Erleuchtung weckte. Er fand sich auf einem weichen Rasen am Rande einer Quelle, die in die Luft hinausquoll und sich darin zu verzehren schien. Dunkelblaue Felsen mit bunten Adern erhoben sich in einiger Entfernung; das Tageslicht das ihn umgab, war heller und milder als das gewöhnliche, der Himmel war schwarzblau und völlig rein. Was ihn aber mit voller Macht anzog, war eine hohe lichtblaue Blume, die zunächst an der Quelle stand, und ihn mit ihren breiten, glänzenden Blättern berührte. Rund um sie her standen unzählige Blumen von allen Farben, und der köstlichste Geruch erfüllte die Luft. Er sah nichts als die blaue Blume, und betrachtete sie lange mit untrennbarer Zärtlichkeit."

Oft wurde die höhere Seele oder der Seelenkern mit einer himmelblauen Blüte verglichen, Sinnbild der Schönheit, der beständigen Liebe und Treue als Inbegriff göttlichen Wohlwollens. Alle blaublühenden Pflanzen wirken nach der Signaturenlehre positiv auf unsere Augen als Fenster zur Seele.

Novalis Text nahm starken Einfluss auf die Romantiker. Sie erhoben die Blaue Blume zum höchsten Symbol ihrer Dichtung: der tiefen Sehnsucht nach grundsätzlichem Heil, des Inbegriffs aller unserer Wünsche nach Schönheit und Vollkommenheit einer idealen Welt, von Liebe und Streben nach dem Ewigen und Unendlichen. Ihr Zauber verbinde Sichtbares wie Unsichtbares und verkünde, dass "Glaube, Fantasie und Poesie die innere Welt aufschließen" (Novalis).

Aus ihrem Kelch blickt ihm das himmlische Gesicht eines Mädchens entgegen. Allerdings weiß und erkennt er, dass sich darin nur seine "innerste Seele" widerspiegelt. Trotzdem findet er eines Tages Mathilde, und in ihr das im Traum "gewahrte" Urbild, "die Blume seines Herzens" samt dem "unendlichen Einverständnis" einer ungeteilten Liebe. Im Bild eines neuerlichen Traumes sind beide im blauen Strom "dahingesunken".

Die Beschreibung, die Novalis von der "Blauen Blume" gibt, könnte die Beschreibung einer Vision sein, die das Opium, das der Dichter seit dem Tod seiner Verlobten Sophie im Jahre 1798 vermehrt zu sich nahm, ihm schenkte. Bei aller Akzeptanz der Deutefreudigkeit von Germanisten, wofür die Blaue Blume alles Symbol ist, bleibt, dass Novalis hier die blauviolette Blüte des Schlafmohns besungen haben könnte. Und beschreibt Ursula Ritzenhoff in ihren Erläuterungen zum HEINRICH VON OFTERDINGEN mit ihrer Deutung, die Blaue Blume stehe für die "Sehnsucht, für ein unaussprechliches Verlangen des Helden", nicht deutlich genug den Hang des Novalis zum Leid mildernden, schöne Träume schenkenden → OPIUM?

w.b.

Jugendbild des Novalis

Blue Cheer: Übermächtige Eruptionen

Der Name Blue Cheer (engl. "blaue Laune") war in der Hippiezeit eine Bezeichnung für eine Schwarzmarktsorte von LSD. Die gleichnamige → BAND wurde 1967 in San Francisco von Mastermind, Bassist und Sänger Dickie Peterson als (Power-) Trio gegründet. Die Band überraschte durch ihren rohen Sound, durch die bis dato nicht gehörte Lautstärke ihrer Konzerte und die mitunter brutale Aggressivität ihrer Songs. Mit einfachen Riffs, übersteuerten Klängen, stampfenden Rhythmen schuf Blue Cheer die Grundlagen des → HEAVY METAL (drei Jahre vor → BLACK SABBATH)!

Blue Cheer war die erste → BAND, die ihrem Debütalbum einen Titel in Latein (→ SPRACHE) gaben: *Vincebus eruptum*, "eruptiv siegen wir! Die Musik kam tatsächlich einer übermächtigen Eruption, einem heftigen Ausbruch nahe. Wie der Bandname schon andeutet, waren die Musiker und Fans an psychedelischen → DROGEN interessiert: an LSD, Hanf, → ZAUBERPILZEN.

Da die Band niemals einen großen Erfolg verbuchen konnte, auch nach einer Umbesetzung und damit einhergehendem Stilwechsel zu Rhythm´n Blues und Psychedelik, löste sich die Gruppe Ende 1971 auf. Dickie Petersen formierte 1988 Blue Cheer neu, wieder als Heavy Power Trio mit Tendenz zum Dunklen.

Discographie

- *Vincebus Eruptum* (Philips Records, 1967)
- *Outsideinside* (Philips Records, 1968)
- *Blue Cheer* (Philips Records, 1969)
- *New! Improved!* (Philips Records, 1969)
- *The Original Human Being* (Philips Records, 1970)
- *Oh! Pleasant Hope* (Philips Records, 1971)
- *Blitzkrieg over Nürnberg – Live in Germany '88* (Magnum Music, 1990)
- *Highlights and Lowlives* (Nibelung Records, 1990)
- *The History of Blue Cheer – Good Times Are So Hard to Find* (PolyGram Records, 1988)
- *The Beast Is Back – The Megaforce Years* (Steamhammer, 1998)
- *Dining with the Sharks* (Nibelung Records/Rough Trade, 1991)
  Mit einem Cover von "Foxy Lady"
- Dickie Peterson, *Child of the Darkness* (Captain Trip Records, 1997)
- Reverend Bizarre, *Doom Metal – Slice of Doom 1999-2002* (psycheDOOMelic, o.D.)

Die ungarische Metal Band (Trio: g, b, dr) offenbaren mit ihrem Cover die musikalische Verbundenheit mit Blue Cheer. Die Cover-Illustration ist eine Hommage an *Vincebus Eruptum*. Im Booklet leuchten → FLIEGENPILZE. Ihre Musik wurzelt im Sound der frühen Blue Cheer; heute würde man ihren Stil (sehr langsam und heavy) wohl als Doom Metal und/oder Stoner Rock kategorisieren.

chr.r.

Blues: Musik des Teufels

> "Der Blues ist die Musik des Teufels (Devil's Music) – besser gesagt: der Teufel selbst. Der englische Ausdruck to have the Blue Devils hat nämlich dem Blues seinen Namen gegeben. To have the Blue Devils bezeichnete einen depressiven, tief melancholischen Zustand." (CRISPINO et al. 1987: 116) Der "sündhafte Blues"... so hieß es früher, als diese "Negermusik" die USA eroberte, ist "Teufelswerk". Der Blues verführt zu Sex, → DROGEN und Gesellschaftskritik. Die Bluesmen entschieden sich für den Teufel, "der ihnen zwar als Ursache allen Übels galt, aber auch als Komplize der eigenen Halluzinationen und Maßlosigkeiten." (CRISPINO et al. 1987:116)

Da der Blues als "Negermusik" verschrien war, wurde er von den weißen US-Amerikanern als sündhaft, diabolisch und dämonisch betrachtet (ähnlich wie → JAZZ). Außerdem wurde der Blues mit Sex und Drogen assoziiert.

Die Blueslegende Robert Johnson (1911 oder 1914-1937/40), der Hexenmeister, soll seine Seele an den Teufel verkauft haben, um den Blues spielen zu lernen (Film CROSSROADS, mit Steve Vai; → TEUFELSPAKT, → ZWÖLFTONMUSIK); er soll auch Zeremonienmeister bei Schwarzen Messen gewesen sein. Sein Verwandter Tommy Johnson behauptete, dass er den Blues an einer Straßenkreuzung (Crossroad) vom Teufel selbst gelernt habe. Und Peter Wheatstraw hielt sich selbst für den Schwiegersohn des Teufels... Robert Johnson hat einige Bluestitel zum Teufel geschrieben: z.B. "Me and the Devil Blues", "Crossroads Blues". Aber auch andere Bluesmen haben das Diabolische und Dunkle in die Musik eingebracht, z.B. Chester Burnett mit *Evil* oder Jimi Hendrix mit *Voodoo Child*.

Aus dem Blues haben sich sowohl der Rock'n Roll, der → JAZZ als auch die Rockmusik entwickelt. Rock'n Roll ist im klassischen Sinne eine schnelle Spielform des Blues. Ebenso haben Rockabilly, Psychobilly, Countrypunk ihre Wurzeln in dem afroamerikanischen Blues. Für fundamentalistische Christen, z.B. die Zeugen Jehovas, ist der Rock'n Roll "Teufelsmusik", ein Werkzeug des Satan. Ähnlich wie die ekstatische Musik der Sufis für fundamentalistische Islamisten satanisch ist, und deshalb in islamischen Ländern oftmals verboten oder zumindest unterdrückt wird.

Die epidemische Tanzwut, symptomatisch für das Mittelalter, hat Gustav Schenk an anderem Ort (z.B. in seinem Buch PANIK – WAHN – BESESSENHEIT) ausführlicher beschrieben und mit der akuten US-amerikanischen Begeisterung für den Rock'n Roll und Elvis Presley parallelisiert: "Der Mensch, der in der Masse seine Hemmungen beiseite wirft, ist überall und oft genug dazu bereit, sich in einer Rock'n Roll-Raserei zu entfesseln. Der Presley-Rausch bietet nichts Neues; er ist uralt." (SCHENK 1958:23)

Discographie (Auswahl):

- Robert Johnson (Dejavu Retro Gold Collection, 2001); auf dieser Doppel-CD ist das erhaltene Gesamtwerk zusammengestellt.
- Eric Clapton, *Me and Mr. Johnson* (Reprise, 2004)

  Auf dieser CD spielt Eric ‚Slowhand' Clapton, einstmals Mitglied der Supergruppe Cream, alle Kompositionen von Robert Johnson nach. Auch der Titel des Albums spielt auf den Johnson-Song "Me and the Devil" an.

  -, *Crossroads* (Polygram, 1988; 4-CD-Box)
- *The Copulatin' Blues* Compact Disc (Jazz Records, 1987); Anthologie von frühen Bluesstücken mit delikaten Texten.
- *Hot & Sexy – Copulating Blues* (Trikont, 1998; Flashbacks #3); diese Anthologie vereint die wichtigsten frühen Bluesstücke, die erotische, sexuelle und obszöne Texte haben. Für die Weißen waren diese Stücke der Beweis dafür, dass die Afroamerikaner Teufelsbündler sind.
- *High & Low – Drug Songs* (Trikont, 1999; Flashbacks #1); diese Anthologie vereint die frühen Blues und → JAZZ Songs, die psychoaktive → DROGEN (Cannabis, → KOKAIN, Heroin, Opiate) mehr oder weniger preisen.
- Mark Lanegan Band, *Bubblegum* (Beggars Banquet Records, 2004);

  Song: *Methamphetamine Blues* (Lanegan); der Sänger (ex Screaming Trees, Queens of the Stone Age) verweist schon mit dem pechschwarzen Cover auf das Dunkle. Die → DROGE Methamphetamin ist recht heftig, viel stärker als → KOKAIN, und zieht offensichtlich das Dunkle an.
- The Fuzztones, *Lysergic Ejaculations* (Music Maniac Records, 1994)

  Der Songtitel "Love at a psychedelic velocity" ist Programm dieser Live-Aufnahme von Rockabilly. Das Wort Lysergic bedeutet LSD oder Lsyergsäurediethylamid (→ DROGEN)

  – , *Lysergic Emanations* (Music Maniac Records, 1992)

  Einer der Psychedelic Rockabilly-Songs trägt den Titel *Strychnine*: "Some folks like water, some folks like wine / I like the taste of straight strychnine... Wine is red, poison is blue / Strychnine is good for what's ailin' you". Strychnin ist ein Alkaloid, nahe mit LSD verwandt; es ist jedoch ab einer gewissen Dosis sehr giftig, ja sogar tödlich.

chr. r.

Bond, Graham: Magick und Exorcismus

Der elternlose englische Musiker Graham Bond wurde um 1940 geboren, behauptete aber sein Geburtsdatum nicht zu kennen. Er gab sich gerne als unehelicher Sohn des Satanisten → ALEISTER CROWLEY aus. Bond wurde am 7. März 1974 in der

Londoner Finsbury Park Underground Station von einer U-Bahn auf mysteriöse Weise überfahren und so verstümmelt, dass er nur anhand eines erhaltenen Fingers identifiziert werden konnte.

Graham Bond verehrte nicht nur Aleister Crowley, sondern übernahm von ihm die Schreibweise *Magick*.... Er war lange Zeit dem Heroin verfallen, ganz genau wie sein "Guru". Es wird behauptet, dass Bond "zutiefst dämonengläubig" gewesen sei. Er soll sogar in der Highgate-Wohnung des → BLUES-Sängers John Baldry einen Exorzismus zelebriert haben.

The Graham Bond Organisation wurde 1963 von dem Organisten Graham Bond in London gegründet. Daraus gingen die berühmten Musiker Jack Bruce (b), John McLaughlin (g; → MILES DAVIS, Jazz), Dick Heckstall-Smith (sax), Ginger Baker (→ ATOMIC ROOSTER, Crossroads, Hawkwind), Jon Hiseman u.a. hervor. Die vom → BLUES beeinflusste Musik dieser Band, dominiert von dem "dämonischen Spiel" der → ORGEL, gilt als der Beginn des Jazzrock (→ JAZZ).

"Music is one of the strongest forms of Magick, or vibration in the deepest sense," schrieb der längst verstorbene britische Rock-Organist Graham Bond im Cover-Text seiner *Magick*-LP (1971, Philips Records). Seither ist die Magie oder *magick* im Rockreform-Feld weit verbreitet. Seither swingen die Beats.

Discographie (Auswahl)

- The Graham Bond Organisation, *The Sound Of '65* (Columbia/EMI, 1965)
- The Graham Bond Organisation, *Holy Magick* (Vertigo, 1970) mit ägyptischen Beschwörungen, Gebeten an das "Kabbalistische Kreuz" und einem Pentagram Ritual...
- The Graham Bond Organisation, *We Put Our Magick On You* (Vertigo, 1971)

chr.r.

Boten der Zwerge

Die Mäuse haben erstaunlich viel mit dem Gewitter zu tun, besonders sollen sie, "wenn die Nebel steigen", im Haus sehr lebendig sein, und ihr nächtliches Piepsen untereinander bedeute "ein Gespräch über das Wetter".

Obwohl die Maus für unser Bewusstsein ein ausgesprochener Schädling ist, erscheint sie in den Märchen häufig als Bote der Elfen, Zwerge und Kobolde. Diese Wesen nehmen sogar oft selbst deren Gestalt an! Wenn eine Maus in ihrem "nebelgrauen" Fell an uns vorbeihuscht – und uns gar rasch mit ihren Äuglein anblickt, – kann sie uns eine Botschaft bringen, die uns dann oft ein darauffolgender Traum "deutlicher ausdrückt".

s.g.

Brennen: Alles erfassende Energien

Der russische Dichter A.M. Remizow (1877-1957) hat auf den Beginn der russischen Revolution (1917-1923) einen gewaltigen Einfluss ausgeübt, wobei ihn die zeitlose Volksdichtung ganz besonders beeindruckte. Sein Land und die übrige Welt wird in seiner Dichtung von überall hervordringenden Flammen verschlungen, was er als ein neues Empfinden der alles erfassenden Energien verstand: "Stehe ich dem Westen gegenüber – schaue ich Feuer, Blicke ich nach Norden – brennt es, Auch im Süden – brennt es, Falle ich auf den Boden – brennt es mich..." (REMIZOW 1978:30f.)

s.g.

Brown, Arthur: Der Hexenmeister des Pop

Der Gott des Höllenfeuers: The Crazy World of Arthur Brown

"In my own image, by my will,
I hearby create all forms and distinctions...
Out of chaos bring forth the forms."
Arthur Brown

"Wer jemals, auf welchem Feld auch immer, versucht hat, etwas Eigenes zu entwickeln, hervorzubringen, wird wissen, dass dieser Vorgang letzten Endes im Dunkeln liegt." (METZMACHER 2005:28)

Jeder kennt den internationalen Hit *Fire*, aber kaum jemand kennt den Sänger des Welterfolges und "Oldies". Aber *Fire* hat es in sich. Der Superhit von 1968 markiert einen Wendepunkt in der Popmusik. Er brachte das Dunkle in die bunte Welt des psychedelischen Undergrounds. Aber er hellte den Teufel zum Gott auf! Arthur Browns Auftritte mit seiner Band The Crazy World of Arthur Brown galten als "satanische Rock-Rituale".

Arthur Brown wurde am 24. Juni 1942 in Whitby, England geboren; also in dem Dracula-Ort des Bram Stoker! - Brown behauptete mehrfach, dass sein richtiger Name Zarathustra laute – er war als Student der Philosophie ein Fan von Friedrich Nietzsche geworden! Nach eigenen Aussagen ließ er sich von den klassischen englischen Dichtern inspirieren, besonders von Miltons PARADISE LOST, John Donne und William Blake, denn letzterer hielt den Gott des alten Testamentes für eine dämonische Kraft! Auch hatte eine englische TV-Serie über einen afrikanischen Schamanen tiefen Eindruck hinterlassen. Wesentlich wurde er durch einen überwältigenden LSD-Trip beeinflusst!

Arthur Browns Idee zur rituellen Kostümierung und Gesichtsbemalung (Corpspaint) wurde weiterhin von einem tibetischen Ritualgewand genährt. Als er 1966 den Song *I'm Your Witchdoctor* (von John Mayall;) coverte, kam er erstmals auf die Idee, sich rituell für den Auftritt zu bemalen. Bei den Aufführungen seines Megahits "Fire" trug er eine Metallmaske, die das obere Gesicht verbarg und eine Flammenkrone aus Metall mit echtem Feuer. Dazu verkündete er nietzscheanisch "I am the God of Hellfire! And I bring you fire, fire to the world" ("Ich bin der Gott des Höllenfeuers! Und ich bringe das Feuer, das Feuer auf die Erde"). Das Stück befindet sich auf der LP *The Crazy World of Arthur Brown* (1968), produziert von Pete Townshend (The Who). Das Album verkaufe sich großartig. Die Plattenfirma wollte gleich eine weitere Scheibe nachschießen. Doch die darauf enthaltene Musik war extrem avantgardistisch, experimentell und unverständlich. Die Plattenfirma weigerte sich, so etwas "Abartiges" zu veröffentlichen. (Sie ist schließlich fast 20 Jahre nach der Produktion als Liebhaberstück auf Vinyl gepresst worden.)

Arthur Brown hat viele Künstler und Bands beeinflusst, z.B. Alice Cooper, Kiss, Klaus Schultze. Aber da er selbst für seine Bandmitglieder zu crazy war, verließen sie ihn und gründeten → ATOMIC ROOSTER.

Heute sieht man in Arthur Brown einen der besten Sänger der Rockgeschichte, er hat eine unglaubliche Stimme mit fast vier Oktaven Umfang. 1968 war man da noch anderer Meinung, sprach von seiner "extrem unästhetischen Stimme (manchmal nur ein Grunzen, manchmal ein unartikulierter Schrei)" Man titulierte ihn als "Hexenmeister", als "King Kong Monster des Pop", er wurde als "a psychedelic Judy" bezeichnet (Cover-Text)!

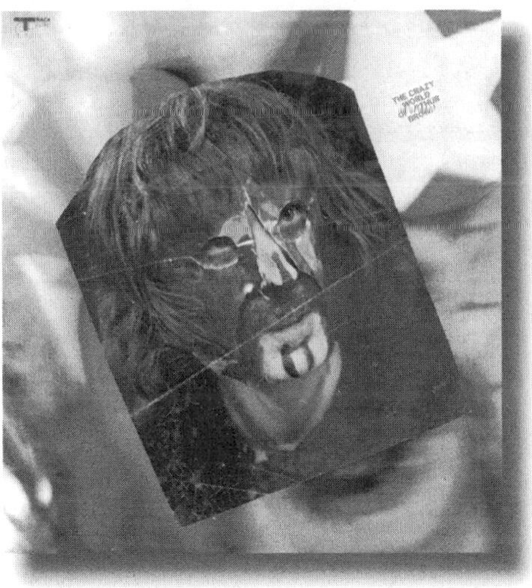

The Crazy World of Arthur Brown
Foto von Arthur Brown (aus einem Underground-Magazin von 1968) auf seiner ersten LP (Kollage)...

Da er mit seiner Musik und den textlichen Inhalten seiner Zeit weit voraus war, machte er zwar noch einige Platten, unternahm aber ausgedehnte Reisen nach Indien usw. Er reiste in den Achtzigern nach Mexiko um mit Schamanen zu studieren. Er lernte dort die Zauberpilze kennen (LSD kannte er schon von früher). Er beschäftigte sich ausführlich mit Ousbensky, Gurdjeff, Sufismus, Derwischtanz und Tantra. Sein frühes Interesse für Stockhausen und elektronische Musik macht ihn zum Pionier des heute wieder populären Elektro.

Discographie (Auswahl):

- The Crazy World of Arthur Brown, N.N. o.T. (Track Record; manufactured by Polydor Records, 1968); mitproduziert von Pete Townshend, Band Leader von THE WHO! - "Fire" (Brown/Crane); Besetzung: Arthur Brown, Vincent Crane, Carl Palmer.
- The Crazy World of Arthur Brown, *Strange Lands* (Reckless Records, 1988). Dieses ist das zweite Album der Band. Es ist so abgedreht und extrem, dass es erst knapp 20 Jahre nach Aufnahme (1969) veröffentlicht wurde bzw. werden konnte!
- Kingdom Come, *Journey* (Polydor, 1973)

  Auf diesem Album hat Arthur Brown den Pilgerchor aus der Oper TANNHÄUSER von → RICHARD WAGNER zitiert. Dieses Album gehört zu den Pionierarbeiten des Musikgenres, das heute "Elektro" genannt wird (besonders der Song "Time Captives")!
- Arthur Brown, *Requiem* (Remote Records, 1982)
- [Arthur Brown], *Fire! The Story of Arthur Brown* (Castle Music/Sanctuary Records, 2003; Doppel-CD). Doppel-CD Anthologie des Schaffens von Arthur Brown von den Anfängen (1965) bis zu der neuen Fassung von "Fire", gespielt von Die Krupps (deutsche Metal-Industrial-Band), gesungen vom "Höllenfürsten" selbst. "Devil's Grip" (U.K. Single, 1967)
- The Crazy World of Arthur Brown, *Vampire Suite* (Fastune/Track Records, 2003). Mit Zusatz-CD ("Dialogue"): Arthur Brown liest seine Story of the Vampire Club. Der Bandname auf dem Cover ist in Runen geschrieben (→ THERION). Beim Text hat ihm die schreiwütige Lene Lovitch (Synchronisatorin für Gruselfilme, New Wave-Sängerin) zur Seite gestanden! Nach 35 Jahren wieder das erste Album unter diesem Bandnamen! Darauf heißt es im Text über Satan: "Gott und ich sind gegensätzliche Zwillinge, geboren im selben Atemzug der Schöpfung im menschlichen Bewusstsein."

chr.r.

Büchse der Pandora oder: Von der Hinterhältigkeit der Götter

Als es noch keine Konserven gab, konnte jede Dose oder Büchse das Symbol eines verborgenen Geheimnisses annehmen. Aber auch die Eigenschaft des weiblichen Prinzips, im Schoß das Verborgene aufzubewahren und zu umschließen – Gossensprache weiß noch davon. Dosen und Büchsen enthalten dabei Gutes wie Schlechtes. Bei Entscheidungssituationen im Märchen liefern sie auch das Bild für Wahrheiten, die nicht vor allen Augen offen liegen.

Aus Erde hatte der "ruhmvolle Hinkefuß" (→ STIEFEL) Hephaistos, Gott des Feuers, der Schmiede und Ausdruck der Arbeit unseres Höheren Selbst, auf Anordnung des Zeus Pandora (= Allgeberin, Gabenreiche) geschaffen, das erste Weib. Von den Göttern mit vielen liebreizenden Eigenschaften ausgestattet, bestach sie zudem durch verschwenderische und verführerische Schönheit. Verzehrende Sehnsüchte erweckte sie, aber auch "hündische Schamlosigkeit". Ansonsten gab sie sich faul, dumm und bösartig. Von ihr stammen alle Frauen ab, gibt der gegenüber dem weiblichen Geschlecht scheinbar etwas voreingenommene Dichter Hesiod in seiner THEOGONIE zu bedenken. Hermes, Götterbote und Ausdruck unserer nicht immer gleich erfolgreichen Verbindungen mit Ebenen eines höheren Bewusstseins, brachte sie auf die Erde und impfte sie mit "diebischem Wesen" und allerlei Lug und Trug. So betrat Pandora unsere Bühne, als Rache der Götter, versehen mit einer verschlossenen Büchse, die alle Übel der Welt enthielt. Sie sollte die Menschheit dafür strafen, dass ihr Vertreter Prometheus (der im Voraus Wissende, der Vorsorgende und Aspekt unserer Bewusstwerdung) das Feuer des Himmels an sich genommen hatte. Obwohl der seinen Bruder Epimetheus (der erst nachträglich Lernende, der Unbedachte, der äußere Mensch) gewarnt hatte, nahm dieser Pandora zu sich. Bei erstbester Gelegenheit lupfte die Schöne den Deckel ihrer Büchse. Seitdem beherrschen mitunter Unheil, Jammer und Leid unsere irdischen Verhältnisse. Nur die Hoffnung blieb als Bodensatz in dem Gefäß zurück.

Seitdem der Mensch Bewusstsein herausbildete und damit Verstand, logisches Denken und Selbsteinschätzung, fiel er aus dem biblischen Garten Eden heraus, in dem aber auch weiterer Entwicklung Grenzen gesetzt waren. Aller Anfang ist schwer, und so ganz professionell vermögen wir noch immer nicht mit diesem titanischen Instrument umzugehen. Immer wieder suchen wir die Gründe für unvorteilhafte Gegebenheiten im Außen. Einen Sündenbock fanden zumindest die Männer: nämlich im Weiblichen, als dem faszinierenden und immer wieder tödlichen Gefäß (→ HEKATE).

c.z.

Bürger, Gottfried August: Verbittert, verarmt, vereinsamt

Der Maler Anton Graff, der Bürger porträtierte, hat die Züge des Dichters nur mit einem ganz kleinen Lächeln geschmückt, denn Bürgers Leben bot keinen Anlass zur Freude. Sein Vater, ein selbstgenügsamer Pfarrer in Malmerswerde, hatte wenig für den 1747 geborenen Gottfried übrig. Auch die allzeit jähzornige Mutter zeigte selten Zuneigung zu ihrem Sprössling. 1760, auf der Staatsschule in Aschersleben, kam es zu ersten poetischen Versuchen. Als Gottfried ein satirisches Epigramm über den Haarbeutel eines Mitschülers verfertigte, entstand eine Schlägerei. Gottfried wurde von einem Lehrer hart gezüchtigt und musste die Schule verlassen. Auf Wunsch seines Großvaters, der sich seiner angenommen hatte, begann er ab 1764 lustlos Theologie zu studieren.

Als er eine verbotene studentische Landmannschaft mitbegründete, rief ihn der erzürnte Großvater ab, ließ ihn aber ab 1768 in Göttingen das Studium der Rechte aufnehmen, das Bürger mehr schlecht denn recht und nur mit Hilfe von Freunden absolvieren konnte. Zwar wurde er 1772 Amtmann in der Gerichthalterstelle zu Alten-Gleichen, wurde aber rasch um die 1000 Taler betrogen, die ihm sein Großvater geschenkt hatte, damit er das ungeliebte Amt überhaupt antreten durfte. Sein kleines, poetisches Talent verwelke in seiner jetzigen Lage, gestand er einem Freund, dem Halberstädter Schriftsteller Johann Gleim.

Was er auch unternahm, Gründung eines Verlages, Pacht eines Landgutes, Auswanderungspläne, Spielen in der Lotterie, der Versuch eine besser bezahlte Stelle zu erlangen, alles misslang. Auch die Heirat mit Dorette Leonhardt, der Tochter eines Justizamtmannes, besserte nichts. Er fasste alsbald eine heftige Leidenschaft zu Auguste, der jüngeren Schwester seiner Frau. "Denn wie soll, wie kann ich's zähmen dieses hochempörte Herz?", dichtete der verzweifelte Mann und machte Auguste schnell ein Kind. Um die Ehe zu retten, willigte Dorette 1777 in eine Ehe zu dritt ein, was den Beteiligten Herzeleid, Kummer und Gewissensqualen über Jahre bescherte. Dass Bürger Auguste unter dem Namen Molly in seinen Liedern überschwänglich besang, führte bei seiner Frau zu zusätzlichem Verdruss. Als er von seinen Vorgesetzten wegen angeblich nachlässiger Amtsführung angeklagt wurde, legte er sein Amt empört nieder, obwohl er von allen Vorwürfen freigesprochen worden war. Nach dem Tod von Dorette bei der Geburt einer Tochter im Jahr 1784, heiratete er ein Jahr später seine geliebte Auguste. Als auch sie bei der Geburt eines zweiten Kindes ein halbes Jahr später starb, stürzte Bürger in tiefstes Leid.

Bei der 50-Jahrfeier der Göttinger Universität verlieh man ihm zwar die Doktorwürde und ernannte ihn zum außerordentlichen Professor, Geld und eine Festanstellung bekam er aber nicht. Als Elise Hahn, eine in Stuttgart lebende Verehrerin des Dichters, ihm in einem Gedicht öffentlich ihre Hand anbot, entspann sich eine längere Korrespondenz. Im Herbst 1790 heiratete er sein "Schwabenmädchen". Die Eitelkeit, Zerstreuungssucht und Untreue seiner Frau führten schon nach wenigen Wochen zur Zerrüttung der Ehe, die 1792 geschieden wurde. Elise trat fürderhin als Schauspielerin und Deklamatrice auf. Bei Abfassung ihres 1799 erschienenen Romans "Irrwege des weiblichen Herzens" konnte sie voll aus dem eigenen Erleben schöpfen. Sinnigerweise veröffentlichte sie 1801 das Drama "Die Heiratslustigen".

Wen wundert es, dass ausgerechnet Bürger, als er Goethe bat, ihn besuchen zu dürfen, eine schroffe Absage bekam? "Der Kuckuck und sein Küster" sollten den Dichterfürsten holen, fluchte der frustrierte Dichter. Und auch "das Glück", dass

Schiller 1791 seine Gedichte rezensierte, schlug ins Gegenteil um. Sie böten keinen Genuss, seien allzu volkstümlich, und nicht ausgereift. Bürgers Produkten fehle die letzte Hand der Veredelung, weil sie Bürger selbst fehle, schrieb Schiller frech.

Die Literaturwissenschaft räumt Bürger wegen der Innerlichkeit, Weichheit und zugleich Kraft seines Ausdrucks, der Mannigfaltigkeit der Formen und des melodischen Flusses seiner Verse heute einen besonderen Platz ein. In Anthologien steht seine Ballade "Lenore", in der eine junge Braut von ihrem toten Geliebten mit hinab ins Grab genommen wird, gleichwertig neben den Gedichten und Balladen Goethes, Schillers, Eichendorffs, Tiecks, Uhlands, → Mörikes und → Lenaus.

Gottfried August Bürger,
Bild von Anton Graff

Obwohl in anhaltenden finanziellen Nöten überließ Bürger ausgerechnet das Manuskript zu den Wunderbaren Reisen des Freiherrn von Münchhausen seinem Verleger ohne Honorar und profitierte auch später nicht vom Erfolg dieses bis heute überaus beliebten Schwankbuches. Er schilderte seinen Helden Münchhausen als Gegenbild zu sich: als einen Mann, der sich immer zu helfen weiß, und der sich notfalls am eigenen Schopf aus dem Sumpf zieht. Verbittert, vereinsamt und verarmt saß Bürger für Monate in seinem Studierzimmer, gemieden von den Freunden, besucht nur von der Schwindsucht, die ihn am 8. Juni 1794, sechsundvierzigjährig, in einer Gartenhütte dahinraffte. In einem Park, an einer Stelle, wo er gerne saß, ehrte die Nachwelt ihn mit einem Denkmal. Als 25-Jähriger schon hatte Bürger in seiner "Lenore" prophetisch gereimt: "Hin ist hin! Nun fahre Welt und alles hin! Bei Gott ist kein Erbarmen. O weh, o weh, mir Armem!"

Bürgers Grab – geschmückt mit einer Urne im antiken Stil – hat sich auf dem Göttinger Bartholomäusfriedhof erhalten.

w.b.

Byron, Lord: Überschreiten aller Grenzen

George Gordon Byron wurde am 22. Januar 1788 in London geboren. Dass das Kind einen Klumpfuss hatte, gefiel den Eltern gar nicht. Er habe einen unmöglichen Gang, äußerte sich sein Vater. Seine Mutter nannte ihn einen "lahmen Balg" und bezeichnete ihn, wenn sie einen ihrer vielen maßlosen Wutausbrüche hatte, als Krüppel. Mit 10 Jahren erfuhr Byron morgens in der Schule, dass er von seinem Großonkel den Titel eines Lords und den Familiensitz Newstead Abbey geerbt hat. Damit war er Peer des Königreichs und Mitglied des Hochadels.

Sein schottisches Kindermädchen legte sich nachts zu ihm und trieb sexuelle Spiele mit ihm. Mit acht Jahren verliebte er sich heftig in seine Kusine Mary Duff. Mit zwölf fasste er eine starke Leidenschaft zu seiner Kusine Margarete ("eines der schönsten aller vergänglichen Wesen"), hatte aber auch mit dem Mieter von Newstead Abbey, dem acht Jahre älteren Lord Grey de Ruthyn, eine Affäre.

Die Lektüre von William → BECKFORDS arabischem Märchen um den Kalifen Vathek, der sich mit tausend Verbrechen besudelt, um eitlen Glanz und verbotene Macht zu gewinnen, weckte Byrons Sehnsucht, die geheimnisvollen, exotischen Regionen Kleinasiens zu sehen. Mit seinem Freund Hobhause segelte er 1809 von Falmouth aus zuerst nach Lissabon, später nach Griechenland, Albanien und in die Türkei. Endlich in Konstantinopel angelangt, befiel ihn Ekel angesichts der halb verhungerten Hunde, die an herumliegenden Leichen nagten und den abgehackten Köpfen von Hingerichteten, die in Mauernischen ausgestellt waren.

Zurück in England begann er ein Verhältnis mit seiner Halbschwester Augusta, einer Hofdame der Königin. Der Inzest verschaffte ihm einen neuen Reiz: "Diese perverse Leidenschaft war meine tiefste". Im darauf folgenden Jahr brachte Augusta ein Kind, Elizabeth Medora, zur Welt, um das sich Byron nur wenig kümmerte.

1815 heiratete er Annabella Melbanke. Ein Jahr später, als er entdeckt, dass ihre Eltern hoch verschuldet sind, trennt er sich von seiner Frau, die geduldig seine Trunk- und Opiumsucht und seine Wutausbrüche ausgehalten hatte, bei denen er den Kanarienvogel samt Käfig aus dem Fenster geworfen und im Schlafzimmer mit der Pistole in die Decke geschossen hatte.

Als sich Lord Byron und sein Leibarzt, John William Polidori ("Polly"), 1816 am Genfer See in der Villa Diodati einmieteten, trafen sie sich häufig mit dem in der Nachbarschaft im Landhaus Mont Alègre wohnenden Dichter Shelley und dessen Geliebter Mary Woollstone-Craft, um den See zu erkunden, in den Bergen zu wandern und auch um mit Opium zu experimentieren. Abends beim flackernden

Holzfeuer und angeregt durch das Vorlesen aus einem französischen Buch mit deutschen Spukgeschichten schlug Byron vor, jeder solle eine eigene Geistergeschichte schreiben.

Mary schrieb nach einer Wachvision die Anfänge einer Geschichte nieder, "die den Leser vor lauter Furcht nicht mehr um sich blicken ließ, die das Blut gerinnen machte und die Schläge des Herzens beschleunigte". Ihr Roman FRANKENSTEIN, der davon handelt, dass ein von dem Arzt Viktor von Frankenstein aus Leichenteilen erschaffenes Wesen außer Kontrolle gerät und zum Monster wird, wurde zu einem der Klassiker der Schwarzen Romantik und lebt bis heute in Theaterstücken und Filmen weiter.

Polidori ließ seine Geschichte um die Untaten eines blutgierigen Vampirs kreisen, der der Braut seines besten Freundes an den Hals geht. Unschwer lässt sich in dem Helden, einem Lord Ruthven, erkennen, dass Polidori dabei seinen liebes- und lebenshungrigen Auftraggeber als Vorbild nahm. (Der Roman diente später Heinrich August → MARSCHNER als Stoff für seine heute noch gespielte, romantische Oper DER VAMPYR). Der Held in Byrons Dichtwerk CHILDE HAROLD, an dessen drittem Teil er in der Villa Diodati arbeitete, spricht Byron's Verlangen nach immer intensiveren Sensationen ungeschminkt aus: "Von Lust vergiftet lechzt' er fast nach Qual, Veränderung sucht er, wär' es auch im Schattental." Gerd Ueding nennt den inzestuösen und bisexuellen Byron in bezug auf die Umstände seiner Lebensführung denn auch "ein Monster der Grenzüberschreitung". In einem anderen Versepos, "Der Giaour", scheint Byron das Fortbestehen seiner Leidenschaften und Gelüste noch über den Tod hinaus zu beschwören, wenn er dichtet:

"Als Vampyr fährst zur Erde du/ Dein Leichnam, hat im Grab nicht Ruh/
Gespenstisch schleicht er durch dein Haus/ Saugt's Herzblut all der deinen aus."

Der englische Schriftsteller Tom Holland führte Polidoris Geschichte in einer Trilogie um den zum Untoten gewordenen Lord Ruthven alias Lord Byron in genau dieser Weise weiter (DER VAMPIR, Düsseldorf 1996). Holland bietet eine schauerliche Melange aus Hochadelsintrigen, Strömen von Blut, Schwarzer Magie, Inzest, opiumdünstenden Lasterhöhlen, bizarren Sexszenen und Morden und lässt Lord Byron immer wieder die "süßeste Lust auf Erden" kosten, den Biss in die Halsschlagadern seiner Nachfahren; ein Ambiente, das Hollands Bücher schnell zu Bestsellern werden ließ.

In Ravenna unterhielt Byron als "Cavalier Servente" ein Verhältnis mit Teresa Guiccioli, der Gattin eines schon älteren Grafen. Byron zerstörte die Ehe, die durch ein päpstliches Dekret aufgehoben wurde. Teresa zog sich aufs Land zurück, Byron blieb ungeniert mit seiner Menagerie von Tieren (ein Adler, eine Krähe, ein Falke, ein Kranich, zwei Perlhühner, drei Affen, fünf Pfauen, fünf Katzen, acht große Hunde) im Palast des Grafen wohnen.

1822 ertrank Byrons Dichterbruder Shelley bei einer Bootsfahrt zusammen mit zwei Gefährten. Byron ließ die Toten wieder ausgraben und auf einem riesigen Holzstoß mit Weihrauch, Wein und Öl verbrennen. Der Schädel, den Byron zur Erinnerung haben wollte, zersprang. Das Herz wurde in Weingeist aufbewahrt.

1823 brach er nach Griechenland auf, um am Freiheitskampf der Griechen gegen die Türken teilzunehmen.

Am Ostermontag 1824 um sechs Uhr abends starb Byron im damals noch türkischen Missalunghi an Malaria. Die einbalsamierte Leiche wurde am 12. Juli in einer großen schwarzen Kutsche nach Hucknall Torckard in die Familiengruft gebracht. Dem Trauerzug folgten 47 leere Kutschen, die die Teilnahme derer symbolisierten, die es nicht für ziemlich befanden, an der Trauerfeier teilzunehmen. 1821 hatte Robert Southey in einem Vorwort zu Byrons VERSION DES GERICHTS geschrieben:

> "Männer ungesunden Herzens und verderbter Einbildungskraft haben ein ihrer unseligen Lebensführung entsprechendes moralisches System ausgebildet. Sie sind bestrebt, andere so unglücklich zu machen, wie sie selbst sind, indem die sie mit einem moralischen Virus anstecken, der die Seele befällt. Die Schule, die sie errichtet haben, kann mit Recht Satanische Schule genannt werden. Ihre Werke atmen in ihren wollüstigen Teilen den Geist Belials, in den ekelerregenden Bildern der Ungeheuerlichkeiten und Scheußlichkeiten, in denen sie schwelgen, aber den Geist Molochs." (MÜLLER 1981:147)

w.b.

Lord Byron als Reisender
auf dem Balkan

C

Carroll, Lewis: Einzigartige Märchenwelten

Charles L. Dodgson, Mathematikdozent in Oxford, versetzte liebend gern kleine Mädchen in einzigartige Märchenwelten. Seine Hochleistung, die er unter dem Künstlernamen Lewis Carroll verfasste, war ALICE IM WUNDERLAND. 1865 erstmals gedruckt, erlebte diese Geschichte bis zur Gegenwart unzählige Ausgaben, Theaterstücke und Filme. 1872 folgte das Buch ALICE IM SPIEGEL: Darin stürzt das Mädchen Alice im Traum durch eine Kaninchenhöhle in eine unterirdische Welt "Underground". Ob die Liebe zur "Untergrund-Kultur", wie sie die Hippies erfüllte, von hier eine Anregung erhielt? Auf alle Fälle gab es nach 1966 kaum junge Menschen, die, und wäre es durch Comic-Bildergeschichten, "ihre" Alice nicht kannten!

Das neugierige Mädchen kommt durch ein "Tränenmeer" zu den unglaublichsten Wesen, die aus Märchen, Spielkarten, Schachfiguren stammen – und die sich fast mehr über Alice wundern als umgekehrt. Wie ich in Kalifornien hörte: "Man lernt, dass jedes Geschöpf in seiner eigenen Welt lebt, und dass wir erst dann lustige Abenteuer bestehen können, wenn wir die köstliche Vielfalt entdecken. Wenn wir dies schon, genau wie Alice, bereits in der Kindheit herausfinden, haben wir ein immer reicheres Dasein."

s.g.

Bild aus ALICE IM WUNDERLAND

Catweazle: Gefangen in den Fallstricken des Alltags

Die zwischen 1969 und 1970 um den ziegenbärtigen Zauberer Catweazle gedrehte, 1974 auch im deutschen Fernsehen (ZDF) ausgestrahlte Serie wurde rasch für Kinder und Jugendliche Kult. Catweazle ist ein angelsächsischer Hexenmeister, der mit

Hilfe eines Zaubertranks aus Bilsenkraut, Schierling, Fingerhut und Butterblumen vergeblich versucht, zu fliegen. Stattdessen stehen mordlüsterne Normannen vor seiner Hütte. Er flieht, und um den Verfolgern zu entkommen, stürzt er sich, einen Zauberspruch murmelnd, in einen Fluss. Der Zauberspruch versetzt ihn aus dem Jahr 1066 ins 20. Jahrhundert. Aus dem Fluss ist mittlerweile ein jauchiger Tümpel geworden. Die Magie der Neuzeit verblüfft den Zauberer. Elektrizität ist für ihn ein "Elektrotrick", bei dem die Sonne in gläserne Birnen gesperrt wird, Telefonhörer erlebt er als "sprechende Knochen", Fotografien, die von ihm gemacht werden, erscheinen ihm als "Hexenbilder", Schallplatten ("schwarze Scheiben") machen ihm den Eindruck, dass darin verlorene Stimmen gefangen gehalten werden und Statuen hält er für versteinerte Menschen.

In der Kröte Kühwalda, die einer Art angehört, die - wie Wissenschaftler feststellen - seit 300 Jahren ausgestorben ist, hat er eine treue Begleiterin und in den Jungen Harold von der Hexenhoff-Farm und Cedric, dem Sohn des Schlossbesitzers Lord Collingford, findet er gute Freunde. Sie begleiten ihn bei seinen Abenteuern und holen ihn oft aus dem Schlamassel, den er angerichtet hat, wenn er wieder einmal seine berüchtigte Formel "Salmai, Dalmai, Adomai" aussprach, heraus.

Harald Keller in der FRANKFURTER RUNDSCHAU (Nr. 88, 14.04.2003):

> "Unterschwellige Hippiebotschaften machten Catweazle Anfang der 70er Jahre zu einem Favoriten auch jener Zuschauer, die sonst mit Kinderfernsehen nicht in Verbindung gebracht werden wollen. Die Serie wurde zu einem Klassiker. Allenthalben waren Catweazles sinnfreie Zaubersprüche zu hören, und manch eine seiner blumigen Bezeichnungen für die Errungenschaften moderner Technik floss in die Alltagssprache rein. An der Seite Catweazles gewannen gewohnte Topographien und alltägliche Gegenstände neuen Reiz; seine Erkundungen mit kindlicher Neugier waren ein ständiger Quell des Vergnügens."

Gespielt wurde Catweazle von dem englischen, heute über 80 Jahre alten Schauspieler Geoffrey Baldon, der 35 Jahre nach den Dreharbeiten immer noch Fanpost empfängt. Er spielte häufig Nebenrollen in Filmen wie DER ROSAROTE PANTHER oder in TV-Serien wie DER DOKTOR UND DAS LIEBE VIEH und MIT SCHIRM, CHARME UND MELONE. Seit 2005 ist Catweazle zurück im Deutschen Fernsehen. Der WDR zeigt den Kultklassiker erneut. Fans von einst lassen sich zusammen mit ihren Kindern von dem Mann mit den zerzausten Haaren, dem struppigen Bart und der schmutzigen Kutte noch einmal verzaubern.

w.b.

Chaney, Lon: Liebe und Leid in der Oper

Lon Chaney kam am 1. April 1883 in Colorado Springs als Sohn taubstummer Eltern zur Welt. Um sich ihnen gegenüber verständlich zu machen, musste er Mimik und Gesten benutzen. Früh führte ihn der Weg zum Theater. Von 1912 bis 1918 wirkte er in über 70 Filmen mit. Ab 1919 bekam er immer häufiger Rollen, die ihn als abnormen Charakter zeigten. 1919 spielte er den durchtriebenen Krüppel Frog, 1920 einen verbrecherischen, beinlosen Fabrikbesitzer, 1922 den buckligen, affenähnlichen Diener des verrückten Chirurgen Dr. Lamb (in einer Doppelrolle), 1923 den buckligen Glöckner von Notre Dame, 1925 einen Wissenschaftler, der Tote erweckt und 1925 den liebesdurstigen Erik in dem Film DAS PHANTOM DER OPER, eine Rolle, die Chaney bis heute berühmt gemacht hat.

Erik, "das Phantom", wie ihn die Menschen nennen, ein wahnsinnig gewordener Komponist, lebt in den Katakomben der Pariser Oper. Er trägt wegen seines entstellten Gesichts eine Maske. Er verliebt sich leidenschaftlich in die junge Sängerin Christine, zeigt sich ihr aber anfangs nur als Phantom, das aus der Wand zu ihr spricht. Er verbietet ihr den Umgang mit ihrem Verehrer, einem jungen Baron. Da sie sich nicht an dieses Verbot hält, entführt er sie in sein unterirdisches Reich.

Rainer Dick, Autor des Buches STARS DES HORROR FILMS über die Szene der Demaskierung des Phantoms, die der Horrorfilm-Experte William K. Everson als einen der besten Momente des Leinwand-Horrors überhaupt bezeichnet hat:

> "Christine und das Phantom schauen in die Kamera. Als sie ihm endlich die Maske vom Gesicht reißt, steht sie hinter ihm und sieht die zum Vorschein kommende Fratze gar nicht. Wir jedoch erblicken eine grässlich zugerichtete Visage und sind schockiert. Jetzt dreht sich das Phantom um, und wir sehen es noch einmal mit Christines Augen. Sein Aussehen hat sich plötzlich völlig verändert, es ist verzerrt und unscharf aufgenommen. Es ist eine Art Totenmaske, die Haut aschfahl, dazu riesige Nasenlöcher in einer fast nicht vorhandenen Nase und ein Mund voll verfaulter Zähne. Die hohlen Wangenknochen lassen sein Gesicht wie den Schädel eines Skeletts erscheinen, die Mundwinkel sind auf groteske Weise nach unten gezogen." (1996:67)

Lon Chaney als Erik, das Phantom der Oper

1927 für die Rolle des (scheinbar) armlosen Zirkusartisten Alonzo schlüpfte er in ein enges Lederkorsett, so dass er aussah, als habe er tatsächlich keine Arme.

1930 nach einem ersten erfolgreichen Auftritt in einem Sprechfilm plante er mit einem Freund die Verfilmung von → BRAM STOKERS *DRACULA*. Sein Tod im Alter von 47 Jahren im August des Jahres 1930 verhinderte die Erfüllung des Herzenswunsches des Mannes mit den 1000 Gesichtern. "Er hat", hieß es in der Grabrede von Chaneys Produktionschef bei MGM, Irving Thalberg, "der Welt die Seelen jener gezeigt, die anders geboren sind als der Rest."

w.b.

Chaney, Lon Junior: Der Gentlemen als Werwolf

Lon Chaney Junior (geboren 1906 als Creigthon Tull Chaney) war ein Sohn aus der ersten Ehe seines Vaters mit der zur Zeit der Eheschließung 15-jährigen Chorsängerin Cleva Creighton.

Chaney wirkte in vielen Horrorfilmen mit. Bekannt machte ihn seine Rolle als Werwolf in dem 1941 von Universal gedrehten Film THE WOLF MAN (DER WOLFSMENSCH), in dem auch Bela Lugosi als beißwütiger Werwolf mitspielte. Von diesem Zeitpunkt an gehörte der Werwolf zu einer der klassischen Figuren der Monstergalerie Hollywoods.

Chaney Junior wirkt, vergleicht man seinen Werwolf mit modernen Versionen, in denen blutrünstige Wolfsmonster ihre Opfer grausam abschlachten, recht harmlos. Pico bello mit feinem Tuch bekleidet, sieht Chaney als Werwolf aus, als habe ein Friseur seinem übermäßigen Haarwuchs gerade einen Messerschnitt verpasst. Als Werwolf sollte Chaney für die Zuschauer bedrohlich, aber aufgrund seines tragischen Schicksals, sich in Vollmondnächten in einen Werwolf verwandeln zu müssen, trotzdem auch sympathisch wirken.

In einer Reihe von Fortsetzungen spielte Lon Chaney Junior den Werwolf noch mehrfach. Der Schauspieler starb 1973 an einem Freitag, den 13. in San Clemente.

w.b.

Conrad, Joseph: Reise ins Herz der Finsternis

Der in englischer Sprache schreibende Romancier Joseph Conrad wurde 1857 als Jósef Teodor Konrad Korzeniowski im damals polnischen Ort Berditschew geboren. Als Kind betrachtete er einmal eine Landkarte von Afrika, legte einen Finger auf den weißen Fleck, der das ungelöste Geheimnis dieses Kontinents repräsentierte, und sagte kühn: "Dort will ich hin, wenn ich erwachsen bin."

1890, als ihn als Seemann, teils in der französischen, teils in der englischen Handelsmarine, schon viele Reisen in ferne Länder wie Australien, Thailand, Indien, China und Indonesien geführt hatten, nahm er das Angebot einer belgischen

Handelskompanie an, einen Flussdampfer auf dem Kongo zu führen. Anfänglich glaubte er, dass er an einer Forschungsexpedition in einen unbekannten Teil der Erde teilnehmen würde, merkte aber bald, dass der Direktor, "ein gemeiner Elfenbeinhändler mit niedrigen Instinkten", als brutaler Sklavenhalter agierte und es ihm einzig um die Ausbeutung des Landes und der Menschen ging. Um zu seinem Schiff in Kinshasa zu kommen, musste Conrad sich – zusammen mit 31 Trägern – einem strapaziösen Fußmarsch von 400 km unterziehen. Immer wieder traf er auf die Leichen hingerichteter Schwarzer und sah die Gräber von Weißen, die am Fieber gestorben waren. Conrad erkrankte viermal selbst am Fieber und wurde eine Woche lang von der Ruhr befallen. Deprimiert kehrte er nach Europa zurück. "Ich sehe alles mit größter Entmutigung – alles in schwarz. Meine Nerven sind ganz und gar zerrüttet … meine Träume sind nichts als Alpträume", schrieb er an die Schriftstellerin Marguerite Paradowska. Seine Erlebnisse verarbeitete er in dem 1899 erschienenen Roman HERZ DER FINSTERNIS.

Kapitän Marlowe, das Alter-Ego Conrads, erzählt von dem Gefühl der Bedrückung und des Ausgeliefertseins angesichts der Gewalt der üppigen, dämonisch wirkenden Wildnis.

> "Die hohe Wand des Pflanzenwuchses, eine strotzende und ineinander verflochtene Masse von Stämmen, Ästen, Blättern, Zweigen, Rankenwerk, die da reglos im Mondlicht stand, wirkte wie ein tobender Überfall geräuschlosen Lebens, eine heranrollende Woge aus Pflanzen, hochaufgetürmt und bereit … jedes von uns kleinen Menschenwesen aus seinem kleinen Dasein zu fegen."

Joseph Conrad

Dem HERZ DER FINSTERNIS begegnet Marlowe in dem verderbten, total gewissenlosen Agenten Kurtz, der auf der Schiffsreise den Kongo hinab mit den Worten "Das Grauen! Das Grauen" stirbt. In Kurtz trifft Marlowe das unverstellt Böse, einen Menschen, der für das begehrte Elfenbein gewissenlos mordet und der sich in orgiastischen Riten von den Eingeborenen als Gott verehren lässt. Conrads Biograph:

> "Für Marlowe hat die Wildnis sich in ein selbständiges Wesen verwandelt ('ein Ding, das ungeheuer und in Freiheit war') und Rache genommen. Marlowe spricht von 'dem schweren stummen Bann der Wildnis', die Kurtz 'an ihre erbarmungslose Brust zu ziehen schien, von einer unversöhnlichen Macht, die über einer unerforschlichen Absicht brütete. Die Wildnis hatte ihm den Schädel getätschelt, sie hatte ihn gestreichelt', und 'er war verwelkt: sie hatte Besitz von ihm ergriffen, ihn geliebt, ihn umarmt, war in seine Adern eingedrungen, hatte sein Fleisch aufgezehrt und seine Seele an die ihre geschmiedet mit Hilfe der unvorstellbaren Riten einer teuflischen Initiation.'" (NICOLAISEN 1988:91)

Die Erzählung HERZ DER FINSTERNIS wurde 1979 von Francis Coppola mit Marlon Brando in der Rolle des Kurtz verfilmt.

Bekannt geworden ist Conrad noch mit seinen Romanen ALMAYERS WAHN und IM TAIFUN. ALMAYERS WAHN behandelt das Scheitern eines in Borneo lebenden, dem Opium verfallenen Händlers; IM TAIFUN schildert den Kampf eines Kapitäns gegen die Gewalt eines tropischen Wirbelsturms. Christa Wolf schrieb 1987 über Conrad:

> "Der da, dieser Autor, hat gewusst, was Trauer ist. Er hat sich, nicht nur in Gedanken, mitten hineinbegeben in den blinden Fleck jener Kultur, der auch er angehörte. Unerschrocken ins Herz der Finsternis. Und das Licht, das ja auch ihn geleitet haben muss, hat er gesehen als einen wandernden Sonnenfleck auf einer Ebene, wie ein Blitz in Wolken."

w.b.

Cradle Of Filth: Flucht aus der Realität

Engl. "Schmutzwiege"; "Wiege des Bösen";

Englische → BLACK METAL-Band, die 1991 gegründet wurde (auch C.O.F. genannt), und heute zu den erfolgreichsten Acts des Genres zählt (Verkauf von einzelnen Tonträgern bis über eine halbe Million Exemplare). Beeinflusst von Paradise Lost, → THERION... Sehr kunstvolle Musik... Mastermind: der Sänger oder Shouter Dani Filth ("Dead Man Squawking") ...

Sie gelten als das englische Gegenstück zu → DIMMU BORGIR. Der ehemalige Schlagzeuger von C.O.F., genannt "der Schlächter" (Nicholas Barker – assault & battery... gilt als der Schnellste Schlagwerker im Metal...) spielt neuerdings bei DIMMU BORGIR. C.O.F. wird in der dunklen Szene von vielen führenden Musikern hoch geschätzt (z.B. von Christopher Johnsson/Therion, Fernando Ribeiro/Moonspell,

Sharon den Adel/Within Temptation, Shaun Steels/My Dying Bride, Blasphemer/Mayhem...).

Die Themen und Sujets der Texte sind ebenfalls nah verwandt (z.B. → ABSINTH, Hexen, Succubus, → VAMPIR; antike Mythen, Fantasy-Elemente). Literarische Einflüsse von → BRAM STOKER, → LORD BYRON, Friedrich Nietzsche, → H.P. LOVECRAFT, Horace Walpole, Joseph Sheridan Le Fanu (*The Room in the Dragon Volant*, *Carmilla*)... Gothic-Literatur, Horrorromane... Drogen!

> "Aber im großen und Ganzen würde ich Musik doch eher als Fluchtmöglichkeit aus der Realität sehen, da ich von den Ideen der Mystifizierung, des Vampirismus und von Geistersagen sehr angetan bin. Die Mehrheit der Menschen hat eine ganz normale Existenz und manchmal wächst einem diese über den Kopf, so dass man eine Straße braucht, auf der man seine Gedanken auf eine Reise schicken kann."
>
> (Dani Filth, in: LEGACY 4/2004)

Der Band wird öffentlich vorgeworfen, den Satanismus zu verherrlichen! Aber: "Der → TEUFEL ist ein Gentleman", kommentiert Dani Filth. CRADLE OF FILTH provozieren mit "I love Satan"- oder "Jesus is a cunt"-T-Shirts, extravaganten Bühnenshows (Blutfontänen, Fetisch-Tänzerinnen, Pyrotechnics, Teufelspuppen usw.; Corpse Paint). 1998 erhielt sie den KERRANG!-Award für die beste britische Live-Band! Headliner beim Ozzfest.

> "Als Band verheiraten wir die Extreme, und die Leute lieben oder hassen uns... Wir provozieren, weil wir hässlich sind und uns jeder einfach in die Fresse hauen will." (Dani Filth) – "Hochzeit der Extreme" (ZILLO MUSIKMAGAZIN, 2004)

"Die meisten Menschen lieben oder hassen Cradle Of Filth. Einen Mittelweg gibt es nur selten, da ihr sehr zu polarisieren scheint... (in: LEGACY 4/2004) ...

Cradle Of Filth gehört heute zu den führenden Bands des Black und Dark Metal. Sie haben in ihrer Musik einen zunehmend operalen Einfluss (→ OPER), benutzen Chöre und echte Symphonieorchester (*Damnation And A Day*, 2003; *Nymphetamine*,

2004). Bei ihren Bühnenshows treten riesige Puppen von Dämonen und Teufelsgestalten auf.

Die "Frau als Droge"..: "Nymphetamine" ist zusammengesetzt aus Nymphe und Amphetamine;

> "es ist natürlich in erster Linie ein Titel, der geradezu prädestiniert für uns ist, da Sex und Drogen darin eine Ehe eingehen. Er stellt die bestialische Sucht nach dem klassisch schönen Geschlecht im Allgemeinen oder einer Frau im Speziellen dar, einer Göttinnenfigur quasi." (Dani Filth, in: LEGACY 4/2004)

Deswegen war eine Gastsängerin mit sogenannter *clear voice* (Doppelgesang, Duos) nötig: Liv Kristine ehemals von Theatre Of Tragedy, heute Leaves Eyes: Licht und Schatten....

Stücke:
"Lady Bathory" (1999); → BATHORY
"Satyriasis"
"Absinth with Faust" (→ ABSINTH; → FAUST)
"Nymphetamine (Overdose)" (Amphetamine)
"Medusa and Hemlock"; *hemlock* = Schierling (Gift)!
"Anal Cunt" (→ SEX MAGICK)

Discographie:

Ihr erstes Album namens *Goetia* (1992), das seinen Titel von den altgriechischen *goes*, den "luftwandelnden Schamanen", hat, wurde niemals veröffentlicht.

- *The Principle Of Evil Made Flesh* (Cacophonus, 1995)
- *Vempire (Or Dark Faerytales In Phallustein)* (Cacophonus, 1996)
- *Dusk And Her Embrace* (Music For Nations, 1996)
- *Cruelty And The Beast* (Music For Nations, 1998)
- *From The Cradle To Enslave* (EP: Music For Nations, 1999)
- *Midian* (Music For Nations, 2000)
- *Live Bait For The Dead* (AbraCadaver, 2002; Live in Nottingham)
- *Bitter Suites To Succubi* (EP: AbraCadaver, 2001) (Wortspiel: "bitter sweets to suck you by"...
- *Lovecraft And Witch Hearts* (Music For Nations, 2002)
- *Damnation And A Day* (Sony, 2003)
- *Nymphetamine* (Roadrunner Records, 2004)

Homepage: www.cradleoffilth.com

chr.r.

Crowley, Aleister: Meister der Masken

Wie kaum eine andere spaltete die schillernde Persönlichkeit Aleister Crowleys (1875-1947), das selbsternannte "Tier 666" (→ DIE ZAHL DES TIERES 666), bis heute die öffentliche Meinung: Für die einen der "schlechteste Mensch auf Erden", Akteur bei "unbeschreiblichen Verbrechen und Gotteslästerungen", der "wiedergeborene → ANTICHRIST" und der führende Kopf in der Praxis der Schwarzen- und Sexualmagie, war er für andere als Pionier der Bewusstseinsforschung ein herausragender Wissenschaftler. Die Beatles ehrten ihn, indem sie Crowley auf dem Cover ihrer Platte *Sergeant Pepper's Lonely Heart-Club-Band* abbildeten.

Mit dem Erscheinen von Somerset Maughams Crowley-Roman THE MAGICIAN (Der Magier) im Jahre 1908 wurde Crowley schon zu Lebzeiten – gerade 43 Jahre alt – zu einer der klassischen Figuren des Schauerromans. Und das später umso mehr, nachdem Maughams Roman 1926 einem Stummfilm als Vorlage gedient hatte – mit dem Golem-Darsteller Paul Wegener in der Rolle des jungfrauenschlachtenden Schwarzmagiers.

Abweichend von seinen sonstigen Gewohnheiten kaufte Crowley sich ein Exemplar des MAGICIAN, ging in ein Restaurant und las das Buch "bei zwei Dutzend Austern, einem Fasan und einer Flasche allerbesten Champagners". In seiner "Autohagiographie" kommentierte er seinen Eindruck:

> "Im Winter 1908 stieß ich auf ein Buch, dessen Titel THE MAGICIAN mir sehr zusagte. Der Autor – Gnade meiner Seele! Niemand anders als mein alter und geschätzter Freund William Somerset Maugham, der nette junge Arzt, den ich aus den Tagen der "Chat Blanc" in so guter Erinnerung hatte. Er hatte also sein Buch doch geschrieben – wer hätte das gedacht! ... der Magier, Oliver Haddo, war Aleister Crowley, sein "Skene" war Boleskine. Die geistreichen Bemerkungen des Helden waren, die meisten jedenfalls, meine eigenen ...Maugham hatte einige meiner privatesten und persönlichsten Angelegenheiten verarbeitet: meine Ehe, meine Expeditionen, meine Abenteuer auf Großwildjagd, meine magischen Ansichten, Ambitionen und Resultate und so weiter ... Ich war nicht im geringsten beleidigt von dem Versuch, mich in dem Buch in mancher Hinsicht als üblen Lumpen darzustellen, denn er hatte den Charaktereigenschaften, auf die ich stolz war, mehr als nur Gerechtigkeit widerfahren lassen ... THE MAGICIAN war eine Hymne an mein Genie, wie ich sie mir besser nicht hätte träumen können." (1971:615)

Crowleys magische Schriften spiegeln die verwirrende Vielfalt seines Wesens wider. Ihre Inhalte sind einerseits durch ein Feuerwerk brillianter Gags und sublimer Jokes mit zuweilen prachtvoll-kitschigen, zuweilen genial-poetischen Metaphern geschmückt, andererseits aber auch schwer zugänglich und versteckt in einem sinnenverwirrenden Dschungel aus mehrsinnigen Wortspielen, semantischen Gaukeleien, clownesken Assoziationen und mathematischen Rätseln. Ein Paradebeispiel ist sein BOOK OF LIES (1913, überarbeitete Fassung New York 1952), eine witzige, instruktive und bewundernswerte Sammlung von Paradoxen.

Das chaotische Leben des Magiers, die widersprüchlichen Züge seiner Persönlichkeit und die mehreren tausend Seiten an Geschriebenem, die Crowley hinterließ, ermöglichen es den einzelnen Kommentatoren, Biografen und Exegeten jeweils "ihren Crowley" aus all diesen vielen Mosaiksteinchen zusammenzusetzen.

Somerset Maugham machte – in seinem Roman – aus Crowley einen "lüsternen, bösen Priester der Schwarzen Magie". Für den späteren englischen Generalmajor John F. Fuller war Crowley schon 1906, wie er in einem Essay, THE STAR IN THE WEST, schreibt,

> "mehr als nur die Neugeburt des Dionysos, mehr als Blake, Rabelais oder Heine: Denn er steht vor uns als Priester des Apoll, schwebend zwischen des Himmels nebligem Blau und dem ernsten Purpur des tiefsten Wassers."

Crowleys deutscher Biograph, Dr. Henri Birven, befand Crowley – in der zusammenfassenden Beurteilung – als von genuiner, intellektueller Überlegenheit, "stolz wie ein Satan" und als einen "Komplex der Gegensätzlichkeit":

> "Er ist respektlos, besonders, wenn er seinem Humor die Zügel schießen lässt. Sein Witz ist stets geistessprühend, aber schonungslos. Seine Formulierung ist messerscharf, er schreckt vor keinem Zynismus zurück. In seinen Dichtungen zieht er alle Register der Sprache. Er ist als Mensch, Denker, Dichter, Philosoph und Magus von einzigartiger Originalität."

Crowleys Freund C. R. Cammell arbeitete 1951 in seiner Biographie THE MAN, THE MAGE, THE POET die legendenhaften Aspekte des Poeten, magischen Happening-Künstlers und des genusssüchtigen Bonvivant heraus - Crowley als wohlerfahrener Wanderer in allen Lebenswelten.

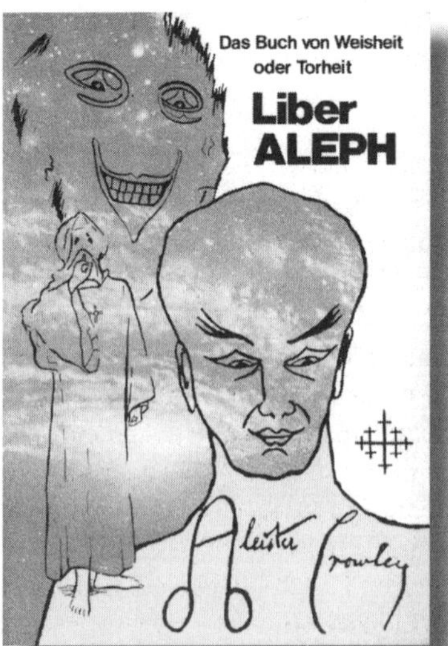

Der Psychoanalytiker Reichianischer Prägung Dr. Israel Regardie, einstmals Privatsekretär von Crowley, schrieb seine Biographie THE EYE IN THE TRIANGLE (1979) über Aleister Crowley, den Hohepriester der Gnostischen Kirche. Kenneth Grant, Oberhaupt von Crowleys Ordo Templi Orientis (O.T.O), widmete seine Arbeiten THE MAGICAL REVIVAL (1972, deutsche Fassung WIEDERBELEBUNG DER MAGIE 1999) und ALEISTER CROWLEY AND THE HIDDEN GOD (1975) dem "Gottmenschen" Crowley. Und John Symonds, englischer Dramatiker, Schriftsteller und Crowleys literarischer Nachlassverwalter, faszinierte es, in seiner Biographie THE GREAT BEAST (1951 und 1972 die erweiterte Fassung; deutsch ALEISTER CROWLEY - DAS TIER 666, 1983), uns Crowley als heiligen Narren, unverbesserlichen Joker, tanzenden Harlekin und schamanistischen Trickster nahezubringen.

Der sinistre Reverend Montague Summers, Autor einer Serie von gelehrten Traktaten über Vampire, Werwölfe und Hexen, geschrieben in der Sprache des romantischen Englands vergangener Jahrhunderte, nennt – in seiner Autobiographie THE GALANTY SHOW - Crowley ein Viertel Beschwörer und drei Viertel Scharlatan: "Er schrieb viel phantastisches und groteskes Zeug."

In der direkten Begegnung war Crowley in steter Metamorphose, in keiner seiner momentanen Manifestationen recht greifbar. Eine Begegnung dieser Art hatte (um 1902) Somerset Maugham:

> "In der Zeit, da ich ihn kennenlernte, befasste er sich aus Liebhaberei mit Teufelskult, Magie und allem Okkulten. Crowley erzählte phantastische Geschichten von seinen Erlebnissen, aber man konnte schwerlich sagen, ob er die Wahrheit sprach oder einen nur an der Nase herumführte. Sehr viel später bekam ich ein Telegramm von ihm, das folgendermaßen lautete: ‚Bitte sofort fünfundzwanzig Pfund senden. Muttergottes und ich verhungern. Aleister Crowley.‘ Ich tat es nicht und er hat noch viele schmachvolle Jahre weitergelebt." (1966:5)

Oder Harry Kempf, Autor eines Artikels über Crowley in THE WORLD MAGAZINE vom 13.12.1914:

> "Manchmal sah er aus wie ein siebzigjähriger Greis, dann wieder schien er gerade wie fünfundzwanzig. Eben erscheint er einem als ein alter Priester und im nächsten Moment als offensichtlich leicht effeminierter junger Mann mit weichen, plumpen Händen und einem schweren Gesicht mit fraulichen Zügen. Seine Hände sind ganz wundervoll mit sonderbaren Ringen geschmückt. Am Daumen trägt Crowley einen schweren Goldreif mit einem blutroten Kreuz auf weißem Grund. Von dem einen Finger züngelt eine Schlange aus Edelstein, daneben befindet sich ein symbolischer Kreis mit schwerem Siegel, das die mystischen Metalle umschließt. An einer Uhrkette trägt er in der Westentasche den weißen Doppelkopf-Adler mit Schwert, das höchste Zeichen des "Ancient and Accepted Rite of Scottish Masonry". Am beeindruckendsten an Crowley aber ist diese Haarlocke, die sich wie ein Horn von seiner mächtigen Stirn erhebt. Mitunter zerteilt er sie der Länge nach in der Mitte: das Symbol Satans."

Ob man diese Wandlungen im Wesen von Crowley auf den Konsum von Drogen zurückführt (Dr. Birven: "Die Pariser Boulevard-Presse wollte, wie ich in Paris erfuhr, wissen, dass gegen ihn ein Verfahren wegen Kokainhandels eingeleitet sei"), lieber Crowley glaubt, dass er seine Behauptung, "jeder aufeinanderfolgende menschliche Bewusstseinszustand ist ein einzigartiges Phänomen und hat keine Verbindung zu irgendeinem anderen", auch zu leben wusste, oder das Verwunderliche einfach so nimmt, wie es kommt, bleibt jedem, der den Magier Crowley anschaut, selbst überlassen – je nachdem, welche "Spiegelungen des phantastischen Zauberers" (um einem Ausdruck Sergius Golowins zu folgen) er zulassen mag.

Am 1. Dezember 1947 starb Aleister Crowley in der Pension "Netherwoods" (Unterwald) an Herzschwäche. Seine letzten Worte waren "Ich bin überrascht". Sein Biograph und literarischer Nachlassverwalter John Symonds:

> "Die Haushälterin von ‚Netherwoods' gestand mir einmal, sie wollte, er wäre tot, weil sie seinen Anblick nicht mehr ertragen könnte. Tatsächlich lässt sich ohne Übertreibungen sagen, dass um ihn eine Aura des Seltsamen oder gar des Bösen war. Zu guter Letzt war Crowley für jedermann sichtbar das geworden, was er sein Leben lang zu sein beansprucht hatte: ein Magus, ein Geheimer Oberer, ein Wesen, das jedermann und zu allen Zeiten mit dem Teufel assoziieren würde." (1983:608)

w.b.

Aleister Crowley in einer seiner vielen Masken

Cushing, Peter: Jäger der Vampire

Der 1913 in Kenley/Surrey geborene Peter Cushing hatte Schauspielerblut in den Adern. Sein Großvater war mit Henry Irving auf Tournee gewesen. Jenem Irving, der in → Bram Stoker über einen überaus treu ergebenen Assistenten verfügte. Stoker hatte den Bösewicht seines Dracula-Romans, den Grafen Dracula, mit markanten Charakterzügen seines hochmütigen und hochfahrenden Arbeitgebers versehen.

In den Rollen als Baron Frankenstein (1956), als Vampirjäger → van Helsing (ab 1958) und als Meisterdetektiv Sherlock Holmes (1959), die Cushing zum international bekannten Star gemacht hatten, zeigte sich Cushing jeweils als Person, die, vom Ehrgeiz getrieben, besessen ihr Ziel zum Guten oder Bösen verfolgt. Der hagere, streng puritanisch und asketisch wirkende Mime mit der großen Nase, dem durchdringenden Blick und dem verkniffenen Mund stellte eine ideale Besetzung dar. Kongenial verkörperte er 1959 auch die Rolle des berühmten schottischen Anatomen Dr. Robert Knox, dem das Mörderduo William Burke und Willliam Hare willig die Leichen für seine Studien besorgt hatten.

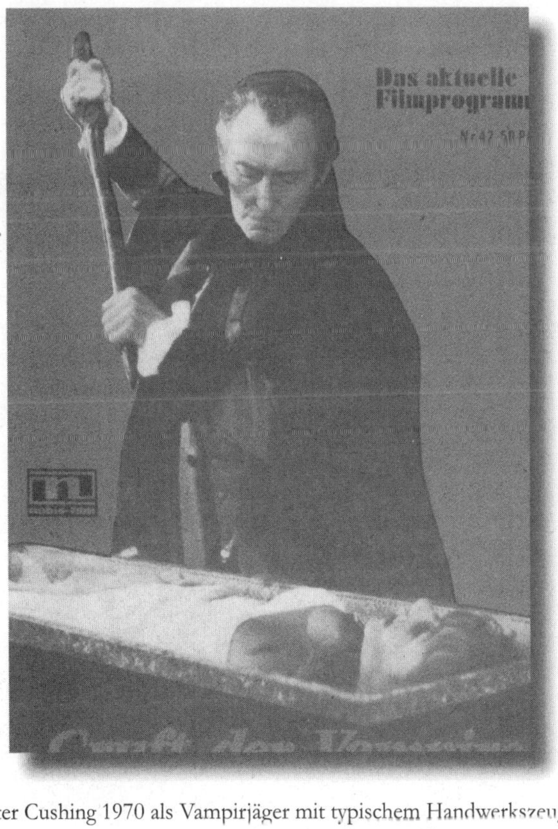

Peter Cushing 1970 als Vampirjäger mit typischem Handwerkszeug
(Filmprogramm der nobis-film Nr. 42)

Cushing, Peter

Als ich 1973 in London in einem Café in der Portobello Road saß und die Fahnen zu einem Nachdruck eines alten Buchs über Vampire korrigierte, blieb vor meinem Tisch ein Mann stehen. Ich blickte auf und glaubte, meinen Augen nicht zu trauen. Vor mir stand der Vampirjäger Abraham van Helsing! Es war Peter Cushing. Sein durchdringender Blick war – Gott sei Dank – nicht auf mich gerichtet, sondern auf die Gäste zwei Tische weiter, die im Begriff waren, zu zahlen. Und in der Hand hielt er keinen zugespitzten Holzpfahl, sondern erfreulicherweise nur eine Zeitung.

Cushing gehörte neben → CHRISTOPHER LEE und → BORIS KARLOFF zum infernalischen Trio der englischen Filmfirma Hammer, der "Fabrik des Horrors". In einem Horrorfilm mitzuspielen, hatte dem Schauspieler nie Probleme bereitet. "Wer will mich schon als Hamlet sehen? Sehr wenige. Aber Millionen wollen mich als Baron Frankenstein sehen", sagte er einmal. Cushing starb 1994 in Canterbury.

w.b.

D

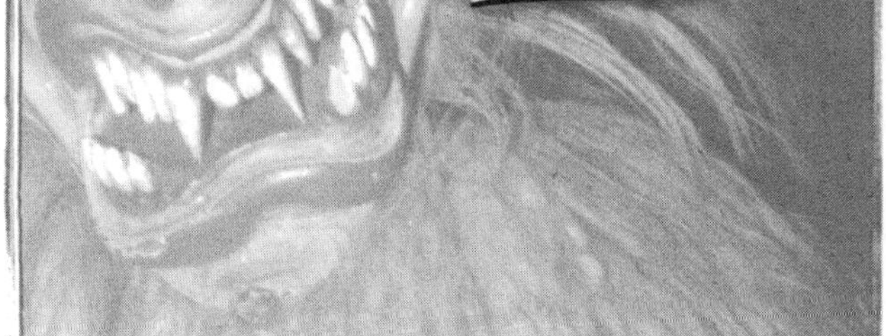

Dämmerung, Kinder der

Der Schriftsteller Geissler schildert die "große Liebe" seines Helden, des "Lieben Augustin", wobei er vielerlei Überlieferungen des Städtchens Lindau am Bodensee benützt. In Stimmungen, die wohl jeder kennt, der sein Herz völlig verloren hat, wird es ausgedrückt, wobei das Spiel der Musikdosen und eine Rokokovase aus fein gegittertem Porzellan als verständliche Sinnbilder dafür erscheinen: "Wie früh es Abend wird – Dämmerung, Kinder der Dämmerung."

Die Liebenden verstehen sich als Blumen aus einem Kranze, der aus einem ganzen Zeitalter erwuchs.

s.g.

Dämonen: Unvollendete Götter

Im Laufe seiner Selbst- oder Ichfindung begann der Mensch zunehmend zu werten. Das eine schien nützlich, das andere abträglich. Gegensätze und Polaritäten traten in die Welt und bestimmten fortan unsere Sicht. Adam und Eva bezeichnen deswegen u.a. die beginnende Dualität in unserem Denken. Damit rückte aber alles Erkannte und Bewertete zunächst einmal ins Gegenüber. Das Numinose im Wachstum, Werden und Vergehen nahm nun, als scheinbar von außen hereinbrechend, oft bedrohlichen Charakter an und konnte sich als Gott oder Dämon offenbaren. Oft nahmen verärgerte Ahnenseelen (→ AHNENPRÄGUNG), natürlich auch Krankheiten und → UNGLÜCK dämonenhafte Züge an.

Ein Dämon bezeichnet gewöhnlich einen kollektiven oder individuellen Genius in der äußeren Natur, aber ebenso in der inneren Natur des Menschen. Denn auch Erfahrungen mit der Tiefe der Gefühlswelt hatten bald wesenhafte Züge erhalten. Doch war das Dämonische nicht in allen Kulturen unbedingt negativ besetzt. Es bezeichnete oft mehr eine Hierarchie zwischen Gott und Mensch, die sich mal gutmütig gab, mal gereizt, sich aber immer und überall penetrant einmischte. Biblische Texte beschreiben Dämonen etwas einseitig als böse Geister oder abtrünnige Engel, die geradezu triebhaft Gottes Schöpfung attackieren (→ AHRIMAN) und zu unberechenbaren und launenhaften Aktivitäten neigen. In unseren Breiten verschärften christliche Volksprediger die polarisierte Form der Zuordnung. Arme Dämonen, die sich nur durch eine schärfere Profilierung von anonymen oder gar "unsichtbaren" Geistern unterscheiden, wurden schließlich für all das schuldig gesprochen, was das Leben uns als Prüfung, Belastung oder Unwillkommenem beschert. Darunter fallen auch die selten erkennbaren Folgen unserer Gedanken, Worte und Werke – ein mitunter böses → SCHICKSAL. Gott und Dämon lassen sich so kaum sauber trennen und wechseln leider gern die Seiten und Aufgabenbereiche. "Deus est inversus" heißt eine erschütternde Erkenntnis aus der Antike: "Gott ist die Umkehrung"!

Wo auch immer Dämonen auftauchen, suchen sie sich jedenfalls der seelischen Kräfte im Menschen zu bemächtigen, schaffen jede Menge Unruhe, Scherereien und – wenn nicht eigens gerufen (→ FAUST) – finden wir sie meist als ausgesprochen lästig. In der antiken griechischen Philosophie war denn auch der "Daimon" als Prinzip immer mehr zum Wesen unserer Seele geworden: der niedersten Sphäre des

Dämon: Selbst musische Dämonen ernten oft nur Undank.
Keifende Frau an der Langen Brücke in Erfurt.

→ VERLANGENS (Astralwelt), aber ebenso der höchsten Sphäre: des individuellen Anteils des Göttlichen in unserem Seelenkern. Vor allem dieser Daimon helfe uns, wolle uns retten und der Freiheit entgegen führen. Welche Götter kämen schon auf eine solche Idee! Einem Daimon haftet allerdings immer etwas Unvollkommenes an. Solange etwas Anteil an der irdischen Ebene hat, ist es auch ihren Bedingungen unterworfen. So sind auch unserem Höheren Selbst mitunter die Hände gebunden, zumindest was seine Möglichkeiten betrifft, sich uns mit seinen Wünschen und Ratschlägen verständlich zu machen.

Für Pythagoreer lieferte dieses unermüdlich positive Eingreifen der Dämonen in unsere Geschicke ein Vorbild. Jeder Philosoph – und dieser Stand beschrieb die höchste Entwicklung des Menschseins – hatte sich dieser Aufgabe zu verschreiben und als wohlwollender Daimon zu dienen. Es versteht sich daher von selbst, dass Pythagoras zu den größten Dämonen gehörte, die uns das Licht brachten. Auch wenn wir das im Mathematikunterricht nicht unbedingt wahrhaben wollten.

c.z.

Dantes Inferno: Eine Reise durch die Abgründe der Seele

Ein echtes Unikum auf dem deutschen Buch- und Comicmarkt stellt die auf 12 Bände angelegte Comic-Serie "Dantes Inferno" der beiden Autoren Akron und Voenix dar. Die Vorlage hierfür lieferte der Schweizer Magierphilosoph Akron in seinem gleichnamigen Buch DANTES INFERNO, in dem er Dante Alighieris Weg, frei nach dessen GÖTTLICHER KOMÖDIE, in die Unterwelt folgt. Dantes literarisches Lebenswerk entwarf im 14. Jh. ein kolossales Bild, das Wissen, Fühlen und Denken des europäischen Mittelalters reflektiert. Seine Beschreibung einer christlichen Hölle hat deren Darstellung bis zum heutigen Tage nachhaltig mitgeprägt. Akron stellte sich die Frage, wie die Hölle aus heutiger Sicht wohl aussehen könnte. Dafür unternahm er eine erneute Reise in die menschlichen Abgründe. Dabei bediente er sich als Rahmengerüst des weitverbreiteten Modells der Astrologie und verdichtete dieses bizarre Schauspiel zu einem okkulten Sachbuch-Roman. Voenix illustrierte diesen zwischen 1995-1998.

Um der Komplexität des Werkes eine weitere Dimension zu geben, entschloss man sich, es in Form philosophischer Comics vollständig zu bebildern. In diesen wird nun jedem astrologischen Sternzeichen eine eigene Hölle zugeordnet, so dass die Reihe am Ende aus 12 (mit Band 0 insgesamt 13) Bänden besteht. Auf den bewusst s/w gehaltenen Seiten verzichtet Voenix auf die klassische Kästcheneinteilung, wodurch ein tripähnliches Szenario erschaffen wird. Es zwingt den Leser, sich quasi Bild für Bild durch die einzelnen Höllen hindurchzuhangeln. In deren verzweigte Handlungsstränge wird er immer wieder mit einbezogen. Zur Story: Zutiefst in innere Betrachtungen versunken, nimmt der Leser Kontakt zu Akron auf, einem zeitlosen Geistwesen, das sich ihm als sein "eigenes Wissen aus der Zukunft" zu erkennen gibt. Gemeinsam brechen die beiden (gleich Dante und Vergil) in die seelische Innenwelt auf, den ältesten Bestimmungsort der Menschheit, und werden dort mit den verdrängten Ängsten, Sehnsüchten, Trieben und Schatten des kollektiven Menschseins konfrontiert. Auf ungewöhnliche Weise verknüpfen sich tiefgreifende Einsichten mit suggestiven, von archetypischen Symbolen angereicherten Bildern und schaffen hierdurch eine philosophische Odyssee der anderen Art. Da die Macher bei der Publizierung immer wieder mit großen Widerständen zu kämpfen hatten, entschlossen sie sich 2001 einen eigenen Verlag zu gründen (Akron Verlags AG) und die Serie seither selbst herauszugeben.

h.k.

Abbildung der beiden Reisenden aus dem Comic

Dark: Sturz in die Tiefe

Düstere Wellen frohlocken
Ozeane aus Blut triefen/ schocken
Der Tod berauscht sich an seiner Macht
Es zerfließt die violette Nacht...

Galan O. Seid

Das Wort dark ist Englisch und heißt "dunkel". Wenn Musiker unserer Zeit von dark sprechen, meinen sie nicht nur das Dunkle, sondern auch das Tiefgründige, akustisch kaum zu Ertragende, das musikalisch in dunkle Dimensionen führende, das am Kern der Seele rüttelnde, in die Tiefe, die ewige Dunkelheit, das Schwarze Loch führende. Nicht umsonst nennt die Schwarze Szene ihre Musik → GOTHIC DARK WAVE, die "gotische, dunkle Welle". Aber Musik, die im angloamerikanischen Raum als dark bezeichnet wird, ist nicht unbedingt Gothic. Es kann alles sein, was die Seele in die Finsternis stürzt, um etwas zu begreifen.

Dark kann auch bedeuten: "dionysisch"! - "Todeskult, Lob des Unnatürlichen, fieberhaftes Verlangen nach Zuwiderhandeln: all das hängt herab vom Baum der Sünde, der da im Zaubergarten der Dark Wave gewachsen ist." (ZONA 1987:123)

DARK heißt auch ein Projekt des virtuosen Schlagzeugers und Perkussionisten Mark Nauseef (*1953), der zuerst in der Heavy Metal Band Elf (mit DIO), sodann mit den Musikern von Deep Purple (Jon Lord), mit Jack Bruce, Phil Lynott, Gary Moore; mit Jazz-Heroen wie Joachim Kühn und Markus Stockhausen getrommelt hat und sich der Weltmusik in jeder denkbaren Richtung geöffnet hat (mit Rabiah Abdul-Khalil und Kutsi Erguner).

Nauseef hält dark oder DARK für den wesentlichen Teil seines Schaffens; den Menschen in Abgründe zu stürzen (und ihn wieder herauszuholen). Wie ein typischer Künstler, antwortet er auf die Frage, was dark sei, nur: "DARK is a misspelling from MARK."

Discographie (Auswahl):

- Dark, n.n. (CMP Records, 1986) Mark Nauseef mit Catherine Guard (v), Leonice Shinneman (perc., keys), Mark London Sims (b).
- Dark, *Tamna Voda* (CMP Records, 1988)

  Mit Leonice Shinneman (perc., keys), Mark London Sims (b), Miroslav Tadic (g), David Torn (g) und L. Shankar (Violin). Der Begriff Tamna Voda ist serbokroatisch und bedeutet "mysteriöses Wasser", im Sinne von Dunkelheit, aber nicht im Sinne von schmutzig.
- Mark Nauseef – Miroslav Tadic, *The Snake Music* (CMP Records, 1994) mit Jack Bruce (b, v), Wolfgang Puschnig (sax), Markus Stockhausen (trum) und David Torn (g). Ein psychedelisches Kunstwerk.
- Mark Nauseef, Ikue Mori, Sylvie Courvoisier, Walter Quintus, *Albert* (Leo Records, 2006). Diese CD wurde zu Albert Hofmanns 100. Geburtstag produziert und ist echt psychedelisch; sie lotet die Höhen und Tiefen der Erfahrungen anderer Wirklichkeiten aus. Sehr zu empfehlen für tranceige Reisen und Meditationen.

Verwandte Produktionen:

• Dark – Ballet von Carolyn Carlson, Musik von Joachim Kühn. Gespielt von Joachim Kühn (Piano) und Walter Quintus (Digital Soundbord) (Ambiance-CD's, 1988). Der mehrfach als "bester Jazzpianist" ausgezeichnete deutsche Musiker Joachim Kühn hat hier dunkle Themen durch Improvisationen vertont (Titel: "Dark Light", "Dark Rhythm", "Dark Sound", "Light Dark"). Die Musik diente der Tänzerin Carolyn Carlson als Soundtrack für ihr gleichnamiges Ballet, das in Hamburg uraufgeführt wurde (unter Mitwirkung von Rolf Liebermann).

• Ian Gillan Band, *The Rockfield Mixes* (CD-Reissue: Angel Air Records, [2006]). Diese, original 1977 erschienene LP sprengte das damalige Publikum; niemand wusste so recht, was damit anzufangen sei. Heute ist diese Scheibe jenseits aller Genres ein Klassiker – und endlich in der original Abmischung erhältlich.

> "Die Musik verändert sich in jeder Hinsicht, wenn der Herr der Dunkelheit eintritt in die Leichenblässe, die Seide, die süßlichen Düfte der Dark Wave, den Tempel nächtlicher Leidenschaften und grausamer Verlangen, in die Schule subtiler Schmerzen und ersehnter Ängste. Mit anmutigen, verzweifelten Tänzen voll Prophetie und atavistischem Fortexistieren bemächtigt sich die Schwarze Welle, umhüllt von Trauer und Geraune, von Blut und von Schluchzen, der uralten Alpträume und Ängste.... im Dark hat das Spiel einen raffiniert heimtückischen Charakter, wo es offen und harmlos erscheint; die bösartigen Verunreinigungen bilden selbst das symbolträchtige Drama, aufrüttelnd, mit tönenden sündhaften Liturgien aus dem Untergrund." (ZONA 1987:122)

Neuerdings gibt es eine Glamourrock-Retro-Band namens Darkness, "Dunkelheit": Dabei handelt es sich um billigen Pop, der nicht wirklich nach dem Dunklen sucht.

chr.r.

Davis, Bette: Die First Lady des Schreckens

Bette Davis wurde als Ruth Elizabeth Davis am 5. April 1908 in Lowell/ Massachusetts inmitten eines Gewittersturms geboren. Nach dem Volksglauben werden aus solchen Kindern Hexen. Die Vorfahren ihrer Mutter waren in der Tat in die Hexenprozesse in Salem verwickelt gewesen. Zeit ihres Lebens glaubte sie denn auch an die Kraft von Amuletten. Sie trug ihre Glücksbringer an einer Goldkette immer am Hals. Den Verschluss ließ sie verlöten, damit sie die Kette nicht in Gedanken abstreifen und verlieren konnte. Musste sie sich in einer Rolle mit einem Dekolleté zeigen, versteckte sie die Anhänger im Haar oder im Kragen des Kleides, das sie trug.

Als Bette Davis bei der Weihnachtsfeier ihrer Schule den Weihnachtsmann spielte, fing ihr Kostüm an den Kerzen des Christbaumes Feuer. Ein Teppich, den man um sie wickelte, erstickte die Flammen. Aus einer Laune heraus, beschloss sie, vorzuspielen, sie sei erblindet. Aus den Reaktionen des Publikums spürte sie, welche Macht ein Schauspieler über Menschen haben kann. "Ein Schauer des Entzückens durchrieselte mich. In diesem Moment hatte ich das absolute Kommando. Solche Macht hatte ich noch nie zuvor kennengelernt."

Eine Rolle in einer Freilichtaufführung des SOMMERNACHTSTRAUMS und die Titelrolle in dem Tanzstück THE MOTH (DER NACHTFALTER) festigte den Entschluss, einmal Schauspielerin zu werden. 1929 hatte sie ihr Ziel erreicht. Sie spielte die "Hedwig" in Ibsens DIE WILDENTE. 1931 hatte "der kleine braune Zaunkönig", wie man sie anfangs in Hollywood spöttisch genannt hatte, den Sprung zum Film geschafft, obwohl der Filmproduzent Samuel Goldwyn dem Fotografen, der die Probeaufnahmen gemacht hatte, Vorwürfe gemacht hatte: "Wo haben Sie bloß dieses grässlich aussehende Geschöpf gefunden?" Sie spielte in dem Film der Universal Pictures Bad Sister die Good Sister. Mit von der Partie war Humphrey Bogart, der hier seinen vierten Auftritt als Filmschauspieler hatte.

Bette Davis als junges Mädchen

Es dauerte Jahrzehnte bis aus dem hässlichen Entlein der Rollen der Anfangsjahre die zweifach oscarprämierte First Lady des Schreckens wurde. Ihre gelben Eulenaugen, der übergroße Mund, ihr betonter, hüftschwingender Gang, die abgehackt wirkenden Bewegungen ihrer Ellbogen und Gesten ihrer Hände waren zum Markenzeichen geworden. Sie verkörperte ebenso souverän ein selbstsüchtiges Gangsterliebchen, einen dem Alkohol verfallenen Bühnenstar, eine mordlüsterne Ehefrau, eine aschenputtelige Apfelfrau, eine machtgierige Zarin, eine wahnsinnige, alte Frau, einen weiblichen Dr. Fu Man Chu (Madame Sin), die geschockte Mieterin eines Spukhauses wie auch eine skrupellose Kapitalistin. Einen im Grunde gutmütigen Vulkan, der ständig im Ausbruch begriffen ist, nannte sie eine Schauspielkollegin einmal. Rollen, in denen sie zwiespältige, hexenhafte Frauen wie im Wiegenlied für eine Leiche und in Was geschah wirklich mit Baby Jane? spielte, prägten Bette Davis Image in den Augen der Öffentlichkeit.

> "Ein Rest von Moral ist in all diesen Filmen den von Bette Davis dargestellten Frauen dennoch geblieben: Sie können noch leiden. Es sind keine Verbrecherinnen wie etwa Barbara Stanwyck in Double Indemnity. Ihr Streben nach Glück oder Macht ist zwar auch eine Emanzipation ins Böse hinein, von einer Ungleichzeitigkeit, die nur in die Zerstörung führen kann, es ist aber vor allem eine Reaktion auf ihre Umwelt, und mag ihre Emanzipation, ihre Freiheit auch mit schrecklichen Mitteln zu schrecklichen Zielen vorangetrieben sein, sie ist ihr doch in einem Maße angemessen, wie man es sonst allenfalls bei Joan Crawford noch findet." (SEESSLER 1980:104f.)

Bette Davis kannte keine Eitelkeiten in Bezug auf ihr Äußeres. Als sie die in die Jahre gekommene Königin Elisabeth I. spielen sollte (Günstling einer Königin), ließ sie sich den Haaransatz um acht Zentimeter nach hinten verlegen, die Augenbrauen entfernen, das Gesicht weiß pudern, die Lippen dünn schminken und dicke Tränensäcke aufmalen. Ihren Kopf krönte sie mit einer karottenroten Perücke.

Bette Davis gehörte zu den wenigen Hollywoodstars, die sich nicht liften ließen. Als sie ihren Sohn fragte, ob sie eine Gesichtskorrektur machen lassen solle, hatte er sie ängstlich angeschaut und gesagt: "Mutter, dann wärst du doch nicht mehr du!"

In einem ihrer letzten Filme (ESCAPE TO WITCH MOUNTAIN) zog sie als hexische Komplizin des teuflischen Dr. Cannon, gespielt von → CHRISTOPHER LEE, noch einmal alle Register. Zwei außerirdische Kinder, die übernatürliche Kräfte besitzen, und die die beiden in ihre Macht gebracht haben, sollten bei der Verwirklichung ihrer Pläne, die Welt zu erobern, helfen.

Bette Davis starb am 6. Oktober 1989.

w.b.

Davis, Miles: Dark Magus des Jazz

1926-1991

Der einflussreiche Jazzmusiker Miles Dewey Davis, geboren am 26. Mai 1926 in Alton, Illinois, USA, wuchs als Sohn eines wohlhabenden Zahnarztes in St. Louis auf, also im Dunstkreis interessanter Pharmaka, z.B. von → KOKAIN als zahnärztlichem Betäubungsmittel, und im multikulturellen Gumbo (dicke Okrasuppe; typisches Eintopfgericht in St. Louis) südstaatlicher Voodooküchen! Mit 13 begann er Trompete zu spielen – ununterbrochen bis 1975. Nach einer "kreativen Pause" von fünf Jahren nahm er sein Horn wieder zur Hand und blies es bis zum Tod, nach dem letzten Konzert in Paris 1991. Zwischendurch hat er fünf bis sechs mal die Musikgeschichte umgeschrieben: Be-Bop, Cool Jazz, Rock-Jazz, New Jazz, Doo-bop... – immer ein Pionier, immer am Rande, das Undenkbare schaffen: das, was Ornette Coleman im Jahre 1959 mit seinem Album *The Shape of Jazz to Come* prophezeit hatte.

Miles Davis studierte klassische Musik:

> "Ich ging oft in die Bibliothek und lieh mir Partituren von großartigen Komponisten wie Strawinski, Alban Berg (→ WOZZECK) oder Prokofieff (→ HEXENSALBE). Ich wollte genau wissen, was in der Musik möglich ist. Wissen ist Freiheit, und Ignoranz ist Sklaverei..." (DAVIS 1990:72)

Miles Davis gilt als der Pionier des Electric Jazz. Er wurde Ende der 60er Jahre von der elektronischen Musik Karlheinz Stockhausens beeinflusst, sowie vom Soul und Funk eines Sly and the Family Stone (Sexmachine), und von Jimi Hendrix inspiriert. Miles Davis war der erste Jazz-Musiker, der elektrische Instrumente (E-Klavier, Moog usw., E-Gitarre, Bassgitarre) eingesetzt hat. Er sagte: "Musik bedeutet Veränderung und Weiterentwicklung, nicht Stillstand und Sicherheit."

Sein historisches Album *In A Silent Way* wurde am 18. Februar 1969 in New York City im Studio aufgenommen. Auf diesem ruhigen Weg begann Miles Davis, der Dark Magus, der Prince of Darkness ("Prinz der Finsternis") die New Directions, den New Jazz zu entdecken. "Acid Jazz" ist heute eine Musikkategorie, wäre aber eigentlich ein Label für die Musik, die Miles Davis zwischen 1968 und 1974 entwickelte. Sie wird in der Literatur meist als New Jazz bezeichnet, aber auch als seine "psychedelische Phase" charakterisiert. Sie begann ganz verhalten und leise: *In A Silent Way* (1969), manifestierte sich im brodelnden Topf der *Bitches Brew* (1970) und attackierte jedes Nervensystem auf heftigste mit *Dark Magus* (1974), *Agharta* (1975) und *Pangaea* (1975). Die ganze Phase diente der Auflösung aller bekannten musikalischen Formen, aller herkömmlicher kompositorischer Muster, schredderte quälend an den Grenzen jeder Harmonielehre, spottete jedem Kategorisierungsversuch. Die geistige Befreiung sublimierte in grenzenlosem Territorium. Hört man alle Alben von 1969 bis 1975 chronologisch durch, wird man in immer weiter werdenden Spiralbahnen durch den wundersamen Kosmos der anderen Welten getrieben. Mit jedem Miles Davis-Album wird man weiter in das psychedelische Universum getragen. Denn man kann immer bei etwas Bekanntem anknüpfen, um sich sodann der plötzlichen Neuheit, den fremden Welten, die sich mit jedem Trompetenstoß aus dem Vertrauten herausschlängeln, zu stellen. Doch dann: eine Pause, Ruhe, aber eine Warnung vor dem, was da kommt, oder dem, was da auch immer kommen möge! Die Rhythmen stampfen den Geist in Trance, zerstückeln das Ego wie bei einer schamanischen Initiation, verblüffen und verwundern. Miles' "Tröte" wirkt wie ein Tunnel zur Anderswelt. Sie setzt Zeichen in der Wiese, die zum Mikrokosmos kristallisiert. *The Dark Magus' Kaleidoscope!*

Nicht von ungefähr erhielt Miles Davis den Spitznamen Dark Magus: "Meine Zahl ist die Sechs, die perfekte Sechs, und das ist die Zahl des Teufels. Ich glaub, dass ich viel vom Teufel in mir habe." (DAVIS 1990:163); → DIE ZAHL DES TIERES 666. Oft hatte er mit dem Dunklen gehadert:

"Irgendwie hatte ich mich langsam in das Phantom der Oper verwandelt. Unter unserm Haus war ein Tunnel, und da unten schlich ich rum, völlig paranoid, wie ein Wahnsinniger. Ich war ein Wrack, und es wurde immer schlimmer. Es kamen merkwürdige Leute ins Haus, die mir Koks (→ KOKAIN) lieferten..." (DAVIS 1990:323)

Discographie (Auswahl)

- *Sorcerer* (Columbia, 1967)
  Stück 1: "Prince of Darkness" (Komposition vom Saxophonisten Wayne Shorter; → SAXOPHON)
- *In a Silent Way* (CBS, 1969; digital nachbearbeitet auf CD: CBS, o.D.)
- *Bitches Brew* (CBS, 1970)
  Studio-Aufnahmen von 1969. Cover von Mati Klarwein (→ ABRAXAS). Miles Davis sagte über diese Musik: "I don´t know what it is, what is it?"
- *Live-Evil* (CBS, 1971)
  Diverse Aufnahmen von 1970. Das Album ...

  "... sollte eine Art Erweiterung von *Bitches Brew* werden, obwohl schließlich was anderes dabei herauskam... Das Prinzip der Umkehrung bestimmte das Konzept des Albums: gut und böse, hell und dunkel, bodenständig und abstrakt, leben und sterben. Genau das wollte ich auch mit den beiden Bildern auf der Vorder- und Rückseite ausdrücken, eines stellt Geburt und Liebe dar, das andere das Böse und eine Todesahnung." (MILES DAVIS) – Cover von Mati Klarwein.
- *Dark Magus* (CBS/Sony Records, 1977)
  Live aufgenommen am 30. März 1974 in der Carnegie Hall, New York City.
- *Agharta* (CBS/Sony, 1975) Aufgenommen in Japan am 1. Februar 1975 (Nachmittagskonzert). Manche glauben, dass so die Musik geworden wäre, wenn Jimi Hendrix und Miles Davis zusammengespielt und produziert hätten (DEROGATIS 1996: 96).
- *Pangaea* (CBS/Sony, 1975; remastered CBS Records, 1990)
  Aufgenommen in Japan am 1. Februar 1975 (Fortsetzung von *Agartha*).

chr.r.

Die Zahl des Tieres 666: Kapital unserer Seelentiefe

> "Hier ist Weisheit! Wer Verstand hat, der berechne die Zahl des Tieres; denn es ist eines Menschen Zahl, und seine Zahl ist Sechshundertsechsundsechzig"
>
> (Offenbarung des Johannes 13,18).

Vers 18 (6+6+6) dieser "Offenbarung", in der Aufstellung der alten Bibel von 66 Büchern das letzte Buch, hat eine Flut von Spekulationen ausgelöst, oft dunkler als der Urtext selbst! Christliche Exegeten vermuteten dahinter zunächst den → Antichrist. Zur Zeit der Reformation fand eine Seite die trefflichste Ausprägung dieses Großen Tieres in Martin Luther, die andere Seite in Papst Leo X, wieder andere in der Institution des Papstes an sich. Nach einer im 20. Jahrhundert vorgelegten gematrischen Auslegung ergibt der Zahlenwert der hebräischen Buchstaben für TRJVN (Tav = 400, Resch = 200, Yod = 10, Vav = 6, Nun = 50) die Zahl 666. Trijon (= kleines Tier) aber war in der talmudischen Literatur die geläufige Tarnchiffre für den Christenschlächter Nero. In oder kurz nach der Regierungszeit dieses römischen Kaisers (54-67 n.Chr.) datiert man die Entstehung der Johannesapokalypse, die vielleicht zunächst in aramäischer Sprache verfasst wurde (RANKE-GRAVES 1984:415). Ähnliche Deutungen finden Bezüge zu den Kaisern Diocletian und Dometian, ebenfalls unbarmherzige Christenverfolger.

Sechs gilt in mancher Zahlensymbolik als düstere Zahl des Unvollendeten, was in ihrer Dreifachheit verstärkt scheint. Kabbalisten weisen die "geheime" Zahl Sorath

"Das Große Tier" aus der Merianbibel von 1630

zu, einem solaren Dämon und Prinzip, der dem Erzengel Michael gegenüberstehe. Beide zusammen repräsentieren die Sphäre der Sonne (Tipheret). Sorath vertritt die Aktionen unbewusster und bewusster Aspekte unserer Persönlichkeit und deren Prüfung durch Reaktionen. Man könnte auch von Erprobung in der praktischen Anwendung sprechen, von Modifizierung durch Versuch und Irrtum. Nur was sich diesem ständigen "Versucher" (→ TEUFEL) gegenüber bewährt, optimiert sich und kann letztlich bestehen. So beschreibt "Das Tier der Apokalypse" auch die ungezähmte Vital- oder Animalseele des Menschen mit ihren unberechenbaren Triebkräften. Letztlich arbeiten diese nur an unserer Vervollkommnung und an der Vollendung der Welt. In ihrer verzerrten Spiegelung und im Missbrauch ihrer überwältigenden Energien offenbart sich das Böse schlechthin, die "Bestie".

→ ALEISTER CROWLEY, der 666 als Zahl der Verblendung interpretierte, nannte sich selbst "The great Beast" oder "Das Tier 666" und gab sich vollmundig als Verkünder einer neuen eigenen Religion. Zumindest prüfte er bestehende Lehren auf ihren Verblendungscharakter, setzte sie scharfen Polarisationen aus und dem Zwang zur Überprüfung.

c.z.

Dimmu Borgir: Flaggschiff des Black Metal

Der erste Aufschrei aus dem norwegischen → BLACK METAL Untergrund ist längst zur Kunstform geworden: Dimmu Borgir. *Dimmu borgir* ist Norwegisch und heißt soviel wie "Nebel-Burg" oder "finstere Burg", ein magischer Ort der nordischen Mythologie (bezieht sich auf Niflheim oder Nebelheim), sowie der Name eines gewaltigen Lavafeldes auf Island. Die 1993 gegründete norwegische Band gilt als "Flaggschiff des Black Metal", als "Meilenstein des Düstermetal", als Paradebeispiel für "intelligenten Metal". Das mit dem Gothenborg Symphonic Orchestra eingespielte Album *Puritanical Euphoric Misanthropia* (Nuclear Blast, 2001) wurde weltweit von Fans und Presse als "vorläufiger Höhepunkt des Black Metal" gefeiert. Ihre Konzerte sind immer der Höhepunkt von Dark Metal Festivals (→ WAVE-GOTHIK-TREFFEN). Die exquisiten Musiker treten in schwarzem Leder und Metall, mit Corpse Painting auf: eine Reise in die *Spiritual Dark Dimensions*... ein aufbrausendes Erleuchtungsgewitter! – Dimmuborgirized!

Die intensive und dichte → MUSIK von Dimmu Borgir ist nach eigenen Aussagen oft von klassischen Kompositionen (→ OPER, → SYMPHONIE), besonders von → RICHARD WAGNER und Anton Dvorák, inspiriert. Hyperschnelle Gitarrenriffs, → ORGEL- und Keyboard-Klangflächen, extreme Tempiwechsel, irrwitziges Getrommel, Grunzgesänge bilden den komplexen Sound. Der ehemalige Schlagzeuger von → CRADLE OF FILTH, genannt "der Schlächter" (Nicholas Barker – assault & battery...) spielt neuerdings bei DIMMU BORGIR. Er hält den Geschwindigkeitsrekord an den Drums, speziell an der Double-Bass...

Die wortgewandten Texte sind sehr anspruchsvoll, intellektuell, Wortneuschöpfungen (z.B. Sympozium, Maelstrom Mephisto), voller Fremdwörter (→ SPRACHE)

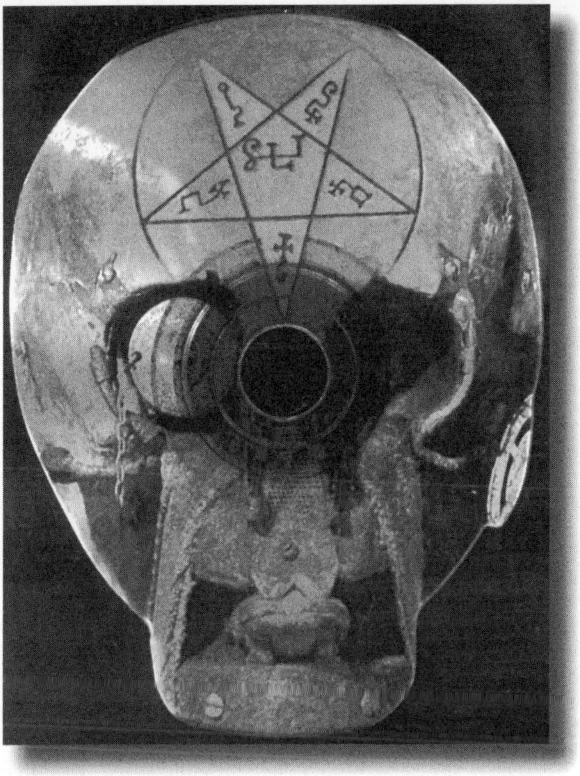

und Doppeldeutigkeiten. Die Inhalte sind heidnisch und antichristlich; ihre Themen: germanische Mythologie (Viking Metal), Heidentum, Zauberei, Teufelsverehrung, 666, Antikrist, Succubus, Moonchild, Traumwelten und Trance, Katharsis, Alchemie (Arcana) und Mystik...

Shagrath, der Shouter der "Schwarzheimer", sagt, dass sich "typischer Black Metal gegen das Christentum und die Menschheit im Generellen" wendet.

> "Unser Krieg findet auf einer mehr metaphorischen Ebene, gegen die Dummheit der Menschheit statt. Natürlich kenne ich diese ganze Nazi-Black-Metal-Geschichte – das ist für mich kein Black Metal, denn damit hat es nichts zu tun! - Black Metal ist Anarchie! Wir zählen ja auch zur zweiten Generation an Black Metal-Bands..."

Der Band wird öffentlich vorgeworfen, den Satanismus zu verherrlichen! – Aber: Der neue Satanismus huldigt dem Menschen: Es gibt keinen Gott neben dem Menschen! – – – Und dieser Mensch ist ein furchtbarer, "böser" Gott, der Angst und Schrecken verbreitet, der sich grausam die Natur unterwirft, indem er sie radikal vernichtet, der mordet und schlachtet, rachsüchtig und gewalttätig ist. Er ist ein konsequenter Gott, der sich zielstrebig selbst vernichtet.

Discographie:
- *For All Tid* (1994; Re-Issue + Bonus: Nuclear Blast, 1998)
- *Stormblast* (Cacophonous Records, 1996)
- *Enthrone Darkness Triumphant* (Nuclear Blast, 1997)
- *Godless Savage Garden* (Nuclear Blast, 1998)
- *Spiritual Black Dimensions* (Nuclear Blast, 1999)
- *Alive In Torment* (Nuclear Blast, 2001)
- *Puritanical Euphoric Misanthropia* (Nuclear Blast, 2001)
- *Death Cult Armageddon* (Nuclear Blast, 2003)

Homepage: www.dimmu-borgir.com

Seitenprojekte:

• Dimmu Borgir und Old Man's Child, *Sons Of Satan Gather For Attack* (Hammerheart Records/Rough Trade, 1999) – Typischer Black Metal aus Norwegen.

• Covenant, *Nexus Polaris* (Nuclear Blast, 1998)

Skandinavische → BLACK METAL Band mit Mitgliedern von Dimmu Borgir (Astennu, Nagash), Mayhem und → CRADLE OF FILTH, die ihr Album der "Essenz außerirdischer Existenz" gewidmet haben: "Willkommen im Tempel der gefallenen Clowns, wo die vielen Farben der Dunkelheit residieren..." Zur Etymologie des Bandnamens: *Covenant* = Bund, Verheißung, Pakt; *coven* = Hexensabbat + *ant* = Ameise: ein Hexensabbat der Ameisen!!! - Da dieser Metal Act oftmals mit der gleichnamigen Elektro Band aus Schweden verwechselt wurde, hat sich das Projekt in The Kovenant umbenannt.

• The Kovenant, *Animatronic* (Nuclear Blast, 1999)

• Carpe Tenedrum, *Mirrored Hate Painting* (Hammerheart Records/Rough Trade, 1999)

Ein Dimmu Borgir-Seitenprojekt von Astennu (g, dr, b, synth, voc; Musik und Texte) und Nagash (voc)... *dancing for ever like the poison elixir*.... tanzen bis in alle Ewigkeit wie das Gift-Elixier... Der lateinische Name bedeutet → "KUTSCHE des Dunklen oder der Finsternis/Todesnacht"...

• SINERGY, *Beware The Heavens* (Nuclear Blast, 1999)

Die skandinavische Dark Metal Band um Sängerin Kimberly Goss ist aus Musikern von Dimmu Borgir, → THERION, In Flames, Mercyful Fate und Children Of Bodom komponiert. Der Name Sinergy lässt sich als "Synergie" lesen, aber auch als Zusammensetzung von *sin*, "Sünde" und *energy*, "Energie", verstehen. Textbeispiel:

"When the lights turn out / hallucination is my only friend / Heading down into a slumber / hoping I will meet my end." - "Wenn die Lichter verlöschen, ist die Halluzination mein einziger Freund. Wenn ich in Schlummer verfalle, so hoffe ich, mein Ende zu treffen..."

Shagrath als Gast bei Kamelot!

chr.r.

Donnerschlag: Fit von den Zehen bis zum Scheitel

Wenn es im neuen Jahr erstmals am Abend oder in der Nacht donnert (vor allem verständlicherweise an einem Donnerstag!), gilt es als gut, ins Freie zu eilen und den Boden, vor allem auch einen schwarzen Stein, zu berühren. Auch das Heben eines Felsbrockens von der Erde gilt als günstiges Vorzeichen! Dies soll uns "von den Zehen bis zum Scheitel" mit neuer Energie erfüllen und befähigen, "bis zum neuen Donner im nächsten Jahr alle Krankheitskeime zu verscheuchen".

s.g.

Ludwig Richter: Abendgewitter

Doppelgänger: Unsere oft vernachlässigte andere Seite

In Bertold Brechts und Kurt Weils Ballett Die sieben Todsünden der Kleinbürger stellt sich ein höchst merkwürdiges Geschwisterpaar vor: Beide heißen sie Anna, sind aber nicht eigentlich zwei Personen, sondern nur eine, besitzen auch nur "eine Vergangenheit, eine Zukunft, ein Herz und ein Sparkassenbuch". Am Ende der Handlung hat die in eine praktische und eine seelische Anna gespaltene zwar noch nicht zusammengefunden, doch ihr Herz ist mit dem Sparkassenbuch eins geworden.

Seitdem der Mensch von seinem Ich aus die Welt zu gestalten vermag, hat er sich von bestimmten Aspekten seines Wesens innerlich distanzieren wollen, solchen nämlich, die seinem eigentlich Streben oft sehr im Wege zu stehen scheinen. Doch sie leben und drohen als düsterer Popanz, sich ungefragt und unbestellt zu unpassendster Zeit einzumischen. Gewöhnlich handelt es sich um Anlagen (wie Gestalt, Charakter, Lebensführung), Triebkräfte, familiäre oder kulturell bedingte Muster (→ Ahnenprägung), die wir ablehnen. Dabei haben wir sie bislang nur unvernünftig, gar nicht oder zu wenig genutzt und zu einseitig vordergründig betrachtet. Im Doppelgänger sind alle diese ungeliebten Anteile subsummiert. Eine Begegnung mit diesem uns in der Regel männlich entgegentretenden Wesen birgt alle Schrecken, kann aber den Charakter einer → Initiation annehmen. Er steht uns nicht nur oft im Wege und lässt uns häufig in Fettnäpfchen treten. Oft drängt sich dieser "bleiche Geselle" als unser → Schatten in den Vordergrund und verdeckt unsere andere Seite. Und doch gehören die sprichwörtlich gewordenen Dr. Jekyll und Mr. Hyde unlösbar zusammen und repräsentieren vereint unsere Vollständigkeit. Manche esoterische Lehren sprechen vom Astralkörper, der als Vehikel der niederen Empfindungen und Begierden ein Eigenleben annehmen kann. Von solchen Schattenbildern wird gewöhnlich der Doppelgänger als irdische Kopie unterschieden, der irgendwo unterwegs sein soll und den oft jemand gerade vorher gesehen haben will. Wer seinen eigenen Doppelgänger sieht, muss bald sterben, weiß der Volksmund. Zumindest klaffen jetzt im Identitätsbild unkittbare Risse.

Der Waldkauz und sein Doppelgänger. Zeichnung von Charles le Brun aus: Rapport de la physiognomie avec celle des animaux

In seinem Aufsatz Das Unheimliche (1919) glaubt Siegmund Freud, dass der erste Doppelgänger ursprünglich nur die unsterbliche Seele neben dem Körper war, als Versicherung gegen einen Untergang des Ichs. Mit der Zeit bekam er "anstößige Inhalte der Ich-Kritik" einverleibt, aber auch alle unterbliebenen Möglichkeiten der Geschicksgestaltung, an denen unsere Phantasie noch festhalten will.

> "Nichts aber von allen diesen Betrachtungen macht uns den außerordentlich hohen Grad von Unheimlichkeit, der ihm anhaftet, verständlich, und aus unserer Kenntnis der pathologischen Seelenvorgänge dürfen wir hinzusetzen, nichts von diesem Inhalt könnte das Abwehrstreben erklären, das ihn als etwas Fremdes aus dem Ich hinausprojiziert. Der Charakter des Unheimlichen kann doch nur daher rühren, dass der Doppelgänger eine den überwundenen seelischen Urzeiten angehörige Bildung ist, die damals allerdings einen freundlicheren Sinn hatte. Der Doppelgänger ist zum Schreckbild geworden, wie die Götter nach dem Sturz ihrer Religion zu Dämonen werden."

"Zwei Seelen schlagen, ach, in meiner Brust", klagt der Protagonist in Goethes → Faust. In Heinrich von Kleists Amphytrion, wo sich der Titelheld mit den gleichen Problemen herumschlägt, reduziert seine Gattin Alkmene dieses schon bald geflügelte Wort im berühmten Schlussseufzer: "Ach!"

c.z.

Doyle, Sir Arthur Conan: Dem Bösen immer auf der Spur

Conan Doyle sei, sagten seine Freunde, schon immer vom Bizarren und Außergewöhnlichen angezogen worden. Seit 1887 nahm er an Seancen teil. Er war überzeugt, dass er hier wissenschaftliche Beweise für ein Leben nach dem Tod finden werde, und als er 1893 aktives Mitglied der Society for Psychical Research wurde, widmete er sich intensiv der Erforschung von paranormalen Phänomenen. Diese Interessen schlugen sich auch in vielen Geschichten aus der Welt des Übernatürlichen nieder, die er in den Jahren 1880-1921 schrieb.

In der Figur des scharfsinnigen Sherlock Holmes, dem Übervater aller Detektive, habe, fanden seine Biographen, Doyle sich selbst gespiegelt: Den Bohemien und romantischen Träumer einerseits und andererseits die menschliche Denkmaschine mit ihrem analytischen Verstand und der streng deduktiven Methode in seiner Arbeitsweise.

Hinter der Fassade des in Oxford erzogenen englischen Gentlemans entdeckt Holmes treuer Helfer, Dr. Watson, alsbald den Dekadent: Für einen Menschen, der schon als Kind Thomas de Quinceys Bekenntnisse eines Opiumessers las, seinen Tabak mit Laudanum tränkt und darüber hinaus noch kokainsüchtig ist, empfindet er tiefes Mitleid.

> "Ich sehe ihn vor mir, mit seinem gelben, teigigen Gesicht, hängenden Lidern und stecknadelkopfgroßen Pupillen, zusammengekauert in seinem Sessel, das Wrack und die Ruine eines noblen Mannes!"

1892 hatte Doyle seinen Helden satt: "Ich bin seinen Namen leid. Wenn ich ihn nicht bald töte, tötet er mich." Als er anlässlich seines achten Hochzeittages mit seiner Frau Louise vom Schweizer Dorf Meiringen aus, die über 100 m hohen Reichenbacher Wasserfälle besucht, ist Holmes Ende gekommen. In der Geschichte DER LETZTE FALL lässt Doyle am 4. Mai 1891 Holmes, ("den ersten Vorkämpfer für Recht und Gesetz") eng in seinen Widersacher, Professor James Moriarty, ("den gefährlichsten Verbrecher der Zeit") verhakt, in dem Schlund von wirbelndem Wasser und schäumender Gischt verschwinden.

Bis heute spielen Mitglieder der Londoner Sherlock Holmes Gesellschaft in alten Kostümen am Jahrestag diesen "letzten Fall" nach.

Als Doyle 1901 eine Legende über einen teuflischen Geisterhund hört, einem riesigen, zottigen Tier von der Größe eines Kalbes, mit untertassengroßen Augen, aus denen grünes und rotes Feuer sprüht, entzündet sich schnell seine Fantasie. Er siedelt die Geschichte in der Sumpflandschaft von Dartmoor an, deren uralte Steinhütten, bizarre Felsbrocken und kolossale Felsentürme (Tors) samt dem berüchtigten Gefängnis, dem Dartmoor-Prison, ihm als idealer Schauplatz für die Geschehnisse erscheinen.

Geographische Details, Legenden und Brauchtümer fand er in zwei Büchern des Reverend Sabine Baring-Gould (A BOOK OF DARTMOOR und BOOK OF DEVON) und in einem Reiseführer, den Baring-Gould ebenfalls verfasst hatte. Mit seinem alten Freund Fletcher Robinson unternahm er in Devon Erkundungen per Kutsche und zu Fuß. Einmal liefen sie 14 Meilen durch das Moor. "Es ist eine herrliche Landschaft, sehr traurig und wild, hier und da sieht man die Behausungen urgeschichtlicher Menschen, seltsame Monolithen, Hütten und Gräber."

Die Handlung hatte er schnell zusammen. Woher einen Helden nehmen? Aber warum, dachte sich Doyle, soll ich einen solchen Charakter erfinden, wenn ich ihn bereits in der Gestalt des Holmes habe? Am 2. April 1901 schrieb er stolz aus einem Hotel in Princetown an seine Mutter, Holmes sei wieder einmal in Hochform.

THE HOUND OF THE BASKERVILLES wurde mit dem wiederbelebten Holmes zu einem außerordentlich großen Erfolg. Der Verlag des "Strand Magazine", in dem die einzelnen Folgen erschienen, konnte von jedem Heft sieben zusätzliche Auflagen drucken. Beim Erscheinen jeder neuen Folge standen die Menschen vor dem Büro des Verlages in einer Schlange, die um den ganzen Häuserblock reichte.

1939 wurde diese (wie die Krimiautorin P.D. James sie nannte) "atavistische Studie der Gewalt und des Bösen in den Nebeln von Dartmoor" in Schwarz-Weiß verfilmt. Basil Rathbone spielte den Sherlock Holmes, Nigel Bruce den Dr. Watson. 1959 machten die Hammer Flims ein Remake in Farbe mit → CHRISTOPHER LEE als jungem Erben und → PETER CUSHING als Sherlock Holmes.

Eine Vielzahl weiterer Verfilmungen folgten. Erst 2002 brachte die BBC die Story in einer Neuverfilmung mit Jan Hart in der Rolle von Dr. Watson und Rupert Everett als Holmes. In einem weiteren 2004 gedrehten BBC Film (SHERLOCK HOLMES AND THE CASE OF THE SILK STOCKINGS) sieht der überraschte Zuschauer, wie Holmes sich in einer Opiumhöhle ganz selbstverständlich eine Pfeife von einem Chinesen stopfen und anzünden lässt, um dann auf sein Lager zu sinken und sich süßen Träumen hinzugeben.

w.b.

Dreikönige: Eintritt der guten Geister

Am Vorabend des Tags der Drei Könige sollen diese durch die Welt wandern. Aus diesem Grunde werden ihre Zeichen "C.M.B.", also "Caspar, Melchior, Balthasar", mit Kreide, Kohle oder Rötel über die Haustüre gemalt: Dadurch ist der freie Eintritt der "guten Geister", die besonders in den heiligen Nächten der "Zwölfen" nahe sind, "für das ganze folgende Jahr gesichert". Im Alpenraum versteht man die drei Zeichen als "Chäs (Käse), Milch, Brot" und glaubt, dass sie treu die Kräfte anziehen, die jede irdische Not vertreiben.

Der traditionelle Segen- und Bannspruch C.M.B. wird auch als CHRISTUS MANSIONEM BENEDICAT (= Christus segne dieses Haus) gedeutet.

s.g.

Dreizehn: Zahl der Wagnis

In Frankreich verzichtet man zumeist auf Hausnummern mit der Dreizehn, Italiens Lotterien übergehen geflissentlich diese Losnummer. Amerikas Wolkenkratzer kennen nach dem 12. nur das 14. Stockwerk. Abendländische Versicherungen haben laut Statistik schlechte Erfahrungen mit Reisen von 13 Personen. Doch hier spielt vermutlich schon sich selbst bestätigender → ABERGLAUBE herein, dem sich solche Gruppen durch Suggestionen ausgesetzt haben könnten. Allerdings rotten sich Hexen (→ URALTE IM WALD) wohl gern zu dreizehn zusammen. Manch einer wagt sich am 13. des Monats nicht aus dem Haus. Wem sie aber als Glückszahl gilt, hat natürlich bessere Erfahrungen damit gewonnen.

Erst im 17. Jahrhundert verpassten Zeitgenossen der Dreizehn einen einseitig üblen Leumund. Doch ihr ambivalenter Charakter hat durchaus Tradition. Denn wenn sie in der Zahlensymbolik, ein bereits in der Antike ausgefeiltes Lehrsystem, eine geschlossene Ordnung wie das der Zwölf überschreitet, gewinnt sie damit schon Anteil an der nächsthöheren Sinnebene und Aktivität. Damit führt sie zu einer neuen Stufe, schafft aber gleichzeitig das Ende der alten Aufbaustruktur. Aberglaube wähnte in solcher Überschreitung ein Zeichen des Übermutes und folgerichtig des Unheils.

In der orthodox-christlichen Lehre verweist die Dreizehn beim "Letzten Abendmahl" auf die Überhöhung der zwölf Apostel durch Christus und kennt keinerlei Unglücksbezug. 13 Fastenleuchter werden im katholischen Ritus an Gründonnerstag einer nach dem anderen gelöscht, um so die Dunkelheit (tenebrae) auf Erden durch Christi Tod zu symbolisieren. Im alten Mesopotamien feierte man den dreizehnten Tag der Sol invictus (unbesiegten Sonne) nach ihrer Neuzeugung. In der ursprünglich recht ungenauen Jahreszählung von 360 Tagen schaffte der 13. Monat Ordnung, indem er die fünf Überhangstage erfasste.

So steht die Zahl am Scheidepunkt zwischen Altem, das nun abtreten oder sterben muss, und etwas Neuem, das gerade beginnt. Beim Göttermahl im germanischen Walhall waren einst nur zwölf geladen. Da trat als dreizehnter der zänkische Feuergeist Loki in ihre Mitte und sorgte für allerlei Wandel, der zunächst als Unbill anmutete. Doch dieser Wandel gehört zum natürlichen Gesetz, zur Ordnung im Kosmos (→ AHRIMAN). Zwölf Schöffen begleiten einen Richter in einem großen Strafprozess. Dreizehn vertritt ebenso das Gesetz der Umwandlung durch Auflösung. Auflösung ist wiederum das Geheimnis und die Basis für Wachstum. Denn mit jedem Tod wird enorm viel Energie freigesetzt – ein Gesetz, mit dem die Kernspaltung erfolgreich arbeitet. Mit dieser Energie können wir die weitere Entwicklung starten. Das aber will gelernt sein. Im Märchen darf niemand unvorbereitet die 13. Türe öffnen.

c.z.

Drogen: Zaubermittel der Seele

Andere Namen: Chemische Zaubertränke, Drogas, Drogues, Drugs, ..., menschliche Genussmittel, Phantastica, Pharmaka, Rauschmittel, Reizmittel

Es gibt aus Pflanzen oder Tieren einfache und aufwendige Zubereitungen (Drogen), (natürliche) Mineralien und (präparierte oder synthetisierte) Chemikalien, die bei Einnahme vorrübergehend das menschliche Bewusstsein und die Wahrnehmung verändern, die Geisteskraft fördern, kreative Energie liefern, Gefühle und Befindlichkeiten verstärken. Die Germanen bezeichneten sie als Zaubermittel (oder Zaubertränke). Baudelaire nannte solche Stoffe Reizmittel, bei dem Apotheker Carl Hartwich (1851-1917) hießen sie menschliche Genussmittel, der Toxikologe Louis Lewin (1850-1929) gab ihnen den Namen Phantastica. Der Chemiker Albert Hofmann (*1906) schuf das Wort Zauberdrogen; der Chemiker Hermann Römpp kreierte den Begriff des chemischen Zaubertranks. Die Christen und Kirchen verschreien sie als Teufelsdrogen, Teufelskräuter oder Hexenmittel (→ HEXENSALBE). In Medien und Volksmund werden sie Rauschmittel, Rauschgifte oder schlicht "Drogen" genannt. In der Fachwelt wird meist von psychoaktiven oder psychotropen Substanzen gesprochen.

Die Wirkung solcher Stoffe wird als Rausch, Ekstase, Euphorie, Trance oder veränderter Bewusstseinszustand bezeichnet. Mitunter (fälschlich) als Intoxikation oder Vergiftung. Die Erfahrungen werden mit Vision, Illusion, Halluzination oder Drogenpsychose (bewertend) beschrieben. Das Verlangen darnach wird seit dem 19. Jh. Sucht genannt und pathologisiert. Der vermeintliche Grund: Flucht vor oder aus der Wirklichkeit. Eintritt in ein künstliches Paradies, Weltflucht, ... Aber es gibt auch die gegenteilige Meinung: Begegnung mit der Wirklichkeit, Pharmakophilia, Eintritt in natürliche Paradiese.

Die Künstler und Kreativen, die Dichter und Denker, die Komponisten und Musiker aller Zeiten und aller Kulturen haben oder entwickeln ein reges Interesse an Rauschmitteln und psychoaktiven Drogen (Baudelaire, → BERLIOZ, Strauss). Sie nutzen diese Substanzen (→ ABSINTH, Hanf, → KOKAIN, LSD, Nachtschattengewächse, → OPIUM, Peyote, Tabak, → ZAUBERPILZE) bzw. ihre Potentiale zur

Stimulation, Motivation und Inspiration oder zur Begeisterung. Sie sind die Werkzeuge des forschenden Geistes, um andere Seiten oder Facetten der Wirklichkeit zu ergründen, um tiefer in das Wesen der Welt zu blicken, um die Grenzen erkennen und zu überschreiten.

Oft und vielfältig werden diese andersweltlichen Erfahrungen künstlerisch dargestellt, in Literatur, Malerei und Musik. Künstler nehmen Drogen oft in gesundheitsschädlichem Maße, trotz des Wissens um die lebensverkürzenden Auswirkungen, denn sie haben keine Zeit zu verlieren... Oft haben psychoaktive Drogen für Künstler und andere Menschen nützliche, d.h. lichte, sowie schädliche, d.h. dunkle Seiten. Oft geht für den Konsumenten von diesen Substanzen Verführung und Versuchung aus. Manche erliegen ihnen, manche suchen sie gerade deshalb. Manchmal werden Drogen sogar als → DÄMONEN betrachtet und gefürchtet.

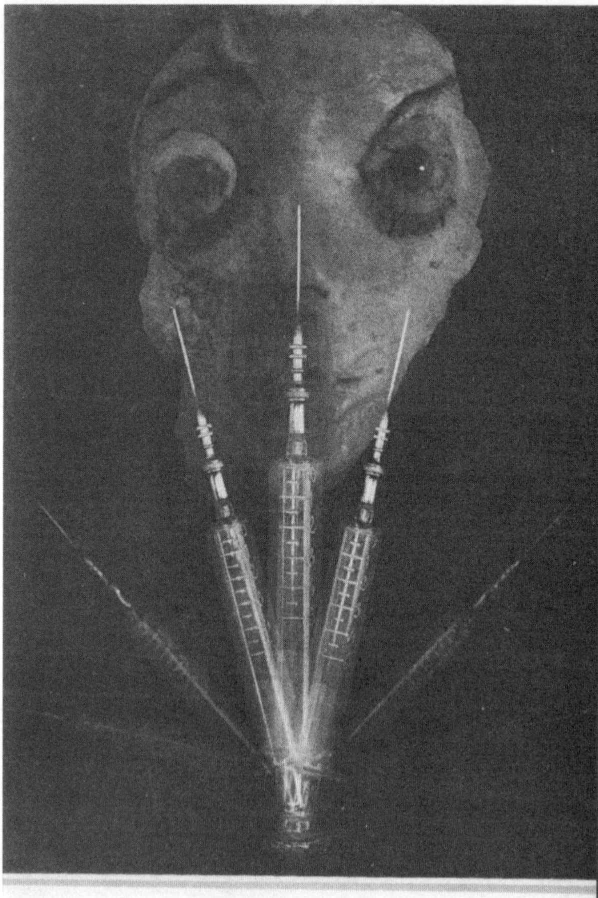

„Rauschgiftsucht."

Viele Künstler (z.B. Friedrich Schiller) frönten dem sog. Brownismus (18. Jh.): medizinische Methode oder Schule, die auf zwei Heilmittel setzte: Branntwein und Opium (beides war sehr billig!). Opium zur Anregung und Branntwein zur Dämpfung:

> "Freilich waren die Verlustlisten lang. Von sechshundert Erkrankten, so sagt ein ... Bericht, sei an dieser Behandlung im Verlauf von drei Wochen jeder dritte gestorben, wenn auch im Rausch." (SEEFELDER 1996:99)

Z.B:

> "E.T.A. Hoffmann und [Christian Dietrich] Grabbe sind Opfer dieser zweifelhaften Behandlung geworden. Ihre phantastischen Geschichten sind wohl von beiden Drogen beeinflusst, und beide Drogen richteten diese Männer zugrunde, die kein hohes Alter erreichten." (SEEFELDER 1996:106)

Eigentlich haben alle berühmten Musiker ihre "Komponier-Drogen" gehabt: Opium, Laudanum, Absinth, Vin Mariani, Haschisch, Kaffee, Tee, Tabak, Wein, Schnaps, Kokain, Morphin, LSD, Meskalin, Amphetamine, MDMA usw. – geistbewegende, inspirierende Substanzen. Da diese Genussmittel gesellschaftlich und politisch stigmatisiert wurden, hat man sie gerne aus den Künstlerbiographien entfernt, damit das Bild des Künstlers *clean* bleibe. Aber vergeblich, es sind ausreichend Zeugnisse erhalten geblieben. Es gibt keinen Zweifel: Kunst und psychoaktive Substanzen gehörten und gehören zusammen.

Genauso wie der Religionswissenschaftler Mircea Eliade in seinem vielzitierten kulturvergleichenden Werk SCHAMANISMUS UND ARCHAISCHE EKSTASETECHNIK (1951) irrtümlich die These aufgestellt hat, dass nur degenerierte Schamanen Drogen "brauchen", um in Ekstase zu verfallen, durchzieht die Musiktheorie die Ansicht, dass ein Komponist, der sich von Drogen inspirieren ließ, ein degenerierter Komponist sei. Hinter beiden Anschauungen verbirgt sich die *idée fixe*, die fixe Idee von Charles Baudelaire (1821-1867), dass durch Drogen ein "künstliches Paradies" vorgegaukelt wird.

chr.r.

Drudenfuß

→ PENTAGRAMM

Dschinn: Geister aus der Lampe

Die Dschinn wurden nach dem Koran (Sure 15,27) aus rauchlosem Feuer (dem Feuer der Gluthitze) geschaffen. Wenn sie sich dem Menschen zeigen, tragen sie, dem Element entsprechend, dem sie angehören, gelbe Kleider. Ihre Aufenthaltsorte sind, soweit sie nicht bei den Dschinnvölkern in den sieben unteren Erden leben, Quellen, Seen, Flüsse, Höhlen, Bäume, die Wüste, die Luft, Ruinen, alte Häuser, Badeanstalten und Toilettenanlagen.

Es werden 5 Gruppen dieser Geisterwesen unterschieden:

Dschanns:	Geister mit geringer Macht
Dschinnen:	Gute wie böse Geister
Schaitane:	Dämonen (Teufel) der mittleren Ebene
Ifrits:	Mächtige Dämonen
Marids:	Dämonen der mächtigsten Klasse

Es gibt männliche und weibliche Dschinn. Wollen sie sich fortpflanzen, lassen sie ihre Energien ineinander verfließen und zeugen so innerhalb einer Nacht einen neuen Dschinn. Ein Dschinn kann auch mit Menschen Nachkommen haben.

Die Dschinn können bei Menschen, bei denen sie leben, am Tisch mitessen, sofern niemand die Speisen mit dem Namen Gottes (der Bismillah) schützt. Knoblauch, Zwiebeln und Kamellinsen aber verabscheuen die Dschinn.

Dschinn erscheinen in der Zeit der Dämmerung und bei Nacht. Zeichen für ihre Anwesenheit erhält man durch Niesen (=ein freundlicher Geist) und Gähnen (=ein böser Geist). Gern zeigen sich die Dschinn in der Gestalt von Skorpionen, Schlangen, schwarzen Katzen und Hunden (→ FAUST). Damit Menschen, die nicht hellsichtig sind, die Dschinn sehen können, müssen ihnen die Dschinn ihre Augen leihen. Ein Experte:

> "Da bei einer sachgemäßen Beschwörung der Dschinni erscheinen muss, der Mensch ihn jedoch aufgrund seiner nicht eingestimmten Augen nicht sehen kann, verschwindet der Dschinni wieder. Natürlich wird von seiten des Beschwörers die Beschwörung so lange wiederholt, bis sich ein Erfolg einstellt, und immer wieder muss der Dschinni erscheinen, wird aber nicht erkannt. Der Dschinni ist nun zu Recht ärgerlich und wendet sich an seinen Dschinn-Fürsten, wo er eine Klage vorbringt. In vielen Fällen sagt daraufhin der Fürst: ‚Gib Ihm (dem Beschwörer) etwas von der Dunkelheit deiner Augen'. D.h., man kann die Dschinn nicht mit den menschlichen Augen sehen, sondern nur mit den Augen der Dschinn selbst. Der beschworene Dschinni kann nun dem Beschwörer die Fähigkeit des Sehens geben." (HENTSCHEL 1997:67)

Dunkelheit, Fasten, Abbrennen von Räucherwerk, die Einnahme von psychoaktiven Substanzen, das Sprechen von Beschwörungen und ekstatischer Tanz erleichtern die Kontaktaufnahme.

Die Manifestation in einer menschlichen Gestalt fällt den Dschinn schwer. Da sie in der Hierarchie unter dem Menschen (aber über den Tieren) stehen, können sie nur Tiere wirklich gut nachbilden. Versuchen sie es trotzdem, in Menschengestalt zu erscheinen, zeigen sie sich als Mischwesen, z. B. mit Fledermausflügeln und klauenbewehrten Tatzen statt Händen. Ihre Glieder bestehen aus Tierkörperteilen. Ungern geben sie deshalb einem Menschen die Hand oder entblößen ihre Beine. Die Augen tragen – wie bei den Katzen – senkrechte, schmale Pupillen.

In Nordafrika schützt die Bevölkerung sich mit Amuletten, z.B. mit einem Blatt Papier, das mit Versen aus dem Koran beschriftet ist, gegen die Ummar, die bösartigen Dschinn. Auch Räucherungen sind beliebt.

> "Meist besteht das → RÄUCHERWERK aus einer Verbindung von drei verschiedenen Substanzen. jede Substanz soll einen bestimmten Bereich abdecken: eine vertreibt den Dschinn, die zweite füllt das Vakuum, die dritte schließt schützend den Raum ab und verhindert so neuerliches Eindringen von negativen Kräften. Besonders beliebt sind Luban dakar (Echter Weihrauchbaum), Kutbara (Koriander) und May[c]a (Echter Storaxbaum)." (HENTSCHEL 1997:84)

Besonders böse werden die Dschinn, wenn man, ohne sie zu warnen, heißes Wasser auf sie gießt, etwa in den Abguss eines Spülbeckens. Selbst in Hotels mit mehreren Sternen werden Touristen in islamischen Ländern mit Tellern rechnen müssen, die noch einen feinen Fettfilm aufweisen. Das Küchenpersonal wäscht konsequent kalt oder allenfalls lauwarm ab, um es sich nicht mit den Dschinn zu verderben.

Zauberbegabte Menschen können einen Dschinn in den Dienst nehmen. Der jüdische König Salomo soll einen Ring besessen haben, mit dem er die Dschinn rufen konnte.

In dem Zaubermärchen ALADDIN UND DIE WUNDERLAMPE hilft ein solcher Ring dem Helden aus der Not. In einer Höhle eingeschlossen, reibt er zufällig an einem Ring, den ihm ein maurischer Zauberer zum Schutz mitgegeben hatte. Es erscheint

Illustration zu dem Märchen ALADDIN UND DIE WUNDERLAMPE, 1895

ein Dschinn, der ihn befreit. Als zuhause Aladdins Mutter eine alte Kupferlampe putzt, die Aladdin aus den unterirdischen Sälen mitgebracht hat, erscheint erneut ein Geist, der Aladdin auf seinen Wunsch hin zu essen bringt. Der Geist verhilft ihm nach vielen weiteren Abenteuern zu einem Palast und zur Ehe mit der Tochter des Sultans.

Der schottische Schriftsteller P. B. Kerr lässt in seinen Büchern die Kinder aus der Verbindung einer Dschinnmutter und eines Menschen viele phantastische Abenteuer bestehen. Er verrät den Lesern ein Geheimnis: Wenn ein Dschinn einem Menschen einen Wunsch erfüllen muss, kostet das einen Teil seiner Lebensenergie. Er stirbt dann vor dem Ablauf seiner eigentlichen Lebenszeit. Besonders ärgern sich Dschinne über törichte Wünsche. "Schlaue Menschen wünschen sich etwas, das nicht greifbar ist, wie ein Talent oder Weisheit", belehrt uns der Dschinn Nimrod. "Früher wünschten sich ein paar Leute, gute Schriftsteller zu werden. Doch heute wollen die meisten Leute nur Geld haben oder Filmstar werden."

w.b.

Geisterpuppen im Marionetten-Museum auf der Festung Salzburg

Dschinnistan: Suche nach der Märchenwelt

Nach dem Koran des Propheten Mohammed schuf die Gottheit Allah neben unserer Menschenwelt auch die Feenländer von Dschinnistan. Da dies im Buch der Bücher des Islam steht, gilt im Orient ein Zweifel daran als Beweis der Gottlosigkeit.

Der Volksschriftsteller → Karl May (1842-1912) lehrte in seinem Werk, dass diese Vorstellung schon vor Jahrhunderten unsere Märchenwelt durchdrang und einen Hauptgehalt unserer Sehnsucht, unseres Suchens in fantastischen Büchern und mündlichen Erzählungen wurde.

Wie May in seinem biographischen Werk Ich schildert, nähern wir uns, wenn wir das Böse in uns niedergekämpft haben, dem Feenland Dschinnistan: Er war, ähnlich vielen Dichtern, fest davon überzeugt, in seinen unzähligen Büchern manche Anregungen zu diesem Ziel vermittelt zu haben.

s.g.

Dunkelmänner: Erhellende Satiren

Heftige Auseinandersetzungen zwischen aufkommendem Humanismus und spätscholastischer Welt von Universität und Kirche prägen das geistige Bild zum Übergang vom 15. zum 16. Jahrhundert. Vor allem der Lehrstreit zwischen dem zum Christentum konvertierten Exjuden Johannes Pfefferkorn und dem Humanisten Johannes Reuchlin bewegt die gelehrte Welt nördlich der Alpen. Ursprünglich geht es nur darum, ob für hebräische Sprachstudien außerhalb der Bibel auch andere jüdische Schriften herangezogen werden dürfen, um noch als "wissenschaftlich" zu gelten. Die Inquisition, in der Hand Kölner Dominikaner, und ihr Sprachrohr Pfefferkorn fordern schließlich sogar, alle hebräische Literatur müsse verbrannt werden und jeder aufrechte Christ solle bekennen, ein Gegner des Talmud zu sein. Kaiser Maximilian setzt eine beratende Kommission ein, in der nur Reuchlin Toleranz predigt und dafür jüdischer Häresie verdächtigt und angeklagt wird. Hatte nicht dieser Philologe sogar eine Hebräische Grammatik veröffentlicht? Spätestens jetzt spaltet sich die Gelehrtenwelt in zwei unversöhnliche Lager. Durch Gutachten der Universitäten Paris und des Vatikans nimmt die "Affaire Reuchlin" europäische Dimensionen an.

Mitten in diesem Streit, der sich über Jahre hinzieht, platzen plötzlich 1515-1517 die sogenannten Dunkelmännerbriefe (Epistolae obscurorum virorum ...), wie wir heute wissen, aus dem Kreis Erfurter Humanisten. Mutianus Rufus (Konrad Muth) unterschiebt man die Idee. Die ersten Briefe verfasst wohl Crotus Rubianus (Johannes Jäger), einzelne später auch Buschius (Hermann von dem Busche). Die meisten "epistolae" stammen sicherlich aus der Feder des streitbaren Ulrich von Hutten, unter dessen Wüten der feinere Witz aber verloren geht. Wer sonst aus diesem Kreis mitwirkt, liegt bis heute im Dunkeln, so vorsichtig und gleichzeitig genial betreiben die Herausgeber ihr Versteckspiel. Weder Verfasser noch Namen der Herausgeber und Drucker werden genannt, Erscheinungsjahr und Druckort fehlen ebenfalls oder sind zur Irreführung frei erfunden. Mit scharfer Parodie greifen die Verfasser wissenschaftliche Scholastik und kirchlichen Dogmatismus an. Schonungslos entlarven sie Sittenlosigkeit und das oft niedrige Bildungsniveau der Pfaffen und Pfaffenfreunde, Begriffe, die erst in dieser Zeit einen negativen Anstrich gewinnen. In ihrer "mimischen, indirekten oder gar platonischen Satire" liegt das Besondere dieser Streitschriften. Wüsteste Ausschweifungen bekannter Reuchlingegner werden in burlesk obszönen Szenen ausgewälzt, mit höchst törichten Argumenten verteidigt, und dies in einem absichtlich grauslich gehaltenem Latein, das manche Doppeldeutigkeiten zulässt. Phantastische Sünden beichtet man einem der angeblichen Kölner Doktoren aus den Kreisen kirchlicher Zölibaten, die dieser mit abenteuerlichsten Argumentationen verharmlost oder mit falscher Moral geißelt. Dazwischen finden sich immer wieder geschickt Anspielungen auf die Affäre Reuchlin eingestreut, wobei den Gegnern neue, aber natürlich völlig groteske Argumente in den Mund gelegt werden.

Die mit spitzer Feder aus dem Hinterhalt abgeschossenen Pfeile verfehlen ihre Wirkung nicht. In freigeistig gelehrten Kreisen lacht man schadenfroh. Als später offensichtlich wird, dass viele welt- und klosterkirchliche Vertreter die briefliche Satire gar nicht durchschaut hatten, finden sich viele Nachahmer. Satirische Schriften überfluten nun Deutschland, die meisten allerdings von äußerst geringem Wert. Auch das Niveau und der literarische Wert der eigentlichen Dunkelmännerbriefe bleibt umstritten. Unstrittig aber ist der Wirbel, den sie in ihrer Zeit auslösen, und die Belustigung und der Ärger, mit dem sie aufgenommen werden. Reuchlin, dem sie helfen sollen, haben sie auf Dauer vermutlich eher geschadet. Trotzdem siegt die Vernunft im Fall des ehrbaren Hebraisten, weil geschicktere Verbündete die Gegner ins Leere laufen lassen. So verebbt der Streit schließlich, bis sich schlussendlich niemand mehr darum kümmert.

c.z.

Dunkle Materie: Geheime Ordnung im Universum

Es gab Zeiten, in denen man Materie verachtete und Materialisten beschimpfte. Letztere scheinen mehr geworden. Aber nur 5% der Masseenergie des Universums besteht wohl aus gewöhnlicher Materie. Seit der Schweizer Astrophysiker Fritz Zwicky 1933 die Masse des Universums als 400 mal schwerer berechnete als alle damals bekannten Arten von Materie, geistert der Begriff "Dunkle Materie" durch die Wissenschaft. Ein passender Name, denn Herkunft, Eigenschaften und Zusammensetzung hält sie geflissentlich im Dunkeln. Neuerdings differenziert man: 70% der Masseenergie des Universums mache "Dunkle Energie" aus, die als Kraft für die permanente Ausdehnung des Alls verantwortlich sei. Die restlichen 25%, "Dunkle Materie", unterscheidet man in baryonische, die nicht gesehen werden kann, weil sie kein Licht ausstrahle, und in nicht-baryonische. Manche Wissenschaftler glauben, letztere könnte nur aus sehr leichten Elementarteilchen wie Axionen und Neutrinos bestehen. Andere vermuten dahinter WIMPs (schwach interagierende massereiche Teilchen), die allerdings eine Schwachstelle aufweisen: Noch nie konnte sie einer beobachten oder experimentell nachweisen, obwohl man fieberhaft nach ihnen fahndet. Sie bestehen bislang nur in der Theorie, erfreuen sich dort aber zunehmender Beliebtheit. WIMPs, falls sie denn existieren, besitzen eine ca. 100 mal so große Masse und damit Schwere wie Protonen, gehen aber selten eine Wechselwirkung mit gewöhnlicher Materie ein. Millionen solcher (angenommener) Partikel können durch unseren Körper oder andere Materie hindurchströmen, ohne dass uns ihre Gegenwart bewusst wird. So ähnlich muss es mit den Legionen Satans (→ Teufel / Satan) sein, die das Mittelalter in ständiger Interaktion mit uns wähnte.

Trotzdem herrscht in der Wissenschaft weitestgehend Konsens: Es muss die Dunkle Materie geben. Gerade diese rätselhafte Schattenwelt halte nämlich alle Strukturen im Universum zusammen – eingeschlossen unsere Milchstraße. Beobachtungen zeigen, dass Sterne in den äußersten Regionen von Spiralgalaxien viel zu schnell kreisen, um von der Gravitationsanziehung der für uns sichtbaren Sterne in ihren Bahnen gehalten werden zu können. Unser Sonnensystem würde normalerweise auseinanderfliegen und wie ein Auto bei zu hoher Geschwindigkeit in einer Kurve herausgeschleudert werden. Dunkle Materie also verrät und beweist sich selber durch ihre Gravitationswirkung in Galaxien und auf Sternensysteme innerhalb von Galaxiehaufen (HAWKINS 2001:194f.). Ihre "Schwerkraftfallen" wirken wohl ungemein anziehend (HORNUNG 1999:142). So reden alle fast schwärmerisch über Dunkle Energie und Dunkle Materie und prognostizieren ihre entscheidende Funktion für die Zukunft des Kosmos. Nur was sie eigentlich sind, weiß noch niemand so recht...

c.z.

E

Elektra: Finstere Nemesis

Agamemnon, König der Mykener aus dem Geschlecht der Atriden, hat sich auf dem Kriegszug nach Troja gegen Artemis versündigt. Um ihren schrecklichen Zorn zu besänftigen – günstiges Wetter für die Schiffahrt bleibt bedrohlich lange aus – opfert er der beleidigten Mondgöttin seine Tochter Iphigenie (etwa: die mit Stärke über die Geburten Herrschende). Artemis nimmt seine Reue und Buße an. Inmitten der Blutopferzeremonie ersetzt sie Iphigenie durch eine Hindin und erhebt die Jungfrau an ihre Seite. Das unerhörte Sühneopfer Agamemnons, aber auch andere Eskapaden ihres Mannes, entfesseln die wilde Natur seiner Gattin Klytaimnestra, Schwester der Mondgöttin und Titanentochter. "Wie einen Stier" lässt sie ihren Mann bei dessen Rückkehr aus dem Trojanischen Krieg von ihrem Liebhaber Aigisthos abschlachten. Nach anderer Erzählung greift die Tobende selber zur Axt und tötet den König, als der gerade "in ein Badetuch verwickelt" der Wanne entsteigt.

Elektra, Schwester der Iphigenie, erkennt das Recht ihrer Mutter nach Rache nicht an, verlangt es jedoch für den Tod ihres Vaters. Lange Zeit pflegt und nährt sie den Gedanken, bis sie das personifizierte Racheprinzip verkörpert. Als ihr Bruder Orest nach Jahren zurückkehrt, treibt sie ihn zur Tat, und er tötet die Mutter Klytaimnestra und deren Buhlen Aigisthos. "Schlag zu! Wenn du kannst, noch einmal!" feuert Elektra ihren Bruder in der antiken Fassung des Sophokles an. Doch Orest verfällt über seine Tat dem → WAHNSINN. Gnadenlose → ERINYEN verfolgen und jagen ihn ohne Ende von einem Ort zum anderen – ein Stoff, wie geschaffen für Tragödien.

Auf einer unteren Deutungsebene schimmert allerdings ein Naturmythos durch. Zeus-Agamemnon, die Sonne zur Sommersonnenwende, wird an ihrem Zenit symbolisch vom Winter getötet, dem Geliebten der → MONDGÖTTIN. Elektra, Aspekt der Frühlingsgöttin Aphrodite oder von Persephone (→ UNTERWELT), schickt die neue Sonne (Orestes = Hochsteiger), die wiederum den Winter besiegt. Doch schon antike Tragödiendichter bearbeiteten mehr den Seelenaspekt, der zur Anstiftung und Ausführung des unvorstellbaren Muttermordes führt. Elektra tritt uns dann häufig als unersättliche → HEKATE entgegen, als bluttriefender Ausdruck von Kali, als Nemesis der Nachtsphäre. Bis in unsere Zeit wurden die Dramen um Iphigenie und Elektra künstlerisch vielfach bearbeitet. Immer wieder faszinierte der dramatische Ausbruch jahrelang aufgestauter Qual, das brückenlose Dilemma unterschiedlicher Treueforderungen, der Schatten von Unversöhnlichkeit und frühmenschlich urgeschlechtlicher Grundstrukturen.

Für Mikis Theodorakis vergreifen sich alle Beteiligten am universellen Gesetz der Harmonie, werden unbewusst zum Instrument dieser Ordnung, verstricken sich aber dabei und treten in einen "neuen Zyklus des Verbrechens" ein. "Wir sind verurteilt, verdammt zu sein, denn wir sind vielleicht die einzigen Wesen auf der Erde und im Universum, die das Gesetz der universalen Harmonie nicht beachten" (WAGNER 1995). Ken Wilber erkennt im Sieg des Sohnes und Muttermörders Orest die Einleitung für die Herrschaft des Patriarchats. Darunter versteht er das

Vorherrschen der "Geist-Sonne-Bewusstseins-Ich-Welt". Sie löse das matriarchale Stadium einer "vorbewussten, vorlogischen, vorindividuellen Denk- oder besser Gefühlsart" ab (1999:276). In Eugen O`Neills Theaterstück, TRAUER MUSS ELEKTRA TRAGEN, wird die Episode mit ihrer tragischen Unausweichlichkeit nach Neuengland zur Mitte des 19. Jahrhunderts übertragen. O`Neill erklärt die inneren Kämpfe und Gefühlsverstrickungen innerhalb der Familie des Industriellen Ezra Mannon auf Basis der Lehren Sigmunds Freuds vor allem mit sexueller Frustration.

> "... immer in Zeiten, wo die Menschheit unterwegs ist zu einer neuen Form, wenn sie an einen → KREUZWEG angelangt ist, beschwor sie die dunkle Geschichte der Atriden ... [als] Symbol des ewig gültigen Menschlichen: der menschlichen Not und Unsicherheit, des menschlichen Strebens und Sehnens, der Einsamkeit und Verlorenheit in der Welt" (FUHRMANN 1950:4).

c.z.

Elementensymbol

Unter dem Drudenfuss versteht man den Fünfstern, griechisch das → PENTAGRAMM.

Noch heute leitet man die Bezeichnung von den "Druden" ab, das verbreitete Wort für die Alpengeister, die durch die Nächte schweben und schon vom bayerischen Historiker Johannes Aventin (1477-1535) mit den Druiden, den Wesen der keltischen Überlieferung, gleichgesetzt wurden.

Man malt oder schnitzt diesen Stern an Wände und Möbel, namentlich auch an Betten. Es soll nach noch heute verbreitetem Glauben ein Hinweis auf die vier Elemente sein, "deren Hilfe wir immer brauchen", nämlich Wasser, Erde, Luft und Feuer. Dazu kommt noch "die fünfte Kraft, die in der Hand dem Daumen entspricht; die Lebenskraft, die alles durchdringt und zusammenhält". Das Zeichen soll gern bei zunehmendem Mond gemalt worden sein: "Dann, wenn im Dunkeln die geheimen Dinge klarer erscheinen."

s.g.

Engert, Ernst Moritz: Bilder im Gegenlicht

Ernst Moritz Engert wurde am 24. Februar 1892 in Yokohama, wo der Vater ein Handels- und Bankhaus unterhielt, geboren. Schon als Kind zeichnete und aquarellierte er viel. Besonders gern stellte er Vögel dar. 1907 erlebte er auf einem Jahrmarkt in Rindern einen Scherenschneider bei der Arbeit, war völlig fasziniert und probierte sofort eigene Schnitte aus. 1907 wählte er sich München als Studienort und besuchte zwei Kunstgewerbeschulen.

Anfangs dachte er an eine Laufbahn als wissenschaftlicher Tiermaler, schließlich aber wurde er in der Schwabinger Künstlerpension Fürmann "Hauskünstler" und porträtierte anstatt wilde Vögel, die vielen bunten und schrägen Vögel, die hier Station machten und der Münchner Boheme ein Gesicht gaben. 1921 erschien das Buch SCHWABINGER KÖPFE, in denen viele bekannte Nichtstuer, Künstler, Kabarettisten und Schriftsteller mit ihren Schattensilhouetten vertreten waren.

Auch Engert wurde zum Teil der Schwabinger Szene. Der Schriftsteller Erich Mühsam berichtete über eine Kutschfahrt:

> "Wir sahen wüst genug aus. Ich auf dem Rücksitz, nach vorn Engert, dessen Abgeschabtheit nachgerade beängstigend wirkt, und der mit seiner unerhörten Länge, mit dem gewaltigen Maul, der schwarzumränderten Brille, den wilden Haaren und den dürren Bewegungen unerhört auffällig wirkt. So fuhren wir denn durch alle Hauptstraßen, was an dem schönen Sonntagnachmittag erhebliches Aufsehen machte, zumal ich oft erkannt wurde."

1912 wurde Engert am Marienplatz wegen Erregung öffentlichen Ärgernisses verhaftet. Engert kam, noch als Winnetou verkleidet, von einem Karl May-Fest im Hause Fürmann und hatte nicht bemerkt, dass die Behörden drei Tage Staatstrauer angeordnet hatten.

E.H. Engert: Teufel, Scherenschnitt

Er wirkte in den von dem Künstler, Alchimisten und Dichter Alexander von Bernus gegründeten "Schwabinger Schattenspielen" mit und gestaltete ab 1911 in Berlin im "Neopathetischen Cabaret" im Neuen Club eigene Schattenspiele. Engert hatte bald auch gute Kontakte zur Berliner Boheme. Es entstanden über die Jahre immer mehr Scherenschnitte berühmter Zeitgenossen.

Neben seiner Silhouettenkunst arbeitete Engert als Werbe- und Gebrauchsgraphiker, Presse- und Theaterzeichner und Illustrator für zahlreiche Zeitschriften und Buchverlage. In der Zeit der nationalsozialistischen Kulturpolitik schloss er sich einem Künstlerkreis an, zu dem viele "verfemte" Künstler wie Hans Bellmer, John Höxter und Albert Schäfer-Ast gehörten. In seinem Atelier versteckte er einen jüdischen, aus Spanien stammenden Malerkollegen. Albert Schäfer-Ast zeichnete den Scherenschneider einmal als "Engert den Vogler". Engert hatte den Spitznamen bekommen, weil er mit Papageien, einem Uhu und jeder Menge anderer Vögel zusammenwohnte. 1939 wurde er als Kartograph dienstverpflichtet und 1943 zum Militärdienst eingezogen. 1945 geriet er in amerikanische Kriegsgefangenschaft. Das Zeichnen seiner Bewacher verhalf dem passionierten Raucher schnell zu den für ihn lebenswichtigen Zigaretten.

Ernst Moritz Engert

Nach 1945 übersiedelte er nach Hadamar zu seiner Schwester Dora in ein Haus am Herzenberg. Er erwarb die ehemalige Hadamarer Synagoge, die durch das Eingreifen von Bürgern 1937 nicht von den Nazis abgefackelt worden war, und richtete sie sich als Atelier und Bühne für Schattenspiele ein. Viele seiner Mitbürger porträtierte Engert mit der Schere. Artikel, die über ihn erschienen, priesen ihn als "Europas größten Schattenschnitter". Der Künstler scherzte, an Tagen an denen er im Atelier nicht anwesend sein könne, werde er ein Schild anbringen: "Heute wird nicht beschnitten".

Als ich ihn 1974 in dem Haus mit dem wundervoll verwilderten Garten mit meiner Freundin und unserer Bassetthündin "Voudoo" besuchte, wünschte er ein Foto. "Vielleicht", sagte er, "fällt ein Schein von Schönheit auf mich, wenn Sie mich mit den 'beiden Damen' aufnehmen." Während ich die Kamera aufklappte und justierte, kramte er in einer Schublade. "Hier ist mein Bundesverdienstkreuz, das muss mit drauf." Sprachs und hängte es der Hündin um den Hals.

1980 wurde in Hadamar das Ernst-Moritz-Engert-Museum eröffnet. Die Besucher sahen erstaunt die Schatten der Großen ihrer Zeit, von denen aber viele selbst schon Schatten waren: Stefan George, Jacob von Hoddis, Hans Schiebelhuth, Georg Heym, August Macke, Joachim Ringelnatz, Pius XII., Josef Stalin, Adolf Hitler, Benito Mussolini, Gusto Gräser, Nikita Chruschtschow, Theodor Heuss, Marlene Dietrich, Mahatma Ghandi u.v.a.

Ernst Moritz Engert starb am 24. August 1986. Der Grabstein wurde mit seiner "Runden Madonna", 1913 entstanden, geschmückt.

Engerts Freund Hans Schiebelhuth hatte bereits 1919 Worte für den Künstler gefunden, die bis zu seinem Lebensende gültig blieben:

> "Kunstwerke, ihres Schöpfers Ausdruck und Tag, sollen sein eigenlebig, göttlich und schön. Engert ging mit diesem Wissen seinen Weg, ohne Experiment, Theorie, Schlagwort, Tamtam. Gut Gewissen und Treu ließen ihn die Demut vorm Ding nie vergessen, halfen ihm, dass das Selten-Teure nie bieder-billig ward, dass es einfach tat: sein Werk, einfach diente: dem unbekannten Gott. Hundertmal Arbeit, keinmal Spiel. Mit seiner Gegebenheit sagt er das Einfachste am Größten, drückt sich restlos aus, löst mit seinem Mittel schlechthin ins Letzte. Unerbittliche Kontur. Schlichte Linie. Ganz scharfer Jähriss, streng nuchtern, klar, fast kalt und trocken. Nichts hineinzufüllen, nichts hineinzudenken bleibt. Schatten stehen selbstverständlich im Raum des Schöpfungstages, er braucht ihnen nicht Umwelt zu geben, da sie von selbst vorm Himmel und nur im Licht sind. Jed' Ding ist gewachsen da, ohne Rezept, ohne Reglement, nur da. Wirklich lebendig; natürlich aus tiefster Natur, künstlich aus letzter Künstlichkeit. Selbstgerecht. Richtig. Engerts Figuren haben Kultur. Sie schreien nie, wenden sich nach nichts. Sie konzentrieren, lassen nicht abschweifen. Hüten sich, halblaut zu sein. Leben unter uns wie anständige Menschen. Überrumpeln nie, entzücken tief und freuen immer."

w.b.

Epping Forest: Im Dunkel des Waldes

Bevor die Römer nach England kamen, bestand Südengland zum größten Teil aus unberührtem dichten Urwald. Von diesem gewaltigen, dunklen Wald ist heute das Gebiet von Epping Forest – mit vielen kleinen uralten Ortschaften darin – im Nordosten der Stadt London ein Rest, und das nur, weil die englischen Könige den Wald beanspruchten, um dort Hirsche zu jagen. Königin Elisabeth I. (Queen Bess) ließ sich 1543 in Chingford eine Jagdhütte bauen und verbrachte dort entspannende Tage bei der Jagd und heiße Nächte mit ihren Geliebten.

Als grüner Degen, der mitten durch das Herz der grässlich verrußten Stadt London sticht, hat man Epping Forest beschrieben. Gebiete mit altem Hainbuchen-Wald wechseln sich ab mit Weide- und mit Heideflächen, mit Ginster bedeckten Hügeln und mit Seen und vielen kleinen Teichen und Wasserlöchern.

Die sagenumwobene Boadicea, Königin des keltischen Stammes der Icener, soll, wie zwei gewaltige Lager nahelegen, die im 19. Jahrhundert ausgegraben wurden, im Epping Forest einst eine Truppe von über 100.000 Mann gegen den römischen Feldherrn Gaius Suetonius Paulinus aufgestellt haben. Vor der Schlacht bat sie Andraste, die Göttin des Krieges, die in einer geweihten Höhle im Epping Forest verehrt wurde, um Beistand. Als die Schlacht vorüber war, hatten 80.000 Briten ihr Leben verloren und den Wald mit ihrem Blut getränkt. Darunter waren auch viele Frauen und Kinder, die der Schlacht und dem Sieg der Ihren zusehen wollten. Die Römer beklagten nur 400 Tote. Im Jahr 61 n. Chr. soll sich Boadicea mit Gift umgebracht haben. Die Stadt London ließ der Königin 1902 in der Nähe des Parlaments ein großes Denkmal errichten.

Mit dem Sieg der Römer begann der Tod der Wälder. Straßen fraßen sich durch die Wildnis, das Trockenlegen von Sümpfen und Feuchtgebieten und große Rodungen schufen landwirtschaftlich nutzbare Flächen. Obwohl königlicher Besitz, war der Wald nicht eingezäunt und seit dem 16. Jahrhundert durch ein königliches Privileg für Anwohner, Besucher und fahrendes Volk offen. Es war erlaubt, Kaninchen zu fangen und Vögeln nachzustellen. Anwohnern war es gestattet, sich in der Zeit von November bis zum St. Georgstag am 23. April mit Holz zu versorgen. Um zu Holz zu kommen, wurden im sogenannten Lopping die Bäume auf einer Höhe von 1,80-3 Metern gestutzt, so dass der Baum wieder neu austrieb und nach 5-6 Jahren erneut gestutzt werden konnte. Die Praxis des Lopping wurde seit einer Schutzverordnung 1878 eingestellt, so dass die Hainbuchen – jetzt ungestört – besondere, merkwürdige und gespenstische Formen annahmen. Zwischen den Bäumen wuchernde Dickichte von Stechpalmen geben dem Wald sein besonderes und charakteristisches Aussehen.

In der uralten Greensted Kirche soll eine Zeitlang der Leichnam König Edmunds aufbewahrt worden sein. Der von den Dänen gefangene König war 856 enthauptet worden, nachdem er sich geweigert hatte, dem Christentum abzuschwören.

Ende des 19. Jahrhunderts fand ein Gärtner im Boden der abgerissenen Kirche von Waldham Abbey den Steinsarg, in dem man König Harold, der in der Schlacht von Hastings durch einen normannischen Pfeil getötet worden war, beigesetzt hatte. Als der Sarg geöffnet wurde, zerfiel der Körper des Königs zu Staub. Der Wald diente auch als Gerichtsstätte. Ein alter Galgenbaum steht noch im Garten einer Familie am Buckhurst Hill.

Vielen Dichtern war der Wald eine Quelle der Anregung.

John Clare, 1793 in Helpstone geboren, erlangte früh Berühmtheit als der "Northamptonshire-Bauerndichter". Als er 1832 mit seiner Familie in das 5 km entfernte Dorf Northborough in eine Hütte, zu der ein winziges Stück Land gehörte, gezwungenermaßen umziehen musste, fühlte er sich „aus seinem Nest geworfen", desorientiert und entwurzelt. Sein Verleger überredete ihn 1837, in Dr. Matthew Allan's Asyl "Fairmead House" Heilung von seiner Verwirrung zu suchen. Hier arbeitete er im Garten, schweifte nach Gutdünken im nahe gelegenen Epping Forest umher und beschrieb seine Eindrücke in melancholischen Gedichten. 1840 traf er im Wald Zigeuner, mit denen er darüber verhandelte, ob sie ihm gegen Geld zur Flucht verhelfen könnten. Als er einige Tage danach zu ihrem Lager kam, fand er nur noch zwei alte Hüte. Einen davon benutzte er als Tarnung auf seiner Flucht. Die 80 Meilen nach Hause lief er zu Fuß. Nach sieben Monaten erklärte man ihn, als er paranoide Vorstellungen äußerte, für wahnsinnig. Die letzten 25 Jahre seines Lebens verbrachte er dichtend im Irrenhaus.

Der spätere Poet Laureat (Hofdichter) Alfred Lord Tennyson, der von 1837-1853 im Beech Hill Park Estate lebte, beschreibt eine fürchterliche Gewitternacht, in der seine Mutter vor Angst am Boden kroch, und in der auch ein Kugelblitz im Garten explodierte. Im Wald von Epping Forest ließ er sich zu vielen seiner berühmt gewordenen Gedichten inspirieren, auch zu einem Gedicht über die Eibe als Totenbaum:

Old Yew, which graspest at the stones
That name the under-lying dead,
Thy fibres net the dreamless head,
Thy roots are wrapt about the bones.

→ William Morris lebte ab seinem 6. Lebensjahr in einem von einem Park umgebenen Herrenhaus in Woodford. Vom Epping Forest war das Haus nur durch einen Zaun getrennt. Morris liebte das Leben im Freien. Gleich, ob Sommer oder Winter, er machte lange Ritte mit seinem Pony. Die Hunting Lodge von Queen Bess war wegen der wunderschönen Tapeten aus alter Zeit eines seiner beliebten Ziele. "Konflikte gab es nur", schreibt sein Biograph Hans Christian Kirsch, "wenn seinem Bedürfnis draußen herumzustreifen, jemand Schranken setzten wollte." Morris reagierte auf solche Einschränkungen mit Wutanfällen, trat Türen ein, zerfetzte Vorhänge und warf Teller samt den Spiegeleiern durchs Zimmer. 1895, als der (wie Morris ihn nannte) "Volldampf-voraus-Kapitalismus" schamlos nach dem Epping Forest griff, um "das Gebiet zu entwickeln", protestierte er in einem langen

Brief an den "Daily Chronicle". Er plädierte vehement dafür, den Charakter des Waldes als Wildnis zu erhalten und ihn nicht durch Einschlag in einen langweiligen Park zu verwandeln.

Rudyard Kipling, der "letzte der viktorianischen Romantiker", Autor des DSCHUNGELBUCHS und Verfasser einer großen Zahl von Stories aus dem Bereich des Übernatürlichen, suchte von 1871 an als Schüler eines von einer sadistisch-bigotten Rektorin geführten Schulheims in Southsea für Jahre den Epping Forest in der Ferienzeit auf. Nach der Befreiung aus der Hölle dieser Schule durch seine aus Indien angereiste Mutter, kam er gleich für ein halbes Jahr zur Erholung zu einem Bauern nach Loughton im Epping Forest. Kipling befreundete sich mit einem im Wald lebenden Zigeuner, der ihm viele Geschichten erzählte. Glückliche Zeiten erwarteten ihn auch im Hause seines Onkels, des präraffaelitischen Malers Sir Edward Burne-Jones. Hier traf er mit William Morris ("Onkel Topsy") zusammen und konnte dessen spannenden Geschichten von tapferen Rittern, verwunschenen Jungfrauen, bösen Zauberinnen, magischen Quellen und unergründlichen Wäldern lauschen.

w.b.

Der Kartoonist Robert Cruikshank ließ in seiner Zeichnung den Wald an einem Teilnehmer der jährlich am Ostermontag stattfindenden Hirschjagd auf eigene Weise Gerechtigkeit üben

Erbsünde und Laster als Zustände des Getrenntseins

Durch die Erbsünde von Adam und Eva, die von Geschlecht zu Geschlecht weitergetragen werde, seien wir von der Gemeinschaft mit Gott getrennt, lebten quasi im Exil und könnten aus eigener Kraft diese Gemeinschaft nicht wieder herstellen, behaupteten frühe christliche Kirchenlehrer. Der Gebrauch des freien Willens im Zuge der Ichfindung verbannte uns aus dem Paradies. Augustinus ging ins Detail und wusste, dass sich der Erbsündenbazillus durch den "mit Lust verbundenen Zeugungsvorgang" auf den Menschen übertrage. Damit werde der schuldig, ein "verdammungswürdiger Sünder", und seine einzige Rettung liege in der Taufe durch die Kirche. Selbst Luther und Calvin hielten noch an der von Augustinus geprägten Lehre fest und predigten, wir könnten von dieser Erbschuld nicht durch eigene Verdienste, sondern nur durch die Gnade Gottes errettet werden.

Moderne Deutung erklärt Erbsünde als unsere Unfähigkeit, sich mit göttlicher oder kosmischer Urenergie und ihren Gesetzmäßigkeiten eins zu fühlen, weil unser separiertes Ich solche Erfahrung abblocke. Damit aber begrenze sich unser Blick- und Erfahrungswinkel auf kleine Ausschnitte der Realität und verhindere eine Wahrnehmung des Ganzen. Sünde (von "sondern", absondern) bezeichne also nur einen Zustand des Getrenntseins und der Entfremdung von Vollständigkeit, der All-Einheit, die wir gerne personifizieren. Solange wir diese Getrenntheit nicht aufheben, taumeln wir durch ein → LABYRINTH von Illusionen, Missverständnissen und Gegensätzen, die wir vorschnell wertend als gut oder böse einstufen – in uns und außerhalb von uns.

Mit der Geburt unseres Ichempfindens entstand auch das Gefühl individueller Schuld, und die verlangt individuelle Sühne. Im modernen Menschen sei das Gefühl der Schuld so angewachsen, dass es nicht mehr wie in archaischer Zeit durch alljährliche oder gelegentliche Wiedergeburtszeremonien gesühnt werden könne. Statt dessen verlege er sich auf wirtschaftlichen Erfolg und zur Schau gestellten Konsum, um seine Selbstachtung aufzubauen, so der Anthropologe Norman O. Brown (WILBER 1999:321f.). Für Karl Marx und Friedrich Engels begann die Erbsünde denn auch mit der ersten profitorientierten Produktion über den Eigenbedarf hinaus. So spricht man von der "Schuldkultur" des Westens, für Sigmund Freud das größte Problem unserer Kulturentwicklung. Da sich diese leidige Verbindung von Schuld und Sünde mittlerweile schon im archetypischen Denken des Abendlandes festgesetzt hat, neigt unser Gewissen dazu, sich der Gefühle von Schuld und Nichtschuld zu bedienen. Das dürfte objektive Bewertungen oft verhindern und uns weitere Ängste und Blockaden verursachen – Schwierigkeiten, die einem Dasein in heiterer Gelassenheit, Lebensfreude und "lichter Klarheit" entgegenstehen.

Schon der griechische Philosoph Platon hatte zur besseren Lebensbewältigung eine Skala von Grundtugenden aufgestellt. Der Apostel Paulus griff sie auf, und Papst Gregor der Große fügte sie zu einer Siebenergruppe zusammen. Nach altjüdischer Lehre liebe Gott die Zahl sieben. Im Menschen arbeiteten sieben sich widersprechende Kräfte, auch Hauptgegensätze genannt, die wir ausgleichen müssen. So stehen den Tugenden sieben Laster entgegen, die mitunter als Todsünden kursieren: → (STOLZ) HOCHMUT, Neid, Zorn, Traurigkeit, Habsucht, Völlerei und → LUXURIA. Übrigens taufte so auch die Firma Langnese ihre im Jahre 2004 neu kreierten sieben Geschmackssorten der Eis-Serie "Magnum".

c.z.

Orest, der Bruder von → Elektra, von Erinyen verfolgt, William Bougereau (1825-1905)

Erinyen: Älter als alle Götter

Erinyen leben in der → Unterwelt (des Unbewussten) (→ Tartaros) und vertreten in der griechischen Mythologie das Prinzip der durch Bluttat ausgelösten Rache. Diese hässlichen Töchter der Nacht und der Erde sind älter als alle Götter und haben Skotos zum Vater, die Dunkelheit. Als Greisinnen erscheinen sie, von schwarzer Hautfarbe, mit grauem Gewand und Flügeln, Schlangen im Haar oder in den Händen. Ihre Ausatmung und Ausdünstung macht einen schwindeln. Giftiger Geifer fließt aus ihren Augen, ihre Stimmen klingen wie das Brüllen von Rindern oder das Gebell von → Hekates Hunden, mit denen sie oft identisch sind. Sie verfolgen Frevler, ursprünglich vor allem Verwandtenmörder, mit drohend geschwungenen Peitschen aus erzbeschlagenen Riemen und Fackeln, die einen lodernden Brand entzünden können. Unbarmherzig jagen sie Schuldige von Land zu Land, von Stadt zu Stadt, einzeln oder im Kollektiv. Römer nannten sie Furien (Rasende). In ihrer Dreizahl heißen sie meist Allekto (= die Unablässige), Teisiphone (etwa = die Mord Vergeltende) und Megaira (etwa = die aus Neid Zornige). Sie werden auch als Symbol des quälenden schlechten Gewissens gedeutet. Ihre Schwärze kann mit zunehmender Entsühnung aufhellen. In ihrem wohltätigen Aspekt verzeihen sie und vermitteln göttliche Gnade, heißen dann aber Eumeniden (= die Wohlgesinnten).

C.Z.

Erlkönig: Im Banne von Todesängsten

Wer reitet so spät durch Nacht und Wind?
Es ist der Vater mit seinem Kind.
Er hat den Knaben wohl in dem Arm,
Er fasst ihn sicher, er hält ihn warm.

*

Mein Sohn, was birgst du so bang dein Gesicht?
Siehst, Vater, du den Erlkönig nicht?
Den Erlenkönig mit Kron` und Schweif?
Mein Sohn, es ist ein Nebelstreif.

Der unheimliche Held aus Goethes bekannter Ballade verdankte sein begriffliches Dasein wohl einem Missverständnis Herders. Der übersetzte im 2. Band seiner VOLKSLIEDER (1779) das dänische *ellerkonge* (= elverkonge: Elbenkönig, Fee, Elbe) in Anlehnung an das ndd. *eller* mit Erle und kreierte damit den Erlkönig. Goethe selbst soll das Thema vom "Dorfesel von Illzach" entlehnt haben, einer Sage aus dem Elsass.

Ein besorgter Vater galoppiert mit seinem fiebrigen Sohn nach Hause. Der Knabe kämpft bereits mit dem Tod. Angstvoll berichtet der Sohn von lockenden Stimmen, lieblichen Versprechungen und wiegenden Frauenleibern. Sein Vater beruhigt ihn. Er höre nur das Säuseln des Windes und halte die sich biegenden alten Weiden an "düsterem Ort" für Erlkönigs Töchter. Dann überschlagen sich die Vorgänge:

Mein Vater, mein Vater, jetzt fasst er mich an!
Erlkönig hat mir ein Leid`s getan.

*

Dem Vater grauset`s, er reitet geschwind`.
Er hält in Armen das ächzende Kind.
Erreicht den Hof mit Mühe und Not:
In seinen Armen das Kind war tot.

Spielte Goethe hier mit der Phantasie des Volkes, das die Erle in den Bereich von Nacht und Tod bannte? Maler ließen bei diesem Bildthema oft Vater und Sohn auf einem Rappen reiten, der selbst zum Symbol des Todes werden kann. Rappe, galoppierendes Fortreißen und der Wind verbinden sich zu einem Metapherknäuel, der uns die Zeit des Herbstes beschreibt, die Zeit des Todes, und der Todesängste.

Der Tod trägt aber nicht nur persönlich sein Opfer dem Ziel entgegen. Auch der Vater kann merkwürdige Gestalt annehmen. In Gestalt von Rübezahl (siehe Bild) vertritt er die elementare Kraft und das Gesetz der Natur, die sich gnadenlos alles zurückholt, das sie gebiert. Und sie holt es nach Hause, an den heimatlichen Ort, von dem auch alle Schöpfung wieder ihren Ausgangspunkt nimmt. Erlkönig, der werbende Aspekt des Todes, die Verlockung des Endlich-alles-Loslassen-könnens?

Schwermut und Dramatik der kurzen Handlung fesselten viele Künstler, vor allem Musiker. → BEETHOVEN, Brahms, Schubert und Robert Schumann nahmen sich des Themas an, um nur die bekanntesten Vertreter zu nennen. Auch Dichter griffen die Bilder auf, sogar Volksdichter. In der Volksschule reimten wir zu Beginn der fünfziger Jahre:

Wer knattert so spät durch Nacht und Wind
Es ist der Vater mit seinem Kind.
Der Vater mit seinem Sohne Fritz,
Auf BMW mit Soziussitz...

Eine moderne Variante entnahm ich dem Internet:

Wer surft so spät durch Nacht und Netze
Es ist der User in wilder Hetze!
Er hält sein Windows fest im Arm
Und auch dem Modem ist schon warm...

Schon als geradezu klassisch gilt die definitive Kurzfassung des Gedichts. Wie in allen diesen Verballhornungen bleiben Licht und Schatten kreativ ausgeklammert:

Vater und Kind / reiten geschwind / durch Nacht und Wind.
Kommt ein Mann / quatscht sie an / ob der Kleene mitkommen kann.
Vater sagt "Nee!" / Kind schreit "Uääăh!" / kommen nach Haus / Kind tot – aus!

c.z.

Rübezahl als Erlkönig mit dem schwarzen Ross des Todes.
Zeichnung von Eugen Klimsch um 1900

Eulen: Zwischen lichter Weisheit und Verblendung

Es bedeute weder etwas Gutes, wenn man nachts von ihnen träumt, noch wenn man sie tagsüber sieht, munkelt die Überlieferung. Ihre schauerlich klagenden Rufe jagen einem eiskalte Schauder über den Rücken. Am lautesten und eindruckvollsten schreien Eulen in den Mondnächten des November. In Indien galten sie früher als so unheilverkündend, dass jede Hütte gleich niedergerissen wurde, auf die sich eine Eule gesetzt hatte. Auch hierzulande verkündete sie unweigerlich Unheil und Tod, erdreistete sie sich, ein Haus anzufliegen, um sich dort niederzulassen. Daraus resultierte der grässliche Brauch, sie lebend an ein Scheunentor anzunageln und qualvoll sterben zu lassen. Damit sollte sie die Todesbotschaft an sich selber wahrmachen und mit diesem unfreiwilligen Blutopfer potentielle Bedrohungen aufheben.

Eulen als symbolische Vorboten allen Unglücks und unheimliche Ruferinnen der Seelen gehören zum Gemeingut der Menschheit. Sie verkörpern die Dunkelheit und Gefahren der Nachtseite des Lebens. Striges, der wissenschaftliche Name für Eulenvögel, steht in Zusammenhang mit striga (ital: = Hexe). Eulen charakterisieren alle Aspekte der → UNTERWELT, jede Art von Dämonie, Unbill, Zerstörung und Auflösung. Als "Tag der Eule" bezeichnete man regional die Sommersonnenwende, mit der das Licht seinen Rückzug antritt. Eulen würden selbst unter solch ihnen anhaftenden Bezügen leiden und melancholisch werden. Deswegen hausten sie lichtscheu und ungesellig an düster verlassenen Orten und Ruinen, wo "Katzen und Eulen einander gute Nacht sagen". Zu ihren düsteren Gepflogenheiten gehöre es, nachts zu jagen, wenn ihre Opfer am unvorbereitetsten sind, und diese dabei mit hypnotisierendem Blick zu verzaubern, weiß der Volksglaube.

Lautlos nähern sie sich, schlagen blitzschnell zu und würgen die vor Schreck gelähmte Beute lebend hinunter. Abstoßender Aasgeruch dringt von ihren Nestern. Eulen sind wirklich prädestiniert, Botinnen des schrecklichsten Aspektes der Großen Mutter zu werden: der Todesgöttin. Unter den drei Parzen, Göttinnen des → SCHICKSALS, spann die erste den Lebensfaden der Menschen, die zweite bemaß ihn, die dritte – mit Eulenkopf – schnitt ihn ab. Lilith, die erste Frau Adams, war ursprünglich eine hebräische Eulengöttin, Herrin der Nacht, des Todes und der Passivität. In Märchen und Fabeln darf eine Eule gelegentlich den Richter spielen. Christliche Symbolik verknüpfte den Vogel mit dem Sündenfall (→ ERBSÜNDE) und mit der Ankündigung des → JÜNGSTEN GERICHTS.

Die Große Mutter, oft mit hervorstechenden Eulenaugen ausgestattet, verwahrte als Herrin des als Herrin des → MONDes verwahrte auch alle Aufzeichnungen über die Welt und ihre Seelen, hütete die ursprüngliche Weisheit und die Gesetze der Natur. Athene, griechische Göttin der Weisheit und Wissenschaften, und ihre römische Variante Minerva übertrugen Eulen und Käuzen die Leitung ihrer nächtlichen Geschäfte. Antiker Naturbetrachtung erschienen die Eulen ernst und nachdenklich. Ihre leuchtend großen Augen sehen in der Nacht besser als am Tag. Sie sollten selbst die Dunkelheit des Nichtwissens durchdringen.

Da sie sich bei Gefahr in die Einsamkeit zurückzögen und ihre Behausung nur zur Nahrungsaufnahme verlassen würden, rückten Eulen in die geistige Nähe von

Eremitentum und meditativem Leben, damit einmal mehr zu Gelehrsamkeit. Für Unvoreingenommene bieten denn auch ihre Rückzugsmanöver eher ein Vorbild an Besonnenheit und Vernunft. Nur wer sich zwischendurch vom irritierenden Treiben des Weltgeschehens verabschiedet, findet die Ruhe zur Neuorientierung, zu kontemplativen Erfassen und höchster Erkenntnis. Obwohl Eulen das Licht der Sonne angeblich nicht vertragen, können sie zum Symbol religiöser Erleuchtung werden, zum Licht Christi, des Erlösers. Moderne Deutungen verstehen einen Eulentraum als mögliche besondere Wachsamkeit des Unterbewusstseins gegenüber einem akuten Problem, das vom Oberbewusstsein unterschätzt oder vernachlässigt werde (COPPIN 1989:89f.).

Eulen mit einer Brille auf der Nase können allerdings auch Scheinklugheit karikieren. Im Judentum signalisiert der Vogel innere und äußere Blindheit. In China warnt eine Eule u.a. vor dem Überwiegen des männlichen Prinzips Yang, das, auf sich allein gestellt, verblendet in die Zerstörung treiben kann. So wankt ihr Ansehen letztlich zwischen Weisheit und Torheit. Und wer "Eulen nach Athen trägt", tut etwas so Überflüssiges wie das Meer mit Wasser zu versorgen.

c.z.

Lilith, Eulengöttin, Herrin der Nacht und erste Frau, wurde nach hebräischer Überlieferung zusammen mit Adam erschaffen. Sie lehnte aber seine männliche Herrschaft ab und schloß sich lieber den Dämonen an.

Zwei Räder als Symbol für den ewigen Auf und Abstieg der Sonnenordnung, Außenfassade der Kirche Salzburg-Maxglan

Ewigkeit: Genügend Zeit für Vorwärtsentwicklung

Im Märchen vom Hirtenbübchen erfahren wir vom Diamantberg in "Hinterpommern". "Der hat eine Stunde in die Höhe, eine Stunde in die Breite und eine Stunde in die Tiefe." Alle hundert Jahre fliegt ein Vöglein herbei und wetzt den Schnabel daran. Und wenn der ganze Berg einstmals abgewetzt ist, verlief nur die erste Sekunde der Ewigkeit. "Ehe Abraham ward, bin ich", entsetzte Jesus seine Zuhörer.

Wenn manche philosophischen Systeme oder Evolutionstheorien davon sprechen, das Sein, das aus sich selbst heraus erzeugte kosmische Werden, habe keinerlei Anfang und könne aufgrund der eigenen Natur nie aufhören zu sein, handle nicht, sei aber einzige Ursache und Realität aller Manifestationen, verfolge keinerlei Ziele und sei weder durch Raum, Zeit oder Erfahrung eingeschränkt: dann verursachen solche Vorstellungen für weniger geschultes und abstrahierendes Denken Probleme. Zu sehr haben wir uns in der kausalen Verknüpfung aller Bewegungsabläufe verstrickt. Begriffe wie Zeitlosigkeit oder etwa "nichthandelnde Ursächlichkeit" fordern unsere gewohnten Denkweisen und Vorstellungskräfte aufs Äußerste heraus, überwältigen sie. Alles, was wir nicht verstehen, was kein Licht erhellt, fürchten wir, ob wir uns das bewusst machen oder nicht. Manchen starrt dabei die Ewigkeit "aus leeren bodenlosen Augenhöhlen" an, starr und kalt, "zu keinerlei menschlicher Regung fähig", aber solche ständig herausfordernd.

Antike Vorstellung verband mit Ewigkeit einen zyklischen Vorgang, den Kreislauf eines ständigen Sich-Ablösens und Sich-Wiederholens, der in sich zurückfließt. Christlich abendländisches Denken bevorzugte lineare Strukturen in der Zeit. Zumeist verband sich damit der Glauben an Wachstum durch unaufhörliche Transformation, das Prinzip endloser aber sich aufwärts entwickelnder Veränderung, durch den → TOD hervorgerufen und am Leben erhalten.

Einige Vertreter moderner Raumwissenschaft stehen vor der Problematik, mutmaßliche Paradoxa zu vereinen: Seit dem angenommenen Urknall dehne sich das Weltall von einem Punkt aus und drifte gleichzeitig mit ungeheurer Geschwindigkeit zu diesem Ausgangspunkt zurück. Zeit bewege sich zugleich vorwärts wie rückwärts und falle ohnehin in einem → SCHWARZEN LOCH ganz in sich zusammen.

Ewigkeit kann aber auch Zeitlosigkeit bedeuten, die dann eintritt, wenn wir den Tyrannen "Zeit" von seinem Thron gestürzt und uns gedanklich von ihm befreit haben.

c.z.

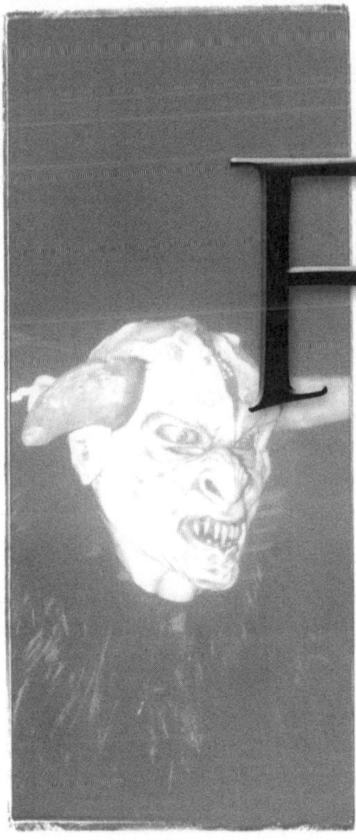

E

Fantasy: Märchenhafte Welten

→ WILLIAM MORRIS (1834-1896) gilt neben George MacDonald, dem Verfasser des Feenmärchens PHANTASTUS, als Begründer der englischsprachigen Fantasy (abgeleitet vom griechischen *phantasia*). Für → C.S. LEWIS und J.R.R. Tolkien wurde er mit seinen phantastischen Romanen zum Vorbild. In seinen Romanen drückt sich eine Sehnsucht nach dem Leben in einer idealisierten mittelalterlichen Welt aus. Die Phantasiewelten, die er schuf, sind Morris Gegenbild zur Industriegesellschaft des 19. Jahrhunderts. Es sind Beschreibungen von Welten, in denen es so aussah, wie er sich die Welt wünschte. Auch private Enttäuschungen verarbeitete Morris in der fiktiven Realität seiner märchenhaften Erzählungen.

Im ersten Roman THE WOOD BEHIND THE WORLD (dt. 1984: DIE ZAUBERIN JENSEITS DER WELT) trägt die Frau des Goldenen Walters, des Helden der Geschichte, deutliche Züge von Morris Frau, der schönen, ihm gegenüber jedoch kalten Jane:

> " … Denn er war mit einer überaus schönen Frau in Liebesbanden verstrickt und hatte sie zu seiner Frau genommen, und sie war auch, wie es schien, nicht unwillig seine Frau geworden. Aber als sie an die sechs Monate verheiratet waren, da fand er anhand unübersehbarer Zeichen, dass seine Gutmütigkeit nicht der ihren entsprach, dass sie in jeder Hinsicht schlechter war als erwartet: bald fand er keine Ruhe mehr, und er hasste sie für ihre Lügenhaftigkeit und ihren Hass ihm gegenüber. Doch der Klang ihrer Stimme ließ ihm dennoch das Herz klopfen, wenn sie im Haus umherging, und ihr Anblick rief heftige Begierde in ihm hervor, und er sehnte sich, dass sie süß und freundlich zu ihm sei und dass er dann alles Hässliche vergessen würde. Doch dem war nicht so, denn jedes Mal, wenn sie ihn sah, veränderte sich ihre Miene, und ihr Hass wurde offenkundig. Und wenn sie auch süß zu anderen war, zu ihm betrug sie sich hart und sauer."

In diesem Roman tauchen bereits alle Sujets auf, die das Herz von Fantasyfans höher schlagen lassen: Ein verwunschener alter Wald, ein hässlicher, bitterböser Zwerg, gekleidet in ein prächtiges Gewand aus Seide, mit einem doppelschneidigen Breitschwert an der Seite, der rohes Fleisch frisst, Mädchen verschleppt und als Sklavinnen verkauft, und dem man das Haupt abschlagen und zwischen seine Füße legen muss, um seine Macht zu brechen. Ein lüsterner, schöner, aber kaltherziger Königssohn, der ein Mädchen "für eine Stunde der Lust" mitleidlos ins Verderben stürzt, und der seine Strafe findet. Eine böse, auf die Menschen eifersüchtige Zauberin, von wundersamer Schönheit, die im Wald im "Goldenen Haus" lebt und junge Männer umgarnt, um sie in sich verliebt zu machen und zur Befriedigung ihrer Lust zu benutzen. Sie schämt sich keineswegs im Wald so dünne Kleider zu tragen, dass sie damit ihre "prachtvolle Nacktheit" herausstreicht. Ein junges Mädchen, kaum zwanzig Lenze alt, mit einem Gesicht, "so schön wie eine Blume", durchaus auch manchen Zaubers mächtig, aber von der Zauberin versklavt, darf nicht fehlen. Der Held, der Goldene Walter, ist hochgewachsen und kräftig, ein tapferer und freundlicher Jüngling, ein Mann weniger Worte, der wenn es Not tut, Konflikte mit dem Schwert löst und schließlich das junge Mädchen befreit und heimführt.

In Morris umfangreichstem Roman: THE WELL AT THE WORLDS END (dt. 1981: DIE QUELLE AM ENDE DER WELT) zieht Ralph aus Wiesengrund (Upmead) auf der Suche nach der Frieden schenkenden Quelle am Ende der Welt abenteuernd durch die Lande, bis er mit der schönen Ursula zusammentrifft. Das Wasser des Lebens, getrunken aus einem goldenen Becher, lässt sie an Leib und Seele gesunden. Nach ihrer Rückkehr nach Wiesengrund regieren sie das Land als König und Königin. Ralph duldete nirgendwo mehr Unrecht und Unterdrückung. Auf dem Felde wurde er ein so kluger und schrecklicher Krieger, dass manchmal schon der bloße Klang seines Namens den Marsch fremder Kriegsscharen und die Plünderung von Ländern aufhält.

Im Roman THE SUNDERING FLOOD (dt. 1980: DAS REICH AM STROM) stattet Stahlkopf, eine Gestalt, die Züge von Wotan, dem Wanderer, und Merlin, dem Zauberer trägt, den jungen Helden, Osborne Wulf Grimson, mit einem magischen Bogen und dem magischen Schwert Steinspalter aus, legt ihm die Hände auf, um ihm Kraft und Stärke zu geben, und taucht bei dessen zahlreichen Kämpfen gegen das Böse immer wieder als Helfer auf. Nach vielen Mühen und Irrwegen findet Osborne zu seiner schönen Geliebten, dem Mädchen Elfhild, der Freundin der "kleinen Leute" und Besitzerin eines magischen Pfeifchens. "Um beide lag auf alle Zeit eine süße Weisheit, die nie über das hinausging, was recht war und vernünftig", heißt es am Ende der Geschichte.

Um seine Bücher in ansprechender Weise ausstatten zu können, gründete Morris 1891 einen eigenen Verlag, die Kelmscott Press. Für den Druck benutzte er archaische Drucktypen, wie die Tray Type und die Chaucer Type. Die Bücher, auf besonderem Papier gedruckt, stattete er mit altertümlich wirkenden Initialen und Illustrationen aus.

> "Sich selbst bewusst des Besitzes schöner Häuser und schöner Bücher als eines dem Menschen angemessenen Komforts zu erfreuen, scheint mir ein erstrebenswertes Ziel, das zu erreichen sich alle Gemeinschaften menschlicher Wesen bemühen sollten",

schrieb er.

Emblem der Kelmscott Press

Bei der Wahl der Sprache, die Morris in seinen Romanen benutzte, versuchte er den Ton früherer Zeiten zu treffen, ähnlich wie später Tolkien, der für die Elfen, die seine Romane bevölkern, eine ihnen eigene Sprache erschuf.

Anette Baronin von Charpentier, die die Fantasy-Romane von Morris kongenial ins Deutsche übersetzte, schreibt:

> "Morris stark idealisierende Hinwendung zum Mittelalter, die sich auch in seinen anderen Tätigkeiten, Architektur, Lyrik, Malerei ausdrückt, prägt sich hier in einem fremdartig wirkenden, archaischen Vokabular und Syntax aus. Von den Zeitgenossen wurden die in diesem Stil verfassten romantischen Erzählungen abgelehnt, weil sie kaum verstanden wurden. In Großbritannien waren viele der keltisch-germanischstämmigen Vokabeln nach der normannischen (lateinischen) Invasion verdrängt worden und gehören heute nicht mehr zur Umgangssprache, anders als im deutschen Sprachraum, wo ein solcher Bruch durch fremde Invasoren mit anderem Sprachstamm nicht stattfand, und sich die Sprache, begünstigt durch die luthersche Vereinheitlichung im 16. Jahrhundert, eher linear entfalten konnte. Man kann sich daher die Fremdartigkeit des Originalvokabulars bei der Übersetzung ins Deutsche kaum vorstellen." (MORRIS 1980:270)

w.b.

Farben des Jahres: Mit wachen Augen sehen

Der Dichter und Kenner des osteuropäischen Volksglaubens, Alexej Remizow, erzählte mir in Paris:

> "Das Jahr galt in seiner Gesamtheit als Kreislauf der Farben... In der Frühlingssonne tanzen die Engel oder Elfen durch die frisch grünenden Wiesen. Das ist der Lel und seine Geliebte Ljalja. Sie sind meistens grün, golden-gelb oder blau aufflackernd, mit goldenen oder rötlichen Haaren – gleich der Morgenröte. Im Herbst, mit dem ersten Schneefall, kommt das Wintervolk der "Snegurotschki" (sneg=Schnee!). Für die Geschöpfe der Natur, "die man im Westen als Elfen und Feen bezeichnet", sind Frühling und Herbst eigentlich Morgen und Abend. Remizow erzählte nach den Worten einer alten Amme: "Was für uns ein volles Jahr ist, bleibt für diese Wesen eigentlich nur ein Tag und eine Nacht!"

Sie leben also, nach einem sibirischen Ketzerbuch, durchschnittlich 75 (menschliches Durchschnittsalter) x 365 (Zahl der Jahrestage) Jahre.

"Ein Mensch", verriet uns Remizow, "der sich von diesem Naturglauben beeinflussen lässt, lebt nicht gerade die Jahrtausende wie die Naturelfen, aber immerhin länger als seine Nachbarn, die keine wachen Augen für all die Nixen (Russalki)- und Lel-Spiele besitzen."

s.g.

Farrow, Mia: Braut des Teufels

Die 1976 in Los Angeles geborene Schauspielerin war mit dem Sänger Frank Sinatra, mit dem Komponisten André Previn und mit dem Filmregisseur Woody Allan verheiratet. Sie spielte in zwölf seiner Filme mit, nachdem sie 1982 erstmals in dem Film SOMMERNACHT – SEXKOMÖDIE in der Rolle einer überdrehten Nymphomanin für ihn vor der Kamera gestanden hatte. Als Woody Allan zu Soon-Yi, ihrer Adoptivtochter, eine Beziehung aufnahm, kam es 1992 zu einer skandalträchtigen Scheidung, die den Medien für Monate Futter bot.

Weltruhm erlangte Mia Farrow schon 1968 in Roman Polanskis Horrorschocker ROSEMARIES BABY, der Verfilmung eines Buches von Ira Levin. Sie spielt darin die kindfraulich wirkende, psychisch labile Ehefrau eines Schauspielers, die in die Fänge eines Zirkels von Satansanbetern gerät und gezwungen wird, den Sohn des Teufels zu empfangen und zu gebären.

Der Filmautor Robert F. Moss:

> „Das Tempo, mit dem Polanski das Böse allmählich das Regiment über die Hauptperson übernehmen lässt, ist eher träge und schleppend. Vereinzelt häufen sich die Anzeichen auf die Existenz einer unheimlichen Macht. Da ist zum Beispiel die hastig hingekritzelte Botschaft, die der Vormieter in Rosemaries Wohnung hinterlassen hat; da ist das seltsame Gebaren der Castevets (Sydney Blackmer und Ruth Gordon), der Führer der Satansgemeinschaft, die sämtliche Bilder von den Wänden der Wohnung entfernt haben; da sind die vielfachen Hinweise auf geheime Drogen und Kräuter; schließlich die sonderbaren Rezepte, die Dr. Saperstein (Ralph Bellamy) Rosemarie mitgibt, und endlich die Aura des Bösen und Tödlichen, welche die Castevets trotz ihrer überschäumenden und aufdringlichen Freundlichkeit umgibt. Polanski treibt mit diesen szenischen Elementen sein gekonntes Spiel, gewährt dem Zuschauer einen vagen Einblick, um dann wieder die Handlung auf der normalen, realistischen Ebene voranzutreiben." (1974:121)

w.b.

Faust: Physiognomik einer Wasserspinne

In einem Brief vom 3. Oktober 1513 berichtete der in Gotha lebende Kanonikus Mutianus Rufus (=Konrad Muth) an Henricus Urbanus (=Heinrich Fastnacht) in Erfurt von einer Begegnung:

> "Vor acht Tagen kam ein Chiromant nach Erfurt, namens Georgius Faustus Helmitheus Hedelbergensis, ein bloßer Prahler und Narr. Seine Kunst, wie die aller Wahrsager, ist eitel, und eine solche Physiognomie leichter als eine Wasserspinne. Die Dummen sind voller Bewunderung. Ich hörte ihn im Wirtshaus schwatzen; ich habe seine Anmaßung nicht gestraft; denn was kümmert mich fremde Torheit?"

Ein unscheinbares Gesicht ist dem Zauberer genug "Material", um einen maximalen Effekt erreichen zu können. Kann doch jeder in diese Projektionsfläche wie in einen leeren Spiegel hineinsehen, was er will: bestenfalls/schlimmstenfalls sich selbst. Im Falle des Magier Faust reichte diese winzige Facette seiner Persönlichkeit aus, um bis heute Hunderte dazu zu verführen, des Zauberers wirkliches Wesen erfassen und abbilden zu wollen.

Über diese ja eigentlich unglaubliche Wirkung über ein halbes Jahrtausend hinweg, buchstäblich auf dem Hintergrund von nichts, verwunderte sich auch der Faust-Experte Günther Mahal:

> "Dilletant, Halbgebildeter, Autodidakt; potenzierte Energie, Aggressivität, hohe Selbsteinschätzung; Sehnsucht oder auch Sucht nach spektakulären Erfolgen, Verletzen-Wollen neben Verletzt-werden-Können – mit solchen Stichworten kommt etwas vom psychischen 'Gesicht' jenes Faust in den Blick, der es zu einer allerersten Berühmtheit nicht nur seines Zeitalters bringen sollte. Dass der es dazu brachte, ohne eine einzige Zeile zu hinterlassen, macht dieses Phänomen nur noch erstaunlicher; denn er lebte ja in schreib- und denkwürdigen Zeiten. Wenn Faust zu dieser Berühmtheit gelangte, so musste sein Auftreten in jener Mischung sachlicher Kompetenz und persönlicher Faszination erfolgen, die ihn als Mantiker oder Astrologen oder Magier nicht nur unvergesslich und unverwechselbar machte, sondern die ihm auch jegliche andere Sensation, jegliches Wunder zutrauen ließ." (1980:91)

Literarische Faustbilder erstellten Marlowe (1589), Lessing (1759), Klinger (1791), Chamisso (1804), Lord Byron (1816), Puschkin (1826), Grabbe (1829, → Lenau (1835), Heine (1847), Turgenjew (1856), Vischer (1862), Valery (1941), Thomas Mann (1947). → Berlioz komponierte 1846 ein Faustoratorium, → Liszt 1857 eine Faust-Symphonie, Gounoud 1859 eine Oper, Werner Egk 1948 ein Ballett. Murnau drehte 1926 einen Faustfilm. Die Fülle des Textmaterials ist gigantisch: Hans Henning konnte aus dem bisher Angefallenen eine 5-bändige Faustbibliografie (Weimar 1976) drucken lassen.

Faust nimmt den Trank der Hexe zu sich, Illustration von 1897

Leichter als eine Wasserspinne sei die Physiognomie des Doctor Faust gewesen, urteilte der Humanist Konrad Muth nach einer Begegnung

Als Goethe den FAUST schrieb, ließ er in seine Hauptfigur Elemente aus dem Leben des Magiers Trithemius und dessen Schüler Agrippa von Nettesheim mit einfließen. Und Agrippas schwarzer Pudel "Monsieur" regte ihn zur Figur des Mephistopheles an.

Die Handlung des Stücks folgt dem Schema einer schamanischen Trance. Nachdem Faust eine tüchtige Menge eines starken Hexentranks zu sich genommen hat, fühlt er sich verjüngt. Sein Hilfsgeist Mephistopheles lässt ihn allerlei Reisen durch Raum und Zeit erleben. Ein Flug auf dem Zaubermantel zu Auerbachs Keller, die Teilnahme an der → WALPURGISNACHT auf dem Brocken. Von dort geht es auf schwarzen Zauberpferden zurück nach Frankfurt zu Gretchens Kerker, und von hier flugs an den Hof des Kaisers, dann in Fausts Studierzimmer und Labor. Zum Schluss gewährt der Geist ihm eine Zeitreise ins klassische Gretchenland, wo er auf Gestalten der antiken Sagenwelt trifft. Dieser gewaltige Trip findet seinen Abschluss in einem beseligenden Happy End im Himmel.

w.b.

Fenris: Windzeit, Wolfszeit, bis die Zeit vergeht...

Als → SCHATTEN begleitete ein großer grauer Wolf – oder gleich mehrere – den germanischen Gott Odin, schlapphuttragender Göttervater und Ausdruck für den Lauf der Sonne durch den Tierkreis. Das Graue verursacht Grauen, verkörpert die geheime Wahrheit der Gegensätze und Dualitäten, die uns oft sinnlos und unheimlich anmuten, da sie Leben und Kultur scheinbar dauernd bedrohen. In der germanischen EDDA-Dichtung liegt zur Aufrechterhaltung göttlicher Ordnung der kosmische Fenriswolf vorsichtshalber an der wenig zuverlässigen Kette Gleipnir (= die Offene). Zauberkundige Zwerge wirkten sie in einer höchst seltsamen Zusammenstellung und Legierung: aus dem (unhörbaren) Schall des Katzentrittes, der (stummen) Stimme der Fische und aus dem (nicht vorhandenen) Bart der Frauen.

Nornen (→ SCHICKSAL) hatten gewarnt, dieser Zögling des Feuerdämons Loki mit der Riesin Angrboda (= Elendbereiterin, Schadensbotin) werde einst Odin den Tod bringen. "Schwertzeit, Beilzeit, Schilde bersten, Windzeit, Wolfszeit, bis die Welt vergeht – nicht einer will des andern schonen...", weissagte die Seherin Völuspa. Und eines Tages ist tatsächlich "der Wolf los". Ragnarök beginnt, die Götterdämmerung oder der → WELTUNTERGANG. Fenrir (vielleicht: dunkle Sumpfwesenheit) tötet Odin und frisst die Sonne. Der Wolf des absterbenden Jahres besiegt die wärmere und lichtvollere Jahreszeit, der Wolf der Nacht verschlingt die Tagessonne, der Nebel- oder Wolkenwolf den Mond. Wolfsmonat hieß im Norden lange die Zeit vom 23. November bis 22. Dezember. Wölfe nannten die Nordgermanen das Prinzip, das Sonnen- und Mondfinsternis auslöste. Wolfszeit können wir das beängstigende Dunkel nennen, das uns zyklisch anfällt und sich vielleicht einmal im Leben so verdichtet, um alle unsere Vorstellungen aufzusprengen Vermutlich basiert der üble Leumund der Wölfe, der keiner zoologischen Forschung standhält, auch auf dem noch lebendigen Archetypus Fenris.

c.z.

Fenriswolf und Egdir auf einer Säule im Kreuzgang der Stiftskirche Berchtesgaden. Egdir war der Hüter der Riesin, mit der Fenris die Wölfe Skoll und Hati zeugte, die einst Sonne und Mond verschlingen werden

Filmmusik: Verstärkung der Dramaturgie

"Die Furcht aber lässt uns Vorstellungen entwickeln, mehr noch, eine Vorstellungswelt; sie ist die Quelle der Bilder, und, wo diese sich verallgemeinern, des Mythos." (SEESSLEN und WEIL 1980:14)

"Filmmusik muss diskret sein und wird nur dort eingesetzt, wo sie in der Lage ist, die Psychologie der Charaktere zu vertiefen, die Dramaturgie des Augenblicks zu verstärken und somit die Wirkung des Handlungsablaufs zu unterstützen. Anders ausgedrückt: eine gute Filmmusik sollte nie der Versuchung erliegen, die Wahrnehmung des Zuschauers subjektiv zu beeinflussen; sie darf sich nicht zu einer Art Parallelhandlung verselbständigen. Der Komponist ist daher gehalten, seine künstlerischen Ausdrucksmittel bewusst einzuschränken." (Richard Whitehouse, in: CD-Booklet zu Kilar: Bram Stoker's Dracula, 2003)

Der aus der Ukraine stammende Filmkomponist Wojciech Kilar (*1932) wurde mit seiner Musik zu Bram Stoker's DRACULA (1992) berühmt; er wurde dafür mit dem ASCAP-Preis ausgezeichnet. Er schuf auch die Filmpartituren zu Roman Polanskis DER TOD UND DAS MÄDCHEN (1994) und DIE NEUN PFORTEN (1999). Er hat Anlehnungen an Prokofjew, Aram Khatchaturian, Sir Malcolm Arnold, Gustav Holst, Schostakowitsch.

Korngold, der vor allem durch seine dunkle → OPER DIE TOTE STADT (1920) bekannt ist, war ein großer Filmkomponist! So hat er 1954 die Filmmusik für Frauen um Richard Wagner (OT: Magic Fire) geschrieben!

Wagnermusik wird oft für Filme benutzt, die in der Nazi-Zeit spielen (→ ADOLF HITLER), die aus dem König Arthur-Sagenschatz und der Gralslegende schöpfen, die sich um König Ludwig II drehen oder die dunkle Sujets und das Gruselgenre berühren.

Ein bedeutender Komponist von "klassischer" Filmmusik war der Engländer James Bernard (1925-2001), der unter dem Komponisten Herbert [Norman] Howell[s] (1892-1983) am Royal Collage of Music studiert hat. Sein erstes großes Werk war die Musik zu The Quartermass Experiment (1955) der britischen Hammer Films (Hammer Studios). Bernard komponierte Musik für unzählige Horror- und Gruselfilme der 50er Jahre. Er kreierte den typischen Gruselsound, der bald als "The Sound of Hammer" berühmt wurde. Zu den Schauspielern von Hammer Films gehörten u.a. PETER CUSHING, → CHRISTOPHER LEE und Oliver Reed. Bernard trat vor allem durch seine Filmmusik für Murnaus → NOSFERATU hervor, die heute gelegentlich in Filmkonzerten zu hören ist.

Die Arbeit des Filmmusikkomponisten ist synästhetisch. Er muss die Musik der Bilder "hören". Damit drückt der Komponist auch seine individuelle Wahrnehmung des Filmes aus. Filmmusik ist oft an die Rhythmik von → SCHÖNBERG angelehnt, nicht an seine Klangfarben.

Kompositionen, die für Soundtracks Verwendung finden:

• Die "Gruseltoccata" von Bach (→ ORGEL) ist sehr beliebt in der Filmmusik (z.B. 20000 Meilen unterm Meer); Instant Drama und Grusel garantiert!

• Paul Dukas (1865-1935), *L'Apprenti Sorcier* (Der Zauberlehrling – Scherzo nach einer Ballade von Goethe) (1897); für den Walt Disney-Zeichentrickfilm Fantasia (1940) benutzt. Handlung der Ballade und der Tondichtung: Fortgehen des Hexenmeisters, Verzauberung des Besens, Wasserholen, Beilhiebe, Wasserholen, die Rückverzauberung des Besens, der Hexenmeister.

• *Tanz der Vampire* (1967) von Roman Polanski. Filmmusik sehr ungewöhnlich; die Vampire tanzen zu Menuetten (Tanzmusik des Barock).

• Mike Oldfield, *Tubular Bells* (Virgin Records, 1973)

Diese als Klassiker des Art Rock geltende LP ist als Filmmusik für Wilhelm F. Friedkins DER EXORZIST (1973) berühmt geworden.

• Der Soundtrack des Films The Shining (USA, 1980) mit Jack Nicholson benutzt die Komposition Musik für Seiteninstrumente, Schlagzeug & Celesta (Sz 106) von Béla Bartók 1881-1945 (Blaubart)!

• Heavy Metal (Sony, 1991)

Musik zum gleichnamigen Zeichentrickfilm (Columbia Pictures, USA) von Ivan Reitman und Leonard Mogel. Es wurden für den Soundtrack verschiedene Stücke bekannter Bands aus Hardrock und → Heavy Metal verwendet: Sammy, Hagar, Riggs, Devo, Blue Öyster Cult, Cheap Trick, Don Felder, Donald Fagan, Nazareth, Journey, Grand Funk Railroad, → Black Sabbath, Trust und Stevie Nicks.

In dem epochal-meisterhaften Zeichentrickfilm Heavy Metal, ein Science-Fiction-Episodenfilm – "A Universe of Mystery. A Universe of Magic. A Universe of Sexual Fantasies..." usw. (Liner notes from album) von 1981, kommt eine Sequenz vor, in der Ausserirdische mit riesigen staubsaugerartigen Rüsselnasen eine gewaltige Kokainlinie vor dem Kokpit ("Koks Pit", the coke pit) auslegen. Dann rüsseln sie alles weg, denn je mehr sie koksen, desto schneller fliegt ihr Raumschiff durch völlig ausgespacede Reiche des Universums. Das Koksen ist ihr Antrieb.

Komponierte Filmmusiken (Auswahl):

• Georges Auric, *Orphée*

• Bernard Hermann, *Garden Of Evil*

• Jacques Ibert, *Macbeth*

• Alfred Newman, *The Hunchback of Notre Dame*

• Hans J. Salter und Paul Dessau, *House of Frankenstein*, *The Ghost of Frankenstein*, *Son of Frankenstein*, *Son of Dracula*

• Roy Webb, *I Walked With A Zombie*

• Wolfgang Dauner (*1935), *Der Faust.* Neuvertonung des Stummfilms von Murnau für Synthesizer (1975).

• The Electric Flag, An American Music Band, *The Trip* – Original Motion Picture Soundtrack (Curb Records, 1967)

Der Film The Trip (Drehbuch: Jack Nicholson; Regie: Roger Corman) mit Peter Fonda und Dennis Hopper in den Hauptrollen ist ein Vorläufer von Easy Rider und eine der, vielleicht die früheste kineastische Bearbeitung von LSD-Erfahrungen, von den schönen und lichten, aber auch den erschreckenden und dunklen Seiten der Psychedelik.

• Der Steppenwolf (Hermann Hesse); ein Film von Fred Haines (USA/CH 1974). Die dunkel-jazzige Musik stammt von dem Schweizer George Gruntz; sie ist dem Dunklen entsprechend komponiert und unterstützt die eindringlichen Bilder bestens. Die San Francisco Chronicle urteilte begeistert: "Eine brilliante Adaption des Hesse Romans".

• Ornette Coleman, *Naked Lunch*, the Score/Soundtrack (Milan American/BMG, 1992)

Die Filmmusik zur erfolgreichen Verfilmung von Szenen aus William S. Burroughs' gleichnamigem Buch von David Cronenberg (1991), der kanadische Regisseur von MÖRDER-PARASITEN und DIE FLIEGE. Ein atmosphärisch sehr dichter Streifen, dem der schräge → JAZZ wie maßgeschneidert entspricht.

Es gibt zunehmend CDs, die Musikstücke aus Soundtracks kompilieren:

• *Themes of Horror I + II* (Emporio Records, 1998)

The London Theatre Orchestra spielt Musiken aus den klassischen Grusel- und Horror-Filmen PSYCHO, THE SILENCE OF THE LAMBS, THE FLY (dt. Die Fliege), SCREAM, THE OMEN (→ GREGORIANIK), Bram Stoker's DRACULA, NIGHTMARE ON ELM STREET, THE SHINING, INTERVIEW WITH THE VAMPIRE, SALEM'S LOT, CHILDREN OF THE CORN, CHILD'S PLAY, EVIL DEAD, PAT SEMETARY, THE SERPENT AND THE RAINBOW, Mary Shelly's FRANKENSTEIN usw. Ebenfalls eine Orchesterversion des Songs *Hellraiser* von Ozzy Osbourne (→ BLACK SABBATH).

Soundtracks zu inneren Filmen (Auswahl):

• Can, *Monster Movie* (Liberty/United Artists, 1970)

-, *The Can–Soundtracks* (Liberty/United Artists, 1970)

• The Psychedelic Avengers, ... *And The Curse Of The Universe* (Fünfundvierzig, 2004); Projekt um ein Band-Mitglied der Mandra Gora Lightshow Society (→ ALRAUNE), Anders Becker, Timo Lommatzsch, ... Spacerock zum Abfliegen und visionärem Träumen!

Musik, von Filmen inspiriert (Auswahl):

• Iced Earth, *Horror Show* (Century Media, 2001)

Die US-amerikanische Heavy Metal Band hat auf diesem Album (mit vielen Gastmusikern) alle Stücke den einzelnen dunklen Sujets von Horrorfilmen gewidmet: Werwolf, → JACK THE RIPPER, Mumien, Dr. Jekyll und Mr. Hyde, Frankenstein, Dracula, Phantom der Oper, Gespenster....

• R. Kelly, *Gotham City* (Remix) (Jive Records, 1997)

Musik, inspiriert von dem Film BATMAN UND ROBIN (USA, 1996)

chr.r.

Fledermaus: Mittler zwischen den Welten

Schlafende Menschen sollen sie anfallen, vor allem Kinder, um ihnen nachts heimtückisch das Blut auszusaugen, hieß es im Mittelalter. Spanische Konquistadoren untermauerten diese Vorstellung mit Greuelberichten dämonischer Vampire aus Mittel- und Südamerika. Dort schlitzen tatsächlich einige Riesenfledermäuse

Blutgefäße anderer Tiere an, um gierig davon zu schlecken. Unter solchem Verdacht steht auch eine heimische Art: die "Hufeisennasen". Regional scheinen Fledermäuse nächtens gern → FRIEDHÖFE aufzusuchen. In slawischen Gebieten heftete sich unlösbar der Vampirglaube an sie – eine Fundgrube für das literarische und filmische Motiv von Dracula. Psychologisierend könnte man sagen, Fledermäuse symbolisieren den Hang, durch Illusion, Unwissenheit und Unverständnis ein vorschnelles Urteil zu fällen, das uns im Dunkel gefangen hält mit der Gefahr, von Ärger und → ANGST ausgesaugt zu werden.

In der religiös-spirituellen Symbolik ist Blut ein Ausdruck des "fließenden Lebens" unserer Persönlichkeit. Die Gier nach diesem niederen Aspekt der Seele gehörte gemäß christlicher Vorstellung zu den natürlichen Gepflogenheiten des → TEUFELS. Damit trug auch die Fledermaus unweigerlich den Ruch, der "Miliz der Finsternis" anzugehören. Fledermäuse gehören zu unverzichtbaren Requisiten von Schwarzer Magie und Hexenkunst, Satan selbst streift sich gern Fledermausflügel über. → TEUFELSPAKTE mussten, wenn nicht mit eigenem, mindestens mit Fledermausblut unterzeichnet werden. Heute haben Batman oder Kollegen oft den Teufel ersetzt, das scheinbar Böse relativiert. Ihr Fledermaushabit blieb.

Fledermäuse gehen im Schutze der Dunkelheit ihren verdächtigen Aktivitäten nach. Als scheinbare Zwitter aus Vogel und → RATTE oder → MAUS heftete man ihnen das Etikett diabolischer Doppelzüngigkeit und Heuchelei an, List, Neid, üble Nachrede, Gehässigkeit und Rache – alles was das Licht des Tages scheut. Fledermäuse, die mit dem Kopf nach unten schlafen, outen sich selber als Feind jeder natürlichen Ordnung – das Markenzeichen des → ANTICHRISTS. Angeblich blind und taub stehen sie für die Sicht hinter den Erscheinungen. Afrikaner sagen ihnen ambivalent Unklarheit und Scharfsinn, Buddhisten „erschwertes Verstehen" nach. Heute wissen wir, dass Fledermäuse durch ihre Nase Ultraschallsignale ausstoßen und sich über eine Dauertonpeilung außerordentlich gut orientieren.

Fledermäuse halten sich in Ruinen und an einsamen Orten auf. In der Kunst können sie auf Melancholie anspielen. Als Bewohner dunkler → HÖHLEN und als Schwellentier vermitteln sie zwischen den Welten, so auch symbolisch zwischen Unter- und Wachbewusstsein, die erst in ihrer harmonischen Zusammenarbeit Weisheit und Vernunft gebären. Japaner verbinden mit Fledermäusen unheilvolle Ruhelosigkeit und das Chaos aller Urkräfte. Chaos beinhaltet allerdings auch Kreativität und schöpferische Herausforderung. Entweicht in spiralförmiger Wolke einem chinesischen Flaschenkürbis eine kleine Fledermaus, charakterisiere sie das Glücksgefühl des aufgestiegenen und unternehmungslustigen Geistes (BEUCHERT 201:177). Träume mit Fledermäusen deuteten antike Deuter als Ankündigung von Verlust, Sturm auf dem Meere oder Überfall durch unternehmungslustige Wegelagerer. Moderne Wegelagerei finden u.a. wir im Gebaren von Großkonzernen, z.B. der Pharma- oder Mineralölgesellschaften – greulichster Vampirismus.

C.Z.

Fliegende Holländer, Der: Die "erste Heavy-Metal-Oper"

Plattdeutsch: De flegen Hollänner; Niederländisch: De vliegende Hollander; Engl. The Flying Dutchman; Französisch: Le vaisseau fantôme

Der "Fliegende Holländer" ist die Gestalt einer niederländischen Sage. Er ist ein Seemann, der wegen seines Hochmutes, das Kap der Guten Hoffnung im Sturm umschiffen zu können, endlos über das Meer fahren muss. Diese Geschichte verband sich mit populärem Seemannsgarn über ein Geisterschiff, das jedem, der es sieht, Unglück bringt. Es hieß, der verfluchte Kapitän würde auf seiner endlosen Fahrt mit dem → TEUFEL um seine Seele würfeln. Seeleute sahen im Fliegenden Holländer einen → DÄMON.

Das romantische Sujet wurde am bekanntesten durch → WAGNERS gleichnamige → OPER, obwohl es mehrfach als Oper (Rodwell, Binder, Tschirsch), sogar als Operette (Duval-Diamant, Wolfram) und Musical (Carpenter) vertont wurde. Das Opernsujet wurde als Burleske und Posse parodiert (Müller, Stiegmann). Von all diesen Werken hat sich nur Wagners Oper bis heute auf den Spielplänen erhalten.

Bei Wagner ist der Fliegende Holländer verflucht, weil er Gott verflucht hat. Aber es gibt für ihn einen Ausweg: Alle sieben Jahre darf er an Land gehen und versuchen ein Weib zu freien, das ihm Treue bis zum Tod schwört (Erlösungsmotiv). Wagners Figur des Fliegenden Holländers hat eine gewisse Verwandtschaft zum → VAMPIR, der auch nach Erlösung trachtet. Wagners Gruseloper schließt deshalb auch an die Tradition der deutschen Oper Webers (→ FREISCHÜTZ), Spohrs (DER BERGGEIST) und → MARSCHNERS an (DER VAMPYR, HANS HEILING).

Musikalisch beeinflusst von Beethovens Neunter, dem → FREISCHÜTZ (1821), dem VAMYPR (1828) und der fünfaktigen Oper DIE STUMME VON PORTICI (1828) von Daniel Auber (1782-1871; Fra Diavolo): "Laut Wagner bringt dieses Werk zum erstenmal eine genau durchdachte Instrumentierung, klar abgehobene, an der Handlung beteiligte Chorkomplexe und leidenschaftliche Melodien von höchster dramatischer Wirkung." (MEZZANOTTE 1981:155)

Wagner schrieb in seinen Bemerkungen zur Aufführung des Fliegenden Holländers (1852): "Es muss dem Darsteller desselben gelingen, das tiefste Mitleiden zu erregen und zu unterhalten... Sein erster Auftritt ist ungemein feierlich und ernst..., eine gewisse grauenhafte Ruhe in der äußeren Haltung, selbst bei der leidenschaftlichsten inneren Kundgebung des Schmerzes und der Verzweiflung... Wir müssen einen ‚gefallenen Engel' selbst vor uns sehen, der aus fürchterlichster Qual heraus der ewigen Gerechtigkeit seinen Grimm kundgibt."

Wagners Fliegender Holländer ist die erste Oper, die auf das Musikdrama bzw. Gesamtkunstwerk weist. Das Duo Holländer-Senta ist eine "Urform" des Gothic Gesanges! (Dark Divas... im Gothic Metal). Wagners Musik hat stark die Filmmusik beeinflusst und wird gerne zur Untermalung bestimmter Szenen, z.B. die Seefahrt des → NOSFERATU, verwendet. Musikalische Motive aus der Oper wurden auch in Rockmusik und → JAZZ bearbeitet. Der Fliegende Holländer schlug in die Klassik-Opern-Szene ein, wie Jimi Hendrix in die Geschichte der Rockmusik. Der Fliegende Holländer war die erste Heavy-Metal-Oper!

Werke (Auswahl):

• Georg Herbert Bonaparte Rodwell (1800-1852), THE FLYING DUTCHMAN OPER (1826); UA: London

• Richard Wagner (1813-1883), DER FLIEGENDE HOLLÄNDER (1843)

Romantische Oper in drei Aufzügen WV63, Libretto vom Komponisten nach einer Erzählung von Heinrich Heine (1834, Aus den Memoiren des Herrn von Schnabelewopski, in "Salon", Bd. 1); UA: Dresden.

Es gibt zwei Fassungen. Die erste Fassung entstand in Paris. Berühmt wurde Wagners Holländer durch seine bisher nicht gekannte Wucht, die ein klassisches Orchester produzieren konnte. Besonders der Spuk-Gesang der untoten Matrosen des Holländers hat für Gruselgänsehäute gesorgt (bis heute...)

• Karl Binder (1816-1860), DER FLIEGENDE HOLLÄNDER (1845)

Märchenoper in zwei Akten, Text von Johann Eduard Gulden (?-1855); UA: Wien

• Adolf Müller (1801-1886), DER FLIEGENDE HOLLÄNDER ZU FUß (1846)

Burleske in zwei Akten, Text von Johann Nepomuk Nestroy (1801-1862); UA: Wien

• Eduard Stiegmann (um 1810-1880), DER FLIEGENDE HOLLÄNDER (1847)

Posse in drei Akten, Text von Anton Wollheim (1810-1884); UA: Hamburg, Thalia Theater

• Ernst Lebrecht Tschirsch (1819-1854), DER FLIEGENDE HOLLÄNDER (1854)

Oper in drei Akten

• Richard Hol (1825-1904), DER FLIEGENDE HOLLÄNDER. Ballade für Soli, Chor und Orchester (1904)

• Hans Duval-Diamant, DIE FLIEGENDE HOLLÄNDERIN (1919)

Operette in einem Akt, Libretto von Peter Herz (1895-1987); UA: Wien

• Karl Wolfram, DIE FLIEGENDE HOLLÄNDERIN (1920)

Operette in drei Akten, Libretto von W. Raimond; UA: Saarbrücken

• John Alden Carpenter (1876-1951), THE FLYING DUTCHMAN. Musical Play (1951), Text von Humphrey Turner Nicholls.

Der Fliegende Holländer ist auch ein Sujet im Comic: die holländische Serie Der Fliegende Holländer, Text und Zeichnung Jack Staller; Band I: "Ouvertüre" (2001). Es wird die Geschichte von Kapitän Van der Decken erzählt, der mit besonderen Fähigkeiten und Illusionskräften ausgestattet wurde, weil er genau an der Tag-und-Nacht-Gleiche geboren wurde. Auch im Film tauchte The Flying Dutchman kürzlich auf (FLUCH DER KARIBIK, Teil 2, mit Johnny Depp; 2006).

chr.r.

Fliegenpilz: Rausch und Ekstase

Amanita muscaria

Andere Namen: Bhuta chyauw (Nepali, "Dämonenpilz"), Fliegenschwamm, Fly-poison amanita, Moscario, Rabenbrot, Ratu-Tengu-Dake (Japanisch, "Roter-Kobold-Pilz")

Die meisten Menschen im deutschen und englischen Sprachraum glauben – ungeachtet ihres Bildungsstandes –, dass Fliegenpilze tödliche Gifte enthalten und dass man sie unbedingt meiden muss. Die paracelsischen Binsenweisheit, dass allein die Dosis macht, ob ein Ding ein Gift oder Heilmittel wird (→ PARACELSUS), ist anscheinend noch nicht durchgesickert. Würde man die Fliegenpilze danach bemessen, müsste man Abschied vom liebgewonnenen Schwarz-Weiß-Denken nehmen – für viele sicherlich zu schmerzhaft oder einfach zu schwierig.

Über die Wirkungen des Fliegenpilzes ist in den vergangenen Jahren viel berichtet und geschrieben worden. Zu den Symptomen der Fliegenpilzberauschung werden allgemein starke parasympatholytische Erregung, Undulation von Schlafen und Wachen, Illusionen, Halluzinationen und Delirien gezählt. Oft gelten Fliegenpilzberauschungen als unangenehm und können von unerfahrenen Benutzern leicht als "toxische Ekstase" (LEUNER) interpretiert werden. In der älteren Literatur wird er als "tödliches Gift" dargestellt. Vor seinem Genuss wird eindringlich gewarnt. Dennoch ist in der toxikologischen Literatur kein einziger Fall einer tödlichen Fliegenpilzvergiftung bekannt geworden: "Todesfälle sind nicht nachgewiesen" (GARNWEIDNER 1993:41). In der neueren Literatur steht dann auch: "Wird der Pilz mit einer halluzinogenen Erwartungshaltung genossen, so ruft er eher eine angenehme Wirkung hervor." (ROTH ET AL. 1990:42) - Die Erwartungshaltung *(set)* hat einen mächtigen Einfluss auf das Erleben einer Rauscherfahrung. Glaubt man, der Fliegenpilz sei giftig, so sieht man Schreckgespenster; glaubt man, der Fliegenpilz ist ein genießbares Rauschmittel, so wird man angenehme Visionen und Gefühle haben.

Nach Verzehr von Fliegenpilzen kommt es manchmal zu einer vorübergehenden Übelkeit. Danach wird man gewöhnlich vom Schlaf übermannt. Die visionäre Wirkung, die oft durch Synästhesien charakterisiert ist, tritt beim Erwachen ein und kann für mehrere Stunden anhalten. Auffällig häufig wird bei den Visionen von Reisen in die Welt der Zwerge berichtet. Beim Rauchen sind die Wirkungen eher subtil und äußern sich meist in einer erhöhten Wahrnehmung und Empfindsamkeit in der Muskulatur. In jeder Darreichungsform wird die auditive Wahrnehmung erhöht, verfeinert oder variiert.

In der germanischen Mythologie, so wie sie in der Neuzeit aufgezeichnet wurde, gibt es einige Geschichten, die Wotan (= Odin), den schamanischen Gott der Ekstase und Erkenntnis, mit dem Fliegenpilz in Verbindung bringen. Der Sage nach entsteht der Fliegenpilz, wenn Wotan auf seinem achtbeinigen Ross in den Nächten bei der Wintersonnenwende mit seinem Gefolge, der Wilden Jagd, durch die Wolken reitet. Überall dort, wohin der Geifer von Wotans Pferd auf die Erde spritzt, werden im Herbst, also genau neun Monate später Fliegenpilze aus dem Boden schießen. Der Fliegenpilz heißt im Volksmund auch "Rabenbrot". Raben sind nicht nur uralte Schamanen- und Krafttiere, sondern auch die Botschafter des Wotan; sie heißen bezeichnenderweise "Gedächtnis" und "Gedanke" – gehören also zum Nervensystem des Gottes.

In Norddeutschland werden bis heute an den Giebeln der ländlichen Fachwerkhäuser zwei gekreuzte Pferdeköpfe aus Holz angebracht. Dem oberflächlichen Betrachter erscheinen sie als liebevolle Zier; den überlebenden Heiden gelten sie als Repräsentationen von Wotans Pferd. Für die Bauern ist dieser Hausschmuck ein magischer Schutz vor dem Blitzschlag. Denn Wotan würde niemals ein Bildnis seines heiligen Rosses durch Donnerkeile und zuckende Blitze zerstören lassen. Es donnert und blitzt nämlich, wenn das tobende Pferd auf die Wolken trampelt.

Ein Krimi mit dem Titel PILZSAISON (FRANZINGER 2003) und einem Umschlagbild mit Fliegenpilzen im mystisch durchleuchteten Wald verspricht ein ethnomykologisch interessanter Fall zu werden (Umschlaggestaltung: Heine und Eberle, Stuttgart).

In der Tat geht es um Pilze – im Zusammenhang mit einer Folge bestialischer Morde eines Serienmörders (der seine Mordserie als Kunstwerk sieht). Er dekoriert seine weiblichen Opfer in ungewöhnlicher Weise. Er plaziert in einem Kehlschnitt frische Waldpilze. Beim ersten Opfer sind es Pfifferlinge, beim zweiten Hexenpilze, bei dritten und letzten Fliegenpilze. Der Autor legt dem kriminalistisch aktiven Leser viele falsche Spuren, so wie der Buchumschlag etwas ganz anderes suggeriert. Man könnte doch denken, dass es sich bei einem fliegenpilzgeschmückten Krimi um einen mutmaßlichen Giftmord mit Fliegenpilzen handeln könnte. Aber der Autor weiß es besser. Auf die volksmündliche Giftigkeit des Fliegenpilzes geht er gar nicht ein, sondern scheint sich wirklich mit der Materie auszukennen. Spannend zu lesen.

Dem Roman ist das Gedicht "Pilze" von Emerenz Meier (1874-1928) vorangestellt:

Buchumschlag des Krimis *Pilzsaison* (FRANZINGER 2003).

"Bunte Pilze sind die Kindchen,
Die dem Mutterschoß der Waldung
In den feuchten Sommernächten
Gleich zu hunderten entsprießen."

• PERFORMANCE (Warner Bros., o.D. [ca. 1972])

Bei dem düsteren und brutalen Kinofilm PERFORMANCE mit Mick Jagger (→ ROLLING STONES) und James Fox in den Hauptrollen, wurde die Regie von Nicolas Roeg und Donald Cammell geleitet/geführt. Darin kommt eine Szene vor, in der Mick Jagger Fliegenpilze isst, und auf einen dunklen Trip geht.

Der Soundtrack (→ FILMMUSIK) wurde von Jack Nitzsche produziert; es singen und spielen Mick Jagger, Randy Newman, Merry Clayton, Ry Cooder, Buffy Sainte-Marie und the Last Poets. (Warner Bros. Records, o.D.)

chr.r.

Frankenstein: Hässliche Songs ...

Über Frankenstein sind → OPERN und → FILMMUSIKEN geschrieben worden. Die möglicherweise früheste Vertonung des Sujets ist das Melodrama in drei Akten *Frankenstein* mit dem Text von P. Henry und der Musik von Wilhelm Meyer-Lutz (um 1822-1903), das am 24.12.1887, also zu Weihnachten, in London uraufgeführt wurde.

Bedeutende Filmmusiken: Franz Waxman (1906-1967) komponierte die symphonische Filmmusik zu *Frankensteins Braut* (OT *The Bride of Frankenstein*, 1935), Frank Skinner (1897-1968) zu *Frankensteins Sohn* (OT *Son of Frankenstein*, 1939), Hans J. Salter (1896-1994) zu *The Ghost of Frankenstein* (1942).

• H. K. Gruber, *Frankenstein!!* A Pan-demonium for Chansonnier and Ensemble (1977) [CD: EMI Classics, 1997]

Der lebende Komponist Heinz Karl Gruber (*1943), genannt "Nali", aus Wien, Schüler von Gottfried von Einem (1918-1996), ist von → ARNOLD SCHÖNBERG und der → ZWÖLFTONMUSIK geprägt. Das Pan-demonium *Frankenstein!!* entstand 1971 aus verschiedenen Songs (*Frankenstein Suite*) und wurde 1976 für großes Orchester vollendet; mit Texten von H. C. Artmann ("Allerleirausch, neue schöne Kinderreime). Darin tritt nicht nur Herr Frankenstein auf, sondern auch Fräulein Dracula, Goldfinger und James Bond, John Wayne, ein Monster, Superman, Batman (→ FLEDERMAUS) und Robin kommen zu Wort.

Frankenstein ist ein beliebtes Sujet im → HEAVY METAL, Rockabily (Psychobily, Gothabily): Alice Cooper, "Feed my Frankenstein" (*Hey Stupid*, 1991) mit Joe Satriani und Steve Vai an den Sologitarren. Der Name dient ebenfalls als Bandname:

• Frankenstein, *An Ugly Display Of Self-Preservation* (Fiendforce Records, 2004)

Gothic- bzw. Gothabily-Band mit Staraufgebot: Dave Grave (voc, ex-Voodoo Church), Stevyn Grey (dr, ex-Christian-Death, ex-Mephisto-Walz), L. Ron Jeremy (g, ex-Element), Bart Sinister (b, Bloodflag), Tommy Marseilles (g, Rotting Human Flesh). Mischung aus Deathrock, Punk und Gothabily. Obwohl schon Mitte der 80er Jahre gegründet, erschien das längst überfällige Debütalbum erst 2004. "Hässliche Songs für eine hässliche Welt"...

Homepage: www.frankenstein theband.com

chr.r.

Freischütz, Der: Glanzstück der "schwarzen Romantik"

DER FREISCHÜTZ heißt eine der berühmtesten und populärsten → OPERN. Komponiert wurde sie von Carl Maria von Weber (1786-1826). Der Freischütz (1821) gilt als die "erste deutsche Oper" und als ein Glanzstück der "schwarzen Romantik". "Das Sujet ist trefflich, schauerlich und interessant: Der Freischütz..." notierte Weber, als Friedrich Kind begann das Libretto zu verfassen.

Im Freischütz geht es um einen Teufelspakt und eine Heirat; sie spielt im deutschen → WALD, der durch diese Oper eine gruselige Aura erhielt. Die Angst vor dem Walde wurde damit geschürt. Denn mitten drin, in der unheimlichen Wolfsschlucht, werden treffsichere Kugeln gegossen, die nur durch einen Teufelspakt und eine Beschwörung hergestellt werden können ("Milch des Mondes fiel aufs Kraut", beginnt die Beschwörung). An solche Zauberkugeln, die nie ihr Ziel verfehlen, will der junge Held gelangen, für den Freischuss, den er nach altem Braut am Morgen der Hochzeit abgeben muss. Verfehlt der junge Bräutigam sein Ziel, kann er seine Braut nicht heiraten. Deshalb verbündet er sich mit einem anderen Jäger, Caspar, der seine Seele dem Teufel verkaufte, hier als Samiel (= Samael) oder der "wilde Jäger" bezeichnet, um die Freikugeln zu gießen. Das geschieht in der legendären Wolfsschluchtszene. Während der Beschwörung mit einem Zauberkreis und weiteren üblichen Utensilien (Totenkopf) tauchen alle dunklen Geister des Waldes, inklusive der Wilden Jagd, auf. Da es sich beim Freischütz um eine romantische Oper handelt, endet das Stück natürlich mit einem happy end.

Weber hat mit seiner Musik den Grundstein für alle folgende dunkle Musik gelegt (→ MARSCHNER, → FLIEGENDE HOLLÄNDER). Schon die Ouvertüre beginnt mit dunklen Akkorden! Hölle, Erde und Himmel sind durch Tonarten charakterisiert. Die teuflischen Arien und Szenen werden durch Moll-Tonarten (c-moll, d-moll, fis-moll) dunkel und trüb gefärbt. Samiel, der "Böse", der schwarze Jäger, hat keine Tonart, sondern wird durch den damals als äußerst dissonant empfundenen verminderten Septakkord a-c-es-fis beschrieben (→ AKKORD DES TEUFELS). Die reine

Agathe singt in A-dur und E-dur, der heilige Eremit, "Gottes Stellvertreter unter den Menschen", strahlt in H-dur. Die irdischen Bauern und Jäger werden mit den "normalen" Tonarten C-dur, G-dur und D-dur gekennzeichnet.

Der Erfolg des Freischützes auf den deutschen Opernbühnen war aufsehenerregend genug, dass sich die Pariser Oper für eine Aufführung interessierte. Dazu musste der deutsche Text ins Französische übersetzt bzw. übertragen werden. Eine Aufgabe, die Emilien Pacini übernahm. Allerdings gab es ein Problem, die langen gesprochenen Rezitative konnten dem Pariser Publikum nicht zugemutet werden. Deshalb sollten sie nicht nur übersetzt, sondern nachträglich bzw. neu vertont werden. Diese Aufgabe sollte zuerst Richard Wagner, der zu dieser Zeit in Paris wirkte, übernehmen. Wagner weigerte sich aber mit der Begründung, dass er Webers Meisterwerk nicht entstellen wolle. Daraufhin wurde → HECTOR BERLIOZ damit beauftragt. Berlioz, selbst ein glühender Verehrer von Weber, fühlte sich anfangs gar nicht wohl dabei. Schließlich willigte er ein und hat die übersetzten und gekürzten Rezitative vertont, sowie ein paar ergänzende Einlagen geschrieben. Die von Pacini und Berlioz bearbeitete französische Version von DER FREISCHÜTZ (der deutsche Titel blieb erhalten) hatte am 7. Juni 1841 in der Opéra de Paris Premiere, die ein großer Erfolg wurde. Die Umwandlung des deutschen Singspiels in eine französische Opéra comique war anscheinend gelungen.

Erstaunlicherweise wurde der Freischütz als Sujet lange von keinem anderen Komponisten aufgegriffen. Erst 1990 kam das Stück THE BLACK RIDER, das auf der Volkssage "Der Freischütz", aufgezeichnet von August Apel und Friedrich Laun, basiert, im Hamburger Thaliatheater zur Aufführung. Der Text wurde von William Burroughs verfasst, die Inszenierung oblag Robert Wilson und die Musik dazu hat Tom Waits geschrieben (TOM WAITS, The Black Rider, Island Records, 1993).

Ansonsten gibt es eine Gothic Band namens Samael (= Samiel).

chr.r.

Friedhof: Ort ewigen Friedens

Nachts klettern steife Tote aus ihren Särgen und tanzen unbeholfen im fahlen Mondlicht auf dem Friedhof. Ihre grausig entstellten Körper wollen sie dabei aber nicht lüsternen oder abgestoßenen irdischen Blicken preisgeben. Erwischen sie jemanden, reagieren sie böse und greifen an. Fühlen sie sich im → GRAB selbst gestört, weil jemand → TOTENSCHÄDEL oder andere Einzelheiten begehrt, stoßen sie oft einen grässlichen Schrei nach oben, werfen Steine und Erdklumpen. Tänze von Lebenden zu Fastnacht auf dem Friedhof wurden in Bayern allerdings schon 1298 auf einer lokalen Synode verboten.

Gemeinsame Begräbnisplätze haben eine uralte Tradition. In Zeiten engster Familienbande dienten sie der direkten Kontaktaufnahme zu den Ahnen. Man opferte und fragte um Rat. Trotzdem hielt man Tote gewöhnlich etwas fernab der Siedlungen, denn ganz geheuer war es in ihrer Nähe nie. Schließlich dienten Bestattungsorte meist zugleich als Kult-, Gerichts- und Richtstätte (→ KREUZWEG). Unschuldig

Verurteilte drohten wohl oft genug mit Rache aus dem Jenseits (→ UNTERWELT), Wiedergänger hielten sich nicht an Eingeschlossensein, und zu bestimmten Zeiten standen ohnehin alle Toten auf, um für eine Nacht zu ihren Familien zurückzukehren (→ ALLERHEILIGEN / Allerseelen). Als Ort von unverarbeiteten Schuldgefühlen und Ängsten ob ungeahnter Zusammenhänge (→ AHNENPRÄGUNG) wird ein Friedhof auch zum Symbol solider Verdrängung.

Christliche Friedhöfe übernahmen das uralte Asylrecht innerhalb der Kirche und Gräber "umfriedenden" Mauer, das bis heute Bestand hat. Hier herrscht also der ewige Frieden des Gottesreiches. Aber auch innerhalb der durch Gotteshaus und Kult geschützten Sphäre fanden sich aufgrund der Pflicht, alle Christenmenschen dort zu beerdigen, dunkle und weniger ehrenvolle Ecken, meist im → NORDBEREICH. Schließlich führte auch nicht jeder Getaufte ein wirklich gottgewolltes Leben. Und dann gab es da noch Kinder, die zu früh und ohne Nottaufe starben. Solche bestattete man oft unter der Kirchendachtraufe. Wenn der Pfarrer das Taufwasser segnete, wurde alles Wasser in und an der Kirche zu geweihtem Taufwasser und so das heidnisch verbliebene Kind noch in der Erde getauft (BÄCHTOLD-STÄUBLI 1930/31:III,86f.).

Friedhöfe bewahrten aber auch helle Seiten in der → NACHT. Eine verzauberte Jungfrau kann erlöst werden, wenn man sie im Dunkeln dorthin schleppt und auf die lösende wie erlösende Friedhofserde wirft.

c.z.

Der kleine, dem ummauerten Friedhof vorgelagerte und abgeschlossene Bezirk für die "unschuldigen Kinder", Kirche St. Gertrauden in Mauterndorf, Land Salzburg

Friedhofsgespenster: Tanz der Lebensenergien

Besonders ländliche Friedhöfe, vor allem solche, in denen nachts Stille und eine durch kein starkes Aussenlicht gestörte Dunkelheit herrscht, werden von den modernen "schwarzen Romantikern" besucht. Man legt Blumen auf "Gräber, die Freundschaft ausstrahlen" und entzündet gelegentlich auch Kerzen – gern wird leise Musik gespielt, seltener aus technischen Geräten als etwa mit Geigen oder Flöten. Erlöschen dann die Dochte, glaubt man, um die Gräber "den Lebenshauch spielen" zu sehen.

Die letztere Erscheinung erklärte der Naturforscher Carl von Reichenbach aus den für empfängliche Augen schwach sichtbaren "Lebensenergien", die er "Od" nannte. Sie lösen sich nach ihm langsam vom Leib, den sie bis zu dessen Tode erfüllen und beleben und seien seit jeher als Gespenster angesehen worden, "die auf Friedhöfen ihre stillen Tänze vollführen".

s.g.

G

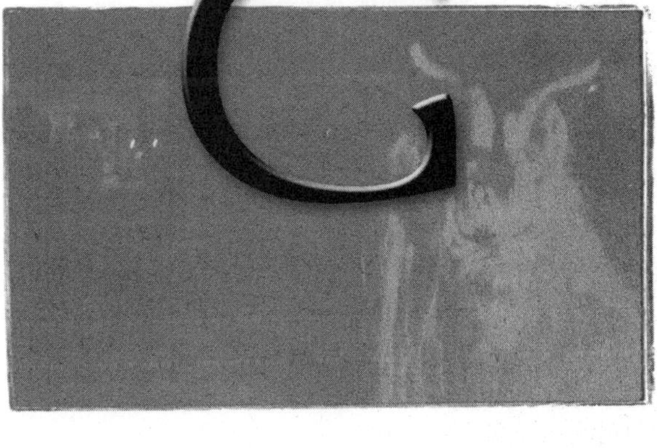

Gauguin, Paul: Sucher nach dem Ursprünglichen

Seine Großmutter Flora Tristan beschrieb der 1848 in Paris geborene Gauguin als sozialistische Anarchistin. Sie war am Aufbau der Gewerkschaften in Frankreich maßgeblich beteiligt. Mit dem Saint-Simonisten Barthelmy Prosper Enfantin (1796-1864) gründete sie die Mapa Religion. Enfantin verstand sich als Gott Ma, Flora verkörperte die Göttin Pa. Gemeinsam traten sie für die freie Liebe ein. Flora arbeitete auch mit dem Magier und Kenner geheimer Überlieferungen Eliphas Levi zusammen. Über seine Mutter Aline war Gauguin mit einer peruanischen Adelsfamilie verwandt, die sich sowohl auf die Inkakönige als Vorfahren berief wie auch auf ihre Abstammung vom spanischen Hochadel des Hauses Aragon. Von seinen indianischen Ahnen hatte Gauguin seine Adlernase und seine schräg stehenden Augen mit ihrem durchdringenden, beunruhigenden Blick bekommen. Er habe die Augen eines Mannes, sagte Gauguins Malerkollege Vincent → VAN GOGH, der vom Planeten Mars kommt.

Bei Aufenthalten in der Bretagne hatte Gauguin einen bewusst schlichten, primitiven Malstil entwickelt und neue künstlerische Wege erprobt. "Ich liebe die Bretagne, hier finde ich etwas Wildes, Primitives. Wenn meine Holzschuhe auf dem granitenen Boden widerhallen, vernehme ich jenen matten gedämpften Ton, den ich in der Malerei anstrebe", schrieb er in der Rückschau.

1887 verließ Gauguin Paris, um in der Karibik "das Leben eines Wilden" zu führen. In Martinique fand er eine Natur "wie man sie sich üppiger nicht vorstellen kann". Sein berühmtes Bild "Unter den Mangobaumen" stellt eine Huldigung an die einheimischen Frauen dar. "Täglich herrscht ein ständiges Kommen und Gehen schwarzer Frauen in all ihrer farbenfrohen Pracht, die eine unendliche Vielfalt an anmutigen Bewegungen zeigen", schrieb er. "Die Hautfarbe reicht von schwärzestem Ebenholz bis zum matten Weiß der Maori. Sie gehen so weit, dass sie die Frucht, die sie einem schenken, als Liebeszauber verwenden."

In einem farbigen Holzrelief, das sich erhalten hat, lockt eine halbnackte, lasziv wirkende Schöne umgeben von wucherndem Grün und reifen Früchten ihre dämonisch wirkenden Verehrer zu sich. Im Bild "Tropische Landschaft", das die Bucht von St. Pierre auf Martinique zeigt, ließ er die Stadt ganz weg und ersetzte sie durch wild wuchernde Pflanzen. Nur ein Hahn und zwei unter dem Laubwerk verdeckte Hütten erinnern an Menschen. Wegen der paradiesischen Üppigkeit dieser Dschungelszenen zählte der einflussreiche Kunstkritiker Octave Mirbeau Gauguin nach dessen Rückkehr nach Paris zu den Meistern.

> "In seinen Gemälden sind die Formen nicht mehr nur äußerliche Form, sondern sie offenbaren den Geist desjenigen, der sie verstanden und ausgedrückt hat. In diesen Unterhölzern, in den Wucherungen der Vegetation, in den unheimlichen Blumen, in den furchteinflößenden Fluten des Sonnenlichts wohnt ein beinahe religiöses Geheimnis – der heilige Überfluss des Garten Eden."

Nicht die äußere Realität eines Motivs wollte Gauguin zum Ausdruck bringen, sondern den inneren Gehalt. Er vereinfachte Linienführung und Farbgebung immer mehr und verwendete Grundfarben oder er mischte reine Farbpigmente. Viele Bilder bekommen den ornamentalen Charakter eines Wandteppichs. Die barbarische Pracht des Altertums sollte in seinen Gemälden wieder erstehen.

Gauguin drängte es zur schöpferischen Urkraft des Wilden, Ursprünglichen, Elementaren. Er wollte Kontakt zu einer Welt, in die sich die Europäer mit ihrer Gewalttätigkeit und ihrer Raffgier noch nicht eingefressen hatten.

1891 floh er von Paris, der "Stadt des Geldes", nach Tahiti, dem "Land seiner Träume". Da man ihn anfänglich für einen Spion der französischen Regierung hielt, visitierte ihn Nitüa, die Nichte des Königs, in seinem Zuhause. Zuerst war sie ihm mit "ihrem Menschenfresserkiefer, ihren zum Zerreißen bereiten Zähnen, dem lauernden Blick eines grausamen, listigen Tieres" unheimlich. Sie erinnerte ihn an eine Katze, die auf blutige Genüsse sinnt. Dann plötzlich fand er sie schön. Sie legte sich zu ihm aufs Bett, trank mit ihm Absinth, rauchte tahitianische Zigaretten und erzählte von den Zeiten, bevor die Weißen da waren: "Wie herrlich war unser Reich, als noch nichts verkauft wurde. Das ganze Jahr hindurch wurde gesungen!"

Selbstbildnis um 1890

Im Landesinnern, zwischen den Bergen und dem Meer, mietete er sich eine Holzhütte, die mit Blättern gedeckt war: "Ich bin weit weg von jenen Gefängnissen, den europäischen Häusern! Eine maorische Hütte trennt den Menschen nicht vom Leben, von Raum und Unendlichkeit." Es brauchte einige Zeit, bis die Einflüsse der Zivilisation von ihm abfielen. "Bin alles Erkünstelten, aller Konvention, aller Gewohnheit ledig. Ich komme der Wahrheit nahe, der Natur", notierte er. Auf der Suche nach Rosenholz, beim Gang durch den Dschungel, der immer dichter wurde, hatte er das Gefühl, er könne bis ans Herz dieser mütterlichen Natur vordringen und sich mit ihren Elementen vereinen. Er fühlt sich als anderer Mensch, wiedergeboren als wahrer Wilder, ein Kind der Natur. "Von nun an ist der alte Kulturmensch verschwunden, tot."

In der 13jährigen Teha'amana fand er eine Geliebte, die ihm, der mühsam ein wenig von der Landesssprache gelernt hatte, abends im Bett die Mythen und Sagen ihres Volkes erzählte. Nach zwei Jahren fuhr er mit vielen Plastiken und sechsundsechzig Gemälden nach Europa. Er konstatierte: "Zwei Jahre älter geworden und um zwanzig Jahre verjüngt, gehe ich fort, verwilderter als ich gekommen – und dennoch wissender."

In dem in Paris lebenden Achille Delaroche traf Gauguin, wie er in einem Brief schrieb, den einzigen Menschen, der ihn verstanden habe. Eine zauberische Feenlandschaft aus Licht habe Gauguin geschaffen, seine Bilder seien ein Schatten aus einer anderen Welt, schrieb Delaroche begeistert 1894 in einem Artikel.

> "Gauguin ist der Maler der primitiven Menschen: Er liebt ihre Einfachheit, ihre hieratische Suggestionskraft, ihre etwas linkische und sperrige Naivität, die auch ihm selbst eignet. Seine Figuren haben etwas von der rohen Spontaneität der Urwälder. Es war deshalb nur logisch, dass er die Kostbarkeit dieser tropischen Vegetation, wo sich das Leben üppig, paradiesisch und frei unter glücklichen Sternen vollzieht, uns zum Augenschmaus überhöht hat; hier sehen wir es mit großartigen, zauberischen Farben und frei von jedem nutzlosen Ornament, jeder Wiederholung und jedem italienischen Manierismus. Diese Bilder sind zugleich nüchtern, grandios und imposant. Und wie die Heiterkeit dieser natürlichen Menschen unsere fade Eleganz und unsere kindischen Aufgeregtheiten der Lächerlichkeit preisgibt! Das ganze Geheimnis des Unendlichen liegt in der naiven Perversität ihrer Augen, welche die Dinge noch in ihrer ganzen überraschenden Neuheit wahrnehmen. Ob diese Gemälde genau Abbildungen der exotischen Realität sind, kümmert mich wenig. Gauguin benutzt diese ungewöhnliche Kulisse nur, um seinem Traum einen Ort zu geben – und welche Kulisse wäre dafür besser geeignet als eine, die von unseren zivilisierten Lügen noch nicht beschmutzt ist?" (PRATHER/STUCKEY 1994:228)

1895 floh Gauguin erneut nach Tahiti. "Um etwas Neues schaffen zu können, müssen Sie an die Quellen zurückkehren, zur Kindheit der Menschen", erklärte er einem Journalisten. 1901 übersiedelte er im September nach Hiva Oa, einem Eiland, das zu den abgelegenen Marquesas-Inseln gehört. "Ich glaube", schrieb er in einem Brief, "dass mir dort jenes Element absoluter Wildheit, jene vollkommene Einsamkeit, ein letztes begeisterndes Feuer vor meinem Tod verleihen wird, das meine Phantasie verjüngen und den Abschluss meines Talentes bilden wird." Mit Hilfe seines Nachbarn Tioka, einem Zimmermann, baute er ein zweigeschossiges Haus, "La Maison du Jouir" (Haus der Wonne), das er im November bezog. Mit ihm lebten dort seine Geliebte Vaeoho, sein Koch, zwei Diener, sein Hund Pegau (= lautschriftl. Abk. für Paul Gauguin und umgangssprachlich für "Schwanz") und eine Katze. Gauguin versah das Haus mit kunstvoll geschnitzten Holzpaneelen, die er mit erotischen Motiven ausschmückte.

> "Hier einfach zu sitzen", schrieb er – ganz reaktionärer Kolonialfranzose – 1897 an seinen Freund Armand Seguin, "sorglos, eine Zigarette zu rauchen und ein Glas Absinth zu trinken, das ist ein Vergnügen, welches ich jeden Tag habe. Und meine fünfzehnjährige Frau kocht täglich einfache Mahlzeiten und legt sich für mich, wann immer ich will, auf den Rücken; alles für ein Kleid für 10 Francs, das ich ihr alle paar Monate kaufen muss".

Gauguin, der schon in der Zeit, als er mit Vincent → VAN GOGH zusammen in Arles malte, heftig dem → ABSINTH zugesprochen hatte, konsumierte auf Hiva Ova immer mehr Absinth und andere Alkoholika. 3 Flaschen Whisky, 32 Liter Absinth, 55 Liter Rum, 96 Flaschen Bier und 224,5 Liter Rotwein orderte er in den 12 Monaten des Jahres 1902 vom französischen Handelsposten in Atuona. Über seine Trink- und Essgewohnheiten erzählte ein Nachbar:

> "Gauguin aß mit Hund und Katze im Esszimmer, die Domestiken aßen in der Küche. Bei Tisch trank Gauguin Wein, aber sehr mäßig. Das gilt nicht für den Absinth, den er in großen Mengen zu sich nahm. Von seinem Atelierfenster aus legte Gauguin seine Flasche Absinth und einen Tonkrug mit Hilfe einer Bambusstange und einer Angelleine zur Kühlung in seinen Brunnen, so dass er seine Arbeit kaum unterbrechen musste. Von Zeit zu Zeit sah man ihn im Fensterrahmen erscheinen, die Bambusstange ergreifen und die Absinthflasche nebst Krug aus dem Brunnen fischen, um sie nur kurze Zeit später wieder im Brunnen zu versenken."

Mehr und mehr sehnte er sich zurück nach Europa. Ausdruck seines Heimwehs sind seine weiteren Einkäufe bei dem Handelsposten: Büchsen mit Spargel, Kutteln, Rindfleisch, Lachs, Sardinen und viele Kilo von Pökelfleisch. Kurz vor seinem Tod hatte er an seinen Freund Daniel de Monfreid geschrieben, er wolle nach Hause. De Monfreid schrieb zurück:

> "Sie sind jetzt dieser seltsame, legendäre Künstler, der aus der Tiefe Ozeaniens seine bestürzenden, unnachahmlichen Werke schickt, endgültige Werke eines großen Mannes, der sozusagen aus der Welt verschwunden ist. Sie dürfen nicht wiederkommen! Sie genießen die Immunität der großen Toten. Sie sind in die Geschichte der Kunst eingegangen."

Wegen der anhaltenden Schmerzen – aufgrund einer syphilitischen Infektion – in seinen Beinen injizierte sich Gauguin häufig Morphium ins Gesäß. Trotz dauernder

Erkrankungen verfertigte er noch an die 30 Gemälde und viele Zeichnungen. Als ihn am 8. Mai 1903 sein Nachbar Tioka leblos auf seinem Bett ausgestreckt fand, biss er ihn, wie es bei den Marquesern Brauch war, fest in die Kopfhaut. Mit dem Ruf "va mate koke" bezeugte er Gauguins Tod für die Umstehenden. Der hinzu gerufene Arzt zog Gauguin zwar noch rhythmisch an der Zunge und versuchte ihn künstlich zu beatmen, aber vergebens. Neben dem Toten fand man eine leere Ampulle Morphium. Es wurde vermutet, Gauguin habe sich mit einer Überdosis selbst getötet. Schon 1899 war ein Selbstmordversuch an einer zu groß bemessenen Dosis Arsen gescheitert. Er erbrach das Gift sofort.

Als bei einer Versteigerung von Hausgegenständen ein Gendarm Gauguins Spazierstock, der in der Form eines mächtigen Phallus geschnitzt war, sah, sagte er "Was ist das für ein Schmutz?", nahm einen Hammer und zerschlug den Stock in kleine Stücke. Erst 1973 kam man Gauguins Wunsch nach, einen Abguss seiner 1894 geschaffenen Lieblingskeramik "Oviri" (Die Wilde) an seinem Grab auf dem Friedhof von Atuona aufzustellen. Sie zeigt die tahitische Göttin des Todes. Zu ihren Füßen liegt ein blutbefleckter toter Wolf, unter ihrem linken Arm trägt sie ein Wolfsjunges – eine Allegorie des ewigen Kreislaufs von Tod und neuem Leben.

Lange als naive Farbkleckserei missachtet, gehören seine Bilder heute zu den teuersten der Welt.

w.b.

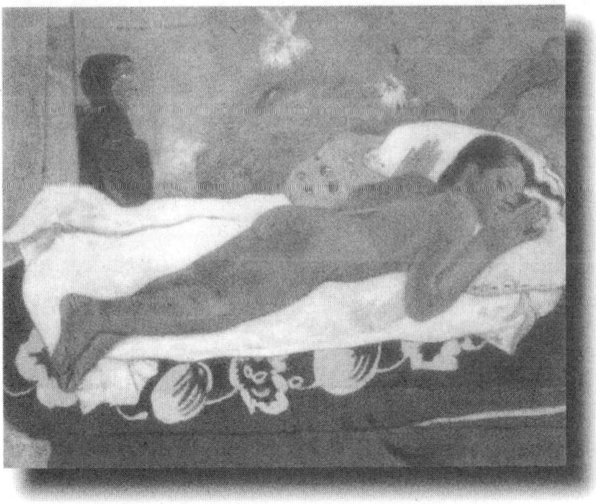

Manao tupapaù – Der Geist der Toten wacht (1892).
Gauguin: Entweder sie denkt an das Gespenst oder das Gespenst denkt an sie

Geburtstag: Freude, dass es uns gibt

Je mehr Leute unseren Geburtstag beachten, "also sich freuen, dass es uns gibt, dass wir überhaupt geboren worden sind", desto besser ist es für uns. Ein wichtiger Brauch ist, "am Tag vorher" eine Torte oder ein süßes Brot für das "Geburtstagskind" zu backen - und mit so vielen Kerzen zu schmücken, wie es nun der Jahre zählt. Alle diese Lichter brennen am Morgen, und es gilt als sehr gut, wenn der oder die Gefeierte sie mit einem einzigen Atemzug ausblasen kann: "Dies zeigt, dass die Vergangenheit, mindestens die Schatten aus ihr, keine Bedeutung besitzen und am Freudentag frei und froh neu begonnen werden kann."

Ein Brauch, der schön aber etwas kompliziert sein mag, ist, für jedes Lebensjahr eine Kerze aufzustellen, oder, wenn der Gefeierte schon viele Jahre zählt, ein Licht für je deren sieben, also zehn für einen Siebzigjährigen. Die Flämmchen werden dann vorsichtig einzeln gelöscht, wobei jedes Mal einen Augenblick der Besonderheit des jeweiligen Zeitabschnitts gedacht wird: Also etwa ein nützliches Studium, eine sorgenfreie Wohnung oder eine bedeutsame Begegnung. Staunend wird dann entdeckt, dass es eigentlich keine durchlebte Zeit gibt, die uns nichts brachte, was sich nicht noch immer im guten Sinne in der Gegenwart auswirkt. Also eine Stufe wurde, auf der man in seine Zukunft steigt und die hilft, dass man auf diese neugierig und hoffnungsfroh blickt.

Wichtig ist auch der Wochentag, auf den der Geburtstag fällt. Ist es z.B. ein Donnerstag, den wir mit dem Planeten Jupiter verbinden, so bringt das kommende Lebensjahr eine Möglichkeit, "jupiterisch" oder "jovial" zu sein, in sich das Geschenk der gesteigerten Lebensfreude zu finden.

s.g.

Gefallene Engel: Nicht richtig böse, nicht richtig gut

Der Mythos aus christlichen Vorstellungen schildert, meistens noch vor die Schöpfung unserer Welt versetzt, den Kampf der "Engel", von denen sich die einen zur obersten Gottheit bekennen, die andern aber zu stolz sind, sie anzubeten.

Die Anhänger "des Guten und des Lichts" werden zu den Himmelsbewohnern. Die Aufrührer werden "in die Tiefe gestürzt" und wieder zu den Bewohnern der Unterwelt, die der noch immer recht lebendige Volksglaube als die bösen Teufel ansieht: Durch ihre Schlechtigkeit sollen sie noch ihr ursprünglich ebenfalls "schönes", engelhaftes Aussehen verloren haben und gehörnt, geschwänzt, mit tierischen Fellen und Schuppen bedeckt worden sein.

Der Volksglaube, den wir von Irland bis nach Osteuropa vernehmen können, kennt noch eine dritte Möglichkeit: "Ewige Wesen, weder böse noch völlig gut", die darum oft Freunde des sterblichen Menschen und aller lebendigen Geschöpfe der Erdoberfläche sind. Sie bevölkern die Elemente der Erde, all die Elfen, Nixen, meist unsichtbaren Bewohner der Berge und Wälder, Zwerge und alle die ähnlichen Kobolde in den Märchen. Der Luzerner Chronist Renwald Cysat (1545-1614) schildert z.B. die berühmten "Erdleutchen" – eben "gefallene Engel", die nicht bis zur schrecklichen Tiefe unter unseren Füssen stürzten, sondern bei ihrem Abstieg in die höheren Schichten des Erdbodens gelangten.

s.g.

Geiger, Rudolf: Meister des Schattenspiels

Der geniale Märchenerzähler und kundige Märchenforscher Rudolf Geiger (geboren 1908 in Annweiler am Trifels) bekam als Kind kein Märchen von seiner Mutter erzählt. "Sie wusste keins", schreibt Geiger in seinem "Rückblick in mein Leben". "Wahrscheinlich hat ihr als Kind und sonst im Leben auch niemand eins erzählt, die strenge Großmutter gewiss nicht."

Er erinnert sich aber an die bildhafte Sprache der Mutter, ihre "Zauberworte", wenn sie ihm über das Abendrot, das vom kleinen Rudolf überaus bestaunt wurde, sagte: "Siehst du, jetzt backt's Christkindl Zuckerbrot." In Erinnerung ist ihm auch eine Mitternacht, zu der die Mutter den schon Schlafenden aus dem Bett holte und ihn auf dem Arm ins Freie trug. Sie zeigte ihm den Vollmond, der ein Halo um sich hatte. "Einen weit gedehnt schimmernden, mächtigen Farbmantel: ein Nachtwunder am Himmel." Die Erwachsenen sahen in der erschreckend schönen Erscheinung ein Gotteszeichen. Am anderen Tag, am 1. August 1914, erklärte Deutschland nämlich Russland den Krieg. Der erste Weltkrieg hatte begonnen.

Unvergesslich war ihm auch eine Begegnung im Alter von sechs Jahren zur Erntezeit. Rudolf, der an der Hand seiner Mutter einen Feldweg entlang ging, sah, wie ihnen eine alte, kleine, "zusammengeschnurrte" Frau entgegenkam. Die Mutter sagte: "Du darfst sie auf keinen Fall angucken … Sowie du sie anguckst und sie erwischt deinen Blick, hat sie Macht über dich. Die kann bös hexen."

Dass Märchen eine besondere Kraft haben, merkte Rudolf, wenn er als Zwanzigjähriger seiner achtjährigen Schwester Maria, die immer wieder heftig unter Krämpfen litt, Märchen vorlas. Sie wurde dann ruhig, ihre Augen strahlten und sie war ganz selig vor Wonne.

Erste Beschäftigungen mit einem nach den Angaben in einem Kalender gebastelten Schattentheater ließen ihn Scherenschnitt-Transparente zu Märchen anfertigen. 1949 in einem Erholungsurlaub im höheren Schwarzwald wagte er sich schließlich auch an das Märchen "Hänsel und Gretel" heran, in dem eine Hexe (→ Uralte im Wald) eine der Hauptfiguren spielt.

> "Auf dem Buck, eine Viertelstunde von meiner Behausung entfernt, lag eine tannbesäumte Wiese, eine Lichtung, in deren Mitte eine alte, behäbig ausladende Eiche stand. Dahin zog ich mit meiner Mappe unterm Arm, ließ mich am Waldrand nieder und vergegenwärtigte mir in der schwingenden

Rudolf Geiger (im Bordbuch einer Fluglinie)

> Sommerstille, was sich für 'Hänsel und Gretel' begab und bei mir Bild werden sollte: Beginnend mit des Vaters Holzhauer Not und der bitteren Konsequenz, die die Kinder in ihrer Kammer nebenan aus der Mutter Mund (sie wird Mutter und auch Stiefmutter genannt) vernehmen mussten. Ich hatte den Wald vor Augen, in den die Kinder verführt werden sollten, ringsum Wald, saß an der Lichtung und ward von keinem Menschen gestört."

Von 1938 bis 1951 entstanden viele solcher Märchenbildreihen, darunter 15 Serien zu Märchen der Brüder Grimm, z. T. mit beweglichen Figuren.

Zuerst führte Rudolf Geiger die eine oder andere – durch eine Birne beleuchtbare – Bildreihe in einem Laterna Magica ähnlichen Kasten Patienten der anthroposophischen-psychiatrischen Klinik in Wiesneck vor und erzählte das dazugehörige Märchen in einer unnachahmlichen Worttreue und gekonnter Gestik und Mimik. Geiger in einem Interview:

> "In einem Märchen darf ich kein Schauspieler sein, sondern nur charakterisierender Andeuter eines Wesens. Also, ich muss die Hexe Hexe sein lassen, im nächsten Augenblick bin ich in der Unbeholfenheit des kleinen Jungen. Diese schnelle Verwandlungsfähigkeit ist für das Märchen außerordentlich wichtig. Das Merkwürdige ist nämlich, ich muss auch die Hexe gern haben, ernst nehmen, echt nehmen. Ich muss die Kraft für jeden haben – ich bin eine überpersönliche Wesenheit, die ihre Kraft genauso stark dieser und jener Gestalt einzugehen vermag."

Eingehende Märchenbetrachtungen, unter Auslassung von Deutung und Urteil, ergänzten (auch in Büchern veröffentlicht: MÄRCHENKUNDE, 1987; MÄRCHEN DER VÖLKER, 1992) die Vorführungen. Später erzählte Geiger auch in Heimen, bei Kursen in Volkshochschulen, bei Tagungen der Europäischen Märchengesellschaft und wissenschaftlichen Kongressen, aber auch im privaten Kreis. "Märchen" meint er, "werden erst im Erzählen richtig lebendig." Nur wer sich als Erzähler ganz in sie hinein begibt, erfährt ihre Weisheit, ihre Schönheit und ihre bildende Kraft.

Das kleine Fachwerkhaus der Geigers in Buchenbach, märchenhaft gelegen an einem Bach und beschützt von einer 500-jährigen Eiche, empfing den Besucher sehr freundlich. Ein großer Bergkristall im Flur, liebevoll gesteckte Blumenarrangements in den Stuben und viele Märchenbücher und –bilder aus aller Welt schafften eine eigene, vergeistigte Atmosphäre. In der Wohnstube wartete ein Tisch mit feinem Geschirr gedeckt und mit köstlichem Kuchen bestückt. Blickte man dann von der Teetasse auf, sagte Geiger: "Sie sind wahrscheinlich nicht nur wegen des Tees gekommen, sondern wollen sicher ein Märchen hören?" In Minuten waren wir in eine andere Welt entführt und verzaubert. Wir bangten mit dem im Stall von der Hexe eingesperrten Hänsel, hielten Daumen für das im Todesschlaf liegende Sneewittchen oder ärgerten uns über den frechen Froschkönig. Als einmal mein damals achtjähriger Neffe Mitja mit dabei war, unterbrach er den Erzähler bei seinem Vortrag des "Eisenhans" mehrfach, um ihn zu korrigieren. Als Geiger verwundert nach dem Grund fragte, bekam er zur Antwort, er habe eine Kassette zuhause, die habe er so oft gehört, dass er sie auswendig kenne und da erzähle er (Geiger) das Märchen anders. Seufzend, mit einem Seitenblick zu seiner Frau Annemarie, einer ebenfalls begnadeten Märchenerzählerin, sagte Geiger, von Anfang an habe es ihm nicht gefallen, auf Kassetten vervielfältigt zu werden. Jetzt sei er in seinem Erzählen, wie man ja sehe, festgelegt.

Als Rudolf Geiger einmal in einer Rehaklinik in Bad Orb Märchen erzählen sollte, bekam ich einen Anruf. Ob ich dabei sein möchte? Die schon sehr alten Herz- und Rheumakranken kamen nur sehr widerwillig. "Was soll das, uns Märchen zu erzählen, davon werden wir doch nicht gesund", sagte aufgebracht meine Nachbarin, die mich für einen neuen Patienten hielt. Als Geiger den Saal betrat, murrte der Herr vor mir unzufrieden: "Was kann der alte Mann uns denn schon sagen, der kann ja selber kaum noch gehen!" Nach dem ersten Märchen rührte sich keine Hand zum Applaus. Die Zuhörer saßen wie versteinert. Nach dem zweiten Märchen lockerten sich aber die Gesichter, Rot färbte die Wangen, die Augen leuchteten. Erst zaghaft, dann immer begeisterter wurde applaudiert und gelacht. Ein unübersehbares, plötzliches Glück ergriff die Zuhörer, die – zumindestens für einen seligen Moment lang – ihre Leiden vergessen hatten und verjüngt wirkten. Als Geiger aufhören wollte, wurde er vehement gedrängt weiterzuerzählen.

Angesprochen auf diese zauberhafte Wirkung zitierte Geiger gern einen Ausspruch von Herder: "Nicht etwa nur von Zeit und Ort binden uns wahre Märchen los, sondern von der Sterblichkeit selbst. Wir sind durch sie im Reiche der Geister."

Als wir ihn Anfang 1999 das letzte Mal sahen, fühlte er sich schon sehr schwach, er erzählte aber dann doch noch das Märchen vom alten Dschang, der nach seinem Wirken als Gärtner bei den Sterblichen im Land der Seligen glücklich als Geisterfürst weiterlebt. Als Geiger geendet hatte, schien plötzlich die Sonne ins Zimmer und füllte den Raum mit einem goldenen Schein. An der Tür klopfte es. Die Heiligen Drei Könige kamen herein, sagten ein Segenssprüchlein auf und bekamen drei Apfelsinen in ihren Sack. Am 31. August starb er und wurde in Buchenbach beigesetzt. Eine der Trauerreden hielt der Märchenerzähler Ulrich Freund.

In seinen Lebenserinnerungen fragte Geiger, wie ihm wohl seine oft beschworenen Märchengestalten gegenübertreten werden, wenn er erst einmal den Steg über die dunklen Gewässer überschritten habe. Er fragte auch, ob, wie und unter welchen Umständen er wiederkehren werde. Seine weise Antwort:

> "Nie wiederholt sich im Weltengang das Gleiche, und so wird man nicht noch einmal in dieselben Glieder und in dieselben Fähigkeiten hineingeboren.

Das neue Leben hängt nicht von unseren jetzigen Wünschen ab. Die hohen geistigen Wesen, die unser künftiges Los aus unseren vergangenen Taten umbilden und begnaden, wissen, was uns gut und der Welt vonnöten ist. Ihnen ist gegeben, uns das Rechte zuzuweisen."

w.b.

Geier: Saubermänner der Urmutter

Kein lebendes Tier nehme er zur Nahrung, jage auch nicht selbst, sondern suche nur die Gebeine bereits verstorbener Lebewesen, behauptete antike Naturkunde. Perser und Osmanen ehrten den Geier deswegen als edelsten aller Raubvögel. Bis zum heutigen Tag hat sich bei den Parsen im Iran der Brauch erhalten, die Leichname der Verstorbenen auf den sogenannten "Türmen des Schweigens" Geiern und anderen "Vögeln des Himmels" preiszugeben. "Hol dich der Geier" fluchen wir verärgert und wissen zumeist nicht, was wir damit sagen.

Die Glyphe "Geier" der ägyptischen Mut, Urmutter und Himmelskönigin, bedeutete höchste Herrschaft, Schutz allen Lebens und Mitleid. Mit größter Umsicht sollte der Vogel seine Jungen unter den weiten Schwingen hüten. Nechbet, die Geier- und Schutzgöttin der Pharaonen, trug ihren Herrscherstab als Zeichen ewiger Ordnung. Zusammen mit der Kollegin Mut beschützte sie Neugeborene wie Tote und ernährte sie. Neben solch mütterlicher und geradezu kosmischer Liebe vertreten Geier andererseits das Prinzip der Gefräßigkeit und Zerstörung, des Todes als "Großer Verwandler" und Transformator. Fressen sie Aas, verwandelt sich dieses wieder in Lebenskraft. Dabei hinterlassen sie keine Fleischkrümel und knacken noch die Knochen. Da sie auch nicht vor menschlichen und tierischen Exkrementen haltmachen, bewahren sie weite Landschaften vor Verpestung. Hunderte dieser Vögel folgten oft dem Tross marschierender Armeen. Als ständige Begleiter der Heerzüge und ihrer Kämpfe verliehen Geier den Kriegsgöttern selbst ihre Gestalt. Das hypnotisierende Auge dieses Vogels, von tiefem → Schwarz mit einer weißen Umrandung, wachte eindrucksvoll in ägyptischen Grabkammern. In der Antike muss er die Reise oder Rückkehr zur Urmutter (→ Tod) und gleichzeitig den Abschied von ihr (Geburt) repräsentiert haben.

Mittelalterliche Alchimie nutzte Geier, Adler und → Rabe fast austauschbar für die von ihren physischen Ketten befreite Seele. Sie charakterisieren unser großes Wandlungspotential, das uns durch den ständigen Prozess der Reinigung, der Auslöschung falscher Ansichten und Illusionen innerhalb unserer Lebensführung, zu höchsten Bewusstseinsformen aufschwingen lässt. Auf einigen christlichen Marienbildern fliegt ein Geier nach Osten, in den Bereich der aufgehenden Sonne, in den Bereich allen Neubeginns und aller Neugeburt.

"Da, wo Aas liegt, sammeln sich Geier", weiß der Volksmund. Es spielt auf weniger verantwortungsvolle Zeitgenossen an, die von dunklem Gebaren, zwielichtigen Verhältnissen oder von Ohnmacht und Hilflosigkeit anderer beutegierig angezogen werden. "Unter Geiern" befinden wir uns gelegentlich, wenn wir in die Fänge gnadenloser Vermieter, Banker und Finanzämter geraten. Das lateinische Sprichwort vultur est, cadaver exspectat (= er ist ein Geier, er lauert auf Aas) bezeichnet einen Erbschleicher, der kaum den Tod eines Erbgebers abzuwarten vermag.

c.z.

Geister des Alltags: Reiz der Einbildungskraft

Die Vorstellung, dass Geister um und in uns sind, transportiert die alltägliche Sprache. Etwas habe ihn sehr "begeistert", sagt jemand. Nach einem schlimmen Ereignis zeigen wir uns "völlig entgeistert". Als "von allen guten Geistern verlassen", erscheint der, den wir nur schwer noch als ihn selbst erkennen. "Was ist denn in dich gefahren", fragen wir eine Person, die wir in ihrem Verhalten nicht verstehen. Manchmal wirken Menschen auf uns "wie besessen". Kommt jemand knapp aus einer Gefahr davon, so sagt die Umgebung, er/sie müsse einen "guten Geist" gehabt haben. Auch das Bild vom "dienstbaren Geist" hat sich noch erhalten. Und sagen wir nicht auch, etwas sei "wie durch Geisterhand" geschehen? "Geist" attestieren wir jemandem, der etwas "Geistreiches" gesagt hat. "Genius" (lat.: Geist) sprechen wir Menschen zu, die ein "genialisches", ein "geistreiches" Werk zustande gebracht haben. Wir glauben zu wissen, "wes Geistes Kind jemand ist". "Es ist ein müder Geist", sagen wir über ein Kind, das besser schlafen gehen sollte. Jemand, so sagt man, geht einem schrecklich "auf den Geist". Von einem Verstorbenen heißt es: "Er hat seinen Geist aufgegeben." Immer wieder wird auch von Orten berichtet, an denen "etwas nicht stimmt", weil dort "ein Geist umgeht".

Die Werbung für ein Reinigungsmittel arbeitet seit Jahren erfolgreich mit der Vorstellung, die Benutzung ihres Produktes setze einen kraftvollen Geist frei, der die Reinigung der Wohnung ganz alleine vollbringt. Eine Apothekenwerbung für ein Erkältungsbad auf pflanzlicher Basis zeigt einen im Wasserdampf sichtbaren Geist, der sich dem Käufer mit dem Spruch empfiehlt: "Erkältung schneller meistern mit starken Geistern." Werbung wird auch mit Tieren gemacht, deren Gestalt nach alter Überlieferung gern von Erdgeistern angenommen wird: Ein Schuhcremehersteller wirbt mit einem Rotfrosch, der Hersteller eines Bioreinigungsmittels mit einem Grünfrosch, eine Schuhfirma mit einem Feuersalamander. Lurchi-Hefte, in denen die Abenteuer des Salamanders nachgelesen werden konnten, begeisterten Generationen von Kindern. Anlässlich einer Ausstellung der Stadt Kornwestheim im Jahre 1996 kam es an den Tag: Lurchi tankte nicht nur spezielle Kräfte beim Fliegenpilz, ab 1973 kam Lurchi sogar (so befanden die Aussteller) "in die LSD-Phase". Durch eine neue Zeichnerin wiesen Lurchi's Abenteuer eine Zeitlang eine psychedelische Linienführung und Farbwahl auf.

Geistanregendes und Geisterrufendes wird seit alten Zeiten in allerlei aus Pflanzen gewonnenen Zubereitungen vermutet:

Die Teetüte eines beliebten Teelädchens in Basel zeigt eine Teekanne, in deren Dampf sich ein grüner Geist bereit macht, den Genießer des Teetranks in andere Sphären zu entführen. Eine "außerordentlich nützliche Pflanze" nennt ein Schriftsteller des Alten China den Tee: "Trinke ihn und deine Lebensgeister werden munter und klar sein." Und in einem chinesischen Märchen wird vom guten Geist des Tees erzählt, der auch bei schwierigsten Problemen noch eine Lösung bereit hat.

Tee gehört neben Wasser, Zitrone, Zucker, Rum oder Arrak zu den fünf unerlässlichen Zutaten eines Punsches. Der von Zeitgenossen als Gespensterseher verunglimpfte Dichter → E.T.A. HOFFMANN benutzte Punsch oft als Mittel, um in die andere Welt hineinzuschauen.

Vom Kaffee sagte Johnston in seiner CHEMIE DES TÄGLICHEN LEBENS:

> "Den Geist macht er munter und regsam, wie der Thee, aber während dieser mehr die Klarheit und den ruhigen Fluss der Gedanken anregt, steigert jener die Beweglichkeit, reizt die Einbildungskraft und das dichterische Schaffen."

Theobroma, Götterspeise, nannte der schwedische Gelehrte Carl von Linné den Samen des Kakao. Johann Gottfried Kühne schrieb 1717 in seiner Schrift VOLLSTÄNDIGE NACHRICHT VON DER CHOCOLADE:

> "Es starcket nemlich der Cacao den Magen, macht die Lebensgeister hurti, verdinnt die Säffte und Geblüt, hilfft zur Venus-Lust, starcket das Haupt, lindert die Schmerzen und ist sein Lob sowohl zur Nahrung (wie) als Medicament nicht genug fast zu beschreiben."

Ein ebenholzschwarzer Mohr ist als modernes Äquivalent des aztektischen Schutzgeistes der Kakaopflanze, Ekchuah, zum guten Geist der Schokoladeprodukte des traditionsreichen Schokoladeherstellers Sarotti geworden.

Einer Zeichnung aus seinem 1833 entstandenen ALBUM FÜR RAUCHER UND TRINKER, die brennende Tabakblätter zeigt, fügte der Maler, Moritz von Schwind, eine darüberschwebende Fee hinzu, um die zauberische Wirkung der Pflanze zu verdeutlichen.

Weingeist, Zwetschgengeist, Mirabellengeist, Birnengeist, Himbeergeist sind vertraute Begriffe, die ganz selbstverständlich die Anwesenheit eines Geistes im jeweiligen Getränk vorgeben. Der Geist des Weines, Bacchus-Diony-

Der Sarottimohr:
Der gute Geist der Schokolade

sos, ist in Regionen, in denen Wein angebaut wird, oft an Brunnen und Gebäuden abgebildet. Die Winzer der Stadt Zell an der Mosel werben für ihren Wein mit einem schwarzen Katzengeist. In niederbayerischen Gaststätten kann man noch Darstellungen des Geistes des Bieres, Gambrinus, finden. In früheren Zeiten wurden dem Wein und dem Bier Hexenpflanzen wie Bilsenkraut oder → FLIEGENPILZ zugesetzt, so dass ein Blick in andere Welten möglich war.

In → THEODOR STORMS Novelle AM KAMIN kommt der Erzähler, ein alter Herr, beim Erzählen seiner Spukgeschichten erst in Fahrt, als man ihm - unter ausdrücklichem Hinweis auf → E.T.A. HOFFMANNS Gewohnheiten - eine kräftige Bowle serviert. Und in → GOTTFRIED AUGUST BÜRGERS 1788 in London erschienenem Buch WUNDERBARE REISEN ZU WASSER UND LANDE, FELDZÜGE UND LUSTIGE ABENTHEUER DES FREIHERRN VON MÜNCHHAUSEN wurde noch im Titel des Buches der Geist genannt, der die Phantasie des Erzählers so überaus erregte: "Wie er dieselben", heißt es, "bey der Flasche im Zirkel seiner Freunde selbst zu erzählen pflegt."

w.b.

Gewölbe: Stütze zwischen Himmel und Erde

Nichts weniger als den Sinn der Schöpfung und die Lösung aller Mysterien will "der Sucher" in dem arabisch hermetischen Text DAS ZIEL DER WEISEN finden und dringt dazu in ein unterirdisches Gewölbe ein. Dort naht ihm eine Gestalt, die weitere Anweisungen gibt. "Wer bist du?" fragt der Sucher. "Ich bin deine vollkommene Natur. Wenn du mich zu sehen wünschst, dann rufe mich nur nach meinem Namen!"

Ein Gewölbe kann, wie in Kirchen, die Verbindung zwischen Himmel und Erde vertreten. Es kann aber auch in lehmigen Kellern oder düsteren Verließen die Nähe zu → HÖLLE und → TOD herstellen. Hier gehen → MÄUSE und → RATTEN ihren umtriebigen Geschäften nach, die zum Ausdruck unserer nachtaktiven Seelenarbeit werden können. Wein- und Vorratskeller bieten andererseits einen Hort elementarer und lebensnotwendiger Schätze, die nur "nach oben geholt" werden brauchen. In der barocken Emblematik, die sehr von Einflüssen der Freimaurer und Rosenkreuzer lebte, vertritt ein gewöhnlich unter Ruinen noch stützendes Gewölbe den Bereich des Urgrunds und Ursprung unseres Seins, der Wieder- und Neugeburtskräfte, das Unterbewusstsein als Speicher unserer Erinnerungen und Erfahrungen. Hier lagern, geschützt und verborgen in der Dunkelheit, Ideen und Chancen zur Neuverwertung. Hier betritt man das Reich zum ewigen (→ EWIGKEIT) Leben, die Ebene der Unsterblichkeit.

In der FAMA FRATERNITATIS, einer rosenkreuzerischen Schrift zu Beginn des 17. Jahrhunderts, findet sich über dem Portal zum siebeneckigen Gewölbe, in dem man das Grab des Fr.R.C. entdeckt, die rätselhafte Inschrift:

post CXX annos patebo (Nach 120 Jahren werde ich offenstehen).

c.z.

Grab des Fr.R.C. als Fotomontage von Hans. H. Sievert, Bad Schwartau

Gluck, Christoph Willibald: Rebell und Reformer

(1714-1787)

Der deutsche Komponist war der Sohn eines Försters und ein Frühfreak. Er wurde nach Prag geschickt, um Logik und Mathematik zu studieren, zog aber stattdessen als Musikus durch die damaligen Szenekneipen der mystischen Stadt. 1756 verlieh ihm der Papst den Orden "Vom goldenen Sporn"; seither nannte er sich frecherweise "Ritter Gluck".

Seine Lebenszeit lag zwischen Hochbarock und Hochklassik, seine Werke markieren den Übergang von der Barockoper zur klassischen deutschen → OPER. In seinen Opern verwandte er eine Art "Motiv-Technik", die später von → HECTOR BERLIOZ und → RICHARD WAGNER weiterentwickelt wurde.

Er war ein Rebell und musikalischer Reformer und tummelte sich in den unbegrenzten Möglichkeiten des Musiktheaters seiner Zeit. Gluck wird oft als Begründer des Musikdramas, der Erneuerung des antiken Dramas betrachtet. Richard Wagner nannte Gluck einen "methodischen Revolutionär". In Leipzig und Dresden führte er seine Werke gerne auf, die er z.T. extra dafür bearbeitete (IPHIGENIE IN AULIS).

In der Vorrede zur ALCESTE (1767) schrieb Gluck:

> "Ich war bedacht, die Musik auf ihre wahre Aufgabe zu beschränken, das ist: der Dichtung zu dienen, indem sie den Ausdruck der Empfindungen und den Reiz der Situationen verstärkt, ohne die Handlung zu unterbrechen oder durch unnütze oder überflüssige Zierarten abzuschwächen..." (zitiert nach RENNER 1965:288)

Er schrieb 1761 die Balletmusik Don Juan, deren Finale der dämonische *Furientanz* bildete, den Gluck später in seine Oper ORPHEUS UND EURYDIKE integrierte (1762). Sie fand in Wien bei ihrer Uraufführung nur wenig Beifall, sie war zu "neu". Gluck sagte, sein Orpheus sei "ganz auf die Wahrhaftigkeit der menschlichen Natur aufgebaut". Die Oper ORFEO ED EURIDICE (1762, 1769, 1774) ist sein bis heute bekanntestes und meistgespieltes Bühnenwerk. Es behandelt die unsterbliche Liebe des Orpheus zu Eurydike und gilt als das Paradebeispiel der Orpheusvertonung und –musik. Diese Oper besticht durch ihre eindringliche Schlichtheit, Konzentration auf wenige Rollen (Orpheus, Eurydike, Amor, Chor) und erweitertes Orchester.

Sein Werk IPHIGENIE IN AULIS (1774) beeinflusste sehr stark die französische Oper der Romantik; dort galt Glucks Librettist Raniero Calzabigi (1714-1785) den Bürgern als "Hauptverderber des neuen Musiktheaters", weil er "dem Auge zu wenig bietet und die Lustbarkeit des Theaters in eine Qual verwandelt". Es folgte IPHIGENIE AUF TAURIS (1779). Gluck hat ca. 100 Bühnenwerke geschrieben; die meisten behandeln antike Stoffe. Darunter die Oper TELEMACHOS ODER KIRKES ZAUBERINSEL (TELEMACCO OSSIA L'ISOLA DI CIRCE), Libretto von Marco Coltellini (1719-1777) nach Carlo Capeces Drama (1765). Gluck schrieb u.a. eine *musiquette* (Singspiel) mit dem Titel Der Zauberbaum.

chr.r.

Gogh, Vincent van: Vom Schatten zum Licht

Was hatte der 1853 in Groot-Zundert im Nordbrabantischen geborene Vincent van Gogh nicht alles ausprobiert: Kunsthändler in Haag, London und Paris, Hilfslehrer in einer englischen Industrievorstadt, Buchhändlergehilfe, Theologiestudent, Wanderprediger im belgischen Kohlenbergwerksgebiet der Borinag. Zu zeichnen begann er mit Kohle und Blei, Arbeiterstuben, Kartoffelschälerinnen, Bauern, Kartoffelesser. Schwarz und Weiß betrachtete er ganz selbstverständlich als Farben. An den Maler Emile Bernard schrieb er 1888: "Schwarz und Weiß sind auch Farben: in vielen Fällen können sie als Farben betrachtet werden, denn ihr Gegensatz ist ebenso aufreizend wie der von Grün und Rot." Bunte Farben entfalten für van Gogh Bewegung, unbunte Farben wie Grau, → SCHWARZ und Weiß scheinen statische Stimmungen auszudrücken. Beim Studium der Gemälde von Franz Hals entdeckte er 27 verschiedene Schwarztöne.

Van Gogh war das Schwarz seiner Palette nicht schwarz genug. Die tiefschwarze Farbe der Bilder seiner holländischen Malphase erzeugte er durch die Mischung von

Indigo mit Terra de Siena. Die Verwendung von Schwarztönen gibt seinen Bildern etwas dominant Trauriges, Ernstes, Depressives, Düsteres und Schwermütiges. Sie drücken "das dunkle Schicksal alles Lebendigen" (Klausbernd Vollmar) aus. Der impressionistische Maler Claude Monet, der van Gogh sehr schätzte, malte die pechschwarzen Lokomotiven auf seinem Bild "Gare Saint Lazare" ebenfalls nicht mit dem Schwarz seiner Palette, sondern aus einer Mischung aus Rot, Gelb und Blau. Als van Gogh kurz in Paris war, lernte er in den japanischen Holzschnitten und in den Bildern der Impressionisten die Welt der bunten, lichten Farben kennen. Sein größter Wunsch war es, nach Japan zu fahren. Auf dem Weg nach Marseille packt ihn die Sonne der Provence. Spontan lässt er sich 1888 in Arles nieder. ‚Van Gogh: "Alle wahren Koloristen müssten hierher kommen, um zu sehen, dass es noch eine andere Farbskala als die des Nordens gibt." Während seine Mitmenschen Ruhe und Kühlung im Schatten suchten, trieb es den "rothaarigen Verrückten" mit seinen Malutensilien in die Natur. Bald hing ihm seine verbrannte Haut in Fetzen vom Schädel. Gelb wurde zur dominierenden Farbe in seinen Bildern.

Rudolf Schröder schreibt in seinem Buch über die französischen Impressionisten:

> "Die Sonne! Sie ist das ewige Thema in Vincents Bildern. Immer wieder versucht er sich an diesem Schwierigsten, die Sonne zu malen und zu zeichnen. Jedes Bild und Blatt von seiner Hand ist eine neue Variation dieses Themas. Es gibt ein Bild von ihm mit sieben Sonnen! Will er das heilige Gestirn des Lebens mit übermenschlicher Gewalt und Magie beschwören? Ist es die Angst vor der Finsternis? Ahnung vom drohenden Dunkel des Nichts?" (1946:76)

Wenn er nach Sonnenuntergang nicht Kaffee trinkend in Cafés oder → ABSINTH schlürfend in Kneipen saß, malte er: Seine Pfeife, den Stuhl, auf dem er sitzt, das Bett, die Holzdielen der Stube im "Gelben Haus", wo er wohnt. Er will die Essenz der Dinge, ihren inneren Geist, sichtbar machen. Das dauernde Alleinsein aber machte ihm zu schaffen. An seinen Bruder schrieb er:

> "Die Weber oder die Korbmacher verbringen Monate allein und haben als einzige Zerstreuung nur ihr Handwerk. Aber diese Leute können gerade an einem Fleck sitzen bleiben, weil sie das Gefühl ihres Hauses anheimelt und der Anblick vertrauter Dinge ihnen Sicherheit gibt. Sicher wäre ich froh, Gesellschaft zu haben, aber ich werde nicht untröstlich sein, wenn ich keine habe. Und sicher kommt einmal die Zeit, wo ich sie habe."

Als der Maler Paul → GAUGUIN zu ihm ins "Gelbe Haus" zieht, verträgt er die Nähe nicht. Nach einem Absinth geschwängerten Streit geht er auf den Freund mit dem Rasiermesser los. Ein Stück seines Ohrs, das er sich abschneidet, schenkt er einer Prostituierten. Aufenthalte in Nervenheilanstalten sind die Folge. Lässt man ihn für Stunden hinaus, malt er auf den Feldern, sucht die Sonne. Vor seiner Staffelei sieht man ihn deklamieren und mit dem Nichts sprechen. Einmal fand man ihn, wie er vor einem Zypressenbaum kniete und ihn fest umarmte. Ein andermal ist er hoch in einen Baum gestiegen, wagte aber dann nicht, sich herabzustürzen. Über die von ihm gemalten Bilder von weit sich erstreckenden Kornfeldern schrieb er: "Ich habe sehr bewusst versucht, darin Traurigkeit, extreme Einsamkeit auszudrücken."

Am 27. Juli 1890 schoss er sich eine Kugel in den Leib. Die Pistole hatte er sich geliehen, um angeblich Krähen zu vertreiben, die ihn beim Malen störten. Zwei Tage später starb er. Da der Pfarrer von Auvers für einen Selbstmörder keinen Leichenwagen hergeben wollte, musste man einen solchen in einem Nachbarort beschaffen.

> "Nur wenig mehr als sechs Jahre hat dieser große holländische Maler während seines nur siebenundreißigjährigen Lebens malen können. Aber was er in dieser Zeit, die wie eine einzige, lodernde Ekstase, wie eine flagellantische Passion und trotz aller Not wie eine Seligpreisung aus der Bergpredigt war, geschaffen hat, ist erschütternd." (SCHRÖDER 1946:74)

w.b.

Gong: Ton aus der Tiefe

Vorläufer des Gongs waren bronzene Kesseltrommeln, - vor 2000 Jahren in Asien recht verbreitet -, und auch Steinplatteninstrumente im Alten China. Bronzene Gongs, schüssel- bis scheibenförmig, ersetzten später die alten Instrumente. Gongs aus Thailand lassen warme, kräftige, körperliche, tiefe, erdhafte Töne hören. Koreanische Schamanengongs klingen wie brüllende Stiere, die kleinen chinesischen Operngongs (Geistervertreiber-Gongs) klingen sehr laut und durchdringend, mit einem nach oben oder nach unten wandernden zentralen Ton.

Erst seit Beginn des 20. Jahrhunderts setzen Musiker und Komponisten Gongs ein, auch für Therapiezwecke nutzt man neuerdings Gongs. In den 60er und 70er Jahren wurden billige Gongs aus maschinengepresstem Blech aus Formosa in Deutschland als Massenware verkauft. Sie zierten viele Wohnstuben, fanden aber auch Verwendung in Pensionen und Jugendherbergen, um Gäste stilvoll zu Tisch zu rufen.

Der Musiktherapeut Johannes Oehlmann unterscheidet in bezug auf die Wirkungsmöglichkeiten von Gongs drei Erlebnisinhalte:

MEDITATIVE ASPEKTE: Loslassen, Sammlung, Gefühle des Aufgehoben- und Getragenseins
KÖRPERLICHE ASPEKTE: Ganzkörperliches Hören, Lösen von Verspannungen, die Klänge "dringen" in den Körper ein
TRANCE-ASPEKTE: Zugang zum Unterbewusstsein zu verdrängten Gefühlen und Erinnerungen

Gongs geben eine gute Projektionsfläche ab. Oehlmann:

> "Darin – ebenso wie in ihrer Form – sind Gongs Suppentöpfen ähnlich, man kann eine Menge hineinrühren: die große Faszination des Unbekannten, buntschillernde Projektionen sinnlicher und phantastischer Natur; das Verlangen nach dem Einssein mit sich und der Welt; nach dem Heilsein und seinen Versprechungen für andere Menschen; Ahnungen und Transzendenz; Verlangen nach jenem Großen und Unsagbaren; die Identifikation mit Macht- und Größenphantasien (vor allem den heimlichen); nicht zu vergessen Markt- und Profitinteressen; schließlich die Sehnsucht nach Überlieferung, Geheimnis und fremden Mythen." (1990:230f.)

w.b.

Chinesische Geistervertreibergongs

Gothic: Alles – nur kein Licht

Gothic engl. – barbarisch, erschreckend, die Gotik, grausig, vorsintflutlich

Die Gothic-Kultur hat sich aus der Punk-Kultur entwickelt, deren Ursprünge in den 60er Jahren in England und USA als Protest gegen die Hippie-Kultur entstanden.

In den 80er Jahren nannten sich die Gothics noch Grufties, am Wesen änderte sich aber seither nichts.

Äußerlichkeiten: → SCHWARZ ist die vorherrschende Farbe der Bekleidung, weiß die Farbe der Haut. Spitze, Seide, Lack, Latex und Leder die bevorzugten Materialien. Um einen Kontrast herzustellen, gibt es auch vereinzelt weiße Gothics, deren Bekleidungsstil identisch ist mit den schwarzen Gothics, nur halt in Weiß.

Augen und Lippen werden bevorzugt schwarz, hin und wieder auch rot geschminkt, vor allem um noch mehr Kontrast zur weißen Haut herzustellen.

Einige Gothics vermeiden absichtlich Sonnenlicht oder nutzen Sunblocker, damit ihre Haut weiß bleibt, andere verwenden einfach nur weißes Make Up.

Gothics lehnen die "normale" Gesellschaft ab. Sie empfinden deren Leistungsorientiertheit oberflächlich. Ihr eigenes Lebensgefühl prägen Melancholie, Nichtverstandenwerden, Todessehnsüchte und eine gewisse Coolness, provoziert durch die Wirkung ihrer Äußerlichkeiten.

Während der Gruftie sich in den 80er Jahren vorwiegend noch tatsächlich auf Friedhöfen aufgehalten hatte, neigt der Gothic eher dazu, in entsprechende Diskotheken zu gehen, in denen vornehmlich Gothic-Musik (eine Unterart von Metal, eher balladenlastig) gespielt wird.

Innerhalb der Szene hält sich ihre gegenseitige Toleranz in Grenzen. Jeder hält sich selber für einen echten Gothic und den anderen für einen Poser (Selbstdarsteller). Fragt man einen Gothic, was Gothic eigentlich ist, so erntet man häufig ein unwissendes Schulterzucken.

Gothics sind meist unpolitisch oder leicht linksgerichtet. Der Kirche stehen sie in der Regel nicht wohlgesonnen gegenüber, stattdessen üben sie, wenn sie eine Religion ausüben, eine Art Patchwork-Religion aus. Sie mischen Teile verschiedener Religionen, die ihnen am meisten zusagen.

h.s.

Gothic Dark Wave: Dunkle Erleuchtung

Das Dunkle ist Kult! - Ihm wird in all seinen Facetten gefrönt. Das Dunkle wird in Kunstwerken manifestiert. Es drückt sich in Obsessionen aus. Das Dunkle liefert zahlreiche verführerische Attraktoren. Das Dunkle wird musikalisch zelebriert. - Gothic Dark Wave ist nur eine Schaumkrone der dunklen Welle, die seit babylonischen Zeiten die Zivilisation untergräbt. Die Sehnsucht nach dem Dunklen hat zu einer Fülle künstlerischer Verarbeitungen geführt. Besonders zur Gothic-Literatur und ihren Superstars. In der Romantik entwickelte sich eine Schwärmerei für das Dunkle, vor allem für dunkle Gestalten... die sog. "schwarze Romantik".

So wie die heiratsfähige Senta für den dunklen, verfluchten → FLIEGENDEN HOLLÄNDER schwärmt und davon träumt, ihm zu begegnen und kraft ihrer Liebe bis zum Tod zu erlösen... und sich selbst von ihrer nagenden Schwärmerei zu erlösen... Todessehnsucht... So wie die hingebungsvolle Liebe zu Dracula....

Die Faszination des Dunklen hat von Anfang an die Menschen zu künstlerischen Verarbeitungen in Dichtung, Musik, Malerei, inspiriert. Viele Sujets der Künste sind den dunklen Themen, den Schattenseiten der Psyche, dem Abgrund, ... gewidmet.

Was aber ist das Dunkle?

Es nimmt Gestalt an in Mythen, Sagen, Märchen, Gedichten, Romanen, Comics, Theaterstücken, Opern, Gemälden, Filmen... Es drückt sich in mythischen, legendären, phantastischen oder sagenhaften Figuren und ihren charakteristischen Geschichten aus. In den Geschöpfen der Nacht: Geister, Zombies, Untote, Vampire, Widergänger, Werwölfe, Wer-Jaguare, Dämonen, Hexen, Zauberern, Nachtschatten...

In der schwarzen Szene gehen viele davon aus, dass wir nicht auf der Erde leben, sondern bereits in der Hölle braten. Unsere Welt ist die Hölle. Deswegen braucht man keine Angst mehr vor der Hölle zu haben – schlimmer wird's nimmer! ... Um zu wissen, was und wie die Hölle ist, muss man nur die Tagesschau anschauen...

Der neue Satanismus huldigt dem Menschen: Es gibt keinen Gott neben dem Menschen! Und dieser Mensch ist ein furchtbarer, "böser" Gott, der Angst und Schrecken verbreitet, der sich grausam die Natur unterwirft, indem er sie radikal vernichtet, der mordet und schlachtet, rachsüchtig und gewalttätig ist. Er ist ein konsequenter Gott, der sich zielstrebig selbst vernichtet.

Wird das Dunkel erst durch dessen Bewertung oder negative Betrachtung zum Dunklen? Gibt es das Dunkle jenseits von Gut und Böse überhaupt?

Alle Kulturen kennen die dunkle Seite, doch nur manche identifizieren sie mit dem "Bösen". Wenn das Dunkle nicht "böse" ist, was ist es dann? Das Dunkle hat Eigenschaften, von denen uns nicht alle willkommen sein mögen, manche aber auch faszinieren. Bei den chinesischen Taoisten birgt das Dunkle den Keim des Hellen und umgekehrt: Yin-Yang, Daichi.

Der spirituelle Raum ist nicht nur hell und licht, er ist auch düster und dunkel. So wie Tag und Nacht unzertrennliche Pole einer Einheit darstellen, gehören zu wahrer Spiritualität Licht und Dunkel, Leben und Tod, Himmel und Hölle, Krankenhaus und Friedhof... Es gibt auch eine dunkle Erleuchtung!

Gothic ist die Auflösung der Schwarzweißen Welt in hell und dunkel, wobei die Faszination der dunklen Seite gehört. Das Düstere wird verehrt. Verbotene Lust gelebt, sich hemmungslos dem Dunklen widmen, es feiern, mystifizieren...

Oft wird das Dunkle verehrt. Das Dunkle wird Kult.

Dem Dunklen wird gehuldigt, in heidnischen Ritualen, Mysterienkulten, geheimen Opferzeremonien, Untergrundorganisationen, Schwarzen Messen, im Hexensabbat, in Kino- und Fernsehfilmen, in Opernaufführungen, in Rockkonzerten, in Heavy Metal Shows und auf Gothic Festivals; sogar in der Mode, Kult *fashion*...

Die Wurzeln der dunklen Musik von heute, Dark Metal oder Gothic Wave, reichen bis in den Anfang der abendländischen Musikgeschichte zurück.

chr.r.

Gothic Dark Wave-Zeitschriften

Jede Szene hat ihre eigenen Zeitschriften und Magazine, besonders auffällig ist dieses kulturelle Phänomen im Bereich der Musikzeitschriften zu beobachten. Es gibt nicht nur eine Zeitschrift zum → HEAVY METAL, sondern zig verschiedene, die den einzelnen Richtungen und Strömungen im Metal gewidmet sind.

Allein in Deutschland gibt es zur Zeit (2005) vier große Zeitschriften zur → GOTHIC DARK WAVE und zur → MUSIK der schwarzen Szene sowie ihrer → BANDS, die nicht nur im Abonnement verbreitet werden, sondern auch am Bahnhofskiosk erhältlich sind. Deshalb beginnt die ethnologische Erforschung der Gothic oder schwarzen Szene bereits am Bahnhof.

Die Zeitschriften spiegeln die Inhalte, Werte und Vorstellungen, ihren Geschmack, ihre Vorlieben und Haltungen wider und stellen somit echte ethnohistorische Quellen (historische Dokumente) und kulturelle Artefakte dar. Zeitschriften schreiben Geschichte. Zeitschriften liefern Identifikationsmuster. Zeitschriften verursachen und bestimmen Modetrends und Fashion. Zeitschriften verbreiten auch Layout-Ideen und Typographien (in den letzten Jahren hat sich eine charakteristische Typographie, geradezu eine von keltischen Mustern und Tribal Tatoos beeinflusste Kalligraphie, vor allem für Bandnamen herausgebildet).

• LEGACY – The Voice from the Dark Side (seit 1999)
a division of Devil Inc. Presseverlag,
Herausgeber: Ertner-Knittel-Vojvoda GbR
Redaktionsanschrift:
Devil Inc. Publishing
Richard-Wagner-Straße 64
D-66111 Saarbrücken
Fax +49/681/390766-1
E-mail: redaktion@legacy666.de

• ZILLO Musikmagazin (seit 1988)
Herausgeber: Zillo MusicMedia Verlag GmbH
Redaktion:
Clever Landstr. 33a, D-23617 Stockelsdorf
Tel.: 0451/388 15 01
Fax: 0451/388 15 03
E-mail: info@zillo.de

• ORKUS – Gothic, Romantic, Industrial, Electro...
Herausgeber: Zoomia Medien Gruppe Claus Müller
Orkus Musik-Magazin
Claus Müller
Heiligenwiesen 8
D-70327 Stuttgart
Fax: 0711/4206704
E-mail: info@orkus-online.de

• GOTHIC – Magazine for Underground Culture
DarkMedia VerlagsGesellschaft mbH
Redaktion:
Gothic-Magazine, Martin Sprissler
P.O.Box 1262; D-72481 Sigmaringen
Fax: 07571-68 54 71
E-Mail: martin.sprissler@t-online.de

Es hat sich in den letzten Jahren eingebürgert, dass den monatlich erscheinenden Musikzeitschriften (z.B. ROLLING STONE, MUSIKEXPRESS, ECLIPSED) kostenlose CDs beigelegt werden. Auch bei den einschlägigen Gothic Dark Wave-Zeitschriften und Magazine. Dazu wählen die Redaktion und ihre Mitarbeiter aktuelle Stücke von Demos und neuen Alben aus, die sowohl ihren Geschmack als auch den angenommenen Geschmack des Zielpublikums treffen. Damit werden zugleich die aktuellen Trends in der Szene, sowie die meist wenig bekannten oder nagelneuen → BANDS aus dem Gothic und Metal Untergrund dokumentiert, gefeatured und promotet. Diese CDs spiegeln verschiedene Aspekte der Gothic Musik wider. Auch für Neueinsteiger geeignet; man kann sich schnell einen Einblick in die musikalische Kulisse der Szene machen. Da viele der Bands, die auf diesen Magazin-Samplern vertreten sind, schnell der Vergessenheit anheimfallen, bilden diese CDs wertvolle Zeitdokumente und erlangen Sammlerwert. Auch thematische Dokumentationen... z.B. über → DROGEN in der Musik, erscheinen auf diese Weise.

CD-Kompilationen von Musikmagazinen und Gothic Dark Wave-Zeitschriften:
- Orkus Compilation
- ZilloScope
- Legacy
- Off Road Tracks von Hard Rock & Metal Hammer
- Rock Hard präsentiert Dyn-A-mit
- Taos – The Art Of Sysyphus (Eclipsed)
- Gothic

chr.r.

Götterspiel: Der weiße und der schwarze Gott

Meine Großmutter wusste von zwei Göttern zu berichten, die unter dem Weltenbaum, den sie als "Sternenlinde" bezeichnete, "auf dem Weltenberg an dem Eichentisch sitzen, der nichts als der Nachthimmel ist". Sie spielen ewig "alle die Spiele, von den Würfeln bis zum Schach, wie wir, die wir die beiden Ewigen nachahmen". Siege und Niederlagen wechseln zwischen ihnen und bestimmen die Schicksale der irdischen Völker und auch von jedem von unsereinem.

Die Großmutter nannte die zwei den Weißen und den Schwarzen Gott (Belbog und Ĉornobog). Ähnliche Vorstellungen finden wir in den in Chroniken vorhandenen slawischen Mythologien, die ältere Forscher gern mit den beiden großen Göttern der Perser, Ahura-Mazda (Ormuzd) und → AHRIMAN, verglichen.

s.g.

Grab: Ende und Neubeginn

"Aus Staub bist du, zum Staub der Erde kehrst du zurück", heißt es in christlicher Totenliturgie. Gräber mahnen an die Endlichkeit irdischer Verhältnisse, künden aber auch von der Hoffnung auf ein Weiterleben. Ursprünglich hatte man Gräber einst wie Wohnungen (→ UNTERWELT) für die Verstorbenen eingerichtet. Vor allem Fürsten nahmen allen irdischen Komfort mit sich, um sich auch in einem neuen Refugium standesgemäß einzurichten. Nicht nur Kulturen, die eine Wiedergeburt erwarteten, legten ihre Verstorbenen gern mit dem Blick nach Osten in das wiederkehrende Licht. "Das Grab ist leer, Diana lebt!" meldete die britische Boulevardpresse nur wenige Wochen nach dem Tod der britischen Prinzessin.

An Begräbnisstätten feierten Hinterbliebene und Nachkommen in der Frühzeit die jahreszeitlichen Feste, die mit Tod, Auferstehung und Neugeburt verbunden waren, und veranstalteten mit den Toten ein rituelles Mahl. Manche hofften, andere befürchteten, dass am Grab die Kraft des Toten oder Ahnen weiterwirke (→ AHNENPRÄGUNG). Ein besonders delikater Schauder umgab die Stätte, wenn der Verstorbene zu Lebzeiten zwielichtigen geistigen Umgang gepflegt oder anrüchige Charaktereigenschaften angenommen und auf eher unnatürliche Art den Tod gefunden hatte. War´s ein Geizhals, konnte die Erde den Sarg jede Nacht "auskotzen", munkelte der Volksmund im Mittelalter. Unverzeihliche Verbrechen bestrafte man deshalb, indem man den Toten bäuchlings beerdigte.

Was im Bereich des → TODes und seiner Transformationskräfte geschieht, umwebt ein kaum zugängliches Geheimnis. Höchstens → INITIATIONen gönnen uns einen kurzen Blick in diese Sphäre. Im motivischen Fluidum überwucherter Grabstätten und moosiger → GEWÖLBE winkt uns Heil, ein → PORTAL zu neuen Erfahrungen und damit neuen Lebensabschnitten. Öffnet sich knarrend die wurmstichige Türe und trifft das Licht des Tages die Spinnwebsszenerie des Dunkels, bricht die Morgendämmerung einer neuen Zeit an. So kann eine Gruft im Traum aus psychologischer Deutung die Tiefe der Persönlichkeit aufzeigen. Liegen Leichen darin, offenbaren sie verbrauchte Anteile, die bereits ausgemerzt wurden oder Anlagen, die noch der Neugeburt bedürfen. Findet man im Traum (s)ein Grab, stößt man vielleicht auch auf vergessene Erfahrungen. Sind sie nur abgelegt, oder gar verdrängt und damit noch nicht verarbeitet? Bedürfen sie einer Klärung oder Reintegration? Beginne man wie wild zu buddeln oder zu graben, hole man diese Erlebnisse an die Oberfläche des Bewusstseins, wissen Traumexperten.

"Soma sema" rezitierten griechische Mysten im Altertum, "der Körper ist ein Grab". "Schlafe nicht ein auf einem Grab!" warnte der Weise Pythagoras in seinen GOLDENEN SENTENZEN und meinte damit, weder im Schmerz über Verlust zu erstarren noch sich zu sehr auf Vergangenes zu fixieren.

c.z.

Gregorianik: Mystisch-religiöse Tonfolgen

Gregorianik ist ein kirchlicher Musikstil, der nach Gregor dem Großen (um 540-604), der von 590 bis 604 Papst war, benannt worden ist. Papst Gregor versammelte die besten Kirchengesänge seiner Zeit, die auf der römischen, mailändischen, gallikischen und mozarabischen (spanischen) Liturgie basierten, in einem Buch namens ANTIPHONAR, das über Jahrhunderte hinweg als "musikalisches Brevier" mit einer goldenen Kette am Altar Sankt Petri angekettet war. Das ANTIPHONAR enthält Gesänge für alle kirchlichen Festtage und für alle Teile der Liturgie (→ REQUIEM). Gregor gründete in Rom die klösterliche Sängerschule Schola cantorum, die bis heute in der päpstlichen Kapelle fortlebt. Von dieser Schule wurden ausgebildete Mönche in alle Welt entsandt, um die sogenannten "Gregorianischen Choräle" mit ihren lateinischen Texten, also "in einer Zunge" zu verbreiten

(→ SPRACHE). Die Gregorianische Messe ist der katholische Brauch, für Verstorbene an 30 aufeinander folgenden Tagen die Messe lesen zu lassen.

Kurz nach Gregors Tod wurde in Sankt Gallen eine Schola cantorum nach römischem Vorbild gegründet (625). Ihr folgten gleiche Insitutionen in Würzburg, Eichstätt, Fulda, Metz, Rouen, Tours, Oxford und Reichenau. Der Heidenschlächter Karl der Große (742-814) ließ eifrig weitere Sängerschulen gründen; genauso wie er nur eine Kirche akzeptierte, duldete er in seinem Reich nur eine Musik, nämlich die römische oder gregorianische.

Die Melodien durften nur aus den "Kirchentönen", also den kirchlich genehmigten Tönen, bestehen. Vom 5. bis zum 13. Jahrhundert durften nur einstimmige, unbegleitete Messen, lediglich mit dem "Gregorianischen Choralton" zelebriert werden. Ab dem 9. Jahrhundert durften die einstimmigen Gesänge gelegentlich von der → ORGEL begleitet werden. Erst im 14. Jahrhundert entstanden mehrstimmige Messen. Allerdings sind die Gregorianischen Choräle für die katholische Kirche der Alten und der Neuen Welt bis heute verbindlich.

Die gregorianischen Tonarten oder Kirchentonarten sind Oktavgattungen, die sich von den griechischen Tonarten der Antike über die byzantinische Musik ableiten: dorisch d-d^1, phrygisch e-e^1, lydisch f-f^1, mixolydisch g-g^1, die weder Dur noch Moll sind. Die zwölf Kirchentöne symbolisieren die zwölf Apostel...

Die langsamen, getragenen, einstimmigen Gesänge der Gregorianik sind der Archetyp des katholischen Klanges. Er symbolisiert nicht nur den strengen Katholizismus, sondern auch das Mönchstum und das klösterliche Leben. Im Laufe der Zeit wurde die Gregorianik außerhalb der Kirche immer mehr mit dem "dunklen Treiben" der Priester und Mönche, mit mittelalterlichem Mystizismus, mit der Inquisition und Hexenverfolgung, mit Schwarzen Messen und Satanismus assoziiert. Heute sind gregorianische Gesänge ein wichtiges Element in der → FILMMUSIK, um gruselige, schaurige und perverse Sujets akustisch zu untermalen. So wurde die Gregorianik zur Grusel- und Schauermusik. Für die heutigen Hörgewohnheiten, die auf Dur- und Molltonarten basieren, klingen die gregorianischen Tonfolgen ungewohnt, ja, geradezu andersweltlich, "mystisch-religiös"...

Die Gregorianik hat natürlich auch die Schwarze Szene erreicht. Der deutsche Dirigent Eberhard Schöner (Barock, → DARK) war vielleicht einer der ersten der Komponisten, die gregorianische Gesänge mit Rockmusik verbunden haben. Gregorianik als Stilelement findet sich zunehmend im Mittelalterrock, im → HEAVY METAL, im Dark Metal und → GOTHIC DARK WAVE, aber auch im Techno und Elektro (→ ARTHUR BROWN), ... sogar im → JAZZ (Jan Garbarek)...

Discographie Gregorianik (Auswahl):
- Eberhard Schöner And The Secret Society, *Trance-Formation* (EMI, 1977)
- Jan Garbarek, *Officium* (ECM, 1993)
  Für → SAXOPHON und Sängerensemble (→ JAZZ).
- -, *Rites* (ECM, 1998)
  Jazz + etwas Gregorianik...
- Gregorian, *The Dark Side* (edel Records, 2004) Dieses deutsche Musikprojekt von Michael Soltau hat verschiedene, "dunkle" Hits aus Metal (Metallica, Ozzy Osbourne) und Gothic (Nick Cave, Evanescence, Nine Inch Nails, Sisters of Mercy), das → REQUIEM von Gabriel Fauré und → FILMMUSIK (das "Ave Satani" aus *Das Omen*) für gregorianische Choräle und Band bearbeitet.
- Die *Gregorian Masters Of Chant*, vom Hamburger Produzenten Frank Peterson: 4 Alben, bisher weltweit 2,5 Millionen CDs verkauft!

chr.r.

Grenzerfahrungen: Suche nach Vollständigkeit

Prometheus (→ BÜCHSE DER PANDORA), ein Titanensohn, treibt die Entwicklung voran. Für ihn bedeutet die neue Ordnung des Zeus, der gerade die seines Vaters Kronos (→ SATURN) abgelöst hat, schon wieder Stagnation. Als Ausdruck unseres erwachenden Ober- oder Selbstbewusstsein verstanden, erzwingt er Fortschritt, weil er den Fortschritt repräsentiert. Seither kennzeichnen wir jedes Überschreiten der dem Menschen scheinbar gesetzten Grenzen gern als promethisch, aber auch das hartnäckig und unverwandt Auf-ein-Ziel-gerichtet-sein. Dabei können wir einer schönen Vision folgen oder einem → WAHN.

Das grenzenlose Sein der Lebenskraft mag keine Einengungen. Solches verträgt sich nicht mit seiner Eigenart. Wir sind seinen irritierenden Triebkräften immer ausgesetzt und reagieren unterschiedlich: mit verstärktem Hang zu Ordnungskriterien und Abgrenzungen, oder mit dem Ehrgeiz, diese Grenzen immer weiter nach vorn zu schieben oder ganz hinter sich zu lassen. Das kann auf der sportlichen, philosophisch-geistigen, religiös-mystischen oder psychischen Ebene erfolgen. Ehrgeiz ist weder gut noch schlecht, doch alles braucht seine "rechte Zeit" und das "rechte Maß". Ohne dass Menschen bewusst oder unbewusst Extreme verfolgen, gäbe es kaum großen Fortschritt.

Grenzerfahrungen und Gipfelerlebnisse können eine Neugeburt einleiten, ein neues Leben. Wer die → ANGST überwindet, besiegt letztendlich den Tod und "reitet den Drachen" des ewigen Fließens der Lebenskraft (→ EWIGKEIT). Seine Wahrnehmung gewinnt an Vollständigkeit, unter Umständen kann er kurzfristig aus

"Soll ich den nächsten Schritt tun? Aber dann bin ich gleich im Ausland!"

Raum und Zeit fallen. Seine Erfahrung kann bis zum Nahtod führen, verbunden mit einer Tiefenschau in größere Gesetzmäßigkeiten und einer radikalen Umkehr seiner Lebenseinstellung. Auf jedem Gipfel führt aber auch der nächste Schritt nach vorn in den gähnenden → ABGRUND. Hinter bis auf das Äußerste hinausgeschobenen Grenzen lauern die Engen menschlicher Bedingungen, → TOD oder Todessehnsucht.

In der Not ist Gott am nächsten, weiss eine alte Erfahrung. Tatsächlich suchen wir oft auch Grenzerfahrung, weil wir unbewusst genau in diesem Augenblick mit unseren höchsten Potentialen rechnen, mit dem, was sich hinter Begriffen wie Schutzengel, Gott oder Höheres Selbst verbirgt. Solche Erlebnisse können somit helfen, zu einem integralen Bewusstsein zu finden, dass letztlich unsere Sehnsucht treibt und stärkster Motor wird – zu neuen Eroberungen.

c.z.

Großeltern: Mit etwas Glück

Eine alte slawische Volksweisheit lautet: Gut kann der leben, dessen Großmutter zaubert: "Chorosche tomu schitkoma babuschka woroschit." (AFANASSJEW 2002:III,419)

s.g.

Des Teufels Großmutter am Dom zu Regensburg

Grüttner, Frank: Bewegung von Außen nach Innen

Der heute in Frankfurt lebende, 1940 in Berlin geborene Maler Frank Grüttner, wurde 1943 nach einem Bombenangriff mit seiner Familie in einem Keller verschüttet. Erst nach drei Tagen Dunkelheit sah er wieder das Licht des Tages. "Die Sonne schien", das weiß er noch heute. Als Kind in einer riesengroßen alten Villa im Grunewald, in der auch der Filmschauspieler O.E. Hasse eine Wohnung hatte, aquarellierte er früh und erschloss sich mit den Büchern der väterlichen Bibliothek die Welt.

Der Vater, ein Arzt, war mit dem Direktor des Völkerkundemuseums in Berlin-Dahlem befreundet. Frank fühlte sich dort schnell wie zu Hause. In den Nachbauten von Negerkrals, zwischen bunten Teppichen, geheimnisvollen Masken, fremdartigen Waffen, indianischem Federschmuck und Segelbooten aus der Südsee spielend, entstehen überbordende Phantasien exotischer Welten. Die fremden Fetische und Idole entzücken ihn, in einer mongolischen Jurte schläft er ein und träumt.

Als Zwölfjähriger trank er in Berlin-Steglitz mit Samuel Beckett nach einer Godot-Premiere im Schlossparktheater stolz eine Cola.

Nach prägenden Jahren als Student der Medizin, der Architektur und der Bildenden Künste begann er ab 1967 bis 1980 Zeichnungen und Bilder mit altmeisterlich ausgeführten, bestechend schönen Landschaften im Stile der Wiener Surrealisten zu schaffen. Die Bilder verkaufen sich bei Sammlern aus der ganzen Welt bestens. Träume von phantastischen Wildnissen sind in. Die Frankfurter Galerie von Sydow, die sich dem phantastischen Realismus verschrieben hatte, zeigte 1969 zum ersten Mal seine Bilder. Ausstellungen in Köln, Düsseldorf, Wien, Basel und in Melbourne folgten.

1971 ging er in Köln - nach der ersten Ausstellung des englischen Malers Francis Bacon - mit ihm in eine Kneipe. Als Bacon dort erfuhr, dass sein Lebenspartner George Dyer Selbstmord verübt hatte, entwickelte sich aus dem geplanten Umtrunk ein kosmisches Besäufnis. Grüttner malte danach ein Bild von Bacon: "Portrait of the artist as a young man."

Seit 1971 in Frankfurt lebend, durchstreift er täglich in langen Wanderungen, zu Fuß oder mit dem Fahrrad, die Stadt, vermisst sie und ihre Bewohner mit den Augen. Großformatige Porträts von "Stadtmenschen" entstehen. Grüttner lässt die inneren Zustände seiner Modelle, Lüste, Obsessionen, Leidenschaften, in den Gesichtern, Körpern und Haltungen sichtbar werden. Gier und panische Verzweiflung schreien aus weit geöffneten Mündern, ein nackter Mann fotografiert eine nackte Frau, die sich von ihm abwendet. Frauen mit leeren Gesichtern schnattern in einem Café. Ein Mann verwandelt sich, aus seinem Kopf bricht ein Stierkopf hervor. Gewalt, Sex und Einsamkeit spiegeln sich in den Bildern. Aber auch Erfahrungen beim Zerlegen von Leichnamen in der Anatomie werden von Grüttner verarbeitet, wenn er einen Künstler malt, vor dem zerlegte Glieder liegen. "Malen ist für mich wie Mord und Totschlag", sagt er, "Vielleicht male ich nur, um nicht wahnsinnig zu werden." Manche der Menschen, die er malte, sehen aus, als seien sie nach ihrem Tod und einer Zeit der Verwesung wieder aus dem Grab gekommen, um dem Maler Modell zu sitzen.

Samurai mit Schwert, Selbstporträt des Malers Frank Grüttner

Sein Atelier, seine Wohnung werden für ihn zum Museum. Was er bei seinen Streifzügen durch die Stadt findet, arrangiert er in Glaskästen. Ein Hasenschädel sitzt auf einem Registerstempel, eine alte Sardinenbüchse kämpft mit einer Hummerschere und einem in eine Binde eingewickelten Christus aus Zinn um Aufmerksamkeit. Seit 1985 hat der Maler auf 20.000 DIN A4 Seiten, gebunden zu Büchern, jeden Tag seine Gedanken festgehalten und mit Fundstücken angereichert. Nägel, Zündhölzer, Polaroidmomentaufnahmen, ein altes Korsett, Schlagzeilen aus Zeitungen ("Das Menschenfleisch ist heiß"), Schilder, Federn.

Die Schriftstellerin und Dramatikerin Ria Endres in einem biografischen Essay:

> "Die Privat-Archäologie, ‚zufällig' geordnet, vermeidet Kausalbeziehungen. Dieser Mikrokosmos ist auf Unendlichkeit hin angelegt. Mineral, Pflanze, Schrift sind in eine eigentümliche Determinologie geraten. Beim Durchblättern der zwanzigtausend Seiten beginnen wir, die Welt neu zu sehen. Wie vieles doch übrig bleibt und in einer geheimen, fremden Zuordnung beinahe für die Ewigkeit bestimmt zu sein scheint. Je länger wir durch die Bücher blättern, umso kleiner fühlen wir uns."

Ab 1996 experimentierte Grüttner mit "Warmfeldbildern" in der Farbe Rot. Er malt auf Rohleinwand, damit die Bilder luzid bleiben. Er dringt unter die Haut und zeigt das Innen: Blutbahnen, Organe, Knochengerüst, Gedärme. Körperbilder wie auf einer Röntgenplatte. Malen als exzessives Körpertheater. Seine Biografin:

> "Jede Figur wird mit einem eigenen Lichtzeichen versehen. Blitzartige Veränderungen bäumen das zuerst verschlossene Körpermaterial auf, bevor es bricht. Figuren im Zustand der Angstlust, verletzbar und verletzend. Nackte Körper, aufgeblähte Glieder, zerrissene Körperteile. Auf ihnen hat die Zeit ihre Spuren hinterlassen. Verwischte Köpfe, aufgesprungene Haut, Gekröse. Der Körper als Schreckensszenarium."

Auf einem Selbstporträt von 1984 malte sich Grüttner als Samurai mit einem gläsernen Schwert in der Hand. Es klingt wie eine Beschwörung, wenn Ria Endres schreibt:

> "Wie immer wird der Maler auch in Zukunft das durchsichtige Schwert gegen einen Pinsel eintauschen – und es werden neue Bilder mit ihren fremden Botschaften entstehen".

Und tatsächlich: Für die Schopenhauergesellschaft malte er neuerdings ein Bild nach einer Fotografie, die Johann Schäfer 1859, ein Jahr vor Schopenhauers Tod, gemacht hatte. Grüttners Gemälde soll einmal das Schopenhauer-Archiv schmücken, das zukünftig seinen Platz in der wieder aufgebauten alten Stadtbibliothek in Frankfurt haben wird. Den vielen Versuchen, die Grüttner bisher unternommen hat, mit Bleistift, mit Feder, mit Öl, ist eines gemeinsam: Die blauen "Sternenaugen" des Philosophen, die schon Goethe fasziniert hatten, strahlen den Betrachter in allen Versionen gleichermaßen an. Mit diesem Porträtauftrag erfüllte sich ein Traum des Malers. Die Werke Schopenhauers, der sich sowohl über "das Sehen und die Farben" wie auch über "das Geistersehen und was damit zusammenhängt" geäußert hat, nehmen in seiner umfangreichen Bibliothek schon immer einen Ehrenplatz ein.

w.b.

Gutenabend: Abschied von den Freunden des Tages

Wenn der Tag verdämmert, "schadet es nie", allen seinen Gefährten einen "guten Abend" zu wünschen und dann auch von ihnen entsprechende freundliche Worte und Gedanken zu empfangen: Es gilt sogar als sehr vorteilhaft, auch den Haustieren günstige Wünsche zu senden.

Viel "Kraft" erhält man zusätzlich, wenn man Bäume zum abendlichen Abschied umarmt oder sie kurz mit beiden Handflächen berührt.

s.g.

H

Hand darreichen

"Die Hand reicht man nicht gedankenlos", versicherte mir die Großmutter, "man gibt sie ruhig und fest, indem man dem Begrüßten oder Verabschiedeten offen in die Augen blickt."

s.g.

Harpyen: Wilde Sturmgöttinnen

Blutgierig und gefräßig entsteigen sie bei dem Tragödiendichter Aeschylus als hässliche, aber geflügelte Mischwesen der → UNTERWELT. Kopf und Brust gleichen dem einer jungen Frau, ihre unteren Extremitäten enden in Klauen eines → GEIERS. Sie tragen wechselnde Namen wie Aello, Aellopos, Podarge, Okypete, Kelaino und sind die Töchter von Thaumas und → ELEKTRA. Homer beschreibt sie als schnell dahinjagende, in ihrer Wildheit schöne Sturmgöttinnen, Ausdruck von Wirbelwinden oder Orkanen auf dem Meer und den Wassern des Unbewussten (→ TIÂMAT). Sie entstammen der gleichen → HÖHLE im kretischen Dictigebirge wie Zeus, Regent der aktiven Sonnentätigkeit. Mit dem Tod werden sie verbunden (harpyai = Rafferinnen), später auch direkt als Strafmiliz der Götter angesehen und kaum von → ERINYEN und Gorgonen (→ MEDUSA) unterschieden. Immerhin findet der Nordwind Boreas, nach anderer Erzählung der Westwind Zephyros, Podagra (= die mit schnellen Füßen) attraktiv genug. Er zeugt mit ihr die göttlichen Rosse des Achill`, das dahinrasende und im Tempo kaum zu drosselnde Vehikel des größten griechischen Helden, psychologisiert als mutiger Wegbereiter menschlicher Selbstfindung.

c.z.

Harry Potter: Kenner aller Zaubereien

Die Engländerin Joanne K. Rowling schuf die modernen Märchenbücher um Harry Potter. Ihr Held ist nicht gerade ein Schönling, und er wird von seinen tückischen Stiefeltern schlecht genug behandelt – man staunt, dass er es bisher überlebte und sogar einen gewissen Humor bewahren konnte! Doch plötzlich kommt er auf eine in einer andern Welt liegende Schule, findet dort treue Freunde und soll hier in sieben Unterrichts-Jahren zum Kenner aller Zaubereien erzogen werden.

Frau Rowling war bis dahin als Dichterin und Kennerin von Hexengeschichten völlig unbekannt gewesen, doch sie hatte ganz offenbar für Menschen, die von der gegenwärtigen Welt nicht gerade begeistert sind, den richtigen Helden gewählt. Jeder der geplanten sieben Bände (und die daraus entstehenden Filme!) wurden und werden mit Ungeduld erwartet. Um die 250 Millionen Bände in unzähligen Übersetzungen sollen bis 2005 bereits verkauft worden sein: Die Märchenbücher und deren Verfasserin, die zu einer der reichsten Frauen geworden sein soll, werden selber zum Teil neuzeitlicher Märchen.

Von den jungen Lesern des Potter-Romans erwarten viele Zeitgenossen, dass künftig unter ihnen ein neues Weltbild geboren werden kann. Die Magie, die nach den Jahrhunderten der stumpfsinnigen Hexenverfolgungen als etwas Unheimliches, "Gespenstisches" galt, wird alles Abschreckende verlieren. Menschen, die schon als Kinder von den "neuen Märchen" eine Prägung erhielten, suchen in der "Fantasy" den Weg zu allen Wesen.

s.g.

Hase: Protagonist des Frühlings

Der Hase ist nicht nur wegen seiner sprichwörtlichen Fruchtbarkeit und seiner Zeugungslust das Bild des in der Jahresfrühe siegreichen Frühlings. Er ist, als sprechende Ergänzung dazu, auch das Symbol der Geschwindigkeit der sich unaufhaltsam wandelnden Zeit. In einer bayerischen Berghütte sah ich die in Holz geschnitzte Darstellung eines Rades – und in dessen Mitte ein Hasenhaupt! Um dieses bilden acht Pfoten, wie Strahlen vom Künstler gleichmäßig angeordnet, einen Wirbel – von dem man sich wohl denken sollte, dass er sich ohne Ende im Kreise dreht.

Ähnlich gibt es in einer der Münchhausen-Geschichten einen windschnellen Hasen, der auf dem Unterleib vier Pfoten besitzt und gleichviel auf seinem Rücken. Wird er nun in seinem Lauf von Hunden müde gehetzt, kann er sich also blitzschnell drehen und frisch weitersausen ohne die Gefahr, eingeholt zu werden.

Ein solches Märchentier ist wohl auch der Osterhase, das Tier der dauernden Verjüngung, des Neubeginns und der Wiedergeburt von jedem Jahr.

s.g.

Heavy Metal: Das Dunkle ist immer anwesend

Andere Namen:Schwermetall, Metal hurlant, Hard´n Heavy, Metalica (Südamerika)

"Sie legt eine Platte auf, metallischer Kokain-BeBop."

William S. Burroughs, NAKED LUNCH (1999:108)

"Schwermetalle"heißen die Elemente des chemischen Periodensystems, die eine hohe Dichte und Schwere haben. Linguistisch gibt es eine alchemistische Beziehung (Blei, Quecksilber), die Verwandlung (Transformation, Transmutation) von billigem Schwermetall in Gold (Ralph Metzner). Aber darüber ist sich sicherlich kaum ein Metaller bewusst. Heavy Metal ist die gängige Bezeichnung für heftige Rockmusik.

Der US-amerikanische Schriftsteller und Beatnik William S. Burroughs (1914-1997) war einer der Ersten oder der Erste, der den Begriff Heavy Metal benutzte (wohl in Nova Express, 1964; dt. 1970: 73). Bekannt wurde der Ausdruck durch Steppenwolfs Fassung von *Born to be wild* (Bondfire): mit dem Satz heavy metal thunder ("Schwermetallgewitter"). Die Pioniere des Heavy Metal sind → BLUE CHEER (Vincebus Eruptum) und Iron Butterfly (Heavy).

Die psychedelische Band Hapshash And The Coloured Coat (Featuring The Human Host and The Heavy Metal Kids, EMI Records, 1967; CD: Repertoire Records, 1994) haben wahrscheinlich die erste Nennung des Begriffs Heavy Metal in die Rockgeschichte eingeführt! Das erste Album des englischen Trios war eine *LSD trip opera* (Booklet der CD). Es wird behauptet, dass ein Bandmitglied im Zusammenhang mit LSD umgekommen sei, und ein anderes in der geschlossenen Abteilung einer psychiatrischen Anstalt dahinvegetiere.

Für die meisten Heavy Metal Freaks und Sachbuchautoren gelten → BLACK SABBATH als Archetypus des Heavy Metal (ROCCOR 1998, WEINSTEIN 1991). Der Begriff Heavy Metal wurde von der Schallplattenindustrie ab ca. 1972 benutzt (KNEIF 1978:89). Für viele Menschen ist Heavy Metal "satanische Musik"und die Bands sind Teufelsanbeter; jedenfalls tut sich im Heavy Metal der Schlund des → TARTAROS auf. Das Dunkle ist immer anwesend.

Der Heavy Metal wird heute in der Szene in viele Spielarten unterteilt: Eine davon heißt heute schlicht Metal, gilt als sowas wie Classic Metal, oder reiner Heavy Metal. Die anderen Spielarten werden → BLACK METAL, Dark Metal, Death Metal, Gothic Metal, Melodic Death Metal, Power Metal, Symphonic Metal, Symphonic Opera Metal oder Trash Metal genannt.

→ BLACK METAL, → DIMMU BORGIR, → CRADLE OF FILTH, → THERION, → SYMPHONISCHE MUSIK, → GOTHIC DARK WAVE. Die Band Mercyful Fate (aus Dänemark!) kommt vom Heavy Metal, ist aber Mit-Begründer des satanischen → BLACK METAL.

Hellucinations: Drogen zwischen Licht und Dunkel - Halluzinationen zwischen Himmel und Hölle.

Diese Wortneuschöpfung Hellucination verdanken wir der kolumbianischen Death Metal Band Twilight Glimmer!!!

Seit alters her hat Hanf in jedem musikalischen Stil in jeder Richtung deutliche Spuren hinterlassen. Pioniere des Heavy Metal, wie etwa → BLACK SABBATH oder → BLUE CHEER haben genauso den Stoff besungen, wie die modernen Vertreter von Death Metal, Trash und Industrial (z.B. Ministry, Tool, Panthera, Sepultura, Gunjah, Treponem Pal, Trouble, Freaky Funkin Weirdoz). Grunge und Alternative Rock wären ohne Cannabis und andere Substanzen niemals auf die Weltbühne getreten.

Die Heavy Metal Musik ist z.T. stark von → SYMPHONISCHER MUSIK beeinflusst. Sie benutzt gerne den → AKKORD DES TEUFELS und schräge Klänge, massive Rhythmen und harte Gitarrenriffs. Manche Bands haben in den letzten Jahren zunehmend ein Symphonieorchester in ihre Produktionen eingebaut (→ THERION, → DIMMU BORGIR, Metallica, Dreamtheater, Rage, Apocalyptica).

> "Die Musik verändert sich in jeder Hinsicht, wenn der Herr der Dunkelheit eintritt in die Leichenblässe, die Seide, die süßlichen Düfte der Dark Wave, den Tempel nächtlicher Leidenschaften und grausamer Verlangen, in die Schule subtiler Schmerzen und ersehnter Ängste. Mit anmutigen, verzweifelten Tänzen voll Prophetie und atavistischem Fortexistieren bemächtigt sich die Schwarze Welle, umhüllt von Trauer und Geraune, von Blut und von Schluchzen, der uralten Alpträume und Ängste.... im Dark hat das Spiel einen raffiniert heimtückischen Charakter, wo es offen und harmlos erscheint; die bösartigen Verunreinigungen bilden selbst das symbolträchtige Drama, aufrüttelnd, mit tönenden sündhaften Liturgien aus dem Untergrund."(ZONA 1987:122)

Discographie (Auswahl):

- Brujeria, *The Mexicutioner! The Best Of Brujeria* (Roadrunner Records, 2000). Diese [Dark] Metal-Band besteht aus anonymen Musikern, die wohl hauptsächlich aus Mexiko stammen (Gerüchten zufolge handelt es sich bei ihnen um Kokainkartellbosse, die in ihrer Freizeit aggressive Musik mit anarchistischen und rebellischen Texten produzieren). Die Musiker werden nur unter Pseudonymen genannt; der Bassist nennt sich nach den mexikanischen Zauberpilzen Hongo, "Pilz".
- Datura, *Visions For The Celestial* (Brainticket Records, 1999) Die nach dem psychotropen Nachtschattengewächs Stechapfel = Datura benannte Band spielt psychedelic Heavy Metal.
- Grave Digger, *Excalibur* (Nuclear Blast, 2000) Mittelalterlich angehaucht, auch durch Unterstüzung von Subway To Sally-Musikern. Dark Metal-Vertonung der Geschichte von König Artus. → WAGNER.

- Hawkwind, "*Motorhead*" (Komposition von Lemmy Kilmister) vom Album Warrior On The Edge Of Time (1975). Remake von 1981 mit Lemmy als Vokalist (von HAWKWIND, The Ambient Anarchists (CD: Snapper Music, 1997).
- Incubus, *fungus amongus* (Sony Music, 1996); Fliegenpilzgemälde (→ FLIEGENPILZ) auf Cover: von Brett Spivey; Death Metal; Song: "Psychopsilocybin"(→ ZAUBERPILZE).
- Iron Butterfly, *Heavy* (1967) Die südkalifornische Band Iron Butterfly gehört historisch zu den Vorläufern des Heavy Metal. Iron stand symbolisch für etwas Schweres (something „heavy") – im Sound, Butterfly für Licht, Anmut, ein Objekt, zum Nutzen für freies Imaginieren.
- Iron Butterfly, *In-A-Gadda-Da-Vida* (Atlantic, 1968; Re-Issue: Rhino Atlantic & Atco Re-Masters Series, 1995)
- Lake of Tears, *Greater Art* (Black Mark, 1993)
  Pionierwerk des schwedischen melodic death metal.
- Ministry, *ΚΕφΑΛΗΞΘ* (Sire Records, 1992); Die US-amerikanische Band Ministry ("Ministranten") hat mit diesem Album, dessen Titel praktisch unentzifferbar ist, das Glanzstück des Industrial Heavy Metal hingelegt. Die Stücke "NWO"(= New World Order = Neue Weltordnung), "Just one fix"("Nur ein Schuss", "Jesus built my hodrod ("Jesus hat meinen Renner gebaut") und "Psalm 69"gehören zu den dunkelsten und anarchistischten Songs, die jemals aus dem Metal-Bereich ertönt sind.
- Motörhead, *Motorhead* (1977) Song: "Motorhead". Die britische Hardrock-Band Motörhead um den Bassisten „Lemmy" Kilmister, der ursprünglich in der Psychedelic Spacerock Band Hawkwind Mitglied war (um 1972 bis 1975), wurde 1976 gegründet und gehört zu den Pionieren des Heavy Metal. Der Name motorhead "Motorenkopf, Maschinenkopp"– das ö ist eine Referenz an die dunkle Szene – bezeichnet im Slang einen Speed Freak ("der Kopf rast wie ein Motor"). Speed (Amphetamine) ist die Lieblingsdroge des Powerbassisten. Zuerst sollte die Band Bastard heißen...
- Froideval – Pontet, *Succubus* (Serie, Splitter, ab 1996) spielt in der Hölle. Der Teufel ist der "Große Künstler", sein geschaffenes Meisterwerk ist eine supersexy Frau namens Succubus. Meister und Kunstwerk genießen zusammen die Essenzen der verlorenen Seelen, die sie wie Haschisch aus einer Wasserpfeife rauchen.
- Lou Reed, *Metal Machine Music* (RCA, 1975; CD-Reissue Buddha Records, 2000). Die Bedrohlichkeit der Maschinen sorgt für dunkle und düstere Facetten. Der metallische Klang von Werkzeugen, Maschinen, Industrieanlagen usw. ist heavy, schwermetallisch. Eine wichtige Quelle für den Heavy Metal. Der organische Mensch ist seiner selbstkreierten Technik ausgeliefert. Lou Reed, der Gründer der dunklen Band Velvet Underground, hat hier das

Pionierwerk des Industrial Metal gelegt. Er wundert sich, dass es Leute gibt, die die Platte kaufen, denn er selbst hält es für unmöglich, der ganzen Scheibe zu lauschen. Reed sagt sogar, dass es für ihn unmöglich ist, das ganze Werk anzuhören.

- Subway To Sally, *Herzblut* (Island Records, 2001) Hier wird in einer Mischung aus mittelalterlichen Klängen und modernem Heavy Metal, u.a. die "Krötenliebe"besungen.
- Steve Vai, *Various Artists – Archives Vol. 4* (Favored Nations Entertainment, 2003). Diese Anthologie enthält die berühmte Kolloratur-Arie der sternflammenden Königin der Nacht ("Der Hölle Rache") aus der → OPER Die Zauberflöte (1791) von Wolfgang Amadeus Mozart (1756-1791), in einem Heavy Metal-Arrangement mit der exquisiten Sopranistin Lori Stinson unter dem Titel "Queen of the Night". "Arias from hell", Arien aus der Hölle, kommentiert der "Teufelsgitarrist" Steve Vai das Stück, das zuerst auf der von Carol Bayer Sager produzierten CD Angelica (EMI, 1997) erschienen war.

- DVD-Tipp: HEAVY METAL AUF DEM LANDE, ein Film von Andreas Geiger (Nuclear Blast, 2006).

chr.r.

Hekate: Herrin der Phasen unseres Seins

Hesiod, der griechische Dichter um 700 v. Chr. lässt in seiner THEOGONIE die Titanin Hekate (etwa = Die in der Ferne) von dem Elternpaar Persaois (etwa: der Unterweltliche) und Asteria abstammen, der Sternengöttin. Sie hat Anteil an Himmel, Erde und Meer. Im Ozean spielen sich auch ihre urzeitlichen Liebschaften ab, aus denen u.a. das weibliche Meeresungeheuer Skylla hervorgeht. Meist hält sie sich in → HÖHLEN auf oder schwärmt als Herrin der → UNTERWELT nächtens mit den Totenseelen umher. Ewiges Hundegekläffe begleitet sie und kündigt sie an. Man nannte sie selbst Hündin oder Wölfin. Sie zählte aber nie zu den Göttern des Olymp, ihr Herrschaftsbereich hätte auch dessen Dimensionen gesprengt (KERÉNYI 2002:33ff.).

Fackel, Dolch, Schlüssel, Schlangen gehören zu ihren Attributen, später auch Kröten. In ihrem lunaren Aspekt der Großen Mutter nimmt sie dreiköpfige Gestalt an und repräsentiert die drei Phasen des → MONDES: den natürlichen Kreislauf allen Werdens von Wachsen, Blühen und Verwelken, von Schöpfung, Erhaltung und Zerstörung, von Geburt, Leben und Tod. Manchmal vertritt sie schwerpunktmäßig den destruktiven Aspekt von Zerstörung und den dunklen Aspekt des Todes, vor allem als → LAMIA. Sie kann aber ebenso als dunkle, unfruchtbare (im Mythos: "keusche") Göttin die Phase des Seins darstellen, die dem Beginn eines Selbstmanifestationszyklus der Lebenskraft vorausgeht. Im Gegensatz dazu strömen dann aus dem fruchtbaren Schoß der hellen schwangeren Mutter alle Formen heraus, die sich innerhalb dieses Selbstausdrucks manifestieren.

Hekates Wirken beschränkt sich meist auf die Nacht. Als Herrin der Drei- oder → KREUZWEGE fanden sich dort einst auch ihre Standbilder: drei hölzerne Masken an einem Pfahl oder eine Statue, mit drei Gesichtern nach verschiedenen Richtungen gewandt. Wer sie anrief, erwartete Hilfe im Wochenbett oder anderen spezifisch weiblichen Anliegen, Rat und Tat in Magie und Hexerei. Im Himmel wird sie durch die Mondgöttin Selene vertreten, Diana und Artemis sind ihre irdischen Ausdrucksformen, Proserpina und Persephone repräsentieren sie in der Unterwelt. Wer die Zyklen und Wirkungsweisen ihrer Dreiheit erkennt, erfasst das Geheimnis von aufsteigender Entwicklung und besitzt damit den Schlüssel zur Nutzung damit verbundener Gesetze. Im Mittelalter wusste man: Ein solches Wissen kann einem nur der → TEUFEL verleihen.

c.z.

Held, Margarethe: Rechte Hand eines Gottes

Die mediumistische Malerin Margarethe Held wurde 1894 in Mettingen in Württemberg als Tochter eines Malermeisters geboren, der in seiner freien Zeit auch Bilder malte. 1921 heiratete sie den Oberfeldwebel Fritz Mäule, Sohn eines Kunsthändlers. 1925 starben kurz nacheinander ihr Mann und ihr Vater an einer Fleischvergiftung. Sowohl der Mann wie auch der Vater kommunizierten nach dem Tod mit ihr durch Träume und Klopfzeichen. Mit Hilfe einer Buchstabentafel lernte sie später, sich die Botschaften verständlich zu machen.

Margarethe Held gewann die Überzeugung, dass die Toten nicht ruhen, sondern – ganz im Gegenteil – quicklebendig sind. "Sie möchten gern die Verbindung mit der Erde beibehalten, bis auch die dem Gedächtnis allmählich entschwindet."

1950 in Berlin schaltete sich in eine Unterhaltung mit ihrem verstorbenen Gatten ein Fremder ein, der sich als Siwa, Gott der Inder und Mongolen, zu erkennen gab. Da er ihrem Wunsch sich zu zeigen, nicht nachkommen konnte, befahl er ihr Stift und Papier zu nehmen. Er führte ihre Hand und zeichnete ein Bild von sich, zuerst mit geschlossenen, dann "ein schöneres" mit geöffneten Augen. In den nächsten Monaten entstanden auf diese Weise mehrere Hundert Blätter mit Porträts.

Gestorbene, von der Urzeit bis in die Gegenwart, manifestieren sich, Menschen, die in ihrem Leben gut waren: Eine Urfrau, "vor Tausenden von Jahren gelebt", mit ihrem Urkind, ein Krieger aus der Zeit Hannibals, eine auf dem Scheiterhaufen verbrannte indische Fürstenwitwe, ein amerikanischer Zugführer, der bei einem Überfall einen Herzanfall erlitt, ein achtjähriges Mädchen aus Helgoland, ein Negerhäuptling aus Kamerun mit Federn geschmückt, eine Polin aus Oberschlesien.

Auch Tote, die zu Lebzeiten an kein höheres Wesen geglaubt hatten und Gottlose waren, stellen sich scharenweise ein. Sie werden mit gesenkten Augenlidern gezeichnet, "denn der Blick kann jetzt noch was anstellen": Ein Wüstling aus Brandenburg, gestorben 1844, ein Vatermörder, der 1867 gehenkt wurde, ein 1934 gestorbener

Tierquäler, eine 1912 geborene und 1943 durch Bambus getötete Hure, eine Denunziantin aus der Hitlerzeit, ein 1923 an der Schwindsucht gestorbener Zuhälter, ein ägyptischer Sklavenhalter.

Danach wurden durch Margarethe die zahlreichen Helfer Gottes gezeichnet.

Gnomen:	geschaffen für die Fruchtbarkeit der Erde,
Faune:	geschaffen, um zwischen den Menschen zu vermitteln,
Feen:	geschaffen, um kleinen Kindern etwas Schönes fürs Leben mitzugeben,
Wassergötter:	geschaffen, um die Gesetze des Wassers zu regeln,
Elfen:	geschaffen, um Menschen bei ihrer Arbeit zu helfen ("ohne Elfen kann die Wissenschaft nichts ausrichten"),
Naturgötter:	geschaffen, manchmal zum Segen und manchmal zum Schaden der Erde,
Dämonen:	geschaffen, um böse Menschen nach ihrem Tod zu läutern.

Siwa informierte sein Medium auch über ihre früheren Leben: Sie war eine karthagische Prinzessin, eine Priesterin im Tempel der Pallas Athene und Dantes Beatrice. Neben den Porträts ließ ihr Geistführer sie Urwelttiere, Himmelsblumen, eine Darstellung des Universums und Heilrunen zeichnen. Zu den Bildern erhielt sie von Siwa Wortinspirationen, die, wenn sie sie laut wiedergab, von zwei Bekannten mitstenografiert wurden.

Cover zu dem Buch UNKONTROLLBARES UNIVERSUM, das die gezeichneten und geschriebenen Aufzeichnungen des Mediums Margarethe Held enthält (Rainer-Verlag, Berlin 1977). Die Abbildung zeigt eine Darstellung des Universums.

Die Künstlerin Mechthild Rausch, die 1977 zur Veröffentlichung von Margarethe Helds Bildern und Texten als Buch (UNKONTROLLIERBARES UNIVERSUM) ein Nachwort verfasste, schreibt zusammenfassend:

> "Auffallendstes Merkmal von Margarethe Helds bildnerischer Produktion ist das durchgängige Motiv – Köpfe. Sie begründet es (...) als "Auftrag". Zur "Abwechslung" und "Belohnung" habe sie auch mal andere Motive bekommen. Der Stil der imaginären Porträts weicht durch Strenge und Schematik, aber auch durch phantastische Details von laienhaften Gesichtsdarstellungen ab. Eine vage Ähnlichkeit mit fremden Kunststilen (‚ägyptisch', ‚indisch') fällt auf; sie erklärt sich möglicherweise durch die Person des angenommenen Inspirators. Man assoziiert kultische Bildnisse. Die kreisförmige Umrandung mancher Gesichter (vor allem beim Bildnis von Siwa) wirkt wie eine Aureole. Als Aureole lassen sich auch die strahlenförmigen Ausstülpungen am Schädel von Elfen und Wassergeistern deuten. Gewiss entstammen solche Details auch noch dem Bedürfnis nach Variation und freier Ausschmückung. Die Starre der Gesichtszüge erinnert an Masken; als "Maske" empfand sie selbst ihr erstes Siwa-Bildnis. Der Vergleich mit der Maske, den man freilich nicht überspannen sollte, ist auch insofern interessant, als Masken ihrer Herkunft nach Geister repräsentieren und magischen Zwecken dienen. Eine magische Kraft traut auch Margarethe Held ihren Bildern zu. Sie glaubt, dass von den Darstellungen Siwas, der Naturgeister und der guten Verstorbenen eine schützende Wirkung ausgehe, von denen der bösen hingegen eine schädliche, daher die gesenkten Augenlider." (HELD 1977:208f.)

Margarethe Held erfuhr von Siwa die tröstliche Botschaft, dass schlechte, böse, gottlose Menschen nicht verdammt bleiben. Nach ihrer Läuterung durch die Dämonen kommen auch sie in den Himmel. "Denn Gott ist nicht daran gelegen, ewig schlechte Wesen zu haben. Ewige Verdammnis gibt es nicht." Trost finden mag man auch in Siwas Bemerkung: "Im Reich der Dämonen ist es aufregender als im Himmel: denn es kommen ja nur schlechte Menschen nach hier."

1981 starb Margarethe Held. Ihre Bilder wurden seither mehrfach, auch im Ausland bei Ausstellungen medialer Kunst gezeigt.

w.b.

Helsing, Abraham van: Ewiger Kämpfer gegen Dracula

Der Gestalt des übermächtig erscheinenden, untoten Grafen Dracula stellte → BRAM STOKER in seinem Roman die Figur des Abraham van Helsing als entschlossenen Kämpfer gegen das Böse gegenüber. Stoker führt van Helsing als eine Art deus ex machina erst spät in die Handlung ein:

Dr. Seward, als Arzt zu Lucy Westenraa, der Tochter einer Patientin, gerufen, bittet seinen alten Freund und Lehrer in Amsterdam, Professor Abraham van Helsing, der von rätselhaften Krankheitsbildern mehr versteht als sonst jemand, um sein Kommen. Van Helsing steht im Ruf einer der fortschrittlichsten Wissenschaftler seiner Zeit zu sein, beschlagen in Philosophie und Metaphysik, ein Mensch mit

Nerven wie Drahtseile und von großer Selbstbeherrschung. Toleranz und Menschenliebe zeichnen ihn aus.

Den schon lange verwitwete Professor interessiert das "süße, junge Ding", als das er Lucy wahrnimmt, sehr. Schnell gewinnt sie sein ganzes Herz. Auch sie ist, wie sie ihrem Tagebuch anvertraut, "ganz verliebt in diesen prächtigen Dr. Van Helsing." Er verschafft der anämischen Lucy durch mehrere Transfusionen das von ihren Adern dringend benötigte Blut. Vorher narkotisiert er sie mit Morphium. Bald beschränkt er sich aber nicht mehr nur auf eine medizinische Behandlung. Als er die Fensterrahmen mit Knoblauch einreibt, Knoblauchblüten ans Fenster legt und um Lucys Hals einen Kranz aus Knoblauchblüten windet, kommt es Lucys Freundeskreis vor, als treibe er Zauberei, um einen bösen Geist fernzuhalten. Gegen den untoten Grafen Dracula ist aber kein Kraut gewachsen: In der Gestalt eines Wolfes dringt er durch das Fenster ins Haus ein, erschreckt Lucys Mutter zu Tode, betäubt die Dienstmägde mit in Sherry versetzter Opiumtinktur, saugt Lucy erneut Blut aus den Adern und hinterlässt sie als Sterbende.

Nach der Trauerfeier und Beisetzung im Friedhof nahe der Heide von Hampstead überkommt Van Helsing ein hysterischer Anfall. Er allein weiß, dass die mit Blumen geschmückte Lucy, die beim Begräbnis so blühend aussieht wie früher in ihrem Leben, sich bereits in eine Untote verwandelt hat.

Der Wampyr
Phyllostoma Spectrum.
Phyllostome Vampire.

Als Van Helsing seine Pläne erläutert, nämlich Lucys Herz mit einem Pfahl zu durchbohren, ihren Kopf abzuschneiden und ihren Mund mit Knoblauch zu füllen, um sie von dem Fluch, als Vampir weiterleben zu müssen, zu befreien, regt sich heftiger Widerstand. Arthur Lord Goldaming, Lucys Verlobter fragt ihn, ob er wahnsinnig geworden sei: "Was hat Ihnen das gute Mädchen getan, dass Sie sie noch im Grab schänden wollen?" Angesichts der Verdammnis, die Lucys Seele droht, was Van Helsing beredt vermittelt, ergreift Arthur Pfahl und Hammer und bringt Lucy die ewige Ruhe. Befreit von ihrer vampirischen Existenz verklärt sich ihr Gesicht "in überirdischer Schönheit und Reinheit."

Dem Kreis seiner Freunde erläutert er, dass es jetzt gelte, den Urheber all dieser Leiden ausfindig zu machen, um ihn zu vernichten. Ein gefährliches Unternehmen: Van Helsing weiß, wenn der Plan misslingt, und sie gegen Dracula verlieren, werden sie wie er: Nächtliche Nachtgespenster ohne Herz und Gewissen, die die Leiber und Seelen derer vernichten, die sie vorher am meisten geliebt haben. Es bedarf des Hinweises eines Insassen von Dr. Sewards Irrenasyl, der bemerkt, dass Frau Harker, die Gattin von Jonathan Harker, dem ersten Opfer von Dracula, ihm bei einem Besuch vorgekommen sei "wie ein zum zweiten Mal aufgegossener Tee", um Van Helsing merken zu lassen, dass sich Dracula ein neues Opfer aus dem Kreis von Lucys Freunden gesucht hat.

In einem Ritual, in dem er Mina zwingt, Blut aus seiner Brust zu trinken, stellt Dracula zu ihr ein dauerndes Band her. Van Helsing, der mit einer geweihten Hostie gewaltsam in Minas Zimmer eindringt ("für den Arzt sind alle Zimmer gleich"), kann er Dracula zwar vertreiben, nicht aber Mina vom Einfluss des Grafen befreien. Zum "Fleisch von seinem Fleisch" hat er sie gemacht. Anfänglich soll sie ihm mit ihrem Blut (wie der Graf humorvoll bemerkt) als "Weinkelter" dienen, bevor sie sein Schicksal auf ewig als Genossin wie Helferin auf seinem Schloss teilen muss. Von wo aus er sie auch riefe, müsse sie zu ihm kommen, erklärt er ihr triumphierend.

Van Helsing hypnotisiert Mina. Sie lässt sich in Draculas Körper versetzen und hört mit seinen Ohren, so dass Van Helsing Hinweise auf Draculas Aufenthaltsort bekommt. In Draculas Schloss legt er ein Stück einer geweihten Hostie in das Grab des Grafen, so dass er sich nicht mehr darin aufhalten kann, und pfählt seine drei Gespielinnen, Draculas willige Vampirbräute, die ihn seit Jahrhunderten mit ihrer Gesellschaft erfreuten. "Fleischerarbeit" sei es gewesen, gesteht er später seinem Kollegen, dem Arzt Dr. Seward. Angesichts der Frauen in ihrem Vampyrschlaf - "so voll Leben und wollüstiger Schönheit" – wird selbst der sonst so beherrschte Van Helsing schwach.

> "Es war ohne Zweifel ein Zauber, dass ich durch die Gegenwart einer dieser Frauen in Erregung geriet. Ja, ich war erregt – ich, Van Helsing, mit all meinen Vorsätzen, es erfüllte mich ein Verlangen, das meine Kräfte zu lähmen und auf meiner Seele zu lasten schien. Jedenfalls verfiel ich in Schlaf, in einen Schlaf mit offenen Augen, wie einer, der sich einem süßen Zauber hingibt."

Nachdem er an zwei der Frauen sein "furchtbares Werk" verrichtet hat, bringt ihn der Anblick der dritten Vampyrin erneut in Wallung.

> "Sie war so schön anzuschauen, von so bestrickendem Liebreiz, dass der Instinkt, der den Mann zwingt, das weibliche Geschlecht zu lieben und zu beschützen, mich in neue heiße Erregung versetzte."

Schließlich stellen Van Helsing und seine Begleiter den Grafen, der sich von einer Gruppe getreuer Zigeuner zum Schloss fahren lässt. Im letzten Moment, die Sonne versinkt gerade am Horizont, gelingt es, zu Dracula vorzudringen. Ein Stich ins Herz mit einem Jagdmesser bringt das Ende: Draculas Körper zerfällt zu Staub. Im selben Augenblick weicht Minas Besessenheit.

In Freda Warringtons 1997 erschienener Fortsetzung des Dracula-Romans von Bram Stoker (DRACULA – DER UNTOTE KEHRT ZURÜCK) nimmt Draculas Geist von Jonathans Körper Besitz und vergewaltigt dessen halb entsetzte, halb wollüstig erregte Ehefrau Mina. Dann dringt er in Van Helsings Körper ein und verletzt mit einem Messer Jonathan schwer. Um Jonathan zu schützen, versucht Van Helsing sich zu erstechen. Als ihm das fast gelingt, verlässt Dracula Van Helsings Körper. Dracula, der sich mit Hilfe von Minas Kindermädchen wieder seinen Körper verschafft hat, wird von Van Helsing und seinen Helfern verfolgt, um Mina und ihren Sohn Quincey aus den Klauen des dämonischen Grafen zu befreien.

Beherit, ein anderer mächtiger Vampir, bringt Mina in seine Gewalt und legt Dracula nahe, sich in das Feuer eines "Teufelsschlund" genannten Abgrunds zu werfen, wenn er das Leben seiner geliebten Mina retten wolle. Bevor Dracula dies tut, verflucht er Van Helsing. Er solle genauso – mit durchbohrtem Herzen – sterben, wie er es seinen drei geliebten Frauen einst im Schloss Draculas angetan hatte. Ein ehemaliger, zum Vampir gewordener Freund Van Helsings, Professor Kovacs, durchbohrt ihn versehentlich mit einem Stück Metall. Van Helsing hatte sich schützend vor Mina gestellt, die Beherit, Kovacs Geliebten, aus Rache für Draculas Tod, in dieselbe Schlucht gestoßen hatte und von ihm angegriffen worden war. Van Helsing starb, schreibt Freda Warrington, "wie er gelebt hatte: als Held."

In Kinofilmen brillierte von 1957 bis 1973 in insgesamt fünf Filmen → PETER CUSHING als Professor Van Helsing. Vor ihm war Edward van Sloan 1931 und 1936 schon als Vampirjäger tätig gewesen.

Die Figur des Van Helsing wurde auch von Oskar von Schwab (1969), Herbert Lom (1970), Nigel Davenport (1972) und von Anthony Hopkins (1992) in Filmen verkörpert. Sogar der berühmte, zweifache Oscarpreisträger Sir Laurence Olivier übernahm 1979 in dem US-Film DRACULA die Rolle des Professors. In diesem Film stirbt Van Helsing durch den Pfahl, den er eigentlich dem Grafen zugedacht hatte. Dracula reißt ihm den Pfahl aus der Hand und rammt ihn Van Helsing in den Leib.

In dem 2004 gedrehten Film VAN HELSING spielte Hugh Jackman die Rolle des jungen Gabriel van Helsing, der von einer kirchlichen Geheimorganisation, die im Petersdom residiert, gedungen wird, das Böse auf der Welt aufzuspüren und zu vernichten. Mit Hilfe des Mönches Carl, einem genialischen Waffenentüftler und der in Transsylvanien lebenden Gräfin Anna nimmt Gabriel den Kampf auf gegen die Vertreter der Achse des Bösen. In Paris erledigt er Mr. Hyde, der in Notre Dame sein Unwesen treibt, dann reist er nach Transsylvanien, wo er den Kampf gegen Dracula und dessen Gehilfen aufnimmt. Besonders lästig erweisen sich die drei Bräute Draculas, die Gabriel aus der Luft - im Staffelflug und vollkommen nackt - angreifen. Erst als er den Pfeil seiner Armbrust in Weihwasser taucht, hat er mit einem seiner Schüsse Erfolg. Das Frankensteinmonster, das von Dracula in seiner Burg gefangen gehalten wird, erweist sich als freundliches Wesen, das immer wieder mal die Klappen an seinem Kopf lüftet, um sich eines Stromstaus zu entledigen, der immer dann entsteht, wenn Dracula massiert Blitze in ihn hineinjagt. Schwierig gestaltet sich Gabriels Kampf gegen bösartige Minivampire, die von Dracula mit seinen Bräuten gezeugt, zuhauf aus unappetitlichen Brutsäcken kriechen, um Mensch und Tier anzufallen. Den Vampirbräuten von Dracula hat man, um in den USA keinen Anstoß bei den Zuschauern zu erregen, die Brustwarzen wegretuschiert. Böse Zungen behaupten, der amerikanische Präsident, George W. Bush, sehe sich den Film deshalb mit leuchtenden Augen immer und immer wieder gern an.

w.b.

Hexensalbe: Ausfahrt zum Sabbat

"... die Kraft des Fahrens stecke in der Salbe und in etlichen Worten..."

(PRAETORIUS 1979:83)

Andere Namen: Bartelsalbe, Bartelschmiere, Flying ointment, Neunmalgrün, Ointment, Pomada, Salbe, Schmer, Unguento, Unguent, Balsampappelpomade = Unguentum Populi; Bartelschmiere = Unguentum Populi; Flugsalbe, Buhlsalbe, Hexenschmiere.

Die Hexensalbe oder Flugsalbe ist wohl durch Johann Wolfgang von Goethe (1749-1832) und seinem FAUST am berühmtesten geworden (er nennt sie nur "Salbe"): Darin singt der Chor der Hexen: "Die Salbe gibt den Hexen Mut, / Ein Lumpen ist zum Segel gut, / Ein gutes Schiff ist jeder Trog;/ Der flieget nie, der heut nicht flog."(Faust I, Walpurgisnacht)

Die Hexensalbe ist ein Konzept. Sie soll angeblich den Hexen dienen, zum Hexensabbat (in der → WALPURGISNACHT) zu fliegen, wenn sie sich damit einschmieren. Beim Sabbat treffen sie dann den Teufel persönlich, haben Sex mit ihm und hecken allerlei Schandwerk aus.

Nun ist die berüchtigte Hexensalbe keine Erfindung der Inquisition, sie wird bereits in antiken Schriften genannt. Die erste Erwähnung einer Flugsalbe stammt von Homer: Hera salbt sich mit Ambrosia, um vom Olymp herab über Thrakiens Schneeberge, "über die obersten Gipfel, und nie die Erde berührend"zu Zeus auf den Idaberg zu gelangen. Zeus ist bass erstaunt darüber, wie schnell die Fahrt ohne Pferd und Wagen geschafft wurde (ILLIAS II, XIV 169ff.).

Berühmt ist auch die Hexensalbe des Apuleius. Leider sind keine antiken Rezepte erhalten geblieben.

Die Hexensalbe dient der Ausfahrt; heute würde man vielleicht sagen, dass sie einen psychedelischen Trip bewirkt. Die überlieferten Rezepte stammen allesamt von frühneuzeitlichen Ärzten, die sich Rezepturen ausgedacht haben, die in der mit dieser Salbe eingeschmierten Person Flugerlebnisse und sexuelle Orgien halluzinatorisch manifestieren.

> "Die Salben, welche die Kräfte der natürlichen und himmlischen Dinge besitzen, stehen gleichfalls in einem angemessenen Verhältnisse zu unserem Geiste und können ihn stärken, verändern oder verwandeln, und zwar bald auf diese, bald auf jene Art; auch eine Versetzung der Fähigkeiten, die ihm innewohnen, vermögen sie herbeizuführen, so dass er nicht allein auf seinen eigenen Körper, sondern auch auf den seines Nächsten wirken und demselben durch die Gesichtsstrahlen, durch Bezauberung, sowie durch Berührung eine ähnliche Eigenschaft mitteilen kann."(AGRIPPA 1982:98f.)

Als Zutaten der Hexensalbe werden vor allem Nachtschattengewächse (Alraune, Tollkirsche, Bilsenkraut), Opium, Hanf, Eisenhut, Schierling und Fett genannt. Die meisten Menschen, die mit diesen Mischungen Experimente gemacht und überlebt haben, berichten, dass sie zu einer Hexenorgie auf den Blocksberg gereist sind. Solche Reisen können nicht nur im Dunklen enden, sondern auch in "schwarze Löcher"führen.

In der Schwarzen Szene wird viel über Hexensalben gemunkelt; aber der Gebrauch kann extrem gefährlich sein. Die Reise kann im Dunklen enden, der Reisende dort grässlich verenden (→ DROGEN, Hexenrauch).

chr.r.

Highgate Cemetery: Reges Leben zwischen den Grüften

Wenn man mit der Northern Underground bis zur Station Highgate fährt und dann die Swaine's Lane entlanggeht, kommt man zu Londons berühmtesten → FRIEDHOF, dem Highgate Cemetery. 50.000 Körper haben hier ihre letzte Ruhestätte gefunden. Den Besucher erwartet eine idyllisch-romantische Wildnis mit verfallenen Grabstätten und Grüften, zum Teil aus der Zeit vom Anfang des 19. Jahrhunderts. Das Mauerwerk ist vielfach mit geheimnisvollen Zeichen bedeckt, die an den Voodookult und an Zeichen schwarzer Magie erinnern. Am Eingangstor wird nachts immer mal wieder der Geist eines melancholisch dreinschauenden Mannes gesehen, der vergebens darauf wartet, dass seine untreue Geliebte kommt, um ihn, der ihretwegen zum Selbstmörder geworden war, zu erlösen. Als ihn einmal der Fahrer eines vor dem Portal liegen gebliebenen Autos hilfesuchend ansprach, verschwand der Geist ob dieses banalen Ansinnens laut klagend im Unterholz.

An der Ostseite liegt das Grab von Karl Marx (1818-1883). Mit ihm bestattet sind seine Frau Jenny von Westphalen und der dienstbare Geist des Hauses Lenchen

Demuth. Lenchen musste nicht nur den Haushalt managen, sie war auch tatsächlich Mädchen für alles. Wenn den "Mohren", wie man den Hausherrn nannte, ein Gelüst überkam, musste sie sich auch dafür bereithalten. Ein unehelich geborener Sohn wurde mit Hilfe von Engels weggegeben und fristete später sein Leben als Fabrikarbeiter in Frankreich. Auf sonntäglichen Spaziergängen der Familie Marx und ihrer Freunde in die Heide von Hampstead war es Lenchen Demuth, die den übergroßen Korb mit Proviant, der zumeist mit einem mächtigen Kalbsbraten gefüllt war, hinterher schleppte. Zuweilen hatte Tochter Jenny, wie Wilhelm Liebknecht berichtet, prophetische Verzückungen: "Der Geist kam über sie wie über die Pythia, ihre Augen begannen zu leuchten und zu flammen, und sie fing an zu deklamieren, oft die merkwürdigsten Phantasien." Auf dem Heimweg deklamierte Marx gern aus der DIVINA COMMEDIA oder gab in der Rolle des Mephisto Passagen aus Goethes → FAUST zum Besten.

Grab von Karl Marx

Der zum Kreis der Präraffaeliten gehörende Dichter und Maler Dante Gabriel Rossetti besaß in diesem Friedhof eine Familiengruft, wo seine Frau Elizabeth Siddal beigesetzt war. Er hatte dem Sarg ein kleines Bändchen mit handgeschriebenen Liebesgedichten beigelegt. Sieben Jahre später holte er beim Innenministerium die Genehmigung ein, den Sarg zu öffnen und das Buch zu entnehmen, um die Verse veröffentlichen zu können. Als man den Sarg im Schein eines Feuers öffnete, fand Rossetti den Körper seiner Frau vollkommen erhalten. Ihr Gesicht war noch immer schön. Durch den Feuerschein entstand für einen Moment um ihren Leichnam eine Gloriole in den Farben des Regenbogens. Rossetti nahm das Buch aus den rotgoldenen Locken seiner Frau, in die er es bei der Beisetzung gewickelt hatte, heraus. Eine Locke, die sich löste, nahm er als Andenken mit.

Dieser Vorfall inspirierte → BRAM STOKER, den Autor des Romans DRACULA und Nachbarn von Rossetti, dazu, die goldgelockte Lucy Westenraa, das erste Opfer des blutsaugenden Grafen, im Highgate Cemetary, in der Gruft der Westenraas, bestatten zu lassen. Von hier aus unternimmt die zum Vampir gewordene Lucy nächtliche Streifzüge in die nahe gelegene Heide von Hampstead, wo sie kleine Kinder fängt, um sie in ihrer Gruft genüsslich auszusaugen. In dieser Gruft lässt Stoker Lucy durch ihren Verlobten Lord Godalming und Professor → VAN HELSING pfählen.

w.b.

Hippies of Darkness: Alchimistisches Laboratorium der Kreativen

"Hip" sein bedeutet, namentlich bei den nordamerikanischen Schwarzen, "den Einblick in Dinge zu haben, die für das meiste Volk völlig unverständlich sind".

Hippies nannte sich eine mächtige Jugendbewegung der Neuzeit, die sich zu Beginn der sechziger Jahre des 20. Jahrhunderts vorbereitete und etwa 1966-1973 ihren Höhepunkt erreichte. Lange Haare wurden ebenso Mode wie bunte Kleider, die oft bewusst an Blumen und Schmetterlinge, "die Elfen der Märchen erinnern sollten". Im Gegensatz zu den revolutionären Jugendbewegungen um 1968 glaubten die Hippies, denen sich auch recht viele sich noch an ihre Märchen erinnernde "Alte" anschlossen, "an eine einigermaßen friedliche Entwicklung der Menschheit": Als Sinn der Welt galten nun Liebe und Musik, Freundschaft und die mystische Schau der Dichter. Das materialistische Weltbild, das von Europa und Nordamerika ausging, galt als überwunden. Der Kolonialismus gegen die farbigen Rassen sollte seinen Schlussstrich bekommen, und in seltenen Büchern und auch tollkühnen Reisen erforschte man lange vergessene geistige Schätze der Indianer, Himalaya-Völker, Slawen, Zigeuner, Alpenhirten.

Doch die Freude an Festen und am Alltag voll des äußeren Glänzens führte bekanntlich zu vielerlei bitteren Enttäuschungen. Die Hippies fanden nicht lange den gewünschten Frieden. Der Wille nach der "guten" Revolution bei der Generation von 1968 und der entsprechende Aufruhr der "Punker" sind nur die äußeren Zeichen der negativen Erlebnisse. Es entstanden die Gruftis, die Gothics, die "schwarzen Hippies", die Sternenleute (Star People).

Sie begannen, meist von der großen Gesellschaft zurückgezogen, sich vermehrt der "dunklen Seite" des Lebens auf unserer Erde zu erfreuen, weil sie sich, auch bei zunehmenden Schatten, auf die Wunder in ihrer unmittelbaren Nähe besannen. Sie achteten das von Geheimnissen umgebene Dasein der Tiere und Pflanzen, das die lärmige Zivilisation lange vergessen hatte. Man sah wieder die Blumen- und Schmetterlingspracht der Friedhöfe, die jeden Gedanken an den Tod verwischen können. Sogar in den Grüften sah man Türen in die Zustände der Unsterblichkeit, so dass die Entstehung des Ausdrucks "Gruftis" für die "Hippies of Darkness" verständlich wurde. Auch im äußeren Erscheinungsbild versuchte man, an eine Finsternis zu erinnern, die man immer mehr als ein alchimistisches Laboratorium schöpferischer Kräfte ansah.

s.g.

Hirsch: Heilsames Pulver vom Horn

Der Hirsch wird noch heute bewundert, weil er im Februar, der darum "Hornung" heißt, seine Hörner an den Bäumen abstößt und dann jährlich neue hervorzubringen vermag. Das Geweih kann bei ihm, genau wie beim engverwandten Elch, ins Riesenhafte anwachsen, immer wieder um drohende Zacken reicher werden!

Am frühen Morgen ein weggestreiftes Geweih zu finden, gilt als "Geschenk" des kommenden Jahres. Es empfiehlt sich, etwas vom Horn abzukratzen und von diesem Pulver eine Kleinigkeit mit Quellwasser zusammen zu trinken: Wie mir der Sagenkenner Dr. Hans Zulliger erzählte: "Unser Skelett soll dadurch fest werden und damit unsere gesamte Widerstandskraft fast unerschöpflich."

s.g.

Hitler, Adolf: Domestik - Projektionsfläche - Faszinosum

> "Die Diktatoren sind die Domestiken des Volkes – und nichts weiter – eine beschissene Rolle übrigens, und der Ruhm ist das Ergebnis der Geschicklichkeit, mit der ein Geist sich der nationalen Dummheit anzupassen versteht." (BAUDELAIRE 1966:60)

Hitler ist eine gewaltige Projektionsfläche! Man hat in ihm eine Ausgeburt des Satans, einen Geheimbündler, Okkultisten, Schwarzmagier, Verführer und Versucher gesehen. Man hat ihm sogar den "Bösen Blick" zugeschrieben (HAUSCHILD). Er wird bezichtigt, magische Symbole missbraucht zu haben, wie das Hakenkreuz (→ SCHWARZE SONNE) und die germanischen Runen.

Hitler soll alle möglichen psychoaktiven → DROGEN (→ KOKAIN, Speed, Strychnin, Opiate) benutzt haben, um sich ihrer dunklen Macht zu bedienen. Ein vielzitiertes Gerücht besagt, dass Hitler mehrfach Erfahrungen mit Peyote (Lophophora williamsii) unternommen habe (wodurch der visionären Kraft des meskalinhaltigen Kaktus etwas an sich dämonisches angedichtet wurde). Hitler soll auch aktiv nach der Lanze des Longius (→ KLINGSOR) und natürlich dem "echten" Gral gesucht haben, so behauptet es Trevor Ravenscroft in seinem Buch DER SPEER DES SCHICKSALS (1977). Überliefert ist, dass sich Hitler gerne mit Wagners Figur des → PARSIFAL identifiziert habe. Wenn Hitler Wagner wirklich verstanden hätte, hätte er ihn verboten. Denn in Wagners Ring des Nibelungen wird in der Gestalt des Alberich gezeigt, wie es zu faschistischer Macht kommt. Alberich, der der Liebe entsagte, um das Gold der Macht zu gewinnen, strebt die Weltherrschaft an – und verliert; genauso wie Hitler und andere Diktatoren.

Alberichs Fluch:

"Wie durch Fluch er mir geriet,
verflucht sei dieser Ring!
Gab sein Gold mir Macht ohne Maß,
nun zeug' sein Zauber Tod dem, der ihn trägt!
Kein Froher soll seiner sich freun,
keinem Glücklichen lache sein lichter Glanz!
Wer ihn besitzt, den sehre die Sorge,
und wer ihn nicht hat, den nage der Neid!
Jeder giere nach seinem Gut,
doch keiner genieße mit Nutzen sein!
Ohne Wucher hüt' ihn sein Herr;
doch den Würger zieh' er ihm zu!
Dem Tode verfallen, fessle den Feigen die Furcht:
solang er lebt, sterb' er lechzend dahin,
des Ringes Herr als des Ringes Knecht:
bis in meiner Hand den geraubten wieder ich halte! –"

In Hitlers zukunftsorientierter Politik hat man neuerdings eine Art Gesamtkunstwerk gesehen. Es heißt, ihm war die Deutschtümelei widerwärtig, und vor der Götterdämmerung (→ WAGNER) hatte er soviel → ANGST, dass er sie nie gesehen habe.

Hitler hat seine Vorlieben in der Musik für seine Propagandafeldzüge und monumentalen Massenveranstaltungen genutzt: Beethoven, Liszt, Wagner. Er liebte vor allem Beethovens Neunte, Les Preludes (→ FRANZ LISZT), LOHENGRIN, → PARSIFAL und DIE MEISTERSINGER VON NÜRNBERG.

Sein "Hausdirigent" war Wilhelm Furtwängler (1886-1954).

Hitler selbst wurde nach dem Zweiten Weltkrieg zu einem Symbol des Bösen. Er ist ein doppelschneidiges Faszinosum geblieben. "Hitler ist immer noch sexy" (Hartmut Rüsch)!

Dem → HEAVY METAL wird von bürgerlicher Seite aus oft vorgeworfen, Hitler, die Nazis, den Faschischmus usw. zu verherrlichen, Hitlers dämonische Macht wieder heraufzubeschwören (z.B. Kiss, Marylin Manson). Es gibt auch Hardcore-

Rock, der als Brauner Rock, Rechtsrock, rechtsradikale Musik bezeichnet und von der staatlichen Zensur verfolgt wird; die Musik ist meist primitiv und hat rechtsradikale Texte.

• *Hitler & Hell – American War Songs 1933-1947* (Trikont, 2000; Flashbacks #6); diese Anthologie zeigt, wie Hitler und die Nazis musikalisch besungen wurden. Ebenso sind Beispiele der verbotenen sowie der erwünschten Musik zur Nazizeit zu hören.

chr.r.

Hoffmann, E.T.A.: Räuche und Räusche eines Dichters

Ernst Theodor Amadeus Hoffmann (1776-1822) war nicht nur Jurist sondern auch Musiker und Dichter. Wie die modernen "Gruftis" suchte er in seinem zu seiner Zeit zweifellos sehr schwierigen Alltag den Trost in der "Nachtseite" der Welt. Er beschäftigte sich, oft sehr witzig, mit den Gespenstergeschichten und besonders den Elementargeistern des Paracelsus; Beispiele dazu sind etwa seine Märchenoper UNDINE und die zwischen seiner "bürgerlichen" Wirklichkeit und dem Universum der unsichtbaren Feenreiche pendelnde Dichtung DER GOLDENE TOPF.

Die Anregung durch geistige Getränke wusste Hoffmann sehr zu schätzen. Wenn es sein Geldbeutel erlaubte, trank er gern Champagner, alten Burgunder, Tokajer, Portwein oder Cognac. In seiner Zeit in Bamberg – mit geringem Einkommen – begnügte er sich auch mit Frankenwein, einem Pfalzer Roten oder mal einem Moselwein. Bier verabscheute er als geist- und seelenloses Getränk, das nur beruhigt und den Konsumenten einschläfert.

Hoffmann hatte – als Musiker – klare Vorstellungen, welches Getränk zu welcher Musik passte. Er riet bei Kirchenmusik alte Rheinweine zu trinken, bei der tragischen Oper sehr feinen Burgunder, bei der komischen Oper Champagner und bei der romantischen Oper einen Punsch. Punsch konsumierte auch der Freundeskreis gern bei ihm. (Neben Wasser, Zitrone, Zucker, Rum oder Cognac oder Arrak gehört Tee zu den fünf Zutaten eines Punsches.)

Der von seinen Zeitgenossen als Gespensterseher verunglimpfte Dichter benutzte Punsch auch als Mittel, um in die andere Welt hineinzuschauen.

1814 hatte er in einem Beitrag in der "Zeitung für die elegante Welt" über die Zubereitung geschrieben:

> "Wenn man Kognak, Arrak oder Rum anzündet und auf einem Rost darübergelegten Zucker hineintropfen lässt (...), wenn so die blaue Flamme emporzuckt, sehe ich wie die Salamander glühend und sprühend herausfahren und mit den Erdgeistern kämpfen, die im Zucker wohnen. Diese halten sich tapfer; sie knistern in gelben Lichtern durch die Feinde, aber die Macht ist zu groß, sie sinken prasselnd und zischend unter - die Wassergeister entfliehen, sich im Dampfe emporwirbelnd, indem die Erdgeister die erschöpften Salamander herabziehen und im eignen Reiche verzehren; aber auch sie gehen

> unter und kecke neugeborne Geisterchen strahlen in glühendem Rot heraus, und was Salamander und Erdgeist im Kampfe untergehend geboren, hat des Salamanders Glut und des Erdgeistes gehaltige Kraft.'"

Ein Punsch regte Hoffmanns Phantasie in besonderer Weise an. Als im Gasthaus Striegel in Bug (bei Bamberg) die Tischgesellschaft ihm eine Reihe von Worten zurief, darunter so Seltsamkeiten wie "Anglaise", "Wetterglas", "Hühnersauce", "Hutfutteral", "Klistier", "Tubus", "Somnambule", "Lichtschere" usw. erfand Hoffmann unter Zuhilfenahme dieser Worte auf der Stelle eine aberwitzige Erzählung: DIE FOLGEN EINES SAUSCHWANZES.

Hoffmanns Freund und erster Biograf Julius Eduard Hitzig schreibt:

> "Er trank, um sich zu montieren; dazu gehörte anfangs, wie er noch kräftig war, weniger; später, natürlich mehr; - aber war er einmal montiert; wie er es nannte, in exotischer Stimmung, die, oft bei einer halben Flasche Wein, auch nur ein gemütlicher Zuhörer hervorrufen konnte, so gab es nichts Interessanteres, als das Feuerwerk von Witz und Glut der Phantasie, das er dann

Selbstbildnis

unaufhaltsam, oft fünf, sechs Stunden hintereinander, vor der entzückten Umgebung aufsteigen ließ.

War aber auch seine Stimmung nicht exaltiert, so war er im Weinhause nie müßig, wie man so viele sitzen sieht, die nichts tun als nippen und gähnen; er schaute vielmehr mit seinen Falkenaugen überall umher; was er an Lächerlichkeiten, Auffallenheiten, selbst an rührenden Eigenheiten bei den Weingästen bemerkte, wurde ihm zur Studie für seine Werke, oder er warf es mit fertiger Feder auf das Papier."

Hoffmann erschreckte seine Freunde schon mal durch plötzlich sich ihm aufdrängende Visionen. Sein Freund, der Weinhändler und Verleger Kunz:

"Nicht nur, wenn er schrieb, sondern mitten im unschuldigsten Gespräch am Abendtisch, beim Glase Wein oder Punsch, sah er nicht selten Gespenster, und mehr als einmal, wenn ich erzählte, unterbrach er mich mit den Worten: ‚Entschuldigen Sie, Teuerster, dass ich in die Rede falle. Aber bemerken Sie denn nicht dort in der Ecke rechter Hand den kleinen ganz verfluchten Knirps, wie er sich unter den Dielen hervorhaspelt?

Sehen Sie doch, was der Teufelskerl für Kapriolen macht! - Sehen Sie – jetzt ist er weg! O genieren Sie sich doch nicht, liebenswürdiger Däumling, bleiben Sie gefälligst bei uns, - hören Sie unsern überaus gemütlichen Gesprächen gütigst zu – Sie glauben gar nicht, was uns ihre höchst angenehme Gesellschaft für Freude machen würde! – Ach, da sind Sie ja wieder – Wäre es Ihnen nicht gefällig, etwas näher zu treten! Comment?' – (hier trat ein heftiges Muskelspiel des Gesichts hinzu) – 'Sie belieben, was weniges zu genießen? – Gehorsamster Diener' usw. – Indem er solch kauderwelsches Zeug mit stieren Augen nach der Ecke gerichtet, woher die Vision kam, sprach, fuhr er dann schnell, sich gegen mich wendend, wieder auf und bat ganz ruhig fortzufahren.

Wurde er nun von mir oder einem anderen Anwesenden ausgelacht oder gar einen Narren oder Hans Dampf gescholten, so versicherte er mit der ernstesten Miene und bei in Falten gezogener Stirn: dass man nur glauben solle, wie das gar kein Spaß gewesen sei, indem er die beschriebenen Gestalten mit leibhaftigen Augen gesehen, was ihn übrigens gar nicht geniere und sehr oft passiere. War seine Frau zugegen, so rief er sie zur Bekräftigung des Gesagten wohl noch mit den Worten auf: ‚Nicht wahr, Mischa?' worauf diese dann lächelnd und kopfnickend einstimmte." (KLEßMANN 1988:205f.)

Gern zechte er mit seinem Freund, dem Schauspieler Ludwig Devrient. Der Hoffmann-Biograf Rüdiger Safranski:

"Die beiden warfen sich die Bälle ihrer Einfälle zu, mischten Ernst und Spiel, ironisierten und irritierten die Leute und sich selbst, machten sich Geständnisse, gaben Trost, führten ihre Nachtgespenster vor."

Wenn Hoffmann, was er gerne tat, nach einem Gelage nachts schrieb und er die Schauergestalten seiner Phantasie wirklich um sich sah und die Gefahr bestand, ganz Beute seiner Visionen und Gespenster zu werden, weckte er seine Frau, die sich ankleidete, mit dem Strickstrumpf sich zu ihm an den Schreibtisch setzte und ihm Gesellschaft leistete.

In einer Zeichnung malte Hoffmann die grauenerregenden Bilder seines durch den Weingenuss "gährenden Hirns", des "Wahnsinns schreckhafte Kinder": einen Gnom, eine Schlange, Tiergestalten auf zwei Beinen, einen ausgezehrten Wahnsinnigen mit Spitzfuß und gesträubten Haaren und einen barfüßig betenden Monomanen.

Bei anregenden und berauschenden Mitteln kannte Hoffmann sich gut aus. Schon 1808 hatte sich Hoffmann mit dem "Trank der Unsterblichkeit" intensiv beschäftigt, als er das gleichnamige Opernlibretto des Grafen von Soden vertonte. In seinem 1816 erschienenen Schauerroman Die Elixiere des Teufels trinkt der Held, der Mönch Medardus, aus einer Flasche ein Elixier, das der Teufel einst dem Heiligen Antonius bei seinem Aufenthalt in der Wüste zu dessen ständiger Versuchung hinterlassen hatte. "Glut strömte durch meine Adern", notierte der Mönch, "und erfüllte mich mit dem Gefühl unbeschreiblichen Wohlseins – ich trank noch einmal, und die Lust eines neuen herrlichen Lebens ging in mir auf!"

Dem Heiligen Antonius, der eine dieser Flaschen doch einmal neugierig geöffnet hatte, war weniger Erfreuliches widerfahren. Die Flasche hatte einen seltsamen,

Des Wahnsinns schreckliche Kinder

betäubenden Dampf verströmt. Scheußliche, sinnverwirrende Bilder der Hölle umschwebten ihn und versuchten ihn mit verführerischen Gaukeleien zur Sünde zu verlocken.

Sir Walter Scott, der opiumhaltigen Wein (Laudanum) als Medizin lange gegen chronische Magenkrämpfe einsetzte und den phantastischen Roman LUCIA VON LAMMERMORE im Opiumrausch geschrieben hatte, unterstellte Hoffmann in einer Rezension prompt "einen unmäßigen Gebrauch des → OPIUMS".

Wenn der Dichter in seiner Bamberger Zeit in die (heute noch erhaltene) Gaststätte "Rose" ging, um alleine etwas zu trinken und in der Pfeife Berauschendes zu rauchen, gesellte sich Pollux, der Hund des Wirtes, zu ihm, legte seinen Kopf auf die Knie und schaute ihn - in stummer Zwiesprache - mit honigfarbenen Augen unentwegt an.

Zuhause, wenn er komponierte, soll Hoffmann die Füße in einen Kübel mit kaltem Wasser gesteckt und dabei mächtig Pfeife geraucht haben. Die Nachrede unterstellte dem Dichter, er maskiere zu Hause in seiner Begeisterung seine Weinflaschen mit farbigen Röckchen und Hütchen aus Papier und Tuch zu grotesken Gestalten.

In seinem Tagebuch notierte er seine Räusche. Die Zeichnung eines einfachen Pokals bezeichnete einen kleinen Rausch, ein geflügelter Pokal einen großen Rausch. Hoffmann hat auch eine Federzeichnung von einem mit Schmetterlingsflügeln ausgestatteten Fabelwesen (Basilisk, Drache) hinterlassen, der von einem gnomähnlichen Wesen geritten wird, das einen Humpen in der Linken hält. Was mag das für ein Rausch gewesen sein?

Zu einer wahren Apotheose des Rauschs geriet das von Hoffmann ersonnene Zaubermärchen DER GOLDENE TOPF. Innerhalb von vier Monaten schrieb Hoffmann den Text nieder. Am 15. Februar 1914 notierte er in seinem Tagebuch: "Vollendung des Märchens mit Glück beim Punsch".

Für die Literaturwissenschaft ist das der Neuromantik zugeordnete Märchen Hoffmanns Meisterwerk. Der Text wurde immer wieder neu aufgelegt und ist (was dem Komponisten Hoffmann vermutlich sehr gefallen hätte) 1989 sogar als Oper vertont worden.

Wenn in Hoffmanns Märchen sich etwas verwandelt und es "toll" zugeht, wird vorher von den Akteuren eine Pfeife geraucht oder ein Punsch getrunken.

Zur Handlung: Der Held des Märchens, der Student Anselmus, freute sich eigentlich auf eine Bouteille Doppelbier, die er in dem in Dresden beliebten Linkischen Bade - behaglich an einem der Tische sitzend - zu sich nehmen wollte. Vorher aber nimmt ihm ein Apfelweib, das am Schwarzen Tor Äpfel und Kuchen aus einem Korb verkauft, seine gesamte Barschaft ab. Anselmus - in Gedanken ganz woanders - war in ihren Korb hineingerannt. Die Ware war auf die Straße geschleudert worden, wo sich Straßenjungen daran gütlich taten.

Stattdessen ging er bekümmert zur Elbe und setzte sich auf den Rasen unter einen Holunderbaum und blickte finster vor sich hin. Mit Sanitätsknaster stopfte er sich eine Pfeife, die es - wie sich rasch zeigte - "in sich" hatte. Als er dicke Dampfwolken in die Luft bläst und ein Selbstgespräch mit sich anfängt, hört er es auf einmal Lispeln, Flüstern und Klingen und er erblickt drei in grünem Gold erglänzende Schlänglein, die sich um die Zweige des Holunderbusches gewickelt hatten und die Köpfchen der Abendsonne entgegenstreckten.

"Durch alle Glieder", erzählt Hoffmann, "fuhr es ihm wie ein elektrischer Schlag, er erbebte im Inneren." Eine der Schlangen blickt ihn mit ihren dunkelblauen Augen mit so unaussprechlicher Sehnsucht leidenschaftlich an, dass "ein nie gekanntes Gefühl der höchsten Seligkeit und des tiefsten Schmerzes" seine Brust fast zersprengt. Plötzlich spricht die Natur zu ihm: Der Holunderbusch ("der Duft ist meine Sprache"), der Abendwind ("der Hauch ist meine Sprache") und der Sonnenschein ("die Glut ist meine Sprache").

Die Bekanntschaft mit der Schlange Serpentina, der Tochter des Salamanders und Geisterfürsten Lindhorst (den Menschen gemeinhin nur als königlicher geheimer Archivarius mit einem Haus in Dresden bekannt), setzt eine Reihe von furiosen Geschehnissen in Gang. Der Held weiß oft nicht mehr, wes Geistes Kind er ist. Schließlich fügt sich alles zum Guten: Das garstige Apfelweib, ein hexischer Abkömmling aus einem Federwisch und einer Runkelrübe, und ihr dämonischer schwarzer Kater werden von Lindhorst und seinem Papagei glücklich besiegt. Anselmus stürzt in die Arme der holden, lieblichen Serpentina.

Lindhorst, der sich während der Geschehnisse als Salamander immer mal wieder im Feuer eines Punsches oder in einem glühenden Pfeifenkopf, beides sein ureigenes Element, belustigt hatte, lädt Hoffmann als Autor des Märchens, zu sich ins blaue Palmbaumzimmer ein. Seinem Gast bringt er einen goldenen Pokal, aus dem eine blaue Flamme emporknistert ... Aber lassen wir den Dichter weitererzählen:

> ‘"Es ist ein angezündeter Arrak, in den ich einigen Zucker geworfen. Nippen Sie was weniges davon, ich will gleich meinen Schlafrock abwerfen und zu meiner Lust und um, während Sie sitzen und schauen und schreiben, Ihrer werten Gesellschaft zu genießen, in dem Pokale auf- und niedersteigen.‘ - ‚Wie es Ihnen gefällig ist, verehrter Herr Archivarius‘, versetzte ich, ‚aber wenn ich nun von dem Getränk genießen will, werden Sie nicht - , ‚Tragen Sie keine Sorge, mein Bester‘, rief der Archivarius, warf den Schlafrock schnell ab, stieg zu meinem nicht geringen Erstaunen in den Pokal und verschwand in den Flammen. - Ohne Scheu kostete ich, die Flamme leise weghauchend, von dem Getränk, es war köstlich!"

Hoffmann trank und rauchte, um Anregung zu bekommen, sein Gehirn in Gärung und Wallung zu bringen und um so seine Phantasie anzuheizen. Er versetzte sich in einen Trancezustand, in der die Ichgrenzen gelockert waren und in der sich das Wunderbare, das Unirdische in Urbildern zeigen konnte. Er erschuf eine Welt aus Rausch, Rauch und Tagtraum!

Der Wein, schreibt Alexander Kupfer, war für Hoffmann ein Katalysator zur Schärfung eines bereits vorhandenen inneren, poetischen Sinnes: "Hoffmann präsentiert den Alkohol (...) als Wegbereiter einer Vision, die Einblick in einen Bereich verschafft, der dem gewöhnlichen Wachbewusstsein unzugänglich ist." "Unter dem

Einfluss des Alkohols wird der Erwachsene wieder zum Kinde, dem die freie Verfügung über seinen Gedankenablauf ohne Einhaltung des logischen Zwanges Lust bereitet", hatte schon Sigmund Freud festgestellt.

w.b. / s.g.

Höhle: Bergender und verbergender Mutterschoß

Platons Höhlengleichnis beschreibt unsere Seelenwelt, in der wir von Kindheit an wie in der Finsternis einer Höhle festsitzen. Nur spärlich dringt von einem weit entfernten Feuer ein Licht herein, das bizarre Schatten auf die Wände wirft. Da wir als Dauerbewohner nur diesen → SCHATTEN kennen, halten wir ihn für die Realität. Wenn einer sich nun die Mühe mache und mühsam zum Lichte emporsteige, vermöge er endlich die Wirklichkeit schauen, die "Welt an sich", das von allen Missverständnissen gereinigte Bild. Kehrt er nun zurück und will seine Eindrücke mitteilen, würde ihm dann jemand glauben? Würde er sich da nicht lächerlich machen und würde es nicht von ihm heißen, "er sei mit verdorbenen Augen von oben zurückgekommen und es lohne nicht, dass man auch nur versuche hinaufzukommen?" (POLITAIA, Vers 514-519).

Höhlen bieten dem Tier Schutz vor der Witterung und dienten auch dem Frühmenschen als erste und natürliche Wohnstätten. Sagen wissen noch darum, erzählen von Heidenlöchern und Wohnungen der "Wildleute". Die ersten Christen versammelten sich zur Eucharistiefeier in verborgenen Klüften, die ersten Reformierten trafen sich im Alpenbereich in sog. "entrischen Kirchen" der Bergestiefen. Räuber, Eremiten und verstoßene Jungfrauen zogen sich gern in Höhlen zurück, und meine Studentenbude soll einer Räuberhöhle nicht unähnlich gewesen sein, behauptete meine Mutter. Als Archetyp assoziiert eine Höhle den bergend schützenden Mutterschoß. Im Berg als männlich aufragendem Prinzip symbolisiert der gähnende, dunkle Spalt die Vulva, die auf Befruchtung wartet.

Bei den Sumerern, aber auch bei den Germanen, lag das Reich der Toten in einem → BERG. Ausgrabungen in den Höhlen am Kyffhäuser im Südharz entdeckten Beweise für Kannibalismus bei unseren Vorfahren. Weitverzweigte tunnelartige Gänge (→ LABYRINTH), Unzugänglichkeit und das unergründlich geheimnisvolle Dunkel solcher "Irrgärten" boten das passende Ambiente für Vorstellungen von der → UNTERWELT. Höhleneingänge führen in das → GRAB als Schoß der Muttererde, zum Ursprung. Ihre Zugänge werden mitunter von Drachen, Ungeheuern oder Riesen bewacht, Ausdruck elementarer Triebkräfte in der Natur. Sie bewachen einen Hort in der Dunkelheit, denn mit Vernunft genutzt, liefern diese vitalen oder animalischen Triebkräfte ein ungeheures Antriebs- oder Wandlungspotential. In einer Höhle entspringen deswegen auch lebenspendende Quellen. Alle Erlösungsgötter wurden in einer Höhle geboren, in der Ostkirche gewöhnlich auch Jesus in einer Erdspalte. Während des "Höhlenschlafes" als Märchenmotiv verschwinden Raum und Zeit. Altersgrau wachen die Menschen nach hundert oder gar tausend Jahren wieder auf, sind wiedergeboren und ihnen dünkt, sie hätten nur eine Stunde geschlafen.

Als Sinnbild für das geheime Leben in der Tiefe, oft auch für → HÖLLE, als dem Bereich jenseits des Tagesbewusstseins, beschreibt eine Höhle zugleich die "Dunkelheit und Abgeschlossenheit des Unbewussten", deren bewusstes Betreten Konfliktstoff birgt (C.G. Jung). Wer in diese Tiefe gehen will, muss jene Falltüre heben können, welche die Tiefenschicht der Seele abschließt. Im Märchen "Die drei Federn" lebt dort unten die Kröte, und man darf weder → TOD noch → TEUFEL auf dem Weg dorthin fürchten. Hat man aber den Eingang mutig passiert, erwachen alle großen Fragen des Daseins und bieten einen Ort erstaunlicher Entdeckungen. In dem Initiationsbericht (→ INITIATION) des Apuleius DER GOLDENE ESEL überschreitet der Myste die Schwelle zu Proserpinas Reich und gewahrt in tiefster Nacht und Dunkelheit die Sonne in ihrem hellsten Licht. Höhlenkulte verbinden sich von alters her mit Auferstehung, Wieder- und Neugeburt. Aber ebenso bietet dieses finstere Loch immer noch ein Bild des trüben menschlichen Daseins, das die meisten nicht verlassen wollen und darauf beharren, dass es außer ihren Schattenbildern keine andere Wahrheit gibt.

c.z.

Tannhäuserhöhle im Hörselberg, Thüringen – der Eingang zum Herrschaftsbereich der Venus als Fruchtbarkeitsaspekt der Großen Mutter ist fast wie eine Vulva geformt

Hölle: Sie beginnt, wo der Himmel aufhört

Nur in zwei Zuständen fühle sich der Mensch vollkommen zufrieden: im Schlummer des Unbewussten oder im Erwachtsein des Überbewussten. Alles dazwischen werde meist zur Hölle verschiedenster Grade, behauptet der Bewusstseinsforscher Ken Wilber (1999:136). Eine unerbauliche Hölle kann sich auftun, begegnen wir der ominösen Gesellschaft niederer Astralwelten, der Spiegelsphäre unserer unsortierten Wünsche und → VERLANGEN, oder wenn es unverhofft zu einer leidigen Konfrontation mit unserem → SCHATTEN kommt. Aber auch die Prüfungen unserer erworbenen Anlagen durch das Leben nehmen mitunter höllische Formen an, ebenso die Folgen sträflicher Ignorierung unserer "erbaulichen" Erfahrungen mit dem "deus est inversus" (→ TEUFEL).

Bei den Ägyptern bedrohte die Schlange Apophis fortwährend die von den Göttern geordnete Welt. Apophis kennzeichnet die Finsternis der → NACHT mit allen Begleitumständen, die das Licht des Himmels verbergen, aber auch das unmanifestierte Dunkel alles Unbewussten. Nacht verbindet sich mit → TOD, und Hölle mit Hel, Göttin des Verhehlenden und Verhüllenden, finstere Herrin des → GRABES und Totenreiches. Als Aspekt der Mutter Erde holt sie unweigerlich alles Sterbliche wieder zu sich und hüllt dabei das Unzerstörbare schützend ein. Trotzdem muss der Mensch die ständige Bedrohung durch den alles dahinraffenden Tod als das Urböse schlechthin empfunden haben. In christlicher Sicht wurde daraus der Teufel, der die Hölle regiert, das Reich der → SCHATTEN.

Teufel in der Teufelschlucht vor der Teufelshöhle auf dem Schroffen, Bad Reichenhall. Regelmäßig wird er übermalt, damit das höllische Ambiente für seine Anhänger gewahrt bleibt

Erste gedankliche Schöpfungen einer Hölle kreierten die Orphiker im antiken Griechenland. Sie malten diesen strafenden Vergeltungsort und die dort Gepeinigten mit bemerkenswerter Phantasie aus. Unter dieser Negativpropaganda warben sie für ihre Religion. Bis in Einzelheiten übernahm das Christentum solch schauerliche Vorlagen, die der Abschreckung und Warnung dienen sollten. Tief unter der Erde dachte man sich das Reich der "undenklichen" Strafe, → HÖHLEN und Erdspalten konnten seine irdischen Zugänge sein. Im Zentrum dieser Unterwelt herrsche Feuer- und Schlangenpein, geschürt und regiert von einem gnadenlosen Herrscher. Durch Mark und Bein gehe einem das entsetzliche Gejammer der Gepeinigten. Manchmal dringen ihre spitzen Schreie bis an die Erdoberfläche.

Im übertragenen Sinne beruht das innerste Wesen der Hölle auf der → ERBSÜNDE, der selbstverschuldeten Gottesferne. In unserem Bewusstsein als Ausgangspunkt aller Manifestation können wir ein Himmelreich schaffen – oder das Gegenteil. Echter Himmel und echte Hölle existieren nur im irdischen Leben, in unserem individuellen Dasein. Manche Menschen bereiten anderen gern eine Hölle. In der Regel schaffen wir sie uns selbst, ohne uns als Urheber zu begreifen. Vielleicht nehmen wir einen solchen Bewusstseinszustand zumindest vorübergehend mit über die Schwelle des Todes.

In der mittelalterlichen Bilderwelt konzentrieren sich Höllendarstellungen im Motiv des → JÜNGSTEN GERICHTES als Wandmalereien an der Westseite oder als Plastik im Tympanon der Westportale. Im Westen gehen Sonne und Licht unter. Dort liegt auch symbolisch das Jenseits. → FAUSTS → DOPPELGÄNGER Mephisto versichert teuflisch treffsicher: "Die Hölle ist überall dort, wo nicht der Himmel ist!"

c.z.

Holz: Wallfahren in den Wald

Der bayerische Chronist Johannes Aventinus hatte schon vor einem halben Jahrtausend die sicher aus der Volksüberlieferung stammende Ansicht, das Wallfahren komme aus dem uralten "Waldfahren": Wer in einer Not oder Lebensschwierigkeit "vermehrt Kraft" brauchte, sei eben ins "Holz" gezogen und habe dort die Energie eingeatmet, die er dringend benötigte.

Noch heute wird gelehrt: Wer will, dass sich ein guter Wunsch - namentlich zwischen Liebenden, Freunden, Verwandten - erfüllt, muss "dreifach" Holz berühren. "Aus diesem Grund sollte man stets so leben, dass man bis zum nächsten Gegenstand aus Holz nicht weiter hat als drei kurze Schritte." Dies ist häufig der Grund, warum auch Autofahrer aus Holz gefertigte "Glücksbringer" mitführen.

s.g.

Homunkulus: Ein Versuch Gott nachzuahmen

Famulus Wagner, ein trockener Pedant, hat in Abwesenheit von → FAUST mit erheblichem Aufwand und Transmutationszauber in einer "wohlverpfropften Flasche" den künstlichen Menschen geschaffen. Viel hat Wagner nicht davon. Denn der Homunkulus (lat.: Menschlein) fliegt gleich eilig Faust und Mephisto hinterher, die sich auf einer → WALPURGISNACHT vergnügen.

Der "verderbliche, gotteslästerliche und vermessene" Versuch, als Mensch selber Menschen zu schaffen, geistert seit der Antike durch die Literatur. Vor allem jüdische Überlieferung traute dies einigen Gelehrten zu, so dem weisen Rabbi Löw in Prag, verstand darunter aber mehr Zeugungen auf der Bewusstseinsebene. 1773 soll der Österreicher Johann Ferdinand Graf v. Kufstein zusammen mit Abbé Geloni im alchimistischen Laboratorium handfestere Homunculi erzeugt haben. Probleme bereitete allen Erzeugern und Erfindern immer nur die Seele. Denn nach religiösem Verständnis haucht allein Gott diese bei der Geburt ein. Und der spielte wohl nie mit und beharrt offensichtlich auf diesem Monopol.

Mittlerweile ist man ihm in Teilen auf die Schliche und in der Homunkuluserschaffung weit vorangekommen. In der stürmischen Entwicklung der Biotechnologie hat die Arbeit mit Gentechnik und lebenden Stammzellen all die damit verbundenen religiösen, philosophischen, ethischen, sozialen Fragen und Ängste aktualisiert. Und die Wogen des Für und Wider bezüglich einer ungehinderten Wissenschaft schlagen hoch. "Das Was bedenke, mehr bedenke Wie!" warnte Goethe. Vielleicht und hoffentlich dauert es noch recht lange bis zum Menschen aus der Retorte. Doch mit oft tief in das Erbgut eingreifenden Pharmaprodukten gedopte Athleten laufen, radfahren und schwimmen weniger gezüchteten Sportlern schon auf und davon.

Und der Homunkulus von Fausts Famulus Wagner? Der zerschellt am Muschelwagen der meerentstiegenen Göttin der Schönheit und startet dann vorsichtshalber eine natürliche, organische Entwicklung.

c.z.

Horrorfilm: Lästige Untote im Keller

Horror engl. – Abscheu, Entsetzen, Grauen, Grausen, Schrecken, Schrecknis

Der Mensch fand schon immer Gefallen am Gruseln, an der Gänsehaut, am Entsetzen und am Schrecken. Zum einen steigert es sein persönliches "Ich-bin-der-Gute"Empfinden und zum anderen scheint sein Stresshaushalt die Ausschüttung von Angsthormonen zu benötigen um ein gewisses Gleichgewicht zu halten, weshalb wohl eine Gänsehaut mit wohligem Schauer genossen wird.

Auch Märchen sind, wenn man es genau nimmt, echte Horrorgeschichten, meist weitaus grausamer und brutaler, als die netten Gespenstergeschichten um Irrlichter, Feen, Zwerge und weiße Frauen. Anders als bei einem Thriller (heißt auf Deutsch eigentlich auch Schauergeschichte), der in erster Linie über den Inhalt seiner Geschichte ein abgeschwächtes Grusel- und wohl eher ein Spannungsgefühl erzeugt, zeigt der Horrorfilm offen das Grauen, den Akt des Tötens, die Folter, die Verstümmelung.

Nosferatu – Symphonie des Grauens (D, 1921/1922) dürfte der erste Film seit Erfindung der bewegten Bilder sein, der sich Horrorfilm nennen darf. Er ist zugleich die erste, allerdings nicht autorisierte Verfilmung von → Bram Stoker's Roman Dracula, viele weitere Verfilmungen sollten noch folgen. Erstmals wurde ein "Monster", ein Vampir, filmisch schauspielerisch dargestellt. Eine Kreatur, die es in der Realität nicht gibt. Eine Kreatur, die so scheints, nicht in menschlichen Maßstäben denkt und empfindet. Sie tötet nicht mit einer Waffe, sie tötet durch einen Biss und das Trinken des Blutes seines Opfers.

Dario Argento, italienischer Horrorfilmmacher

In den 30er Jahren entstand in Hollywood mit Einzug des Tonfilms eine Reihe von Horrorfilmen, deren Stil bis in die 70er Jahre gleich blieb. Ein "Monster" (Vampir, Frankensteins Monster, Werwolf, Mumie, das Ding aus dem Sumpf) mordete auf der Leinwand und wurde am Ende selber zur Strecke gebracht. Die Tötungen wurden nie direkt gezeigt und auch Filmblut floss eher spärlich, dennoch wurde mit geschicktem Einsatz von Licht, Schatten und Musik eine angenehm gruselige Gänsehautstimmung geschaffen.

Der Vampir ist mit Abstand das beliebteste Horrorfilm-Monster und erreichte durch → Christopher Lees Dracula-Darstellung (GB 1958: Dracula; Horror of Dracula) einen wichtigen Höhepunkt der Horrorfilm-Geschichte, der Start für die legendären Produktionen der Hammer Studios in Großbritannien.

Anfang der 80er Jahre revolutionierte ein Film das Horror-Genre wie kaum ein anderer Film zuvor. THE EVIL DEAD (USA 1982, TANZ DER TEUFEL). Junge Leute wollen ein vergnügliches Wochenende in einer Waldhütte verbringen. Durch das Abspielen eines zufällig gefundenen Tonbandes, es werden Zeilen aus dem Buch des Todes (BOOK OF THE DEAD NAMES, NECRONOMICON) vorgelesen, wird die Beschwörung eines bösen Dämons in Gang gesetzt. Das Unheil nimmt seinen blutigen Lauf. Die Kamera wechselt im Film immer wieder zwischen der Sicht des außen stehenden Zuschauers und der Sicht des Dämons. Brutal und detailliert wird gezeigt, wie einer nach dem anderen getötet wird und eine der Protagonistinnen sogar von der Vegetation vergewaltigt wird.

Der Schocker teilte das Publikum in zwei Lager:

> "Die einen werteten "The Evil Dead" als unübertrefflichen beklemmenden Horrorfilm, der durch seine wagemutige Enttabuisierung des Bösen und mit tausenundeinem Regie-Einfall das Genre revolutioniert (Stephen King). Die anderen verdammten den Film als perversen, kranken, sadistischen Schwachsinn, vor dem die Menschheit geschützt werden müsse." (Zitat: Senator Filmverleih)

Nach seinem Kinoeinsatz wurde der Film in Deutschland per Gesetzbeschluss komplett verboten und aus dem Verkehr gezogen. 1993 wurde das Verbot dank dem Einsatz des Prokino-Verleihs wieder aufgehoben.

Heutzutage ist der Film ein Liebhaber-Film, der heutigen Horrorfilmfreunden eher ein nostalgisches Lächeln als eine eiskalte Gänsehaut entlockt.

Mitte der 80er Jahre wurde das Gruseln fast schon neu erfunden. In NIGHTMARE ON ELMSTREET (USA 1984), gefolgt von sieben weiteren Teilen, verwischen die Grenzen zwischen (Alp-) Traum und Realität. Der gruselbereite Zuschauer triftet zusammen mit der Hauptakteurin in eine schlaflose Zwischenwelt. Traum wird zur Realität und die Realität zur einzigen Rettung, denn in den Träumen des Schlafes lauert der Tod in Gestalt von Freddy Krüger.

Das Vermischen von Realität, Traum oder Virtualität wurde bereits 1983 von David Cronenberg im Film VIDEODROME (USA 1983) aufgegriffen und wird auch heute noch gern filmisch umgesetzt (MATRIX, USA 1999).

In den Zeiten der Horrorfilm-Revolutionen fielen immer mehr Tabugrenzen. Die Spezialeffekte (engl. FX = effects) wurden, dank der Computerisierung, rasend schnell immer besser und ermöglichten so, Phänomene zu zeigen, die man sich bis dahin nur in seiner Phantasie vorstellen konnte.

Das Horror-Genre vermischt sich auch hin und wieder mit anderen Genres. So entstanden wunderbare Science-Fiction-Horrorfilme wie zum Beispiel die ALIEN-QUADRILOGY (USA/GB 1979 ALIEN – DAS UNHEIMLICHE WESEN AUS EINER FREMDEN WELT, USA 1986 ALIEN 2 – DIE RÜCKKEHR, USA 1992 ALIEN 3, USA 1997 ALIEN – DIE WIEDERGEBURT), EVENT HORIZONT - AM RANDE DES UNIVERSUMS (USA 1997) oder John Carpenter's GHOSTS OF MARS (USA 2001).

Dass Gruseln und Lachen dicht bei einander liegen, wusste man schon in den 60er Jahren: man lachte im TV über DIE MUNSTERS (USA 1964-1966) oder DIE ADDAMS FAMILY (USA 1964-1966), später wurden die Serien neu aufgelegt und der Addams Family sogar zwei Kinofilme gewidmet. Ebenso liebenswert komisch sind beispielsweise auch die Horrorkomödien Mel Brooks' DRACULA - TOT ABER GLÜCKLICH (USA 1996) oder SCARY MOVIE (USA 2000).

Im Laufe der Horrorfilmgeschichte zeichneten sich zwei Subgenres des Horror-Films ab: Der → SLASHERFILM und der → SPLATTERFILM.

h.s.

Hysterie

→ WAHNSINN

I-J

Iblis: Mit einem Auge sieht man schlechter

Iblis gilt nach islamischer Überlieferung als ein gefallener und von Gott verfluchter Engel. Sein Name, abgeleitet von ‚ablasa' bedeutet "ohne Hoffnung sein". Er ist der Vater und Gebieter der Dschinn, ihm unterstehen die sieben → Dschinn-Fürsten mit ihren Reichen. Die Flamme, die Menschen an einer Kerze sehen können, hat deshalb acht Farben (sie symbolisieren die sieben Fürsten und Iblis). Zur Verfluchung und Vertreibung aus dem Paradies kam es, weil Iblis als stolzes, aus dem reinen Feuer geschaffenes Wesen sich Gottes Befehl widersetzte, sich vor dem nach ihm und aus Staub geschaffenen Adam niederzuwerfen. Zwar hatte Iblis in der "Wohlverwahrten Tafel" lesen können, dass ein Geschöpf von Gott verflucht werden würde, bezog in seinem Hochmut aber die Zeilen nicht auf sich.

Annemarie Schimmel, Professorin für Islamische Sprachen, schrieb:

> "Andere Mystiker haben jedoch in Iblis' Weigerung, sich vor Adam niederzuwerfen, nicht nur einen Akt des Ungehorsams - und damit das Vorbild alles Ungehorsams in der Welt - erblickt, sondern auch einen Akt, der aus Mangel an Liebe entstand. Iblis war, wie Rumi mehrfach beteuerte, einäugig: er sah nur Adams aus Staub geschaffene Form und rühmte sich deshalb: ‚Ich bin besser als er'. Doch er übersah die entscheidende Tatsache, dass Gott dem Menschen Seinen Atem eingehaucht und ihn nach Seinem Bilde geformt hatte. So ist Iblis das Sinnbild des einäugigen Intellektualismus, dem jene göttliche Liebe fehlt." (1985:278f.)

Nach einer Überlieferung wurden Lebensraum und Aktivitäten nach seinem Sturz von Gott folgendermaßen festgelegt:

Wohnort	Das Bad
Versammlungsplatz	Marktplätze und Wegscheiden
Speise	Das, worüber der Name Gottes nicht genannt wurde
Getränk	Alles Berauschende
Gebetsrufer	Die Flöten
Lektüre	Die Poesie
Schrift	Die Tätowierung
Tradition	Die Lüge
Fangnetze	Die Frauen

Iblis erhielt die Macht, alle die, die nicht treue Diener Gottes sind, irre zu leiten. Iblis hat fünf "schlimme" Söhne:

Zalambur	Richtet Unheil an verkehrsreichen Orten an
Tir	Führt Verluste, Verletzungen und Schwierigkeiten aller Art herbei
Dasim	Sät Zwietracht zwischen Mann und Frau
Sur	Flüstert Lügen ein
Al'Awar	Verführt zu Ausschweifungen

Iblis unterirdisches Reich, eine für das Auge seiner Betrachter unermesslich wirkende Halle von einer mächtigen Kuppel überwölbt, beschrieb → WILLIAM BECKFORD in seiner Erzählung VATHEK:

> "Aber ihre Augen gewöhnten sich schließlich an die Erhabenheit der Umgebung; so wandten sie ihre Blicke bald den entfernteren Gegenständen zu und gewahrten Säulenreihen und Bogengänge, die sich in der Weite allmählich verloren und in einem Punkt endeten, leuchtend wie die Sonne, wenn sie ihre letzten Strahlen auf die See wirft. Der Fußboden, mit Goldstaub und Safran bestreut, strömte einen so intensiven Wohlgeruch aus, dass er sie beinahe betäubte. Dessen ungeachtet gingen sie weiter und entdeckten eine Unzahl Räucherfässer, in denen graue Ambra und Aloeholz unaufhörlich glommen. Zwischen den einzelnen Säulen waren Tafeln mit unzähligen Speisen und Weinen aller Art, die in Gefäßen aus Kristall funkelten, angerichtet. Unzählige Dschinnen und andere seltsame Geister beiderlei Geschlechts tanzten wollüstig zu den Tönen einer Musik, die aus der Tiefe erklang." (1987:165f.)

w.b.

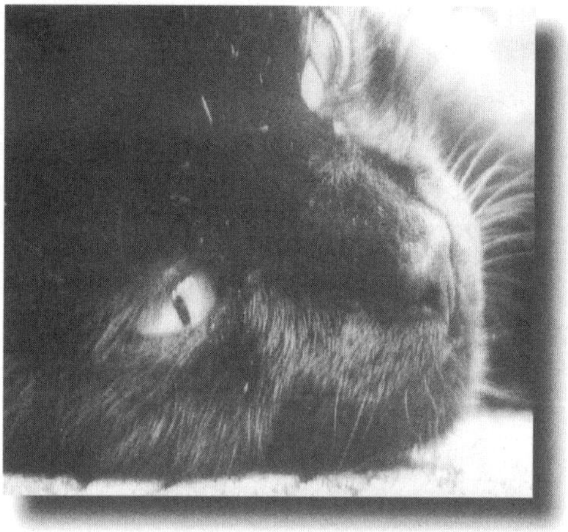

Dschinn zeigen sich gern in der Gestalt einer schwarzen Katze

Ikone: Fenster ins Ewige

Meine Großmutter war überzeugt, dass wir, wenn wir in einer Ecke des Wohnzimmers ein Brett mit Heiligenbildern sehen, "wir im Schlafen und Wachen den Himmel auf Erden nahe haben". In Paris, wo ich mich nach 1947 oft aufhielt, fand ich bei östlichen Flüchtlingen die gleiche Überzeugung: "Ikone okno", "das Heiligenbild ist ein Fenster (ins Ewige)!", sagte man mir. Häufig war da auch ein rührender Vorhang angebracht: Wurde im Raum gestritten, ertönten schmutzige oder rohe Worte, wurde das Tuch gezogen, das heißt, man zeigte damit, "dass jetzt die Verbindung zum Ewigen unterbrochen war".

Ikone

Verständlicherweise schwieg dann der Streit meistens schnell, damit man die Ikonen, die Heiligenbilder wieder abdecken durfte: "Dann sind die Heiligen wieder bei uns, wie gute Freunde, die uns helfen, unser Dasein erleuchten."

Im Alpenraum sah ich in Hütten ebenfalls solche Ecken, in denen man Darstellungen von Gott, der Gottesmutter Maria oder den Heiligen aufstellte. Gelegentlich befanden sich hier auch die Bilder von geehrten Menschen der Vergangenheit oder von verstorbenen Vorfahren. Gleiche Ecken grüssten den Gast auch in von Rossen gezogenen Zigeunerwagen, sogar in von Autos bewegten Wohnwagen.

Dies sind schöne Bräuche, die uns zeigen sollen, dass wir "nie allein sind", dass unsere Wohnung auch der Aufenthaltsraum "aller guten Kräfte ist", die mit uns verbunden sind, weil uns mit ihnen das Gefühl der gegenseitigen Liebe vereinigt.

s.g.

Initiation: Stufen zur Reifung

Das lateinische *initium* bedeutet Anfang, Beginn oder auch Eintritt. Mit einer Initiation betritt ein sog. Myste oder Mystagoge die Schwelle zu neuen Erfahrungen, Tätigkeiten und Lebenseinstellungen. Somit markiert sie eine neue Stufe im Wachstums- und Reifeprozess eines Menschen, die allerdings bewusst genommen wird. Viele Naturvölker kennen die körperliche Initiation in die Geschlechtsreife oder in die Welt der Erwachsenen. Der dramatische Auftritt eines Tierungeheuers, das den Initianten verschlingt und wieder ausspeit, demonstriert zugleich den seelischen Tod des alten Menschen und die Geburt einer neuen Identität.

Seit der Antike bieten Mysterienschulen aber auch umfassende Stufenmodelle für geistiges Werden an und begleiten Suchende. Sie helfen auf verschiedene Weise, den Weg durch das → Labyrinth der Seele zu finden, sich im Bereich von Licht und Dunkelheit, Ober- und → Unterwelt, Ober- und Unterbewusstsein zurechtzufinden und den Geist durch den → "Nebel der Konfusion" hindurch zu den höheren und höchsten Erkenntnisgraden aufsteigen zu lassen. Der Initiant soll dabei zur Selbstverwirklichung aus dem Individuellen durch das Überindividuelle zum Transhumanen vordringen. Dazu muss der Schüler mitunter körperliche, emotionale und geistige Prüfungen bestehen, will er das Tor in den neuen Abschnitt passieren. Oft beinhaltet bereits die erste Stufe das Nacherleben des physischen → Todes, den Prozess der → Zerstückelung und das Erfahren von Wiedergeburt.

Der Vorgang selbst verläuft gemäß einer das Bewusstsein tief beeindruckenden Ritualistik, dessen Symbolik im besten Fall die Sprache des Unbewussten korrekt beherrscht und mit ethisch-moralischer Ausprägung den Suchenden sicher auf allen Ebenen seines Daseins führt. Dabei kann das Procedere den Beginn eines Zyklus einleiten oder bereits das Ende projizieren. Immer wird aber ein Samenkorn gelegt, dessen Wachstum nur durch eigene Arbeit an sich Früchte trägt. Folgen Mysterienschulen und Initiatenorden dabei nicht authentischen Ritualen oder Lehren und suggerieren dem Initianten Aufstiege in Wolkenkuckucksheime hinein, kann er nachhaltigen Schaden nehmen. Leicht wird er nun Opfer seiner Wunschprojektionen, gesteuerter Missverständnisse oder gängiger Illusionen. Hochmut (→Stolz, Hochmut) stellt sich ein stellt sich ein, permanent starke Unruhe und aufgesetzte Zufriedenheit – im harmlosesten Falle ein penetranter Hang zu schulmeisterlichem Besserwissen.

c.z.

Innen / Außen

→ Mynona

Inzest: Reiz des Verbotenen

Vom hemmungslosen Inzest der Götter wissen die Mythen der Völker. Doch handelt es sich hier gewöhnlich nur um Aspekte von Schöpfungsvorgängen, deren Zeugungstrieb zur scheinbar wahllosen Paarung treibt. Alchimistische Symbolsprache preist denn auch geradezu die Bruder-Schwester-Paarung und versteht darunter nur den Drang zur Vereinigung der Gegensätze als Synthese, um Fortschritt zu erzeugen.

Wenn irdischer Inzest unter nahen Verwandten Nachwuchs schafft, erhöhen sich aber aufgrund vieler ähnlicher Gene die Gefahren von Erbkrankheiten, was nicht erst moderne Genforschung beweist. Während der Heterosisaffekt (Kinder übertreffen Eltern an Wachstum, Vitalität, geistigen Fähigkeiten und Widerstandskraft gegenüber Umwelteinflüssen) abnimmt, steigt die Homozygotie (Übernahme des reinen Erbgutes, das aber ohne Bastardisierung verkümmert) statt dessen an. Europäischer Hochadel demonstrierte augenfällig, dass solche Praktiken auf Dauer kaum gutgehen und vermutlich das Aussterben einiger Dynastien mitverantworteten. Solche Folgen muss bereits der Frühmensch bemerkt haben. Er stellte Inzest gewöhnlich unter ein absolutes Tabu mit strengen Strafen.

Ungeachtet dessen lockte außerhalb des legitimierten Bereichs der Frevel, gerade wegen der strengen Tabuisierung. Er lockt noch immer, scheinbar sogar zur Zeit vermehrt. Manche beschränken sich darauf, das Reich des Verbotenen nur in ihrer lebhaften Phantasie zu betreten. Andere fegen in der Realität alle Schranken zur Seite. Sie schalten das Oberbewusstsein aus, zerren an der reichlich klemmenden Tür zum → Abgrund in die Vitalseele (→ Wald) und lassen die → Dämonen von der Kette.

Psychische Probleme, vor allem nagende Schuldgefühle, die zu lebenslangen seelischen Belastungen führen können, bleiben selten aus, selbst ohne Schwangerschaften aufgrund inzestuöser Beziehung. Kinder leiden meist ihr ganzes spätere Leben unter einem großen Vertrauensverlust, ihr Wertesystem liegt in Trümmern. Viele schaffen es nie mehr, diesem Verfall etwas Aufbauendes entgegenzusetzen und neigen dazu, als Erwachsene eine Lösung ihres Problems im weiteren Inzest zu suchen. Psychotherapeuten wie Bert Hellinger warnen aber vor eindeutigen Schuldzuweisungen. Hinter vielen Fällen, wenn nicht den meisten, lassen sich unheilvolle Verstrickungen finden, die nach einem Ausgleich suchen. Und den glauben Beteiligte manchmal nur noch auf der "dunklen Ebene" zu finden (1998:91-99).

Filme wie DAS SCHWEIGEN (1963), INZEST (1970) und HERZFLIMMERN (1971) griffen das Tabu auf. In der Literatur verarbeitete Max Frisch das Thema in HOMO FABER, → E.T.A. Hoffmann in ELIXIERE DES TEUFELS, → E.A. POE in DER UNTERGANG DES HAUSES USHER, Thomas Mann in WÄLSUNGENBLUT und DER ERWÄHLTE. Immerhin wird dort Herr Gregorius am Ende von langen Jahren des Leidens und der Buße noch Papst.

c.z.

Irrlichter: Seelen der Kinder

Die "tiefen Moore", die es früher in größerer Zahl gab, gelten wegen ihrem reichen Pflanzenwachstum als Heimat aller Einflüsse der Fruchtbarkeit. Die blauen Flämmchen, die etwa von der "nassen Erde" aufsteigen, deutet man als Kinderseelen, bei den Slawen "Bolotniki", "Bolotjaniki": Es gab die Überzeugung, dass wenn man sich bei zunehmendem → MOND am Ufer des Sumpfes aufhielt, man auf baldige Nachkommenschaft zählen durfte.

s.g.

Jack the Ripper: Serienkiller oder mysteriöser Ritualmörder

Jack the Ripper ("Jack der Schlitzer") ist sicherlich der berühmteste Serienkiller; er wurde nie identifiziert und gefasst. Seine scheußlichen Verbrechen im Londoner Bezirk von Whitechapel führte er an Straßenhuren aus (in den Jahren um 1888). Bis heute sind seine chirurgisch ausgezeichneten Taten ein Mysterium, gaben und geben viel Anlass zu Spekulationen. Möglicherweise standen sie im Zusammenhang mit Ritualmorden der Freimaurer. So wird die Geschichte jedenfalls in dem sauber recherchierten → GOTHIC Comic FROM HELL (von Alan Moore und Eddie Campbell,

2002) dargestellt. Auf diesem als Meisterwerk gefeierten Comic (Graphic Novel), dessen sparsamer schwarzweißer Stil etwas geradezu Hypnotisches hat, basiert auch die gleichnamige Verfilmung (Twentieth Century Fox, 2001) mit Johnny Deep in der Rolle des Inspektor Abberline, der die Fälle mithilfe psychotroper → Drogen, speziell Laudanum (→ Opium) und → Absinth, kriminaltelepathisch aufklärt.

Die Existenz des intellektuellen und gebildeten Mörders sowie die mit hochgeschulter chirurgischer Präzision ausgeführten Tötungen und Verstümmelungen haben sofort die Phantasie angeregt – und Jack the Ripper erst zu einer Projektions- und Fantasiefläche, schon bald zu einem Topos der Kunst gemacht.

Die Figur des Jack the Ripper ist seit dem fin de siècle ein beliebter Gegenstand der Kriminalliteratur, von Romanen, Theaterstücken und Filmen. Jack the Ripper ist außerdem zu einem Sujet in der Musik geworden. Er taucht erstmals in der Zwölfton-Oper (→ Zwölftonmusik und → Oper) Lulu (1935) von Alban Berg (1885-1935) auf. Lulu repräsentiert die sexuelle Faszination des Weibes. Sie ist ein schwer erreichbares Objekt der Begierde und eine Projektionsfläche für männliche Phantasien und unterdrückte Wünsche. Die Sache hat nur einen Haken. Alle Männer, die sich mit ihr einlassen, finden einen brutalen Tod. Deshalb ist sie eine Art Femme fatale, ein dämonischer Vamp. In Bergs Lulu, dessen Text auf den beiden zusammenhängenden Theaterstücken (Tragödien) Erdgeist (1895) und Büchse der Pandora (1902) von Frank Wedekind (1864-1918; erst 1913 von ihm selbst unter dem Titel Lulu zusammengefasst) basiert, endet das "tödliche" Weib als Straßenhure in London, wo sie schlussendlich von Jack the Ripper erstochen wird. Die Oper beginnt mit einer Einladung an das Publikum: "Hereinspaziert in die Menagerie, Ihr stolzen Herren, Ihr lebenslust'gen Frauen, Mit heißer Wollust und mit kaltem Grauen Die unbeseelte Kreatur zu schauen, gebändigt durch das menschliche Genie." Kernsatz: "Ich habe nie in der Welt etwas anderes scheinen wollen, als wofür man mich genommen hat. Und man hat mich nie in der Welt für etwas anderes genommen, als was ich bin."

In Bergs Oper verwendet der Komponist ausschließlich die Technik der → Zwölftonmusik. Jede Figur in der Oper hat ihre eigene charakteristische Zwölftonreihe. Dadurch erzählt die Musik parallel zum Text die Geschichte und beleuchtet so die psychologischen Charaktere der Handlung. Die musikalischen Formen und Klänge haben stark die → Filmmusik angeregt, die sich mittels der Zwölftonmusik einen besonders düsteren und dramatischen Klang verschafft.

Jack The Ripper wird in vielen Songs aus unterschiedlichen Genres, wie Rock´n Roll, Rockabilly und Gothabilly, aber auch im → Heavy Metal und → Gothic Wave besungen. (Z.B. *Screaming Lord Such*, ...)

• Moore, Alan und Eddie Campbell (2002): From Hell. Ein Melodrama in sechzehn Teilen, aus dem Englischen von Gerlinde Althoff, Bad Tölz: Verlag Thomas Tilsner (Originalausgabe 1989, 1999).

chr.r.

Jahrmarkt-Maskottchen: Das Glück herausschießen

Als Glücksbringer dienen noch heute u.a. Gegenstände, die man auf volkstümlichen Jahrmärkten, Bierfesten und ähnlichen Veranstaltungen "herausschießen" kann. So alt schon der Brauch der "Schiessbuden" ist, so scheint er immer noch "nicht zurückzugehen": Das Glück brauchen wir, wenn wir auch von Maschinen umgeben sind, und beim Autofahren erst recht.

s.g.

Jazz: Musik aus der Hölle?

Um 1900 in New Orleans, USA, erfunden; er speiste sich aus einer Verschmelzung von schwarzer Musik (Spirituals, → BLUES, Ernte- und Kinderlieder) und europäischen Elementen (Marschmusik, Tänze, Choräle).

Der Jazz wurde, genauso wie der → BLUES, als "Teufelsmusik" oder als "höllisch" bezeichnet. Darauf bezieht sich der US-amerikanische Musiker, Poet und Komponist Frank Zappa (1940-1993) bei seinen Computerkompositionen auf dem Album *Jazz From Hell* (1986/87), "Jazz aus der Hölle". Frank Zappa wurde stark durch Strawinsky beeinflusst.

Der Komponist Igor Strawinsky hat sich in seinem Bühnenstück L'HISTOIRE DU SOLDAT (1918), in dem es um einen musikalischen → TEUFELSPAKT geht, mit dem Jazz auseinandergesetzt und mit der Teufelsmusik in Verbindung gebracht. Strawinsky hat bis zu seiner Komposition niemals Jazz gehört, er hat nur vom Jazz gehört und ein paar Notenblätter gesehen. Das Stück *Ragtime* hat er so komponiert, wie er sich den Sound des Jazz vorgestellt hatte, hat also imaginären Jazz geschrieben. *Ragtime* ist Tanzmusik, gespielt mit Solovioline, der "Teufelsgeige", und sechs weiteren Instrumenten (Klarinette, Faggot, Trompete, Posaune, Kontrabass, Perkussion).

Die Geschichte des Jazz ist mit der von → MILES DAVIS eng verbunden. Er hat die verschiedenen Phasen des Jazz definiert (von Bebop bis Fusion).

Hot Jazz ("echter Jazz") wird improvisiert; im Gegensatz zu Commercial Jazz ("angewandter Jazz"). Der (angewandte) Jazz taucht auf in → OPERN (Krenek, JONNY SPIELT AUF, 1927 [erste "Jazzoper"]; Gershwin, PORGY AND BESS) und → SYMPHONISCHER MUSIK (Gershwin, *Rhapsodie in Blue*; Schostakovitsch, *Jazz Suite Nr. 1 und Nr. 2*; Strawinsky, *Ragtime*, *Ebony*; Liebermann, *Concerto for Jazz Band and Symphony Orchestra*) sowie in Oratorien (Honegger, *Johanna auf dem Scheiterhaufen*, 1938).

chr.r.

Jüngstes Gericht: Tag des Erwachens

Tag des Zornes, Tag der Zähren,
wirst die Welt durch Brand zerstören!

Es gibt viele Vorzeichen, die den Jüngsten Tag ankündigen sollen. Sechs Wochen vorher erschüttern Erdbeben weite Gegenden, Sonne und Mond verfinstern sich, Sturmfluten wälzen sich mit alles zerstörender Macht an Land, Jahreszeiten fließen ineinander. Allgemein herrscht Gesetzlosigkeit, Laster, Werteverfall und Inflation. Frauen wollen keine Kinder mehr gebären, drängen in Männerberufe und greifen überhaupt die patriarchale Ordnung an, → AHASVER erreicht den → NORDEN.

Schon die Gathas, die ältesten persischen Religionsurkunden, sprechen von einem Jüngsten Gericht am "letzten Tag der Welt". Später wandelt sich diese Anschauung immer mehr zu einem Individualgericht, wie es die ägyptischen Grabtexte kennen. In einer alle Gefühle ansprechenden Gerichtsszene nach dem Ableben des Menschen wird seine Seele gewogen und beurteilt. Nach der Lehre des griechischen Philosophen Plutarch (um 46-120 n.Chr.) findet diese Wägung symbolisch auf dem Mond statt. Auch altjüdische Theologen malen ein schreckliches Endgericht, und christliche Autoren knüpfen an solche Vorstellungen an, um den Menschen stärker zu erziehen. Vor allem im Hochmittelalter, wo die christliche Kirche im Sumpf der Unmoral zu versinken droht, greifen reformerische Kräfte zu den drastischsten Bildern, um einen allgemeinen Werteverfall aufzuhalten. Am Jüngsten Tag wird abgerechnet. Er kann mit dem → WELTUNTERGANG und dem Erscheinen des → ANTICHRIST zusammenfallen. Im Bildmotiv eines endzeitlichen Weltgerichts, das auf verschiedenen Stellen des Alten und Neuen Testaments fußt, richtet Christus die Lebenden und die Toten, scheidet die Schafe von den Böcken, schiebt die "Erwählten" nach rechts, die "Verdammten" nach links (→ PFAD ZUR LINKEN HAND). Oft entspringt zu Füßen des Weltenrichters ein gewaltiger Feuerstrom, der die Verlierer in den Rachen der → HÖLLE schwemmt. Im Zentrum unterweltlicher Heizsysteme richtet sich bedrohlich eine große Schlange auf mit sieben Höckern, die als sieben Todsünden (→ ERBSÜNDE, → LASTER) verstanden werden. Aber das sind dann schon exegetische Ausmalungen der Johannesapokalypse.

In mystischer Deutung beschreibt die OFFENBARUNG DES JOHANNES Stufen der → INITIATION und des inneren Erwachens am "Ersten Tag der neuen → EWIGKEIT". Diesen Termin begleite ein Gericht, das Weltsicht wie Lebensmuster unserer äußeren Seelenpersönlichkeit aburteilt und "mit Brand zerstört". Nach abendländischer Lehre muss die Seele beim irdischen oder mystischen Tod durch den Feuersee, der alles Unreine ausbrennt. Johannes kann aber auch die Wirkung des inneren Feuers beschrieben haben, des höheren Anteils unserer Seele. Gelegentlich dringen von dort so grundlegende Impulse und Ideengerüste an die Oberfläche unseres Bewusstseins, dass wir erschüttert vor den Trümmern einer Alten Welt stehen, vor allem, wenn unserer Identitäts(Ich)vorstellungen in Scherben zerspringen.

c.z.

K

Karloff, Boris: Das verletzliche Monster

Boris Karloff wurde als William Henry Pratt in London als Sohn eines gehobenen Beamten geboren. Er sollte einmal die diplomatische Laufbahn einschlagen. Eine Rolle in einem Mysterienspiel, in dem er einen Dämon spielte, ließ ihn stattdessen die Laufbahn eines Schauspielers wählen. Bevor er mit der Verkörperung des Frankensteinmonsters 1931 Starruhm erlangte, hatte er im Theater und im Film schon etliche Bösewichte gespielt: Gangster, Häftlinge, Mörder.

Vier Stunden täglich wurden benötigt, um Karloff in die von Baron Herbert von Frankenstein geschaffene Kreatur zu verwandeln: Die grob vernähten Narben an den Schläfen, die herabhängenden Lider, die großen Nägel im Hals und der quadratische Kopf. Karloffs Schuhsohlen wurden mit 30 cm dicken Bleiplatten versehen, um dem Monster zu seinem schwerfälligen Gang zu verhelfen.

Der Filmautor Robert Moss schreibt:

> "Er stellt das Monster mit jenen unsicheren, schwerfälligen Bewegungen dar, die für die Kreaturen aus der Retorte so typisch sind. Gleichzeitig sieht man ihn verwirrt und ängstlich, wenn die Situation es erfordert, zum Beispiel, wenn ihn der sadistische Fritz mit einer Fackel quält. Der wohl einzigartigste und auffälligste Charakterzug, den Karloff seiner Rolle verleiht, ist natürlich die ‚Menschlichkeit' des Ungeheuers, das Pathos, das von Zeit zu Zeit zum Ausbruch kommt, und vor allem in solchen Szenen spielt Karloff sein ganzes Können mit verblüffender Sicherheit aus. Diese vielfältigen Aspekte in Karloffs Darstellung verbinden sich und verschmelzen in der bewegenden ‚Blumenszene' mit dem kleinen Mädchen. Karloffs nur schwer kontrollierbare Kraft, seine unbeholfene Zärtlichkeit gegenüber dem Mädchen und seine Verwirrung, ja Wut, als es durch seine Schuld unglücklicherweise ertrinkt - all diese Eigenschaften werden überzeugend dargestellt." (1982:34)

Noch zweimal, ebenso überzeugend, übernahm er die Rolle des aus Leichenteilen zusammengesetzten Monsters, 1935 in FRANKENSTEINS BRAUT und 1939 in FRANKENSTEINS SOHN. Bis 1969 hatte Karloff als wandelnde Mumie, wahnsinniger Arzt, als mörderischer Leichendieb, sadistischer Leiter eines Irrenhauses, bösartiger Schwarzmagier, unbarmherziger Vampir und als alternder Horrorschauspieler Orlok Byron viele erfolgreiche Auftritte. In dem 1968 gedrehten Film DIE HEXE DES GRAFEN DRACULA spielte er noch mit, obwohl er bereits sehr krank und an den Rollstuhl gefesselt war. Mit nur noch einem Lungenflügel und von einer schweren Bronchitis geplagt, kam Karloff ins Hospital, wo er im Februar 1969 starb.

Robert Moss:

> "Und so schaffte die heimtückischste aller Gefahren - Überarbeitung und physischer Verfall - was brennende Mühlen, explodierende Laboratorien und kochender Schwefel nicht vermocht hatten. Das Monster war tot."

Karloff, der verschiedene Horror-Anthologien herausgab, auch viele Plattenalben besprach und noch mit 78 Jahren für DECCA *An Evening with Boris Karloff and his friends* aufnahm, sah sich als Unterhalter für sein Publikum und nicht als Horrorfigur:

"Ich und viele andere haben unsere Karriere – jeder auf seine Weise – dem Gänsehaut-Erzeugenden, den Schocks und Schaudern gewidmet, aber wir haben dies nur der Unterhaltung Willen getan. Wir erfüllten dieselbe Aufgabe wie die einstmals so beliebten Erzähler von Geistergeschichten, die ihren Zuhörern – wenn sich an langen Winterabenden Alles gemütlich um den flackernden Kamin geschart hatte – auch manchmal Schauder über den Rücken jagten. Darin liegt sicherlich nichts Böses! Ich wäre wie am Boden zerstört, wenn irgendeiner von uns jemals mit dem Vorsatz auf der Landwand erschienen wäre, die Leute zu entsetzen. Die ganze Gewalttätigkeit und Brutalität der heutigen Zeit, vor einem realistischen Hintergrund gezeigt, das ist es, was einen durchaus entsetzen kann!" (UWE SCHNEIDER zitiert in VAMPIR 1973:13)

w.b.

Boris Karloff ist das Monster

Karma: Eine dynamische Folgekette

Alles Leben besteht nach buddhistischer Auffassung in einer Aufeinanderfolge von bewussten oder unbewussten Akten des Verlangens nach Existenz. Unser Wille zum Leben schafft Dynamik, ruft mit Gedanken, Wort und Tat energetische Wirkungen hervor: Leben. Dieses Wirken unter dem Willen heißt Karma und hat ursprünglich nichts mit → SCHICKSAL zu tun. Karman, ein Begriff aus dem Sanskrit, bedeutet Tat oder Tun: Handeln aus unserer Entscheidung heraus. Und da wir immer irgendwie handeln, entfliehen wir nicht dem Gesetz von Ursache und Wirkung. Wir ernten, was wir sähen, können aber die Aussaat bestimmen. Wer diesen Begriff zu eng nimmt und sich vor der Verantwortung seines Tuns scheut, suggeriert seinem Unterbewusstsein → ANGST, Sorgen, → UNGLÜCK und lädt sein Karma ein, negativ wirksam zu werden. In der höchsten Verballhornung des Begriffs sind Menschen so furchtsam, "schlechtes Karma" zu erzeugen, dass sie all das unterlassen, was ihre Lebensbedingungen verbessern könnte.

Jedes Handeln, Reden und Denken wirkt nach außen wie innen und baut an unserer Identität. Unser Charakter formt sich aus der Gesamtheit aller psychischen und moralischen Gegebenheiten, unserer Fähigkeiten, Möglichkeiten und Neigungen. Klassischer Buddhismus lehrt, dass die Kräfte, die unser Leben bewegt haben, auch im Augenblick des Todes durch Bündelung allen bewussten und unbewussten Verlangens nach neuen Daseinsformen suchen. Karma bündele diese Kräfte, schaffe eine "neue (scheinbare) Vereinigung von Elementen", ein "(scheinbar) neues Individuum", das die Summe der prägenden Neigungen und Tendenzen seines Vorgängers fortsetze (GLASENAPP 1926:207), entsprechend den aktuellen Qualitäten und Gegebenheiten. Energie verbinde sich dabei mit den unterschiedlichsten Ausdrucksformen und verwirkliche sich dort, wo ihr am wenigsten Widerstand entgegenfließe. In einem dynamischen Prozess ständigen Wandels erbt der Nachfolger zwar vom Vorgänger das Konto mit Gut- und Lastschriften, weil er ihm ohnehin ähnlich ist, findet aber zu einer neuen eigenen Identität: im ungünstigen Fall kann er als Tier, Vogel, Reptil oder Insekt wiedergeboren werden, als Gespenst, sogar als Ausländer.

Unauflösbare Widersprüche in dieser ohnehin nicht einheitlichen Karmalehre, die bereits vor Buddha vedische Brahmanen verkündet hatten, überforderten abendländisches Denken. Missverständnisse und Umdeutungen führten in Europa und den USA zu Konzepten einer mitunter gnadenlos göttlich-kosmischen Vergeltungsmaschinerie. Der Anthroposoph Rudolf Steiner wusste Verfehlungen in einer gesetzmäßig karmischen Folgekette bis in die vierte aufeinanderfolgende Reinkarnation festzulegen, wo sie sich zuletzt als körperliche Gebrechen manifestieren könnten. Obwohl er den Umkehrschluss nicht zulässt, wollen andere gerade aus psychischen oder körperlichen Krankheitsbildern unseres Jetztzustandes auf eine konkrete alte Schuld oder Sünde schließen. Im Gegensatz zu solch absoluten Auffassungen kennt der Buddhismus nur bedingte Kausalität. Unser jetziges Leben werde zwar durch die Auswirkungen unserer Vergangenheit geprägt. Karma bleibe dabei aber nur eine von möglichen Ursachen wie Naturgesetzen, biologischen und vielfältigen äußeren Gegebenheiten.

Wenn sich auch der genetische Aspekt der Persönlichkeit unserer Verfügbarkeit weitgehend entzieht, so können wir doch geistige Komponenten durch bewusstes Eingreifen in jedem Augenblick neu strukturieren, umorientieren und in eine neue Richtung lenken – die entscheidende Qualität des Menschseins. Wir haben also die Chance, jede zwingende Kausalität aufzuheben, sofern wir die Zusammenhänge erkennen. Ist das nicht tröstlich?

C.Z.

Keller, Gottfried: Kampf mit den Traumgespenstern

Niemand außer Jean Paul hat so wie Gottfried Keller (geb. 19.07.1816) seine "nächtlich gewonnenen Produktionen", Visionen und Träume in sein Werk einfließen lassen. Zu seinem Leidwesen waren ihm am Morgen längst nicht mehr alle Träume so präsent, dass er sie notieren konnte:

> "Wenn ich am Tage nicht arbeite, so schafft die Phantasie im Schlafe auf eigene Faust, aber das neckische liebe Gespenst nimmt seine Schöpfungen mit sich hinweg und verwischt sorgfältig alle Spuren seines spukhaften Wirkens".

Schaurige und schöne Gesichter suchten ihn heim:

Ein Adler, der eine Krone auf dem Kopf trug, fliegt zum Fenster herein "und erfüllte fast die Stube mit der Breite seiner Schwingen". Keller und sein Oheim schießen mit Gewehren auf ihn, und: "am Boden lag anstatt des Adlers ein Haufen von schwarzen Papierschnitzeln, worüber wir uns sehr ärgerten".

Eine Kindsmörderin, auf die das Fallbeil wartet, fährt in einem Karren an ihm vorbei, "quer auf den Knien lag ihr ein totes Kind".

Zwei junge Mädchen, "unsäglich buselige und liebliche Wesen", sprechen ihn auf der Straße an und nehmen ihn mit in ihr Dachkämmerchen.

> "Oftmals hielten wir an, und die guten Mädchen suchten dann mein Gesicht und küssten mich herzlich, aber vorsichtig auf den Mund; sie konnten, wie mich dünkte, die Küsse sehr gut und vollkommen ausprägen, ohne Geräusch zu machen, sie fielen von ihren Lippen, wie neue goldene Denkmünzen auf ein wollenes Tuch, ohne zu klingen."

In der Dachkammer angekommen, gestehen die Mädchen, dass viele alte, böse Weiber in den benachbarten Kammern wohnen. Falls sie sie hörten, seien sie des Todes. In schrecklicher Angst ducken sich die drei ineinander - Keller hatte gerade die weißen Schultern eines der Mädchen zu liebkosen begonnen - da schlurfen die alten Weiber auch schon über das Dach. Eine hebt einen Ziegel auf und langt mit ihrer langen, mageren Hand zu ihnen hinein. Sie erwischt Keller, dessen Haare zu Berg stehen, am Schopf. Kellers Blut gerinnt in seinen Adern ... In dem Moment wacht er auf. Denn wenn ihn gar zu schreckliche Bilder quälten, hatte er sich angewöhnt, sich im Traum an der Nase zu zupfen, um wach zu werden!

Keller liebte es, zu jeder Jahreszeit lange Spaziergänge in der Natur zu machen. Besonders genoss er die Zeit der hereinbrechenden Nacht. Von einem solchen Ausflug brachte er das Gedicht WINTERNACHT - über die Vision der Begegnung mit einem Wasserweib - mit zurück:

"Nicht ein Flügelschlag ging durch die Welt,
Still und blendend lag der weiße Schnee.
Nicht ein Wölklein hing am Sternenzelt,
Keine Welle schlug im starren See.

Aus der Tiefe stieg der Seebaum auf,
Bis sein Wipfel in dem Eis gefror;
An den Ästen klomm die Nix herauf,
Schaute durch das grüne Eis empor.

Auf dem dünnen Glase stand ich da,
Das die schwarze Tiefe von mir schied;
Dicht ich unter meinen Füßen sah
Ihre weiße Schönheit Glied um Glied.

Mit ersticktem Jammer tastet' sie
An der harten Decke her und hin -
Ich vergess das dunkle Antlitz nie,
Immer, immer liegt es mir im Sinn."

Wenige Tage vor seinem Tod träumte Keller von zwei, von einem wunderbaren Glanz umgebenen Rittern in Rüstungen aus geschmiedetem Gold, die ihn die Nacht über unverwandt ansahen. Ihre Gesichter konnte er nicht erkennen, weil die Helme die Gesichter beschatteten. Falls seine Haushälterin die Kerle gesehen hätte, hätte sie sie sofort ins Pfandhaus geschleppt, bemerkte er am nächsten Tag zu einem Besucher.

Am 15. Juli 1890 betrat der Tod die Stube des Traumdichters. In einem Gedicht *Poetentod* hatte Keller diesen Moment vorweg genommen. Er schildert wie die Lebensgeister den Toten nacheinander verlassen, zuerst die "Penaten" (die Hausgeister), dann "Leid" und "Freude", danach die "Phantasie". Der letzte Geist, der geht, ist der "Witz".

(...)

"Und wie durch Alpendämmerung das Rauschen
Von eines späten Adlers Schwingen webt,
Ist die Todesstille zu erlauschen,
Wie eine Geisterschar von hinnen schwebt.

Sie ziehen aus, des Schweigenden Penaten,
In faltige Gewande tief verhüllt,
Sie gehen, die an der Wiege einst beraten,
Was als Geschick sein Leben hat erfüllt:

Voran, gesenkten Blicks, das Leid der Erde,
Verschlungen mit der Freude Traumgestalt,
Die Phantasie und endlich ihr Gefährte,
Der Witz, mit leerem Becher, still und kalt."

Auf seinem Grabstein im Züricher Friedhof Sihlfeld sieht man seinen Kopf von vorne, die Augen sind geschlossen. Von was mag der Dichter träumen?

w.b.

Kerberos: der missverstandene "Höllenhund"

Kerberos:

> "Blau funkelten ihm die Augen: so springen die Funken in der Schmiede, wenn Eisen mit dem Hammer geschlagen wird, und es dröhnt der geschlagene Amboss." (KERÉNYI 1966:II,147)

Der griechische Kerberos, den wir fälschlich "Höllenhund" nennen, ist der Wächter am Ein- oder Zugang zur Unterwelt, nicht zur Hölle! Die Griechen kannten keine Hölle; nur die Unterwelt. → UNTERWELT bedeutet aber etwas gänzlich anderes, als wir heute – christlich geprägten – unter Hölle verstehen. Die Unterwelt ist nur eine der drei Welten an der Axis Mundi. So wie die Zeit dreigeteilt ist, ist auch der Raum dreigeteilt. Die Schnittstelle ist das Hier und Jetzt. Die "heilige Sieben".

Der Kerberos (lat. *cerberus*) ist ein mythischer Hund mit drei schlangenbedeckten Köpfen. Jeder Kopf repräsentiert eine der drei Zeiten, sowie die drei Welten(räume). Der Kerberos begrüßt freundlich die Verstorbenen mit wedelndem Schwanz. Gerne lässt er ihnen Eingang zur Unterwelt, doch den Rückweg versperrt er ihnen. Nur den "Halbgott" Herakles konnte er nicht an seiner Rückkehr in die Menschenwelt hindern.

Als Herakles/Herkules den Kerberos/Cerberus ans Tageslicht gezerrt hat, tropfte sein Geifer auf die Erde, befruchtete sie und ließ das Bilsenkraut (Hyoscyamus spp.) ersprießen. Die alkaloidhaltigen Samen dieses Nachtschattengewächses (Solanaceae)

Der Kerberos und das Bilsenkraut – gerne dämonisiert und verteufelt!
(Foto/Kollage von Christian Rätsch; getrockneter Fruchtstand von *Hyoscyamus niger*, Hintergund: Titelblatt des [Dark Metal]-Comix für Erwachsene von Glenn Danzig, Duke Mighten und Simon Bisley, SATANIKA, #2, Mai 1999, EEE Extrem Erfolgreich Enterprises Vlg. Leipzig)

wurden von den heidnischen Wahrsagerinnen, den Pythias (gr. "Drachinnen") und den Alrunas (= Albruna, germ. "das Weib, dessen göttliche Seherkraft und Zaubermacht der Elbe gleichkommt" oder "die mit dem Geheimwissen der Alben versehene"), den Seherinnen, inhaliert, damit sie in Ekstase Raum und Zeit transzendierend in die drei Zeiten und Welten blicken konnten. Die Zukunft erwächst aus den Geschehnissen, den Samenbetten, der Vergangenheit. Die Gegenwart ist die Gärtnerarbeit.

Das Bilsenkraut und ähnlich wirksame Pharmaka waren der dreigesichtigen → HEKATE heilig, der Göttin der drei Zeiten und der Dreiwege. Das Bilsenkraut lässt Bilder aufsteigen von archaischen Ritualen, antiken Orakeln, Hexenfahrten.

"Der Geifer des Kerberos" war bereits in der Antike ein gefürchtetes Gift. Der Name akoniton wurde dann auch ein Sammelbegriff für mehrere Giftpflanzen. Vor allem wurden die verschiedenen Sturmhutarten dazugezählt. Noch heute gilt der Sturm- oder Eisenhut (Aconitum napellus L.) als die "giftigste Pflanze Europas". Es sind fast keine Heilanwendungen aus der Antike überliefert. In Indien dient er immerhin als tantrisches Rauschmittel; die getrockneten Blätter werden von Yogis und Sadhus, speziell den Aghoris, die ganz im Dienste der dunklen Göttin Kali stehen, geraucht (SVOBODA 1993:175). Vielleicht ist hierin ein Schlüssel zum Verständnis der Rolle des Sturmhutes im ursprünglichen Hekatekult zu erkennen. Denn diese Pflanze ist derart inniglich mit der Hexengöttin, sowie ihren Priesterinnen, verbunden, dass sie geradezu als das "klassische Hexenkraut" gilt.

• Amon Düül II, *Yeti* (Strand, 1970) enthält den Song "Cerberus"

chr.r.

Kerker / Verließ: Der Menschheit ganzer Jammer

Mich fasst ein längst entwohnter Schauer / Der Menschheit ganzer Jammer fasst mich an
Hier wohnt sie hinter dieser feuchten Mauer / Und ihr Verbrechen war ein guter Wahn...

sinniert Goethes → FAUST mit einem Bund Schlüssel und einer Lampe vor einem eisernen Türchen.

Einzelhaft bei Wasser und schimmeligem Brot in einem feuchten kalten Loch, in Ketten gelegt und in Gesellschaft von Spinnen, → MÄUSEN, → RATTEN und eigenen Fäkalien – die Menschheit hat sich einiges einfallen lassen, um missliebige Personen aus dem Verkehr zu ziehen. Zugegeben, bei manchen Zeitgenossen blieb und bleibt ihr auch nichts anderes übrig. Doch humane Gesellschaften lockerten die Haftbedingungen. Heute, im Zeitalter knapper oder leerer öffentlicher Kassen, werden Gefängnisse schon geleast – ein lohnendes aber dunkles Geschäft für private Investoren.

Leider bringt jeder Karzer es so mit sich, dass Bewegungsmangel auch mit Kreativitätseinbußen verbunden bleibt. Wo das Licht fehlt, verbreiten sich rasch

Gefühle elender Verlassenheit und trostloser Hoffnungslosigkeit. Bald fehlt die Kraft, sich wie weiland Münchhausen am eigenen Schopf aus dem Sumpf von Ohnmacht, Taten- und Antriebslosigkeit herauszuziehen. Manche Menschen haben sich hinter ihren eigenen Mauern eingekerkert und glauben sich dort in Sicherheit. Haben sie kontemplative Beweggründe, sprechen wir von Klausnern. Meiden sie Gesellschaft und Leben aus → ANGST, dort ihren Platz nicht behaupten zu können oder im ständigen Kampf mit den Widerständen unterzugehen, werden sie meist zum Sozialfall und zur Beute der Therapeuten und Psychologen.

Bereits Platon und antike Lehren wie Orphik oder Gnosis klagten ohnehin, Seele und Geist seien im Käfig des physischen Körpers eingesperrt oder, moderner ausgedrückt: in der Enge der Dreidimensionalität eingepfercht. Allerdings harren sie auf Erlösung, und die liege allein in unserer Hand. Wer begreift, dass alle Gebundenheit sich nur vom Stofflichen zu lösen braucht, dem liefern Geist und höhere Bewusstseinsanteile Macht und Schlüssel, die Tore des Kerkers von innen heraus zu öffnen. Manch enges Gefängnis entlässt uns aber erst, wenn wir auch wirklich bereit sind, das zu verwirklichen, was ureigenste Antriebe wollen. So ist in Wirklichkeit nicht der äußere Mensch primär erlösungsbedürftig, sondern das in ihm schlafende, in die Dunkelheit abgedrängte und zur Untätigkeit verdammte höhere Bewusstsein.

c.z.

Kerner, Justinus: Lebenslustiger Schattenbeschwörer

Justinus Kerner (1786-1862), Arzt, Dichter, Schattenbeschwörer und einer der ersten Erforscher übersinnlicher Vorkommnisse, spürte schon als Kind in den Kreuzgängen des Maulbronner Klosters Geistern nach.

> "Durch diese Gänge ging ich selbst oft in den Nächten allein mit einem Laternchen. Auch im Mondschein ohne Laterne ging ich oft hindurch und wünschte mir sehnlich die Begegnung eines Mönchsgeistes in schwarzer und weißer Kutte mit langem Barte",

schreibt er im 1849 erschienenen BILDERBUCH AUS MEINER KNABENZEIT. Er verspricht, nicht zu erschauern, wenn die Gespenster die morschen Grabsteine tatsächlich heben würden, um aus ihren Grüften zu ihm zu schweben. Mit wohligem Schauder hörte er vom Kutscher der Familie, wie diesem bei Nacht ein verstorbener Prälat in einem weißen Frack mit schwarzem Bärtchen auf der Treppe des Klosters begegnete, um sich dann unten in die Prälatenkutsche zu setzen, in der schon der Abt Entenfuß mit dem Zauberer → FAUST einst gesessen hatte.

Für Kerner hatte die Heilung eines chronisch gewordenen, allen vorherigen Behandlungen trotzenden, nervösen Magenleidens durch den bekannten Magnetiseur Dr. Eberhard Gmelin initiatorischen Charakter. Gmelin hieß den 11jährigen sich auf einen Stuhl setzen, sah dann dem Knaben "mit seinen schwarzen Augen fest ins Auge" und bestrich mit ausgestreckten Händen Kerner's Körper von Kopf bis zur Magengegend und behauchte mehrfach dabei die Herzgrube. Der Junge wurde schläfrig und wusste (wie er in seinen Kindheitserinnerungen erzählt) "endlich nichts mehr von mir".

Diese Begegnung hatte Zeit seines Lebens voraussagende Träume zur Folge und legte den Grundstein für Kerners spätere, intensive Beschäftigung mit den Erscheinungen des "Nachtlebens der Natur", etwa wenn er einen Spuk im Weinsberger Gefängnis untersuchte, sich mit dem Phänomen von "somnambül redenden" Tischen auseinandersetzte oder einem Bauernmädchen half, die von zwei Geistern überaus nachdrücklich gebeten worden war, sie zu erlösen.

Als Student besuchte er mit seinem Freund, dem Dichter Uhland, häufig den Michaelsberg mit einer dem Erzengel Michael geweihten, sehr alten, auf einen Tempel der Mondgöttin Luna zurückgehenden Wallfahrtskirche und einem dazugehörigen Kapuzinerstift. Der missionseifrige englische Mönch Bonifatius soll, der Sage nach, hier mit dem Teufel einen erbitterten Zweikampf gehabt haben. Als der Engel Michael ihm zu Hilfe kam, rupfte der böse Geist dem Engel eine Feder aus dem Flügel, die noch bis zur Reformationszeit in der Kirche als schutzgebende Relique aufbewahrt wurde.

Die beiden Freunde erfreuten sich, wenn sie oben angelangt waren, "an zwei alten, langbärtigen Kapuzinern, die in ihren kleinen, mit Blumen und Bildern geschmückten Zellen oder in ihrem Klostergärtchen, wo sie die schönsten Blumen anpflanzten" und scheinbar gottgefällig zu Gange waren. Diese Kapuziner konnten aber auch anders. Als lustige Brüder beim Tanzen, Essen und Weintrinken im Kreis vieler froher Gesellschaften, die auf den Berg gepilgert kamen, hielten sie kräftig mit, so dass schnell der Vers umging:

Dem im Umgang mit Geistern ansonst recht versierten Arzt und Magnetisieur Justinus Kerner fiel die Maultrommel aus dem Mund, als ihn die plötzliche Erscheinung eines Geistes erschreckte (Zeichnung von Justinus Kerner)

"Dort oben auf dem Hügel / wo die Nachtigall singt /
Da tanzt der Einsiedel / Dass die Kutt' in die Höh' ihm springt."

Ein anderes Mal, als die Freunde den Michaelsberg bestiegen, tönte ihnen aus der Kirche feierlicher Gesang und Orgelklang entgegen. Einer der Mönche sang das Evangelium in deutsch, aber statt, wie es richtig gewesen wäre, zu singen "und als sie aßen von den Früchten des Weinstocks", sang er jedesmal statt des Weinstocks "des Schweinstocks". Die fromme, romantische Stimmung der Freunde schwand und machte einem konvulsischen Gelächter Platz, das sie zwang, die Kirche eilends zu verlassen.

1826 nahm er die visionär begabte, in ihren letzten Lebensjahren schwer kranke Mystikerin Friederike Hauffe als Patientin in sein Haus in Weinsberg auf. Zur Therapie magnetisierte er sie, legte die Hand bei Krämpfen auf, stillte Attacken auch durch einen beruhigenden Ton auf der Maultrommel oder hinterließ ihr, wenn er nicht anwesend sein konnte, ein vorsorglich magnetisiertes Tuch oder einen magnetisierten Schwamm zum Auflegen. Er machte Aufzeichnungen ihrer Berichte über die jenseitige Welt, die 1829 als ERÖFFNUNGEN ÜBER DAS INNERE LEBEN DES MENSCHEN UND ÜBER DAS HEREINRAGEN EINER GEISTERWELT IN DIE UNSERE veröffentlicht wurden. Nach den Angaben ihres "inneren Arztes" in einem Traumbild baute er einen magnetisierenden Apparat, den "Nervenstimmer", der Frau Hauffe's Zustand durch die Erzeugung heilsamer Krisen bessern sollte.

Die "Seherin von Prevorst", wie Frau Hauffe allgemein genannt wurde, erfühlte im somnambulen Zustand Heilmittel und Amulette in medialer Weise nicht nur für sich selbst, sondern auch für andere Patienten in Kerners Praxis. Einen melancholischen, jungen Mann heilte sie mit Johanniskraut, bei einer Frau mit unklaren Beschwerden diagnostizierte sie richtig einen Bandwurm und bei einer gemütskranken Gräfin

Justinus Kerner bannte in seinen magischen "Dintenbildern" allerlei mystische, die Phantasie stimulierende Bewohner aus der unsichtbaren Welt aufs Papier.

brachte die Kombination aus einem Amulett mit Lorbeerblättern, der Verabreichung von Kräutertee, dem Magnetisieren durch Handstriche, dem Gesundbeten über einen Zyklus von 7 Tagen hin und der sympathetischen Sendung heilender Gedanken schließlich die Genesung.

1833 gehörte es zu Kerners Pflichten als Oberamtsarzt von Weinsberg ein junges Mädchen, Magdalena aus dem Orte Orlach, zu untersuchen, die von Geistern unterschiedlicher Natur, einem weißen, freundlichen und einem schwarzen, bösen, besessen schien. Der schwarze Geist erklärte sich (indem er aus dem Mädchen sprach) als Oberer eines Mönchsklosters, der im 14. Jahrhundert in Orlach mehrere Nonnen und die mit ihnen gezeugten Kinder ermordet und in einem gemauerten Loch vergraben hatte, bevor er sich selbst umbrachte. Er könne nur Erlösung finden, wenn das Haus ihrer Eltern, das auf diesem Mauerloch erbaut wurde, abgerissen würde, offenbarte der Geist. Beim Abbruch des Hauses fand sich an einem Eck ein altes Gemäuer. Beim Wegräumen des Schutts zeigte sich ein brunnenähnliches Loch, das "zwanzig Schuh" tief ausgegraben wurde. In diesem und in anderem Schutt des Hauses fanden sich tatsächlich Überreste von menschlichen Knochen, auch die von Kindern.

Mit dem Abbruch des letzten Steins wich auch der schwarze Geist aus dem Mädchen:

> "Nie werde ich das Überraschende dieses Anblicks vergessen, nie den wunderbaren Übergang von den entstellten dämonischen Gesichtszügen der, wie soll ich sie nennen – Kranken, zu dem rein menschlichen, freundlichen Antlitz der Erwachten; von der widrigen, hohlen Geisterstimme zu dem gewohnten Klange der Mädchenstimme, von der verborgenen, teils gelähmten, teils rastlos bewegten Stellung des Körpers zu der schönen Gestalt, die wie mit einem Zauberschlage vor uns stund. Alles freute sich, alles wünschte dem Mädchen, wünschte den Eltern Glück: denn die guten Menschen waren fest überzeugt, dass nun der schwarze Geist zum letzten Male dagewesen sei."

Für Kerner verbindet uns nicht der für die Außenwelt tätige Verstand, sondern allein unser ("im Herzen" befindliches) inneres Leben mit der Natur und ihrer unerschöpflichen Weisheit. Was wir wissen müssen, können wir durch die Stimme unseres Inneren, die sich gern in "magnetischen" Zuständen (Trance, Traum, Vision) äußert, erfahren.

Kerners Haus in Weinsberg, das "Hauptquartier des Geisterreiches", wie es der Schriftsteller Immermann nannte, wurde schnell zum Asyl von Wissen, Trost und Heilung suchenden Menschen aller Stände. Die Tänzerin und Geliebte von König Ludwig I., Lola Montez, ließ sich bei ihm magnetisieren und machte brav eine Kur mit Eselsmilch. Fürsten, entthronte Könige, Dichter, Naturforscher saßen neben einer mondsüchtigen Gräfin, einem besessenen Bauernmädchen, einem Hausierer oder einem Handwerksburschen am Tisch des weltoffenen, kunstsinnigen und sinnenfrohen Gastgebers, der immer gern auch ein paar Flaschen guten Weines mit seinen Gästen teilte. (Ihm zu Ehren gab man einem Wein, dem Kerner, den Namen.)

In den Turm der nahen Burg hatte Kerner → ÄOLSHARFEN gehängt. Sobald Wind aufkam, erklang eine sphärisch-geisterhafte Musik.

Kerner war von der Allbeseeltheit der Natur überzeugt und auch davon, dass in den nicht sichtbaren Bereichen der Natur Geistwesen existieren. Er nahm an, dass es ein "Allgemeinleben" von Menschen, Geistern und Gestirnen gibt, bei dem alles mit allem zusammenhängt, zusammenwirkt und einander berührt. Mit Hilfe von Tinte und gelegentlich auch Kaffee, die er auf Papier an einer Falz aufbrachte, und dann zusammenklappte, bannte er Urbilder aus dem Nacht- und Zwischenreich aufs Papier, die er in einer Kladde, den HADES- UND HÖLLENBILDERN zusammenstellte (posthum 1890 erschienen) und mit Versen, oft sehr humorig, kommentierte. In dieser Sammlung treffen sich Geister und "Geistinnen", Dämonen, Nachtgespenster, Teufelsfratzen und Hexenkinder mit den Wiedergängern von Falschmünzern, Wucherern, Giftmischerinnen, Gattenmörderinnen und diebischen Schneidern:

"Diese Bilder aus dem Hades,
alles schwarz und schauerlich, Geister sinds, sehr niederen Grades.
Haben selbst gebildet sich ohn' mein Zuthun, mir zum Schrecken,
Einzig nur – aus Dintenflecken."

Kerner merkt an, dass man beim Klecksographieren nie das, was man gern möchte, hervorbringen kann und dass oft das Gegenteil von dem entsteht, was man erwartet, dass aber gerade diese zufällige Entstehung der Bilder der Phantasie "ungeheuren

Tuschezufallszeichnung von Norbert Rink: "Der große Schamane":
"Ich bin ein Teil aus einem großen Traum, ich träume oft, immer wieder, anders, ich sehe die Fahrten der Seele, glaube". (1995)

Spielraum" gäbe. Viele dieser Bilder trugen für ihn den "Typus längst vergangener Zeiten aus der Kindheit alter Völker". Selbst den sonst oft überkritischen Heinrich Heine amüsierten Kerners Dintenbilder sehr:

> "Das fehlt noch, dass man seine Stiefel des Abends festbinden muss, damit sie einem nicht des Nachts trapp! trapp! trapp! vors Bett kommen und mit lederner Gespensterstimme die Gedichte des Herrn Justinus Kerner vordeklamieren!"

Klecksographiert haben auch der Maler (und Freund Kerners) Franz von Pocci und die Dichter Victor Hugo, Paul Éluard und Christian Morgenstern. Der Maler Max Ernst führte das Entstehen von Zufallsbildern durch die von ihm entwickelte Technik der "Frottagen" weiter. Auf Fußbodendielen legte er Papierblätter und rieb sie mit einem schwarzen Blei. "Ich war überrascht von der plötzlichen Verstärkung und der halluzinatorischen Folge von gegensätzlichen und übereinandergeschichteten Bildern", schreibt er.

Der im Taunus lebende und dort eine "Traumwerkstatt" unterhaltende, 1935 geborene Künstler Norbert Rink übernimmt solche Traditionen, wenn er Frottagen von Felsen in der Bretagne oder von Steinen im Val d'Aosta, die vor Urzeiten mit geheimnisvollen Zeichnungen versehen worden waren, anfertigt (Petrogramme) oder wenn er in der Dämmerung ein Räuchergefäß mit Weihrauch füllt, es entzündet und umhüllt von Rauch einen Tropfen Tusche auf ein Blatt Papier tropfen lässt. Zum Entzücken seiner Enkelin bilden sich immer neue, archaisch anmutende Bilder von Schamanen, Hexentieren und Fabelwesen. Instinktschöpfungen nennt er seine allein durch die (wie er sagt) "Gültigkeit des Zufalls" entstandenen Bilder.

w.b.

Kerzen: Wenn der Tag verlöscht

Kerzen, besonders solche aus Bienenwachs, werden angezündet, wenn der Tag "erlöscht". Sie versprechen für die kommende Nacht das nahende Geschenk eines neuen Tages voll günstiger Überraschungen. Die Kerze soll am "Reichtum versprechendsten" aufglühen, wenn man vorher über blühende Blumenwiesen schreiten und also die Vorarbeit der Bienen für den Wachs bewundern konnte.

s.g.

Kinski, Klaus: Schauspieler des Wahnsinns

Der Schauspieler Klaus Kinski wurde 1926 in Loppot (damals Ostpreußen, heute Polen) als Nikolaus Gunther Nakszynski geboren. Als er in einem englischen Kriegsgefangenenlager festgehalten wurde, spielte er derart überzeugend einen Geistesgestörten, dass man ihn sofort entließ. Ab 1946 arbeitete Kinski als

Schauspieler und Rezitationskünstler, ab 1948 wirkte er in Spielfilmen mit. Mit der Rolle des geisteskranken Prinzen Otto in Helmut Käutners Ludwig II.-Film begann seine Laufbahn als Filmirrer vom Dienst.

Ein Sohn des Regisseurs Veit Harlan erzählte mir, dass Kinski, wenn er zu Besuch an den Starnberger See kam, seltsame Verhaltenszüge an den Tag legte. So sei er mit dem Motorboot hinausgefahren, um "Schwimmer zu jagen". Mit rasender Geschwindigkeit fuhr er auf seine Opfer los, um kurz vor ihrem Kopf unter wahnsinnigem Gelächter abzudrehen.

Als Darsteller allgemein bekannt wurde Kinski durch die zahlreichen deutschen Edgar Wallace Verfilmungen, in denen er gestörte, neurotische, krankhaft-sadistische Charaktere spielte. In Horrorfilmen sah man ihn 1970 als den wahnsinnigen Draculafan Renfield in NACHTS WENN DRACULA ERWACHT, 1971 als Edgar Allan Poe in dem Film DRACULA IM SCHLOSS DES SCHRECKENS, 1977 als Dirnenmörder JACK THE RIPPER, 1979 als Nosferatu in Werner Herzogs Remake des Murnau-Klassikers NOSFERATU. EINE SYMPHONIE DES GRAUENS und noch einmal 1987 in dem Vampirschinken NOSFERATU IN VENEDIG.

Für die Rolle als Nosferatu im Herzog-Film erhielt er den Bundesfilmpreis. In einem Interview gestand er eine große Nähe zu dem Bluttrinker.

> "Das, was ich darstelle, ist auch in mir. Dieser Graf Dracula ist mir eine vertraute und sympathische Figur. Er hat keinen freien Willen, ist ein Getriebener. In ihm spiegelt sich das Böse, aber auch unsere ganze Hoffnung nach Liebe." (DRÜSSMANN 1993:114f.)

Cover des Buches DIE DRACULA-FILME mit Klaus Kinski als Nosferatu und Isabelle Adjani als Lucy (Wilhelm Heyne Verlag München 1993)

Obwohl für seine Rolle im Herzog-Film ausgezeichnet, überzeugte Kinski die Filmkritik wenig.

> "Klaus Kinski hat als Dracula einige unfreiwillig komische Dialogstellen und ist – im Gegensatz zu dem eher rätselumwobenen → MAX SCHRECK im Jahre 1922 – zu populär für diese Gestalt, die ohne das Anonyme, Unfassbare und Überirdische, das von ihr in Murnaus Film ausgeht, den größten Teil seiner Wirkung einbüsst." (EVENSON 1980:207f.)

w.b.

Klingsor: Die ewige Sehnsucht nach dem Schönen

Klingsor ist ein Zauberer, der in → WAGNERS → OPER → PARSIFAL die dunkle Seite repräsentiert. Wagner selbst hat Klingsor mit Alberich verglichen; beide repräsentieren "die Sehnsucht des Hässlichen nach dem Schönen".

Der Zauberer Klingsor war einst ein Gralsritter, ein Bruder des Amfortas, der mit diesem um den Gral und den Heiligen Speer gestritten hat. Klingsor wurde von der Gralsgemeinschaft verstoßen: "darob die Wut nun Klingsorn unterwies..." Bei Wagner (→ PARSIFAL) hat sich Klingsor selbst entmannt, um nicht in Versuchung durch → KUNDRY gebracht zu werden und um über sie magische Gewalt zu haben. Klingsor hat sich jenseits der Gralsburg ein Zauberschloss "am Südabhang desselben Gebirges" erbaut, und einen Zaubergarten (ein "künstliches Paradies"), in dem "teuflisch-schöne → ZAUBERMÄDCHEN" wachsen, angelegt: "Die Wüste schuf er sich zum Wonnegarten, drin wachsen teuflisch holde Frauen; dort will des Grales Ritter er erwarten zu böser Lust und Höllengrauen: wen er verlockt, hat er erworben:..." – Eine wahre "Zauberplag'" in "trügender Pracht", eine Welt der Verlockung, der Versuchung und des Rausches.

Klingsor ist die dunkle Seite der Gralswelt, mit der sich die Gralsritter zwangsläufig beschäftigen müssen, denn Klingsor besitzt den heiligen Speer (ohne den der Gral unvollkommen ist). Amfortas zog dereinst aus, um den Speer zurückzugewinnen. Als er Klingsors Zaubergarten betrat, verlockte ihn ein "furchtbar schönes Weib": → KUNDRY. Als Amfortas der Versuchung erlag, wurde er von Klingsors Speer getroffen und trug eine Wunde fort, "die niemals sich schließen will". Erst Parsifal, der "reine Tor", widersteht der Versuchung der Kundry und kann den von Klingsor auf ihn geschleuderten Speer ergreifen und dem Spuk ein Ende machen. Parsifal erkennt die Illusion des Zaubergartens und verfolgt durch Erkenntnis und Einsicht den Weg zum Gral. Parsifal hat die Versuchung, eine Prüfung auf dem mystischen Pfade, gemeistert: denn er hat das Dunkle gesehen, sich ihm gestellt und es überwunden.

Wagner hat die beiden Welten musikalisch konträr behandelt: die Gralsmusik ist hell, diatonisch, harmonisch, hymnisch, majestetisch, ruhig und besonnen. Die Zauberwelt ist dunkel, chromatisch, zackig, flirrend, flüchtig, schräge und unruhig. Die chromatisch-atonale Tonreihe des Klingsor-Motivs in Wagners Parsifal kündigt die kommende → ZWÖLFTONMUSIK an. Durch die Verschmelzung von Kontrapunkt und Harmonik werden Dissonanzen nicht mehr aufgelöst. Durch diese "Emanzipation der Dissonanz" wird der Weg in die Atonalität vorbereitet (→ ARNOLD SCHÖNBERG).

Nach Abschluss der Komposition entdeckte Wagner während einer Italienreise (26. Mai 1880) einen Ort, den über der Bucht von Salerno gelegenen Palazzo Rufolo bei Ravello, von dem er sagte: "Klingsors Zaubergarten ist gefunden!".

Der Name Klingsor taucht wieder auf in der leicht autobiographischen Erzählung KLINGSORS LETZTER SOMMER (1920) von Hermann Hesse (1877-1962). Bei Hesse ist Klingsor ein trunkergebener, todkranker Maler, der in Angesicht seines nahen Todes ein ungeheures Kunstwerk, ein Selbstbildnis, malt. Hesse beschreibt ".. seine letzten Bilder, jene freien Paraphrasen zu den Formen der stillen, traumstillen Bilder mit den gebogenen Bäumen und pflanzenhaften Häusern..." und bemerkt: "Viele behaupten, Klingsor sei schon seit Monaten geisteskrank gewesen, und ein wenig einsichtiger Kunstschriftsteller hat versucht, das Verblüffende und Ekstatische in seinen letzten Bildern aus diesem angeblichen Wahnsinn zu erklären." Hesses Klingsor ist ein Magier! Ein Ekstatiker: "Klingsor sah Töne, hörte Farben." Und fragt: "Warum soll ich Magie treiben, wenn ich Kunst treiben kann? Ist Kunst nicht ebenso gut?" – "Alles ist gut. Nichts ist gut. Magie hebt Täuschungen auf. Magie hebt jene schlimmste Täuschung auf, die wir ‚Zeit' heißen."

Die Erzählung spielt in Montagnola am Luganer See. Dort wohnte Hesse von 1919-1931 in einem Haus (Casa Camuzzi) mit Ausblick auf einen prächtigen Garten, den er als "Klingsors Garten" bezeichnete. Dort malte Hesse sehr gerne und viel: "In den Sommermonaten ist mein Hauptberuf nicht die Literatur, sondern die Malerei"... "Ich habe mein Malstühlchen in der Hand, das ist mein Zauberapparat und Faustmantel, mit dessen Hilfe ich schon tausendmal Magie getrieben und den Kampf mit der blöden Wirklichkeit gewonnen habe" schrieb Hesse in der Abhandlung AQUARELLMALEN (1927).

In Montagnola traf sich Hesse mit den befreundeten und geschätzten Malern Louis Moilliet (1880-1962) – "Louis der Grausame" –, Frans Masereel (1889-1972), Carl Hofer (1878-1955), Max Purrmann (1880-1966), die ihn alle zur Erzählung KLINGSORS LETZTER SOMMER mit inspirierten.

Auch der Freund Alfred Kubin (1877-1959) stand Pate.

> "Dieser Traumgeist war roh, aber genial. Er traf den Nagel auf den Kopf. Und er schien alles zu wissen! ... Wagner war der Mörder und Gejagte in ihm, aber Wagner war auch der Komponist, der Künstler, das Genie, der Verführer, die Neigung zu Lebenslust, Sinnenlust, Luxus – Wagner war der Sammelname für alles Unterdrückte, Untergesunkene, zu kurz Gekommene..." (HESSE, KLEIN und WAGNER, 1920)

chr.r.

Klopfgeister: Leben in der Bude

Das Böhlimännlein (ich vernahm dazu auch Böhlifroueli und Böhliwibli) soll in Holzhäusern bei zunehmender Dunkelheit "Leben in die Bude bringen".

"Böhlen" bedeutet mundartlich all die seltsamen Geräusche des Klopfens, Knarrens, Pochens, die besonders in alten Hütten ertönen. Man hat im Zeitalter des Hexenglaubens versucht, die Kobolde als böse, "teuflische" Mächte darzustellen. Aber besonders beim berühmten Spukfall von Thun hörte ich: "Die Bäume sind voller Leben. Warum soll dieses nicht mitkommen, wenn das Holz für die menschliche Behausung verwendet wird? Die Kobolde können nicht böse sein, denn sie suchen unsere Nähe, wollen also unsere Freunde und Geschwister sein." Ich vernahm auch die Sage, nach der "Spuk besser ist als ein treuer Wachhund". Es sollen schon Einbrecher die Flucht gewählt haben, als sie in einem von ihnen "besuchten" Haus zunehmendes Knarren vernahmen.

Wie die meisten der von uns erwähnten Wesen des Volksglaubens finden wir auch den Böhlimännlein und Böhliweiblein gleichende Geschöpfe überall in Europa, besonders eben dort, wo man gern in Holz haust. So bei den Ostslawen den "Tschudinko" oder Pugalko", dessen Name ungefähr bedeutet, dass er uns in der einbrechenden Finsternis verwundert oder plötzlich aufschreckt. Er ist in der Vorstellung ein langbärtiger Zwerg mit einer Keule, der gern sein Klopfen und Knarren vernehmen lässt. "Wer ihn schon gehört hat", sagte meine Großmutter, "der weiß, dass alles um uns voller Leben ist und dass darum eines völlig unmöglich ist – ganz allein und einsam zu sein",

w.b.

"Ich höre hämmernde Klopfgeräusche! Was hat das zu bedeuten?"
(Zeichnung von Ruth Keser-Michaels)

Kokain: Kuss von Mama Coca

"In der Not schnupft der Teufel zerraspelte Kreditkarten."

Kokain, der Hauptwirkstoff, das "Princip" oder die "Seele" des Cocastrauches, ist eine deutsche Erfindung. Das Molekül wurde erstmals 1859 erstmals durch den Chemiestudenten Albert Nieman (1834-1861) in Göttingen dargestellt. Durch die Firma E. Merck in Darmstadt wurde Kokain tonnenweise in die ganze Welt exportiert und sollte für viele medizinische und kulturelle Revolutionen sorgen. Durch Kokain wurde die Lokalanästhesie entdeckt und eröffnete dadurch eine wesentliche Erneuerung in der westlichen Medizin und Zahnheilkunde. Ebenso in der Psychologie und Psychotherapie, nämlich der Freud'schen Psychoanalyse.

> "Die Wirkung, welche die Einnahme des Cocains auf den gesunden menschlichen Organismus ausübt, habe ich in wiederholten Versuchen an mir und anderen studiert und dieselbe in wesentlicher Übereinstimmung mit der Wirkung der Cocablätter nach Mantegazzas Schilderung gefunden." (FREUD [1884], 2002:67)

Außerhalb der medizinischen Verwendung erregte das Kokain die Denker, Dichter, Künstler, Komponisten und Musiker der westlichen Welt. Gewöhnlich stellt man sich unter kokainbezogener Musik Rock, Heavy und Speed Metal vor a la Speed King, nicht aber lyrische Liebesarien a la Richard Strauss. Dennoch sind die Klassiker der kokaininspirierten Musik zwei entzückende Arien einer total liebenden Frau, der Arabella.

Seine Oper ARABELLA (op.79), eine "Lyrische Komödie in drei Aufzügen" von Hugo von Hofmannstal, hat er vom Koks angetrieben in nur sehr kurzer Zeit geschrieben (1932). Vielleicht brauchte er Geld für seinen Stoff und musste über nacht ein Opernwerk bewerkstelligen.[1] Dabei kam die Koks-*Arabella*, die *Cocarabella - Coca Bella? – Belladonna? –* , raus; immerhin als Partikel der Kulturgeschichte ist sie da; ein weiteres Koks-Artefakt (RÄTSCH und OTT 2003). –

> "Dass die Frau der liebevollere und liebesfähigere Teil des Menschengeschlechtes ist, sehr oft auch der gescheitere und treuere, dafür bieten die Strauss-Opern die schönsten Beispiele." (KUSCHE 1959:72)

Vor allem die ARABELLA, eine Oper über die Liebe im Gefängnis der Gesellschaft.

Arabella ist eine Frau von ungeheurer Liebeskraft, ergreifender Leidenschaft und visionärer Schwärmerei. Die Musik malt die Gefühle des Librettos, die sonst hinter dem Text verborgenen geblieben wären.

> "Obwohl dramaturgisch gesehen von allzuvielen Verwirrungen und Zwischenfällen beschwert, erreicht ARABELLA doch die Höhen der Strauss'schen Kunst in den Duetten Arabella/Zdenka, Arabella/ Mandryka und in den Arien Arabellas und Mandrykas, die bis fast zum Unerträglichen von Vorahnungen der Wollust erfüllt sind. Es sind Personen, die keine andere Realität als die ihrer Körperlichkeit kennen, keine andere Gewissheit als die des

Begehrens, in einer dem Niedergang und Zerstörung geweihten Welt, doch gerade darum entdeckt die Musik von Richard Strauss in ihnen das Echte und Absolute." (MEZZANOTTE 1981:424)

Die beiden sogenannten "Arien" – eigentlich längere Gesangsabschnitte der Partitur, und dazu noch Dialoge! – "Aber der Richtige, wenn's einen für mich gibt" und "Und du wirst mein Gebieter sein" für ARABELLA entstanden "unter dem Einfluss von Kokain, welches ihm einige Sunden vorher während einer Nasenscheidewand-Operation von seinem Arzt Hans Leicher verabreicht worden war." (KEMPER 2001:242)

"Als 1928 der Komponist Richard Strauss sich einer Nasenscheidewand-Operation unterziehen musste, widerfuhr ihm – ähnlich absichtslos – Vergleichbares wie Stevenson[2]. Zur örtlichen Vorbetäubung schob man ihm in einer Frankfurter Klinik fünf Minuten lang zwei mit Kokain getränkte Wattebäuschchen in die Nasenlöcher, wie sein HNO-Arzt Hans Leicher 1978 in einer Fachzeitschrift mitteilte. Leicher besuchte den Patienten zwei Stunden nach der Operation und fand ‚den Boden des Krankenzimmers und die Bettdecke mit frisch geschriebenen Notenblättern bedeckt'. Strauss sagte ihm, ‚das Zeug' habe ihn ‚ganz munter gemacht' und zu zwei Arien für seine Oper *Arabella* angeregt, an der er damals gerade arbeitete: ‚Aber der Richtige, wenn's einen für mich gibt' und ‚Und du wirst mein Gebieter sein'. Der Komponist meinte zu seinem Arzt: ‚Die Nachwelt wird Sie dafür verantwortlich machen' (DER SPIEGEL Nr 17, 1978)." (SCHMIDBAUER und VOM SCHEIDT 1997:195)

Kurz bemerkt ARABELLA noch: "Da drin im Kopf geschiehts und schnell, ich weiß nicht wie!" bevor sie schwelgt: In der vielleicht zartesten, inbrünstigsten und erotischsten "Arie", die Richard Strauss geschrieben hat:

ARABELLA: "Aber der Richtige, wenn's einen gibt für mich auf dieser Welt, der wird einmal dastehn, da vor mir, und wird mich anschaun und ich ihn, und keine Zweifel werden sein und keine Fragen, und selig werd ich sein und gehorsam wie ein Kind."

Dass diese "Arie", dokumentarisch belegt, unter einer extrem hohen Dosis Kokain akut komponiert wurde, offenbart, wie wenig sich der Nichkonsument und Unerfahrene die Wirkung des Kokains auf die Kreativität vorstellen kann. Aber: Vorstellungen sind *per se* falsch, denn sonst wären sie keine Vorstellungen. Sie können sich zwar gelegentlich mit der eintretenden Wirklichkeit decken oder an sie annähern, aber sie bleiben grundsätzlich eine hypothetische Annahme des absolut ungewiss Künftigen!

Dass Kokainhydrochlorid eine derart lyrische, zauberhafte Musik erzeugen kann, wohlgemerkt in einem ohne dies kreativen Geist ist eigentlich unvorstellbar. Hier wurde Koks-Richi wirklich von Mama Coca mit dem Kuss der Muse, der Begeisterung, der Inspiration der Seligkeit und der erbarmungslos hingebungsvollen Liebe beschenkt!

Die im herkömmlichen Sinne "perversesten" Themen der Operngeschichte sind allesamt Coca- oder Kokainprodukte oder zumindest von Mama Coca als Muse geküsste Kunstwerke: THAÏS (1894) von Jules Massenet (1842-1912) ist die Vergöttlichung einer Prostituierten, SALOME (1905) von Richard Strauss (1864-1949) die totale Nekrophilie, und seine ELEKTRA (1907) die Feier des Elternmordes, MOSES UND ARON (1932) von Arnold Schönberg der Reigen in wollüstiger Orgie um das Goldene Kalb, Alban Bergs → WOZZECK (1925) der Partnermord, Igor Stravinsky's ÖDIPUS REX (1927) der bloßgestellte Komplex der inzestuösen Mutterliebe.

Das Strauss'sche "Riesenorchester", Karikatur von A. Schmidhammer nach der ELEKTRA. Dass Richard Strauss seine ARABELLA unter dem Einfluss von Kokain geschrieben hat, ist weitgehend unbekannt.

Der Tango, der Tanz des Lebens ist auch ein Tanz der Mama Coca. Número fuerte era el tango, "Der Tango ist seine starke Nummer"! Der Tanz mit der dazugehörigen Musik, ein Gesellschaftstanz im langsamen 2/4 Takt, entstand in Argentinien, eroberte aber schnell die Welt. Er wurde bereits 1912 in Europa eingeführt, angeführt von Kokain, hieß es auf einer Bühne in Barcelona: tengo polvos pistonudos, caballero, "Ich habe kokainartiges Pulver, mein Herr"! In den Goldenen Zwanziger entstanden dann auch verschiedene Kokain-Tangos mit expliziten Texten. 1925/26 sang der damalige Tangostar Lolita Arellano den *El Tango de la cocaína*, den Tango vom Kokain:

"So suche ich Frieden für / meine weibliche Seele / in anderen Welten, die / das Kokain mir erleuchtet.... Refrain: Kokain! – Weiss ich, das zuletzt / es muss mich töten. / Es macht mich stark! – und / beruhigt meine Traurigkeit / Am Ende wird es mich töten / – aber lässt es mich mein Leben ertragen! / Ängstlich suche ich das Böse / Zuletzt wird mir das gottesfürchtige Sterben gegeben / Königin der Orgien – / deine glückliche Tyrannei – / Sie beherrscht mich – / und erleuchtet mir eine / andere Welt"

(Textauszug, n. J.C. USÓ, DROGAS Y CULTURA DE MASAS, Madrid: Taurus, S.131f.)

Der Edinburgher Schriftsteller Sir → ARTHUR CONAN DOYLE (1859-1930), besonders bekannt durch DIE VERGESSENE WELT (THE LOST WORLD, 1912) und unsterblicher Vater des Superdetektivs Sherlock Holmes, von dem manche Naivlinge glauben, er hätte tatsächlich existiert, war ein anscheinend begeisterter Kokainliebhaber. Genauso seine Romanfigur: "Holmes Leben bewegt sich zwischen zwei Genusswelten: Tabak und Kokain." (BLUHM 1997:56) Im Roman IM ZEICHEN DER VIER (THE SIGN OF FOUR) injeziert sich der exentrische Detektiv das Kokain in seinen linken Unterarm. Die Begründung dafür formuliert er so:

> "Wenn mein Geist stagniert, wird er rebellisch. Gib mir Probleme, gib mir Arbeit, lass mich die verworrenste Geheimschrift entziffern, die verzwickteste Analyse durchführen, und schon lebe ich in der mir gemäßen Atmosphäre. Dann kann ich auf künstliche Reizmittel verzichten. Doch ich verabscheue das dumpfe Gleichmaß des Daseins. Ich verschmachte nach geistiger Erregung. Das ist ja der Grund, warum ich meinen besonderen Beruf erwählt, nein geradezu geschaffen habe, denn ich bin der einzige auf der Welt, der ihn ausübt." (zitiert nach BLUHM 1997:57f.)

Hermann Hesse (1877-1962):

> "Als ich bei einem dieser ergebnislosen Gespräche einmal gereizt und beinahe grob wurde, sah er [Pablo] mir bestürzt und traurig ins Gesicht, nahm meine linke Hand und streichelte sie, und bot mir aus einer kleinen vergoldeten Dose etwas zum Schnupfen an, das werde mir gut tun. Ich fragte Hermine mit einem Blick, sie nickte ja, und ich nahm und schnupfte. In der Tat wurde ich in kurzem frischer und munterer, wahrscheinlich war etwas Kokain in dem Pulver gewesen. Hermine erzählte mir, dass Pablo viele solche Mittel habe, die er auf geheimen Wegen erhalte, die er zuweilen Freunden vorsetze und in deren Mischung und Dosierung er ein Meister sei: Mittel zum Betäuben von Schmerzen, zum Schlafen, zur Erzeugung schöner Träume, zum Lustigmachen, zum Verliebtmachen." (HESSE 1979:144)

• HESSE, Hermann

1979 DER STEPPENWOLF – *Erzählung*, Frankfurt/M.: Suhrkamp (zuerst 1955).

• Bleachin', *Every One Loves You Every Thing's Free,*

MC Amos, einer der Musiker gesteht: "Der erste Track stürmt los, alles ist Hetze, Eile, Tempo. Für mich ist es der Sound von Kokain." (zit. in. INES PHILIPP, "Bleachin': Der Sound von Kokain", *Hanf! Magazin*, 12/2000, S. 56-57.)

• David Bowie, *Ziggy Stardust - The Motion Picture* (1983, RCA Records)

Stardust, der "Sternenstaub", ist ein Synonym für Kokain. Auch das Lied "White Light/White Heat" ist eindeutig.

–, *The Rise and Fall of ZIGGY STARDUST and The Spiders From Mars* (1972); von Bowie wird hier das Koks liebevoll als *Lady Stardust* tituliert. [CD: Digitally Remastered, 24 BIT, 1999/EMI]

• Brujeria, *The Mexicutioner! The Best Of Brujeria* (Roadrunner Records, 2000)

Die Dark Metal-Band besteht aus anonymen Musiker, die wohl hauptsächlich aus

Mexiko stammen (Gerüchten zufolge handelt es sich bei ihnen um Kokainkartellbosse, die in ihrer Freizeit aggressive Musik mit anarchistischen und rebellischen Texten produzieren). Die Musiker werden nur unter Pseudonymen genannt; der Bassist nennt sich nach den mexikanischen Zauberpilzen Hongo, "Pilz".

• Dillinger, *Cocaine* (Charly Records, 1986)

Der Jamaikaner beginnt sein hanfvernebeltes Album mit *"Cocaine in my brain" – Cocain is running around your brain...*

"...wie Dillinger auf der Flucht zu seinem Biographen..." (BURROUGHS 1999: 167) – John Dillinger, einer berühmter US-Bankräuber aus der *Bonny and Clyde*-Ära, den Dreissigern.

• Bob Dylan, *Cocaine* [Legendary Gaslight Performances Vol. 2] (Platinum, o.D.; wahrscheinlich ein Bootleg)

• Faith No More, *Angel Dust* (Slash Records, 1992)

Ein wunderschöner Song namens *"Crack Hitler"* ziert das ziemlich extreme *Crossover*-Stück.

• Falco [T"MA A.K.A. FALCO"], *Mutter, der Mann mit dem Koks ist da.* (BMG, 1995)

Schlagerfassung des alten Berliner Gassenhauers.

• Marilyn Manson, *Mechanical Animals* (Nothing/Interscope Records, 1998)

Es beginnt mit "Great big white world", geht über in "I don't like the drugs but the drugs like me" und endet im "Coma white".

–, *Holywood* (Universal, 2000)

Im "Heiligen Holz" knistert das Koks...

• Lou Reed, *Set the Twilight Reeling* (Warner, 1996)

Dieses Album enthält die legendären Stücke "Finish Line" – *Heading for the finish line* (zit.) – und "Sex with your Parents"; die Lyrics klingen nach vielen Koks-Anspielungen. Im Ersten Song heißt es u.a. *"chocolate bubbles up your nose." GOD GOOD LORD NOSE!*

chr.r.

Anmerkungen:

[1] Helge Timmerberg, "Kaltmacher Kokain", TEMPO 3/96: 34-42, 1996.

[2] Robert Louis Stevenson (1850-1894) hat Dr. Jeckyll und Mr. Hyde in vier schlaflosen Nächten geschrieben, natürlich mit kontinuierlichem Cocagenuss: Vin Mariani.

Kreuz / Rota: Natürliche Ordnung und ihre Zyklen

Als europäische Konquistadoren und in ihrem Gefolge Missionare in die Neue Welt kamen, glaubten nicht wenige, in den dort so häufig anzutreffenden Kreuzzeichen auf Spuren eines erloschenen Christentums zu treffen. Doch Kreuzsymbole haften an keiner bestimmten Kultur oder Religion. Sie begegnen uns schon auf frühesten Felszeichnungen und markieren als sog. Rota ursprünglich den Lebensbaum,

Eine Rota als Zauberkreis vor dem klaffenden Spalt der Höhle.
Felsentheater über Schloss Hellbrunn, Salzburg

den Lauf der Sonne durch den Tag (Aufgang, Zenit, Untergang, Nachtbereich; → NORDEN) oder später das viergeteilte Jahr. Hinter seinen verschiedenen Ausformungen verbergen sich Ausdrucksformen der Sonne als Träger verschenkender Lebenskraft, die sie aber auch als gnadenlos sengender Dämon wieder aufzuheben vermag. Mit dem Aufkommen von Wiedergeburtslehren lieferte das Gestirn zugleich eine geeignete Vorstellungsgrundlage für die Rückkehr der Seele (gegen den Sonnenlauf) zu ihrem Ausgangspunkt. Ein Kreuz im Kreis bot Grundlage für die viergeteilte "terra", die bis ins Spätmittelalter das Idealbild der Welt prägte. Es lieferte auch die Vorlage für eine zweidimensionale Darstellung des Paradieses, von dessen Mittelpunkt vier Ströme in alle Richtungen flossen.

Bis in die Jungsteinzeit lässt sich das Hakenkreuz (Swastika) verfolgen, bei dem der Kreis durch umgebogene Enden des Kreuzes ersetzt wird. Ursprünglich sollte es vermutlich die Bewegung der Zeit und den ewigen Kreislauf des Jahres ausdrücken, in Indien später auch das Rad der Geburten. Im alten Sumer charakterisierte eine Swastika die wirbelnde Tätigkeit des Sturms. Als Helfer des sakralen Königtums versprach und drohte sie, alle Feinde des Staates zu vernichten (LURKER 1990: 282). Hakenkreuze drehen sich mit oder gegen den Sonnenlauf. Linksläufigkeit (→ PFAD ZUR LINKEN HAND) verbindet sich häufig mit → UNGLÜCK und → TOD. In mystischer Sicht trennt man hier nur Involution und Evolution, Ausrollen in die Vielheit oder Reintegration in die Einheit.

Ein Kreuz allein besteht aus einer Horizontalen, die als der passiv weibliche und negative Pol gedacht werden kann, und der Vertikalen als aktiv männlicher und positiver Pol. Diese kreuzen sich und bilden einen dritten Punkt. Sehen wir von dort vier Arme ausgehen, dann bildet die Mitte den fünften Punkt, die Quintessenz (→ PENTAGRAMM). Dort treffen sich die Dimensionen, Endlichkeit und Unendlichkeit, Mensch und Gott oder Seele und Geist (Unbewusstes und Bewusstes). An dieses Kreuz kosmischer Gesetzmäßigkeit, der Rota, sind wir alle geheftet, symbolisch mit drei Nägeln, häufig als Körper, Seele, Geist verstanden. Doch können wir jederzeit vom aufgerichteten Kreuz herabsteigen. In diesem Symbol gehen Leben, Tod und

Auferstehung ineinander über. Alles Vergängliche ist ohnehin nur ein Gleichnis des Ewigen (LURKER 1990:289).

Eine besondere Note erhielt das Kreuz im Christentum, obwohl ursprünglich die solare heidnische Bedeutung übernommen und auf Jesus Christus übertragen wurde. Während aber ostkirchliche Überlieferung dabei wohl mehr an den auferstandenen verklärten Christus dachte, legte ihre abendländisch lateinische Schwester den Focus auf die den Tod einschließende Passion Jesu. Es führte mitunter zu wahrlich erschütternden Darstellungen seiner unterschiedlich auszulegenden Aufforderung: "Wer mich liebt, der nehme sein Kreuz auf sich und folge mir nach!" Aber schon in den apokryphen Johannesakten sieht der erlöste Christus des Lichtkreuzes "geradezu amüsiert auf den leidenden irdisch-körperlichen Jesus herab" (STEPHENSON 1980:63).

c.z.

Kreuzweg: Scheidepunkt unserer Möglichkeiten

Wegkreuzungen (alter Name: Wegscheide) nehmen den Charakter von Scheidewegen an, steht man doch vor der Wahl von mindestens vier Möglichkeiten (→ KREUZ / ROTA). Theoretisch kann man selbst an einer verkehrsreichen Kreuzung die Grenzen von Zeit und Raum verlassen, Transzendenz erleben, das Göttliche erfahren. Hier treffen sich Ober- und Unterwelt, Leben und Tod, vereinigen sich die Gegensätze. Schon oder gerade an weniger belebten Orten solcher Entscheidungen, drohender Gefahren und folgenreicher Begegnungen sollten sich mit Vorliebe Geister und Dämonen tummeln, zumindest Personifizierungen der → ANGST, das Falsche zu tun. Hexen gäben sich hier besonders unzüchtig und unanständig, wusste der Volksglaube. Um Götter und unberechenbare Genien des Ortes günstig zu stimmen, setzte man dort einst Altäre auf, kleine Menhire oder Opfersteine. Das Christentum sicherte solch dunkle Orte durch Kreuze, Bildstöcke oder Kapellen.

Da man am Scheideweg auch das → PORTAL zu einem Neuanfang aufstoßen kann, herrschte im Römischen Reich der zweiköpfige Janus über Kreuzwege, Gott des neuen Jahres wie jeden Neubeginns. Noch im Mittelalter suchte man zu Neujahr am Kreuzweg mit durchaus kreativen Verfahren ein Orakel über Glück und Unglück, über Verborgenes und Zukünftiges (BAUER / ZERLING 2004:292).

Da man regional zu Neujahr auch diesbezüglich Verstorbene heraufbeschwor, um sie auszufragen, wurden einst an Kreuzwegen vielleicht die Toten beerdigt. Auch die Wilde Jagd, das Heer der verstorbenen Seelen, brauste dröhnend über wichtige Kreuzwege hinweg. Dreifache Weggabelungen hatten die alten Griechen der dreiköpfigen → HEKATE geheiligt, Herren der → UNTERWELT, und opferten ihr dort Hunde. Noch im Mittelalter sollten Bestattungen von Selbstmördern, Vampiren und Verbrechern an Kreuzwegen garantieren, dass sie die Wege und Richtungen verwechselten, wenn sie sich als Wiedergänger erhoben, um die Lebenden heimzusuchen und zu belästigen.

Ins Auge fallende markante "Malsteine" markierten früheste Opfer- und Kultbezirke, zu denen wichtige Wege führten und sich an dieser Stelle kreuzten. Germanische Sippen und Stämme trafen sich dort zu Ding- oder Gerichtssitzungen (Maltagen). Malsteine (von altdeutsch *malen* = abstecken, messen) dienten als Grenzsteine und göttliche Markierungen in der irdischen Welt. "Die Asen berief der Rat zu heischen, am Malstein gesprochen ward mancherlei" heißt es in der *Vegtamskvida* der EDDA. Zumindest Lautähnlichkeit verbindet *malen* auch mit *mahlen*. Mahlsteine als Bild göttlicher Gerechtigkeit scheinen so alt, wie man sie als Reibefläche für Getreidekörner nutzt. "Gottes Mühlen mahlen langsam, mahlen aber trefflich fein", weiß der Volksmund noch.

So nimm dir Zeit, stehst du an einem geistigen Scheideweg. Hier geraten die Sphären ineinander, hier erzeugen wir mit unseren Entscheidungen → KARMA, schlittern stärker als gewollt in den "Malstrom des Lebens". Wer unbedacht in dessen Wirbel hineingerät, den reißen spiral- und trichterförmige Strudelkräfte mitunter unweigerlich in die Tiefe eines → ABGRUNDS. Vom "Sturz in den Malstrom" künden viele Romane. Geläufig sind solche Strudel im Verkehr mit Gesetzen, Kritikern, Banken und Gesundheitsreformen. Im eigentlichen Sinne aber befinden wir uns immer dann in einem Malstrom, wenn das → SCHICKSAL auf oft unergründliche Weise gerechten Ausgleich schafft, wobei es Raum, Zeit und Verständnis in kühner Weise überschreitet.

c.z.

Bitterstein bei Kirchstätt, oberbayrische Stadtgemeinde Traunreut.
Dieser Findling aus Wettersteinkalk des Staufengebirgszuges diente als Malstein am Treffpunkt alter Gerichts- und Handelswege

Kundry: Des Teufels wilde Braut

Andere Namen: Condrie, Gundryggia, Herodias (→ SALOME), Höllenrose, Urteufelin, Zauberweib

Der Name Kundry ist eine Kreation → RICHARD WAGNERS (→ PARSIFAL). Er geht vermutlich auf den Frauennamen Kondwiramur = Conduir-Amour, "Liebesverkünderin" in dem Gedicht (Fragment) TITUREL des Wolfram von Eschenbach zurück. Wagner nannte Kundry "sein altes Ur-Frauenzimmer" (19.4.1878).

Kundry, die "Heidin" und "Urteufelin", stellt die alles vereinigende Natur dar, nicht gespalten in "Gut" und "Böse". Sie ist die Frau Welt → LUXURIA – in ihrer ganzen Pracht und in ihrem ganzen Schrecken. Sie vereint in sich Göttin und Teufelin, Heilige und Hure, Heilerin und Hexe, Schöpfung und Verderben, Nutzen und Schaden, Liebe und Versuchung... Eva und Lilith.

Da Kundry in Wagners PARSIFAL die einzige Frau ist, ist sie die Frau von Titurel und Mutter des Amfortas. Da Amfortas ihr erliegt, wird sie zur Mutter seines Sohnes Parsifal, den sie später heiratet um mit ihm Lohengrin zu zeugen.

Kundry, das "wunderbar weltdämonische Weib", ist eine der merkwürdigsten Gestalten in → WAGNERS → OPER → PARSIFAL. Ihre Erscheinung entspricht dem Bild der Hexe (→ URALTE IM WALD):

> "Wilde Kleidung, hoch geschürzt; Gürtel von Schlangenhäuten lang herabhängend; schwarzes, in losen Zöpfen flatterndes Haar; tief braunrötliche Gesichtsfarbe; stechende schwarze Augen, zuweilen wild aufblitzend, öfters wie todesstarr und unbeweglich."

Die "wilde Reiterin" fliegt auf der "Teufelsmähre" herbei (Hexenflug). Sie ist eine Heilkundige, kennt die Kräuter, Balsame und "Zaubersäfte" aus Arabia. "Eine Heidin ist, ein Zauberweib...". Sie hilft den Gralsrittern wo sie nur kann: "wann oft lange sie uns ferne blieb, dann brach ein Unglück wohl herein". Wenn sie einschläft kann sie entweder im Heiligen Wald der Gralswelt erwachen oder durch Zauber in Klingsors Zaubergarten erscheinen. Sie ist die Verbindung zwischen dem Hellen und dem Dunklen. Und sie kann beidem dienen.

Die Beschwörung der Kundry (PARSIFAL, 2. Akt) durch → KLINGSOR in seinem Zauberschloss, mit Hilfe von "Zauberwerkzeugen und nekromantischen Vorrichtungen":

"Herauf! Herauf! Zu mir!
Dein Meister ruft dich Namenlose.
Urteufelin! Höllenrose!
Herodias warst du, und was noch?
Gundryggia dort, Kundry hier!
Hieher! Hieher denn, Kundry!
Dein Meister ruft: herauf!"

Kundry steigt aus der tiefen Finsternis herauf und muss ihrem Meister Klingsor gehorchen und gegen ihren eigenen Willen für dessen egoistische Ziele handeln: Parsifal verführen und verderben.

Kundry, "des Teufels Braut", ist offensichtlich unsterblich, denn sie streift ruhelos durch alle Zeiten und Welten. Als sie Christus am Kreuze sah, musste sie lachen! Sie *musste* ihn verhöhnen! Dafür wurde sie verflucht und sucht seither nach Erlösung. – "Hat man sich überhaupt einmal Gedanken gemacht, warum Kundry beim Anblick des leidenden Christus gelacht hat?" (KLIER 1985:35) – – – Sie lacht über das unsinnige Erlöser-Spiel! Und, wie kann Er, der angebliche Erlöser, jemanden verfluchen?

Dennoch ist die "Verwünschte" Kundry dazu verdammt, immer wieder Männer zu verführen, in Versuchung zu bringen. Sie trägt einen Fluch ganz ähnlich wie Dracula, → NOSFERATU, der → FLIEGENDE HOLLÄNDER in sich – "zu büßen Schuld aus früh'rem Leben". Nur durch die ziellose, nicht auf Sex reduzierte Liebe kann sie vom Fluch befreit und erlöst werden. Ihr Erlöser wird Parsifal, der ihr widerstand, sie aber trotzdem liebt.

chr.r.

Parsifal und Kundry im Zaubergarten (2. Akt, *Parsifal*)
(Karte Nr. 17, aus: RICHARD WAGNER-GALERIE von Theodor Pixis, Verlag von Hanfstängl's Nachfolger, Berlin, 1882)

Kutsche: Vehikel lichter wie dunkler Götter

Im wilden Galopp prescht der "blitzliebende" Sonnengott mit seinem Vierspänner über das Firmament und zieht durch das viergeteilte Jahr (→ KREUZ / ROTA). Seine schäumenden Rosse – manchmal hat er auch Böcke oder Raubtiere vorgespannt – versinnbildlichen die dahinfliegende Zeit, den Wechsel der Jahreszeiten und das zyklische Moment aller Bewegung. Weder Dunkelheit noch Winter können die "unbesiegbare Sonne" (sol invictus) aufhalten.

Eine Kutsche steht in enger Bedeutung mit Wagen und Rad. Mit der Karosse fahren noch heute gern Brautleute zur Hochzeit, die frühe Post beförderte Briefe, Sendungen und Fahrgäste mit Mehrspännern über halsbrecherische Pfade, in einer → SCHWARZEN, offenen Kalesche ging es auf die letzte irdische Reise des Menschen: zum → FRIEDHOF. Schon auf ältesten Felsbildern ziehen Pferdewagen Tote ins Jenseits. Auch Dracula wie überhaupt die Herrschaften der Unterweltsphäre bevorzugen schnelle Gespanne. Im Märchen jagen sie in Geisterkutschen gern als kopflose Fahrgäste oder Kutscher an uns vorbei.

Führen unsichtbare → DÄMONEN die Zügel, dann hören die Zugtiere nicht mehr auf unser Kommando. Heben im mörderischen Tempo die Räder vom Boden ab, lenkt der → TEUFEL die Fahrt. Man merkt es daran, dass es schnell düster wird, eisiger Windzug aufzieht und sechs Pferde (→ DIE ZAHL DES TIERES 666) vorgespannt sind. Jetzt hilft nur noch die Notbremse, nämlich während rasender Fahrt einen Nagel in die Radnabe zu stoßen. Wer es versteht, kann den Teufel auch in den Bann nehmen und ihn zwingen, Deichsel und Achse auf die Schulter zu nehmen und das ganze Gefährt zu tragen. Das wird etwas schwieriger, wenn unerkannt Freund Hain (→ TOD), selig lächelnd und in sich hinein glucksend, selber auf dem Kutschbock sitzt, die Rappen antreibt und heimwärts lenkt.

Wagen und Kutsche können aber auch unser Seelenvehikel bedeuten, Pferde unsere vitalen Triebkräfte oder die Sinne, gelenkt durch unser innerstes Selbst. Von der Rastlosigkeit des Lebens Geplagte denken manchmal sicherlich sehnsüchtig an den behäbigen Fiaker zurück, dessen Zügel sie scheinbar selbst in der Hand hielten. Moderne Götter dagegen sind sicher längst auf schnittige Oberklassenmodelle der Autoindustrie umgestiegen.

c.z.

Labyrinth: Rückkehr zum Ursprung

Unser Dasein gleicht mitunter einem Labyrinth, zumindest wenn wir immer wieder nach dem "warum" fragen. Eine Reise durch ein gestaltetes Labyrinth, das man ursprünglich in sakraler Prozession durchschritt, war oft Bestandteil einer → INITIATION. Noch zum Ausgang des Mittelalters tanzten Pilger entlang den Linien von Bodenlabyrinthen, wie sie u.a. in den gotischen Kathedralen von Chartre oder Amiens erhalten geblieben sind. In einem solchem Spiraltanz sollte vermutlich die ständige Tendenz des Universums nach Integration und Auflösung erfahren werden: in einer Art Pendelbewegung des menschlichen Weges im Sonnenlauf und damit in Richtung Entfaltung, Zukunft; oder gegen den Sonnenlauf (→ PFAD ZUR LINKEN HAND) in Richtung Verblühen, Rückkehr zum Ursprung, Vergangenheit. Der Tanz ließ einen ebenso den Abstieg in die Unterwelt nachempfinden, den Vorgang einer Wiedergeburt – mit dem "Faden der Ariadne" als Nabelschnur – oder den geistigen Aufstieg von der Dunkelheit zum Licht.

Labyrinth als Begriff stammt entweder von labra (Stein, Grotte) oder von labrys (Doppelaxt). Dann kennzeichnete es zunächst vielleicht das "Haus der Doppelaxt" in Knossos, den Palast der zahllosen und unübersichtlichen Gänge des Totenherrschers Minos auf Kreta. Dort wollten die Ausgräber das von Dädalus geschaffene mythische Labyrinth lokalisieren, den Tanzplatz Ariadnes. Schon auf bronzezeitlichen Felsritzungen findet es sich in vereinfachter Form. Seine drei Windungen bezeichnen zu Beginn die dreifache Schlinge des Sonnenlaufes in zweidimensionaler Sicht. Vor allem in der späteren Motivwandlung als Spirale zeigen sieben schlangen-

Heckenlabyrinth in Altjessnitz, Sachsen-Anhalt

förmige Windungen oder Kreisgänge den Weg der Seele durch die → UNTERWELT und durch die Planetensphären. Wer die Mitte durchschritten hatte, konnte den Weg ins irdische Dasein zurückgehen. In hellenistischer Zeit wandelte sich das Motiv zum Irrgarten, das in der Gartenarchitektur des 16. bis 18. Jahrhundert seine dreidimensionale Blüte erlebte.

Zugleich symbolisierten Symbol und das Schreiten oder Tanzen entlang seiner Linien das Finden des verborgenen spirituellen Zentrums in unserer Seele. Am Ende oder im Mittelpunkt des Labyrinths erreicht der Sucher nämlich das Spiralschloss, auch Trojaburg genannt, Symbol für Tod als Transformation. Dorthin entzieht sich die Sonne nach ihrem zyklischen Untergang und startet von dort ihre glorreiche Auerstehung. So führt der Ausweg aus dem Labyrinth immer durch den → TOD hindurch zur Wiedergeburt, auf der körperlichen wie auf der seelisch-geistigen Ebene. Streben wir nicht oft scheinbar auf einem "Drehweg" von Erkenntnis der Wirklichkeit entgegen? Diese Wirklichkeit leuchtet in der Mitte des Symbols als Quintessenz auf (→ KREUZ), wenn wir nach genügend Rundungen das Wesen kosmischer Gesetzmäßigkeit erfassen. Jahrtausendelange Erfahrung lehrt, dass die Mitte nicht direkt angegangen werden kann, und selbst wenn man es könnte, bedeutete es einen Umweg. Erst die Erfahrungen auf dem Weg lassen das Ziel erkennen, oder: der Weg ist das Ziel.

c.z.

Lacrimosa: Klassiker der Schwarzen Szene

Lacrimosa bedeutet "tränenreich".

Name eines Abschnitts der Totenmesse.

Steht für das "Heulen und Zähneklappern angesichts des Jüngsten Gerichts". Trauermusik.

Die Schweizer Band wurde 1990 von Tilo Wolff (*1972) als Ein-Mann-Unternehmen gegründet. Der Name bezieht sich direkt auf das "Lacrimosa" in Mozarts → REQUIEM. Die Dark Wave-Musik dient vor allem zum Transportieren seiner Lyrik. Die Texte behandeln die Einsamkeit und Verlorenheit des Einzelnen in einer kalten und zerrütteten Gesellschaft.

Das Debüt-Album *Angst* erschien 1991. Die Musik beruht auf klagenden und getragenen Dark Wave-Klängen, klassisch angehaucht und von gruseligen Orgeln dominiert. Die Maxi-CD *Alles Lüge* (1993) führte zum Durchbruch, und gilt seither als Club-Klassiker der schwarzen Szene. Seit 1993 ist Lacrimosa ein Duo (mit der finnischen Sängerin und Keyborderin Anne Nurmi, ex-Two Witches) und spielt nun Goth Metal. Mit dem Barmbeker Symphonie Orchester wird der komplexe und klassizistische Albumsong "Der Kelch des Lebens" (auf *Inferno*, 1995) eingespielt.

Das Album *Elodia* wird 1999 mit 187 Musikern (London Symphony Orchestra) in den Abbey Road Studio eingespielt. Dabei handelt es sich um ein dreiteiliges Konzeptalbum. Zunächst wird eine an der eigenen Harmonie zerbrechende Liebe besungen, dann die Trennung beschworen und schließlich ein Requiem für eine "hoffnungsvolle Verabschiedung" zelebriert.

Das symphonische Album *Echos* (2003) folgt der klassischen Messe und beginnt mit einem fast 13minütigem "Kyrie" und endet mit einem "Requiem" für drei Gamben und Klavier.

Lacrimosa haben bis 2001 über eine halbe Million Tonträger verkauft und sind damit eine der weltweit erfolgreichsten Independent-Bands überhaupt!

chr.r.

Discographie:

- *Angst* (1991)
- *Einsamkeit* (1992)
- *Alles Lüge* (MCD, 1993)
- *Satura* (1993)
- *Schakal* (Maxi-CD, 1994)
- *Inferno* (1995)
- *Stolzes Herz* (Maxi-CD, 1996)
- *Stille* (1997)
- *Live* (Doppel-CD, 1998)
- *Elodia* (1999)
- *Fassade* (2001)
- *Echos* (2003)

Lady Macbeth: Die Eule hör` ich schreien

Drei Hexen erscheinen auf dürrer Heide Macbeth und Banco, dem Feldherren des schottischen Königs Duncan, und prophezeien ungefragt, Macbeth werde einst König, Banco Stammvater eines ganzen Königsgeschlechtes. Als Lady Macbeth davon erfährt, schürt die Vorhersage ihren Ehrgeiz nach Macht und Herrschaft. Ungeduldig drängt sie ihren zögerlichen Mann, den Weg zum Thron abzukürzen und entwirft einen abgefeimten Mordplan, um den greisen Duncan zu erdolchen. Macbeth folgt gehörig. Doch selber von seiner grausigen Untat erschüttert, verfällt er in bange Unruhe. "Ich hab` die Tat getan – hörst du nicht was?" Lady Macbeth ungerührt: "Die → EULE hört ich schrein und Heimchen zirpen."

Den Mord schiebt er Kammerdienern des alten Königs unter, die er dann aus vorgetäuschter Wut ebenfalls tötet, um den Verdacht von sich abzulenken. Eine Bluttat fordert nun unausweichlich die nächste. Verbrechen wuchert wie ein alles zersetzender Krebs. Macbeth "stürmt durch alle Grausamkeiten fort". Obwohl im Hintergrund seine berechnende Gattin ihm immer wieder den Rücken stärkt, quälen den Täter Gewissensbisse und gönnen ihm keine Ruhe. Fast in jeder Nacht nähern sich die Toten und drängen sich drohend ums Bett. Wilde Phantasien plagen bald auch die lange so kaltblütige Lady Macbeth. Wieder und wieder treten die blutigen Ereignisse als inneres Gesicht vor ihr Bewusstsein. Schlafwandelnd versucht sie verzweifelt, unsichtbares Blut von ihren Händen zu waschen. Schließlich bricht sie völlig entkräftet zusammen und stirbt.

Shakespeares düster graue Tragödie liefert uns einen zeitlosen Einblick in die → ABGRÜNDE der Seele. Sie zeigt auf, wie natürliche Triebe durch menschlichen Ehrgeiz ihre Grenzen überschreiten und allgemeines Unheil in die Welt setzen können. Astrologisch Bewanderte finden im Paar Macbeth eine perfekte Zeichnung des

Zodiakzeichens Skorpion, dem "Haus des Todes". Unter diesem Einfluss mangelt es uns gelegentlich an moralischen Einsichten und Hemmungen. Dabei unterliegen wir der starren Fixierung auf eine Idee. Das Zeichen selbst wird astrologisch von Mars regiert, Planet der feurig aggressiven Antriebskräfte, und sorgte für Wandlung und Befreiung durch Wachstum. Doch müssen die Skorpionskräfte im Feuer der Versuchungen und Prüfungen (→ Die Zahl des Tieres 666) gereinigt werden, ehe sie uns aus der Gefangenschaft triebhaften Aktionismus befreien können.

Hegel entdeckt in Macbeth Beispiele "selbstständigen" Charakters, der nur da zum Vorschein kommen könne, "wo das Außergöttliche, das partikulär Menschliche zu seiner vollständigen Geltung gelangt. Von dieser Art sind hauptsächlich die

Lady Macbeth-Skulptur in Stratford-on-Avon

Charaktere Shakespeares, bei denen eben die pralle Festigkeit und Einseitigkeit das vorzüglich Bewundernswerte ausmacht. Da ist nicht von Religiosität und von einem Handeln aus religiöser Versöhnung des Menschen in sich und vom Sittlichen als solchem die Rede. Wir haben im Gegenteil Individuen vor uns, selbstständig nur auf sich selber gestellt, mit besonderen Zwecken, die nur die ihrigen sind, aus ihrer Individualität allein sich herschreiben, und welche sie nun mit der unerschütterlichen Konsequenz der Leidenschaft ohne Reflexionen und Allgemeinheit, nur zur eigenen Selbstbefriedigung durchsetzen." Lady Macbeth zeige kein "liebevolles Behagen", keine sittliche Regung, keine Teilnahme, kein Bedauern einer edlen Seele, sondern fürchte nur, der Charakter ihres Mannes werde "zu voll von der Milch menschlicher Milde" seinem eigenen Ehrgeiz in den Weg treten. Sie kennt kein Schwanken, keine Ungewissheit, kein Weichen, keine Reue, nur die reine Abstraktion und Härte, den Weg in aller Konsequenz bis zum Ende durchzugehen – bis sie zuletzt zerbricht. Während dieser Bruch bei Macbeth von außen hereinbricht, zeige er sich im "weiblichen Innern der Lady als → WAHNSINN" (ÄSTHETIK, Kap.1a).

Shakespeare selbst relativiert im 5. Aufzug, 5. Szene: "Ein Märchen ist`s, erzählt von einem Dummkopf, voller Klang und Wut, das nichts bedeutet."

→ MACBETH

c.z.

Lamia: Der pure Schrecken

Aus Dank für höchst erfolgreiche Beilager mit zahlreichem Nachwuchs hatte Zeus (Zeugungskraft der Sonne) ihr, der großen Verwandlerin, zusätzlich die Gabe verliehen, ihre Augen herausnehmen und wieder einsetzen zu können. Aber ihre gesamte Brut, mit einer Ausnahme, fällt Hera zum Opfer, der eifersüchtigen Gattin des Göttervaters. Lamia (= Verschlingerin) rächt sich und bringt aus Neid nun ihrerseits wahllos Kinder um. Dabei führt sich die wunderschöne Tochter des Belos (= Baal, Aspekt der Widerstandskräfte in der Natur) so grausam auf, dass sich ihr Antlitz in das schreckenerregende Gorgonenhaupt verwandelt.

Unklar bleibt ihr Mythos, vielleicht hat er sich nur in Teilen überliefert. Als Sendbotin von → HEKATE ist sie auch Aspekt von ihr, weibliche Lebenskraft in ihrem zerstörerischen Aspekt. Sie erscheint in mannigfacher Gestalt, selbst in männlicher mit einem angehängten Phallus. Sie tritt auch als → MEDUSA auf, deren Schlangenhaupt alle, die es erblicken, zu Stein erstarren lässt. Andere Mythen beschreiben die kinderfressende Lamia mit Kuhfüssen und Katzenkrallen, wieder andere karikieren sie als lüsterne Hetäre und setzten sie mit der lybischen Schlangengöttin Neith gleich. Deren Priesterinnen sollen in orgiastischen Ritualen Reisende verführt, geschwächt und ihnen das Blut "mit vorschnellender Zunge" ausgesaugt haben. Herodot interpretierte Neith / Lamia als eine Erscheinungsform von Athene, Göttin der Weisheit und des → MONDES. Ihre Hässlichkeit muss als Warnung verstanden werden. Unverhüllte Wahrheit wirkt oft schrecklich und abschreckend, weil sie unser ganzes Lebensgerüst zusammenbrechen lassen kann, den alten Menschen unweigerlich zerstört, der dann aber neu und strahlender auferstehen vermag.

Sicherlich steckt in Lamia auch ein Aspekt der Schlangenkraft Kundalini, einer bewussten Energie, die in allen existierenden Dingen Form annimmt und sie von innen heraus aufbaut. Diese ungeheure Schöpferkraft wirke dann zerstörerisch, werde sie zu früh erweckt oder in wenig förderliche Wünsche verstrickt. So giert dieses Prinzip immer nach unserem Blut, der Kraft und dem Fluss unserer Persönlichkeit. Die kanaanitische Lamia, Aluka genannt, hatte als vampirisches Fabeltier zwei ebenso unersättliche Töchter: → Tod und Leben oder → Hölle und Mutterschoß (Ranke Graves 1981:540).

c.z.

Die elsässische Augenheilige Ottilie lehrt auch uns, für Sehen und Sichtung von Wahrheit die Augen herausnehmen und gelegentlich wieder einsetzen zu können. Skulptur in ihrem Quellheiligtum, Freiburg /Breisgau

Lee, Christopher: Der Herr der Vampire

Christopher Lee wurde 1922 in London als Sohn eines englischen Offiziers und der italienischen Gräfin Estelle Marie Carandini di Saranzo geboren. In einem Interview 1971 sagte Lee, das Geschlecht seiner italienischen Verwandten gehe bis auf Karl den Großen zurück. Ein adliger Vorfahr hatte schon als Schauspieler gearbeitet und fünf von Lee's Großtanten waren als Opern singende Truppe in einem Wagen durch Australien gezogen. Lee's Vater stammte passenderweise aus einer englischen Zigeunerfamilie. Als Kind traf Lee bei Verwandten beim Tee einmal mit dem Mörder Rasputins zusammen.

Lee, der acht Sprachen spricht, und in zwei deutschen Edgar Wallace-Filmen unsynchronisiert bleiben konnte, hat ursprünglich eine Ausbildung als Sänger. Vor seiner Karriere als Schauspieler trat er in verschiedenen Opernhäusern auf. In letzter Zeit sang er Lieder der Power Metall Band Rhapsody. Für das Tolkien-Ensemble übernahm er die Rolle des Ent Baumbart und begleitet als Erzähler Lieder und Gedichte von Tolkien (CD 2006 bei Membran: *The Lord of the Rings – The Complete Songs & Poems*).

Als Schauspieler weltbekannt wurde er durch die Rolle des blutsaugenden Grafen Dracula, den er ab 1958 in mehreren Filmen spielte. Bis zu 15.000 Fans schrieben jährlich Briefe an ihren Star. Der Filmjournalist Rainer Dick:

> "Gerade der Graf Dracula, dem Lee seine weltweite Popularität verdankt, ist einerseits der kultivierte Edelmann, der mit vollendeten Manieren Konversation macht; andererseits der grausige Dämon, der nichts anderes will als die völlige Zerstörung aller zivilisierten Wertvorstellungen. Dass er darüber hinaus eine zwar diffuse, aber überaus intensive erotische Ausstrahlung besitzt, macht seine ehrfurchtgebietende Erscheinung noch irritierender. Tatsächlich wandelt sich der Blutsauger Dracula in der Gestalt Christopher Lees nicht selten zum eigentlichen Sympathieträger seiner Filme, während der allzu verknöcherte Vampirjäger Dr. Van Helsing vergleichsweise wenig vertrauenerweckend wirkt."

Lee über seine Auffassung von der Rolle des untoten Grafen:

> "Ich habe stets versucht, wenn ich Dracula spielte, dem Publikum die Majestät und Würde dieses unsterblichen Charakters nahezubringen wie auch seine Barbarei, Wildheit und, über allem, große Traurigkeit. Eine wirklich heroische Gestalt, ein Mann – zum Führen befähigt, ein Mann mit Intellekt, mit einer enormen Anziehungskraft auf Frauen; ein Mann, wegen dieser Qualitäten von anderen Männern beneidet – und, nicht zuletzt, ein menschliches Wesen." (GIESSEN 1984:20)

Auch andere Bösewichter verkörperte Lee durch seine imponierende Körpergröße von 1,93 m kongenial: Den chinesischen Oberschurken Dr. Fu Man Chu, den Herrscher des Totenreiches (VAMPIRE GEGEN HERAKLES), den Auftragskiller Francisco Scaramanga in dem Bond-Film DER MANN MIT DEM GOLDENEN COLT, den Schwarzmagier und Saurondiener Saruman in Tolkiens HERR DER RINGE und Widerlinge in zwei STAR WARS-Filmen.

Bei den Dreharbeiten kam es immer mal zu Zwischenfällen. In voller Rüstung fiel er ins Wasser und wäre fast ertrunken. Bei einem Schwertkampf mit Errol Flynn wurde er schwer an der Hand verletzt. Die Narbe trägt er bis heute. Und im ersten Draculafilm fiel er aus Versehen mit seinem weiblichen Opfer in ein offenes Grab und zelebrierte, indem er oben auf zu liegen kam, – zum Gelächter der Filmleute – eine spezielle Form der Grabeswollust.

2001 wurde Lee, dem das GUINESS BOOK OF RECORDS mit über 250 Kinofilmen den Weltrekord als Filmschauspieler zuspricht, mit dem Titel *Commander of the British Empire* ausgezeichnet. Gerne, sagte er in einem Interview, würde er als Abschluss seiner Laufbahn einmal Iwan den Schrecklichen spielen.

Ältere deutsche Radiohörer kennen ihn noch als Teilnehmer der Kultsendung der 60er Jahre, dem Quiz zwischen London und Frankfurt.

Die Buchherstellerin Trude Dobramysl, eine Cousine des Agenten und Freundes von Christopher Lee, Peter Baker, erzählte mir ein unvergessliches Erlebnis, das sie mit dem Schauspieler 1970 hatte: Bei einem Besuch in London war es bei Peter sehr spät geworden und sie schlief in den Morgen hinein, ihre Gastgeber außerhalb der Wohnung bei der Arbeit wissend. Es schellte plötzlich mehrfach. Noch vom Schlaf benommen ging sie im Nachthemd zur Tür und öffnete. Zu ihrem schieren Entsetzen stand Graf Dracula vor ihr, in der Hand einen langen Dolch. Sie schrie, wie sie noch nie in ihrem Leben geschrieen hatte. Überaus betroffen stellte sich Dracula als Schauspieler Christopher Lee vor. Er habe, sagte er, eine Drehpause dazu benutzt, um einen wertvollen antiken Dolch zurückzubringen, den er von Peter für seine Rolle ausgeliehen hatte. Lee entschuldigte sich auf das Charmanteste, händigte den Dolch aus, verbeugte sich gravitätisch und rannte die Treppe hinunter auf die Straße, wo ein Taxifahrer darauf wartete, ihn zurück ins Studio zu bringen.

w.b.

Leidenschaft / Verlangen: Hindurchlieben nach oben

Dem Mythos nach hätten die ersten Menschen eine runde, kugelförmige Gestalt gehabt, wie sie auch dem Kosmos eigen sei, behauptet Platon in seinem SYMPOSION. Denn väterlicherseits stammten sie von der Sonne und mütterlicherseits von der Erde. Sie waren so vollkommen, dass die Götter beschlossen – aus Angst vor solch großer Ähnlichkeit mit ihnen bald einmal blass auszusehen –, sie rigoros mittendurch zu spalten. Seitdem leben Mann und Frau getrennt und sind verdammt, auf ewig nach ihrer passenden Ergänzung zu suchen. Dieses Streben nach harmonischer Vereinigung und ursprünglicher Ganzheit repräsentiert Eros, der viele Pfeile im Köcher trägt.

Eros, griechischer Gott des Verlangens, entschlüpfte als erster der Götter dem Weltenei, ja, ohne ihn hätten die anderen nie geboren werden können. Hesiod stellt ihn positiv als einigende vermittelnde Urkraft vor, die schöpferische Macht der Liebe. Frühe Darstellungen zeigen ihn als geflügelte "Bosheit", da unbezähmte Leidenschaft einen störenden Einfluss auf die Gesellschaft nehmen kann. In seinem berühmtesten Schrein zu Thespiai verehrten ihn die Boioter in Gestalt einer phallischen Säule. Spätere Poeten fanden "einen perversen Gefallen" an seinen Streichen, die seine abgeschossenen Liebespfeile richteten. "Eros wurde niemals als genügend verantwortlich betrachtet, um in der herrschenden olympischen Familie der Zwölf zu erscheinen" (RANKE-GRAVES 1960:48f.).

Bis zur endgültigen Auferstehung des Selbst im Überbewusstsein werde unser "falsches, individuelles und getrenntes Ich" von zwei Haupttriebkräften bewegt, deutet der Psychologe Ken Wilber den Hintergrund des Mythos: die eigene Existenz zu verewigen (Eros) und alles zu vermeiden, was zu seiner Auflösung (Thanatos, der → TOD) führen könnte. Eros, das nie ruhende Verlangen nach mehr Leben, alles zu besitzen, kosmozentrisch zu sein, werde von der richtigen Intuition motiviert, wenn der Mensch sich als das All begreife.

> "Mit der Anwendung auf das separate Ich jedoch wird diese Intuition zum Verlangen pervertiert, das All individuell zu besitzen. Statt alles *sein* zu wollen, wünscht man nur, alles zu *haben*. Das ist die Grundlage aller

> Ersatzbefriedigungen, ist das im Herzen jedes separaten Ich anzutreffende unersättliche Verlangen...",

mit dem Eros aber niemals zufrieden gestellt werden könne. Eros sei "ontologischer Hunger", der Wunsch, die Ganzheit wiederzuerlangen, die verlorenging, als die Grenze zwischen Ich und dem anderen aufgebaut wurde (WILBER 1999: 30,78f, 178f).

Furcht und Begehren sind zumeist verantwortlich für unser Unglücklichsein. Denn sie bedingen einander. Je mehr ich begehre, desto mehr fürchte ich, es nicht zu erlangen oder das schon Erlangte wieder zu verlieren. "Nur wer beides zäumt, kann einen glücklichen Geist erlangen" mahnt schon der Neuplatoniker Porphyrius (geb. um 232) in einem Brief seine Frau Marcella. Unser Verlangen schafft aber auch die großen Werke, den ständigen Fortschritt, ohne den jedes sich selbst genügende Paradies recht bald die Selbstzerstörung einleiten würde. Bei Platon schaffe Eros die Verbindung zwischen Himmel und Erde, zwischen Geist und Seele. Sein "liebe dich hinauf" meine, dass der Mensch hinter der Liebe zu Gegenständen das Tiefliegende entdeckt, um schließlich nur noch allgemein das Schöne, Gute, Wahre und Heilige zu verehren. "Eros ist es, der Tier zu Tier treibt, aber auch Eros, wenn sich der Mensch hindurchgeliebt hat zu reinem Geist" (ZIPPERT 1975:51).

Hitzige Leidenschaften entfachen andererseits ein inneres Feuer, das lodert und schluss endlich den Stoff verbrennt. Zurück bleibt Asche, der beste Dünger, aus dem schon der mythische Phönix bewusst seine eigene Wiedergeburt so prachtvoll inszenierte. Kluge Zeitgenossen versprechen, wir fänden Befreiung, wenn wir unsere Wünsche in "vernünftige" Bahnen lenkten, oder überhaupt nur "das Richtige"

Grandville (1842): "Es brechen so viele tierische Leidenschaften beim Menschen aus, dass man an unserer Verwandtschaft nicht zweifeln kann."

wünschten. Nüchterner Zenbuddhismus empfiehlt, sich Wünsche und Verlangen genau anzusehen, sie von allen Seiten zu betrachten. "Dann lass sie fahren...!"

c.z.

Lel: Tänze mit dem Liebesgott

H. Brunnhofer hat 1910 versucht, genau wie etliche seiner Vorgänger, in Alpensagen den Einfluss der Mythologie slawischer Einwanderer vorzufinden. In Worten wie Lel, Löl, Lällekönig sah er den Hinweis auf den bei Beginn des Frühlings durch das frische Gras tanzenden Liebesgott des neuen Jahres, Lel, - der in Osteuropa noch immer in Lied und Volksglauben lebt und von Forschern seit dem 18. Jahrhundert mit den antiken Glücksgöttern wie Eros, Amor, Cupido, die beim ersten Blühen und Sonnenschein die Geschlechter verbinden, gleichgesetzt wird. Bei den Südslawen gingen am Mittsommer blumenbekränzte Mädchen von Haus zu Haus, indem sie einen kleinen nackten Knaben mitführten, das "Lela-Elfchen". Dieses wurde gebeten, jedem Heime "zum Glück" zu tanzen (J. BELOVIC 1927:121). Löl und ähnlich heißt man in der Schweiz einen Menschen, der es närrisch, "kindisch" treibt. Wie es mir der Mundartkenner Hans Zulliger erklärte:

> "Man will sagen, dass er herumlölt, wie ein Verliebter, der im Frühling völlig seinen Kopf verliert und sich entsprechend aufführt."

s.g.

Lenau, Nikolaus: Gehobener Weltschmerz

Der 1802 im damals ungarischen Csatád geborene Nikolaus Franz Niembisch Edler von Strehlenau ist besser bekannt unter seinem Dichternamen Nikolaus Lenau. Als Lenau 1850 starb, hinterließ er der Nachwelt neben vielen musikalisch-melancholischen Gedichten die Versepen SAVONAROLA und DIE ALBIGENSER sowie das dramatische Gedicht *Faust* und die Szenenfolge DON JUAN.

Wer war der Mann, der, wenn er seine Gedichte vortrug, auf seine Zuhörer eine geradezu magische Wirkung ausübte?

Nach dem Tod des spielsüchtigen Vaters, der das Vermögen seiner Frau am Spieltisch durchbrachte, heiratete 1811 die Mutter einen Arzt. Nach der Trennung 1817 zog die erneut in finanziellen Nöten steckende Mutter mit Nikolaus und seinen Geschwistern zeitweilig in die ehemalige Kapelle eines Friedhofs in Buda, eine für Nikolaus Weltsicht sehr prägende Umgebung. Ab 1818 studierte Lenau Landwirtschaft, Jura, Medizin und Philosophie. Aber nur das Philosophie-Studium schloss er 1823 mit Erfolg ab.

Immer wieder scheiterten Beziehungen, wenn er nach dem Stadium des lustvollen Verliebens und Sehnens das Zusammenleben im Alltag zu leben versuchte. Als er 1830, nach dem Tod der Großmutter, ein kleines Erbe erhielt, beschloss er, ein Leben als freier Schriftsteller zu führen. Von einer Reise nach Amerika erhoffte er sich Anregungen für eine neue Welt der Poesie. In Ohio siedelte er sich an.

Angesichts der "himmelanstinkenden Krämerseelen", die er überall antraf und die nur eines im Sinn hatten, schnell ein paar Dollars zu verdienen, wurde er schnell amerikamüde. Mit Abscheu sah er, wie die Weißen die ursprüngliche, in der Natur eingebundene Kultur der Indianer zerstörten. In seinem Gedicht *Der Indianerzug* lässt er einen greisen Häuptling klagen:

"Stets weiter drängen uns, als ihre Herde,
Stets weiter, weiter die verfluchten Weißen.
Die kommen sind, uns von der Muttererde
Und von den alten Göttern fortzureißen."

Zurück in Deutschland war er, getrieben von einer angstvollen Unruhe, ständig auf Reisen. Er brachte sein Leben in der Postkutsche oder auf dem Dampfschiff zu, dabei zwischen Wien und Stuttgart, ohne festen Wohnsitz, hin und her pendelnd. In den biedermeierlichen Salons rezitierte er seine Gedichte. Braungelockt, angetan mit einem dunklen Pelzmantel und im schwarzen Frack oder im grünen Rock, mit einem sorgfältig gebundenen Seidentuch um den Hals und Geige spielend, faszinierte er als "Poet mit dem Puszta-Flair". Bei den schwäbischen Spätromantikern Gustav Schwab, Justinus →KERNER und Ludwig Uhland wurde er zum gern gesehenen Gast.

Nikolaus Lenau

Viele seiner Gedichte sind Allegorien der Vergänglichkeit. Sie spielen in Trümmern und Ruinen, an Gräbern und Friedhöfen. Die Helden sind – wie der Dichter selbst – am Leben Verzweifelnde und von ihrer inneren Zerrissenheit Gejagte. Linderung seiner Seelenqualen suchte Lenau in der Natur. Im Eichwald spürte er die Nähe Gottes.

"Willst du im Walde weilen,
Um deine Brust zu heilen,
So muss dein Herz verstehen
Die Stimmen die dort wehen."

Er stellte sich vor, mit seinem Liebchen ein Häuschen in einem "zarten Birkenhain" zu bewohnen:

"Du seligste der Phantasein!
Ach, wäre es mir beschieden,
Mit ihr zu leben hier allein
Im süßen Waldesfrieden!"

Im Gedichtzyklus WALDLIEDER besang er im 5. Lied den Zauberer Merlin, dem er es gern gleich getan hätte.

"Wie Merlin
Möchte ich durch die Wälder ziehn: Was die Stürme wehen,
Was die Donner rollen
Und die Blitze wollen,
Was die Bäume sprechen,
Wenn sie brechen,
Möchte ich wie Merlin verstehen."

Momente, in denen alles still stand, und er sich selbst vergaß, fand Lenau beim Rauchen einer Pfeife.

"Mein Pfeifchen traut, mir ist dein Rauch,
Voll duftender Narkose

(...)

Und wenn dein blauer Wolkenzug
Die Stirn mir umsponnen,
Umkreist mich gern der rasche Flug
Von dichterischen Wonnen."

In seinem Buch DIE MAGIE DER VERBOTENEN MÄRCHEN – VON HEXENDROGEN UND FEENKRÄUTERN (Merlin Verlag Gifkendorf 2005) fragt Sergius Golowin, ob das bei den Romantikern so beliebte Rauchen überhaupt durch die Wirkungen unseres heutigen "gewöhnlichen" Tabaks zu erklären ist oder ob nicht – wie Belege andeuten – "türkischer" (mit Haschisch versetzter), also narkotischer Tabak geraucht wurde, vielleicht sogar mit Beigaben von Bilsenkraut und schwarzem Mohnsamen. (Dies mag auch für den Sanitätsknaster gelten, den → E.T.A. HOFFMANNS Held Anselmus im Märchen DER GOLDENE TOPF am Ufer der Elbe raucht.)

Sein Denken, schreibt Hans Georg Schmidt-Bergmann, im Nachwort zu einem Buch mit Lenaus Gedichten:

> "kennt keinen idealen historischen Ort, kein christliches Arkadien und kein goldenes Mittelalter. Nur im gelebten Augenblick scheint Lenau die Möglichkeit auf, der Realität doch noch zu entkommen. Seine Utopie ist die Dauer des Augenblicks und ein Stillstand der Zeit."

Der andauernden, unaushaltbaren Spannung zwischen manischen und depressiven Phasen, die den Dichter (möglicherweise als Folge einer syphilitischen Erkrankung) immer mehr quälten und Wahnideen auslösten, versuchte er durch Selbstmord zu entkommen. 1844 wurde er in die Heilanstalt Winnenthal verbracht, 1847 überführte man ihn in die Heilanstalt Oberdöbling bei Wien. "Er starb", schreibt der Dichter Klabund in seiner LITERATURGESCHICHTE, "wie Hölderlin im Wahnsinn, nachdem er, mit dem Herzen eines Zigeuners und dem Munde eines Deutschen, die melancholischen Lieder der Steppe und der Schilfreiche gesungen."

Sein Grab befindet sich auf dem Friedhof von Klosterneuburg-Weidling. Der Grabstein zeigt den Kopf im Profil. Eingemeißelt ist einzig der Dichtername – Lenau.

w.b.

Lewis, Clive S.: Die Schönheit von Utopia

Als seine Eltern in ein neues, großes, von heiser krächzenden Krähen umflogenes, am Stadtrand von Belfast gelegenes Haus zogen, fand der siebenjährige Clive das Paradies. An diesen Ort kehrte er in seinen Gedanken später immer gern zurück.

> "Ich bin ein Produkt von langen, schweigenden Korridoren, leeren, sonnendurchfluteten Zimmern, einsam erforschten Dachkammern, fern murmelnder Wassertanks und Leitungen und dem Singen des Windes unter den Dachziegeln."

Die zahllosen Bücher im Haus wurden zu Schlüsseln zu fremden Welten. Von Geschichten mit mystischem Flair konnte er nicht genug bekommen.

Als Clive zehn Jahre alt war, starb seine Mutter an Krebs. Den Abschied am Bett der Toten vergaß Clive nie. Wenn er in seinem Fantasyroman DAS WUNDER VON NARNIA den Helden, den Jungen Digory, nach dem Apfel des Lebens suchen lässt, um die todkranke Mutter heilen zu können, vollzieht Lewis in der Phantasie das nach, was ihm im realen Leben nicht möglich war.

Clives Aufenthalt in einer privaten Vorbereitungsschule geriet zum Alptraum. Statt Unterricht gab es wahllos verteilte Prügel durch einen sadistischen Lehrer und schlechtestes Essen. Das Kind fühlte sich wie in einem Gefängnis. Als "Belsen" bezeichnete er später dieses "KZ für Kinder". Tröstlich waren einzig die Nächte, in denen der Mond durch die Fenster schien, alles verzauberte und ihn in seiner Phantasie Abenteuer erleben ließ. In vielen seiner Romane sind Nächte, die vom

Mond beschienen werden, Ausgangspunkt der Handlung. Lange vor Rawlings Harry-Potter-Büchern führte Lewis Eulen als Helfer der Kinder ein. In DER SILBERNE SESSEL müssen die Schüler Jill und Eustachius auf der Suche nach dem verschollenen Prinzen Rilian auf einer Eule durch die Nacht fliegen.

> "Die Eule stand mit dem Rücken zum Zimmer gewandt auf der Fensterbank und hob die Flügel. Jill musste auf ihren kurzen, dicken Körper klettern, ihre Knie unter die Flügel stecken und sich gut festklammern. Die Federn fühlten sich wunderbar warm und weich an, aber es gab nichts, woran man sich festhalten konnte."

Als Zwölfjähriger, jetzt auf einem College, las er heimlich Märchen. Besonders die Zwerge zogen ihn in ihren Bann. Wenn er im Garten einen Zwerg in die Büsche huschen sah, empfand er keineswegs Angst. Angst hatte er vor den älteren mitleidlosen Mitschülern, die ihn und andere Kleinere – aus Spaß – in den Kohlenkeller sperrten, oder ihm falsche Informationen gaben, so dass er wegen eines vermeintlichen Fehlverhaltens öffentlich brutal gezüchtigt wurde.

Im Glauben an eine andere Welt bestätigte ihn die dem Spiritismus und Okkultismus hingegebene Hausmutter der nächsten Schule, die Clive besuchte. Die menschenfeindliche Atmosphäre der Schule ließ ihn auch hier Zuflucht in der Bibliothek suchen. Er erschloss sich die Welt der keltischen, germanischen und nordischen Mythologie. Sein Taschengeld gab er für Wagner-Schallplatten aus.

Als Soldat im 1. Weltkrieg sah er im Schützengraben einmal eine zitternde Maus vor seinen Füßen, die wegen des Infernos um sie herum so voller Angst war, dass sie sich nicht mehr zu bewegen traute. In ihr sah er sich als das gespiegelt, was er in diesem Moment war: Ein armes zitterndes Menschlein.

1925 bekam Lewis als Dozent eine Anstellung am Oxforder Magdalenen College und wurde feierlich in die Fakultät aufgenommen. In dieser Funktion war er bis 1954 tätig. Lewis wurde aufgrund der Begeisterung und Wärme, die er ausstrahlte, und des profunden Wissens, das er besaß, schnell zur Attraktion in seinem Fachbereich. Mühelos füllte er den größten Hörsaal. In diese Zeit fällt die Veröffentlichung der drei utopischen Romane JENSEITS DES SCHWEIGENDEN STERNS, PERELANDRA und DIE BÖSE MACHT.

In JENSEITS DES SCHWEIGENDEN STERNS wird der Held, Dr. Ransom, von der Erde, die vom Geist der Finsternis, dem Großen Krummen, beherrscht wird, von dem goldgierigen Wissenschaftler Weston auf den Mars, eine friedliche und harmonische Gegenwelt, entführt. Es kommt zum Kampf. Weston trifft auf den Lichtgeist Oyarsa, den Herrn des Planeten, und versucht ihn, ausgerechnet mit einer Glasperlenkette aus dem Woolworth, zu beeindrucken. "Ihr tun alles, was wir sagen, und wir euch geben viele schöne Sachen." Oyarsa, der glaubt, Weston leide an einem Hitzschlag, lässt seinen Kopf von den Marsianern mit kaltem Wasser begießen. In PERELANDRA fliegt Dr. Ransom zum Planeten Venus, einer Welt von überirdischer Schönheit, um erneut den Kampf mit dem machtbesessenen Weston aufzunehmen. Im dritten Band muss der Held schließlich den Zauberer Merlin aus dem Grab holen, um mit einer Gruppe skrupelloser, machtgeiler Manager fertig zu werden. "Durch Ransoms Abenteuer erhaschen wir einen Blick auf den großen ewigen Kampf zwischen Gut und Böse" (C.S. Lewis' Biografin ANNE ARNOTT).

Über England hinaus machten ihn die sieben Fantasy-Bände der CHRONIKEN VON NARNIA bekannt. Im ersten Band DAS WUNDER VON NARNIA (mittlerweile als Disney-Film zu sehen) schildert Lewis die Abenteuer von vier Kindern, die während der Bombardierungen der englischen Städte in einem abgelegenen Landhaus evakuiert sind. In einem der vielen Zimmer entdecken sie einen magischen Wandschrank, der das Betreten der Welt von Narnia ermöglicht. Dort gibt es nicht nur freundliche Faune, Dryaden und andere Wesen, sondern auch sprechende Tiere wie den heldenmutigen Löwen Aslan. Dem Land droht in der bitterbösen "weißen Hexe" eine tödliche Gefahr, der sich die Kinder stellen müssen.

Jeden Donnerstag traf sich bei Lewis nach dem Mittagessen ein an Literatur interessierter Freundeskreis. Man las sich gegenseitig Manuskripte vor. Einer dieser Freunde war J.R.R. Tolkien, der aus dem Manuskript zum HERRN DER RINGE vortrug. Am Montagmorgen kam Tolkien "auf ein Gläschen" bei Lewis allein vorbei.

Weltbekannt wurde Lewis durch den satirischen Roman SCREWTAPE LETTERS (DIENSTANWEISUNG FÜR EINEN UNTERTEUFEL), in dem die Welt der Menschen und des Himmels aus dem Blickwinkel von Screwtape, einen älteren Teufel aus dem Management der Hölle, beschrieben wird.

1956 heiratete Lewis, jetzt Professor für englische Literatur des Mittelalters, die todkranke Joy Davidman, eine schon lange von ihm verehrte Mitarbeiterin, an ihrem Krankenbett. Nach einer Handauflegung durch einen Geistlichen besserte sich ihr Zustand überraschend. Sie besuchte in den Jahren, die ihr noch blieben, mit ihm Irland und sogar Griechenland. Ein Traum ging in Erfüllung: Humpelnd schafften es die beiden, in Mykene bis zum Löwentor zu kommen. Lewis hatte, wie er einem Freund gestand, mit Gottes Hilfe seiner krebskranken Frau die Schmerzen "abgenommen" und sie in seine Beine geleiet.

Schon 1940 hatte Lewis sich in einer philosophisch-theologischen Schrift (THE PROBLEM OF PAIN, dt. 1978: ÜBER DEN SCHMERZ) mit dem menschlichen Leiden auseinandergesetzt. Er kommt darin zu dem Schluss, dass Gott den Menschen gerade in Leid und Unglück begegne; "Gott flüstert in unserer Freude, aber er ruft laut in unserem Leid."

Obwohl der Tod seiner Frau im Juni 1960 nicht unerwartet kam, war es für ihn ein entsetzlicher Schlag. Nach ihrem Tod ging es mit seiner Gesundheit rapide bergab. Ein Krankenhausaufenthalt besserte nichts. Lewis fiel in ein langes Koma. Als er unerwartet daraus erwachte, bemerkte er, es sei hart zurück ins Leben zu kommen, nur um mit dem Sterben wieder von vorn anfangen zu müssen. Am 22. November 1963 ließ der Tod ihm gerade noch die Zeit, seine Post durchzusehen, ein Kreuzworträtsel zu lösen und seinen geliebten Nachmittagstee zu sich zu nehmen.

w.b.

Ligeti, György Sándor: Meister visionärer Grenzüberschreitungen

* 1923

Der zeitgenössische Komponist György Sándor Ligeti wurde am 28.5.1923 in Tirnaveni, Siebenbürgen (Transsylvanien), geboren. Er studierte Musik in Budapest, wo er später Dozent an der Musikhochschule wurde.

Ligeti, dessen Vorbild Béla Bártok ist, war von 1956 bis 1959 freier Mitarbeiter im Studio für Elektronische Musik des WDR Köln. 1973 wurde Ligeti zum Professor an der Staatlichen Hochschule für Musik in Hamburg ernannt. Sein großes Orchesterwerk ATMOSPÈRES (1961) gilt als das Schlüsselwerk der neuen Musik des späten 20. Jh., als Manifest der Clustertechnik und Klangflächenarrangements (diente u.a. als → FILMMUSIK zum SF-Klassiker 2001: ODYSSEE IM WELTRAUM von Stanley Kubrik, 1968). Seine Komposition *Volumina* (1962) gilt als moderner Meilenstein der → ORGELMUSIK. Ligeti war vielleicht der erste Komponist, der Ideen der Chaostheorie und mathematische Fraktale synästhetisch in komponierte Musik umsetzte.

> "Ligeti ist ein Meister visionärer Grenzüberschreitungen; er entwickelt einen eigenen Stil fern der → ZWÖLFTONTECHNIK, gekennzeichnet durch eine überdichte Polyphonie (‚Mikropolyphonie') und die Auflösung von Rhythmus und Harmonie in Klangflächen. In seiner Musik findet unter anderem eine Besinnung auf das Prozesshafte und auf den Einzelklang als Ereignisqualität statt." (BATTA 1999:278)

Ligetis Werke haben die

> "Fähigkeit, die Phantasie des Hörers anzuregen und Assoziationen wie Illusionen wachzurufen. Viele Werke Ligetis suggerieren beim Hörer Raumvorstellungen, sie wecken Raumillusionen: eine imaginäre Perspektive, Nähe und Ferne, Tiefe und Höhe, Weite und Enge." (CONSTANTIN FLOROS 1994)

– Psychoaktive Musik!

Der avantgardistische Komponist, für seine seriellen und fraktalen Kompositionen sowie seine Viertelton-Stücke bekannt, hat das Thema der mechanischen Musik (Industrial, kompositorisch wiederaufgenommen: *Mechanical Music – Bearbeitungen für Drehorgel* (Sony Classical, 1997). Seine dunklen Cluster-Klänge haben seither avantgardistische und experimentelle Musiker (→ DARK) und viele Filmkomponisten dunkler Sujets beeinflusst.

Werke (Auswahl):

• *Requiem* für Sopran und Mezzosopran, gemischten Chor und Orchester (1963-1965); siehe Requiem.

• *Concerto für Violoncello und Orchester* (1967)

Bei diesem Concerto sollen Solist und Orchester eine Einheit bilden, die kaum zu trennen ist. Das Werk beginnt sehr leise, wie aus dem Nichts. Und endet mit der "Flüsterkadenz" des Cellisten, und verliert sich wieder im Nichts.

• *Ramifications* (franz. "Verästelungen") für zwölf Solostreicher (1968-1969)

Ein geradezu "klassisches" Viertel-Ton-Stück: "Sechs Streicher werden um einen Viertelton tiefer gestimmt. Das daraus resultierende, spinnennetzartige 24-Tonfeld ist voller unregelmäßiger Schwebungen" (Ligeti). Starker Tobak für untrainierte Ohren! Ein Hauch von Grusel und Schauder für den → GOTHIC-Fan.

• *Kammerkonzert für 13 Instrumentalisten* (1970)

Dieses Kammerkonzert ist ein Paradebeispiel für die Clustertechnik, eine Art "Klangfarbenkomposition".

• *Le Grand Macabre* (1974-1977)

Oper in zwei Akten (vier Bildern); Libretto von Michael Meschke und G. Ligeti, frei nach Michel de Ghelderodes (1898-1962) *La Balade du Grand Macabre*. Ort der Handlung: "Im Fürstentum Breughelland, im soundsovielten Jahrhundert"; basiert auf dem Gemälde von Pieter Brueghel (um 1525/30-1569), *Der Triumph des Todes* (um 1562: Madrid, Museo del Prado). Es ist sozusagen eine synästhetische Umsetzung des Gemäldes in Handlung und → MUSIK. UA: 12. April 1978, Königliche Oper Stockholm (Auftragswerk).

Die mehrschichtige, ins Grosteke tendierende Handlung der Oper, ein "imaginiertes Reich der Tagträume", beginnt nach der Ouvertüre für 12 Autohupen, mit einem gesungenen "Dies irae", mit einer Totenmesse (→ REQUIEM). Ein "musikalisches Zeige-Theater" in holzschnitthafter Totentanzlyrik setzt ein: "Fürchtet den Tod nicht, gute Leut'! Irgendwann kommt er, doch nicht heut! Und wenn er kommt, dann ist's so weit... Lebt wohl solang' in Heiterkeit!"

Ein Liebespaar vergnügt sich auf einem Friedhof. Aus einer Grabkammer steigt Nekrotzar, der Todesbote, Sensenmann, → DÄMON, → VAMPIR, der Schattenreichherrscher, Jahrmarktsgaukler, furchteinflößender Magier, und verkündet den Weltuntergang, der Schlag Mitternacht beginnt, das Ende für alle "Guten" wie alle "Bösen", unterschiedslos. Das Liebespaar steigt nun in das Grab um sich dort der rasenden Wollust hinzugeben.

Nekrotzar ist der große Makabre, der die Katastrophenangst ins Breughelland trägt, sich aber suksessive besäuft. Die mannstolle und sadistische Mescalina, eine alkoholisierte Schlampe, ist die Ehefrau des von ihr versklavten Hofastrologen Astradamors, der den apokalyptischen Kometen beobachtet. Mescalina wird im Rausch von Nekrotzar, "Ihre große Makaberkeit", als Vampir gebissen und ausgesaugt. Sie erkennt in ihm Aschtarot, Behemot, Satanas, Beelzebub, Hades, Orkus, Tartarus, ... Aber: "Er hat doch *zu* viel gesoffen: Der Tod ward vom Tod getroffen." Nekrotzar entschwindet kleinlaut. Das wollüstige Liebespaar steigt befriedigt – vom Weltuntergangsszenario gänzlich unbehelligt – aus der Grabkammer. Die "im Rausch erträumte Weltgerichts-Szenerie" ist beendet.

• *Konzert für Klavier und Orchester* (1985-1987)

In diesem Werk verarbeitet Ligeti sein Studium zentralafrikanischer Musik, ihre vertrackte Polyphonie und Polyrhythmik, sowie die visuelle Wahrnehmung computergenerierter Fraktale auf synästhetische Weise.

chr.r.

Linke Seite

→ PFAD ZUR LINKEN HAND

Liszt, Franz: Erster Popstar der Musikgeschichte

1811-1886

Der Sohn einer Österreicherin und eines ungarischen Gutsverwalters schwäbischer Herkunft wurde am 22.11.1811 in Raiding bei Ödenburg in Ungarn geboren. Als Achtjähriger wurde er bereits in Ungarn als Wunderkind gefeiert. Als er mit seinen Eltern nach Wien übersiedelte, studierte er bei Antonio Salieri (1750-1825), dem Widersacher Mozarts, und dem Beethoven-Schüler Carl Czerny (1791-1857). Franz Liszt gab sein erstes Konzert als Elfjähriger in Wien. Obwohl Liszt zunächst katholischer Priester werden wollte, entdeckte er seine Liebe zur romantischen Literatur. 1848 wurde Liszt Hofkapellmeister in Weimar und galt als Vertreter der "neudeutschen Schule". 1850 besucht ihn Gerard de Nerval in Weimar. Nach seinem Zerwürfnis mit Weimar (1861) ging er nach Rom, um dort die niederen Weihen zu empfangen. Von 1865 an widmete er sich hauptsächlich der *musica sacra*, geistlichen Werken (Oratorien, Messen, Kirchenmusiken und einem → REQUIEM, 1868). Er nannte sich Abbé Liszt und schrieb sogar ein Essay "Über künftige Kirchenmusik" (1834). Danach sollen sich Theater und Kirche vereinen; die Musik müsse dramatisch und heilig, majestätisch und schlicht, streng und still sein. Das Oratorium *Christus* (1866/73) entwickelte er aus 14 altchristlichen, mittelalterlichen Gesängen (→ GREGORIANIK). Das brachte ihn den Titel "Der Heilige und der Sünder" ein...

Der virtuose Pianist eroberte im Sturm die Konzertsäle Europas, wurde besonders in London gefeiert und in Paris vergöttert! Er gilt als erster Popstar der Musikgeschichte. Sein Privatleben war durch zahlreiche Verhältnisse zu verheirateten Damen der Aristokratie gewürzt. Der freien Verbindung zur Gräfin Marie d'Agoult entsprang seine Tochter Cosima (1837-1930), die zuerst den Dirigenten Hans von Bülow (der Großvater von Loriot!), später aber → RICHARD WAGNER heiraten sollte. Liszt war ein wichtiger Vorkämpfer für und Verteidiger von Wagner, komponierte für ihn eine Trauermusik (*Am Grabe Richard Wagners*, 1883) und starb am 31.7.1886 in Bayreuth.

Franz Liszt war als Pianist und Komponist von → NICOLÒ PAGANINI fasziniert und durch dessen Auftreten, Virtuosität und Musikalität stark beeinflusst. Er widmete dem Teufelsgeiger ein sensationelles, fast unspielbares Klavierwerk, die PAGANINI-ETÜDEN. Dadurch sah man in ihm ebenfalls einen "Teufelsanbeter". Man sah in ihm einen Diaboliker und schuf das Wort *Diaboliszt*. Er hatte für seine Zeitgenossen eine geheimnisvolle Ausstrahlung... Er raucht exessiv Zigarren und angeblich sogar Stechapfel. Teufelsliszt!

Berühmt wurden seine Transkriptionen von Stücken aus zeitgenössischen → OPERN. Dadurch steuerte er zu der wachsenden Popularität vieler Opern bei, besonders zur Verbreitung der Musikdramen von → RICHARD WAGNER.

"Im Bereich seiner sieben Oktaven umschließt das Klavier den ganzen Bereich eines Orchesters, und die zehn Finger genügen, um die Harmonie wiederzugeben, welche durch den Verein von Hunderten von Musizierenden hervorgebracht werden."

Liszt prägte nicht nur die Klaviermusik des 19. Jh., er ist auch maßgeblich an der Entwicklung der Programm-Musik, die er als erster als → SYMPHONISCHE DICHTUNGEN bezeichnete, beteiligt. Liszt hinterließ dreizehn sinfonische Dichtungen und war ein Vertreter der "Zukunftsmusik"...

Liszt schrieb zahlreiche Ouvertüren oder Orchestervorspiele zu Bühnenstücken, z.B. zu Goethes TORQUATO TASSO (1849), das anlässlich des 100. Jahrestages von Goethes Geburt in Weimar aufgeführt wurde (*Tasso* Sinfonische Dichtung Nr. 2, 1854). Liszt war ein großer Fan von Goethe, besonders von dessen → FAUST. 1854 komponierte er, angeregt durch die Faust-Ouvertüre von Richard Wagner und durch die SYMPHONIE FANTASTIQUE von → HECTOR BERLIOZ, *Eine Faust-Symphonie* in drei Sätzen (I.: "Faust"; II.: "Gretchen"; III.: "Mephistopheles") mit zwei alternativen Schlüssen, einem instrumentalen Finale (das Wagner sehr schätzte) und einem abschließenden Schlussgesang für Männerchor und Tenor-Solo, mit dem Text des Chorus Mysticus ("Das Ewig-Weibliche zieht uns hinan") aus Goethes FAUST II (den Wagner gar nicht mochte). Die drei Sätze sind musikalische Charakterbilder der drei Hauptfiguren. Das Motiv im "Faust"-Satz ist die erste Zwölftonreihe der Musikgeschichte (→ ZWÖLFTONSPRACHE). "Gretchen" tummelt sich in diatonischer Harmonik und einem zarten Oboenthema. Mephisto wird durch wilde und exzessive Chromatik charakterisiert. Die Faust-Symphonie ist mit ca. 70 Minuten Spieldauer das längste Orchesterwerk und die bedeutendste Tondichtung von Liszt. Er schrieb auch zwei *Mephisto-Walzer* (1861, 1881) für großes Orchester.

Sein berühmtestes Orchesterwerk, *Les Préludes* (Sinfonische Dichtung Nr. 3), war als Einleitung zu einer Vertonung von vier Gedichten Joseph Autrans für Chor gedacht. Er stellte der Partitur ein Zitat aus Lamartines MÉDITATIONS POÉTIQUES voran: "Was anderes ist unser Leben, als eine Reihenfolge von Präludien zu jenem unbekannten Gesang, dessen erste und feierliche Nate der Tod anstimmt." *Les Préludes* gehörte zu den Lieblingsstücken von → ADOLF HITLER. Das fanfarenartige Hauptmotiv wurde von den Nazis im Rundfunk stets ausgestrahlt, wenn die deutsche Wehrmacht einen (vermeintlichen) Sieg zu vermelden hatte. Deswegen bleibt dieses Orchesterwerk bis heute umstritten...

Die sinfonische Dichtung Nr. 11 *Hunnenschlacht* (1856/7) beruht auf einem Gemälde von Wilhelm von Kaulbach (1802-1874); darin wird beschrieben, wie die Seelen der toten Krieger gen Himmel aufsteigen, dort aber das Gefecht fortsetzen, mit orchestralem Schlachtendonner und einem Choral auf der → ORGEL. Die Anweisung in der Partitur für den Dirigenten ist eindeutig: "Das ganze Kolorit soll anfangs sehr finster gehalten sein, und alle Instrumente müssen geisterhaft klingen."

Die Gestalt des Franz Liszt ist durchaus widersprüchlich und pendelt zwischen zwei Extremen, der weltlichen Lust und der erhabenen, katholischen Geistlichkeit. Er gilt als ein (musikalischer) Erforscher des Dunklen, als erster Popstar, als unerreichbarer Virtuose – nicht zu vergessen: hohe Virtuosität wurde von der Öffentlichkeit immer mit Argwohn betrachtet und gerne als Zeichen des → TEUFELSPAKTES interpretiert (→ PAGANINI); er war ein Freund von → HECTOR BERLIOZ und Schwiegervater von → RICHARD WAGNER. Cosima schrieb über ihren Vater, "er entschlupft jeder Regel" und er habe ein "tief zertreutes, dann immer wieder bedeutend aufblitzendes Wesen" (C. WAGNER II: 606, 607, 28.9.1880). Liszt wurde oft als "lasterhafter Künstler" bezeichnet "er wird vielleicht so erscheinen können und vielen unverständlich sein, aber das Laster beginnt mit der Unwahrheit, der heuchelei, und der Künstler ist wahr." kommentierte Richard Wagner (25.9.1880).

Aus diesem Spannungsfeld heraus, hat sich der Regisseur Ken Russel mit dem Leben und Wirken des großen Komponisten auseinandergesetzt und ihm eine wahrlich phantastische Kinobiographie, LISZTOMANIA (1975), mit Roger Daltrey, dem Sänger der Rockband The Who, in der Hauptrolle gewidmet. Der Soundtrack wurde von Rick Wakeman, dem virtuosen Pianisten und Keyborder der britischen Prog-Rock-Band YES (gegründet 1968; → SYMPHONISCHE MUSIK), eingespielt (→ FILMMUSIK). Dazu sind einige populäre Kompositionen von Liszt (*Ungarische Tänze, Divina commedia*, → ORPHEUS) und von → WAGNER (Rienzi Ouvertüre, Walkürenritt) bearbeitet und "verrockt" worden. Die Figur des Richard Wagner, gespielt und gesungen von Paul Nicholas, wurde als → VAMPIR dargestellt. Der Beatle Ringo Starr spielt den Papst, dem sich Liszt beugt, nachdem er einige Höllentrips und freudianische Träume durchlebt hat ...

Die späte sinfonische Dichtung *Von der Wiege bis zum Grabe* (bzw. *Du Berceau jusqu'à la tombe*, Nr. 13, 1881/2) wurde von dem ungarischen Künstler Mihály Zichy (1827-1906) inspiriert. Ursprünglich sollte das Werk *Von der Wiege bis zum Sarg* heißen (davon wurde die deutsche Metal Band Rage zu ihrem symphonischen Stück *From the Cradle to the Grave* inspiriert.

Werke (Auswahl):

- *Malédiction* (1833)
- *Grande Fantasie symphonique sur des thèmes de "Lélio" de Berlioz* (1834)
- *Totentanz, Paraphrase über "Dies Irae"* (1849); → REQUIEM
- *Héroïde funebre* (Sinfonische Dichtung Nr. 8, 1849/50), ein Trauermarsch
- *Prometheus* (sinfonische Dichtung Nr. 5, 1855) nach Johann Gottfried Herder (1744-1803); Therion... ; → FRANKENSTEIN, der "neue Prometheus"...
- *Eine Sinfonie zu Dantes "Divina commedia"* (1855/6)
- *Hamlet* (sinfonische Dichtung Nr. 10, 1858), nach Shakespeare
- *Zwei Episoden von Lenaus "Faust"* (1859/61)
- *Valse Oubliée* (1881)
- *Die Trauergondel* I und II (1883)
- *Am Grabe Richard Wagners* (1883)

Liszt hatte für die Weimarer Aufführung der Oper ORFEO ED EURIDICE von → GLUCK einen Prolog und einen Epilog komponiert. Aus diesen beiden Stücken formte Liszt später seine symphonische Dichtung Nr. 4, *Orpheus* (1854).

Liszt komponierte von 1846 bis in die 1850er Jahre an einer Oper SARDANAPALE, Libretto von Pietro Rotondi nach dem in babylonischer Zeit angesiedelten Drama SARDANAPALOS (1821) von → LORD BYRON. Das Werk, Liszts einziger Opernentwurf, blieb jedoch nur Fragment.

• Rick Wakeman, *Lisztomania*

LISZTOMANIA (Warner Bros., 1975) LP, erst später vollständig auf CD: *The Real Lisztomania* (Voiceprint Records, 2002); Regie: Ken Russel (Gothic, Tommy, Mahler, Tschaikowsky, Biss der Schlangenfrau, Der Höllentrip = Altered States of Consciousness, usw.), Franz Liszt als erster Popstar, gespielt vom The Who-Sänger Roger Daltrey.

chr.r.

Lovecraft, Howard Phillips: Wanderer in anderen Welten

Lovecraft lebte, wenig erfolgreich, 1890-1937 in Amerika, meist in seiner Heimatstadt Providence. Leidenschaftlich wollte er ein englisch-europäischer Schriftsteller sein. Er schrieb, um geistig in "anderen Welten" zu wandern, gern in dunklen Zimmern und liebte alte Häuser. Nachts durchwanderte er sagenumkreiste Orte der Umgebung. Auch in diesen Beziehungen wurde er Vorbild vieler junger Künstler. Wichtig war ihnen auch seine Beschäftigung mit alten Zauberbüchern, wobei er auf alle Fälle auch große magische Dichter der Vergangenheit, wie C. Agrippa von

Zeichnung: Virgil Finlay, auf dem Backcover der Arkham House Ausgabe von Lovecrafts Briefen

Nettesheim und Paracelsus, als Quellen benutzte: Ich bin glücklich, dass ich seit 1966 mit dem führenden modernen Künstler H.R. Giger von Chur darüber viele Abendgespräche führen durfte.

s.g.

• On Trail, *Head Entrance* (Rebel Records/SPV, 1999)

Die dänische dunkel psychedelische Rockband On Trail ("Auf dem Pfade") ist stark von H.P. Lovecraft inspiriert. Dem Album *Head Entrance* ("Kopf in Trance versetzt") ist ein Zitat des Schriftstellers vorangestellt ("es gibt keine scharfe Trennung zwischen dem Realen und dem Unrealen...") und ein Stück (*Lovecraft*; Text: guf) gewidmet: "Das dunkelste Wort kommt in den Sinn, geschrieben auf weicher Haut, die Imagination in den Himmel gepiercet, so habe ich dich zum König gekrönt...". Der dänische Fan Club der Band heißt The Psychedelic Experience Club ("Club der psychedelischen Erfahrung".

chr.r.

Lugosi, Bela: Schaurig schöner Blutsauger

Bela Lugosi wurde im Oktober 1882 als Bela Ferenc Dezso Blasko in dem heute zu Rumänien gehörigen, an der Grenze zu Transsylvanien gelegenen Ort Lugos geboren. Ein Fakt, den Lugosi in Interviews nur allzu gern ausspielte. Ein Teil seiner Fans glaubte, er stamme direkt vom historischen Dracula, dem Woiwoden Vlad Tepes, ab.

Anfänglich Mitglied einer Wanderbühne bekam er später Engagements in Budapest. In Filmen in Österreich und Deutschland spielte er 1919 einen Hypnotiseur und 1920 den Indianer Chingachgook. Nach seinem Wechsel in die USA 1921 war er erst einmal lange in Theaterstücken zu sehen, die für ungarischstämmige Mitbürger aufgeführt wurden.

Als Horrordarsteller weltbekannt wurde er 1931 mit der Rolle des blutsaugenden Grafen im Film der Universal Studios DRACULA, eine Rolle, die eigentlich → LON CHANEY zugedacht war. Sein Akzent, seine getragene Sprechweise, das Pathos, mit dem er den Vampirgrafen spielte, setzte einen bis heute gültigen Maßstab:

> "Bela Lugosi verzichtet 1931 erstmals auf das Image vom bizarr-rasenden Unhold. Sein Dracula ist ein dekadenter Aristokrat von eleganter Erscheinung. Auf den ersten Blick wirkt er verführerisch, in Wahrheit will er das Böse hinaustragen." (RAINER DICK 1996:110)

Der Filmkritiker der Londoner Wochenzeitschrift TIME OUT David Pirie zu den Höhepunkten des Films:

> "Renfield schreitet durch knarrende Türen auf ein riesiges, mit Spinnengeweben bedecktes Mausoleum zu, das anscheinend völlig zerfallen und verlassen ist, bis am oberen Ende der Treppe eine drohende Gestalt mit schwarzer Kopfbedeckung, in der Hand einen Kandelaber, sichtbar wird und

> die wohl berühmtesten Worte des Horrorfilms spricht: "Ich-bin-Dracula. Ich heiße Sie-*willkommen*." Die Zeile wird langsam, mit übertriebener Dehnung der Silben gesprochen, in der ein Höchstmaß an fremdländischer Drohung liegt. Um alle eventuellen Unklarheiten zu beseitigen, gleitet der Graf später auf magische Weise durch ein Spinnennetz auf der Treppe und dreht sich dann grimmig nach seinem Gast um: "Eine *Spinne* spinnt ihr Netz für die *sorglose* Fliege." Oben angelangt wendet sich der unglückliche Renfield in etwas menschenwürdigerer Umgebung dem Geschäftlichen zu. Als er sich in den Finger schneidet, will ihn der Graf auf der Stelle anfallen, jedoch wird er zunächst einmal vom Kruzifix auf der Brust Renfields zurückgehalten. Später bemerkt der Graf mit gehässigem Lächeln, während er seinem Gast einschenkt: "Ich trinke niemals – äh – *Wein*." Dann zieht er sich mit einem unverkennbar verächtlichen: "Gute Nacht, Herr Renfield" zurück. Wieder legt er nach jedem Wort ein lange und nach jeder Silbe eine etwas kürzere Pause ein. Der Wein enthält ein Betäubungsmittel und Renfield fällt zu Boden, worauf die drei Bräute Draculas ins Zimmer stürzen. Der Graf macht Renfield zu seinem Sklaven und nun kann der Vampir die Reise nach England in aller Eile antreten." (1977:53)

Für seine Rolle erhielt Lugosi 3500 Dollar, der Produktionsfirma spielte der Film 500 Millionen Dollar ein. Insgesamt spielte Bela Lugosi 5000-mal die Rolle des Dracula, im Film, im Theater und im Radio. Für viele seiner weiblichen Fans war er Dracula. Er sei ein Gefangener seiner Rolle, beklagte er einmal.

Der ungarische Schauspieler Bela Lugosi in dem 1930 gedrehten Film DRACULA

Alt geworden und gerade vom Morphium entwöhnt, heiratete er 1955 Hope Lininger, eine dreißig Jahre jüngere Verehrerin, mit der er vom Krankenbett aus korrespondiert hatte. Getraut wurden die beiden von dem weltbekannten Okkultforscher Manly P. Hall. Über die Phantasien seiner Fans, er durch die vielen Briefe an ihn sehr gut kannte, sagte er einmal:

> "Durch diese Briefe, verborgen in Begriffen schauernd transparenter Furcht, schimmerte das grässliche Zeichen von Hoffnung. Sie hofften, meine Liebe sei die Liebe von Dracula. Sie weideten sich an dem Ding, das sie nicht zu verstehen wagten. Es war die Umarmung des Todes." (RAINER DICK 1996:114)

Im August 1956 starb Lugosi an einem Herzschlag. Beigesetzt wurde er im schwarzen Umhang von Graf Dracula. Seinen Fingerring schenkte er kurz vor seinem Tod dem Schauspieler Christopher → LEE.

In einem Gespräch mit dem Herausgeber der Zeitschrift FAMOUS MONSTERS OF FILMLAND Forrest J. Ackerman gab Walt Disney später einmal zu, dass Bela Lugosi für den Zeichentrickfilm FANTASIA zur Anregung für die Zeichner tatsächlich – was von vielen vermutet worden war – eine Pantomime als Schwarzer Dämon aufgeführt hatte (1972:48)

w.b.

Luxuria: Im Bann irdischer Verlockungen

Nur der Mensch ist dazu fähig, übersteigerte Lust bei körperlich-sinnlichen Handlungen zu spüren, sogar noch, wenn er alle Grenzen und Tabus dabei verletzt. Dass Überreizungen, die normalerweise Schmerz und Pein auslösen, im Bewusstsein umcodiert werden, beweisen sadomasochistische Freuden. Eine solche Triebhaftigkeit kann verfeinerte Züge annehmen, wie in fernöstlicher Liebeskunst, dann sogar kreativ künstlerische Impulse auslösen. Sie vermag ebenso in zügellose animalische Raserei münden, bei der Leid, Verletzung und sogar Tod der Opfer keine Rolle spielen oder wiederum neue Lustgefühle wecken. Lässt man der hemmungslosen Triebkraft in der vegetativen Natur ungehindert ihren Lauf, entsteht bald Urwald (→ WALD) – für den einen reine Ursprünglichkeit, für den anderen längst hinter sich gelassenes, regressiv düsteres Chaos.

Unter den Sieben Tugenden und Lastern des Christentums findet sich auch Luxuria, Personifikation aller Unzucht und Wollust, neudeutsch Geilheit, mitunter als Todsünde aufgeführt (→ ERBSÜNDE, Laster, Schuld). Oft wird sie als dürftig bekleidete oder völlig nackte Frau dargestellt, um deren Brüste und Scham sich Schlangen ringeln. In der Vorhalle der Kirche St. Trophîme, Arles, lüftet ein Mann ihren Schleier und findet dort fette Kröten sitzen. Anderswo saugen Schlangen an ihren üppigen Brüsten. Häufig reitet Luxuria als hässliches altes Weib auf einem Ziegenbock (Symbol für zügellose Libido), trägt einen → SPIEGEL und wird von einem Hahn begleitet, dem lüsternen Macho im Hühnerstall. Höchst verdächtig ist, dass man in ihrer Begleitung oft auf den "Fürst der Welt"

Eine moderne Luxuria an einem Fenster in Wasserburg/Inn.
Darunter zeigt sich auch schon ihr ewiger Gefährte

(→ TEUFEL / SATAN) trifft. In der Renaissance erhält Luxuria mehr verführerische Züge. Schließlich zeigt Sex nicht nur ein brutal aggressives Gesicht.

Wollust muss sich aber nicht nur auf den Sex richten. Luxuria frönt jeder Ausschweifung, jeder Sucht nach gewöhnlichen wie ungewöhnlichen Genüssen. Hypochonder quälen oft ihre Umwelt triebhaft mit extravaganten oder maßlos übertriebenen Krankheitssymptomen, andere suhlen gerne in Leid oder Selbstmitleid, schwelgen und versinken süchtig in unerfüllten Gefühlen oder traurigen Erinnerungen. Warenhäuser und Geldinstitute schüren den Konsumrausch. Finden solche Lüste keine Drosselung, wird der Körper Herrscher über Geist und Vernunft, drohen die Zügel zu entgleiten.

Juristen verstehen unter Luxuria "bewusste Fahrlässigkeit". Ihr "Träger" ist sich solcher Fahrlässigkeit bewusst, hofft aber auf "Nichteintritt" der Folgen. Strafrechtlich muss Luxuria von Dolus eventualis abgegrenzt werden, dem "bedingten Vorsatz". Hier erkennt man ebenfalls die Folgen seines Tuns, findet sich damit ab. Zwischen Vorsatz und Fahrlässigkeit operiert schädlicher Übermut, suchen wohl alle zügellosen, zuchtlos "unzüchtigen" Triebe nach Erfüllung.

c.z.

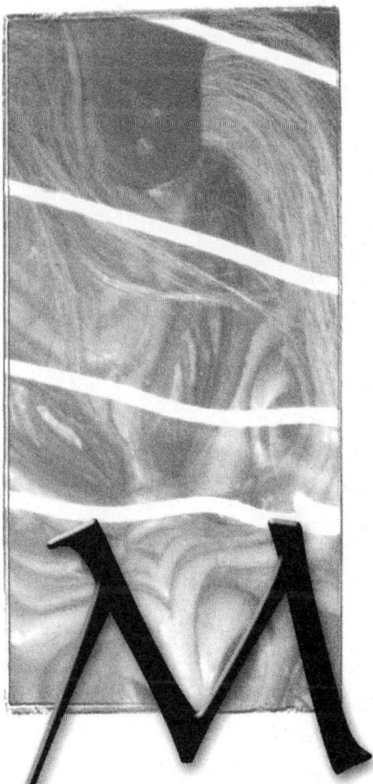
M

Macbeth: Im Bann der Hexen

William Shakespeare (1564-1616), dessen Name möglicherweise ein Pseudonym von Francis Bacon war, weist sich in seinen Theaterstücken nicht nur als guter Kenner der Heil-, Hexen- und Giftgewächse aus (→ ALRAUNE), sondern war auch in der alten Kunst der Beschwörung bewandert (TABOR 1970). Der Zauberspruch der drei Hexen, die dem Macbeth die Zukunft prophezeien, greift archaisches Material auf. Es stammt zweifellos aus der Antike. In MACBETH tritt sogar → HEKATE auf, nachdem sie von den drei Hexen heraufbeschworen wurde.

"Unheilschwestern, Hand in Hand
Ziehn wir über Meer und Land.
Rundum dreht euch so, rundum:
Dreimal dein und dreimal mein,
Und dreimal noch, so macht es neun –
Halt! – Der Zauber ist gezogen."

Shakespeare, MACBETH (1. Aufzug, 3. Szene)

Die Ingredienzien des "Hexensuds":

Shakespeare lässt in MACBETH seine drei Hexen, die unter dem Schutz der → HEKATE stehen, einen "Hexensud" (charmed pot) zubereiten, dessen Ingredienzien genauestens aufgelistet werden (4. Akt, 1. Szene). Als erster Bestandteil wird die Kröte[1] von der ersten Hexe in den Kessel, der von Elfengeistern umringt ist, gegeben. Die zweite Hexe steuert weitaus mehr Zutaten bei:

"Schlangenfleisch vom Schwarzmoorteich
Koch im Kessel weiß und weich;
Aug vom Frosch, vom Molch der Kropf,
Flaum vom Kauz, vom Hund der Kopf
Natternzungen, Blindschleichenhaut;
Eidechsbein und Bilsenkraut..."
Die dritte Hexe hat noch mehr zu bieten:
"Drachenschuppen, Wolfszahn,
Hexenmumie, Blut und Tran
Frisch vom Haifischbauch gedrückt;
Wurz vom Schierling, nachts gepflückt;
Leber, warm vom Lästerjud,
Geißengalle, Rattenblut,
Das im Finstermond gegorn;
Nas vom Türk, Tartarenohrn;
Hand vom Kind, erwürgt mit Schnur,
Dreckgeborn von einer Hur,
Macht die Brühe prächtig pur:
Nun noch Tigereingeweide,
Dass der Brei sich nicht mehr scheide."

Zum Abschluss wird noch "Paviansblut" hinzugefügt. Leider verrät Shakespeare nicht, wie der Hexensud angewendet wird.

In diesem Rezept sind lediglich zwei Pflanzen namentlich genannt: das Bilsenkraut (*Hyoscyamus niger*) und der Schierling (*Conium maculatum, Cicuta virosa*). Die anderen Zutaten scheinen Teile von Tieren zu sein. Diese Bezeichnungen der Tierteile sind wahrscheinlich geheime oder rituelle Namen von Pflanzen gewesen. So wird das Bilsenkraut[2] auch als *howlet's wing*, "Flügel der kleinen Eule", angeführt. Die "Natternzunge" heißt im Original *adder's fork*, ein Name, der auch einer Pflanze gegeben wird (*Ophioglossum vulgatum*). Der "Hundekopf" heißt im Original *tongue of dog*, "Hundezunge", eine übliche Bezeichnung für die Pflanze (CYNOGLOSSUM OFFICINALIS). Das "Rattenblut" heißt SLIPS OF YEW, "Sprösslinge der Eibe". "Wolfszahn" ist ein Volksname für das → MUTTERKORN. Wahrscheinlich hat der in Kräuterkunde und Alchemie bewanderte Shakespeare kein angenommenes Rezept der allgemein verbreiteten Vorstellung über Hexentrünke niedergeschrieben, sondern eine wirksame Zubereitung aus Zutaten, deren Namen verschlüsselt wurden, verewigt. Sie gehörten zu den pharmakologisch wirksamen Bestandteilen der Hexentränke und → HEXENSALBEN.

In Verdis Libretto (3. Akt, Incantesimo) werden nur eine Pflanze l'aconito, also der Akonit oder Eisenhut (*Aconitum napellus*), und eine radica, "Wurzel" (wahrscheinlich ist die Alraune gemeint), angeführt. Immerhin eine, möglicherweise zwei der klassischen Hexenpflanzen, die wirksame Alkaloide (Akonitin, Tropane) enthalten.

Im Libretto (das sich durch hohe Texttreue auszeichnet) von Ernest Blochs Oper MACBETH werden von den drei Hexen folgende Zutaten in den Kessel gegeben (3. Akt, 1. Szene):

Racine de mandragore	"Wurzel der Alraune"
Graines d'éllébore	"Samen der Nieswurz"
Tige de laitue	"Blätter vom Lattich [Salatblätter]"
Fleur de ciguë	"Blüten vom Schierling"
Feuille d'anémone	"Blätter der Anemone"
Fruit de belladone	"Früchte der Tollkirsche"

Diese pharmakologisch hoch aktiven Pflanzendrogen werden bei Shakespeare nicht genannt (außer dem Schierling). D.h., der Librettist muss die Literatur über → HEXENSALBEN gekannt haben, denn er gibt eines der "klassischen" Rezepte wider.

Shakespeares Drama MACBETH (1606) hat im Laufe der Geschichte viele Komponisten und Musiker inspiriert. Es wurden nicht nur viele Bühnenmusiken komponiert (u.a. von André, Holly, Zumsteeg, Weyse, Khatchaturian, Stillman-Kelley, Rangström, Assafjew, von Einem, Walton, Diermaier, Füssl), sondern auch Ouvertüren (u.a. von Eberwein, Raff, Oberthür, Brüll, Duclos), symphonische Dichtungen (Strauss, Kotschurow), Opern, Tanzdramen und Ballette (Paul Le Flem, Sándor Kallós), sowie → FILMMUSIK (Polanski).

MACBETH wurde im 19. Jahrhundert ein beliebtes Sujet (schwarze Romantik) für die Oper (Chélard, Verdi, Taubert). Verschiedene Komponisten des 20. Jahrhunderts (Bloch, Collinwood, Daffner, Gedike, Gatty, Nova Sondag, Halpern, Koppel, Pless, Jørgensen, Bibalo) haben ebenfalls MACBETH-Opern geschrieben, von denen sich allerdings kaum ein Werk durchsetzen und im internationalen Opernspielplan einen Platz erobern konnte.

Der MACBETH-Stoff wurde erneut im modernen → HEAVY METAL aufgenommen (Lana Lane, Macbeth, Weinhold).

Musikwerke (Auswahl):

• Hippolyte André Jean Baptiste Chélard (1789-1861), MACBETH (1827)

Große Oper; Libretto von Claude-Joseph Rouget de Lisle (1760-1836)

• Giuseppe Verdi (1813-1901), MACBETH (1847; Neufassung 1865)

Oper in vier Akten; Libretto von Francesco Maria Piave (1810-1876) nach Shakespeare.

> "In Verdis Oper MACBETH bemängelt Lady Macbeth die Karriere ihres Ehemanns und rät ihm, seine Konkurrenten kaltzumachen. Es erfolgt die Tötung des Vorgesetzten, Ermordung des hinderlichen Kollegen, Abschlachtung der Ehefrau eines guten Bekannten und ihrer schulpflichtiger Kinder. Das Ganze allerdings ohne Liebesakt, daher jugendfrei ab sechs Jahren." (LORIOT 2003:51)

Der "große" italienische Komponist Giuseppe Verdi (1813-1901), im selben Jahrgang wie → RICHARD WAGNER geboren, hat 26 Opern geschrieben. Zu seinen bekanntesten und meistgespielten Werken zählen NABUCCO (1842), RIGOLETTO (1851), DER TROUBADOUR (1853), TRAVIATA (1853), EIN MASKENBALL (1859), DIE MACHT DES SCHICKSALS (1862), DON CARLOS (1867), AIDA (1871), OTHELLO (1887) und FALSTAFF (1893).

Der Komponist der leichten, typisch italienischen Musc hat sich auch an dunklen Themen, wie MACBETH (1847) – Verdis erste Begegnung mit Shakespeare –, versucht. Doch Verdis Musik gelingt es kaum, dunkle bzw. düstere Atmosphären zu schaffen, trotz eines ihm vorgeworfenen "Missbrauchs der Molltonarten".[3] Die Humptata-Musik im simplen Dreivierteltakt mit Tralala-Melodien passt in keiner Weise zu der Dramatik und Dunkelheit des Sujets. Verdis Hexen (→ URALTE IM WALD) sind keine dämonischen Wesen sondern harmlose Elementargeister; sie lenken nicht den Lauf der Geschichte, sondern sagen ihn voraus. Sie existieren jenseits der dreifältigen Zeit, ohne Anfang und Ende. Dementsprechend ist auch der immerhin im 6/8-Takt komponierte Hexentanz (3. Akt, Ballo = Ballett) eher eine italienische Wirtshausnummer als ein dämonisches Spektakel:

> "Zur visionären Ebene des Stücks gehört auch die Hexenschar... Verdi betrachtete die Hexen als ‚dritten Hauptdarsteller' seiner Oper, neben Macbeth und der Lady... In der Darstellung dieser Geisterwesen suchte Verdi... absichtlich die mephistophelischen Züge zu betonen." (BATTA 1999:686)

• Carl Gottfried Wilhelm Taubert (1811-1891), MACBETH (1857)

Oper in fünf Akten; Libretto von Friedrich Hartwig Eggers (1819-1872); Uraufführung in Berlin.

• William Henry Fry (1813-1864), OUVERTURE TO MACBETH (1864)

zu Shakespeares Hexenszene; gilt allgemein als Frys bestes Werk (→ SAXOPHON). In den Posaunen und der Tuba erklingt der Zauberspruch der Hexen.

• Richard Strauss (1864-1949), MACBETH, OP. 23 (1888; überarbeitete Fassung 1890), uraufgeführt in Weimar 1890.

Tondichtung nach Shakespeares Drama. Im Vordergrund dieser einzigen symphonischen Dichtung Strauss' nach einem Schauspiel steht der musikalische Konflikt zwischen Macbeth und Lady Macbeth.

• Ernest Bloch (1880-1959), MACBETH – Opéra en un prologue et trois actes (1910)

Oper in einem Prolog und drei Akten; Libretto von Edmond Fleg (1874-1963) nach Shakespeare. Uraufführung: Paris, Opéra-Comique, 30. November 1910.

Der erst 25jährige aus der Schweiz stammende Komponist schuf mit diesem seinem einzigen Bühnenstück sein ausdrucksstärkstes Stück. Leider wurde die Uraufführung weder beim Publikum noch bei der Kritik ein Erfolg. Da Bloch jüdischer Herkunft war, wurde seine Musik ("Sein Ziel war die Schaffung einer autonom jüdischen Musik", RENNER 1965:575) bei den Nazis als "entartet" verboten.

• Dimitri Shostakovich (1906-1975), LADY MACBETH OF MTSENSK (Erste Fassung 1932/34; Bearbeitung 1958/62)

Oper in vier Akten; Libretto: Shostakovich und Alexander Preis nach Nikolai Leskov (1831-1895).

Diese Oper basiert nicht direkt auf Shakespeare, hat ihren Namen aber nach dessen Darstellung der Lady Macbeth. Diese "Macbeth" heißt Katerina und wird durch sexuelle Drangsalierung und eigene Lüsternheit zur Ehebrecherin und schließlich zur Mörderin. Sie wird aber gleichzeitig zur Vertreterin aller, die zu Opfern der Gesellschaft werden. Shostakovich nannte diese Oper deshalb eine "tragische Satire". Erotik- und Gewaltträume, übersteigerte Schamlosigkeit, Leidenschaft und Brutalität werden anhand der Geschichte einer Frau intensiv dargestellt und musikalisch beschrieben. Die "berüchtigte Sexszene" (1. Akt, 3. Szene der Erstfassung) ist die expressivste und brutalste musikalische Koitusbeschreibung für großes Orchester... durchaus geeignet für eine Pornofilmmusik. Oder eine extremere Homevideovertonung. "Kasernen-Vulgarität" nannte man diese Musik!

• Kinofilm: MACBETH (GB 1971), nach Shakespeare; Regie: Roman Polanski.

Die → FILMMUSIK: atonale Tonfarben gespielt auf mittelalterlichen Instrumenten aus Shakespeares Zeit (keine Anlehnungen an die üblichen Vertonungen des Sujets).

• Weinhold, *From Heaven Through the World to Hell* (Armageddon Music, 2004)

Die Hamburger Sängerin Jutta Weinhold (ex -Zed Yago) widmet sich auf diesem Album intensiv dem Sujet von Macbeth. Die Hamburger → HEAVY METAL Band Weinhold setzt die Hexenszene bzw. Hexenküche in einen Song (samt Intro) um. "Doch in der letzten Nacht im Höllenloch, brauen hexische Weiber das unheilbringende Gift, das ihn [= Macbeth] verpestet mit tödlichem Ehrgeiz, mitten in sein Herz, zielt das Böse, und trifft." Die zentrale Frage heißt: "Was wollen die Hexen, was wünschen sie? Ach ja, von allem Bösen das Beste..." - ganz skaldisch!

• Lana Lane, *Lady Macbeth* (Frontiers Records, 2005)

Die US-amerikanische Sängerin Lana Lane wird in den Medien als "The Symphonic Metal Queen" gefeiert. Auf diesem Konzeptalbum (nach Shakespeare) betrachtet die engagierte Sängerin die Geschichte um Macbeth aus der Perspektive der Frau, also aus der Perspektive der Lady Macbeth... Das Stück "Summon the Devil" beschreibt die Hexenszene am Kessel.

→ LADY MACBETH

chr.r.

Anmerkungen:

[1] Kröten wurden im Mittelalter bevorzugt als Liebeszauber verwendet (MEYER 1884:263).

[2] SHAKESPEARE kennt das Bilsenkraut und dessen medizinische Wirkung auch in Hamlet.

[3] Verdi schreibt erst in seinen Spätwerken (OTHELLO, FALSTAFF) dramatischere Musik; auch sein operales → REQUIEM.

Mächte: Zurechtfinden im Wirrwarr

Meine Großmutter Anna erzählte mir ein schönes Beispiel für den Volksglauben im ausgehenden 19. Jahrhundert in den Grenzgebieten zwischen der nördlichen Ukraine und Grossrussland.

Eine Dame sieht bei einer reich bemalten Holzkirche, wie eine junge Frau ein kleines Kind in den Händen hält und die Heiligenbilder an den Wänden küssen lässt: Diejenigen im Osten, die die "himmlischen Mächte" darstellen, und dann auch diejenigen im Westen, wo auch der gehörnte "Teufel" zu sehen ist. "Zop, zop boschenku w chwostik", sagt sie, das heißt "Küss, Küss das liebe Gottchen auf sein Schwänzchen"! Die Dame entsetzt sich und ruft: "Weib, wisst ihr, was ihr tut, ihr lehrt euer Kindchen die bösen Höllenfürsten verehren!" Die Frau lächelt selbstbewusst: "Gute Dame! ihr wisst offenbar, wie ihr es in der Schule gelernt habt, ganz genau, wer auf den Bildern das Gute darstellt und wer das Böse. Wir, das einfache Volk, wissen nur, dass die einen Menschen die im himmlischen Strahlenkranz verehren und jene auf der andern Wand als schlimm verdammen. Wir wissen aber, dass es auch die andere Meinung gibt, nach der die im Osten uns seltener helfen als die im Westen, die Unterirdischen. Das Kind muss darum lernen, alle Mächte zu ehren, die es gibt, mit ihnen allen höflich zu sein, damit es im Weiteren seinen Weg durch den Wirrwarr der Welt findet."

s.g.

Magische Wurzeln: Träger der Lebensenergien

Im Altertum und Mittelalter galten die → ALRAUNEN (Mandragora-Wurzeln) als besondere Kraftträger: Erdmännchen (Härdlütli) sollten in ihnen hausen, besonders, wenn man ihnen gegenüber höflich war und ihnen in einem Näpfchen etwas Nahrung oder Trinksame hinstellte. Echte Alraun-Wurzeln sind heute sündhaft teuer, aber als Autopuppen, Automaskottchen sehen wir oft menschenähnliche Wurzeln, wie sie etwa im Felsengebirge gegraben werden. Aus dem harten Boden und der Bergluft sollen sie jene Energie gewinnen, die wir vor allen schwierigen Vorhaben so dringend brauchen.

s.g.

Alraune, Miniatur des 14. Jahrhunderts

Mala, Victor: Das Herz dem Drachen zugeneigt

Victor Mala, 1950 in Bad Nauheim geboren, opiumessender zwischen Orient und Okzident pendelnder Schriftsteller, beschreibt in seinem Buch OPIUMESSERS DRACHENJAGD (Nachtschattenverlag, Solothurn 2001) seine Erfahrungen mit dieser Pflanze himmlischen Glücks und höllischer Leiden. Mala führt uns "durch die Falten eines schmutzigen Vorhangs" in eine finstere Opiumhöhle in Bombay mitten hinein in die Welt der künstlichen Paradiese. Mit ihm liegen wir auf einer Matte aus geflochtenem Stroh, rücken das Kopfkissen erwartungsfroh zurecht und lassen uns vom Boy das Rohr reichen. In einer Pfennig großen Vertiefung im Tonkopf der Pfeife wartet der im Hitzestrom einer Öllampe gehärtete "Drache" (ein schwarzes Klümpchen → OPIUM) darauf, langsam verdampft zu werden.

> "Wie die Köpfe und Schwänze eines Drachen quellen die Dämpfe unter dem Klümpchen hervor, wirbeln im Sog um das Loch herum und stürzen kopfüber in die finstre Welt deiner Blutgefäße, winden sich auf und hinab die Wirbelsäulenranke, springen zur rechten Cortexflanke, hoppla, überfluten Synopsen, Stern- und Pyramidenzellen mit des Glückes Wärmequellen",

so beschreibt in poetischen Bildern Victor Mala den alchimistischen Vorgang des Opiumrauchens. Das Opium sei ein Zauberer, der alles umgestaltet und zu verwandeln vermag, hatte der französische Schriftsteller Claude Farrere 1920 in den OPIUMNOVELLEN über seine Erlebnisse in den berüchtigten Rauchstuben der Fouchow-Road Shanghais befunden: Das Opium wiegte ihn in alten, wunderbaren Träumen, und er fühlte sich – trotz des draußen auf der Straße tosenden Lärms – auf seiner Liegestatt alsbald von der erhabenen Ruhe uralter Wälder umgeben.

Mala beschreibt aus eigenem Erleben sowohl die Wirkungen des Opiumgenusses ("ein Gefühl des Wohlseins, freundlich sanft, nicht überschwänglich, sondern von beseelender Wärme") wie auch die begierungsvolle Erwartung, die sich von Mal zu Mal mehr steigert, bis ihm Opium schließlich als das Kostbarste im Leben überhaupt vorkommt. Längst hat der Drache Opium ihn verspeist, obwohl er anfänglich glaubt, alles im Griff zu haben ("jeden Tag doch nur ein Kügelchen"). Mala beschreibt auch die Martern des Eigenentzuges von Opiaten wie dem Heroin ("ich war nur noch ein zitterndes, welkes Laub"), das er, wie er sich im Nachhinein entsetzt eingesteht, anders als das seinen Kummer lindernde Opium, ohne Not, aus purer Neugier zu sich genommen hatte. Anfänglich noch im Gefühl alle Tage sei Sonntag, bis der Konsum zur täglichen Notwendigkeit geworden war. "Mich quält", so beschreibt Mala seine Motive,

> "eine tiefsitzende Begierde nach allem Entlegenen. Ich liebe es, auf verbotenen Wegen mein Glück zu suchen und durch unerforschte Landstriche, Wüsten und Wälder mich zu schlagen. Dem Wahren, dem Schönen, Guten wohl verpflichtet, bin ich nie sehr weit entfernt, wo sich ein Bild des Grauens zeigt."

Mala bezeugt in allem, was er schreibt, der Zauberdroge Opium seinen Respekt. Eine Haltung, die selten ist in einer Zeit, wo es genügt, das Wort Opium laut auszu-

Collage von Rainer Dobramysl zur Büste
des Opium essenden Kaisers Marc Aurel

sprechen, um eine Flut negativster Assoziationen hervorzurufen. Er versucht nicht, wie man es in vielen Berichten lesen kann, der Droge die Schuld an der Achter- und Geisterbahnfahrt zu geben, in die er sich freiwillig und mit Lust begeben hat und wohl weiterhin begeben wird.

Mala wird zum Chronisten einer fremden, seit den Ereignissen des 11. September 2001 plötzlich brandaktuellen Welt, wenn er seinen Aufenthalt in der orientalischen Hölle des KCP, des Karatschi Central Prison, schildert. Zwei Jahre (1997-1999) verbringt er in dem Mikrokosmos einer winzigen Zelle zusammen mit Mördern, Totschlägern und Räubern. Es ist ein Ort des Grauens, ein "dampfender Kessel voller Teufel", an dem die vielfältige Bedrohung durch die Mitinsassen genauso schlimm ist wie die Erpressung durch das durch und durch korrupte und schlagwütige Personal des Gefängnisses. Ein Ort, wo ein Angeklagter paradoxerweise alles tun muss, um die willkürlichen Urteile der irrational agierenden Richter mit allen Mitteln so lange wie möglich hinauszuschieben. Malas einziger "Freund" in dieser Zeit ist ein kleiner Vorrat an Opium, der bei seiner Durchsuchung nicht entdeckt worden war, der ihm die Nerven stärkt und ihm in gefährlichen Situationen eine "opiathaltige Selbstgewissheit" verleiht.

Für viele der muslimischen Insassen ist er nur ein hundsfotziger Christ, ein von Allah verfluchter "Ängrätsch", der totgeschlagen gehört. Man merkt auf, wenn Mala ein Gespräch mit einem zum Mullah gewordenen Mudschahidin, der als heiliger Krieger in Afghanistan und Bosnien "gottgefällig" gekämpft hatte, wiedergibt. Er wolle, so der zornige junge Mensch, die ganze heidnische (also christliche) Welt ausrotten. Der Autor antwortet ihm (im Jahr 1999 geradezu prophetisch!), dass die Amerikaner jeder Muslim-Organisation auf der Welt hart zu Leibe rücken würden, wenn diese jemals eine wirklich ernste Bedrohung darstellen sollten.

Es bietet sich ein faszinierendes Kaleidoskop aus Beobachtungen, Reflektionen, Reisebildern und geradezu sokratischen Gesprächen mit den Muslimbrüdern Pakistans. Ein Material, das Victor Mala auf Hunderten von Zetteln im Gefängnis niedergeschrieben hat. Eingeflochten sind Geschichten von tückischen Räuberhauptmännern, listigen Schmugglern, wiedergehenden Toten, Mördern aus Ehre, edlen Hippies – und auch von einer Cannabissorte der allerersten Güte: dem aus Quetta stammendem, nach Pferdeapfelaroma duftendem Schamaman.

Auf dem Weg zu dem berühmten Frankfurter Literaturcafé "Ypsilon", wo ich Victor Mala für ein Gespräch treffen wollte, sah ich im Vorgarten einer Filiale der Dresdner Bank (zwischen dem Rindenmulch von selbst hervorgekommen) eine kleine Gruppe von Schlafmohnpflanzen kurz vor der Blüte stehen. Ich nahm es als gutes Omen. Victor Mala zeigte sich als fröhlicher, gesund und munter wirkender, gebräunter, schlanker, jugendlicher Mann, der bis in die Nacht lebhaft disputierte und philosophierte. Vor mir saß kein hohlwangiges, bleiches Wrack in abgerissenen Kleidern, das abgefahrenen Blödsinn brabbelte und mich mit Leidensgeschichten überschüttete, nein: Mala erwies sich als würdiger Nachfahre all der Opium essenden literarischen Gentlemen wie Friedrich Glauser, Michail Bulgakow, Thomas de Quincey, Robert L. → STEVENSON, Percy B. Shelley, Herman Melville und Marc Aurel. Anders aber als Melville, der in einer Zeit lebte, wo er Schlafmohn noch selbstverständlich im Hausgarten anbauen konnte, muss Mala Schlafmohn in verwilderten Gärten und auf Wiesen suchen, wenn er sich einen Tee bereiten will. Sein wundervollstes Erlebnis war es daher, auf einer Reise durch Ungarn plötzlich vor einem Berg zu stehen, der ganz von Schlafmohn bedeckt war.

w.b.

Malstein / Malstrom

→ KREUZWEG

Märchen vom Tod: Sprung ins Leben

In einem beliebten Märchen, das man noch immer gern erzählt, wird ein Wunderarzt zum Freund des Todes. Er kommt zu einem Kranken an dessen Bett und sieht diesen Verbündeten, natürlich nur dem Heiler allein sichtbar. Steht der Tod nun zu Füssen des Kranken, "wird das Leiden schon bald in einer neuen Gesundheit den Abschluss finden". Ist aber ein solcher Glücksweg unmöglich, dann erscheint die drohende Gestalt den "sichtigen" Augen des Arztes beim Kopfe des Unglücklichen. Der kluge Doktor kennt aber, wie ich ebenfalls von meiner märchenkundigen Großmutter vernahm, ein Wundermittel, seinen Patienten zu retten. Er "dreht" sein verhängnisvolles Lager so, dass der Tod dann nicht mehr am Kopfende, sondern am Fußende desselben steht.

Zu dieser weisen Geschichte erhielt ich eine sehr schöne Deutung. Steht der Tod nicht mehr beim Haupte des Patienten, hören die verzweifelten, trüben Gedanken auf, in ihm herumzuschwirren gleich lästigen Mücken. Lustige Bilder erfüllen wieder das Hirn. Die Märchendichterin wusste:

> "Wird man auf dem Leidenslager wieder fröhlicher, kann man schon bald wieder aufstehen und den Sprung in ein einigermaßen sorgloses Stück des Lebensweges beginnen."

s.g.

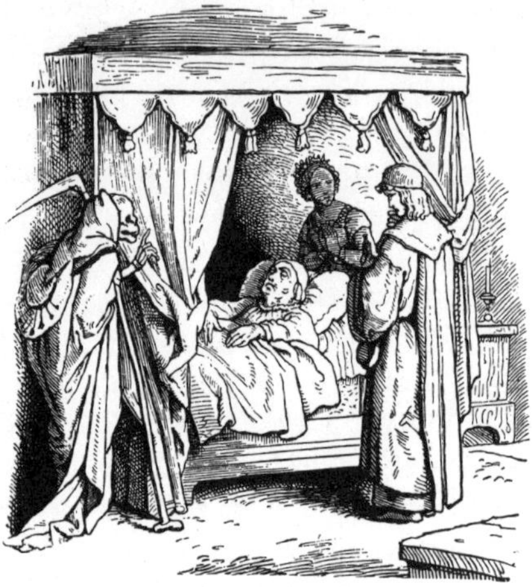

Der Tod steht am Bett

Marschner, August Heinrich: Komponist romantischer Dämonenopern

(1795-1861)

Marschner wurde am 16. August 1975 in Zittau geboren und war bereits als Gymnasiast als Chorist tätig. Nach dem Stimmbruch wollte er unbedingt Komponist werden, begann aber ein Jurastudium, das er nach guter Komponistenmanier abbrach, um sich ganz der Musik zu widmen. Er hielt sich als Musiklehrer über Wasser und wurde von Carl Maria von Weber gefördert. Marschner war vom Schicksal geschlagen; zweimal verlor er seine Ehefrauen durch deren Tod.

Marschner war für kurze Zeit ein Schüler → BEETHOVENS (1815). Er wurde dann Kapellmeister in Dresden, Leipzig (Wave Gotik Treffen) und Hannover (wo er schließlich verstarb). Er schrieb insgesamt 13 → OPERN. 1827 hatte er in Leipzig großen Erfolg mit DER VAMPYR. Danach folgte DER TEMPLER und DIE JÜDIN nach Sir Walter Scotts IVANHOE. HANS HEILING war seine erfolgreichste Oper und sein wichtigstes Werk. Diese beiden Opern sind die Verbindung (das missing link) vom FREISCHÜTZ zum FLIEGENDEN HOLLÄNDER.

• Der Vampyr (Uraufführung: Leipzig, 29.3.1828), in Leipzig komponiert; gilt als Paradebeispiel der romantischen Dämonenoper. "Der Vampyr ist nicht einfach schlecht, wie Kaspar [→ Freischütz], er leidet unter seinem Verhängnis und erliegt ihm, schwankend zwischen Trieb und Gewissen." (RENNER 1965:412) Der Vampyr Lord Ruthven, einer der ersten Blutsauger der europäischen Literatur, geht auf die Geschichte "The Vampyre". A Tale von John William Polidori (1795-1821), den Leibarzt und Liebhaber von → Lord Byron, zurück. Diese 1819 bereits sehr populäre Erzählung entstand im selben Setting wie Mary Shellys → Frankenstein, stammt also aus der Geburtsstunde der → Gothic Literatur. Marschners Libretto basiert auf Polidoris Erzählung. Wagner hat 1833 eine zusätzliche Arie komponiert.

Richard Wagner sah als 15jähriger – in seiner "wilden Jugendzeit" – eine der ersten Aufführungen in Leipzig (→ Gothic-Dark-Wave-Festival). Wagner – seltsam begeistert von der "Ekelhaftigkeit des Sujets" – bezeichnete die romantische → Oper Der Vampyr als "schwärzestes Nachtstück"; sie gilt heute als eine der beiden frühesten "schwarzen Opern"; es ist kein Zufall, dass Pfitzner die Marschneroper 1924, also in der Zeit des → Nosferatu, wieder auf die Opernbühne gebracht hat. Edgar Istel: "Die schauerliche Sage von dem Meineidigen, der nach seinem Tode im Dienste des → Satans als blutsaugender Vampyr umgehen muss, um der → Hölle Bräute als Opfer darzubringen, gehört zum Schrecklichsten, was je auf der Bühne dargestellt wurde..." Judith Prokasky: "Immer war der Vampir ein Kind seiner Zeit, seine Existenz spiegelte die gegenwärtigen Wünsche und Ängste der Gesellschaft." Deutlich ist die Verwandtschaft mit Mozarts Don Giovanni (Komtur) zu verspüren.

Die Ouvertüre klingt noch ganz nach → Beethoven (fast ein Zitat aus der 7. Symphonie!) und Weber (→ Der Freischütz), deutet aber schon in Richtung Wagner (→ Der Fliegende Holländer). Die Tonart d-moll ist bei Marschner die "Schicksalstonart" des Vampyrs.

In der ersten Szene treffen sich um Mitternacht die Hexen und Geister (Chor) vor der Höhle des Meisters, des Vampyrs oder Vampyrmeisters, Lord Ruthven (Bariton): "Ihr Hexen und Geister, / Schlingt fröhlich den Reihn, / Bald wird unser Meister / Hier unter uns sein! ... Wenn nur Angst und Bosheit wacht, / Schleichen wir beim Mondenschein / In die finstre Kluft hinein. / Schlange, Natter hör‘ ich zischen, / Irrlicht flackert hör‘ dazwischen, / Molche, Kröten, schwarze Katzen, / Kobold, Hexen, Teufelsfratzen / Kommt und schlingt den muntern Reihn!" Wagner: Neues Schlussallegro zur Arie Nr. 15 (Aubry; Tenor) in Marschners Vampyr (1833); Aubry: "... jetzt umgibt mich dunkle Nacht, / Ich verzweifl‘ an Gottes Macht; / Unheilbringende Dämonen / Scheinen die Schöpfung nur zu bewohnen..."

• Hans Heiling (1833) - Romantische Oper in drei Akten nebst einem Vorspiel und Text von Eduard Devrient; UA: Berlin, 24.5.1833. Erdgeister in der Feenwelt, Zwerge, Gnome... Hans Heiling ist der "Herrscher der Unterweltwesen"... hat ein Zauberbuch, das sich beim Lesen selbst umblättert.

Hans Heiling ist der Sohn der Königin der Erdgeister, der menschliche Gestalt annimmt, um Anna, eine Menschenfrau zu umwerben. Es beruht auf einer altdeutschen Sage, die u.a. bei den Brüdern Grimm auftaucht. Bei den Grimms ist er ein Zwergenkönig; in anderen Fassungen ist er ein Geist, der mit dem Teufel im Bunde steht. Im Egertal südlich von Karlsbad gibt es den auffällig geformten "Hans-Heiling-Felsen", der eine versteinerte Hochzeitsgesellschaft darstellen oder sein soll.

Der Librettist Eduard Devrient war Sänger (Bariton) und Schauspieler. Er sang selbst die Hauptrolle bei der Uraufführung an der Berliner Hofoper, unter Leitung des Komponisten (24. Mai 1833). Wird nur noch sehr selten aufgeführt! In England wurde sie erstmals 1953 aufgeführt.

Chor der Erdgeister (Vorspiel):

"Rastlos geschafft / mit städtiger Kraft. / Die Wasser der Tiefen /
Gewältigt mit Macht, / treulich bewacht. / Die Schätze, die schliefen /
In ewiger Nacht, / herauf in den Schacht! / Ohne Ruh, / immer zu, /
hin und wieder, / auf und nieder, / wirken wir munter, /
reicher und bunter, / wonach die Menschen / ringen und werben, /
zum Nutzen und Schaden, / zum Heil und Verderben."

→ Wagner wurde durch Hans Heiling stark beeinflusst, heißt es; Marschner gilt als "Vorläufer" der kritischen Dramatik.

Die Komponisten früher Filmmusik haben sich gerne bei Marschner "bedient", besonders bei Hans Heiling. Ansonsten gehört Marschner zu den "vergessenen" Komponisten; seine Opern werden praktisch nie gespielt und sind auch als Aufnahmen (LP, CD, DVD) kaum erhältlich.

chr.r.

Maus: Vorbildhafter Mitbewohner

Ihr Pfad ist mit in Ohnmacht fallenden Frauen übersät. Oft merken die Mäuse es nicht, denn sie sollen ausgesprochen kurzsichtig sein, glaubte man in der Antike. Doch aufgrund ihrer Instinkte, ihrer ausgeprägten Gehör- und Geruchssinne finden sie sich "unterirdisch" meisterlich zurecht. Durch kleinste Löcher und Ritzen vermögen sie zu schlüpfen, nagen sich durch alle Hindernisse. Ihre starke Vermehrung, große Gefräßigkeit und der damit verbundene Schaden in Feld und Haus stempeln sie zu einem für den Menschen recht unbequemen Nachbarn. Als Überträger zahlreicher Krankheiten lösten sie obendrein manche Seuchen aus. Andere Eigenschaften treten dabei oft fast ganz in den Hintergrund: Mäuse sind hochbegabt, anpassungsfähig, kreativ, flink, graziös und äußerst lebenstüchtig. Mit ihrer Wühlarbeit unter der Erdoberfläche liefern sie ein passendes Symbol für die Aktivitäten der → Nacht.

Esoterische Psychologie findet in Mäusen ein Sinnbild für die natureigene Intelligenz unseres Unterbewusstseins. In der Nacht, wenn unser Wachbewusstsein ausgeschaltet bleibt, beginnen die "weisen" Tätigkeiten der Regeneration. Diese immer unterhalb der bewussten Schwelle rastlos arbeitenden Kräfte sorgen zugleich für Neuschöpfung. Während wir träumen oder nachsinnen, machen sich diese Vorgänge als "nagende Unruhe" oder Ahnungen bemerkbar. Wie der germanische Drache Nidhöggr nagt die Maus in einigen Mythen an der Wurzel des Lebensbaumes, im übertragenen Sinne auch Symbol für das menschliche Nervensystem und unser geistiges Lebensgerüst. "Da beißt keine Maus den (Lebens-)Faden ab", sagen wir, wenn wir der Solidität einer Sache gewiss sind. Da dieser Zerstörungsprozess vordergründig negativ, zumindest zwiespältig erscheint, werden der Maus Heuchelei und Doppelzüngigkeit zugeordnet. So hütet sie in Sagen zwar große Schätze in unterirdischen → GEWÖLBEN, doch es seien "dämonische Schätze". Bringen wir keine vernünftige Ordnung in diese Vorgänge, ufern sie aus, und wir gehen in der Flut von Angriffen gegen jeden Status quo unter.

Christlicher Glaube wähnte in dem verdächtigen Treiben der Mäuse während der Dunkelheit die Arbeit des → TEUFELS. Prediger deuteten Seuchen und Katastrophen als Ausdruck all zu großer Entfremdung von der göttlichen Harmonie und Ordnung, als Strafe Gottes. Mäuse spielten mitunter den rächenden Arm des → SCHICKSALS. Volksglaube erkannte in Mäusen auch die Seelen Verstorbener. Und nach dem Tod schlüpfe die Seele als Maus aus dem Mund, ein Beweis, dass jemand "mausetot" ist. Bei Hexenverbrennungen wollte man ganze Scharen aus dem Feuer fliehender Mäuse gesehen haben. Doch die kamen wohl eher aus dem angehäuften Reisig.

Bei all ihrer ambivalenten Arbeit muss die flinke Maus ständig auf der Hut sein vor ihren Nachstellern. Obwohl sie in Fabeln meist mit höherer Intelligenz als die Katze operiert, wird sie zu guter Letzt doch fast immer Beute des nächtlichen Jägers: psychologisiert betrachtet, ist dies die Tendenz unseres Unterbewusstseins, alles Neue rasch in feste Muster und Gewohnheiten zu absorbieren. Unsere Tastaturmaus beim PC, ein liebes quirliges Tierchen, steht uns immer hilfreich als Werkzeug zur Verfügung. Andere Gefahren lauern in Form von Mausefallen. Beziehen wir hilfreiche Intuitionen all zu eng und einspurig auf unsere → LEIDENSCHAFTEN, bleiben rettende und weise Impulse in engen Käfigen gefangen.

Als Ausdruck der in der Tiefe der Natur zwar unsichtbaren, aber äußerst regen Lebenskraft brachte man der Maus jedenfalls lange eine scheue Verehrung entgegen. Ihr Name durfte vielerorts nie ausgesprochen werden. Statt dessen sprach man von "Dingern" oder belegte sie mit verfremdenden Tabunamen. Nur Hexen (→ URALTE IM WALD) oder Zauberer wüssten um den eigentlichen geheimen Namen samt dessen Bedeutung und könnten überhaupt aus beliebigen Gegenständen Mäuse machen, hieß es. Aber das gelingt auch manch kreativen Künstlern und Unternehmern.

C.Z.

May, Karl: Lust auf Dschinnistan

Karl May (1842-1912), der aus dem Erzgebirge stammte, gehört wahrscheinlich zu den vom Volk am meisten gelesenen deutschen Schriftstellern. Als eine seiner Hauptquellen nannte er ein aus dem 17. Jahrhundert stammendes Werk seiner Großmutter, in welchem die Suche nach dem Feenland Dschinnistan als Hauptaufgabe der bewussten Helden erscheint.

Tatsächlich scheint uns genau dies der Hauptgehalt seiner Romane zu sein, unabhängig davon, ob sie im Alpenraum von Europa, im arabischen Orient oder im Nordamerika der verzweifelt für ihre Freiheit kämpfenden Indianer handeln.

s.g.

Karl May als Kara ben Nemsi, Postkarte aus der DDR

Medea: Finstere Enkelin der Sonne

Ihr Name steht synonym für schrecklichste Zauberei, und die Mythen schwelgen geradezu, was sie angeht, in düsteren Erzählungen. Medea (= die mit dem guten Rat), schöne Enkelin des Sonnengottes Helios und finstere Tochter des dunklen Aietes (der von Aiaia = klagend, Aspekt der → UNTERWELT), versteht sich auf die Wirkung von Zauberkräutern. Sie dient → HEKATE als Priesterin, die manche auch für ihre Mutter halten. Die Mondgöttin selbst, "Titanin der Nacht", sieht in Medea ihre → DOPPELGÄNGERIN (KERÉNYI 2001:211). In vegetativer Deutung errettet Medea den griechischen Helden Jason, Ausdruck der Morgensonne, aus "Todestrunkenheit", der er im Kampf mit dem Drachen erlegen ist. Von da an folgt sie ihm, wird später auch seine Gattin (Hochzeit von Sonne und Mond). Eros, Gott der Leidenschaften, hatte sie mit seinem

Liebespfeil getroffen, der "bis zu den Federn" in ihr Herz drang.

Jason, der Medea ewige Treue geschworen hat, schifft sich mit ihr auf dem Meer ewiger Bewegung ein. Doch sie werden von Aietes verfolgt. Um ihn aufzuhalten, ergreift sie ihren kleinen Bruder Apsyrtos (= weggeschwemmt), den sie mitgenommen hat, schlachtet, zerstückelt (→ ZERSTÜCKELUNG) ihn und wirft ihn in die Wellen. Aietes verwendet einige Mühe darauf, die Stücke wieder zusammenzusetzen. Derweil segeln die Flüchtigen unbeeindruckt weiter über das Meer zur → TOTENINSEL der Zauberin Kirke, Medeas Tante, die das Paar entsühnt, und dann weiter in die Heimat Jasons. Dort bekommen die Bewohner bald die Macht Medeas als "Herrin der → UNTERWELT" zu spüren. In ihrem "Zauberkessel der Wiedergeburt" bruzzeln so manche Zerstückelte, sogar ihr Schwiegervater. Alle kommen aber irgendwann verjüngt und erneuert wieder hervor. Vierzehn Kinder (Tage des Dunkelmonds) gebiert sie Jason und versucht, sie der Hera zu weihen, damit sie unsterblich werden. Jason, der sie nicht versteht (was wir nicht verstehen), verlässt sie daraufhin, und Medea wirft nun ihre eigenen Kinder in den brodelnden Kessel. Das tut sie seitdem alle vierzehn Tage und sitzt deswegen im Elysium.

Im Drama des antiken Dichters Euripides, das alle späteren Behandlungen des Stoffes beeinflusst, wird aus Medea eine Sterbliche, etwas gewagt die "Trägerin des allgemeinen Frauenschicksals". Jason nimmt hier nämlich eine neue Frau und verstößt Medea. Das ist zumindest ausgesprochen undankbar, hatte sie ihn doch einst mehrfach aus existentiellen wie elementaren Gefahren gerettet. Zorn und Enttäuschung nagen an ihr. Als sie dann sogar noch schmählich des Landes verwiesen wird, vermag die wilde Tochter aus dem "titanischen Aia" Empörung und Hass nicht mehr zu zügeln. Sie schickt der neuen Braut und deren Vater als Geschenk kostbare, aber verhexte Gewänder, in denen sie verbrennen. Das lodernde Feuer greift schnell auf den ganzen Palast über. Viele fallen den Flammen zum Opfer, darunter auch zwölf Kinder von Medea. Jetzt beschwört Medea alles Unheil auf Jason herab und schlachtet dafür schließlich ihre beiden letzten Söhne ab. Dann erscheint sie mit dem bedrohlichen Gefährt, von Drachen oder geflügelten Schlangen gezogen. Ihr Großvater Helios hat es ihr geliehen. Der Sonnengott selbst entsteigt damit immer der Unterwelt, um Medeas Kinder (Ausdruck des "stirb und werde" aller Natur) in irdischer Erde zu bestatten.

c.z.

Medusa: Herrin unserer "Schlangenkräfte"

Weit entfernt, jenseits des Ozeans "in Richtung der → NACHT", hausen die drei Gorgonen, erzählt der griechische Dichter Hesiod (um 700 v. Chr.) in seiner THEOGONIE: Sthenno (etwa: = Stärke), Eryale (etwa: = Weite) und Medusa (etwa: = Herrscherin), drei Aspekte des Wassers (→ TIÂMAT) und Masken unseres Urgrunds. Je nach Betrachtungsweise oder –standort lässt sich ihnen etwas Brauchbares oder Erschreckendes abgewinnen. Medusa, die Sterbliche unter den Dreien, wird denn auch mitunter als "schönwangig" beschrieben, scheint aber nur ein Ausdruck von Persephone (→ UNTERWELT) gewesen zu sein. Nach anderen Darstellungen hat sie den Leib einer Stute, und der Meeresgott Poseidon sucht gern das Beilager mit ihr (KERÉNYI 2001:I,44f;II,47). Goldene Flügel tragen sie alle drei. Aber ihnen sind eherne Hände gewachsen und mächtige Hauer wie von Ebern. Schlangen mit weit aufgerissenem Maul winden sich um ihren Kopf oder als Gürtel um den Leib. Wer in ihr schauerliches Gorgonenantlitz blickt, dem setzt der Atem für immer aus oder er versteinert auf der Stelle.

Perseus, Repräsentant früher Selbstfindung des Menschen, hat großspurig erklärt, das Medusenhaupt zu erobern. Ausgerüstet mit geflügelten Sandalen, unsichtbarmachender "Hadeskappe" und adäquater Tasche für seine Beute macht sich der Held auf den Weg dieser → INITIATION. Athene, Göttin des → MONDES und der Weisheit, hatte ihn gewarnt, bei der drohenden Auseinandersetzung Medusa nicht direkt anzusehen, sondern nur durch den → SPIEGEL seines blanken Schildes. So entgeht Perseus der Gefahr der Erstarrung beim Anblick grausiger Geheimnisse unserer Seelentiefe. Als aber Medusa zum ersten Male in ihr eigenes Gesicht blickt, schlägt ihre namenlose Kampfwut um in lähmendes Entsetzen. Sie erschaut die Gesetze des Urgrunds, das Prinzip der Schlangenkraft und den gnadenlosen Wechsel von "stirb und werde". Unbarmherzig fegen diese an die Oberfläche drängenden Energien alles Alte und unbrauchbar Gewordene aus dem Weg, um Neuem Platz zu bereiten. Ein lähmender Schreck durchfährt Medusa, nur für einen kurzen Au-

Haupt der Medusa von Michelangelo Caravaggio (1595/96)

genblick, den der Held aber beherzt nutzt. Mit einem Sichelschwert (Symbol der Ernte) schlägt er ihr das Haupt ab.

Aus dem Hals der geköpften Gorgone springt unmittelbar das geflügelte Ross Pegasus hervor. Im geflügelten Pferd sieht analytische Psychologie den symbolischen Aufstieg vom "unterirdischen Schlangenbewusstsein" über das Medium der irdischen Realität zur übermenschlichen und transpersonalen Wirklichkeit (JUNG 1985:155f). Geflügelte Wesen weisen zugleich auf schnellen Gedankenflug, auf Phantasie und die Flüchtigkeit intuitiver Ideen. Ein vom → TEUFEL eilig bereitgestelltes leichtfüßig geflügeltes Zauberpferd rettet → FAUST aus der Hand seiner geprellten Gegner. Volksmedizin empfahl früher ein Amulett mit dem Bild des Pegasus bei steifen und schweren Gliedern.

c.z.

Meinrad, St.: Freund der wilden Tiere

Viele Bilder der alten Heiligen zeigen sie uns im Walde als Freunde der wilden Tiere. Sankt Meinrad, der 797-861 lebte und bis heute vom Alpenkloster Einsiedeln geehrt wird, teilte, vergleichbar dem späteren St. Franziskus, seine Waldhütte "mit Bär und Luchs, Wolf und Rabe". (HÜMMELER 1951:1,45) Nach der Legende, die noch heute fortwirkt, war seine Wohnung, entsprechend seiner Lebensweise, von einem "goldenen Schein" umgeben.

Diese Erscheinung erklärten sich grimmige Räuber aus Schätzen, die sie dem frommen Mann zutrauten. Sie erschlugen ihn, selbstverständlich ohne bei ihm irgendwelche "irdischen Werte" zu finden. Doch die beiden Raben, die der Heilige als seine besonders guten Freund liebte, verfolgten nun die Bösewichter: Das Volk wurde durch diese Erscheinung hingezogen, es verfolgte und richtete die feigen Mörder.

s.g.

Memento mori: "Geld und Gut nicht helfen tut!"

Zwischen dem 14. und dem 16. Jahrhundert fielen in Europa viele Menschen der Pest zum Opfer. Dazwischen suchten Hungersnöte, Heuschreckenplagen, Kriege und zu allem Überfluss die muselmanischen Heere der Türken die gebeutelte Bevölkerung heim. Stärker als je rückte zeitweise die Allgegenwart des Todes ins Bewusstsein. Kirchliche und nichtkirchliche Prediger überboten sich darin, das Gefühl des Schreckens nicht abstumpfen zu lassen. Ein motivisches "Memento mori" sollte auf den Abschied vom Leben vorbereiten und mahnen, durch ein tugendhaftes und frommes Leben stets auf das Sterben vorbereitet zu sein. Um 1600 gründete sich sogar ein Orden der "Brüder des Todes". Seine Mitglieder begrüßten sich mit "Memento mori (Gedenke des Todes)!" und trugen ein → SCHWARZES Skapulier mit Totenkopf.

Vom Gedenken bedeutete es nur einen kurzen Schritt zur ars moriendi, zur Kunst des Sterbens. Mittelalterliche Maler und Graphiker erarbeiteten Sterbeanleitungen

(Sterbebüchlein), die bei Entscheidungen zwischen gut und böse mit Bildprogrammen Hilfestellung liefern sollten. Vanités (Nichtigkeiten) als Kunstobjekte – original oder in Nachbildung – wie abgelaufene Sanduhren, → SPIEGEL, erloschene Kerzen und Sensenmänner unterstützten die Vergänglichkeitsbetrachtung. Um der Gefahr ins Auge zu sehen und nicht unversehens von ihr überwältigt zu werden, verfielen vermeintlich mutige Menschen darauf, beim festlichen Mahl ein menschliches Skelett aufzustellen. Der direkte Hinweis auf das drohende Ende jedes sinnlichen Genusses vermochte diesen sogar noch zu würzen.

Unverzichtbares Aushängeschild für den wahren Umgang mit dem Leben wurden bald → TOTENSCHÄDEL. Sie mahnten an die Vergänglichkeit des Lebens und Nichtigkeit irdischer Dinge, an das Verfliegen der Zeit. Totengötter tragen sie als Attribut, aber auch Gottheiten als Herrscher/innen über die Zeit wie → SATURN. Ein Totenschädel mit gekreuzten Skelettknochen signalisiert Tod und Verderben. Piraten zierten sich gern mit diesem Emblem. In der Alchimie dient ein Schädel, zusammen mit → RABEN und → GRAB, als Symbol der Schwärzung (Nigredo), der ersten und auch wieder der letzten Stufe auf dem Großen Werk, dem Weg zur Vervollkommnung des Menschen. Es bedeutete dabei nicht nur Absage an die Welt und Verzicht. Es wies auch hin auf das, was sich nur aus zeitweiligen Vehikeln zurückzieht, aber überlebt: die Lebenskraft, Grundsubstanz für ewiges Werden und Transmutation. Bei Einsiedlern und Weisen lieferten Totenschädel ein Meditationsobjekt über Tod und Leben, Auflösung und Wiedergeburt. Berühmte Schädelmonologe von → FAUST oder Hamlet karikieren die erschütternde Sinnlosigkeit menschlichen Daseins, wenn sich aber nur noch "der Gedanken Blässe" aus dem eigenen Gefäß verbreite.

Parallel dazu formte sich im Spätmittelalter das Thema "Totentanz" als Bildidee. Dabei hatte das Christentum kultische Tänze schon immer beargwöhnt. Erotisch-

Gebeinkammer in Hallstatt, Salzkammergut

sinnliche Künste wie von Salome, dionysische Raserei oder "der Tanz ums Goldene Kalb" dienten als warnende Botschaft der Heiligen Schrift. "Wo man tanzt, da ist der Teufel", wetterte der Kirchenlehrer Johannes Chrysostomus († 407). Wer den weltlichen Verlockungen nachgab, galt als dem Bösen verfallen. "Geld und Gut nicht helfen tut", resümiert eine Bildtafel in der Friedhofskapelle von Wondreb bei Tirschenreuth (Oberpfalz). Schließlich droht beim Tanz mit dem → TEUFEL ein vorschneller physischer Verfall und, mit dem Verblassen höherer Werte, der geistige Tod. Ein Abschied von allem Irdischen steht aber für jeden gleichermaßen an. So geleitet der Tod als Knochenmann voll schelmischer Freude auch alle ins Grab: voran Kaiser, Könige, Kardinäle, Bischöfe, Adel, Patrizier, bis hin zu Bauer und Bettler. Vor diesem ewigen Gesetz fallen irdische Werte und Bewertungen wie Kartenhäuser zusammen. Manche empfanden das Motiv nicht nur als Warnung, sondern auch als Abwehrmagie in Zeiten von Pestepidemien und Massentod.

c.z.

Milch: Butter vom Mond

Wie bei den Indern, so war auch bei vielen europäischen Völkern die Kuh (go) ein Symbol für Wachstum und Fruchtbarkeit des Alls. Bei den Slawen wurde das "weiße Mondlicht" mit der Milch verglichen. Die Bulgaren glaubten z.B., dass die Hexen den Mond "molken" und so ihre "Heilende Butter" zu gewinnen wussten. Bei den alten Griechen war die Milchstrasse eine Erinnerung an die Milch der Göttin Hera, mit der Herakles zur Unsterblichkeit ernährt wurde. In der Schweiz, im südlichen Deutschland und in Norditalien öffnete man etwa nächtlich die Fenster, "wenn Mond und Sterne schimmerten", damit das Kind auch von dem "weißen Lebensfluss" von oben erhalte.

s.g.

Mond: Sphäre unbestechlicher Seelenwägung

"Wenn süß das Mondlicht auf den Hügeln schläft" ist keine sorglose Nachtruhe verbürgt. Selbst im gleichnamigen Roman von Eric Malpass brodelt da noch allerlei Leben.

Häufig regnet es bei Mondwechsel. Als Gestirn der Nacht ohnehin mit Feuchtigkeit und Kälte verbunden, erklärte man den Mond zum Herrscher aller Nässe, zum Ursprung keimenden Lebens und allen Werdens. Da der Mond die Gezeiten beherrscht, schien er auch verantwortlich für die weiblichen Zyklen, überhaupt für Aktivität und Passivität. Seine drei (sichtbaren) Phasen boten das erste objektive Zeitmaß und regeln den Mondkalender. Mondgöttinnen vertraten die ursprünglichen, empfänglichen, vermehrenden und formgebenden Kräfte im Universum, aber ebenso die rückholenden. Ihre Regentschaft über alle Rhythmen in der Zeit sorgten für fortwährende Erneuerung. Doch permanenter Wechsel fördert auch Leid und Verfall. Alle Göttinnen des → SCHICKSALS sind zugleich Aspekte des

Mondes und treten in der Dreizahl auf, Mondtiere humpeln zumeist dreibeinig durch ihre Welt.

Seinen dämonischsten Aspekt gewinnt das Gestirn während der drei Tage des unsichtbaren Neumonds. Symbolisch steigt dann die Mondgöttin, Geliebte der Sonne, in die → UNTERWELT und wird dort neu geschwängert. Beim Menschen kommen alle schöpferischen Impulse und regenerativen Energien scheinbar aus der Unterwelt des Unbewussten. Wie das Wasser spiegelt unser Unterbewusstsein alle Eindrücke wider. Als Ausdruck der Nachtseite der Natur und des Bewusstseins regiert der Mond das Ungewisse, Unbeständige, Irrationale, in positiver Ausprägung die kreative Wandlungsfähigkeit. In seinem schöpferisch befruchtenden Aspekt kann er männlich gedeutet werden. Antike Mondgöttinnen hüteten auch die Weisheit und das "Schatzhaus allen Wissens", das sich aus den Erfahrungen des ewigen Wechsels vom Gesetz des "stirb und werde" anreichert. Unsere gesamten individuellen und kollektiven Erfahrungen sind im Gedächtnis des Unterbewusstseins gespeichert, erklärt die Psychologie.

Altgriechische Philosophie lehrte, jede Seele passiere bei ihrer Reise zur Erde die Sphäre des Mondes. Plutarch beschrieb es in DE FACIE LUNAE genauer: Unser geistiger Körper (Nous) erhalte dort – quasi als ätherisches Ebenbild – eine astrale Hülle für die Psyche und das Gefühlsleben. Erst dann könne sie körperlich inkar-

Sein diffuses Licht kann
unwirkliche Landschaften zaubern

nieren. Bei ihrer Rückkehr zur Sonne führe der Weg erneut über den Mond, wo Nous das Gefühlsgewand zurücklasse. Hier, im lunaren Gefilde, und zwar, wenn der Mond in den Schattenbereich der Erde eintritt, finde dann in einer Periode "schrecklichster Finsternis" die Seelenwägung statt, das Mondgericht. Nur einige wenige Auserwählte erhalten das Billett zum Elysium, den meisten droht wohl die Rückkehr ins beschwerliche Erdendasein. Nach den altindischen UPANISHADEN ruhen die Seelen der Verstorbenen im Bereich des Mondes aus, bevor sie ihre neue herbe Erdenexistenz starten.

Besonders böse Seelen, von ihren Fehlern geschwärzt und von ihren Verbrechen besudelt, werden nach Plutarch aber in den → ABGRUND der → HEKATE gestürzt, der sich ebenfalls irgendwo im Schattenkegel des Mondes befindet. Dort verschwinden sie auf immer im verhassten Fluss Lethe, im ewigen Vergessensein einer undurchdringlichen Dunkelheit. Spätere Deutungen interpretierten die schwarzen Mondflecken als Mülldeponien ungeläuterter Gefühle und Emotionen. Der "Mann im Mond" selbst hat wohl einiges auf dem Kerbholz und buckelt zur Strafe ein Bündel Holz. Fromme Christen outeten ihn gelegentlich als Brudermörder Kain oder als den Verräter Judas Ischarioth.

c.z.

Moore und Sümpfe: Eingänge zum Reich der Erdmutter

Unter der schwärzlich schillernden Oberfläche von Moorbrüchen, im tückischen Moder, erstreckt sich das Reich der Erdmütter und Götter der → UNTERWELT. Sie verteidigen ihr Reich gegen jeden Eindringling und lassen ihn gegebenenfalls auf immer verschwinden. In düsteren Kesselmooren nehmen sie gurgelnd grunzend die Opfer entgegen: Menschen, Tiere, Waffen – ganze Schiffe.

Moore und Sümpfe entstehen nach Verlandung nährstoffreicher Seen, Teiche oder Flussläufe, Hochmoore aber auch in Gegenden mit reichlich Niederschlägen, hoher Luftfeuchtigkeit, geringer Wärme und damit geringer Verdunstung. Üppige Zeugung und schrankenloses Wachstum sorgen für wenig Lichteinstrahlung, fordern vermehrt nach Tod und Auflösung. Eine feuchte Schwüle und federnde, fette Böden zaubern eine düster unheimliche Sphäre, für Kenner eher reizvoll morbid. Jedenfalls bleibt unsere Gefühlswelt hier merklich angespannt. Vorsicht, wenn → NEBEL die Orientierung erschweren, jedes Geräusch verzerren, uns Moorhexen und riesige Hunde erscheinen lassen! Wenn der bleiche Schein flimmernder Irrlichter, durch warme Fäulnisgase entstanden, uns vom rechten Weg abführt! Ein falscher Schritt, und grundlose Tiefe verschlingt uns. Und was versinkt, kommt kaum jemals wieder zum Vorschein. Der römische Historiker Tacitus berichtet in seiner GERMANIA (Kap.12), in Nordgermanien seien Feiglinge, Kriegsscheue und solche, die "ihren Leib mit widernatürlicher Unzucht geschändet" hätten, mit übergeworfenem Flechtwerk im Sumpf versenkt worden, weil Schandtaten verborgen bleiben müssen. Sagen erklären Moore zum Eingang der → HÖLLE.

Moore und Sümpfe bieten auch ein Bild für haltlose Lebensformen, die einen in die Tiefe unserer Instinktwelt zerren und nicht mehr loslassen. In mancher Spelunke können wir versumpfen, unwahrscheinlicher ist, dass wir dort vermooren. Im griechischen Heraklesmythos personifizieren die "stelzbeinig" menschenfressenden Vogel-Sirenen der Stymphalischen Fiebersümpfe den destruktiven Aspekt des Unterbewusstseins, der uns in die "Fäulnis" von Unklarheit und Unbestimmtheit führt, wobei der Sinn für Realität vollkommen abhanden kommen kann.

c.z

Möricke, Eduard: Das Mädchen als Muse

Ein Blick in der Gaststube einer Brauerei an Ostern 1823 in Ludwigsburg genügte, um den 19jährigen Theologiestudenten Eduard Möricke lebenslang für das geheimnisvolle und zauberhafte Mädchen Maria Meyer zu entzünden.

Eduard und sein Freund Ludwig zogen rasch mit der Fremden in das Haus von Ludwigs Mutter. Eine romantische Freundschaft entstand zwischen den drei jungen Menschen. In der Natur, auf Wanderungen, öffnete sich Maria. Aus Ungarn stamme sie und sie sei ihren Eltern, die sie in ein Kloster stecken wollten, entlaufen. Sie vagabundierte durch die Lande und hatte sich der mystisch inspirierten, baltischen Baronin von Krüdener angeschlossen, die nach einem Erweckungserlebnis predigend und heilend durch die Lande zog. Bei ihr hatte Maria die Kunst des magnetischen Bestreichens gelernt. Maria, die mit feurigen Küssen auch nicht sparte, hatte sich ganz in Mörickes Herz eingebrannt.

Tatsächlich stammte Maria (was sie verschwieg) aus Schaffhausen und war unehelich geboren. Mehrfach war sie wegen ihrer unsteten Lebensweise in Besserungsanstalten gebracht worden, von wo sie sich aber immer wieder entzog, um erneut auf Wanderschaft zu gehen. In die Stadt Ludwigsburg gelangte sie durch einen Trick, mit dem sie sich auch schon Zugang zu anderen Städten verschafft hatte. Sie präsentierte sich, scheinbar bewusstlos, auf einem Steinhaufen vor dem Stadttor. Ein Brauereibesitzer hatte das hübsche Mädchen gefunden und mit in die Stadt genommen, wo sie als Kellnerin arbeiten konnte.

Mörickes Schwester Luise griff schließlich ein. "Bewahre ihr Bild in Deinem Inneren, aber sie selbst, lass sie Dir gestorben sein", riet sie dem jungen Dichter. Eduard gehorchte. Von seinem Studienort Tübingen aus verweigerte er der Geliebten jeden Kontakt. Als sie sich mit Hilfe ihres Tricks Zugang nach Tübingen verschaffte, um den von ihr geliebten Jüngling wieder zu sehen, ließ er sich verleugnen und floh nach Stuttgart zu seiner Mutter. Auch späteren Kontaktversuchen von Maria verweigerte er sich. "Er hat sie sich sterben lassen. Nur noch das Bild lebte in ihm. Und das Bild wurde zum Gedicht. Die wirkliche Frau ist exorziert worden, lebte nur weiter in der Literatur", schreibt der Feuilletonist Jörg Aufenanger.

In dem Gedichtszyklus PEREGRINA (die Fremde) setzte er seine Muse mit den "treuen, braunen Augen" in Verse. Und in seinem 1832 erschienenen Roman MALER NOLTEN bekam Maria einen Platz als vagabundierende Zigeunerin Elisabeth.

Maria, die noch eine Zeitlang in Ludwigsburg als Putzmacherin arbeitete, weil sie hoffte, noch mit Möricke leben zu können, ging schließlich nach Schaffhausen zurück. 1836 heiratete sie den Tischler Andreas Kohler. Bis zu ihrem Tod 1865 soll sie ihm eine gute Frau gewesen sein. Möricke hatte mit der Vagantin Maria die innere Unruhe gemein. Unstet trieb es ihn von Ort zu Ort. Zwischen 1826 bis 1834 arbeitete er als Vikar und Amtsverweser in 11 verschiedenen Orten. Auch in den Jahren danach wechselte er ständig den Wohnsitz. Zwar lebte er ab 1851 lange in Stuttgart, wechselte aber die Wohnungen dort auch immer wieder aufs Neue. Was oder wen suchte er? "Von ihr zu mir, ein ängstig Band, so zieht es, zieht mich schmachtend ihr nach!", hatte er über die verschmähte Liebste gedichtet und gehofft, sie doch noch einmal wieder zusehen:

"Wie? wenn ich eines Tages auf meiner Schwelle
Sie sitzen fände, wie einst, im Morgen-Zwielicht,
Das Wanderbündel neben ihr,
Und ihr Auge, treuherzig zu mir aufschauend,
Sagte, da bin ich wieder
Hergekommen aus weiter Welt!"

Während Marias Grab in Winterthur schon lange eingeebnet wurde, ist Mörickes Grab, der 1875 starb, auf dem Pragfriedhof in Stuttgart noch erhalten.

Die Trauerrede hielt der Philosoph Friedrich Theodor Vischer:

"Du warst nicht und wirst nicht berühmt sein bei jenen, die es nicht ahnen, welch ein Wesen es ist, das dir bei deiner Geburt die sanfte Geisterhand auf Stirn und Lippen gelegt hat, - die nicht finden können, was der Dichter sinnet und meint, wenn er aus Licht und Äther magische Fäden spinnt und mit ihnen Herz und Welt, Geistesleben und Erde, Fels, Sonne, Mond und flüsternde Bäume und rauschende Wasser in Ein Ganzes geheimnisvoll zusammenschlingt, - die es nicht fassen, wie es doch kommt, dass der Dichter von dieser und nicht von dieser Welt ist, dass er in diese unsere Welt eine zweite, eine Welt von holden und gewaltigen Wundern hineinstellt, - die ihn nicht verstehen, den Flor aus zartem Goldgespinst, den er um die kahle Deutlichkeit der Dinge windet. Aber es gibt eine Gemeinde, - und nur in der Vergleichung mit der breiten Menge ist sie klein, - eine stille Gemeinde, die sich labt und entzückt an deinen wunderbaren, hellen, seligen Träumen und die hohe Wahrheit schaut in diesen Träumen." (QUACK 2004:269)

w.b.

Morris, William: Traum von einer besseren Welt

William Morris wurde 1834 in Walthamston am Rande des → EPPING FOREST als Sohn eines Malers geboren. Im Lauf seines Lebens betätigte er sich als Zeichner, Kunsthandwerker, Restaurator, Färber, Lyriker, Übersetzer, Schriftsteller, Dichter, Typograf, Buchdrucker, Buchbinder und dem Sozialismus verbundener Sozialreformer. Es werde einem schwindlig, wenn man allein an die Menge der Arbeit denke, die er zu leisten hatte, befand der Künstler Henry van der Velde.

In allem, was Morris tat, stellte er mittelalterliche und antike Ideale einer als hässlich empfundenen Gegenwart gegenüber. Nicht die Zeit des Mittelalters schien ihm finster zu sein, sondern das vom Kapitalismus beherrschte, viktorianische 19. Jahrhundert. In seinem 1890 erschienenen und seither immer wieder nachgedruckten utopischen Roman NEWS FROM NOWHERE (KUNDE VON NIRGENDWO) schläft am Ende des 19.Jahrhunderts ein Mann (William Guest) in Hammersmith ein und wacht im Jahr 2003 auf. Er findet eine neue Welt vor. Der Himmel ist klar, das Wasser der Themse ist so rein, dass man baden kann, Schmutz und Lärm sind verschwunden: "Die Seifensiederei mit ihren qualmenden Schornsteinen war nicht mehr da, die Maschinenfabrik und die Bleihütte waren verschwunden, und von Thorneycroft drang nicht das Getöse von Niethämmern und anderen Hämmern herüber." Guest erfährt, dass die Menschen gegen die Industrialisierung ihres Landes revoltiert und England in einen einzigen großen Garten zurückverwandelt haben. Nicht von ungefähr gab Morris seinem Roman den Untertitel "Ein Zeitalter der Ruhe". Morris schrieb seinen Roman als Gegenentwurf zu Edward Bellamys Utopie LOOKING BACKWARD. Bellamy hatte ein Zukunftsszenario einer Superindustrienation entworfen, die von einem großen Trust bürokratisch perfekt verwaltet wurde. Für Morris ein Alptraum.

Morris Biograph Kirsch:

> "Und so stellt denn dieses Buch, besser als jedes theoretische Traktat es könnte, die Kardinalfrage, die Morris so sehr beschäftigt hat und die ihn aktuell bedeutsam macht: Wie sollen wir leben, wenn wir glücklich sein wollen? Er zerlegt diese große Frage in Hunderte von konkreten Einzelfragen, in denen sich zu entscheiden das Buch auffordert. Indem wir uns mit William Guest identifizieren, werden diese Fragen persönlich, beziehen sich auf unseren Alltag, machen uns eigene Wünsche bewusst und werden damit unabweisbar. Man kann sagen, dass Morris mit "Kunde von Nirgendwo" sein Handbuch der Ethik geschaffen hat, dass er hier seine Auflehnung gegen die Moral seiner Zeit mit zu Protokoll gibt. Es ist ein Buch, das für jede Zeit und jede Gesellschaft einen Gradmesser des Glücks liefert, und es bedarf keiner prophetischen Begabung, um vorherzusagen, dass es in der

Diskussion um eine neue Bestimmung menschlicher und gesellschaftlicher Grundwerte, die längst ansteht, auch in Zukunft noch eine Rolle spielen wird." (1983:218)

Woodford Hall: Hier lebte der Künstler und Fantasydichter William Morris als Kind. Das Haus war nur durch einen Zaun vom Epping Forest getrennt.

In Schriften und Vorträgen wandte sich Morris gegen die stilwidrige Restaurierung alter Gebäude, gegen in Massen produzierte Waren, gegen die Zerstörung alter Wälder (→ Epping Forest), gegen die Schäbigkeit und Hässlichkeit moderner Architektur und gegen die Überflutung der Menschen durch Reklame.

1884 gründete er die "Socialist League" und kam in Kontakt mit Clara Zetkin und Eleonora Marx. 1883 wollte er am Begräbnis von Karl Marx im → Highgate Cemetery teilnehmen. Da die Polizei die Trauergäste nicht auf den Friedhof ließ, versammelte man sich auf einem nahe gelegenen Stück Ödland und sang die Internationale.

Wenige Tage vor Morris Tod spielte ein befreundeter Musiker ihm auf einem Virginal alte Musik vor. Bei den Eröffnungstakten brach Morris entzückt in ein Freudengeschrei aus. Am 3. Oktober 1896 starb William Morris im Alter von 62 Jahren. Anfang des Jahres hatte er sich im Epping Forest von seinen geliebten, alten Hainbuchen verabschiedet.

w.b.

Motte Fouqué, Friedrich Baron de la: Herr im Reich des Wunderbaren

Der Dichter (1777-1843) balgte sich als Kind mit dem späteren König Friedrich Wilhelm III. oder spielte mit ihm und anderen Kindern Versteck. Mit einem Spielkameraden gründete er den ORDEN DES ROTHEN LÖWEN und gab sich den Namen "Malwend der Tapfere". Der Heranwachsende liebte alte germanische Sagen und Legenden und im Mittelalter spielende Historien. Motive hieraus verarbeitete er in seinen zahlreichen, in einem betont altertümlichen Stil gehaltenen Erzählungen (UNDINE, SCHÖN ISA, GESCHICHTEN VOM RÜBEZAHL), Romanen (ALLTHES VON LINDENSTEIN, DER ZAUBERRING), Schauspielen (DER HELD DES NORDENS, BALDUR DER GUTE, HELGI), in dramatischen Szenen (DIE ZAUBERER UND DER RITTER, DIE NORDLANDHELDEN IM SANDMEER) und in Gedichten wie *Der Eichbaum in der Mark Brandenburg* und *Geisterkunde*. → E.T.A. HOFFMANN schrieb über (den in den Augen Arno Schmidts schon etwas zu "schreibseligen") Fouqué: "Er herrscht als unumschränkter Herr im Reich des Wunderbaren, dessen seltsame Gestalten und Erscheinungen willig seinem mächtigen Zauberruf folgen." Mit seiner Erzählung DAS GALGENMÄNNLEIN, eine Verarbeitung des Alraune-Motivs, steht Fouqué der Schauerromantik nahe.

1795 traf der junge Kornett in "einer frischen Eichenwaldung" in der 15-jährigen Elisabeth von Breitenbauch die Liebe seines Lebens. Fouqué in seiner Lebensgeschichte:

> "Hier nun ging dem achtzehnjährigen Kriegsmann die Erscheinung einer zarten, erst eben erblühenden Jungfrau edlen Stammes auf unter den grünen Schatten, ihr Geist fein gebildet, vornehm und einfachst natürlich ihr ganzes Benehmen. Man konnte sie keine glänzende Schönheit nennen, aber eine unaussprechliche Sanftmut war über die holde Gestalt gegossen, wie sie mir

Fouqué in einem zeitgenössischen Stich

> niemals anziehender erschienen ist. Meine Seele empfand in leisen innigen Schauern; hier war ihr etwas für das Leben unvergessliches erschienen."

Sowohl bei einem ländlichen Fest wie auch im Ballsaal gab ihm die blauäugige Holde jedes Mal, wenn er sie zum Tanz aufforderte, ihre "zarte" Hand. Beim nächsten Ball zeigte ihm die Geliebte, wohl auf Weisung der Eltern, die kalte Schulter. Fouqué machte seine Schöne mit den himmelklaren Augen in der Figur der Wassernixe Undine in der gleichnamigen, märchenhaften, 1809 entstandenen Erzählung unsterblich. Dem Helden der Geschichte, Huldbrand von Ringstetten, gab er seinen Namen (la Motte bedeutet im Altfranzösischen eine Burgumwallung, eine Ringstätte) und stattete ihn mit den Wappenfarben seiner Familie (Veilchenblau und Gold) aus.

Die Reaktionen auf das Dichtwerk waren sehr positiv. Der schottische Dichter Walter Scott sandte als Zeichen seiner Verehrung einen Baumzweig aus seinem Garten in Abbotsford und verwendete die Figur der Undine in einem Roman DAS WEIßE FRÄULEIN VON AVENEL. Heine schwärmte von dem Werk. → E.A. POE gäbe, wie er in einer Rezension schrieb, "50 Molières für einen Fouqué". Selbst Goethe quetschte sich ein "allerliebst" ab. Richard Wagner las – am Abend vor seinem Tod – seiner Familie, angeregt durch seinen Onkel Adolph Wagner, einem Freund Fouqués, noch aus der UNDINE vor.

Als → E.T.A. HOFFMANN die UNDINE gelesen hatte, schlug er Fouqué sofort vor, das Stück als Oper herauszubringen. Fouqué solle den Text schreiben, er wolle die Musik dazu komponieren. Am 3. August, an "Königs Geburtstag", erfolgte in Berlin die Premiere. Die Dekorationen stammten von Schinkel und Gropius, in den Logen saß die ganze königliche Familie. Der Beifall war enthusiastisch. Nach nur 14 Vorstellungen aber brannte das königliche Schauspielhaus ab. Ein schwedischer Reisender sah Hoffmann, wie er Zeuge des Brandes wurde, und notierte:

> "Er hatte sich aus dem Fenster der am Gendarmenmarkt gelegenen Wohnung gelehnt, und der Feuerschein beleuchtete das kleine magere Antlitz, unter dessen Larve in jenem Augenblick gewiss einige Dutzend Wunder und Märchen spukten."

Zu Leben und Werk von Fouqué hat Arno Schmidt eine ausführliche Biographie erstellt: FOUQUÉ UND EINIGE SEINER ZEITGENOSSEN.

w.b.

Mumie: Hülle voller Überraschungen

Im 16. Jahrhundert stieg die Nachfrage nach Mumien, bzw. Mumienextrakten vor allem in Europa so sprunghaft an, dass viele arabische Länder Nordafrikas den Handel damit unter Todesstrafe stellten. Schließlich wollte man seine Ahnen nicht von Christen "auffressen" lassen. Was war passiert?

Innerhalb der komplexen ägyptischen Bestattungspraktiken stand etwa ab der 5. Dynastie im Mittelpunkt die Einbalsamierung. Sie führte zur künstlichen Mumifizierung, um den Körper für alle Zeiten vor dem Verfall zu bewahren. Unter Schirmherrschaft des schakalköpfigen Gottes Anubis entfernte eine eigens dafür geschulte Priesterschaft zuerst das Gehirn durch die Nase, mit Seiteneinschnitt dann die inneren Organe der Verstorbenen. Leber, Lungen, Magen und Dünndarm, ebenfalls balsamiert, füllten sie in bemalte Steinkrüge (Kanopen). Das Herz blieb in der Brust, wenn es nicht durch einen Skarabäus ersetzt wurde. Nachdem sie den fast leeren Körper sorgfältig mit konservierenden und aromatisierenden Stoffen behandelt hatten, ließen sie ihn 70 Tage trocknen. Dann wickelten sie den Leichnam in weiße Binden, die den Mumien ihr charakteristisch gespenstisches Aussehen verliehen. Neben dieser höchst kostspieligen Art der Mumifizierung gab es noch ein günstigeres Angebot, bei der die Baucheingeweide durch den After entleert und die Hüllen mit Zedernöl aufgefüllt wurden. Eine drittes und quasi Sonderangebot sah nur die Waschung mit einer billigeren Flüssigkeit und hinterher die Einsalzung des Körpers vor.

Das Ägyptische Totenbuch beschreibt den Todesvorgang als eine komplizierte Angelegenheit. Nach dem Exitus musste sich der → Schatten des Menschen auflösen, "eine zurückbleibende psychische Entität, in die sich das Wirken des individuellen Bewusstseins (Ka) und des organischen Bewusstseins eingeprägt hatte". Auflösen konnte sich der Schatten aber nur, "wenn er von allen elementaren Begierden befreit wurde, mit denen ihn das Bewusstsein befrachtet hatte und deren Erinnerung ihm eingeprägt war". Der ganze immense Aufwand der Mumifizierung sollte der spirituellen und sich verflüchtigenden Seele (Ba) ein stabiles Gehäuse erhalten, an das sie sich anheften konnte. Ohne einen solchen Träger hätte sie sich womöglich an den Schatten geklammert und wäre mit ihm zur Auflösung verdammt gewesen. Konserviert bot der Körper ein Bild für das individuelle Bewusstsein Ka selbst, dem im Jenseits der völlige Verfall drohte. Würde dieses Bewusstsein durch den Verlust der Erinnerungsfähigkeit oder irgend eine andere Beeinträchtigung der Fähigkeiten zersetzt, müsste der Verstorbene einen zweiten, schrecklicheren Tod sterben. Mumifizierung und Einschnüren sollten dafür sorgen, Ka als Bewusstsein länger aufrecht zu erhalten und zugleich Seth (→ Typhon/Seth), die analytische und trennende Kraft, daran zu hindern, die ursprüngliche Einheit von Ka zu zersplittern (VISEUX 1994:13f.).

Doch was musste eine noch treu in der unmittelbaren Nähe der Mumie sich aufhaltende Seele Ba dafür noch alles miterleben? Im Mittelalter kursierte Mumienpulver als hoch geschätztes und teures Heilmittel für zahlreiche Leiden. Dabei beruhte der Ruf als Heilwert auf einem Missverständnis. "Mumiya" (= Erdpech) hießen im Persischen die schwarzen Erdharze, welche die Ägypter zur Mumifizierung verwendet hatten. Tatsächlich enthält Erdpech heilende Substanzen, z.B. für Wunden – Qualitäten, die dann auf Mumien übergingen, die sich begrifflich von Mumiya herleiten. Bis zu Beginn des 20. Jahrhunderts hielt noch fast jede Apotheke Mumienpulver (Mumia) im Angebot.

Leider ließ es sich nur schwer beschaffen, und steigende Nachfrage hob schon immer den Preis. Pietätsimmune Zeitgenossen kamen deshalb bereits im 12. Jahrhundert auf die Idee, das Rohmaterial von den Mumien wieder zurückzugewinnen.

Und als diese Ressourcen knapp wurden, stahlen clevere Händler Leichen von frisch Beerdigten oder Erhängten, setzten sie dem schnell austrocknenden Wüstensand aus, was eine natürliche Mumifizierung bewirkt, und verkauften sie teuer als antike corpores. Sie gelangten nicht nur in Apotheken, sondern auch in die Salons gehobener Kreise und des Adels, vor allem in England. Hier dienten sie bei Festen und Geselligkeiten als extravaganter Gag. Zur Geisterstunde enthüllte sie der Gastgeber und brachte sie gelegentlich durch Tricks zum Flüstern: ein morbider Kitzel bei Tafelfreuden und Smalltalk (→ MEMENTO MORI). Andere Kreise vergnügten sich bei "Auswickel-Parties" und organisierten sich für solche Events in speziellen "Mumienvereinen".

Ganze Schiffsladungen mit Mumien wanderten im 19. Jahrhundert auch in amerikanische Papierfabriken. Für die Herstellung wird Leinen benötigt, und eine Mumie konnte aus bis zu 400 qm Bindenstoff bestehen. In ihrer Heimat fanden aber sogar die unverwendbaren Reste noch Verwertung. Mark Twain beschreibt in INNOCENTS ABROAD, dass ägyptische Eisenbahner Mumienteile zur Feuerung der Dampfkessel verbrannten. Arme und Beine konnte man auf dem Markt günstig für praktische Fackeln erwerben.

So starben viele Tote ein drittes Mal, und das nicht nur auf schreckliche, sondern auf unvorstellbar respektlose Weise.

c.z.

Münchhausen: Geschichten geboren aus der Fantasie

Über 200 Jahre nachdem der jagdfreudige Baron Karl Friedrich Hieronymus von Münchhausen (1720-1797) seine aus der Fantasie geborenen Geschichten berichtete, empfanden die Erben sie begeistert als Sinnbilder.

Haensel (S. 9f.) erzählt:

> "Die Kinder spielen Münchhausen. In seiner Heimatstadt Bodenwerder habe ich beobachtet, dass sich Jungen und Mädchen, die miteinander aufgewachsen sind und zur gleichen Bande gehören, dadurch begrüßen, dass sie sich am Hinterkopf fassen und das Haar nach oben bewegen. Erinnerung

an die eigenhändige Rettung des Lügenbarons aus einem Sumpfe, in dem er zu versinken drohte."

Nach dem Zusammenbruch des Kommunismus in Russland vor dem Jahr 2000 entstand bekanntlich im Osten eine Welle der Enttäuschung und Trostlosigkeit. Eine Unzahl von bunten Neudrucken erschien nun fortlaufend, aus der Freude, in der Märchenwelt Anregungen für die Zukunft zu finden. Die Geschichte, wie der Abenteurer sich (und sein Ross, das er mit den Beinen festklemmt!) mit der Hand an seinen Haaren aus dem schrecklichen Moor zieht, wurde zum allgemein verständlichen Sinnbild:

> "Es gibt für den Menschen keinen andern Weg. Von außen, irgendwelchen Staatsideologien, können wir keine Rettung erwarten. Wir müssen selber den Mut und die Fantasie aufbringen, uns ans Trockene zu ziehen und damit einen halbwegs sicheren Weg in die Zukunft zu finden."

s.g.

Musik ... ist Magie

"Die wahre Welt ist Musik. Musik ist das Ungeheure.
Hört man sie, gehört man zum Sein."
(SAFRINSKI 2000:9)

> "Komponisten sind Zauberer, weil sie Geheimnisse anwenden. Es ist aber auch Zauberei, dass sich irgendetwas fügt." (Anton Plate in METZMACHER 2005:27)

> "Musik ist Magie, ist heilig und eine Macht, wie es jede Harmonie sein muss: die Nerven der Welt, der Atem lebender Dinge, der Zauber, der in ein noch hinzugefügtes, übernatürliches Leben eindringt und es erhebt: das ‚Reale‘ in das ‚Ideale‘." (JENNINGS 1912)

Musik ist so etwas Wunderbares, so Mystisches, ja Unbegreifliches und doch Erlebbares, Erfahrbares. Musik ist eine temporäre Anomalie des akustischen Zeitraumes. Musik ist kein im Augenblick der gefrorenen Zeit Materialisiertes, Manifestes, von Hand zu Hand Weiterreichbares... Musik kann die Seele, oder wie man dieses Empfindungsding in Körper und Bewusstsein auch nennen mag, so tief berühren, dass sich der Körper in Genusskribbeln kräuselt, Hühnerhäute den Rücken rauf und runter laufen. "Musik ist sehr nützlich zur Unterstützung von Meditation und kreativer Visualisation, da sie in der Lage ist, Gefühle und Assoziationen zu stimulieren." (DRURY 2004:189)

Musik kann in uns Gefühle aller Art auslösen, starke Gefühle, Freude, Trauer, Verzweiflung, Glück oder Schrecken. Ein Teil der emotionsstimulierenden Wirkung der Musik ist natürlich kulturelle Prägung. Wie hoch ihr Anteil ist, lässt sich nicht sagen, aber sicher recht hoch.

Im alten Indien und antiken Hellas wurde der Ursprung der Musik auf die Götter zurückgeführt. Deshalb ist Musik Ausdruck des Göttlichen; deshalb hat Musik göttliche, d.h. magische Zauberkräfte. In vielen Mythen wird die Zauberkraft der Musik beschrieben (z.B. Orpheus).

Die abendländische Musikgeschichte hat im Laufe der Zeit die dunkle Seite der Musik hervorgebracht. Die Wurzeln der dunklen Musik von heute, Gothic Wave, reichen bis in den Anfang der abendländischen Musikgeschichte zurück. Es wird auf Elemente von altgriechischen Tonarten, Kirchenmusik, Weltliche Musik, Mittelaltermusik, Renaissance, Barock, Rokoko, Klassik, Romantik, Spätromantik, Moderne, → ZWÖLFTONMUSIK, Elektronische Musik, Clustermusik, → BLUES, Rock'n Roll, Rockmusik, Hardrock, → HEAVY METAL, und sogar auf Folk zurück gegriffen. "Alles, was mit Satan und dem Bösen zu tun hat, war von jeher recht anziehend für Künstler im allgemeinen und Musiker im besonderen." (GUGLIELMI 1987:114)

Musikalische Sujets des Dunklen in der Musik:

Basilisk (Salome). Biest 666 (Therion u.a.), Blaubart, Blumen des Bösen (Parsifal), Dämon (Demon), Dr. Jekyll und Mr. Hyde, Dracula, Elektra, Faust, Fliegender Holländer, Frankenstein, Frau ohne Schatten, Freischütz (Dark Rider), Garten der Lüste (Bosch, SF-Roman usw. Hieronymus Bosch-Tripp), Götterdämmerung (Ragnarök; Weltende), Gral (Lohengrin, Parsifal), Herzog Blaubart (Gilles de Rais), Hexensabbat, Incubus (Succubus), Jack the Ripper, Kannibalismus (Cannibal Corpse), Königin der Nacht (Mozart, Steve Vai), Lovecraft, Macbeth, Medea, Medusa, Merlin, Necronomicon, Paradise Lost, Orpheus, Persephone, Edgar Alan Poe (Alan Parsons Project, The Raven), Poltergeist, Räucherwerk (Incense and Peppermint), Ring (Ring des Nibelungen), Sabbat, Salome, Schwarze Engel, Schwarze Messe, Serienmord, Sexualmagie (Sexmagick), Suizid (Suicidal Tendensies, Suicede is alright), Tarot (Tarot Suite usw., Wegmuller), Teufel (Diablo, Robert der Teufel), Vampir, Versuchung des hl. Antonius, Voodoo (Wall Of Voodoo), Walpurgisnacht, Werwolf, Zombie.

Von (Heavy) Metal Musik spricht man gewöhnlich, wenn es sich um stark metallische Klänge (so sind z.B. die E-Gitarren komplett mit Metallsaiten bespannt) mit vielen metallischen Obertönen und heftigen Rhythmen handelt. Die Schwermetaller – so werden sie oft in der Presse beschrieben – sind eigentlich Schmiede, die mit modernster Technologie diese uralten schamanisch-alchemistischen Klänge zu Musik verzaubern.

Metallklang und Ekstasetechnologie: Metalle sind, in Form gebracht, sehr laute und schrille, d.h. obertonreiche Klangkörper und effektvolle Musikinstrumente. Rhythmus und Klang spielen im Schamanismus weltweit eine wesentliche Rolle als nonpharmakologische Methode zur Bewusstseinsveränderung bzw. zur Steuerung eines veränderten Bewusstseinszustandes. Der gezielte Gebrauch von Rhythmus und Bewegung zur Erzeugung einer Trance oder veränderter Bewusstseinszustände ist eine vermutlich sehr alte Technik, die in vielen Kulturen kultiviert wurde und wird.

Der "ohrenbetäubende" Klang des Metalles ist zum Verlassen des gewöhnlichen Alltagsbewusstseins sehr hilfreich. "Monotone repetative Klangstrukturen induzieren einen veränderten Wachbewusstseinszustand durch die Erhöhung der Intensistät und eine Erniedrigung der Variabilität des Wahrnehmungsfeldes. Das entspricht den aus der ‚klassischen' Trance-Induktion bekannten Methoden." (STROBEL 1992: 99) Er schaltet durch Lautstärke, Rhythmus und Reizüberflutung das intellektuelle Denken, besonders den störenden "inneren Dialog", die Teile unserer Psyche, die wir Verstand und Vernunft nennen, ab. Deshalb gehören metallene Rhythmusinstrumente wie Rasseln, Schellen, Zimbeln und Glocken zum festen Repertoire der Schamanen in aller Welt. Glocken aller Art verzieren viele Schamanenkostüme. Wenn sich der Schamane in Trance schüttelt oder tanzt, erklingen die Glocken an seinem Gewand. Der rhythmische Metallklang hilft dem Schamanen bei seiner Reise in andere Welten, schützt ihn dort vor negativen Mächten und Dämonen, und "zeigt", bzw. verkündet den Anwesenden die schamanische Aktion. Der Metallklang verbindet den Schamanen mit der anderen Welt, mit seinem Patienten und allen anderen Anwesenden. Es entsteht ein schamanischer Klangraum, ein Sound-Universum.

Alle Kulturen kennen die dunkle Seite, doch nur manche identifizieren sie mit dem "Bösen". Wenn das Dunkle nicht "böse" ist, was ist es dann? Das Dunkle hat Eigenschaften, von denen uns nicht alle willkommen sind. Bei den chinesischen Taoisten birgt das Dunkle den Keim des Hellen und umgekehrt: Yin-Yang, Daichi.

In der abendländischen Musik werden das Helle und das Dunkle mit den beiden grundlegenden Tonarten Dur ("strahlend") und Moll ("dunkel, düster") ausgedrückt.

Symbolik der dunklen Tonarten (COTTE 1992: 37f.):

- c-Moll: dunkel und traurig, Klagen
- es-Moll: schrecklich, fürchterlich, Angst
- f-Moll: dunkel und trauernd, Schmerz
- b-Moll: dunkel und schrecklich, Selbstmord
- H-Dur: hart und klagend (sehr dissonant)
- h-Moll: einsam und melancholisch, Geduld

In der westlichen Musik gibt es die Dichotomien Harmonie – Disharmonie; Konsonanz – Dissonanz; Tonal – Atonal. Dabei werden die disharmonischen, dissonanten und atonalen Musiken als "schräge" empfunden und mit Furcht belegt. Deshalb wird Gruselmusik und dunkle Musik immer mit diesen schrägen Formen arbeiten.

Vor allem die → ZWÖLFTONMUSIK (Zwölftonsprache) ist bis heute für den Normalbürger, dessen musikalisches Verständnis aus den Blockflötenchören der Grundschule geprägt ist, ein "Schreckgespinst der Musik". – Aber gerade die Zwölftonmusik lieferte den Filmkomponisten die dunklen Seiten der Musik.

Übrigens gilt Claudio Monteverdi nicht nur als Vater der → OPER (ORFEO), sondern auch als "Vater der Dissonanz". Dann wäre die Oper ORFEO (= Orpheus) nicht nur inhaltlich, sondern auch musikalisch der Beginn der dunklen Musik der frühen Neuzeit.

chr.r.

Mutation: Die Welt mit neuen Augen sehen

Gerade in der Hippiezeit um 1966 wurde fest geglaubt, "dass eine Veränderung der menschlichen Anlagen (Mutation) bevorsteht, dass schon heute sich junge Menschen entwickeln, deren Wesen schöpferischer, reicher ist als das der Vergangenheit". Diese Annahme fand in die Dichtungen der Science-Fiction- und der Fantasy-Roman-Literatur tausendfach Einzug.

Es sollte dies in der Zeit gegen das Jahr 2000, wenn die Sonne im Frühling in das Tierkreiszeichen des Wassermanns (Aquarius) eintrete, stattfinden. Der Mensch werde "mutieren", dabei gegenüber allen Wesen seiner Umgebung empfindsamer werden, seine Sinne für sie öffnen, die Welt mit "neuen Augen sehen".

s.g.

Dreibeinige Stripperin

Mutterkorn: Der Weg nach Eleusis

Andere Namen: Ergot, Giftkorn, Hahnensporn, Kindermord, Kornmutter, Krähenbrot, Krähenkorn, Krähenkralle, Krähenroggen, Krähenspier, Kriebelkorn, Roggenbrand, Secale cornutum, Teufelsklaue, Teufelsmarge (-mark), Todtenkorn, Tollkorn, Wolfszahn,

h.

Das berüchtigte Mutterkorn (*Claviceps purpurea*) gehört zu den → PILZEN, genauer gesagt, zu den Schlauchpilzen, die symbiotisch oder parasitär mit anderen Wirtspflanzen leben. Das Mutterkorn gedeiht besonders gut und gerne auf dem Roggen. Es wächst spelzenartig an den Ähren. Der Mutterkornpilz scheidet verschiedene Alkaloide als Stoffwechselprodukte aus. Diese Wirkstoffe können psychoaktive oder giftige Effekte haben. Sie erzeugen vor allem den Ergotismus, eine Krankheit, die im ausgehenden Mittelalter Ignis sacer, "Heiliges Feuer", oder "Antoniusfeuer" genannt wurde. Oft wurden große Teile der Bevölkerung davon ergriffen, weil sie mutterkornhaltiges Roggenbrot, das "Teufelsbrot" oder "Brot der Träume", gegessen hatten (CAMPORESI 1990). Die Befallenen hatten heftige Halluzinationen, das Gefühl zu verbrennen – sie glaubten, dass sie in der Hölle gegrillt wurden. "Das ‚Heilige Feuer' fraß auf das Fleisch der Menschen, so dass es in brandigen Fetzen von den Knochen abfiel, die Erde delirierte und die Menschen wurden zu Bestien." (PRZYBYSZEWSKI 1979:43) Der heilige Antonius wurde der Schutzheilige der Krankheit; vermutlich, weil er den schrecklichen, halluzinierten "Versuchungen", denen er in einem ägyptischen Tempel ausgesetzt war, widerstehen konnte.

Das Antoniusfeuer wurde von den Alchemisten als "eine große Putrefactio oder eigenartige schreckliche Hitze" beschrieben; andererseits bezeichneten sie die "natürliche Wärme", die allen Geschöpfen Gottes zu eigen ist, ebenfalls als "Antoniusfeuer". War die "natürliche Wärme" die Umschreibung der Lebenskraft, das "Antoniusfeuer" gar der Stein der Weisen, der Quell mystischer Erfahrung?

Vielleicht diente es im alten Mitteleuropa zur rituellen Verwandlung in ein Tier: "Der Werwolf hockt mitten im Korn" – und dort wächst das Mutterkorn, heißt es. Mutterkorn oder mutterkornhaltige Präparate scheinen im französischen Okkultismus für divinatorische Zwecke verwendet worden zu sein.

Da das Mutterkorn früher von Hebammen, weisen Frauen und "Hexen" als Wehenmittel volksmedizinisch genutzt wurde, begann der Schweizer Chemiker und Entdecker der Wirkstoffe in den mexikanischen Zauberpilzen, Dr. Dr. mult. Albert Hofmann (geb. 1906), die Inhaltsstoffe des verruchten Pilzes zu erforschen. Er erhoffte sich neue Wirkstoffe für die pharmazeutische Industrie zu finden, entdeckte dabei aber "zufällig" das bewusstseinserweiternde → LSD, also eine Substanz, die dem Menschen mystische Erkenntnisse und visionäre Erfahrungen, sowie unglaubliche Einblicke in die eigene Natur verschaffen kann. Somit ist es Albert Hofmann gelungen, den echten "Stein der Weisen" im Labor zu erzeugen. Er verwandelte das Geschenk der Kornmutter Demeter durch chemische Manipulation in das Molekül der Erkenntnis um: LSD.

Durch die Qualitäten des Mutterkornderivates LSD und die mystischen Erfahrungen mit den mexikanischen → ZAUBERPILZEN kam R. Gordon Wasson auf die Idee, dass der Einweihungstrank (kykeon) bei den Mysterienfeiern der Demeter in Eleusis möglicherweise eine Mutterkornbereitung enthielt. Zusammen mit Albert Hofmann und dem amerikanischen Gräzisten Carl Ruck stellte er seine Hypothese in dem Buch DER WEG NACH ELEUSIS (1978; dt. 1984) der Weltöffentlichkeit vor. Sie wurde von der akademischen Wissenschaft natürlich als "unseriös" verworfen, andererseits aber begeistert aufgenommen.

Die weltbekannte amerikanische Bestseller-Autorin Marion Zimmer Bradley (1930-1999) ist vor allem für ihre romantischen Fantasy- und Science Fiction-Romane berühmt. Auffallend häufig geht es in ihren Romanen und Erzählungen um psychoaktive Drogen. In einem jüngeren Roman zeigt Zimmer Bradley, dass sie sich stark mit der Mutterkorn-in-Eleusis-These von Gordon Wasson auseinandergesetzt hat. In ihrem historischen Roman DIE FEUER VON TROIA (FIREBRAND) wird der trojanische Krieg aus der (feministischen) Perspektive der jungen Seherin Kassandra erzählt (ZIMMER BRADLEY 1990). Sie wird dem Apollon geweiht und sowohl in Kolchis erzogen, als auch von der Amazonenkönigin Penthesilea in die Lehre genommen. Zum Abschluss ihrer Lehrzeit bei den Amazonen wird Kassandra in die Mysterien der Großen Göttin eingeweiht. Das von älteren Frauen geleitet Ritual wird in einem Tempel ausgeführt. Den Initiantinnen wird ein Mutterkorntrank gereicht.

chr.r.

Mynona: Suche im Innern

Salomo Friedländer wurde am 4. Mai 1871 in Gollantsch in der Provinz Posen als Sohn einer jüdischen Arztfamilie geboren. Zu seinen frühesten Erinnerungen des Biedermeiermilieus, in dem er aufwuchs, gehörte Sonnenschein auf einem mit weißem Damast gedeckten Tisch. Das Kind fühlte, dass "innen in ihm" ein Geheimnis war. "Die meisten Menschen, zumal Kinder, sind äußerlich. Im Gegensatz zu ihnen fand ich mein Inneres vertieft und hatte es schwer, damit in ein gesundes Verhältnis zu kommen." Er blieb in sich und bebrütete, wie er es ausdrückte, sein Inneres. Gleichzeitig schämte er sich seiner Sichtbarkeit. In "Ich", einer autobiografischen Skizze, schrieb er: "Außen weniger als nichts, war der Mensch innen Alles in Allem, Weltherrscher, Magier. aber einem solchen Inneren war das Außen natürlich eine schreckliche Zwangsjacke."

Als Student wohnte er in Jena bei einer uralten Frau, die als Sechzehnjährige noch Goethe und dem Herzog Karl August Nüsse vom Baum gepflückt hatte. Nach seiner Promotion in Philosophie zog er nach Berlin und verbrachte viele Jahre im Kreis von Künstlern und Literaten. Ort vieler Zusammenkünfte war ein Bohemien-Café, dem man den Spitznamen "Größenwahn" gegeben hatte. Unter diesen "Zigeunern des Geistes" lernte er den humanistischen Dichter und Maler Paul Scheerbart kennen, mit dem er sich anfreundete. Für eine Lesung, bei der Hanns Heinz Ewers im Verein für Kunst Gedichte von Goethe vortrug, sprach er einleitende Worte, was zu einer Anstellung als philosophischer Vorleser bei zwei wohlhabenden Familien der Villenkolonie Grunewald und später zu einer Rente von 50 RM führte.

Ab 1909 veröffentlichte er Lyrik, Grotesken, Satiren und Märchen. 1913 erschien ein erstes Sammelbändchen mit dem Titel ROSA, DIE SCHÖNE SCHUTZMANNSFRAU. Weitere Groteskenbändchen folgten bis 1935 unter dem Pseudonym "Mynona" ("anonym" rückwärts geschrieben). Seinen Blick für alles Skurille soll er durch den gelegentlichen Konsum von Haschisch, Kokain und Fliegenpilzen geschärft haben.

Als er im April 1918 seinen Freund, den Malerphilosophen Alfred Kubin auf Schloss Zwickledt besuchte, fiel Kubin dessen "Überzieherkomplex" (Hartmut Geerken) auf. Jedesmal, wenn er zur außerhalb liegenden Toilette ging, zog Friedländer Mantel und Hut an. Spazierstöcke gaben ihm im Außen Halt und Standfestigkeit, ein drittes Bein. Er besaß eine große Sammlung, darunter seltene Stücke mit einem riesigem Walrosszahn, mit einem Negergötzen in Holz geschnitzt oder mit dem Kirchenvater Origines in Blei gegossen.

Als Junge hatte der experimentierfreudige Knabe vergeblich Gotteslästerungen ausgestoßen. Kein Blitz fuhr herab, um ihn zu bestrafen. Wenn Gott nicht außerhalb ist, wo ist er dann, fragte sich der grüblerische Salomo. Diese Erfahrung ließ ihn sich später intensiv mit Nietzsche, Kant und dessen Schüler Ernst Marcus beschäftigen. 1918 fasste er in HUNDERT BONBONS sein Denken in Verse.

"Ja! Betet nur! Es hilft!
Erbaut auch Kirchen, Moscheen und Synagogen und Pagoden!
Betet in Uniform, in Frack, in Loden!
In eurer Konfessionen lieb Gewirrchen.

Dann macht ein wundernettes Kriegsgewirrchen
mit frommen Siegen, Niederlagen, Toden,
mit Invaliden, Witwen und maroden Jünglingen,
Jungfrau'n, magren Essgeschirrchen!

Ich bete nicht.
Ich bin kein frommer Bettler.
Ich sag' es, wie ich's denk (vollkommen spottlos):
Dass ich nicht eines jeder Kälber bin, die's draußen suchen -:
Das sind die Anzettler der Menschen-Zwietracht.
Lasst das Draußen gottlos!
Ich bete nicht, weil ich ich selber bin."

Spät, an Jahren bereits reich, hatte er das Ich als Zentrum des Menschen erkannt.

"Geringe Selbsterkenntnis führt zu allen Fehlern der Eitelkeit. Entdeckt man sich aber im Kern - und Jedermann kann das - als zentrale, neutrale Sonne des Menschenlebens, so gibt es keine Scham mehr über die Verzwicktheit alles planetarischen Außens: man kann es in diesem Sonnenbade getrost bloßlegen. Alle menschlichen Gebrechen sind nur solche der Selbstvergessenheit, durch die man oberflächlich wie ohne Kern wird, Außen ohne Innen. Der menschliche Sonnenkern aber ist unermesslich wahr, gut, schön, erhaben, rein und heilig. Wer sich hierin gewissenlos vergisst, wird aus einem Menschen nur etwas Allzumenschliches. Aber erst seit Kant ist der noumenale Kern erkannt, und diese Selbsterkenntnis, welche nunmehr formal wenigstens, perfekt ist, neutralisiert auch alle Gebrechen der Eitelkeit, außer denen es keine gibt. Ein so ungeheuerer Reichtum, wie ihn der Mensch enthält, ist schwer zu verwalten."

Mynona im Überzieher (Mynona Archiv, Wartaweil)

1933, als → Hitler, "der stiere und sture Tyrann (wie Friedländer ihn nennt), sein bestialisches Regime anhub", floh er nach Paris. Die französische Polizei wollte ihn 1943 im Auftrag der Gestapo abholen, er war aber nicht transportfähig. 1946, am 9. September, starb Friedländer 76-jährig. Auf Armenkosten wurde er auf dem jüdischen Teil des Pariser Friedhofs Pantin beerdigt.

Durch die Bemühungen des Schriftstellers, Lyrikers und Musikers Hartmut Geerken konnte 2001 das philosophische Hauptwerk des vergessenen Genies (Das magische Ich. Elemente des kritischen Polarismus) und 2003 die bereits 1937 verfasste autobiographische Skizze "Ich" aus dem Nachlass erscheinen.

w.b.

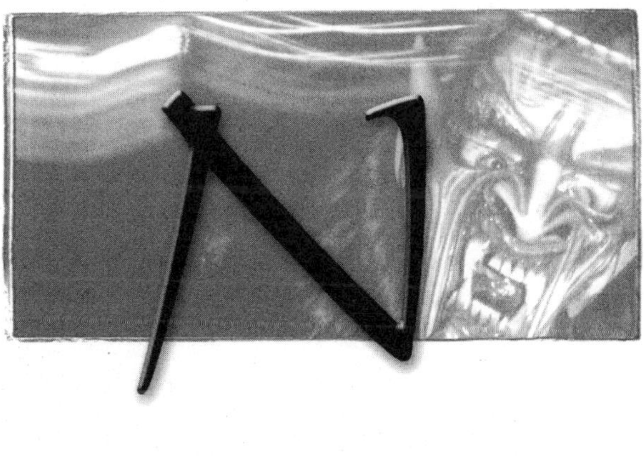
N

Nacht: Tochter des Chaos

Als der Mensch noch kein Feuer hatte, das er anzünden und somit die Dunkelheit erhellen konnte, muss die heraufziehende Nacht etwas sehr Angsteinflößendes gewesen sein. Mit ihr legte sich eine bald einsetzende, lähmende Stille auf alles Dasein. Was vorher noch deutlich zu sehen war, verlor zusehends seine Konturen. Nur der gespenstische Mond schenkte ein wenig diffuses Licht. So wuchsen Schatten zu imaginären Riesen, Spuk lauerte hinter jedem knorrigen Baum, und die ohnehin unheimlichen Nachtjäger unter den Tieren wussten die Gunst der Stunde zu nutzen. Genauere Beobachtung am Himmel zeigte aber, dass auf der nördlichen Halbkugel die Sonne im Westen unterging (starb) und jeden Morgen im Osten wieder aufging – wie neugeboren. Dieser mütterliche Schoß schien ähnlich einem weiblichen Urgrund, aus dem alles hervorkroch und in den alles wieder zurückkehrte.

So gehört die griechische Göttin der Nacht, Nyx, der ersten Göttergeneration an und war eine Tochter des Chaos. Im orphischen Schöpfungsmythos rauscht sie als eine Art Vogel Greif heran mit nachtschwarzen Riesenflügeln. Selbst Göttervater Zeus erfasste mitunter eine heilige Scheu und Furcht vor ihr. Zu ihren "liebreizenden" Kindern zählen u.a. Moros (Verhängnis), Ker (Verderben), Momos (Schande), Oizys (Jammer), Geras (Alter), Eris (Streit), Nemesis (Vergeltung) und Apate (Trug), aber auch Hynos (Schlaf), Oneroi (Träume), Philotes (Liebschaft) und alle Göttinnen des → Schicksals. → Norden und Nacht vertreten archetypisch das Unbewusste, Irrationale, die Zerstörung, das Reich des → Todes und seiner geheimnisvollen Transformationskräfte, die vorgeburtliche Finsternis, die aller Auferstehung und Neugeburt vorausgeht. Auf jede "dunkle Nacht" folgt die erlösende Morgenröte. Nach durchzechter Nacht gerät aber selbst dieser verlässlich messianische Wiederbeginn ins Stocken.

c.z.

"Nacht, Vertrauteste du der heimlichen Dinge; ihr Sterne,
die ihr der tragenden Glut nachfolgt mit der goldenen Luna;
du, Hekate mit dreifachem Kopf, du weißt, was jetzt anhebt:
komm doch und hilf mir mit murmelndem Spruch und kunstvollem Zauber.
Und du Erde, du gibst den Hexen die mächtigen Kräuter.
Lüftchen und Winde und Berge, ihr Flüsse all und ihr Teiche,
Göttin der Haine, herbei! O helft mir, ihr Götter der Nächte."

Gebet der Medea an Hekate[1]

[1] Ovid, Metamorphosen VII, 192

Nacht der Leidenschaften: Gefühle aus dem Herzen

Am Tag herrscht für die Dichtung das vernünftige, vom Verstand beherrschbare Dasein. In der Dunkelheit der Nacht werden aus den Gefühlen des Herzens und denen, die aus den Sternen niederströmen, die Leidenschaften geboren, die die Seele von sämtlichen Seiten erfassen. Mozart hat für seinen unsterblichen DON GIOVANNI sich ebenso in Märchen vertieft wie aus Gesprächen mit Menschen wie Casanova, für den der Abend das Tor zu tausendfachen Abenteuern war, die Magie des Dunkeln in Töne zu fassen gesucht. Alfons Rosenberg stellt fest (S. 249):

> "Der Don Giovanni ist ein Drama der Nachtsphäre. Er beginnt mit dem Besuch des ewig Verliebten bei Donna Anna, als die Nacht ‚weit fortgeschritten ist'. Er endet mit dem Entschwinden des Helden in ‚ewiger Nacht'."

s.g.

Nachtfalter: "Finger von weg"

Bunte Schmetterlinge, die gegen Abend um die Friedhofblumen kreisen, besonders, wenn im Umkreis Stille herrscht, verkünden "eine selige, mütterliche Nacht, die einen guten Tag gebärt". Die dunkel gefärbten Nachtfalter bringen den Menschen in einer Wohnung die allerbesten Träume im Schlaf, aber auch entsprechende Gedanken im Halbwachen. Selbstverständlich "töten wir, wenn wir einem Falter schaden, unsere eigene Freude".

s.g.

Nachtigall: Gesang der Sehnsucht

Wer gut auf den Nachtgesang des so musikalischen Vogels hinhört, vernimmt aus dessen Lauten "alles, nach was wir uns sehnen". Das sind unter anderem die magischen Worte, die alles vertreiben, was uns "krank" macht. "Es sollen schon geradezu Sterbende sich wieder aufgerichtet haben, wenn sie diese Töne vernahmen." Diese Wirkung genießt nicht nur derjenige, der das Glückslied hört, sondern auch der, "an den der Genießer der Musik während des Anhörens denkt".

Die Gegenden, in denen der Nachtigallengesang häufig ertönt, werden besonders gern von Liebenden aufgesucht. Holzbänke, auf denen sie auf die begehrten Klänge warten, werden oft mit geschnitzten Herzen geschmückt.

s.g.

Nebel: Schleier der Konfusion

Nebel, vielleicht aus der indogermanischen Sprachwurzel nebh (= Dunst) hervorgegangen, entsteht durch Abkühlung feuchter Luft. Als weißlich graue Schwaden hängen sie in der Luft und setzen unsere Sicht herab. In ihrem konturlosen Schein formen sich leicht vage Gestalten und bereiten den Boden für zahllose Nebelgespinste. Selbst die Planetarischen Nebel, Gashüllen um heiße Sterne, vermindern einen klaren Blick auf universelle Verhältnisse. So vertritt diese dunstige Verhangenheit Unschärfe und Unbestimmtes, alles Vage und Phantastische. Ein vernebeltes Gehirn sorgt für Irrtum und Verwirrung. Doch verbirgt sich hinter den grauen Schleiern gewöhnlich eine klare und freundliche Wirklichkeit.

Im NIBELUNGENLIED zieht der Sonnenheld Siegfried aus dem → NORDEN über die nebelverhangene Landschaft gen Süden, der Quelle des großen Stromes entgegen. Dabei gerät er in unheilvolle Verstrickungen mit den schätzebewachenden Nibelungen, seinen unklaren Trieben des Verlangens. Mysterienschulen bedienten und bedienen sich des Nebels bei der→ INITIATION. Die Seele muss aus der Fins-

Nebelschleier hängen über dem Jaufenpass in Südtirol

ternis und Konfusion trüber Verhangenheit in das klare Licht der Erkenntnis und Erleuchtung – eine wahrhaft beschwerliche Reise mit, wie es scheint, kaum zu überwindenden Hindernissen.

c.z.

Necronomicon: Schlüssel zu alten Geheimnissen

→ H.P. Lovecraft (1890-1937) lässt in seinem Werk, voll der unheimlichen Geschichten, dauernd ein Zauberbuch mit dem Namen "Necronomicon" auftauchen. Er führt es auf einen fantastischen Araber, Abdul al-Hazred zurück, der es um das Jahr 730 geschrieben haben soll. Ursprünglich soll es "Azif" geheißen haben, nach dem nächtlichen Laut von Insekten, in dem man die akustischen Äußerungen von jenseitigen Wesen heraushören wollte. Die Helden Lovecrafts suchen auf der ganzen Welt nach seltenen Übersetzungen und Ausgaben dieses Handbuchs der Magie, das die Schlüssel zu den tiefsten und "Jahrmillionen" alten Geheimnissen enthalten soll.

Schon zu den Zeiten des Schriftstellers Lovecraft glaubte eine wachsende Zahl seiner Verehrer an diese Schrift und begann völlig fanatisch nach ihr in Bibliotheken und Antiquariaten zu suchen. Mehrfach erschienen deren "Neudrucke", die bald als echte Entdeckungen und dann wieder als seltsame Fälschungen bezeichnet werden. Schon das Reden über das Necronomicon, "wenn die Nacht naht", soll "das Tor zu den Träumen aufgehen lassen, die den Weg zu den verborgenen Wahrheiten enthalten". Einer der bekanntesten Sucher nach diesem "Reiseführer ins Dunkel", der u.a. für seine Mitarbeit an entsprechenden Filmen in Hollywood einen Oskar-Preis erhielt, versuchte seine Gesichter für sein Museum in Greyerz zu vereinen. Es ist H.R. Giger von Chur, der in den Worten des Necronomicon den Klang echter Poesie heraushört.

s.g.

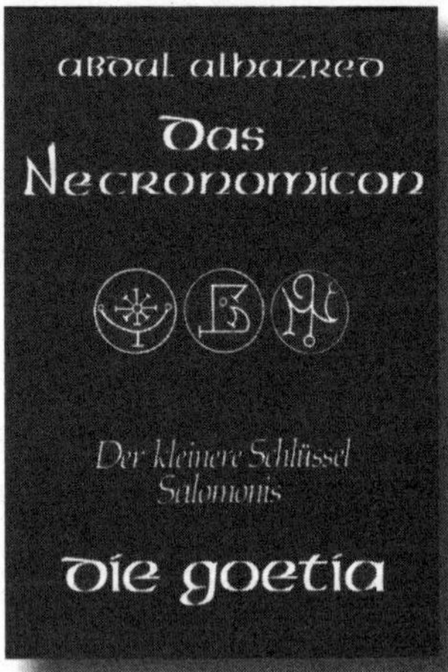

Ausgabe des berüchtigten Necronomicon. Dieses Buch enthält ebenfalls das Grimoire Goetia. Lovecraft hat immer wieder in seinen Briefen betont, dass das Necronomicon eine Fiktion ist. (Verlag Richard Schikowski, Berlin 1980)

Nemo, Kapitän: Rächer aus der Tiefe

Der als Vater der Science-Fiction Literatur geltende Jules Verne erschuf mit dem Kapitän Nemo (= Niemand) seines 1869-1870 in Frankreich erschienenen Buches 20 000 MEILEN UNTER DEM MEER die Figur eines klassischen Außenseiters. Von den Menschen hat er sich empört abgewandt, ihre Gesetze lässt er nicht mehr für sich gelten. (Einen ähnlichen tragischen Charakter schuf Herman Melville mit seinem Kapitän Ahab.)

Christine Fürböck schrieb 2002 in ihrer Diplomarbeit an der Uni Jena über Nemo:

> "Auf der einen Seite ist er der fortschrittliche, geniale und emotionale Mensch mit seiner Leidenschaft für das Meer und die Freiheit, auf der anderen Seite der von Hass erfüllte Fremde; der seine Genialität nicht für die Allgemeinheit, sondern allein für seine Rache nutzt und damit gegen die menschliche Welt arbeitet. Die unterseeische Macht, die er besitzt, nutzt er, um Recht und Unrecht zu bekämpfen, das er anhand seines verletzten Gerechtigkeitsempfinden definiert."

Mit seinen schwarzen Augen strahlt Nemo für Professor Aronnax, seinen unfreiwilligen Gast, Selbstvertrauen, Ruhe, Mut, Energie und Vertrauen aus. Sein Blick dringt tief in die Seele anderer Menschen. Das Gesicht zeigt ausgeprägte Züge. "Wer sich darauf verstand, konnte in seinem Antlitz wie in einem offenen Buch lesen."

Er ist Herr eines Unterseebootes, der NAUTILUS, und damit Herr auch vieler Schätze, die im Meer verborgen sind. Das Meer versorgt ihn mit allem, was er braucht. Seine Gäste bewirtet er fürstlich im Speisesaal seines Schiffes. Die Decke ist prachtvoll bemalt, der Raum enthält hohe Schränke aus Eiche mit Ornamenten aus Ebenholz. Steingut, Porzellan und Gläser darin sind von unermesslichem Wert. Der Koch des Schiffes verwöhnt den Gaumen mit eingemachten Seegurken, der Leber von Delphinen, dem Filet von Meeresschildkröten und einer Creme aus der Milch von Walfischweibchen. Zucker wurde aus dem Ledertang der Nordsee gewonnen und die köstlich schmeckende Konfitüre aus Anemonen. Aus den Fäden von Muscheln wird Kleidung gewebt und mit antikem Purpur (aus einer im Mittelmeer heimischen Schnecke gewonnen) gefärbt. Als Bettenfüllung dient zartes Seegras. Geschrieben wird mit dem Bart des Wals als Feder und dem Sekret des Tintenfisches als Tinte. Sogar Zigarren werden aus einer nikotinreichen Sorte von Algen hergestellt, die dem Vergleich mit der besten Havanna mehr als standhalten.

Für Nemo ist das Meer alles: "Die Verkörperung einer übernatürlichen, wunderbaren Existenz, Bewegung und Liebe, eine lebendige Unendlichkeit!" *Mobilis in Mobili* (beweglich im beweglichen Element) ist sein Wahlspruch. Nur das Leben im Meer schenkt Nemo Unabhängigkeit. "Hier gibt es keine Menschen! Hier bin ich frei!", erklärt er Aronnax, einem bekannten Naturforscher, und dessen Begleitern, seinem tief erstaunten Assistenten Conseil und dem jähzornigen Harpunier Ned Land.

Die über 12.000 Bücher in seiner Bibliothek, die Auswahl an erlesenen Gemälden aus allen Epochen an den Wänden lassen auf einen Mann von hoher Bildung und

Kapitän Nemo betrachtet von der Nautilus aus einen riesigen Tintenfisch (Zeichnung von 1869)

Kunstsinn schließen. Nemo ist auch an der Orgel ein Meister. Die Melodien, die er spielt, heben den Zuhörenden über die Grenzen dieser Welt hinaus. Nemo verfügt über sehr viel Geld, das er ebenfalls dem Meer verdankt. Seine Taucher heben Gold, Silber, Edelsteine und Münzen aus gesunkenen spanischen Schiffen. Es dient vor allem dem Zweck, das Leid unterdrückter Völker und benachteiligter Rassen zu mildern.

Bei Orkan lässt er das Boot auftauchen und sich auf der Brücke der Nautilus festbinden, allein trotzt er den Elementen. Kriegsschiffe, die seinen Kurs kreuzen und ihn angreifen, werden von ihm – unter Hissen einer schwarzen Fahne – gnadenlos versenkt. Ein Kriegsschiff war es, das Nemo einst um Vaterland, Eltern, Frau und seine zwei Kinder gebracht hatte. Von Erinnerungen gepeinigt und Rachegedanken beseelt, befährt er seither mit der Nautilus als furchtbarem Zerstörungswerkzeug die Weltmeere, begleitet von einer Crew gleichgesinnter Männer.

Nachdem er im Ärmelkanal erneut ein großes Kriegsschiff versenkt hatte, was unzähligen Menschen das Leben kostete, und Nemo in tiefe Depressionen stürzt ("Allmächtiger Gott! Genug! Es ist genug!" sind die letzten Worte, die Professor Aronnax von ihm hört), nimmt die Nautilus Kurs nach Norden. Nemo spielt auf der Orgel eine unbeschreiblich traurige Melodie, "wie das Wehklagen einer Seele, die sich aus ihren irdischen Fesseln befreien will"; bevor die Nautilus vom Malstrom (→ Kreuzweg) erfasst in die Tiefe gezogen wird. (Verne zitiert ein Motiv, das er bei dem von ihm sehr verehrten → E.A. Poe fand). Das Geheimnis seiner Person nimmt Nemo mit ins Grab. Seine Gäste können dem Sog des Malstroms mithilfe eines Bootes gerade noch entkommen.

Jules Verne, der das Meer liebte, schrieb seinen Roman, angeregt durch eine Reise auf dem Segler und Kabelleger Great Eastern, in der Kajüte seiner Yacht "Saint Michel", einem 5 ½ Tonner, die im Hafen von Le Crotoy vor Anker lag.

Das Buch wurde 1916 in den USA mit Allan Holubar in der Rolle des Kapitän Nemo verfilmt. Erstmals konnten die Zuschauer spektakuläre Aufnahmen der Meeresfauna und –flora sehen. Mit ihrer Verfilmung im Jahre 1954 landeten die Walt Disney Productions einen Hit. Kirk Douglas spielte den aufsässigen Harpunier Ned Land, James Mason brillierte in der Rolle des melancholischen, weltentfremdeten Nemo und Peter Lorre gab den Diener Conseil.

w.b.

Nepenthes: Zaubertrank der Erinnerung

Der antike Dichter Homer (9./8. Jh. v. Chr.) hat in seiner ODYSSEE die psychoaktive Wirkung des wunderbaren *pharmakon* (→ DROGEN) namens Nepenthes (wörtl. "tröstende Pflanze") besungen:

"Helena aber, die Tochter des Zeus, besann sich auf andre:
Gab in den Wein, den sie tranken, sogleich ein bezauberndes Mittel,
Gut gegen Trauer und galliges Wesen: Für sämtliche Übel
Schuf es Vergessen. War es im Mischkrug: wer es dann schlürfte,
Diesem läuft an dem Tag keine Träne die Wange herunter,
Selbst wenn ihm Vater und Mutter beide verstürben, ja selbst wenn
Grade vor ihm seinen Sohn, den geliebten, oder den Bruder
Feinde mit Schwertern erschlügen, so dass es vor Augen er sähe.
Nun verfügte die Tochter des Zeus über Mittel von solcher
Tüchtigen Wirkung..." (ODYSSEE IV, 219-228)

Schon Theophrast (um 370-322 v. Chr.), der "Vater der Botanik", der zahlreiche psychoaktive Pflanzen und Substanzen beschrieben hatte, versuchte die Herkunft dieses *pharmakons* zu ergründen: "Die Orte außerhalb von Hellas, die besonders Heilkräuter erzeugen, sind Gegenden in Tyrrhene und Latium (wo man sagt, lebe die Kirke) und mehrere Gebiete in Ägypten, wovon Homer sagt:

"Von dort hat Helena die nützlichen Dinge, die ihr Polydamna, die Frau des Thon, gegeben hatte, mitgebracht. Dort erzeugt die früchtetragende Erde die meisten Pharmaka, viele davon sind gut, andere schädlich. Unter dieser, so sagt er, war das *Nepenthes*, das berühmte Pharmakon, das Sorgen und Leiden heilt, da es die Krankheiten vergessen lässt. Diese Gegenden sind von den Dichtern benannt worden." (THEOPHRAST, GESCHICHTE DER PFLANZEN IX, 15)

Bereits in der Antike wurde systematische Wissenschaft betrieben, die immer auf den Dichter Homer zurückgeführt wurde:

"Homer aber, der Ahnherr der Wissenschaften und der Geschichte des Altertums, der sonst die Kirke sehr bewundert, sprach Ägypten den Ruhm wertvoller Kräuter zu [...] Er erzählt wenigstens von sehr vielen ägyptischen Kräutern, die von der Frau des Pharao seiner Helena übergeben worden waren, von jenem berühmten nepenthes, das Vergessen von Traurigkeit und Verzeihung bewirkt und das Helena wohl allen Sterblichen hätte zutrinken sollen." (PLINIUS NATURALIS HISTORIAE XXV, 12-13)

Das homerische Nepenthes wird aufgrund der beschriebenen Wirkung oft als → OPIUM, aber auch anders, gedeutet:

"Viel mehr hat dagegen die Annahme für sich, dass das Mittel der Helena der Saft von *Cannabis indica*, der Haschisch, ist. Der Gebrauch des Hanfes und der aus ihm bereiteten Pillen war... in Aegypten schon früh bekannt und sehr beliebt, und konnte HOMER wegen der Verbindungen Griechenlands

> mit Aegypten... sehr gut Kenntnis davon haben... Auch passt der durch den Genuss erzeugte Zustand, welcher den morgenländischen Bezeichnungen dafür: '*Fröhlichkeitserreger, Seelenerheiterer*', entspricht, auf den, welchen Homer beschreibt, nämlich Heiterkeit, die durch die herbsten Schicksalsschläge nicht getrübt werden kann." (BERENDES 1891:131f.)

Das zauberhafte Homerische Nepenthes wurde oftmals als ägyptisches Bilsenkraut, als → ALRAUNE, sogar als Kat (*Catha edulis*) gedeutet. Der Kräuterbuchautor Bodin (1591) identifizierte das homerische Nepenthe als Poleiminze (*Mentha pulegium*), ein Zauberkraut, das zu Liebestränken verarbeitet wurde. Es galt als eine obszöne Metapher für die Schamhaare einer Frau und war ein Symbol unerlaubter Sexualität.

Der Name *Nepenthes* wurde in der Neuzeit für eine Gattung fleischfressender Pflanzen (Familie Nepenthaceae, Kannenpflanzen) benutzt, die verschiedene Arten umfasst (z.B. *Nepenthes maxima*); diese Pflanzen sind allerdings nicht psychoaktiv.

Zu Anfang des 19. Jahrhunderts sind in Europa verschiedene Rezepte der sog. Fröhlichkeitspillen bekannt geworden. In der ENCYCLOPÄDIE DER GESAMMTEN VOLKSMEDIZIN von 1843 heißt es:

> "Um üble Laune und hypochondrische Gemüthsverstimmung zu vertreiben, nehmen die Orientalen, welche bekanntlich sich auch gern am Opiumrauchen und Opiumessen ergötzen, ihre Zuflucht zu einer Mischung: *Nepenthe* genannt, bestehend aus dem Pulver der trocknen obersten Blätter und Blüthen des Hanfs, in Verbindung mit Opium, Arecanuss, Gewürzen und Zucker, welche sie in Pillenform verschlucken." (MOST 1843:194)

In der romantischen Literatur wurde das homerische Nepenthes mit dem Laudanum (→ OPIUM) verglichen. Der englische Dichter Thomas de Quincey (1785-1858) bejubelte das Mittel als

> "ein Allheilmittel, ein Pharmakon Nepenthes für alles menschliche Weh; hier war das Geheimnis des Glücks auf einmal entdeckt, über das die Philosophen so viele Jahrhunderte diskutiert hatten..." (DE QUINCEY 1985:183)

Der Komponist Richard Strauss hat sich in seiner OPER → DIE ÄGYPTISCHE HELENA (1928; Neufassung 1933; in zwei Aufzügen; Text von Hugo von Hofmannsthal) mit dem Nepenthes beschäftigt. Dieses heute nur sehr selten aufgeführte Werk spielt nach dem Trojanischen Krieg. Menelas will die Ursache dieses furchtbaren Krieges, seine Frau, die schöne Helena, töten. Er wird von der Zauberin Aithra davon abgehalten, indem sie ihm einen betäubenden Vergessenstrank (Nepenthes), ein "Fläschchen mit dem Lotossaft", "Lotos, den lieblichen Trank des Vergessens", reicht: "Das Lotusfläschchen, er hat es nötig! Schnelles Vergessen grässlichen Übels!". Aithra die junge, eine von drei verwandten zauberkundigen Frauen (→ SALOME die stolze, Morgana die schöne), herrscht in dem Palast des Meeresgottes Poseidon. In dessen Halle liegt eine sprechende Muschel auf einem Dreifuß; die gibt geheimnisvolle Orakelsprüche von sich. Aithra wird von Elfen, dem "Nachtgesindel", unterstützt: "Ein halbes Vergessen bringt sanftes Erinnern." – "Du fühlest im

Innern dir wiedergegeben dein unschuldig Leben, und wie du dich fühlest, so bist du fortan" beschreibt die Dienerin die Wirkung des angstlösenden Trankes. "Ein Luftgebild, ein duftig Gespenst, womit Götter narren die sterblichen Männer..." Menelas sagt: "... Es wohnen in Höhlen auf einsamer Insel Zauberinnen, die zeigen dem, der zu ihnen dringt, die Bilder der Toten!" Er sieht in den Luftgespenstern seine schöne Helena, die "Schönste der Schönen", in all ihrem ehemaligen Glanze (→ FAUST). Helena beklagt sich: "Zur Totlebendigen hat dein Trank mich umgeschaffen diese Nacht!"

Aithra beschreibt das Pharmakon: "Der Höllentrank, vor dem wie Gift des Tartarus die Götter fliehen, die seligen!" Der Trank der Erinnerung: "den einzigen Balsam, den Trank der Götter...", Zaubertrank der Erinnerung... "Vom lieblichen Lotos einen Becher und lebet selig heute wie gestern immer aufs neu!" ... "Todestrank"... "Trank des Wissens"... Doch beide, Helena und Menelas trinken davon und vereinen sich wieder.

Jüngst wurde Nepenthes von der → BLACK METAL Band → SENTENCED auf dem Album *Amok* besungen (1995; Titel: "Nepenthe").

chr.r.

Nicholson, Jack: Der Irre vom Dienst

Der 1937 geborene Jack Nicholson ist nicht nur im Film das enfant terrible, sondern mit seinen Ausbrüchen, Skandalen und Exzessen auch im realen Leben. "Ich kokse regelmäßig", bekundete er einmal der schockierten Öffentlichkeit in einem Interview.

Nicholson stammt aus einer zerrütteten Familie. Der Vater war arbeitslos und trank. Seine Mutter, die minderjährig schwanger wurde, ließ ihre Mutter Jack adoptieren, um einen Skandal zu vermeiden. Sie gab sich als Schwester von Jack aus. Von diesen familiären Hintergründen erfuhr Nicholson erst durch eine Titelgeschichte in der TIMES. Wen wundert es da, dass Nicholson sich am liebsten schwarz kleidet?

Nicholson, der als Botenjunge in der Zeichentrickabteilung der MGM erstmals Hollywood nahe kam, hat in über 55 Filmen Rollen übernommen und wurde dreimal mit dem Oscar ausgezeichnet. 1967 schrieb er das Drehbuch zu dem LSD-Film THE TRIP.

In Roger Cormans wundervollem Schauerstück DER RABE - DUELL DER ZAUBERER (1967) debütierte er in der Rolle des Rexford, des Sohns des Magiers Bedlo, erstmals als "Irrer vom Dienst". Als Führer einer Kutsche wird er plötzlich vom Wahnsinn ergriffen und rast mit seinen Passagieren immer schneller dem Abgrund entgegen. In den Filmen EINER FLOG ÜBERS KUCKUCKSNEST und SHINING gab er dem Wahnsinn erneut ein Gesicht. "Er hörte auf zu existieren, wenn er bei der Arbeit vor die Kamera trat. Am Ende wusste man nicht mehr, ob er nun normal war oder nicht", befand Regisseur Milos Forman.

1984 spielte Nicholson in dem Film WOLF den aus seinem Job gefeuerten Verlagsdirektor Will Randall, der in einer Vollmondnacht auf einer einsamen Straße einen

Wolf anfährt. Als er aussteigt, um nach dem Tier zu sehen, beißt der Wolf ihn. Will merkt schnell, dass er unversehen über außerordentliche Fähigkeiten verfügt. Aus dem von Mitarbeitern und seiner Frau als Softie verachteten Mann wird plötzlich ein Mensch, der sich zu verteidigen weiß. Seinem Gegenspieler, dem schleimigen Marketingdirektor Stewart Swinton pisst er auf dessen Wildlederschuhe.

In Vollmondnächten allerdings kann er die Verwandlung in einen Werwolf nicht verhindern. Er reißt im Wald Hirsche und beißt einem Räuber, der ihn seiner Brieftasche berauben will, zwei Finger ab. Swinton war durch einen unabsichtlichen Biss von Will selbst zum Werwolf geworden und hatte Wills Frau getötet. Im Showdown kommt Wills neue Geliebte Laura zu Hilfe und erschießt den mordlüsternen Swinton.

1987, in dem Film DIE HEXEN VON EASTWICK (nach einem Buch von John Updike) spielt Nicholson den Teufel in Gestalt eines Nachbarn, der drei frustriert in einer Kleinstadt lebende Frauen verführt und schwängert. Als Obst in der Nähe ihres vermeintlichen Traummannes, Daryl von Horne, verdörrt, in einer Schale und im Bett Schlangen auftauchen und die Besitzerin der Lokalzeitung, die sich kritisch über den Sexskandal in der Stadt geäußert hatte, tot aufgefunden wird, ahnen die drei Frauen, mit wem sie es zu tun haben. Sie verfertigen eine Voodoopuppe, die sie mit Nadeln bearbeiten. Daryl kämpft ums Überleben. Als die Puppe ins Feuer fällt, löst der vor Wut rasende Daryl sich auf. Als er später mit seinen Söhnen, die sich einen Film ansehen, von einer Videowand heimlich zu sprechen versucht, schalten die drei Mütter ihn kurzentschlossen mit der Fernbedienung ab.

w.b.

Jack Nicholson in seiner Rolle als Werwolf

Nicht erwachsen werden wollen

Im Film MÜNCHHAUSEN (1943), den Erich Kästner nach der volkstümlichen Dichtung schuf, fragt der sagenhafte Abenteurer seinen welterfahrenen Diener, "ob er schon einen völlig erwachsenen Mann gesehen habe". Beide kommen zum Schlusse, dass es den wohl gar nicht gibt, sonst wäre es wohl zu langweilig!

In der ersten Geschichte, die der Dichter Barrie über seinen Helden Peter Pan verfasste, ist dieser als Kind voll banger Furcht, "erwachsen zu werden". Die Feen verschaffen ihm die Möglichkeit, im Herzen ewig ein Kind zu bleiben, und er kann nun ewig alles erleben, was die Fantasie uns schenkt.

Bezeichnenderweise blieb diese Dichtung, reich an hunderterlei Einfällen, bis heute bei alt und jung beliebt.

s.g.

Niemalsland: Erfüllung aller Wünsche

Der Schotte James M. Barrie schuf zuerst 1902 für die Kindergeschichte THE LITTLE WHITE BIRD die Geschichte von Peter Pan, die er dann zu köstlichen Märchenspielen und ausführlichen Abenteuerbüchern entwickelte. Das Elfenvolk erfüllt dem Knaben, der nun einmal nicht erwachsen werden will, jeden denkbaren Wunsch. Er herrscht von da an ebenso im Londoner Kensington-Park wie im Neverneverland, wo alle Träume aus fantastischen Kinderbüchern um Feen, Indianer, Piraten und sprechende Tiere ewig bestehen. Gern bringt er seine Freunde aus der Menschenwelt, wenn die Nacht sich auf die Welt senkt, in sein grenzenloses Zauberreich. Ein irischer Psychologe versicherte mir:

> "Wenn uns auch heute und morgen die Langeweile überfällt, muss man in den Werken um Peter Pan herumblättern, und schon wirbelt uns der Geist in die glücklichsten Gedankenspiele unserer Jugend hinein."

s.g.

"Und du willst mir alle Wünsche erfüllen?"
Im einem Hauseingang der Salzburger Altstadt

Norden: Geheimnisvoller Bereich aller Wiedergeburtskräfte

In der Tageslaufsymbolik der Sonne fixierte man auf der Nordhalbkugel der Erde den Mitternachtspunkt im Norden, im Reich der → NACHT, der tiefsten Dunkelheit. Im Symbol Lebensbaum oder Rota (→ KREUZ) wandert die Sonne durch das Jahr, findet im Süden ihren Zenit und geht im Westen unter. Zwischen Westen (Absterben) und Osten (Wiedergeburt) liegt der Bereich des Totenbaumes, die Zeit des Winters. Hier lokalisieren viele Mythen den Hades (→ UNTERWELT), nach antiken Sagen das Reich der Barbaren (→ ANTICHRIST). In diesem geheimnisvollen Reich arbeiten aber alle Kräfte, die wir mit Transformation und Auferstehung verbinden. Auch während des nächtlichen Schlafes arbeiten unsere Regenerationskräfte auf Hochtouren. So wurde der Norden als Bereich kosmischen Urgrunds und des uranfänglichen Chaos auch Ort aller Erneuerungskräfte und Ausgangspunkt aller Seelenwanderung. Alle Götterberge erheben sich im und über dem dunkel mythischen Norden. Psychologen behaupten, im Bereich unseres → SCHATTENS, der tiefsten symbolischen Dunkelheit, lagern enorme Kräfte, die uns neben allen lästigen Plagen, mit aller Vernunft und zielgerecht genutzt, auch die Ansätze zur Befreiung von Problemen liefern können.

Mit dem Nordwind (Boreas) naht im Mythos der neue Morgen, die Neugeburt: neue Ideen, rettende Kreativität, das strahlende Licht der Erleuchtung – der schöpferische Atem Gottes. "Gold kommt aus dem Norden", lesen wir im BUCH HIOB (37, 22). Spirituelle Pilger suchten einst im "Weg nach Norden" Quelle und Ausgangspunkt aller göttlichen Emanationen und die Fähigkeit, immer mehr zum reinen Kanal für die göttlichen Inspirationen zu werden. Heute sprechen wir nüchterner von der Suche nach höherem Bewusstsein. Seine Urweisheit preisen Märchen und Mythen auch als das heilende, klare "Wasser des Lebens". Meist aber spiegelt das Unterbewusstsein nur unsere Ersatzverlangen (→ LEIDENSCHAFTEN), Illusionen und Missverständnisse – Zerrbilder einer dunkel trüben Brühe.

c.z.

Nosferatu: Sinfonie des Grauens

Nosferatu, der "Unreine", der "Untote"...

• Friedrich Wilhelm Murnau (1888-1931), NOSFERATU – EINE SYMPHONIE DES GRAUENS (Dt., 1921/22); Drehbuch von Henrik Galeeen nach → BRAM STOKERS DRACULA. (Bram Stoker starb zehn Jahre bevor sein "dunkler Held" durch Murnau weltberühmt wurde und half Dracula seinen Platz in der Weltliteratur zu sichern...). Dieser deutsche Stummfilm "war selber ein Fall von filmischem Vampirismus: Murnau verfilmte den Stoff, ohne sich die Rechte besorgt zu haben." (SCHNEIDEWIND 1999:235) Dennoch gilt er als Vorläufer unzähliger Vampir- und Horror-Filme.

Murnau, geboren als F.W. Plumpe, studierte Kunstgeschichte und Philosophie, hatte Kontakt zu expressionistischen Künstlern (Paul Zech, Franz Marc, Else Lasker-

Max Schreck als NOSFERATU

Schüler) und interessierte sich für psychische Erkrankungen, Wahnvorstellungen und Besessenheit.

Der Stummfilm ist in vier "Akte" gegliedert und trägt schon den Untertitel "Eine Symphonie des Grauens"; damit verweist er direkt auf die Bedeutung der Musik. Die originale → FILMMUSIK von Hans Erdmann galt lange als verschollen, wurde aber von Gillian Anderson sowie von Berndt Heller (für das Münchner Filmmuseum) rekonstruiert und arrangiert. Es sind unterschiedliche Kopien des Films mit verschiedener Filmmusik im Umlauf: Peter Schirrmann (1969 für ARD), Hans Posegga (1988 für ZDF).

Stummfilm mit Musik NOSFERATU – EINE SINFONIE DES GRAUENS; Musik von James Bernard (für Symphonieorchester), Hamburg 24.2.2005.

Besonders die für großes Symphonieorchester komponierte Filmmusik von James Bernard (1925-2001) untermalt den Film mit einer großartigen expressiven Dramatik. Sie ist durchweg Mahleresk! Sie arbeitet mit Motiven und reichlichen Klangfarben (auch Anklänge an Richard Strauss).

• NOSFERATU – PHANTOM DER NACHT (1978) Buch und Regie: Werner Herzog; mit Klaus Kinski, Isabelle Adjani und Bruno Ganz.

• Popol Vuh, *Nosferatu – Original Soundtrack* (Original: 1978/CD-Re-Issue: SPV Recordings, 2004)

Die deutsche "Krautrock"-Formation Popol Vuh (benannt nach dem kolonialzeitlichen Buch zur Mythologie der Quiché-Maya, Guatemala, "Buch des Rates") hat zu vielen Werner Herzog-Filmen (mit → KLAUS KINSKI) die Filmmusik produziert (HERZ AUS GLAS, AGUIRRE ODER DER ZORN GOTTES, FITZCARRALDO). Auch für Herzogs NOSFERATU (Dt., 1978). Dabei brechen Popol Vuh mit der bisherigen symphonischen Filmmusik. Es herrschen ruhige, klare Klänge, melancholisch und getragen, zart instrumentiert, vor. Dieser durchaus "wavige" Soundtrack sowie weitere Alben sind in der schwarzen Szene beliebt und recht erfolgreich.

• SHADOW OF THE VAMPIRE (USA/GB/Lux., 2000), mit John Malkovich, Willem Dafoe, Cary Elwers; Regie: E. Elias Merhige.

Man hat schon bei manchen Film-Vampiren gedacht, dass die Darsteller keine Menschen, sondern echte Vampire sind...

• Ende der 60er Jahre gab es in Deutschland eine nur kurzlebige Krautrockband, die sich Nosferatu genannt hat; bei ihr spielte vorübergehend der Sänger und Gitarrist Michael Wynn (*1950), von der späteren Michael Wynn Band (LP *Queen of the Night*, Ariola, 1977; Königin der Nacht).

• Die englische → Gothic Wave-Band Nosferatu liebt Vampire. Ihre Musik ist wavig, billig, simpel, nichts aufregendes... und dennoch hat die Band recht ansehnlichen Erfolg in der schwarzen Szene... immerhin sechs Alben!

chr.r.

Novalis: Trunken voll Lieb

Für den Dichter Novalis (1772-1801) und eigentlich für die große Dichtung der Romantik ist die Nacht die Zeit, in der der Mensch sich durch das Tor der Liebe dem Göttlichen und dessen Naturgeheimnissen nähert.

"Hinüber will ich, / Und jede Pein / Wird einst der Stachel / Der Wollust sein. / Noch wenig Zeiten, / So bin ich los / Und liege trunken / Der Lieb im Schoss."

s.g.

Novalis: Ein Satz von ihm eröffnet Welten ...

Oper: Kraftwerk der Gefühle

Es ist sehr merkwürdig, dass die Opernwelt so starrkrämpfig mit dem Bürgertum assoziiert wird. Dabei sind die meisten Opernkomponisten gesellschaftliche Außenseiter oder Aussteiger, Revoluzzer, Anarchos, Freaks gewesen – um ein modernes Vokabular zu benutzen. Die meisten Opern enthalten mehr oder weniger offensichtliche Gesellschaftskritik, die oft bis zum Zynismus und zum Sarkasmus getrieben wird. Die Operngeschichte ist zugleich eine Skandalgeschichte, da sich immer irgendwer, meist die Herrschenden und/oder die Kirche auf den Schlips getreten fühlten. Mehr noch, die Operngeschichte ist auch eine Geschichte der Zensur.

> "Oper ist kein Museum, es kann nicht primär darum gehen, in der vermeintlich ‚schönen' Welt der Oper zu versinken. Sondern es geht darum, sich mit den grundsätzlichen Fragen unserer Existenz, die in den großen Opern bis zum heutigen Tag gestellt werden, zu beschäftigen. Keine Gesellschaft kann es sich leisten, auf eine Beschäftigung mit diesen Fragen zu verzichten." (Ingo Metzmacher, STAATSOPERN JOURNAL, Hamburg, 2005)

Die Oper ist in ihrer Form als vertonte Handlung ein aussagestarkes Kunstwerk. Die Wirkung der Oper auf das Publikum ist gewöhnlich intensiver als ein Theaterstück, da die Musik direkt in das Gefühlsleben eindringt und so eine weitere Informationsdimension zum Text und zur Geschichte bietet. Nicht umsonst wird die Oper als "Kraftwerk der Gefühle" bezeichnet. Emotionen wie Liebe, Hass, Neid, Missgunst, Zorn, Furcht, → ANGST, Schrecken, Sinnlichkeit, Erotik werden durch gezielte Tonmalerei intuitiv wahrgenommen und nicht nur intellektuell aufbereitet. Musikalische Formen und Klänge werden eingesetzt, um im Zuhörer/Zuschauer – gewöhnlich spricht man davon, dass man eine Oper sieht nicht hört – emotionale Tiefen aufzuwühlen, versteckte Wünsche und Ängste zu aktivieren. Opern sind geradezu Verführer. Sie verführen den Menschen zu emotionalen Erfahrungen, die sonst unberührt und gut verschlossen bleiben. Die Musik ist mitunter in der Lage dazu, den Zuschauer zu versuchen, in Versuchung zu bringen, etwas zu fühlen oder zu denken, was er sich gewöhnlich nicht trauen oder eingestehen würde. Z. B. kann eine Oper dazu verführen, dunkle oder verbotene Sehnsüchte seelisch nachzuerleben. Die Oper ist eine ideale Kunstform, um dem Menschen die Tore zum Dunklen zu öffnen.

Es ist für viele Menschen schockierend, eigene Gefühle für das Dunkle, das Böse, das Verrufene usw. zu entwickeln. Kaum ein Zuschauer kann sich der Versuchung eines → PARSIFAL oder einer → SALOME entziehen. Wer schwelgt nicht gerne wie Senta für den → FLIEGENDEN HOLLÄNDER. Wer wird nicht von den berauschenden Dionysien und wilden Bacchanalen mitgerissen? Wer empfindet nicht Mitleid für die Frau ohne Schatten oder für ELEKTRA? Wer kann sich der Todessehnsucht von Tristan und Isolde entziehen?

Im FOCUS 39/2003 (S. 78-82) werden die sogenannten "Top 20-Opern" aufgelistet (nach Besucherzahlen)! Unter diesen 20 populären Opern, d.h. meist aufgeführten, und daher meist besuchten, finden sich einige dunkle Werke: Mozart, DIE ZAUBERFLÖTE (Platz Eins), DON GIOVANNI (7); Weber, DER FREISCHÜTZ (8); Wagner, DER FLIEGENDE HOLLÄNDER (16); Offenbach, HOFFMANNS ERZÄHLUNGEN (17).

Die Opern können im Zuschauer emotionales, also tiefes Verständnis für die Handlungen gewisser dunkler Gestalten erzeugen; sie fördern sozusagen amoralische Empathie. Meist sind es die Arien oder Monologe der dunklen Figuren, die die tiefste Wirkung entfalten. In der Oper ist das Dunkle der stärkste Attraktor. So ist es kein Wunder, dass die Operngeschichte bereits mit einem dunklen Sujet beginnt. Viele Barock-Opern, die in den letzten Jahren auf der Bühne eine wahre Renaissance erleben, behandeln Themen aus der Antike, entweder historische oder mythische.

In der Operngeschichte manifestiert sich natürlich ebenfalls die Geschichte der → MUSIK vom 16. Jh. bis heute. Die Oper ist die aufwendigste Form für einen Komponisten und stellt die höchste Anforderung an sie. Deshalb gibt es nur wenige Musiker, die sich an diese Werkform gewagt haben. Und noch Wenigere haben sie gemeistert.

Drei große Strömungen in der Operngeschichte, die italienische (Donizetti, Verdi, Pucinni), deutsche (Gluck, Beethoven, Weber, Marschner, Wagner, Strauss) und französische Oper (Meyerbeer, Berlioz, Massenet, Gounod) werden heute allgemein unterschieden.

Es wundert wenig, dass viele Musiker aus → JAZZ, Rockmusik, → HEAVY METAL und → GOTHIC Opernfans sind. Viele Musiker (z.B. → ARTHUR BROWN, → MILES DAVIS, Jimi Hendrix, Steve Vai, Frank Zappa) und → BANDS (→ DIMMU BORGIR, Kronos Quartet, Rhapsody, Symphony X, → THERION) schöpfen aus der reichen Opernliteratur, zitieren daraus oder benutzen operale Klangfarben und Tonmalereien für eigene Kompositionen und Arrangements. Hinzu kommt, dass viele oder sogar die meisten dunklen Sujets, die in Opern aufgegriffen wurden, ebenfalls von Metal und Gothic Bands aufgenommen und verarbeitet werden: Abraxas, Blaubart, Dionysos, Dracula, Faust (Mephisto), Frankenstein, Hölle (Inferno, Unterwelt), König Artus (Merlin, Morgana, Gral usw.), Macbeth, Medea, Kirke, Orpheus, Paradise Lost, Prometheus, Ring des Nibelungen, Teufel (Teufelspakt), Tristan (Tristania!), Untergang des Hauses Usher, Vampire, Versuchung des heiligen Antonius, Weltende (inkl. Apokalyptik).

Opern (Auswahl):

• Daniel-François-Esprit Auber (1782-1871), Fra Diavolo (1830); Opéra-comique in drei Akten. Libretto von Eugène Scribe.

Der Franzose Auber war ein "wahrer Opernfabrikant"; von seinen über 50 Bühnenwerken hat sich aber nur das von Räuberromantik charakterisierte Fra Diavolo im Repertoire halten können.

Der Banditenführer Fra Diavolo (der "Franziskaner Teufel") verkörpert den edlen Verbrecher a la Zorro, erscheint aber in der Phantasie der einfachen Dörfler als "ein Urbild des Teufels".

• Giacomo Meyerbeer (1791-1864), Robert der Teufel (1831); Opéra in fünf Akten; Text von Eugène Scribe (Robert Le Diable). Zunächst als Opéra-comique geplant. Spielt in und um Palermo, um 1250.

Meyerbeer entstammt einer reichen deutsch-jüdischen Berliner Bankiersfamilie. Das Wunderkind studierte zusammen mit Carl Maria von Weber (→ Der Freischütz). Meyerbeer schuf mit seinen Werken die (französische) Grand opéra, die als Höhepunkt dieser neuen Gattung gelten. Seine Opern wurden in Paris zu triumphalen Erfolgen, wie sie die Operngeschichte bis dato nicht gesehen hatte ... sie wurden zu Europas größter Opernshow mit gewaltigem Aufwand: ein für damalige Verhältnisse riesiges Orchester (70 ausgebildete Musiker), riesige Chöre, massenhaft Statisten, großes Ballett-Ensemble, naturgetreue aufwendige Bühnenbilder mit Palästen, Kirchen, echten Pferden, Pantomimen, visuellen Spezialeffekten. "Meyerbeer war in der Oper ein Vorgänger der Massenkünstler im Show- und Filmbusiness des 20. Jahrhunderts" (BATTA 1999: 311). Sogar Richard Wagner (Rienzi) und Giuseppe Verdi wurden anfangs von Meyerbeers "Großer Oper" beeinflusst.

Die Musik zur Beschwörung der sündigen Nonnen wird von Holzbläsern und Hörnern intoniert; sie bleibt aber harmonisch. Die Nonnen erscheinen zu Glissandi und schrägen Tönen der Streicher.

Im dritten Akt wird ein "höllischer Walzer" im 3/8-Takt bei der Dämonenbeschwörung vom teuflischen Bertram, selbst ein Dämon und Vater von Robert, gespielt. Der "Höllenwalzer": "Schwarze Dämonen, Phantome, lasst uns vergessen die Himmel, die königlichen Schatten; geben wir uns hin den Spielen!"

In einer Klosterruine wird Bertram von Dämonen bedrängt. Er muss bis Mitternacht die Seele seines Sohnes Robert, der verbannte Herzog der Normandie, für die Hölle gewinnen oder selbst der Verdammnis anheim fallen (→ Teufelspakt). Dazu lässt Bertram die dereinst sündigen Nonnen aus den Gräbern auferstehen. In der Gestalt junger Mädchen verführen sie Robert in einem Bacchanal dazu, den "Zweig der heiligen Rosalie", einen magique rameau, einen Zauberzweig, eine "Wunderwaffe", zu brechen. Diese Szene ist auch als "Hexensabbat auf dem Friedhof" bekannt geworden.

Robert versetzt mit dem Zauberzweig das Schloss der von ihm umworbenen Isabella, Prinzessin von Sizilien, in eine Art Dornröschenschlaf. Nur Isabella lässt er aus der Erstarrung frei. Die fleht jedoch um die Gnade des Himmels. Davon überwältigt entsagt Robert der Macht des Bösen und zerbricht den Zauberzweig. Isabella führt Robert vor den Altar und um Punkt Mitternacht fährt Bertram alleine zur Hölle.

• Gaetano Donizetti (1797-1848), LUCIA DI LAMMERMOOR, Dramma tragico in 2 Akten; Libretto von Salvatore Cammarano (1801-1852) nach Sir Walter Scotts (1771-1832) Roman Die Braut von Lammermoor (Edinburgh, 1819); Uraufführung in Neapel (1835).

"Walter Scott schrieb nicht über seine Beziehungen zum Laudanum [→ OPIUM], das er nicht einmal mochte. Aber da er an schweren chronischen Magenkrämpfen litt, die ihm schmerzhafte Koliken verursachten, nahm er es auf ärztliche Anordnung lange Zeit. Seinen phantastischen Roman DIE BRAUT VON LAMMERMOOR diktierte er im Opiumrausch." (SEEFELDER 1996:105f.; HAYTER 1988:292)

Der Roman THE BRIDE OF LAMMERMOOR wurde zwischen 1827 und 1834 sechsmal als Oper vertont (Michele Carafa de Colobrano, Luigi Rieschi, Ivar Frederik Bredal, Alberto Mazzucato, Gaetano Donizetti)! Es geht um Habgier, Machthunger, Familienfehde, Liebe, Tod, Mord, Selbstmord, Gespensterspuk, böse Omen, um Wahnsinn, Delirium, geistigen Zerfall und extreme Seelenzustände. Die Wahnsinnsszene ist musikalisch durch Koloraturen, chromatische Passagen und ätherische Klangfarben, vor allem durch die Begleitung mit Harfe und Flöte sowie Dreiviertel-Takt (Walzer) charakterisiert.

• Richard Strauss (1864-1949), DAPHNE (1938) Bukolische Tragödie in einem Aufzug; Text von Joseph Gregor (1888-1960) (basierend auf antiken Quellen, hauptsächlich Ovid).

Dieses dem legendären Dirigenten Karl Böhm (1894-1981) gewidmete Spätwerk behandelt den Konflikt des Apollinischen und Dionysischen. Obwohl Dionysos nicht persönlich auftritt, wird doch das ihm geweihte "Fest der blühenden Rebe", bei dem "aller Natur große Hochzeit – Die Zeit der Paarung!" gefeiert wird, in Szene gesetzt. Dabei wird Daphne der berauschende Dionysostrank gereicht, um "ihre Sinne zu reizen". Daphne wird dionysisch berauscht und apollinisch begehrt.

"Ließe sich Daphne nicht dahin deuten, dass sie die menschliche Verkörperung der Natur selbst darstellt, die von den beiden Gottheiten Apollo und Dionysos ... berührt wird, die sie ahnt, aber nicht begreift, und erst durch den Tod zum Symbol des ewigen Kunstwerks: dem vollkommenen Lorbeer wiederauferstehen kann?" schreibt Strauss an seinen Librettisten Joseph Gregor (8. März 1936).

"Allüberall blüht Dionysos, / Damit dereinst aus dieser Liebe / Sein Blut uns quelle, sein Wein! ... Der Geist der Rebe!" (Chor)

• Paul Hindemith (1895-1963), deutscher Komponist, ist auch mit dem Gruselgenre verbunden (Mathis der Maler, mit der "Versuchung des hl. Antonius"),... war maßgeblich an der Entstehung der Musikfeste in Donaueschingen und Baden-Baden beteiligt.

-, MATHIS DER MALER. Oper in sieben Bildern (1935); Text vom Komponisten. UA: Zürich, 1938

In dieser Künstleroper wird die Geschichte des Malers und des Meisters des Isenheimer Altars, Matthias Grünewald (ursprünglich: Mathis Gothart Nithart; um 1480-1528), Zeitgenosse von Albrecht Dürer und Lucas Cranach d.Ä., erzählt. Erst als der Maler in einer Vision selbst der Versuchung des Heiligen Antonius ausgesetzt wird (6. Bild, zweiter Auftritt), kann er das entsprechende Altarbild malen.

Die Dämonen singen: "Dein ärgster Feind sitzt in dir selbst. Ist dir die Gabe, Dinge zu sehen, sieh nicht zu genau hin. Kannst du denken, denke nichts zu Ende. Bezwinge dich, Letztes zu erfühlen. Kannst du dich nicht bescheiden, stößt dich zurück das Leben, die Hölle nimmt dich auf. Wir plagen dich mit deines eignen Abgrunds Bildern..."

Die Mathis-Musik bedient sich alter Volkslieder, Streitgesängen aus der Reformationszeit, lutherischen Kirchenliedern und der → GREGORIANIK.

- , Symphony: Mathis der Maler (1934)

in drei Sätzen: 1. Engelkonzert, 2. Grablegung, 3. Versuchung des heiligen Antonius.

Die Vor- und Zwischenspiele der Oper hat er zuerst komponiert und als Symphonie verarbeitet. Das orchestrale Werk wurde von Wilhelm Furtwängler, dem Lieblingsdirigenten der Nazis (→ HITLER), 1934 uraufgeführt. Die kurz darauf vollendete Oper kam unter dem Nazi-Regime nicht zur Aufführung. Hindemith war bis dato Professor für Komposition an der Berliner Musikhochschule, verlor aber diesen Job und musste in die Schweiz emigrieren.

chr.r.

Opium: Braunes Blut der Romantik

> "O gerechtes und rechtschaffenes Opium... du baust auf dem Busen der Dunkelheit, aus der phantastischen Einbildung Städte und Tempel... Nur du gibst dem Menschen diese Gaben, und du besitzt den Schlüssel zum Paradies, o gerechtes, feinsinniges und mächtiges Opium!" (DE QUINCEY 1985:197)

Opium ist der eingetrocknete Saft des Schlafmohns, die Rohdroge zur Herstellung des "Künstlerelixiers" Laudanum.

Opium ist das "braune Blut der schwarzen Romantik". Die romantische Kunst ist eine "Opium-Ästhetik" (HAYTER 1988). "1830: wird Opium zur meist gehandelten Ware der Erde!" (FOYLE 1998:33) Um 1840 waren in Paris und Marseille bereits "unzählige, meist heimliche Rauchsalons" für den Opiumgenuss etabliert (SCHMIDBAUER und VOM SCHEIDT 1997:284).

> "Das Janusgesicht des Opiums, die Tatsache, dass es sedativ und erregend ist, betäubend und halluzinogen, kommt auch in der Doppelbödigkeit der romantischen Motive zum Ausdruck: Mit dem Aufbruch ins Euphorische, Phantastische korrespondiert eine Erstarrung in Passivität, Pessimismus,

> Melancholie. Die ‚Schwärze' der Romantik... ist mit Sicherheit ein gutes Stück den Untiefen des Opiumrausches geschuldet, jenen dunklen Kerkern der Seele, denen die romantischen Psychonauten auf ihren Reisen begegnen. Und von denen auch die Düsternis auf den Bildern eines Francisco Goya zeugt, der lange Jahre große Mengen Laudanum zu sich nahm." (BRÖCKERS 1998:123)

Berühmt wurde Opium durch die Dichter des 19. Jahrhunderts. Thomas de Quincey (1785-1859) sah im Opium ein Manna, ein Ambrosia, eine Panaceae, ein Allheilmittel, ein "geheimnisvolles Labsal zur Erfüllung aller menschlichen Wünsche" (DE QUINCEY 1985:183); → NEPENTHES.

> "Das Opium ist mächtiger als Ambrosia, denn es verleiht die Unsterblichkeit des Traumes und nicht die trostlose Ewigkeit des Lebens; es ist feiner als Nektar, denn es zaubert so fremdartige, strahlende Wesen herbei; es ist gerechter als alle Götter, denn es vereint jene, die dazu bestimmt sind, sich zu lieben!" (MARCEL SCHWOB, DAS OPIUMHAUS)

Im 19. Jahrhundert war Opium sowohl eine sehr weit verbreitete Volksdroge, z.B. als *poppy tea* in England (LONDON et al. 1990), sowie das bevorzugte Rauschmittel vieler Künstler (BERRIDGE und EDWARDS 1987, KRAMER 1981). Für viele Dichter und Literaten war das Opium von herausragender Bedeutung und hat sich in ihrem Werk poetisch verewigt (HAYTER 1988). → NOVALIS (1772-1801) hat das Opium in seinen HYMNEN AN DIE NACHT besungen, → EDGAR ALAN POE (1809-1849) hat die meisten seiner Erzählungen unter Opiumeinfluss geschrieben, ebenso kannte und nutzte → E.T.A. HOFFMANN (1776-1882) die Opiumwirkung. Charles Baudelaire (1821-1867) hat über Opium in DIE KÜNSTLICHEN PARADIESE geschrieben und seine Erfahrungen in der Gedichtsammlung DIE BLUMEN DES BÖSEN verarbeitet.

"Das Opium vergrößert noch das Grenzenlose,
Verlängert die Unendlichkeit,
Schürft in der Wollust Adern, es vertieft die Zeit
Und füllt noch jenseits ihrer Lose
Die Seele an mit schwarzer Lüste Düsterkeit."
(CHARLES BAUDELAIRE DIE BLUMEN DES BÖSEN)

Besonders einflussreich in literarischer Hinsicht und für spätere Autoren und Epigonen stilprägend war Thomas de Quincey (1785-1859). 1822 erschien in London THE CONFESSIONS OF AN ENGLISH OPIUM-EATER. Dieses Buch lieferte eine Art Muster für spätere literarische Verarbeitungen der Opiumwirkung und der damit einhergehenden Abhängigkeit. "OPIUM! FURCHTBARES MITTEL UNVORSTELLBARER FREUDEN UND LEIDEN!" (DE QUINCEY 1985:181)

Oft sind die Freuden und Leiden des Opiumgenusses in Romanen oder literarischen Selbsterfahrungsberichten (Tagebuchaufzeichnungen) verarbeitet worden

(COBBE 1895, COCTEAU 1948, DETZER 1988, EKERT-ROTHOLZ 1995, JONES 1700, MAGRE 1929, SCHWERINER 1910). "Opium heilt alles außer sich selbst!" lautet ein Sprichwort.

Stark hervorgehoben wird in Beschreibungen der Opiumwirkung die eintretende Heiterkeit und damit verbundene Labsal für das Gemüt:

> "Opium breitet über die aktiven und passiven Fähigkeiten Heiterkeit, setzt sie ins Gleichgewicht und gibt dem Gemüt und der moralischen Urteilskraft im allgemeinen eine Art vitaler Wärme, der der Verstand zustimmt und die eine Körperkonstitution von ursprünglicher, sozusagen vorsündflutlicher Gesundheit immer begleiten wird. So zum Beispiel macht Opium – wie Wein – das Herz weit und erzeugt einen Zustand von Wohlwollen; doch mit dem merklichen Unterschiede, dass in der plötzlichen überströmenden Güte, die die Betrunkenheit begleitet, immer eine Sentimentalität liegt, die sie dem Beobachter verdächtig erscheinen lässt. [...] Dagegen ist die durch das Opium hervorgerufene Ausdehnung liebreicher Gefühle kein fiebriger Anfall; nein – der gesamte Naturzustand kehrt zurück, in den unser Geist wieder gelangen würde, wenn jede Spur von Schmerz und Leid, die die Impulse eines ursprünglichen guten und gerechten Herzens missleitet haben, verwischt worden wäre." (DE QUINCEY 1985:184f.)

> "Edgar Poe sagt, [...] die Wirkung des Opiums auf die Sinne bestehe darin, der ganzen Natur eine übernatürliche Präzens zu verleihen, die jedem Ding eine tiefere, sich stärker aufzwingende, tyrannischere Bedeutung gebe. Wer hat nicht, ohne zum Opium zu greifen, jene herrlichen Stunden – wahrhafte Feste für das Gehirn – durchlebt, in denen die plötzlich wacheren Sinne stärker aufklingende Eindrücke aufnehmen, in denen das durchsichtiger scheinende Blau des Himmels diesen zu einem noch unendlicheren Abgrund macht, in denen die Töne Musik sind, die Farben sprechen, die Düfte uns von Gedankenwelten erzählen." (Baudelaire in BERLIOZ 2002:139)

– Pure Synästhesie! (CYTOWIC 1993) Baudelaire schrieb in einem Brief an Richard Wagner, Paris, 17. 2. 1860 (in: BART et al. 1975:192):

> "Eine der sonderbarsten Erscheinungen, die mir eine neue musikalische Sensation vermittelt hat, war die, eine religiöse Ekstase wiederzugeben. ... ich habe oft ein Gefühl seltsamer Natur erlebt: den Stolz und die Freude, zu verstehen, mich durchdringen, forttragen zu lassen, eine wahrhaft sinnliche Wollust, die jener gleicht, in die Lüfte zu steigen oder auf dem Meere gewiegt zu werden. Und gleichzeitig atmete die Musik zuweilen Lebensstolz. Ganz allgemein schienen mir diese tiefgründigen Harmonien jenen Reizmitteln [Haschisch, Opium, Wein] zu ähneln, welche den Puls der Phantasie beschleunigen... Überall ist etwas Entrücktes, Entrückendes, etwas, das höher hinausgeht, etwas Äußerstes, Superlatives."

Wie drücken sich Opium und Opiate in der Musik aus? – Werden Künstler durch Opium und Opiate zu besonderen musikalischen Formen inspiriert? – Nehmen eher die Texte auf die Substanzen bezug? – Gibt es Anhaltspunkte für Opium- oder Opiatmusik? Könnte es sein, dass die Opiumkulturen durch die Wirkungen des braunen Saftes eine eigene Musikrichtung oder einen davon geprägten Stil entwickelt haben? Ist die Musik aus Tausendundeinernacht akustisches Opium?

Kann man z.B. davon ausgehen, dass die Komponisten des 19. Jh. durch ihren Opiumkonsum neue Wege in der Musik beschritten haben? Es wäre durchaus denkbar, denn, und das darf man nicht vergessen!, war Opium das Aspirin der Romantik. Auch wenn die Musiker darüber nicht schreiben, heißt das nicht, dass sie es nicht reichlich genommen haben und dadurch tagträumerisch ihre Musikvisionen zu Papier gebracht hätten. Leider können wir nur darüber spekulieren, es sei denn, man hat Quellen, die davon künden oder zumindest darauf schließen lassen, wie bei → HECTOR BERLIOZ.

> "Der Fehler der meisten Leute besteht in der Annahme, dass allein das Ohr die Verbindung zur Musik herstelle und sie daher in bezug auf deren Wirkungen völlig passiv wären... erst die Reaktion des Geistes auf die Wahrnehmungen des Ohres (die *Sache* kommt von den Sinnen, die *Form* vom Geist) bewirkt das Vergnügen... Dadurch, dass es die Aktivität des Geistes stark erhöht, steigert das Opium notwendigerweise auch generell jene Form der geistigen Aktivität, durch die wir in die Lage versetzt werden, aus dem Rohmaterial des organischen Klanges ein kunstvolles intellektuelles Vergnügen zu erzeugen." (DE QUINCEY 1985:191)

> "Ich kapiere Strauss und Wagner. Diese Kerle sind gut. Ich denke, sie werden den Hintergrund für meine Musik liefern. Im Himmel darüber fließt der Blues – Ich habe noch ziemlich viel Blues in mir – und da werden die westliche Himmelsmusik und die Süße Opiummusik miteinander vermischt und eine Einheit bilden." (Jimi Hendrix, zitiert im Booklet der CD *In From The Storm,* BMG Entertainment, 1995)

Discographie (Auswahl):

- Distinctive Smile, *Opiate* (Visible Noise, 2002)
- Moonspell, *Irreligious* (Century Media, 1996) Enthält die Studiofassung des Songs "Opium":

  "Opium, desire or will?
  Inspiration bound from an elegant seed
  Subversion, through smoke I foresee
  Erotic motions of lesser gods in ecstasy..."

  –, *2econd Skin* (Century Media, 1997)
  Doppel-Maxi-CD mit einer Life Version von "Opium".
- Nirvana, *Incesticide* (Geffen1992) Schlafmohn auf Cover; Cover Painting: Kurdt Kobain.
- Opiate, *Distinctive Smile* (Visible Noise, 2002) Bandname; Sleeve Designe by Scot B/ Front + Back Images by James Roberts
- Ozric Tentacles, *There Is Nothing Live Ethereal Cereal* (Snapper Music, 2000) Mohnkapseln mit Raupe auf Cover; Original Cover Art Blim Cover Art; New Illustrations/Artwork: Brian Burrows
- Lou Reed, *The Raven* (Warner Brothers, 2003) Doppel-CD, Geschichte über Edgar A. Poe + Opium usw

chr.r.

Orgel: Dunkle, unergründliche Klänge

Seit dem 9. Jh. dient das Musikinstrument namens Orgel als Begleitung der → GREGORIANIK. Die Orgel gilt weithin als ein besonders "gruseliges", dunkles, ja sogar diabolisches Instrument (→ SAXOPHON). Assoziation zu Tod und Beerdigung, → REQUIEM usw.; ihr dämonischer Klang, besonders in schrägen Akkorden und bei chromatischen Läufen lässt viele Menschen erschauern. Orgelmusik wurde besonders im 17. und 18. Jahrhundert komponiert. Der franko-flämische Meister Jan Pieter Sweelinck (1562-1621) gilt als der überragende und einflussreiche Orgelmeister des "deutschen" Barock.

Die Kirchenorgel hat viele Komponisten zu geistlichen wie weltlichen Solowerken inspiriert, von Vivaldi bis Johann Sebastian Bach.

Nach Bach verebbte die Orgelmusik erst einmal. Später wurde die Orgel säkularisiert und im 19. Jh. als Instrument in das Symphonie- und Opernorchester integriert. Es entstanden zahlreiche Bearbeitungen von Themen und Stücken aus → OPERN für Orgel (z.B. → WAGNER, ...), die oft die gruseligen Stellen hervorhoben oder betonten.

Der österreichische Komponist und Kirchenmusiker Anton Bruckner (1824-1896) wollte den Orgelklang auf das Symphonieorchester übertragen, was ihm besonders in seiner Symphonie Nr. 5 in B-dur (Originalfassung 1878) gelungen ist.

Im 20. Jahrhundert wurde die Orgel von manchen Komponisten als Klangkörper für die dunklen Seiten des Menschen eingesetzt; so von Messiean und dessen Schüler György Ligeti (*1923) weiter entwickelt (Volumina, 1962). Noch heute ist die Orgel (Hammond Orgel) für Keyboarder aus Rock, → Heavy Metal, → Gothic und → Jazz ein Faszinosum. Mit ihr ließen sich dunkle, unergründliche, fremde und quälende Klänge erzeugt (z.B. die Orgelwerke von Keith Jarrett; Organ Hymns Spheres, ECM, 1976).

Barocke Orgelmusik ist eine beliebte Quelle für Filmmusikkomponisten. Für Gruselfilme wird besonders gerne die "Gruseltoccata" von Johann Sebastian Bach (1685-1750), (Toccata d-moll für Orgel; toccata bedeutet Tastenstück) benutzt. Sie ist vielleicht das beste Beispiel für dunkle Musik, die eigentlich für helle Anlässe (Gottesdienste) gedacht wurde. Durch die visuellen Medien ist dieses Stück mit Teufelskult, Vampiren, Schwarzen Messen und gespenstischen Pfaffen in Verbindung gebracht geworden.

> "Dieser große Mann [Bach]... ist in der Musik dasjenige, was ehemals der Herr von Lohenstein in der Poesie war. Die Schwülstigkeit hat beide von dem Natürlichen auf das Künstliche und von dem Erhabenen auf das Dunkle geführt; man bewundert an beiden die beschwerliche Arbeit und eine ausnehmende Mühe, die doch vergebens angewandt ist, weil sie wider die Vernunft streitet." (SCHEIBE, Critischer musicus, 1737)

chr.r.

Ort der Liebenden: Feiern mit den Fledermäusen

Die Kilter, die jungen Menschen, die im süddeutschen Sprachgebiet am Abend zu Liebesbegegnungen ausgingen, traten am besten dann aus dem Haus, "wenn die Fledermäuse ihren munteren Flug begannen". Gerne bestimmten Liebende als Orte ihrer romantischen Begegnungen hohle Bäume oder schattige Ruinen, die man als Aufenthaltsplätze dieser lustigen und leichten Flatterer kannte. Man winkte ihnen etwa sogar mit der Hand und wünschte ihnen Glück, "genau wie ihr es uns bringt".

Hütten und Häuser, selbstverständlich auch alte Schlösser, in denen Fledermäuse hausen, gelten als besonders günstig, um in ihnen Feste zu feiern. Wer dort schläft, "schwebt oft wie auf den Schwingen dieser geheimnisvollen Tiere über grünen Wiesen und über Bäche, aus denen duftender Nebel dampft. In den Liedern der Kilter kommen die Liebenden ins Paradies, in dem die Engelein "Feckli" (Flügelchen) haben, "genau wie die Fledermäuschen".

s.g.

Osterbräuche: Gang zur Quelle

Zu Ostern oder auch an Tagen wie dem 1. oder 21. März, an denen man den Frühlingsanfang feiert, wandern die Menschen, die " Bräuche brauchen", gern an Plätze mit reinem Quellwasser, "bevor noch die Sonne aufgeht": Du darfst während diesem Gange mit keinem Menschen reden!

Man wäscht sich am Wasser das Gesicht, trinkt und nimmt etwas davon in einem sauberen Gefäß heim – wo man es aufbewahrt, um sich durchs Jahr hindurch etwa einen besonderen Heiltrunk oder Kräutertee zu brauen.

Am gleichen Morgen verstecken diejenigen, "die die Frühlingsfreude jemandem schenken wollen", im frischen Grase Eier, am liebsten rote ("nach der neuen Morgenröte") oder gar ein goldenes ("nach der neugeborenen Sonne").

Zu Sonnenaufgang wird im taunassen Grase barfüssig getanzt oder gar, wenn es nicht zu kalt ist, auf dem grünenden Grunde herumgerollt. Solche und ähnliche Bräuche sollen jeden Menschen "erneuern, genau wie die ganze Welt um ihn".

Wir haben mehr vom kommenden Jahr, wenn wir den Frühling bewusst grüssen und alles tun, um zu fühlen, wie dieser Gruß von allen Seiten zu uns zurückströmt.

s.g.

Ostereier: Symbole der Sonne

Huhn mit Osterei

Dass der Hahn am Morgen in der Dämmerung kräht, deutete man im Volke zweifach: Er freue sich, dass seine lieben Hühner am Eierlegen sind, und gleichzeitig am Aufgang der "neuen" Sonne. Der Mensch macht dieses tägliche Spiel fröhlich mit. Er streckt sich dem Licht im Osten entgegen, verzehrt das Frühstücksei, das die alte Auffassung als Verdichtung von allem ansah, was an "Lebendigem" aus der Erde emporsteigt, wovon die Vögel genug zusammenpicken, auf dass diese geballte Nahrung ein neues Wesen hervorbringe.

Am Frühlingsanfang, dem Morgen des Jahres, wurde dieser geschilderte, an sich tägliche Vorgang bewusst gefeiert, wobei die Eier, "die der Osterhase brachte", gern rot oder auch golden gefärbt wurden.

s.g.

Oz, Der Zauberer von: Goldene Wege zur Stadt der Smaragde

Lyman Frank Barrie verfasste um 1900 in Nordamerika THE WONDERFUL WIZARD OF OZ und später eine Reihe von dessen Fortsetzungen. Erzählt wird vom Mädchen Dorothy, das in einer furchtbar langweilig-grauen Umgebung in Kansas lebt, bis ein gütiger Wirbelwind sie "über den Regenbogen" in das Reich von Oz bringt. Zwei gute und zwei drohende Feen thronen hier in den vier Windrichtungen. In der Mitte liegt aber die Stadt Oz, gebaut aus wunderbarem grünen Smaragd. Hier wirkt der große Zauberer, den man zuerst für den größten Magier hält, dann aber als vielseitigen Taschenspieler entlarvt. Am Ende erweist er sich doch als ein Geist, der mit Einflüssen, die wahrscheinlich doch "übernatürlich" sind, allen helfen kann: Er zeigt, dass so schöne Dinge wie Verstand, ein liebevolles Herz, Mut, nach denen uns die Sehnsucht erfüllt, in der Seele stets vorhanden sind und eigentlich "nur" geweckt werden müssen.

"Eigentlich", erzählte uns nach einem Musikabend der Dichter Allan Ginsberg, "erkennen wir auf jedem Weg, dass die Langeweile völlig überflüssig ist. Wir wandern stets zusammen auf dem goldenen Weg nach der Smaragdstadt von Oz."

s.g.

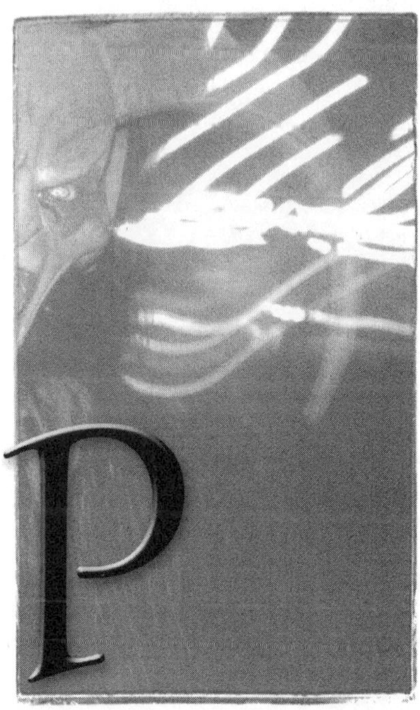
P

Paganini, Nicolo: Zauberer mit der Geige

(1782-1840)

Der "Teufelsgeiger"Paganini war der erste Gothic Star! Er war auch der erste Musiker, der, wie die heutigen Bands, Tourneen in ganz Europa absolvierte. Er beherrschte sein Instrument, die Geige, auf eine bis dahin nie erlebte Weise. Er war ein klapperdürrer, unansehnlicher Mann, bleich, mit eingefallenenen Wangen, schmuddelig, abstoßend. Aber sobald er die Geige strich, verzauberte er sein Publikum derart, wie es später auch Elvis Presley oder die Beatles taten.

> "Für Paganini ist der Ausdruck ‚Teufelsgeiger' nicht im Scherz erfunden worden, und auch kein anderes Instrument hat man seither [so intensiv] mit dem Satan in Verbindung gebracht. Nachdem er Paganini in Wien erlebt hatte, entwarf der deutsche Dichter Nikolaus Lenau 1834 einen Mephistopheles, der mit seinen Geigenklängen eine harmlose Tanzgesellschaft zu einer rauschhaften Orgie verführt."(FULD 2003:91)

Jeder, der den Teufelsgeiger erlebt hatte, war überzeugt, dass Paganini einen → TEUFELSPAKT hatte. Nur dadurch könne er mit seiner Geige so verzaubern. Auch kam das Gerücht auf, dass er eine → ALRAUNE besaß, die ihm übermenschliche Fähigkeiten verlieh. Man war derart überzeugt, dass Paganini ein Bündnis mit dem Teufel hatte, dass er nach seinem Tode nicht katholisch beerdigt werden durfte; man sah in ihm einen "Vampir mit der Violine«, eine dunkle Gestalt, die direkt aus der Hölle oder Unterwelt aufgestiegen war.

> "Wenn Paganinis gespensterhafte Gestalt die Violine ergriff und den Bogen auf den Saiten sausen ließ, so spann der die Gefühlsfäden seiner Hörer in eine andere Welt hinüber, in ein nebelhaftes Geisterreich, und jeder Bogenstrich beschwor ein neues Gespenst herauf, bis jeder Hörer sich selbst für einen Geist hielt. Es waren die Töne des Alten vom Berge, die die Menschen wider ihren Willen fortzogen; geradeso beraubten Paganinis gespenstische Weisen die Hörer der selbständigen Gedanken und Gefühle; er spielte nicht wie ein Mensch, er spielte wie ein Gespenst." (MITTERNACHTSZEITUNG, 1836, Nr. 184, S. 735)

Am Rande bemerkt, spielte Paganini die Gitarre genauso virtuos wie die Geige.

Werke (Auswahl):

- *Le streghe*, Variationen für Violine (1813) = "die Hexe"
- 1. Violin Concerto (1828)
- 24 Capricci für Solovioline
- The Rolling Stones Rock and Roll Circus (CD: ABKCO Records, 1995)

Diese Rockshow von 1968 bietet dem Zuschauer oder Hörer nicht nur Live Versionen von Songs von den beiden "satanischen"Alben Their Satanic Majestic Request und Beggar's Banquet (mit dem Song "Sympathy For The Devil«) von den Rolling Stones.

Yoko Ono (mit spitzen Hexenhut) singt zum Geigenspiel des Violonisten Ivry Gitlis (der erste Geiger der die Violinkonzerte von Stravinsky und Berg aufgenommen hat!), der Passagen aus dem 1. Violin Concerto von Paganini zitiert. Also auch hier Bezüge zur "Teufelsmusik«.

• Werner Egk (1901-1983), DIE ZAUBERGEIGE (1935); Spieloper in drei Akten; Libretto von Ludwig Andersen nach Graf Pocci (1807-1876). In dieser Märchenoper erhält der Knecht Kaspar von dem Magier Cuperus eine Zaubergeige. Mit ihr kann er sich Ruhm und Reichtum erspielen, muss dafür aber künftig ohne Liebe leben. Kaspar gibt die Zaubergeige zurück, da er erkannt hat, dass menschliche Liebe in Einfachheit weit mehr bedeutet als äußerer Reichtum, Ruhm und Macht. Bayerische Volksmusik mit parodierenden Dissonanzen und "Zwiefache"(Wechsel zwischen geradem und ungeradem Takt).

chr.r.

Paracelsus: Freund der Elementargeister

Der große Arzt, Naturforscher und Philosoph Theophrastus von Hohenheim, genannt Paracelsus, wurde 1493 im schwyzerischen Einsiedeln geboren und starb 1541 in Salzburg. Bis heute ist er im Volke eine Sagengestalt, gleich Doktor Faust, mit dem ihn die Erzähler gelegentlich gleichsetzen. Er soll mit den Völkern der Naturgeister, der meistens unsichtbaren Bewohner und Beseeler der Elemente, verkehrt und die Sprache der Tiere und Kräuter verstanden haben. Erstaunlich genug hat er auch selber unzählige Anspielungen auf die ihm im Alpenraum zugeschriebenen "Künste" in seinem gesamten Werk untergebracht: Dies hat bekanntlich bewirkt, dass man Jahrhunderte lang seine wissenschaftlichen Verdienste verkannte und ihn als Phantasten und Lügner lächerlich zu machen suchte.

Unbestritten sind schon lange seine Verdienste als "Großvater" der romantischen Dichtung bis zu den Kinderbüchern um Harry Potter. Noch heute stützen sich die Vertreter des Glaubens an Elfen, Gnomen, Nixen, Sternenwesen auf das umstrittene Werk des berühmtesten europäischen "Vertreters" des "magischen" Weltbildes.

s.g.

Parsifal: Mysterienspiel in eleusinischer Tradition

Andere Namen: Fal-parsi (arabisch "tör'ger Reiner"*), Fal Parzi, Parceval ("der durch das Tal zieht"), Parsifal ("reiner Tor"*), Par-sin-fal, Parsival, Paxiphall, Perceval Percifal, Percival (* nach Richard Wagners Deutung!)

Die → OPER PARSIFAL von → RICHARD WAGNER ist bis heute die berühmteste Vertonung des Mythos vom Gral. Der vom Komponisten verfasste Text basiert weitgehend auf dem mittelalterlichen Epos PARZIVAL des Minnesängers Wolfram von Eschenbach (13. Jh.), den er 1845 gelesen hatte, auf den Sagen um König Artus und die Ritter der Tafelrunde, sowie auf der Gedichtsammlung BLUMEN DES BÖSEN von Charles Baudelaire. Auch finden sich hinduistische und buddhistische Einflüsse, sowie philosophische Ideen von Arthur Schopenhauer (1788-1860). Das vierstündige Musikdrama und "Bühnenweihfestspiel" in drei Akten ist Wagners letztes Werk (1882), sein Vermächtnis, sein eigenes → REQUIEM, sein "Weltabschiedswerk". Über das Vorspiel hat Wagner gesagt: "Hier nichts und da nichts, aus nichts hat Gott die Welt gemacht." (22.9.1880)

Enthüllung des Grals (3. Akt, PARSIFAL)
(Karte Nr. 18, aus : RICHARD WAGNER-GALERIE von Theodor Pixis,
Verlag von Hanfstängl's Nachfolger, Berlin, 1882)

Den Anstoß zum PARSIFAL erhielt Wagner durch ein mystisches Erlebnis im April 1857 an einem "prächtigen Frühlingstag" mit der tief empfundenen "Karfreitagsstimmung", aus welcher der musikalisch reizende "Karfreitagszauber" wurde.

Als Wagner am PARSIFAL arbeitete, lass er die Werke des Laudanumtrinkers Walter Scott (BAUER 1995:492). Wagner nannte ihn auch seinen "Mumienschanz" (ebd.: 493). In dieser Zeit nutzte Wagner den Indischen Hanf (*Cannabis indica*) als Inspirationsquelle:

> "Herr Wagner hat schon seit einigen Tagen an Atmungsbeschwerden gelitten. Dann wurde indischer Hanf angezündet, der einen wohlriechenden, süßen Dampf verbreitete. Er hatte sich das so angewöhnt, dass er nur noch komponieren konnte, wenn der indische Hanf seine schönen dicken Wolken machte. Wenn man dann nach dem Komponieren ins Musikzimmer kam, um die Fenster aufzumachen, wurde einem ganz schwummerig davon zumute. Die Frau Cosima war nicht sehr glücklich über diesen indischen Hanf; sie meinte, zu viel ist schädlich. Aber Herr Wagner widersprach, es sei nicht nur wegen des Asthma, sondern er müsse die Wolken ganz einfach zum Komponieren haben."[1]

- So berichtet die "Emma von drüben"! – Sie war das Dienstmädchen von Richard Wagner in Bayreuth zu Villa Wahnfried. Sie wurde von Kurt Zinthus in Berlin als noch sehr rüstige, vierundsechzigjährige Witwe (geb. um 1863) "entdeckt" und interviewt. Sie war achtzehn, als sie ins Haus Wagner als Gehilfe gerufen wurde (um 1881). Sie erinnerte sich sehr gut an die Atmosphäre in der Villa Wahnfried.

Also ist der PARSIFAL unter Einfluss von THC entstanden! Genauso wie die BLUMEN DES BÖSEN von Baudelaire unter Einfluss von Haschisch, Opium und Wein entstanden sind.

"Ich bin wie im Rausch, und nur im Rausch darf man diese schöne Welt betrachten; genau ist es unmöglich." Das hat Richard Wagner am 19. März 1878 nach seiner Arbeit an der PARSIFAL-Komposition gesagt (laut Cosimas Tagebucheintrag; C. WAGNER 1977:II,64).

PARSIFAL ist eine Tragödie im antiken Sinne, ein Mysterienspiel in eleusinischer Tradition. Als sein letztes Werk "schrieb Wagner den PARSIFAL, der mehr als die bisherigen Musikdramen an ein den klassischen Griechen entlehntes Orakel erinnerte. Der PARSIFAL ist die Summe eines unermesslich reichen Künstlerlebens." (BAUER 1995: 486f.) – Ein Abschied von der Welt! - "hier sind zwei Welten mit sich im Kampfe um die letzte Erlösung." schrieb Wagner in einem Brief an König Ludwig II. (15. Oktober 1878). Es ist der Kampf zwischen dem Dunklen und Hellen, zwischen → KLINGSORS Zauberwelt und dem heiligen Reich des Grals. Dazwischen bewegt sich auch die zentrale (einzige) Frauengestalt: → KUNDRY.

> "Mit den drei Gralskönigen Titurel, Amfortas und Parsifal werden Vergangenheit, Gegenwart und Zukunft des Gralsgedankens anschaulich gemacht, der sich als Macht des Wunderbaren offenbart und der sich von einer paradiesischen Enklave zum Hort gemeinschaftlicher Erlösung durch Mitleidsfähigkeit entwickelt." (BAUER 1995:491)

Titurel schöpft seine Lebenskraft "wie ein → VAMPIR aus Amfortas‘ Blut und Schmerz." (KLIER 1985:39)

> "‘Du siehst, mein Sohn, zum Raum wird hier die Zeit.’ Diese Worte, die Gurnemanz im ersten Akt an Parsifal richtet, während sich die Bühne vor den Augen der Zuschauer wandelt, kann man sicherlich als die gelungenste Definition des Mythos schlechthin bezeichnen, die jemals gegeben worden ist,"

bemerkte der Anthropologe und Erfinder des Strukturalismus Claude Lévi-Strauss (1975, in: KOLBE 2003:343).

Das Bühnenweihfestspiel - die "populäre Karfreitagsoper" - ist ein Inzestdrama! Thomas Mann nannte PARSIFAL eine "Geschlechtsoper" (1933) und sah darin das "Extremste seiner Werke". Und "für die Entstehung seines weihevollsten Bühnenwerks gebrauchte Wagner ein so drastisch-sinnliches Wort wie ‚Brunftzeit‘." (BAUER 1995:498)

> "Es gibt kein anderes Musikdrama Wagners, das so heftig und gegensätzlich kritisiert wurde wie der PARSIFAL. Nietzsche, der 'Wagnerianer gegen Bayreuth' (CARL DAHLHAUS 1973), bewertete Wagners ‚Weltabschied‘ als Verrat. Er konnte dem Komponisten nicht verzeihen, dass er sich aus Schwäche... vor dem Kreuz gebeugt habe. Von katholischer Seite her protestierte → FRANZ LISZTS Lebensgefährtin, die Herzogin Carolyne von Wittgenstein, gegen eine angebliche Entehrung und Verspottung des heiligen Sakraments. Die lange Interpretationsgeschichte des PARSIFAL kennt noch verblüffendere Deutungen: die Grals-Gemeinschaft als Nazi-Elite, als Bruderschaft homosexueller Männer, den ‚erlösten Erlöser‘ Parsifal als ‚deutschen‘ Christus, als Hermaphrodit und so weiter. Die unterschiedlichen Epochen der deutschen Geschichte zeigen die Gegenpole der möglichen Interpretation: Ankündigung des Krieges und Verheißung des Friedens." (BATTA 1999:823)

Viele Wagner-Rezipienten haben behauptet, dass sich Wagner in seinem Alterswerk, nach all seinen Ausflügen in die heidnische Mythologie, wieder in den Schoß des Christentums begeben hatte, ja, sich wieder mit dem Christentum versöhnt habe. Dem ist jedoch nicht so. Wagner hat mit seinem PARSIFAL endgültig mit der Verlogenheit des Christentums abgerechnet. Dafür sind zwei Passagen charakteristisch.

Im 3. Akt erlebt der "reine Tor" die Erleuchtung, als mystische Naturerfahrung: "Was dünkt mich doch die Aue heut so schön!..." (der berühmte "Karfreitagszauber")[2]. Als Parsifal aber erfährt, dass Karfreitag ist, ruft er bestürzt "O wehe des höchsten Schmerzentags!", wird aber sofort von dem weisen Gralsritter Gurnemanz zurechtgewiesen: "Du siehst, das ist nicht so... Das dankt dann alle Kreatur, was all da blüht und bald erstirbt, da die entsündigte Natur heut ihren Unschuldstag erwirbt." Das ist die Auflösung des christlichen Naturhasses, höchste Blasphemie: Naturmystizismus.

Genauso blasphemisch ist der Schluss des Werkes. Nachdem der Erlöser Parsifal den an der ewigen Wunde leidenden Amfortas erlöst hat und selbst zum Gralskönig geworden ist, erinnert eine weibliche (!) Stimme aus der Höhe: "Erlösung dem Erlöser!" Denn, solange Parsifal im Erlöser-Spiel gefangen ist, kann er keine wirkliche Befreiung erleben, noch anderen ermöglichen. Und das gilt vor allem für den gekreuzigten Erlöser Jesus, dessen Tod auch nichts genützt hat. Der Mensch ist immer noch in seinen Sünden verfangen, ist immer noch schuldig. Christus hat genauso wie Parsifal versagt. Ihre Erlöser-Spiele schaffen nur dogmatische Religionen, aber keine spirituelle Befreiung!

PARSIFAL ist eine Persiflage auf den Erlöser-Trip. Der Philologe, Philosoph und Komponist Friedrich Nietzsche (1844-1900) hatte – wie immer! – recht... – "war dieser PARSIFAL überhaupt ernst gemeint?" Nur Sklaven glauben an den Erlöser – auch Sklaven des Geistes! Nietzsche schrieb in einem Brief an Reinhart von Seydlitz (4.1.1878) zum PARSIFAL: "Ist es nicht eine letzte Herausforderung der Musik?"

Und in seiner Nachschrift zu DER FALL WAGNER (1888) resümierte er:

> "Die Musik als Circe (Kirke)... Sein letztes Werk ist hierin sein größtes Meisterstück. Der *Parsifal* wird in der Kunst der Verführung ewig seinen Rang behalten, als *der Geniestreich* der Verführung.... Ich bewundere dies Werk, ich möchte es selbst gemacht haben; in Ermangelung davon *verstehe ich es...* Wagner war nie besser inspiriert als am Ende. Das Raffinement im Bündnis von Schönheit und Krankheit geht hier so weit, dass es über Wagners frühere Kunst gleichsam Schatten legt – sie erscheint zu hell, zu gesund. Versteht ihr das? Die Gesundheit, die Heiligkeit als Schatten wirkend? Als *Einwand* beinahe? ... So weit sind wir schon *reine Toren...* Niemals gab es einen größeren Meister in dumpfen hieratischen Wohlgerüchen – nie lebte ein gleicher Kenner alles *kleinen* Unendlichen, alles Zitternden und Überschwenglichen, aller Feminismen aus dem Idiotikon des Glücks! – Trinkt nur, meine Freunde, die Philtren dieser Kunst! Ihr findet nirgends eine angenehmere Art, euren Geist zu entnerven, eure Männlichkeit unter einem Rosengebüsch zu vergessen... Ah dieser alte Zauberer! Dieser Klingsor aller Klingsore! Wie er uns damit den Krieg macht! uns, den freien Geistern! Wie er jeder Feigheit der modernen Seele mit Zaubermädchen-Tönen zu willen redet! – Es gab nie einen solchen *Todhass* auf die Erkenntnis! – Man muss Zyniker sein, um hier nicht verführt zu werden, man muss beißen können, um hier nicht anzubeten. Wohlan, alter Verführer! Der Zyniker warnt dich – *cave cavem...*"

"Die Musik des PARSIFAL hat Erinnerungscharakter; sie erscheint ... als tönendes Eingedenken." (DAHLHAUS 1973) Leitmotive, "die als tönende Sinnbilder an früher Geschehenes oder Gestiftetes erinnern", bestimmen die Komposition. Wagner beschäftige sich zu dieser Zeit intensiv mit der Musik von Johann Sebastian Bach; darin erkannte er eine Vorprägung seiner Kompositionsweise, die "unendliche Melodie" (ein musikalisches Kontinuum frei von aller Form), angelegt. Die chromatisch-atonale Tonreihe des → KLINGSOR kündigt die kommende → ZWÖLFTONSPRACHE an. Im dritten Akt wird die Totenfeier für Titurel, den verstorbenen Gralskönig, begangen. In dieser Szene wirkt die Musik wie ein großes → REQUIEM. Wagner hat in seinem PARSIFAL ungeahnte Klangfarben geschaffen. Er hat sein Werk für den verdeckten Orchestergraben (der "mystische Abgrund") des Festspielhauses in Bayreuth komponiert. Nur dort ertönt der richtige *Parsifal*-Klang!

Der Komponist Alban Berg (→ WOZZECK, → ZWÖLFTONMUSIK) hatte PARSIFAL in Bayreuth gesehen und sein Erlebnis in einem Brief an Helene Nahowski (8.8.1909) als "das für einen allzu überwältigende Wunder" charakterisiert. Er war sprachlos: "Welch eitles Beginnen wäre es auch, Musik zu beschreiben, solche Musik beschreiben zu wollen." Er hatte unglaubliche, eben unbeschreibliche Freude an "dem einzigen Wunderwerk PARSIFAL" (Brief vom 12.8.1909).

PARSIFAL ist musikgeschichtlich von großer Bedeutung. PARSIFAL ist das Ende und der Abschluss der Romantik und markiert den Beginn der Moderne, leitet das fin de siecle ein. PARSIFAL war der Ausgangspunkt der folgenden Komponistengeneration, mit Richard Strauss, Gustav Mahler, Alexander Zemlinsky (1871-1942), → ARNOLD SCHÖNBERG, Alban Berg, Anton Webern, aber auch Claude Debussy... Aber auch Anton Bruckner und Engelbert Humperdinck wurden vom PARSIFAL inspiriert... Eine → SYMPHONIE von Górecki zelebriert die Klangwelten des PARSIFAL.

Die Musik aus PARSIFAL dient oft als Zitat oder Vorlage für → FILMMUSIK, besonders für Filme, in denen es um die Suche nach dem Gral und den Sagenkreis um König Artus und den Zauberer Merlin geht (z.B. EXCALIBUR GB, 1980), aber auch in Filmen über König Ludwig II. oder → ADOLF HITLER. Wagners PARSIFAL wurde als Kinofilm von Syberberg inszeniert und auf der Documenta (Kassel, 1980) uraufgeführt.

Bearbeitungen von Wagners PARSIFAL (Auswahl):

• Engelbert Humperdinck (1854-1921), *Parsifal, Prelude für vierhändiges Klavier* (1883)

Der Märchenopernkomponist Humperdinck war Wagners Assistent bei den ersten Aufführungen des *Parsifal* in Bayreuth (1882). Durch diese Arbeit angeregt, schrieb er das Arrangement für vierhändiges Klavier.

• *Verwandlungs-Musik – Einzug der Gralsritter* - Transkription für Musikautomaten von Felix Mottl.

• Franz Liszt (1811-1886), *Transkriptionen für Piano: Feierlicher Marsch zum Heiligen Gral aus Parsifal.* → LISZT nannte den *Parsifal* ein "Wunderwerk"...

• Ulrich Leyendecker (*1946), *Verso Parsifal* (1987)

Stück für Gitarre solo, ausgehend von Wagners Vorspiel zum 3. Akt von *Parsifal.*

• Wagnerama feat. Mike Kilian, *Haunted* (MCA, 1994)

Dieses Rockmusik-Album ist von Wagners Musik und Dichtung inspiriert (Musik und Arrangements: Vladislav Sendecki; Texte: James Vincent Lundstrom). Das Stück "Sunrise" basiert auf Parsifal Akt I.

• Ben Lierhouse Project, *Parsifal Goes La Habana* (Gateway4M/Warner, 2003; auch als DVD)

Diese CD findet man im Laden in der Abteilung "Weltmusik"! Denn es ist eine Crossover Produktion (*fusion*) basierend auf Wagner, klassischer kubanischer Musik, Latin Jazz und afrikanischer Rhythmen. Der Gralssucher zieht ein bei Fidel Castro, der Suchende und der Revoluzzer. Das Stück "The way to the light (feat. *Parsifal*)" basiert auf dem strahlenden Gralsmotiv.

• Henryk Górecki, *Symphonie Nr. 3 Op. 36 für Orchester und Sopran "Symfonia Pie´sni Zalosnych"* (1976)

Górecki wurde 1933 in Polen geboren. Er sucht ähnliche musikalische Wege wie sein Landsmann → KRYSTOF PENDERECKI. Er zelebriert die Klänge von PARSIFAL und webt sie weiter zu neuen Klangteppichen, die in mystische Gefilde entführen.

Diese eher dunkle und sehr ruhige Symphonie ist religiös und mystisch inspiriert und wirkt wie eine Zelebration von Klangstimmungen aus PARSIFAL. Innige Klangflächen und Klangschichtungen verschmelzen wellenartig. Der Komponist übersetzte Klagelieder, religiöse und mystische Texte in Klänge (→ REQUIEM). Der sehr langsame dritte Satz (*Lento – Cantabile-semplice*) schließt mit dem Text eines polnischen Volksliedes "Und ihr, Gottes kleine Blumen, blüht ringsum, damit mein Sohn ruhig schlafen kann..." und verklingt in lichtem A-Dur. Die Töne brechen wie Sonnenstrahlen durch eine verebbende Wolkenwand.

Kein Wunder, dass als Cover-Illustration für die CD-Einspielung* ein Detail aus dem Gemälde "Die → TOTENINSEL" (1880) von Arnold Böcklin gewählt wurde.

* Adrian Leaper dirigiert das Orquesta Filarmónica de Gran Canaria, mit der Sopranistin Doreen Maria De Feis (ARTE NOVA Musikproduktionen, 2001).

chr.r.

Anmerkungen:

[1] Quelle: "Die Deutsche Frau", Wochenbeilage zum GÖTTINGER TAGEBLATT, 1927; diesen fundamental wichtigen Fund verdanke ich Dr. Michael Schlichting (Göttingen) vom ECBS (Europäisches Collegium für Bewusstseinsstudien).

[2] Wagner selbst nannte die Karfreitagszaubermusik selbstironisch eine "Feld- und Wiesenmusik" (BAUER 1995:498).

Pazuzu: Böses um böses zu bekämpfen

Der Mangel an Verständnis für die alte orientalischen Kulturen führte im 19. Jahrhundert schnell zu der wissenschaftlichen Überzeugung, dass es sich bei Pazuzu um einen → DÄMONEN handelt. Für die christlich geprägte wissenschaftliche Welt muss sein Anblick den Eindruck erwecken, dass er einen → TEUFEL darstellt. Seine klassische Ikonographie entspricht den Teufelsvorstellungen, die im späten Mittelalter entstanden sind und bis heute unser Weltbild prägen. Pazuzus Deutung als "satanisches" Wesen schien um so mehr begründet, da er zumeist zusammen mit dem als Darstellung der assyrischen Unterwelt oder gar der assyrischen → HÖLLE gedeuteten Lamaštu-Amulett besprochen wurde. Erst durch die Erweiterung des Verständnisses der Inschriften und der assyrischen Mythologie wurde klar, dass die Lamaštu-Amulette keineswegs die babylonisch-assyrische Unterwelt darstellen und Pazuzus Abbildung auf oder über diesen Amuletten gegen die Dämonin Lamaštu gerichtet ist. In den alten Texten wird Pazuzu häufig das Gottesdeterminativ dem Namen vorangestellt, und weder das Akkadische, noch das Sumerische kennen einen äquivalenten Begriff für *Dämon.*

Der Name Pazuzu bedeutet so viel wie "Greifer" oder "Packer", er ist der Schützer vor den Pest bringenden Winden, in dem er sie zerschlägt und er jagt Lamaštu, die Tochter Anus, wieder zurück in die Unterwelt. In Heilungsritualen verjagt er die angreifenden Dämonen, im Haus aufgestellt bietet er vor ihnen Schutz. Pazuzus Kopf ist von der Grundform her anthropomorph, jedoch werden meist einzelne Gesichtsteile wie Mund oder Nase von tierischen Körperteilen ersetzt. Hierdurch wirkt sein Gesicht oft hundeähnlich. Sein Maul ist in der Regel offen mit gefletschten Zähnen, seine vier Reißzähne und die Zunge werden dabei sichtbar. Er glotzt aus weit aufgerissenen, runden Augen mit wulstigen Augenbrauen, trägt einen gerade abgeschnittenen Wangenbart, einen knappen Kinnbart und besitzt menschliche Ohren. Auf einer flachen Schädeldecke wachsen vorne zwei Hörner, seinen auffällig langen Hals zieren Querstriche. Er besitzt einen langen, dünnen hundeähnlichen Körper, bei dem die Rippen und eine längliche Verdickung auf

Pazuzu in seiner bekanntesten Geste (Foto von Holger Kliemannel)

BESCHWÖRUNG DES PAZUZU:

Du Starker der den Berg ersteigt
der allen Winden entgegentritt,
der zornige Wind, dessen Aufkommen wild ist,
Heftiger, Wütender, der in wildem Grimm einhergeht,
der die Weltgegenden anbrüllt, der die hohen Berge verwüstet,
der den Sumpf austrocknet, der sein Rohr verdorren lässt.
Er stellte sich dem Wald entgegen (und) warf seine Bäume um.
Er stieg zum Garten hinab (und) hat seine Frucht abgerissen.
Er stieg zum Fluss hinunter (und) hat Eis ausgeschüttet.
Er stieg zum Festland hinauf (und) überzog es mit Raureif.
Er schlug den jungen Mann (und) hat (dadurch)
seine Gestalt gebeugt,
er lehnte sich an die junge Frau und stieß ihren Schoß.
Wenn du in deinem Wehen bist, schwanken die Weltgegenden.
Er senkte sich zum Brunnen hinab (und) hat Eis ausgeschüttet.
Er stieg zum Festland hinauf (und) überzog es mit Raureif.
Qual der Menschen, Krankheit der Menschen, Leiden der Menschen,
in das Haus, in das ich eintrete, tritt du nicht ein,
dem Haus, dem ich mich nähere, nähere du dich nicht,
an das Haus, an das ich herankomme, komme du nicht heran.
Bei An und Antum, bei Enlil und Ninlil,
bei Ea und Damkina,
beim Himmel und bei der Erde bist du beschworen (und)
mögest du beschworen bleiben.
Ich bin Pazuzu, der Sohn des Hanbu, des Königs der Lilû-Dämonen,
der Starke, der Zornige, dessen Aufkommen furchtbar ist.
[ ] böse [ ], der immer wieder über das Feld fliegt
[ ] der zornige [ ], der den Menschen [wie bei der li`bu Krankheit] leiden lässt.

der Brust zu erkennen sind. Hinzu kommen menschliche Arme und Schultern, menschliche oder tierische Oberschenkel, Vogelfüße, Raubtierpranken, ein Skorpionschwanz, ein erigierter Penis mit einem Schlangenkopf als Eichel sowie zwei Flügelpaare (Doppelflügel) auf dem Rücken.

Pazuzu-Statuetten und Amulette, an einer gut sichtbaren Stelle im Haus aufgestellt, dienten dem Schutz der Gebäude. Die Pazuzu-Köpfe hingegen wurden als persönliche Amulette am Körper getragen, und auch in Heilungszeremonien zweckgebunden hergestellt. Nicht nur diese Amulette enthalten häufig Beschwörungsformeln auf ihrer Rückseite, sondern sie finden sich auch auf Keilschrifttafeln wieder.

Pazuzu wird heute noch mit Heilung in Verbindung gebracht. Zwar geschieht dies nicht mehr im ehemaligen Mesopotamien, aber dafür in Deutschland: Als im

Oktober 2003 der regierende Bürgermeister von Berlin, Klaus Wowereit, seinen 50. Geburtstag feierte, übergab ihm die Freie Universität Berlin, Fachbereich Geschichts- und Kulturwissenschaften, eine "Figur des heilbringenden Gesundheitsdämons 'PAZUZU' aus einer Ausgrabung" mit den Worten "Die Freie Universität Berlin wünscht allzeit gute Gesundheit!"

Pazuzu wird in der Literatur fälschlicherweise als der Herrscher des Südwestwindes bezeichnet. Neuste Untersuchungen von Inskriptionen machen jedoch deutlich, das Pazuzu nicht der Herrscher der Hitzewinde (die Südwestwinde) sein kann, sondern der Kältewinde, die aus dem Osten einhergehen.

Seinen größten Ruhm verdankt Pazuzu dem modernen Medium Film: in William Peter Blattys Klassiker DER EXORZIST (→ BESSENHEIT) nimmt er Besitz von der zwölfjährigen Regan. Das Original für die Vorlage der Pazuzu-Figur, wie sie im Film immer wieder auftaucht, steht heute im Louvre in Frankreich und ist mit einer Höhe von 15 cm die größte Darstellung. Am Anfang des Films wird ein Pazuzu-Kopf im Museum im nördlichen Irak von einem Archäologen im Gespräch mit Pater Merrin mit den treffenden Worten "Böses, um Böses zu bekämpfen" umschrieben.

h.k.

Penderecki, Krysztof: "Dem Teufel ist nicht zu glauben"

*1933

Der Komponist wurde am 23. November 1933 in Debica, Polen, geboren, lehrte ab 1958 Komposition an der Krakauer Musikhochschule, von 1966 bis 1968 Dozent für Komposition und Instrumentation an der Folkwang Hochschule in Essen, wurde 1988 zum Ersten Gastdirigenten des NDR-Sinfonieorchesters (Hamburg) gewählt. Der ehemals gefürchtete Avantgardist, wandelte sich später zu einem "Neoromantiker". Er war fasziniert von der "nach-wagnerschen Chromatik" und schuf "Klangmusik". In seinem ersten Hauptwerk, der *Lukaspassion* von 1966, verbindet er die → ZWÖLFTONMUSIK mit der → GREGORIANIK. Der lebende Komponist schrieb bisher mehrere → OPERN, Oratorien (*Dies Irae*, 1967; *Te Deum*, 1980), ein *Polnisches* → REQUIEM (1984), fünf Sinfonien, Orchesterkonzerte usw.

Werke (Auswahl):

• DIE TEUFEL VON LOUDUN, Oper in 3 Akten,

Libretto vom Komponisten nach THE DEVILS OF LOUDUN von Aldous Huxley (1952) in der Dramatisierung von John Whiting (THE DEVILS, 1961; nach Aldous Huxley) unter Benutzung der deutschen Übertragung von Erich Fried (1969). UA: Hamburg, 20. Juni 1969 (Auftragswerk von Rolf Liebermann).

Penderecki stellte der Partitur seiner ersten Oper als Motto den lateinischen Satz (→ SPRACHE) voran: *Daemoni, etiam vera dicenti, non est credendum*, "Dem Teufel ist nicht zu glauben, und spräche er auch die Wahrheit". Das Werk ist eine Reflektion über das "teuflische Treiben" und die Visionen von Besessenheiten und Exorzismen, Folter, Selbstmord und geistiger Umnachtung. Ganz im Geiste Huxleys, dessen Roman mit Oliver Reeds erfolgreich verfilmt wurde:

> "Kein Mensch kann seine Aufmerksamkeit auf das Böse oder auch nur auf die Idee des Bösen sammeln und davon unberührt bleiben. Mehr *gegen* den Teufel als *für* Gott zu sein, ist außerordentlich gefährlich. Jeder, der einen Kreuzzug unternimmt, neigt dazu, wahnsinnig zu werden. Er wird verfolgt von der Schlechtigkeit, die er seinen Feinden zuschreibt; sie wird einigermaßen ein Teil von ihm selbst." (HUXLEY 1955:318)

Die sehr "modern" wirkende → MUSIK wird durch Cluster- und Glissanditechniken, gehaltene und dunkle Klänge, Repetitionen, Atonalität und Dissonanzen charakterisiert. Bei der Uraufführung in der Hamburgischen Staatsoper wurde die Bühne nach dem *Garten der Lüste* gestaltet.

• PARADISE LOST (DAS VERLORENE PARADIES) (1978)

Oper in zwei Akten, Libretto von Christopher Fry (*1907) nach J. Milton (PARADISE LOST, 1667); UA: Chicago, 1978.

Die Geschichte von der Vertreibung aus dem Paradies (Sündenfall), weil Adam und Eva die verbotenen Früchte vom Baum der Erkenntnis gekostet haben, liegt dieser Oper zugrunde. - PARADISE LOST von J. Milton wurde mehrfach als Vorlage für Opernlibretti verwendet: 1760: John Christopher Smith (1712-1795); 1824: Friedrich Schneider (1786-1853); 1855: Anton G. Rubinstein (1829-1894).

• DIE SCHWARZE MASKE (1986)

Oper in einem Akt; Text vom Komponisten und dem Regisseur Harry Kupfer, nach Gerhart Hauptmann.

Zum Karneval 1662 versammeln sich in Bolkenheim (Schlesien) 13 Personen zu einer üppigen Mittagstafel während draußen die Pest tobt. Da erscheint ein Fremder mit schwarzer Maske und erinnert alle Anwesenden an ihre kriminellen Vergangenheiten. Der Komponist zitiert das Dies Irae, die musikalische Sequenz "Tag des Zorns", aus der mittelalterlichen Totenmesse (→ REQUIEM).

• *Metamorphosen* (1992-95)

Konzert für Violine und Orchester Nr. 2, Anne-Sophie Mutter gewidmet.

Auftragswerk des MDR.

Dieses Werk ("Verwandlungen") erfordert höchste Virtuosität vom Solisten, verlangt nach einem wahren Teufelsgeiger. Das chromatische Hauptmotiv, die "Meditationen der Solovioline", das "orchestrale Klangmysterium" wurde "inspiriert von der großartigen Interpretationskunst dieser Künstlerin", der "phänomenalen Geigerin" Anne-Sophie Mutter.

chr.r.

Pentagramm: Quintessenz unseres Strebens oder unserer Missverständnisse

Es soll das unheilvollste aller Zeichen sein! Anderseits biete es aber auch einen so geheimen wie mächtigen Schutz gegen greifbare und ungreifbare Bedrohungen. Diesen Ruf hat es sich bis heute bewahrt, vor allem, wenn es – wie ein Kreis – in einem Zug ohne Unterbrechung gezeichnet wird. Was → DÄMONEN bannt, muss sie auch herbeirufen. Magische Operationen verlangen dafür u. a. das Drehen des Zeichens linksherum (→ PFAD ZUR LINKEN HAND) gegen den Uhrzeigersinn. Stehe ein Pentagramm gar auf dem Kopf, wirke es als zielgerichtete Umkehrung aller Ordnung und Werte.

Im alten Ägypten symbolisierte ein fünfzackiger Stern "Duat", die Sphäre von Dämmerung und Nacht, die → UNTERWELT. Sie war weiblich gedacht, denn aus diesem urmütterlichen Bereich wurde jeden Morgen die Sonne neu geboren. Spätantike Magier nannten dieses Symbol "Stern der Venus", u.a., weil der Planet im Zeitraum von acht Jahren ein Pentagramm am Firmament zeichnet. Nordische Mythologie sprach vom Truden- oder Drudenfuß, was ebenfalls auf die göttliche Mutter, Basis weiblicher Kraft und "weise Frau" anspielte, zumindest auf ihren Fuß oder sichtbaren "Abdruck". In Babylonien beherrschte dieses Urweibliche die "fünf Weltenrichtungen": vorne, hinten, rechts, links und oben, und sie regierte es "von unten". Pythagoreer setzten das Pentagramm gern an den Anfang von Schreiben. Denn es bedeutete ihnen Gesundheit und Heil an Leib und Seele.

Die Fünf demonstrierte bei den Kelten unbegrenzte Existenz. Wesen der Anderswelt sind oft daran zu erkennen, dass sie fünf Mäntel tragen oder fünf Schilde. Die ganze Ordnung dieses Jenseits (→ UNTERWELT) ist auf der Fünf aufgebaut, aber natürlich auch das Diesseits. Beim rituellen Bankett zu Samhain (→ ALLERHEILIGEN

/ Allerseelen) saß der irische Hochkönig erhöht: links, rechts, vorne und hinten von je einem Provinzkönig geschützt (Symbol der vier Ecken der Welt, vier Elemente, vier Paradiesflüsse). Zusammen bildeten sie die heilige Fünf oder die Quintessenz der Vier. In höchster Stufe harmonischer Einheit als Bewusstseinsgrundlage kann ein Pentagramm Erlösung versprechen und Christus anzeigen. Pentagon und roter Sowjetstern beschworen im Fünfstern sicher auch die Erlösung von der jeweils anderen Blockbildung. In jedem perfektem Pentagramm stehen die von den Verbindungslinien gebildeten Abschnitte im Verhältnis des Goldenen Schnitts zueinander, ein Symbol für Schönheit und Vollkommenheit in der Schöpfung.

Renaissancegelehrte wie Agrippa von Nettesheim zeichneten den fünfzackigen Stern als Menschen, breitbeinig und mit waagerecht ausgebreiteten Armen. Es versinnbildlicht "rechte Haltung", das aufgerichtete Skelett des in höhere Dimensionen und nach der ursprünglichen Einheit Strebenden – wenn die Spitze nach oben zeigt. Bleibt aber alles Trachten des Menschen an die vordergründigen Erscheinungen der Welt geheftet, kippt er wieder in die Horizontale, in den Schlafzustand.

In manchen Tarotsystemen zeigt Karte 15 Satan (→ TEUFEL / SATAN) als thronenden Bock mit einem "auf den Kopf gestellten" Pentagramm. Wie seine Hörner sind jetzt zwei Spitzen nach oben gerichtet. Er repräsentiert auch unsere "verkehrte Welt im Kopf", unsere falschen Vorstellungen und Missverständnisse. Meist rücken wir seine Arbeit und Aufgabe einseitig in ein schlechtes Licht. Doch die Widerstände im natürlichen Dasein liefern zugleich immer das Rohmaterial für die Befreiung aus ihren Fängen. So beschleunigt der Versucher jeden Reifungsprozess.

c.z.

Perchten: Nacht der Leuchtenden

Andere Namen: Perahta, Precht [Ru-precht!], Frau Perchta, Perchta, Perchte, Perscht, Bercht, Berchta, Berta, Berhta, Fro-Berte, Frau Berta, Frau Bert, Eisenberta, Padrona Frauberta dal nos longh (Romanen in Südtirol), S‘ langnosate Weibele (Tirol), Küehbacher-Ahndl, Wildes Weib, Stampa, Stempe, Gstampa, Gsanga, "Weib mit spitzer Nase«, Donassa, Boscignara, Vechtra Baba, Strigholde (Steiermark), Strix, Striga, Streggele, Strudeli, Strätteli, Posterli

Wer die Perchten nicht kennt und zum ersten Male einen Perchtenumzug sieht, glaubt eine höllische Schar von Teufeln und Dämonen zu sehen, fühlt das Dunkle heraufziehen. Doch das Gegenteil ist der Fall.

Im Mondseer Glossar um 1000 n. Chr. heißt der Dreikönigstag "zi der Perahtun naht"oder "giperatha naht«, die "Nacht der Leuchtenden" (PEUCKERT 1951:286). Die Percht als Personifikation der Perahtun naht bzw. "Perchtennacht«.

> "Die Nacht auf Dreikönige [heute 6. Januar] wird schon um das Jahr 1000 als perabtûn naht, die leuchtende Nacht beschrieben. Das Wort geht zurück auf das althochdeutsche perahta, leuchtend. Daraus entwickelte sich die Perchtennacht, das heisst die Nacht der Frau Percht."(LUSSI 2002:102)

"Unterirdische, höllische, himmlische Bombo, so komme,
Göttin des Wegs, des Dreiwegs, du glühende mächtige Leuchte,
Feindin des Lichts und Freundin der Nacht und traute Genossin,
die sich ergötzt am Hundegebell und strömendem Blute,
wandelt über die Leichen und über die Gräber der Toten,
lechzend nach Blut, den sterblichen Menschen ein Grauen.«

(Hippolyt, ELENCHOS IV, 35, 5)

Perchten, die "Leuchtenden«, gehören zum Heidentum. Der Perchtenlauf ist ein bis heute ausgeübter Brauch aus vorchristlicher Zeit, ein heidnisches Relikt (SCHWEIGGERT 1996). Erstaunlicherweise hat er in stockkatholischen Gegenden überlebt, nämlich in Südbayern und in angrenzenden Gebieten: Kärnten, Steiermark, Salzburg, Tirol, Ober- und Niederösterreich (SCHWEIGGERT 1996).

Die Maske muss der Perchtenläufer selbst schnitzen und bemalen sowie mit echten Tierhörnern (von Rindern, Ziegen, Schafen) versehen. Das Kostüm ist aus braunem oder schwarzem Ziegenfell gefertigt. Die Perchtenläufer tragen grobe Metallketten und mächtige Kuhglocken.

Sie verbrennen hier und da bengalische Lichter (rot). Sie haben Peitschen aus Tierschwänzen, mit denen sie den Umstehenden auf die Hüften und Schenkel schlagen. Es handelt sich vermutlich um ein altes Fruchtbarkeitsritual, wie der zotige Gebrauch der Gerten zeigt. Kinder und Blondinen sind das Ziel des Erschreckens und Anbaggerns.

Perchtenkult (PEUCKERT 1951:271): Die Perchtenläufer sind in Perchtenvereinen organisiert. Das Zentrum ist Berchtesgaden, sonst im Salzburgischen und in Südbayern. Sie werden für ihre Läufe angeheuert. Wotan wird dabei angerufen! Bis heute!

Der Perchtenbrauch geht vielleicht auf den Artemiskult oder dem "Schwarm der Hekate"(Geisterheer der Hekate) zurück: "Und dieser Schwarm heißt irgendwo die Strigen und Strigholden, an anderer Stelle ist es Hekate mit ihrem Schwarm, an einer dritten die Percht mitsamt den Perchten, die Herodias, der man die Unschuldigen Kinder als Gefolge zugeschrieben hat, an wieder einer anderen Artemis und die Nymphen, woraus Diana mit der turba demonum geworden ist. Es ist ein wohl aus alter Zeit auf uns gekommener Dämonenschwarm."(PEUCKERT 1951:277f.)

Ruprecht ist auch nur eine Percht!

Eine der ältesten Quellen, die den Perchtenlauf beschreiben, stammt aus Praetorius Blocke-Berges Verrichtung:

> "In Thüringen... werden des öfteren, doch besonders um die heilige Weihnacht und die Fastnacht, nicht allein auf dem Felde, welches gewöhnlich zu geschehen pflegt, sondern auch in den Städten und Dörfern selbst eine ziemliche Menge Gespenster, Trugbilder und Teufelsgaukeleien gesehen, unter welchen sowohl lebender als auch toter Leute Gesichter in großer Anzahl oft erkannt werden..."(PRAETORIUS 1979:195)

chr.r.

"Pfad zur linken Hand": Raus aus der Sicherheit, hinein ins Vergnügen

Linksbetonung scheint eine Eigenart matriarchaler Frühkulturen gewesen zu sein, wie Forschung nachwies. Alles Linke weist noch heute in die Vergangenheit, richtet sich rückwärts zum Ursprung und wurde von vielen archaischen Gesellschaften dem lunaren Bereich (→ MOND) zugeordnet. Im Lehrsystem der Gnosis steigt die Lebenskraft links herunter zur Schöpfung, zur irdischen Welt und damit auch in die Sphäre des Todes, der bergenden und zurückholenden Dunkelheit. Rechts klettert die Lebenskraft im Sinnbild der zurückkehrenden Seele wieder auf in die lichte Region der Unsterblichkeit. Pythagoras empfahl, sich zuerst den rechten Schuh anzuziehen.

Beim → JÜNGSTEN GERICHT sitzen die Verdammten auf der linken Seite, die Auserwählten rechts, wie heute noch Ehrengäste. In der Kirche knieten früher die Frauen auf der linken Seite, die Männer auf der Rechten. Schon in der französischen Nationalversammlung von 1789 positionierten sich die revolutionären Parteien links vom Präsidenten, auf der Seite der Schwächeren und Unterdrückten. Einst verband sich mit dem rechten Arm das Waffentragen, damit Leben, Kraft und Erfolg, die "bessere Hälfte". Für die Linke, welche den Schild hielt, blieb da nur Passivität und Schwachheit. So hing an der linken Hand auch Diebstahl und unlauterer Gewinn. Selbst der → TOD nahe sich von links und stehe drei Schritt von uns entfernt auf der linken Seite, behaupten Seher. Linkshänder galten bis in die erste Hälfte des 20. Jahrhunderts hinein als "linkisch", falsch und damit verdächtig, im besten Falle als behindert und wurden in der Zeit des Nationalsozialismus "umerzogen". Im Zweikammersystem unserer Gehirnhälften werden der linken Hälfte u.a. analytisches Denken, Wachheit und Aktivität zugeordnet. Sie erhält ihre Informationen über das rechte Sehfeld und über die rechte Hand. Konträr bezieht die rechte Gehirnhälfte, der wir dementsprechend Emotionen, Gefühle und Passivität zuweisen, ihren Input über das linke Sehfeld und die linke Hand.

Im Bereich des Okkultismus legen einige Vertreter höchsten Wert darauf, rituelle Handlungen mit der linken Hand durchzuführen. Dazu gehört auch, die linke Seite des Altars oder Heiligtums zu bevorzugen und im Kreis gegen den Sonnenlauf zu gehen. Schulen und Lehren des direkten "linkshändigen Pfades" wollen weder Versöhnung des Selbst mit der Schöpfung, noch Vereinigung oder Auflösung der Individualität, die sie dem "Pfad zur rechten Hand" unterstellen. Viele predigen eher eine Abspaltung des individuellen Selbst von einem "Allganzen", falls sie überhaupt an ein solches glauben. Sie betrachten individuelles Bewusstsein als besonderes Geschenk und Agens zur Entwicklung eigener Potentiale und setzen auf die "Selbstvergottung" im Sinne von "Erkenne dich selbst – und lebe dich".

Zum linkshändigen Pfad rechnen sich viele Richtungen, darunter Satanismus und Sethianismus (→ TYPHON). Sie verstehen sich als Gegenreligion oder –philosophie der auf Gottheiten basierenden Systeme. Alles, was solche tabuisieren, "verteufeln" oder zu verdrängen suchen, z.B. Laster oder Todsünden (→ ERBSÜNDE, Laster), wird nicht nur toleriert, sondern gegebenenfalls praktiziert. Dabei nimmt man ganz bewusst die Disharmonie mit dem Rest des Seins in Kauf, die durch die abgespaltene Existenz entsteht und baut Individualität so weit wie möglich aus. Kein Verlangen (→ LEIDENSCHAFTEN, Verlangen) des Menschen dürfe unterdrückt werden, keine Gesetze dürfen die Optionen des Einzelnen fesseln. "Tue, was du willst, heißt das ganze Gesetz", so die richtungsweisende Inschrift über → ALEISTER CROWLEYS Abtei von Thelema, erfordere ein gründliches Studium des Willens. Überhaupt verlange dieser schwierige Pfad hohe Erkenntnis und tiefes Verstehen. Von "Tu, was du möchtest" halten sie nichts, so eine ihrer Verlautbarungen im Internet (www.darkson.de).

Psychologen ordnen der linken (Herz-)Seite Gefühle, Emotionen und Introvertiertheit zu. Für C. G. Jung bedeutet Linksläufigkeit "eine Bewegung in Richtung des Unbewussten, während Rechtsläufigkeit *korrekt* ist und nach Bewusstsein zielt". Linksläufige Bewegung als archetypisches Symbol steuere zu nicht formulierten Zielen und zum Non-Ego.

> "Der linksläufige Weg führt also offenkundig nicht ins Reich der Götter und ewigen Ideen hinauf, sondern hinunter in die Naturgeschichte, in die tierische Instinktgrundlage des menschlichen Wesens. Es handelt sich also um ein – antik ausgedrückt – dionysisches Mysterium" (1984:152f.,155).

c.z.

Pflanzen-Elfen: Traum vom Paradiesgarten

Die theosophische Bewegung wurde von Gräfin Helene von Hahn, die sich nach ihrem Ehemann Blavatzky nannte, zum "Trost für die Menschen" gegründet. Es war dies in der zweiten Hälfte des 19. Jahrhunderts, als in den rasch wachsenden Städten jene herzliche Beziehung zu den Wundern der grünen Natur immer mehr in Vergessenheit geriet.

Pflanzen-Elfe

Sehr viele freuten sich nun an ihren an Beliebtheit überall gewinnenden Zimmer- und Fensterblumen. Diese wurden als "Wohnungen" lieblicher Elfchen angesehen. So auch vom berühmten deutschen theosophischen Arzt Franz Hartmann. Er soll, nach Frau Prof. Dr. Anna Kamensky (Genf), mit der ich über die Entstehung der anregenden Weltbilder dieser Bewegung noch reden durfte, gesagt haben: "Durch die Blumen im Haus glaubten seither viele Menschen nicht nur Frischduft zu empfangen sondern auch den Einfluss des Elfenvolkes und damit den Traum vom Paradiesgarten."

Michael Semenow, 1951 in Königsberg/Kaliningrad geboren, schildert uns als Volksglauben der Ostslawen, an dem heute vermehrt die Gebildeten ihre Freude haben: "In jeder Pflanze lebt ein Antschutka, der den Namen des Gewächses trägt. Die Antschutki des Feldes sehen aus wie winzige Frauen und Männer."

s.g.

Pilze: Geschenke der Götter

Andere Namen: Boleti, Fungi, Krötenstühle, Mushrooms, Paddenstoelen, Schwämme,

Über Pilze herrschen die absonderlichsten und verwirrendsten Vorstellungen. Für viele Menschen sind Pilze der Inbegriff des Giftes oder der Giftigkeit; für andere sind sie heilige Geschenke der Götter. Manchmal werden die Pilze dem Pflanzenreich zugeordnet, heute werden sie meist als eigene Lebensform neben Pflanzen, Tieren und anderen angesehen. In einigen Gebieten werden Pilze als "Gärung der Erde" verachtet, in anderen als köstliche Nahrung geschätzt. Manche Kulturen verabscheuen und fürchten sie (Mykophobie; → ANGST), andere vergöttern sie (Mykophilie). Biologisch bzw. pharmakologisch aktive Pilze sind zweischneidig: sie können tödlich giftig sein oder mystische Visionen auslösen (→ FLIEGENPILZ). Mitunter werden Pilze auch in der Heilkunde, z.B. in der traditionellen chinesischen Medizin, eingesetzt. Und dann sind da noch die Schamanen, die Pilze als Zauberwerkzeuge in ihrer Trickkiste verwahren (→ ZAUBERPILZE).

Seit der Antike haftet den Pilzen etwas chthonisches an. Sie verbreiten sich als unterirdisches Geflecht (Myzelium), aus dem manchmal, unter geeigneten Bedingungen die oberirdischen Fruchtkörper sprießen. Obszön schieben sie sich wie Penisse aus dem Erdreich dem Himmel entgegen.

In Pilzen hat man oft das Wirken des → TEUFELS gesehen oder sie als Ikonen ekstatischer Götter verehrt. In den merkwürdigen Gebilden werden sogar die phallischen Inkarnationen Gottes bzw. der Götter erkannt. Im antiken Kult des Dionysos werden Pilze als *Phallus Dei* oder "Penis Gottes" bezeichnet (Amon Düll II).

Homer (9. oder 8. Jh. v. Chr.) nahm an, dass Pilze das Ergebnis der Vereinigung von Himmel und Erde seien. Der griechische, neoplatonische Philosoph Porphyrios (zweite Hälfte des 3. Jh. n. Chr.) betrachtete Pilze als "der Götter Kinder". Im alten Rom galten Pilze als "Speisen der Götter". Der römische Dichter Ovid (43 v.Chr. bis 17 n.Chr.) beschrieb in seinen METAMORPHOSEN ("Verwandlungen") wie die skythische Zauberin, Hexe (→ URALTE IM WALD) oder Schamanin → MEDEA dank ihrer magischen Künste von Kolchis (= Georgien) nach Griechenland fliegt:

> "Schließlich ist sie auf ihren Schlangenflügeln nach Ephyra [bei Korinth] mit seiner Musenquelle Pirene gelangt. Hier sollen nach alter Sage in der Urzeit Menschenleiber aus Pilzen entstanden sein, die im Regen gewachsen waren." (VII, 390ff.) – Waren diese Menschen von Ephyra etwa die Homunculi der Alchemisten, die künstlich erzeugten Menschen?

Pilze sind dem Menschen seit Anbeginn bekannt, das vielleicht früheste Zeugnis liefern die bis zu 9000 Jahre alten Bilder in der Felskunst der Tassili-Ebene in Nordafrika. Da sind laufende Figuren, die wie anthropomorphe, vermenschlichte Wesen erscheinen, mit Pilzen in Händen. Die menschenartige Gestalt einer Biene ist übersät mit den pilzlichen Fruchtkörpern. Viele Forscher, z.B. Giorgio Samorini oder Jochen Gartz, deuten diese Petroglyphen als Ausdruck eines steinzeitlichen Pilzkultes, bei dem *Psilocybe*-Arten rituell verspeist wurden, um mystische Visionen zu empfangen. Der US-amerikanische Autor Terence McKenna (1949-2000), heute als "Timothy Leary der Neunziger Jahre" gefeiert, glaubt sogar, dass der Baum der Erkenntnis ein psychedelischer Pilz gewesen sein muss. Der ehemalige methodistische Geistliche John Allegro (geb. 1923) hat in seinem Buch DER GEHEIMKULT DES HEILIGEN PILZES (1971) die Theorie aufgestellt, dass Jesus in Wirklichkeit ein → FLIEGENPILZ war und die Urchristen zum Abendmahl *Amanita muscaria* rituell als Entheogen verspeisten. Dadurch wurden psychoaktive Pilze zum "Ursprung unserer Religionen".

In der altchinesischen, daoistischen Alchemie schätzte man die "Fünf wunderbaren Pilzen der Unsterblichkeit". Aus diesen Pilzen, zu dehnen wahrscheinlich der → FLIEGENPILZ und andere psychedelische → ZAUBERPILZE (so der "neunstielige purpurrote Pilz") gehörten, wurde zusammen mit Zinnober und Jade das mysteriöse Unsterblichkeitselixier geschaffen. Wer davon kostete, wurde unsterblich, d.h. er erlebte das eigene Sein jenseits von Raum und Zeit als Unendlichkeit.

Auch in Europa wurden Pilze in die Nähe der Alchemie gerückt. Pilze sind seit der Antike Geschöpfe der Metamorphose, der Verwandlung, der Transformation oder Transmutation, der Fermentation, der Putrefaktion. Schon Nikandros (ca. 2. Jh. v. Chr.) bezeichnete Pilze als "böse Gärung der Erde" (ALEXIPHARMAKA 521). Für Hildegard von Bingen (1098-1179) waren Pilze – damals meist "Schwämme" geheißen – "wie Schaum und Erdschweiß" (PHYSICA I, 172). Im 16. Jahrhundert galten Pilze als "überflüssige Feuchtigkeit der Erde". Hieronymus Bock, Dillenius und andere "Väter der Botanik" glaubten, dass sie durch "faulende Gärung" entstehen würden. Ganz so wie das → MUTTERKORN.

Der Buddha hatte, bevor er auf immer seinen Körper verließ, eine Portion Pilze (*Scleroderma* sp. oder *Lycoperdon pusillum*) zum Abschied verspeist. Schließlich haben vergiftete oder giftige Pilze als Mordwaffen Weltgeschichte geschrieben.

Weltweit ist die Vorstellung verbreitet, dass Pilze dort entstehen, wo Blitze in die Erde eingeschlagen sind. Deshalb stehen die Verursacher der Blitze – Götter (Indra, Jupiter, So, Thor, Wotan), Tiere (Himmelspferde, Donnervögel) oder Kobolde (z.B. der japanische Tengu) – oft mit Pilzen, meist sogar mit psychoaktiven Arten in direkter Verbindung. Denn sie können das menschliche Bewusstsein mit dem Blitz der Erleuchtung durchzucken.

Schon der aus Ägypten stammende Athenaios (3.Jh.n.Chr.) schrieb in seinem GELEHRTENGASTMAHL, dass die Menge der Trüffeln von der Häufigkeit der Gewitter abhängt (DEIPNOSOPHIST, II, 62). Die antiken Griechen nannten einen Pilz sogar *keraunion*, "Donnerkeil". Überhaupt glaubten sie, dass Pilze durch Gewitter, Donner und Blitz gezeugt werden. 1774 schrieb der Arzt Alexander Dick, dass "Pilze oft aus Blitzen entstehen" und dass diese Arten bei Tisch "Ambrosia" genannt wurden. In Südfrankreich war man bis in dieses Jahrhundert hinein davon überzeugt, dass der Satanspilz (*Boletus satanas*) und alle Pilze, die blauen (also *Psilocybe*-Arten), dort sprießen, wo der Blitz in die Erde gefahren ist.

Pilze spielen in vielen Volkstraditionen Mitteleuropas ein magische Rolle. Der Giftschwamm *Bwyd-Ellylon* gehört zu den "Leckerbissen der Elfen", die *Narrenschwämme* versetzen den Menschen in einen "närrischen" Zustand, aus *Hexeneiern* werden Liebestrünke gebraut.

Viele Baumschwämme, speziell *Polyporus versicolor*, heißen bis heute im Niederländischen *Elfenbankjes*, "Elfenbänke". "Schelmenteckel"

Viele volkstümliche, allgemeine oder auch wissenschaftliche Namen bekannterer Pilze beziehen sich auf das Dunkle, auf Wesen aus der Anderswelt usw., auf Hexerei, Zauberei, Schamanismus, Gift und Unrat.

Beispiele:

Satanspilz (*Boletus satanas*) = Satans-Röhrling, Teufelspilz, Blutschwamm, cèpe diabolique, boleto satana, porcino malefico.
Hexenei (das Ovum von der Stinkmorchel, *Phallus impudicus* = "unverschämter Schwanz")

Hexenpilz (*Boletus luridus*)
Hexenring = Feenring usw.
Düngerlinge, Giftwulstlinge,
Gift-Häubling (*Galerina marginata*)
Giftschirmling (*Lepiota*)
Giftrichterling (*Clitocybe*)
Satanic Mushroom (*Psilocybe* spp.): "Teuflischer Pilz"
Witch's Hat (*Hygrophorus conicus = Hygrocybe conica*): "Hexenhut"
Destroying Angel (*Amanita virosa*): "Zerstörender Engel"
Death Cap (*Amanita phalloides*): "Todeskappe" = Death Angel
Death Cup (*Amanita* spp.): "Todesbecher"
Gypsy (*Roziles caperata*): "Zigeuner"
Corpse Finder (*Hebeloma syriense*): "Leichenfinder"
Lead Poisoner (*Entoloma sinuatum*): "Blei-Vergifter"
Poison Pie (*Hebeloma crustuliniforme*): "Gift-Kuchen"

chr.r.

Piranesi: Gefangen im Kerker des Ich

Am 4. Oktober 1720 wurde Giovanni Battista Piranesi in der Nähe von Mestre geboren. Sein Vater arbeitete als Steinmetz. Ab dem 14. Lebensjahr studierte er Architektur, erlernte das Perspektiven- und Bühnenzeichnen. 1740 nahm er in Rom Unterricht bei dem Kupferstecher Guiseppe Vasi. Angesichts der vielen Relikte aus römischer Zeit stürzte er sich mit einer Besessenheit ohnegleichen darauf, die antiken Statuen zu erforschen und akribisch in seinem 1756 erschienenen, vierbändigen Werk LE ANTICHITÀ ROMANE, das ihn in ganz Europa bekannt machte, zu dokumentieren. Ein Jahr nach dem Erscheinen seines Werks schrieb Piranesi an einen englischen Lord: "Ich glaube ein Werk vollendet zu haben, das noch späteren Generationen etwas zu geben haben und das so lange bestehen wird, als Menschen Sinn und Interesse für das haben, was in unserem Jahrhundert von den Ruinen der berühmtesten Stadt des Universums übriggeblieben war."

Er durchstreifte auch die Grabstätten der Via Appia am Rande der Stadt. In den Grabkammern der Augustus-Familie übertrug er sogar die fast zweihundert Namen von Freigelassenen und Sklaven auf die Platte. Während der Arbeit überanstrengte er sich, schlief wenig und ernährte sich nicht gut. Sonntags ließ er einen großen Topf mit Reis für die ganze Woche vorkochen. Ein Nervenzusammenbruch war die Folge.

1749 und 1761 erschienen seine CARCERI D' INVENZIONE (PHANTASTISCHE ENTWÜRFE VON KERKERN), die ihm bis heute Berühmtheit einbrachten. Piranesi schuf groteske kerkerähnliche Bauwerke, deren architektonische Elemente er in bis dahin ungewohnter Weise in eine suggestive Beziehung setzte. Innerhalb dieser gegen alle Gesetze der Logik entworfenen gigantischen Räume wirken die Menschen so klein wie Ameisen. Sie scheinen verdammt zu sein, diese Kerker nie mehr zu verlassen.

Pfeiler und Brücken ragen ins Nichts oder enden an einer Wand. Gewaltige Ketten sind um die Gerüste geschlungen. Der Anglist und Literaturwissenschaftler Alexander Kupfer schreibt: "Dieses in den Carceri wirksame Schaffensprinzip ist nichts anderes als das, was → E.T.A. Hoffmann in der Literatur als Groteske bezeichnete: bekannte, ja banale Elemente des Alltagslebens werden in einen völlig neuen Zusammenhang gebracht, wodurch die gewohnte Sicht dieser Dinge in Zweifel gezogen und der Betrachter erheblich verunsichert wird. Aus diesem Kunstgriff resultiert die Empfindung, dass die Dinge hier ein zweites Geicht bekommen oder sogar ihre "wahre" Natur erahnen lassen, die man bisher nicht bemerkte".

Piranesis Carceri spiegeln sich in den Werken von so verschiedenartigen Schriftstellern wie → Horace Walpole, → William Beckford, Thomas de Quincey, Alfred de Musset, Théophile Gautier, Victor Hugo, → E.A. Poe, Ralph Waldo Emerson, Herman Melville, Jorge Luis Borges und Umberto Eco wider. Einflüsse von Piranesis Kerkervisionen lassen sich auch bei Künstlern wie Gustave Doré, Sergej Eisenstein, Fritz Lang und Maurits Cornelis Escher finden.

Titelblatt zu Piranesis Carceri, 1761

Was war für Piranesi der Anlass, seine CARCERI zu schaffen? Eine Vision während eines Fiebers und der damit vielleicht verbundenen Einnahme einer Opiumtinktur? Eine mystische Erleuchtung? Ein Protest gegen die autoritären Regime seiner Zeit? Depressionen? Viel ist darüber spekuliert worden, noch Marguerite Yourcenar, Mario Praz und Aldous Huxley haben sich intensiv damit auseinandergesetzt. Alexander Kupfer kommt in seiner umfassenden Studie "PIRANESIS CARCERI" zu dem Schluss: "In welchem Licht man die Carceri aber auch immer betrachten mag; ob als eine Warnung vor politischem Machtmissbrauch, als eine blasphemische Abkehr von der göttlichen Weltordnung oder als Abbild eines drogenberauschten Bewusstseins: In jedem Fall demonstrieren diese Radierungen die Macht der Phantasie, die in den Köpfen des Künstlers und seines Publikums ein Universum der Möglichkeiten entstehen lässt, das in immer neuen Metamorphosen ins Unendliche wächst."

1778 starb Piranesi am 9. November in Rom. Kurz vor seinem Tod erschienen noch prachtvolle Radierungen der aus frühgriechischer Zeit stammenden Tempelanlagen von Paestum.

w.b.

Poe, Edgar Allan: Gräber, Raben und Heureka

Edgar Allan Poe wurde am 19. Januar 1809 in Boston als zweites Kind des Schauspielerehepaars David und Elisabeth Poe geboren. Edgar, so heißt es, habe schon in der Wiege ein schönes Gesicht mit glänzenden Augen und dunklen Locken gehabt. Nach einer Überlieferung soll ein walisisches Kindermädchen dem kleinen Edgar Brot, das in Wacholderschnaps getaucht war, gegeben haben, um ihn "ruhig und stark" zu machen.

Beverly Tucker, der Verfasser des Buches THE PARTIZAN LEADER, beschrieb Poes Mutter:

> "Es war das Antlitz einer Elfe, eines Geistwesens, einer Undine, die dazu ausersehen war, die Mutter jenes Dichters zu werden, der unter allen anderen am innigsten mit der Luft, am wenigsten mit der Erde verbunden gewesen, dessen leuchtende dunkelgraue Augen einen Glanz vom Übernatürlichen her verrieten und (wie er in einem seiner ersten Gedichte sagt) die ‚glühende Natur des Menschen' spiegelten."

David Poe, der Vater, verschwand 1810, bei einer Tournee in New York, aus dem Leben seiner Familie für immer und ohne irgendeine Spur zu hinterlassen.

Nach dem Tod seiner Mutter, kurz nach der Geburt seiner Schwester Rosalie, in Richmond/Virginia, wurde Poe im Alter von zwei Jahren in die Familie des reichen Kaufmanns John Allan aufgenommen, wo ihn ein schwarzes Sklavenkindermädchen betreute, die ihm zuweilen seltsame Lieder vorgesungen und schreckliche Geschichten von lebenden Toten erzählt haben soll und die ihn wohl auch in die Quartiere der Schwarzen mitnahm. Die Erzählungen der Kapitäne, die sich bei John Allan aufhielten und von ihren Fahrten auf unbekannten Meeren zu den

Der Dichter Edgar Allan Poe, Daguerreotypie 1848

Gestaden exotischer Länder und von ihren Abenteuern dort erzählten, trugen dazu bei, Edgars Phantasie anzuregen und ihn von märchenhaften Städten und ihren fremdländischen Bewohnern träumen zu lassen.

Poe soll es schon als Kind geliebt haben, "lange das silberne und tote Antlitz des Mondes zu betrachten". Auch in und unter Grabsteinen sah er mehr als andere. "Sie werden uns nachlaufen und mich herunterholen", schrie er einmal, als er als Sechsjähriger bei einem Ausritt mit seinem Onkel Edward an einer Holzhütte vorbeikam, die von mehreren Gräbern umgeben war.

Schon Poes erste Veröffentlichung TAMERLANE AND OTHER POEMS von 1827 enthält zwei Gedichte, *Spirits of the Dead* (*Geister der Toten*) und *The Lake* (*Der See*), die mit ihren besonders düsteren Stimmungen schon Vorboten jenes zitternden Entzückens ("tremolous delight"), jenes sanft-süßen Grauens zu sein scheinen, das zu besingen der Dichter "nimmermehr" müde wurde.

Die Poe-Psychobiografin und Freud-Schülerin Prinzessin Marie Bonaparte sieht in "jenem schauerlichen und giftigen Gewässer", das Poe in *The Lake* so eindringlich beschwor, ein Symbol für seine tote Mutter: "die ihn bestrickte und ihm zurief, wieder zu ihr zu kommen, um in ihr aufzugehen".

Zeit seines Lebens war der früh verwaiste Poe fasziniert von Frauen mit rabenschwarzem Haar und "großen, rätselhaft leuchtenden" Augen. Auch seine Kusine Virginia, die er 1836 als Dreizehnjährige heiratete, ähnelte Poes Mutter sehr. Sie war zart gebaut, hatte ein ungewöhnlich blasses Gesicht, große rätselhafte Augen ("die Augen einer Huri") und eine Fülle schwarzer Haare.

> "Das blasse Gesicht, die leuchtenden Augen, die rabenschwarzen Haare verliehen ihr ein überirdisches Aussehen. Man fühlte, dass sie ein beinahe körperloser Geist war, und wenn man sie husten hörte, war man sicher, sie müsse bald sterben",

so beschreibt sie eine Besucherin, die das Ehepaar 1846, ein Jahr vor dem Tod von Virginia, in ihrem Cottage in dem waldumschlossenen Fordham (das heute im New Yorker Stadtteil Bronx aufgegangen ist) besuchte.

Poe's berühmtestes Gedicht *Der Rabe* war "beim Heulen der Herbststürme" in einem einsam gelegenen Farmhaus in der Nähe von New York beendet worden. Er hatte hier für sich und seine Familie einige Zimmer gemietet. In einem Zimmer im Parterre, in dem sich auch eine Büste der Pallas Athene befand, schrieb Poe.

Der Schriftstellerin Archer Talley erzählte Poe anlässlich eines Besuches in Richmond im Jahre 1849, zunächst habe er nur ein kurzes Gedicht geplant, in dem eine Eule, ein Nachtvogel, der Vogel der Weisheit, geistergleich und mit unergründlichem Blick durch das Fenster in eine Gruft oder in ein Gemach kommt und neben der Bahre der toten Leonore sitzt. Dann aber habe er die Eule gegen einen Raben ausgetauscht, dem lautmalerischen "Nevermore" des letzteren zuliebe.

Poe hatte die eine oder andere Stanze seines "Raben" probeweise schon seinen Angehörigen, Freunden und vor Bekannten in Kneipen, aber auch – vergeblich – einem Verleger vorgetragen, bis endlich 1845 der Rabe fast gleichzeitig in mehreren Zeitungen und Zeitschriften abgedruckt wurde. Poes › RABE eroberte sich das Herz seiner Leser in Amerika und in der alten Welt geradezu im Sturmflug. Von diesem meisterlichen Gedicht wird behauptet, dass es selbst amusische Menschen berücken und verzaubern könne.

Poe trat als glänzender Rezitator seines Gedichtes auf. Durch den höchst effektvollen Einsatz seiner melodisch schönen, musikalischen Stimme erzielte er eine Wirkung, die – vor allem seine begeisterten Zuhörerinnen - wie eine "unirdische Musik" empfanden.

Eine Gruppe dichtender Frauen, die "Schwestern der Sternengemeinschaft", machten ihn zu ihrem Schwarm. Bei herabgeschraubten Lampen trug er die Verse des Raben vor oder hielt, sehr zum Ärger der anwesenden Männer, "beredte Monologe, die halb Traum, halb Dichtung" waren.

Vielen seiner "arabesken", im Ursinn des Wortes also "rabesken" Geschichten liegt das Muster zugrunde, das Poe in "Heureka" (griechisch: "Ich hab's"), seinem Traktat über die Natur des Kosmos (der für ihn unsere Seele ist) beschrieben hat: Ein Mensch beginnt plötzlich damit, das Universum seines Erlebens nur auf ein Axiom, einen unerschütterlichen Grundgedanken aufzubauen. Roderick Usher, der Held in Poes UNTERGANG DES HAUSES USHER, nimmt wahnhaft an, er müsse zugrunde gehen.

"Ich fürchte wahrlich nicht ‚Die Gefahr' an sich", sagt Roderick Usher,

> "wohl aber ihre letzte Auswirkung, das Grauen, und in diesem wehrlosen – diesem erbarmungswürdigen Zustand – fühle ich, dass früher oder später

Alte englische Herrenhäuser regten Poe zu seiner Novelle
Der Untergang des Hauses Usher an

der Zeitpunkt eintreten muss, wo ich Verstand und Leben zugleich einbüßen werde, in irgendeinem Ringkampf mit dem grimmen Schattenwesen 'Furcht'!"

Für H.P. Lovecraft, den genialen Verfertiger kosmischer Schrecken, sind in Poe's Texten alle Zutaten aus dem Rezeptbuch eines Meisteralchimisten des Panischen am Werk:

> "Der Rabe, dessen widerlicher Schnabel das Herz durchbohrt, die Ghule, welche eiserne Glocken in ekelhaften Kirchtürmen läuten, die Gruft von Ulalume in der schwarzen Oktobernacht, die erschreckenden Turmspitzen und Kuppeln unter dem Meer, die ‚wilde, unheimliche Gegend, die erhaben, jenseits von Raum, jenseits von Zeit liegt' – all diese Dinge und mehr lauern auf uns, begleitet von wahnsinnigem Geröchel in dem brodelnden Alptraum der Dichtung. Und in der Prosa tun sich für uns die eigentlichen Schlünde des Abgrunds auf – unvorstellbare Anomalien, die einem schrecklichen Halbwissen durch Worte listig angedeutet, deren Unschuld wir kaum bezweifeln, bis uns die brüchige Spannung in der dumpfen Stimme des Sprechers Angst vor den namenlosen Bedeutungen gebietet; dämonische Muster und Erscheinungen schlummern verderbenbringend, bis sie für einen Augenblick der Angst zu kreischender Enthüllung erwachen, die sich zu plötzlichem Wahnsinn verschwatzt oder in denkwürdigen und umwälzenden Echos zerbirst. Ein Hexensabbath, der die Gewänder der Sittsamkeit von sich wirft, wird vor uns in plötzliches Licht getaucht – umso entsetzlicher anzusehen

wegen des wissenschaftlichen Könnens, mit dem jede Einzelheit eingeordnet und in eine einleuchtende Beziehung zu der bekannten Grausamkeit des materiellen Lebens gebracht wird." (1973:176f.)

Bei leichten nervösen Irritationen trank er Apfelwein (cider). Ein Glas Wein oder Likör halfen ihm, die Geister, gute wie böse, zu wecken. Branntwein trank er pur (ohne, wie es damals Sitte war, Wasser oder Zucker dazu zu tun) vorzugsweise dann, wenn der eine oder andere "Schrecken", den er erforschen wollte, ihn zu erforschen begann. Wurde der Schrecken (wie es H.P. Lovecraft nennt) "kosmisch", ergriff er also die ganze Seele, half noch das – in der damaligen Zeit – als Allheilmittel gebräuchliche Laudanum (mit Opium versetzter Wein). Half auch Laudanum nichts mehr, verschafften ihm nur noch die Handauflegungen von Mrs. Clemm, seiner als "Muddy" innig geliebten Tante und Schwiegermutter, Linderung.

Als Poe einmal versuchte, sich gleich mit einer ganzen Unze (=28,4 Gramm) Laudanum zu vereinigen, einem in dieser Dosierung brisanten und selbstmörderischen Auszug aus Wein, Opium, Safran, Nelken und Zimt, wehrte sich der Körper. Im Gegensatz zu früheren Gelegenheiten; wo sich ihm die Tore zu anderen Welten ("das große dunkle Königreich der Träume") auftaten, schwanden ihm diesmal alle Sinne: Sein Magen revoltierte heftig. Er erbrach, einen Liebesbrief in der Hand, vor einem Briefkasten. Ein Freund fand ihn in diesem jämmerlichem Zustand und versorgte ihn.

Um keinen falschen Eindruck entstehen zu lassen: Zu anderen Zeiten verzehrte der Dichter auch gern Brezel, Buttermilch, Sauermilch, Kirschen und anderes Obst, Löwenzahnsalat, Gemüse aus Saurüben und starken Kaffee. Butterbrote mit gesalzenen Heringen gehörten zu seinen Lieblingsspeisen.

1934 zog Marie Bonaparte in ihrer über 1.100 Seiten starken Biographie alle Register der Psychoanalyse und präsentierte Poe als latent maniakischen Werwolf, der davon träumt, in Strömen von Weiberblut zu baden. Seine legitimen Quellen, so ihr Fazit, seien seine bösen Begierden. Er habe sie zwar in Strömen von Tinte sublimiert, aber doch aufs Schrecklichste zu Papier gebracht:

> "Poe war sich gewiss niemals darüber klar, was für Erinnerungen er in seinem Werk besang, noch welch furchtbarer Natur seine Sexualität war. Er sprach wohl manchmal von einem ‚furchtbaren Geheimnis' (...). Im übrigen aber übten gerade die verbotenen Triebe, die Poe, ohne zu ahnen, was er da tat, in seinem Werk feierte, und welche jenseits der erlaubten Befriedigungsmöglichkeiten der Erostriebe liegen, auf die Phantasie der Menschen einen derartigen Zauber aus, dass schon zu Lebzeiten des Dichters ein Riesenschwarm von Bewunderern sein Werk begleitete (...). Und sogar über den Ozean hinweg schwebte das sadistisch-nekrophile Genie eines Edgar Poe auf seinen Flügeln und weckte in anderen Herzen und anderen Ländern die gleichen mächtigen und ewigen Triebe der Menschen, die sich in ihm erkannten." (1934:3,282)

Dichter und Künstler in Europa wie Rimbaud, Verlaine, Mallarmé, Villiers de L'Isle-Adam, Barbey d'Aurevilly, Jules Verne, → WILLIAM MORRIS, Oscar Wilde, Dante Gabriel Rossetti und Conan Doyle bekannten sich zu der Anregung, die sie aus den Werken Poes empfangen hatten.

"Wenn jeder Autor, der ein Honorar für eine Geschichte erhält, die ihre Entstehung Poe verdankt, den Zehnten für ein Monument des Meister abgeben müsste, dann ergäbe das eine Pyramide so hoch wie die von Cheops", schrieb → CONAN DOYLE, dessen berühmter Detektiv Sherlock Holmes in Poes Detektiv Auguste Dupin seinen Urahn hat.

Der Schriftsteller und Dichter Klabund sah in Poe Amerikas größten Dichter:

> "Edgar Allan Poe, der Dichter des Zwielichts der Seele, der Dämmerungen, des fahlen Entsetzens, des Todes, der wilden Hoffnungslosigkeit, in die der Rabe sein hartes monotones ‚Nimmermehr' krächzt. Mörder und Irrsinnige sind seine Helden, und wie Prometheus ist er nackt an den Felsen seiner Qual geschmiedet, während der Geier des Grauens ihm seine Brust zerhackt. Er vereinigt in sich einen glasklaren Verstand mit einer dämonischen Phantasie. Er hat die Fähigkeit, sich selbst bis in die letzte Phase seiner Handlungen zu beobachten – die doch nicht er, sondern ein unerbittliches Schicksal lenkt."

w.b.

Eine junge Collegestudentin setzt sich vor dem Edgar Allan Poe Memorial in New York wirkungsvoll in Pose

Portal: Öffnung zu neuen Erfahrungen

Portale oder Pforten sind im Gegensatz zu Tor und Tür zumeist Eingänge mit sakralem Charakter. Es gibt Eingänge, deren Passieren große Gefahren und besondere Probleme aufbürdet, z.B. *Valgrind*, das letzte *Walgatter* (*Grimnirlied* der EDDA): "Alt ist das Gitter, es ahnen nicht viele, wie es der Schlüssel verschließt!" Es öffnet den Eingang zu etwas Unheimlichem, Unfassbarem, Unbegrenztem, das zu erkennen der Mensch Mühe hat. Was wir aber nicht erkennen, bleibt dunkel, macht → ANGST, fordert Aberglauben und falsche Vorstellungen heraus. Portale können ähnlich einer Brücke Sinnbild des Übergangs von einer Seinsebene zur anderen werden, vom Profanen zum Sakralen, vom Leben ins Jenseits (→ UNTERWELT).

So liefert ein mystisches Portal, wie bei einer → INITIATION, Vorbereiteten einen Zugang zu Erkenntnis und höherem Bewusstsein. Unvorbereiteten drohen dahinter gefährliche Krisen und eine Vertiefung ihrer Missverständnisse. Bleibt im Traum ein Portal verschlossen, deutet es an, noch nicht reif zu sein für die Genüsse, die dahinter vermeintlich oder realiter warten. Oder es verbirgt dahinter ein Geheimnis, das wir noch nicht zu lüften vermögen. Verstellt der "Hüter der Schwelle" grimmig den Eingang, steht man gewöhnlich dem eigenen → SPIEGEL gegenüber. So kann er abartig hässliche, aggressive, dümmliche oder erhabene Züge annehmen, uns erschrecken, drohen, abstoßen oder beglücken. Steht uns ein sakrales Portal offen und fühlen wir uns sogar eingeladen, die heilige Schwelle zu überschreiten, machen wir einen großen Schritt hin zu unserer Entwicklung. Aber auch profane Einlasse versprechen allerlei Erfahrungen, an denen wir wachsen können – oder wanken.

c.z.

Price, Vincent: Gefangen in Umnachtung

Der 1911 in St. Louis/Missouri geborene Price entstammte einer wohlhabenden Familie, die sich erfolgreich in der Süßwarenbranche engagiert hatte. Als Student an der Yale University faszinierte ihn die Geschichte der Kunst. Mit 22 Jahren besuchte er alle großen Museen in Europa. Das damals (vor der Zerstörung im 2. Weltkrieg) noch mittelalterlich wirkende Nürnberg machte einen besonders tiefen Eindruck auf ihn.

Nach ersten Auftritten in London als Bühnenschauspieler holte ihn Gilbert Miller 1938 an den Broadway. Es folgte in dem Film TOWER OF LONDON eine Hollywood-Rolle als Herzog von Clarence, der von Basil Rathbone und → BORIS KARLOFF, den beiden Schurken des Films, in einem Weinfass ertränkt wird. 1953 spielte Price den bei einem Brand verunstalteten Direktor eines Wachsfigurenkabinetts, der – unterstützt von Charles Bronson als willigem Helfer – Mitmenschen um die Ecke bringt, um die Leichen dann, mit Wachs überzogen, in seinem Kabinett auszustellen (DAS KABINETT DES PROFESSOR BONDI).

1956 und 1959 sah man ihn in den beiden Horrorfilmstreifen DIE FLIEGE und RÜCKKEHR DER FLIEGE. 1960 verpflichtete Regisseur Roger Corman ihn für die Rolle des sensiblen Roderick Usher in der Verfilmung von → EDGAR ALLAN POES

Novelle DER UNTERGANG DES HAUSES USHER. Price spielte noch in sechs weiteren Poe-Verfilmungen mit, auch in der rasch zum Kultfilm gewordenen Poe-Parodie DER RABE (mit Peter Lorre, → JACK NICHOLSON und → BORIS KARLOFF). Diese Rollen begründeten seinen Ruf, besonders gut hypersensitive Wahnsinnige spielen zu können.

Cormann über seinen Schauspieler:

> "Das Wesen seiner Kunst liegt, glaube ich, in seiner unheimlichen Fähigkeit, die Auswirkungen geistiger Umnachtung zu personifizieren und zu projizieren. Er ist zu Recht berühmt wegen seiner ausdrucksstarken Stimme und seiner sanften, glatten Präsenz, durch die er grausige Stufen einer sinistren Antriebskraft ausdrückt." (zitiert bei GIESEN 1984:155)

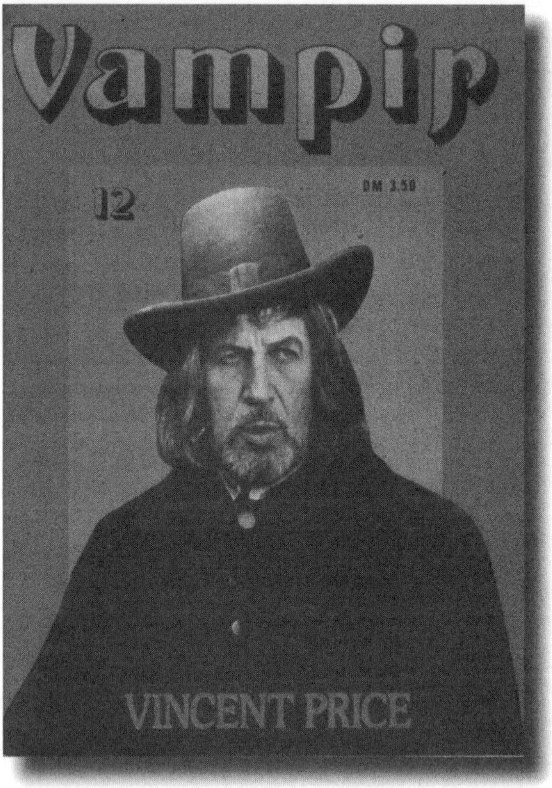

Vincent Price auf dem Titelblatt der Zeitschrift VAMPIR, 12/1976

Neben seinen vielen Auftritten im Film war Price auch im Radio zu hören und im Fernsehen zu sehen. Die BBC ließ ihn sogar einen Kochkurs veranstalten: COOKING PRICE-WISE. Price arbeitete als Kunstsachverständiger und schrieb Bücher über europäische und amerikanische Gemälde. Ein Buch MONSTERS, das er mit seinem Sohn verfasste, durfte nicht fehlen.

Price:

> "Das war ein sehr seriöses Buch … über das Wesen des Lebens, der Mythologie und der Religion, eine Geschichte der Dinge, die – wie das Chaos oder der Leviathan – größer sind als das menschliche Leben."

Price starb am 25.10.1993 in Los Angeles. Sein Körper wurde zusammen mit seinem Lieblingsgartenhut verbrannt. Die Asche ist vor der kalifornischen Küste verstreut worden. Im Euro-Disneyland können Besucher im "Spukhaus" aber noch sein Lachen – als Phantom – hören.

w.b.

Puppen: Schutz vor Negativem

Wer früher, als noch die Kutsche ein wichtiges Fortbewegungsmittel war, an seinem Ziel gut anzukommen wünschte, musste den angespannten Rossen eine Freundlichkeit erweisen, sie etwa an Hals und Mähne streicheln, ihnen ein Stück Zucker schenken usw.

An Stelle des Pferdes ist heute das Auto getreten, aber es gilt heute noch als günstig, dieses als lebendes Geschöpf anzusehen: Man streichelt vor der Abfahrt das Steuer und hängt sehr häufig in die Maschine eine kleine geschenkte Puppe oder einen winzigen Waldbären. Wenn man ein neues Auto einweiht, "schadet es nicht", bei ihm ein duftendes Räucherstäbchen zu verbrennen.

Es wurde mir versichert, dass die heutigen Autofahrer (auch Flugzeugpiloten!) eher mehr Glücksbringer kennen als die früheren Besitzer von Kutschen. Ich vernahm u.a.: "Bei der ersten Fahrt mit dem eigenen Auto sollte man einen Abend wählen und einen Menschen mitnehmen, den man liebt. Man fahre durch eine Gegend, etwa einen Wald, wo man auf schöne Gedanken kommt. Der gute Begleiter soll einem einen Gegenstand schenken, der für uns mit erfreulichen Gedanken in bester Verbindung steht." (Als Beispiele erwähnen wir hier nur kleine Schornsteinfeger-Püppchen, zierliche Stoffmädchen, hölzerne Schweinchen usw.) Dies alles soll dem neuen Autofahrer "das Pech auf der Strasse abwehren".

s.g.

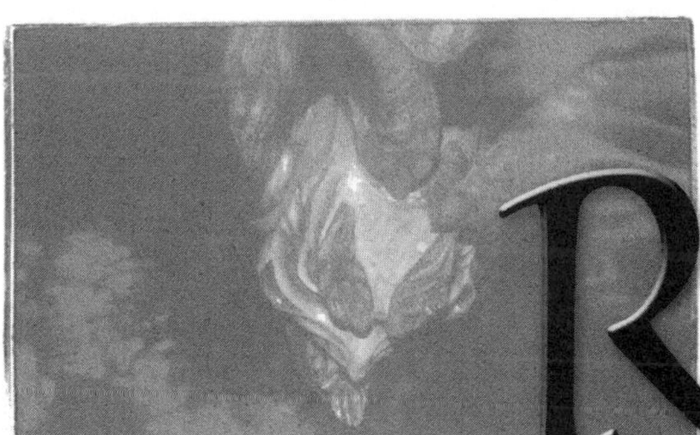

R

Rabe: Göttlicher Schelm und ominöser Heilbringer

Raben und Krähen hat man nie genau unterschieden, es gab auch wenig Grund dazu. Ihr durch Mark und Bein dringendes Krächzen und die bei einigen Arten jettschwarze Farbe (→ SCHWARZ) der Aasfresser sorgten von West bis Ost für einen höchst schillernden Ruf. Piratenschiffe zogen vor einem Überfall ihr Rabenbanner auf.

Schon die indische Antike wies dem Vogel zehn schlechte Eigenschaften zu: Geschwätzigkeit, Bosheit, Lüge, Verrat und Betrug, Dieberei, Eitelkeit, Angeberei, Neid und Nachäffung. In einer berühmten Fabel des Äsop aus dem 1. Jahrhundert n. Chr. schmückt sich eine ehrgeizige Krähe mit den Federn des Pfaus, findet damit aber nirgendwo Anklang. Wer sich mit fremden Federn schmückt, muss sich mitunter noch gefallen lassen, "Krähe des Äsop" tituliert zu werden. Wie der Rabe dem Aas oder toten Lebewesen, die er findet, zuerst die Augen aushacke, so blende der → TEUFEL die Sünder. Im Kontrast zur "unschuldigen" weißen Taube, wurde das schwarze "Rabengesindel" zum Symbol der Sündheit schlechthin, von Schamlosigkeit, Pietätlosigkeit, Unreinheit, Gier und Unmäßigkeit. Wenn man sie dabei beobachtet, wie sie jeden Abfallkübel entleeren und zur besseren Übersicht den Inhalt auf den Boden verteilen, sind manche Zuschreibungen nicht so weit hergeholt. Die Vorwürfe "Rabenmütter" und "Rabenkinder" entbehren allerdings jeder Grundlage im Artverhalten dieser Vögel, stammen aber schon aus dem antiken Ägypten. Aktuelle Forschungen rechnen alle Rabenfamilien zu den intelligentesten Tieren, voller Kreativität, Flexibilität, höchster Organisationsfähigkeit, gepaart mit Mut und Angriffslust. Zigeuner ehren die hohe Loyalität dieser Vögel an ihre Gruppe. "Eine Krähe hackt der anderen kein Auge aus!"

Raben müssen einst die Gegensätze im vegetativen Jahreskreislauf charakterisiert haben, ihre Macht und Endlosigkeit. Vielleicht waren sie ein Bild für die als Einheit gedachte Urnatur, die sich dann in den scheinbaren Widersinn der Dualitäten verstrickte, beängstigend ob ihres ewig unruhigen Widerstandsgeistes (→ TYPHON / SETH) und ihrer befremdlichen Gnadenlosigkeit. Doch nur durch die Reibung der Gegensätze entsteht Fortschritt. Im Märchen deuten die mit dem Raben verbundenen Farben schwarz, weiß, rot auf Geburt, Leben und Tod. Göttinnen des → SCHICKSALS, ursprünglich Genien der Jahreszeiten, trugen oft Rabengesichter, zumindest Repräsentantinnen der Zeiten, die mit dem Absterben der Natur zu tun hatten. Kronos (von corona = Rabe), alter titanischer Fruchtbarkeitsgott und Herrscher der alles verschlingenden Zeit im Jahresrhythmus, hielt eine Sichel in Form eines Krähenschnabels, mit der er die Zeit abschnitt (→ SATURN). "Krähenstation" hieß sein → HÖLLEnsitz. Wessen "Zeit gekommen ist", wird "zu den Raben gehen". "Die Krähen schrein – Weh dem, der keine Heimat hat", mahnt Friedrich Nietzsche.

Als Symbol der Sonne brachte der Rabe das Feuer, die Erkenntnis, damit Wachstum und Heil, auf der anderen Seite das scheinbar Böse, die Nachtseite des Lebens: Destruktion und Zerstörung. Ein Rabe bringt in manchen Puppentheatern → FAUST den Vertrag, den er mit dem → TEUFEL abgeschlossen hat. Raben sammelten sich auf den Schlachtfeldern und unter dem Hochgericht (Galgenvögel). In Indien folgten

Raben Varuna, Hüter kosmischer und sittlicher Ordnung, Herr des Westens und des Todes. Noch heute gilt der Rabe im Volksaberglauben als Todkünder, zumindest als "Problemvogel". Hans Huckebein, der Unglücksrabe, tritt in alle "Fettnäpfchen" und zieht jeden Ärger an. Als Boten des Unheils kennzeichneten Raben bereits im babylonischen Kalender den verdächtigen dreizehnten Schaltmonat. Die → DREIZEHN kündete vom Ende eines Zyklus`, war aber gleichzeitig schon Beginn des neuen. Orphisch griechische Kunst fügte dem Raben des Todes Pinienzapfen und Fackel zu, Licht und Leben, Symbole der Wiedergeburt in ein besseres Leben.

Als der biblische Noah einen Raben aussandte, um den Stand der Sintflut zu prüfen, fand der Aas und kehrte nicht zurück. Darin wollte man ein Bild des ruhelos Umherwandernden sehen (→ AHASVER). Für den Kirchenvater Hilarius bot sich der Vergleich mit Menschen an, die sich den Eitelkeiten der irdischen Welt auslieferten, statt in die Arche der Kirche zurückzukehren, Bekehrung und Wandel zum Besseren "auf morgen" verschieben würden. Raben in der Nachbarschaft kennzeichneten die Dunkelheit als Raum der Versuchung und Sünde, aber ebenso Absage an die Welt. Raben versorgten Eremiten wie den heiligen Benedikt und Propheten Elias mit Speise und brachten die "Nahrung Gottes in der Einsamkeit": Weisheit und Licht. Dem germanischen Gott Odin / Wodan flogen zwei Raben voraus: der weiße Hugin (Denken, Oberbewusstsein) und der → SCHWARZE Munin (Gedächtnis, Unterbewusstsein). Immer wieder setzten sie sich auf seine Schulter und plauderten aus Vergangenheit, Gegenwart und Zukunft. Ein Rabe saß auf dem Baum der Erkenntnis, von dem Eva sich die Früchte pflückte. Im Märchen bieten Raben Hilfe und Rat an – und verraten gleichzeitig. "Krähe bleibt Krähe", weiß der Volksmund.

Bei den indianischen Stämmen des Nordwestens übernahm "Rabe", der "göttliche Schelm" der Wälder, die Rolle eines unseriösen Weltenschöpfers, Kulturbringers und Tricksters: zwielichtig, boshaft, lüstern und unzuverlässig. Dieser Große Heilbringer hatte aber Kunde vom "Jenseits der Berge" (→ UNTERWELT). Rübezahl, Berggeist des Riesengebirges, der sich unsterblich in ein bezauberndes Mädchen verliebt hat,

Odins Raben HUGIN & MUNIN dienen bei diesem naturreligiösen Kinderspiel von Iris Fischer & Holger Kliemannel als Hauptfiguren (Arun, 2004)

bemerkt eines Tages von Ferne, wie diese sich gerade anschickt, unter einem Baum in einer Tonne zu baden. Leider verhüllt die Tonne dann alles Weitere, und Rübezahl kommt die glänzende Idee, sich in einen Raben zu verwandeln. Als Corvus fliegt er herbei und lässt sich auf einem Ast im Baum über der Tonne nieder. Aber wie überrascht ist er, dass ihn plötzlich die hübsche nackte Dirn überhaupt nicht mehr interessiert. Hingegen fesselt das kriechende und springende Getier im Gras seine ganze Aufmerksamkeit. Schließlich fokussiert sein Bewusstsein sich ganz auf ein recht lebendiges Nest von Waldmäusen. Und die Moral der Geschicht: die Form begrenzt das Bewusstsein, und diese Form ist durch begrenzendes Bewusstsein geschaffen.

c.z.

Ragnarök: Untergang der alten Welt

Andere Namen: Weltuntergang, Weltende, Weltenbrand, Götterdämmerung, Twilight of the Gods; Surtalogi

Ragnarök ist der isländische (nordgermanische) Name, der meist eschatologisch als Weltuntergang fehlinterpretiert wird. Das Wort stammt aus dem altnordischen und ist eine Pluralform, die "Endschicksal der Götter" bedeutet. Die alten Götter müssen gehen, aber neue werden kommen. Als Götterdämmerung ist es aber der Untergang der alten Welt bei gleichzeitigem Dämmern einer Neuen Welt. Die Dämmerung kann das Dunkel oder Dunkle, aber auch das Helle, Lichte sein. → RICHARD WAGNER hat dieses im Schluss seines Musikdramas Götterdämmerung (der vierte Teil des RING DER NIBELUNGEN) eindrucksvoll vertont.

"Weltende" oder "Weltenende" ist eine Fehlinterpretation, denn Ragnarök ist das Ende eines kosmischen Zyklus, bei dem sich alle entstandenen Verstrickungen und Probleme auflösen, sowie der Anfang eines neuen Zyklus. Damit steht Ragnarök im krassen Gegensatz zur Apokalypse.

Die Ragnarök wird eindrücklich in der Edda (Völuspa 44-66) in Stabreimen beschrieben.

Vertonungen (Auswahl):

• Ancient Rites, *Dim Carcosa* (Hammerheart Records, 2001) Belgische Dark Metal Band; Titel 6. "Götterdämmerung (Twilight Of The Gods)" (Text: Gunther Theys; Musik: Ancient Rites)

• Einherjer, *far far north* (Century Media, 1997), norwegische Black Metal-Band; zum Thema "Ragnarök" (bezieht sich auf die Völuspa): "Drops of poison / dripped through the smoke-hole / The hall is wattled / with serpent backs..." (Lyrics by Gerhard Storasund)

• Sequentia, *Edda Myths from Medieval Iceland* (BMG, 1999). Neben anderen Vertonungen der Edda-Texte ist auch ein Stück namens "Ragnarok – the end of the gods" enthalten.

• Twilight of the Gods, Vol.2: *The Gothic/Black Metal Collection* (Credo, 1999); zu den vertretenen Bands gehören Moonspell, Samael (→ FREISCHÜTZ), → DIMMU BORGIR, → CRADLE OF FILTH, Moonchild, Within Temptation, In Extremo u.a.

chr.r.

Rammstein: Frech, rotzig, bissig

Der Name Rammstein wird von der → BAND nicht genauer erklärt. Er könnte sich aber auf die gleichnamige US-Militärbasis im Taunus, den Ort Ramstein beziehen, der wegen eines spektakulären Flugzeugunglücks, bei dem mehrere Menschen verbrannt sind, bekannt wurde, oder eine Erfindung eines Minnesängernamens (á la Wolkenstein) sein.

Rammstein wurde von Musikern aus Berlin und Schwerin gegründet und spielt eine Musik, die Elemente aus dem → HEAVY METAL, Industrial, → GOTHIC DARK WAVE, Elektro vereint. Charakteristisch ist der deutsche Gesang (tiefe, stakkatohafte Männerstimme und lyrischer Sopran). Die Texte sind frech, rotzig, anzüglich, bissig, ironisch, manchmal in ihrer Diktion sehr mittelalterlich. Zu den Themen gehören Apokalypse, Nekrophilie, Wahnsinn, Analsex (→ SEX MAGICK). Der Band wird in den Medien häufig vorgeworfen, rechtsradikal zu sein, Nazikulturgut zu verherrlichen usw.; die Band bestreitet dies jedoch energisch.

Der US-amerikanische Kult-Regisseur David Lynch hat zwei Songs in den Soundtrack zu seinem Film LOST HIGHWAY eingebaut (→ FILMMUSIK), und damit die deutsche Gruppe weltberühmt gemacht. Die Band erhielt seit 1998 zahlreiche Preise, ihre Alben wurden vergoldet oder erhielten Platin!

Discographie (Auswahl):

- *Herzeleid* (1995) Der Titel erinnert an einen Namen der Mutter von → PARSIFAL (Herzeleide; → KUNDRY).
- *Sehnsucht* (1997)
- *Live aus Berlin* (1999)
- *Mutter* (2001)
- *Rosarot* (2006)

www.rammstein.de

chr.r.

Ranft, Michael: Chronist untoter Regungen

1725 wurde im südungarischen Dorf Kisolova dem Leichnam des Bauern Petr Plogojovitz von Dorfbewohnern ein zugespitzter Pfahl durch das Herz gestochen, um seinem nächtlichen Treiben als Blutsauger, dem bereits neun Nachbarn zum Opfer gefallen waren, ein Ende zu setzen. Das Ritual fand in Anwesenheit des kaiserlichen Provisors des Distrikts statt, der in seinem Bericht feststellte, dass sich 10 Wochen nach dem Tod des Bauern seine alte, weißliche Haut geschält habe, um einer neuen frischen Haut Raum zu geben. Zu seinem Erstaunen habe er in seinem Mund frisches Blut gefunden. Bei der Pfählung des Leichnams – dem Provisor fehlten die Worte, es niederzuschreiben – kam es bei Petr zu einer Erektion.

Das WIENER DIARIUM druckte im Juli 1725 diesen Bericht. Wenige Tage später erschien die Nachricht bereits in der HAMBURGISCHEN CORRESPONDENZ. Der Diakon Michael Ranft nutzte die Gunst der Stunde und reichte im September bei der Leipziger Universität schnell eine Dissertation mit dem Titel DE MASTICATIONE MORTUORUM IN TUMULIS LIBER ein. 1734 gab Ranft das beträchtlich erweiterte Werk in Deutsch unter dem Titel TRAKTAT VON DEM KAUEN UND SCHMATZEN DER TOTEN IN GRÄBERN, WORIN DIE WAHRE BESCHAFFENHEIT DERER HUNGARISCHEN VAMPIRS UND BLUT-SAUGER GEZEIGT heraus. Diese Schrift mehrte das Interesse der Öffentlichkeit an den blutgierigen Wiedergängern beträchtlich.

Ranft spottete darin mancher seiner Kollegen, die vor ihm über die Vampire Traktate verfasst hatten: "Die selbst so wunderliche Träume und Erscheinungen gehabt, dass man sich vor denselben eben so sehr zu fürchten hat als vor denen Hungarischen Vampyrs selbsten."

w.b.

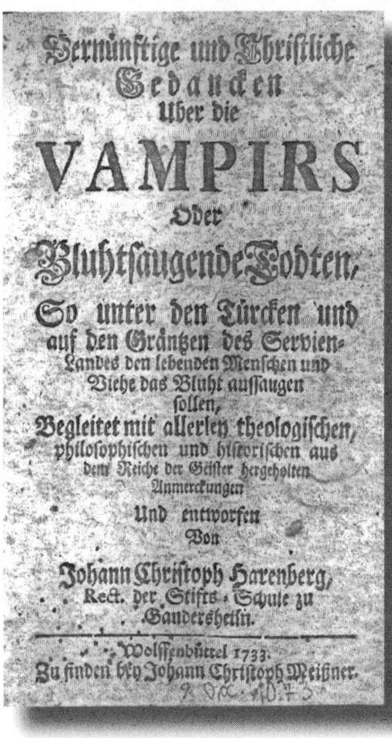
Vernünfftige und Christliche Gedancken über die VAMPIRS Oder Bluhtsaugende Todten, So unter den Türcken und auf den Gräntzen des Servien-Landes den lebenden Menschen und Viehe das Bluht aussaugen sollen, Begleitet mit allerley theologischen, philosophischen und historischen aus dem Reiche der Geister hergeholten Anmerckungen Und entworffen Von Johann Christoph Harenberg, Rect. der Stifts-Schule zu Gandersheim.

Wolffenbüttel 1733. Zu finden bey Johann Christoph Meißner.

Titelblatt eines Vampirtraktats – vom Schimmel der Jahrhunderte schon stark gebleicht

Ratte: Die Intelligenz, zur rechten Zeit das Rechte zu tun

Ihre Gänge verlaufen meist unter der Erde. Wie die → MAUS, zu deren Familie sie gehören, assoziieren Ratten die → UNTERWELT, die Sphäre des Dunklen und des Todes. Vermutlich sorgten Ratten für die Verbreitung der Pest im Mittelalter. Krankheiten und Seuchen kleben bis heute an ihrem Ruf. Sie seien aus dem Unrat selbst entstanden, hieß es, aus häuslichem Abfall oder geistigem Müll. Ratten und Mäuse sollten im Hirn sitzen, Störungen der Denkfähigkeit auslösen und damit üble Laune, wusste der Volksmund. Alkoholiker sehen zumindest im Delirium tremens häufig Ratten. Während die Menschen des Mittelalters hinter solchen Phänomenen das Einwirken von Hexen (→ URALTE IM WALD) oder des → TEUFELS persönlich mutmaßten, wähnen Psychologen hier nur die nagenden Umtriebe des Unbewussten.

Vermutlich stammen Ratten aus Südasien und verbreiteten sich mit der Schiffahrt über alle Kontinente. Wanderratten, unersättliche Allesfresser, treten zumeist in größeren Raubgemeinschaften auf. Unvermittelt können sie höchst aggressiv werden und greifen tolldreist selbst größere Gegner an. Dann wieder ziehen sie sich, chancenlose Situationen klug und sicher einschätzend, vorsichtig zurück. "Feige Ratten" als verächtlicher Vorwurf basiert auf ungenügender Beobachtung. Ihr Organisationstalent ist verblüffend, ihre Anpassungsfähigkeiten kaum zu überbieten, ihre Population geradezu beängstigend. Ganesha, indischer Elefantengott und Herr der Hindernisse, nutzt Ratte wie Maus als Vehikel. Finden beide doch gleichermaßen instinktsicher und unfehlbar durch alle Hindernisse hindurch den Weg zu den Vorratskammern. Verlassen Ratten ein sinkendes Schiff, wittern sie Unglück, kündigen sich Missstände an, oder sie machen einfach nur überdeutlich, dass die Vorräte zur Neige gehen. Aufgrund solcher Voraussicht und Sensibilität für drohende Gefahren gilt manchen Kulturen ihre Anwesenheit in Haus und Hof

Wer seine Haustiere liebt, der füttert sie

als beruhigendes Zeichen. Ratten wurden mit Recht zum Symbol erfolgreichen Bemühens, Anforderungen unseres irdischen Daseins flexibel zu meistern.

Auch im alten chinesischen Tierkreis charakterisiert die Ratte Furchtsamkeit und niedrige Gesinnung, im besten Fall Vorsicht. Chinesische Märchen konstruieren gern einen Zusammenhang von Ratte und Geld. Raschelt sie nachts, würde sie Banknoten zählen. Als erstes Zeichen im chinesischen Tierkreis verspricht sie Erfolg. Rattengeborene gelten als ehrgeizig, anpassungsfähig, zielstrebig und gelangen langfristig auch meist ans Ziel, materiell wie jenseits pekuniärer Akkumulation. Rattenfänger aus Politik, Marktwerbung oder Sekten locken dabei oft allzu Vertrauensselige mit falschen Versprechungen. Hinter der bekannten Geschichte vom Rattenfänger von Hameln aber stecken, wie man heute weiß, erfolgreiche Abwerbungen Jugendlicher in Gebiete, wo Arbeitskräftemangel herrschte.

Rastlos bleiben Ratten tätig, ewig fruchtbar, und gebärden sich dabei mitunter äußerst gewalttätig und zerstörerisch, stellen sich ihrem Behauptungstrieb ernsthafte Hindernisse entgegen. Eine Ratte als Attribut des keltischen Hirschgottes Cernunnos verhieß Reichtum durch stetes Wachstum. Werden diese Kräfte aber nicht reguliert, neigen sie zu Ausuferungen, in der äußeren Natur wie in unserer Psyche. Ratten vertreten das universale Prinzip der Lebenskraft in ihrem intelligenten und alle Widerstände meisternden Aspekt, aber ebenso das Element Feuer. Mit seiner flammenden Energie lassen sich viele Probleme lösen, die aber auch oft durch das selbe Prinzip erst geschaffen wurden.

C.Z.

Räucherwerk: Nahrung der Götter

"Nun begann ich zu grübeln im Sinne wie im Gemüte:
Geh ich und forsche? Ich hatte doch funkelnden Rauch dort gesehen."

Homer, ODYSSEE X,151

Unter Räucherwerk versteht man alle Substanzen (Rohdrogen oder Einzelstoffe, sowie Mischungen verschiedener → DROGEN), die auf glühende Holzkohle oder Kohle gestreut werden, um Rauch oder Dampf zu bilden, der sich im Raum verbreitet.

Räucherwerk gehört seit alters her zum festen Bestandteil schamanischer, magischer und religiöser Rituale (→ SCHAMANISCHE KLÄNGE). Räucherwerk ist praktisch in allen Kulturen zu allen Zeiten entdeckt und rituell benutzt worden. Räucherwerk wird in verschiedenen Kulturen als "Schweiß der Götter", "Nahrung der Götter", "Tränen der Götter", "Zigaretten für die Götter", "Das Gehirn des Himmels" oder "Der Atem des Drachen" genannt.

"Wo Feuer ist, ist auch Rauch!" lautet ein altes Sprichwort. Die Auffassung, dass Feuer eine Erscheinungsform der Seele ist, überträgt sich auch auf den Rauch

Im Alten Testament wird eine Toten-/Geisterbeschwörerin beschrieben: "in Endor ist ein Weib, das kann Tote beschwören" (Erstes Buch Samuel 28; SCHMIDT 1995). Die Frau von Endor erinnert den Ratsuchenden daran, dass Saul die ganzen Geisterbeschwörer und Zeichendeuter des gelobten Landes hat ausrotten lassen (ebd.). In der lateinischen Vulgata wird diese Frau als pythonissa oder mulier pythonem habens bezeichnet. Sie soll ihre Weissagungen von einer Python ("Drachin") erhalten haben, also ganz ähnlich wie die delphische Pythia. 1611 wurde sie in der englischen Bibelübersetzung als witch, "Hexe", bezeichnet. (Kunz Meyer, "Die Hexe von Endor"; Stahlstich, Deutschland, Ende 19.Jh.)

(HWDA VII,521). Er wird als "Windseele", "Hauchseele" oder "Schattenseele" bezeichnet. Weiter heißt es, dass viele Geister in Gestalt oder Form von Rauch erscheinen. Aus den Gestalten, die der Rauch des Räucherwerkes sehen lässt, kann man Botschaften der Geisterwelt, Anderswelt oder gewöhnlich unsichtbaren Welt ablesen. Diese Form der Deutung aus dem Rauch ist unter dem Begriff Kapnomantie (Wahrsagerei aus dem Rauch) bekannt.

Das Entzünden von Räucherwerk gehört zu den ältesten rituellen Praktiken der Menschheit. Schamanen versetzten sich mit dem aufsteigenden Rauch bestimmter Hölzer, Harze und Blätter in Trance, Seherinnen inhalierten den Rauch von bewusstseinsverändernden Stoffen, um in Ekstase zu verfallen. Priesterinnen und Priester verbrannten Harze, um den Kontakt mit den Göttern und Göttinnen herzustellen. Mit Räucherwerk wurden (und werden) Dämonen, Geister oder Gottheiten beschworen oder vertrieben; Bauwerke wurden geweiht und gereinigt; Kranke und Besessene wurden mit köstlichen Düften oder stinkenden Gerüchen beräuchert. Dem aromatischen Rauch wurden magische oder medizinische Eigenschaften zugeschrieben; er wurde bestimmten Gottheiten und Planeten zugeordnet.

Der Gebrauch von Weihrauch ist keine Erfindung der christlichen Kirche. Räuchern ist etwas Allgemeinmenschliches, ein archaisches Treiben und Handeln, das Menschen aller Zeiten entdeckt, weiterentwickelt und geschätzt haben. Im Himalaya erzählen die Schamanen, dass ihre Ahnen, die ersten Schamanen, vor etwa 60000 Jahren das Räuchern als wesentliches Element in den Schamanismus eingeführt haben. Überall, wo es noch letzte Reste der archaischen schamanischen Kultur gibt, berichten die Schamanen das Gleiche. Die von ihnen benutzten Räucherstoffe wurde von den Urschamanen entdeckt oder ihnen von den Götterboten gezeigt. Überall in schamanischen Kulturen trifft man auf das selbe Konzept. Der vom Feuer befreite Rauch trägt die "Seele" des Räucherstoffes in die Anderswelt, in die Welten der Götter und Göttinnen. Der heilige Rauch verwandelt sich dort in göttlichen Nektar, das "Nahrungsergänzungsmittel" der Göttlichen, ihr liebstes Getränk, ihre Götterspeise, die sie brauchen um nicht zu altern, ganz wie die "Goldenen Äpfel" der Idun oder Freia.

Die Göttlichen sind daher auf die Gunst der Menschen angewiesen, genauso wie die Menschen auf jene der Götter zählen müssen. Im schamanischen Kosmos sind nicht nur die Menschen von den Göttlichen abhängig, sondern die Götter und Göttinnen auch von den Menschen. Im schamanischen Kosmos gibt es keinen einen und einzigen Gott, der zornig und rächend sein "auserwähltes Volk" kontrolliert und straft. Im schamanischen Kosmos geht es ökologisch zu, alles ist von Bedeutung und mehr oder weniger komplex voneinander abhängig und miteinander verbunden.

Räuchern ist ein Ausdruck von Geben und Nehmen, von Austausch, von Gegenseitigkeit; ein ökologisches Muster, ein geistiger Prozess, Bewusstwerdung, Bewusstseinsbildung, Bewusstseinsökologie; ein Bewusstheitsritual. Mit Räucherwerk lassen sich lichte und dunkle Gestalten anlocken und dienstbar machen. Eigentlich sind alle Räucherstoffe psychoaktiv, es kommt nur auf die Dosis an!

Heute spielt Räucherwerk in der Schwarzen Szene (im Gothic Dark Wave) eine wichtige Rolle (MATZKE und SEELIGER 2003:455f.). Bei magischen Zirkeln, bei Schwarzen Messen, bei Beschwörungen aller Art wird geräuchert. Das Räucherwerk an sich ist weder gut noch böse, weder hell noch dunkel; der Gebrauch und die damit verbundenen Ziele sind von der Intention des Ausführenden abhängig. Räucherwerk kann in himmlisch-paradisische Gefilde entführen oder den Schlund der Hölle öffnen.

Der römisch-antike → SATURNUS war auch der Gott des Räucherns; dieser Aspekt wurde vor allem durch die Phöniker deutlich. Im römischen Nordafrika (Karthago) wurde Saturnus per interpretatio romana mit dem dort herrschenden phönikischen Gott Baal Hammon identifiziert. Schon im 9. Jh. v. Chr. wurde Baal Hammon von den Phönikern verehrt. Er wird als "Herr der Räucheraltäre" (hammanim) gedeutet. Immerhin lag der Weihrauchhandel in der Hand der phönikischen Kaufleute. Es war ein sehr lukrativer und politisch brisanter Handel, denn bei der Monopolisierung kommt es immer zu Konflikten und kriegerischen Auseinandersetzungen. Allerdings hat sich durch den phönikischen Handel auch der Kult des Gottes der Räucheraltäre verbreitet. Viele Pflanzen waren als Räucherstoffe dem Saturn zugeeignet worden – vor allem die, die dem Dunklen gewidmet waren.

Räucherstoffe des Saturn(us):

Myrrhe, Bilsenkraut, Eibe, Raute, Zypresse, Zibet, Asa foetida ("Teufelsdreck"), Salomonssiegel, Odermennig, Baldrian, Skammonium, Alaun, Hanf, Nieswurz, Alraune, Opium, Fichte, Sadebaum, Salbei, Nachtschatten, Eisenhut, Tollkirsche, Schierling, Efeu, Erdrauch, Zypresse, Wurmfarn, Kiefer, Storax (Styrax), neuerdings auch Stechapfel (Datura).

chr.r.

Regenbogen: Brücke zur Welt der Feen

In Mythologien ist der Regenbogen die Brücke oder das Tor zu Götter- und Feenwelten.

> "Wenn der Mensch unter ihm durchwandert, sieht er die Erde und alles, was auf ihr kreucht und fleucht, auf einmal fröhlicher und farbiger." "Wenn man jemand einen Ring oder sonst einen Schmuck überreichen will, ist dies am besten zu tun, wenn der Himmelsbogen, der ‚Himmelsring' aufleuchtet."

Jeder Tag der Woche ist schon nach antikem Volksglauben der Tag eines Planeten (Wandelstern) und von dessen Farbe, z.B. der Freitag (→ SCHWARZER FREITAG): Venus/Himmelblau. Leuchtet an diesem Tag noch ein Regenbogen, so erkennen wir dies besonders deutlich: Die Zeit der erfüllten Liebeswünsche wird für uns Wirklichkeit.

"Baden", bzw. sich nass abreiben im Regen, der zur Zeit eines Regenbogens fällt, beseitigt die Krankheit und gibt einem in der kommenden Woche die "hellen Augen", den Pfad ins Glück zu finden.

Dort, wo der Regenbogen in seiner Farbenpracht die Erde berührt, sollen die Engelein oder auch die unterirdischen Erdleutchen oft goldene Münzen hinlegen, die einen Stern, ein Kreuzchen oder sonst "alles Gute verheißende Zeichen" aufweisen. Diese erklärt man meistens als "keltische Glücksbringer", die der Regen aus dem Boden "hervorwäscht". Sie sollen helfen, "künftig das zu finden, was einem am meisten wert ist".

s.g.

Requiem: Auseinandersetzung mit Leben und Tod

Das Requiem (singular), die Requien oder die "Requiems" (plural)

Die [katholische] Totenmesse (→ GREGORIANIK). Der Name stammt von dem ersten Wort des lateinischen "Introitus": Requiem aeternam dona eis, Domine, "Gib ihnen die ewige Ruhe, o Herr!"

Die liturgische Einteilung des Requiems ist festgelegt (aber nicht immer befolgt worden):

Introitus (Eingang)
Dies irae (Tag des Zorns)
Ave verum [gehört nicht zur Liturgie]
Lux aeterna (Ewiges Licht)
Rex tremendae (Der fürchterliche König)
Agnus Dei (Gotteslamm)
Tuba mirum (Posaunen der Apokalypse)
Lacrimosa (tränenreich)
Sanctus (Heiliger)

Requiem

Das Requiem ist eine Sonderform der musikalischen Messe. Ihr liegt der lateinische Text der katholischen Liturgie zugrunde. Das Requiem ist eigentlich eine sakrale Kirchenmusik; sie erklang bei Begräbnisgottesdiensten und am Allerseelentag im Gedenken an die im Glauben Verstorbenen. Sie hat ihre Wurzeln in der frühen komponierten Musik der Italiener (Palestrina). Als Begründer des "Deutschen Requiems" gilt der Barockkomponist Friedrich Schütz. Eine Blüte erlebte die musikalische Gattung Requiem im 19. Jahrhundert (Berlioz, Brahms, Verdi, Puccini). Im 20. Jahrhundert haben vor allem die Weltkriege zu einer Reihe von "modernen" Requien geführt (Britten, Hartmann, Eisler). Das Requiem wurde in den Sechzigern neu entdeckt (als psychedelisches Seelengeleit a la Timothy Leary) und findet vor allem im → Dark Metal und → Gothic wieder große Beachtung. Die Musik der Requien gilt als dunkel, düster, traurig, dramatisch, schwer, erhaben – nicht aber als melancholisch.

Viele Komponisten haben Messen komponiert (Bach, Haydn, Beethoven, Schubert, Weber, Mendelssohn Bartholdy, usw.), doch nur wenige haben sich an die Totenmesse gewagt. Das Komponieren eines Requiems war immer mit dem Flair des Todes, des Untergangs und dem Weltschmerz assoziiert. Im Requiem sah man oft etwas Prophetisches, eine Prophezeiung für den baldigen Tod, entweder des Komponisten oder naher Bezugspersonen.

Das Requiem wurde für viele Komponisten eine musikalische Auseinandersetzung mit Leben und Tod, mit der Vergänglichkeit, mit der dunklen Seite, der Düsternis, Finsternis und Verderbnis. – "Die Musik der großen Requiems verschafft keinen Kunstgenuss, sondern Betroffenheit und Erschütterung..." schrieb Ernst Bloch.

Viele Menschen haben Angst vor den Requien, nicht so sehr wegen der Musik, sondern wegen ihres Inhalts und ihrer Implikationen. Viele Menschen glauben, dass wenn sie ein Requiem hören, ein naher Mensch sterben würde.

Die meisten Requien sind für Solosänger, Chöre, Orchester und → Orgel geschrieben worden. Die ersten 500 Jahre lang (13.-18. Jh.) haben die verschiedenen komponierten Requien ausschließlich sakral-kirchlichen Anlässen, nämlich Toten- und Begräbnismessen als musikalische Untermalung gedient. Im 19. Jahrhundert verließ die Gattung Requiem das enge kirchliche Gewand und Gemäuer und eroberte den säkularen Konzertsaal. Die gewaltigen Kompositionen für viele Sänger und Musiker konnten in Kirchen gar nicht mehr aufgeführt werden. Das Requiem wurde zu einer musikalischen Kunstform "großen Stils", zu einem "säkular-sakralen Kult für die Verstorbenen, universaler Ausdruck der menschlichen Zivilisation, Meditation über Tod und Leben oder ein Sich-Aufbäumen gegen die Unerbittlichkeit und Ungerechtigkeit des Todes" (ANNETTE KREUTZIGER-HERR, 2001). Im 20. Jahrhundert verließ der liturgische Text die Gattung.

Im Laufe der Geschichte sind die Komponisten – auch protestantische, sogar atheistische – immer freier mit dem Text umgegangen, haben ihn gekürzt, abgewandelt oder übersetzt (Liszt, Brahms, Bruckner). In manchen Requien, vor allem in moderneren, werden nur Teile der Totenmesse vertont und behandelt (Ligeti). Am Ende dieser Entwicklung steht das rein instrumentale Requiem, wie das von Hans Werner Henze. – Ein Requiem für die Lebenden!

Manche Komponisten haben sich auch einzelner Teile der katholischen Liturgie für andere Kompositionen bedient. So hat → BERLIOZ in seiner SYMPHONIE FANTASTIQUE das Dies irae zitiert. Benjamin Britten hat die drei Sätze seiner Sinfonia da Requiem nach Teilen der Totenmesse benannt. Andere Komponisten haben in ihre Werke requiemartige Passagen eingebaut. Wie etwa die Totenmesse für Titurel im dritten Akt von → WAGNERS → PARSIFAL. Der erste Satz von Mahlers Symphonie Nr. 2, die sog. "Auferstehungs-Symphonie", ist eine Art Requiem und heißt "Totenfeier".

Viele Komponisten von → FILMMUSIK für düstere, gruselige Sujets haben sich oft an den Requiem-Kompositionen der Klassiker bedient (Mozart, Berlioz, Liszt, Verdi, Fauré), vor allem um religiöse und düstere Szenen (Begräbnisse, Schwarze Messen, usw.) musikalisch zu untermalen. Es gibt heute sogar ein Musikprogramm für den Computer namens Requiem. Damit können spezielle Sounds und requiemartige Klänge produziert werden.

Historisch wichtige Werke (Auswahl) in chronologischer Folge:

• Heinrich Schütz (1585-1672), Musikalische Exequien, op. 7, SWV 279-281 (1632-1635)

Teil I.: Concert in Form einer Teutschen Begräbnis-Missa. II.: Motette "Herr, wenn ich Dich habe"; III.: Canticum B. Simeonis "Herr, nun lässest Du Deinen Diener".

Schütz wurde inmitten einer Pestepidemie, Vermächtnis eines grausamen Krieges, in Weissenfels geboren. Als er vier Jahre alt war, wurden an nur einem einzigen Tage im Kloster Quedlinburg im Harz bei Weissenfels 133 Hexen verbrannt (1589). Der Junge wuchs in einer vom rasenden Tod, Krankheit und Ruhr überschatteten Welt auf. Als junger Mann verlor er in kurzen Abständen seine Eltern, seine junge Ehefrau, seinen Bruder und seine beiden Töchter. Dieser von bedrückender Schwermut gelähmte Mann sprach von seiner "nahezu qualvollen Existenz". Aus dieser Düsternis heraus entstanden seine "Musikalischen Exequien", deren erster Teil die wohl erste deutschsprachige Totenmesse, das erste Deutsche Requiem, umfasst. Das Werk wurde 1635 von dem Fürsten von Gera, Heinrich Reuss, posthumus in Auftrag gegeben.

• Wolfgang Amadeus Mozart (1756-1791), Requiem d-moll, KV 626 für Soli, Chor und Orchester (1791)

Von seinem Schüler Franz Xaver Süßmayr (1766-1803) wurden Mozarts Skizzen ausgeführt und vollendet. Das "Mozart-Requiem" ist besonders unheimlich, wegen seiner Entstehungsgeschichte. Mozart komponierte es auf seinem Sterbebett. Der Kranke wurde von Fieberphantasien gepeinigt, Halluzinationen vom Boten des Todes, dem "unheimlichen Fremden". Mozart war klar, dass er seine eigene Begräbnismusik schuf. Süßmayr soll er kurz vor seinem Tode gefragt haben: "Habe ich nicht gesagt, dass ich es für mich schreibe?" – Am Abend des 5. Dezember 1791 spielten Musikfreunde an seinem Sterbelager Musik aus seinem Requiem. Dabei schwand ihm das Bewusstsein. Seine Schwägerin kommentierte "Sein Letztes war es noch, wie er mit seinem Munde die Pauken in seinem ‚Requiem' ausdrücken wollte." – Mozarts Leiche landete in einem anonymen Armengrab.

Mozarts Requiem wurde bei der Beerdigung von dem "dunklen Gott" → BEETHOVEN (1827) gespielt; unter den Trauergästen befand sich der Komponist Franz Schubert (1797-1828), der ein Jahr darauf starb. → RICHARD WAGNER sagt zu Mozarts Requiem: "Es ist schön, von einem naiven Katholiken, von einem frommen Gemüte, das in die Kirche geht und gerührt ist; durchaus unkirchlich!" (22.6.1880)

Mozarts Requiem wurde oft an Gedenktagen gespielt, z.B. zum Gedenken an die Zerstörung von Dresden (60. Jahrestag) in der Semper-Oper aufgeführt und im Fernsehen übertragen.

• Giuseppe Verdi (1813-1901), Messa da Requiem (1874)

Dieses große Requiem für Orchester, Chor und Solisten des berühmten Opernkomponisten (→ OPER) gilt gemeinhin als die bedeutendste italienische Konzertmesse des 19. Jh. Es besteht aus einem Teil, den Verdi für den verehrten Komponisten Rossini (1792-1868) schrieb ("Libera me"), und einem weiteren, mit dem er den von ihm hochgeschätzten Schriftsteller Allesandro Manzoni (1785-1873) bedachte.

Die erste große Aufnahme des Requiems entstand bei einer Aufführung in Rom unter Tullio Serafin am Vorabend des Zweiten Weltkrieges (August 1939), und wurde 1940 in Italien, ein Jahr später in den USA veröffentlicht. In England wurde die Aufnahme erst im Nachkriegsjahr 1946 herausgegeben. Darin wurde natürlich etwas mystisches gesehen: die Grauen des Krieges wurden von Verdis Requiem eingerahmt und betrauert. Diese historische Aufnahme ist in der Reihe "Naxos Historical" im CD-Format wiederveröffentlicht worden (HNH International, 2001).

• Gabriel Fauré (1845-1924), Requiem Op.48 für Sopran, Bariton, Chor, Orchester und Orgel (volle Orchesterfassung von 1900)

Fauré, der in einem geistlichen Umfeld aufgewachsen war, arbeitete über sechs Jahrzehnte als Organist (→ ORGEL). Er schrieb nach eignen Aussagen sein Requiem nicht aus einem besonderen Anlass, sondern "einfach aus Vergnügen" – was deutlich an seiner Musik zu erkennen ist. Er komponierte nicht die Schrecken des Todes, sondern schrieb ein "Wiegenlied des Todes". Fauré fürchtete nicht den Tod, sondern sah in ihm ein "seliges Erlöstsein". Deshalb ging er frei mit dem liturgischen Text um, indem er nur einzelne Passagen vertonte. "Das Gefühl des himmlischen Friedens ist nicht allein den Verstorbenen bestimmt, es teilt sich den Zuhörern bereits im Diesseits mit."

• Benjamin Britten (1913-1976), War Requiem, Sinfonia da Requiem, Op. 20 (1940)

Als der 26jährige Britten in den USA lebte und dieses Werk im Auftrag der japanischen Regierung schrieb, machte er keinen Hehl aus der musikalischen Antikriegsstimmung des Stückes. Es ist für großes Orchester, darunter ein Altsaxophon (→ SAXOPHON), ein Klavier und zwei Harfen, komponiert. Die drei miteinander verbundenen Sätze sind nach der lateinischen Totenmesse benannt (Lacrymosa, Dies irae, Requiem aeternam). Dieses Dies irae wurde als "haarsträubender Todestanz" beschrieben.

• Arthur Honegger (1892-1955), Symphonie Nr. 3 "Liturgique" (1945)

Diese dreisätzige Symphonie ist eine Art Requiem ohne Text. Jedem Satz sind Sätze aus der katholischen Totenmesse vorangestellt (Dies irae, De profundis clamavi, Donna nobis pacem). Dieses Werk ist eine Verarbeitung der Schrecken des Zweiten Weltkrieges. Es beleuchtet den alles vernichtenden Hass, den Ausblick auf die Friedenstaube über den Kriegsruinen, den finsteren Marsch von Robotern gegen die zivilisierte Menschheit und die Utopie einer von Menschlichkeit und Liebe regierten Welt.

• Sylvano Bussotti (*1931), The Rara Requiem (1976) für Sängerensemble, Gitarre und Cello, Bläser, Piano, Harfe und Schlagwerk.

Der Text ist eine Collage von Zitaten und Fragmenten europäischer Dichter und Denker (z.B. Homer, Petronius, Racine, Baudelaire, Rilke, Adorno). Die Musik ist sehr experimentell. Rara ist ein personifiziertes Sinnbild: "The Rara Requiem zeigt die äußerste Annäherung an einen süßen und finsteren Kern, dessen jedoch noch immer flüchtige Konturen die Musik in immerwährender Anstrengung zu fixieren sucht." (Francesco Degrada)

Bussotis Werk klingt genauso, wie sich Banausen eine "moderne Komposition" vorstellen: völlig "unverständlich"! Die Musik folgt keiner bisherigen Form, findet aber in sich selbst eine Form – man muss ihr nur folgen können! Schrille atonale Stimmen, pizzicatohaftes Gehechel auf den Saiteninstrumenten, wildes Geschrummel, langgezogene Einzeltöne, viele Pausen.

• Hans Werner Henze (*1926), Requiem – Neun geistliche Konzerte für Klavier solo, konzertierende Trompete und Kammerorchester (1993)

Reines Instrumentalwerk!

Die Musik spricht "von den Ängsten und Nöten der Menschen dieser Zeit, von Krankheit und Tod, von Liebe und von der Einsamkeit..."

Der erklärte Atheist "hat mit seinem Requiem ein musikalisches Poem über die Erfahrungen des Sterbens, des Abschieds und der Trauer komponiert, das die Bilderwelt der katholischen Totenmesse zum Ausgangspunkt nimmt." – "Es gibt kein Jenseits in dieser Welt, es gibt nur die Präsenz: Engel und Teufel kann man auf der Straße treffen...", schrieb Henze zur Uraufführung.

• Nicholas Lens, Flamma Flamma – The Fire Requiem (1994) (The Accacha Chronicles, Part I) für Sopran, Tenor, Counter, Mezzosopran, Bariton, Bass, Schauspieler, kleiner Chor, gemischter Chor, Koto & Kammerorchester und zusätzlichen Instrumenten; Texte von Herman Portocarero. CD: BMG Ariola Classics, 1999.

Hier handelt es sich um ein durchweg "heidnisches Requiem", um ein "Ritual..., das stark von den magischen Kräften außereuropäischer Kulturen geprägt ist. Ihm liegt die Vorstellung zugrunde, dass der Tod ein natürlicher Bestandteil kosmischer Lebensprozesse ist. Die ursprüngliche Qualität primitiver Totenzeremonien steht dabei in vieler Hinsicht im Kontrast zu den überorganisierten und aus diesem Grund in ihrem spirituellen Gehalt verblassten Kulthandlungen der westlichen Welt." (N. Lens, CD-Kommentar)

Im Zentrum steht Flammarius der Feuergott, der Beherrscher der Flammen, der Entzünder des Lichts. Es werden "all die positiven Aspekte des Feuers, insbesondere Licht, Wärme und Leidenschaft" gehuldigt (Feuergott, → ARTHUR BROWN) – durch die Handlung für eine Gédé, ein Voodoo-Priester aus Haiti, in Dauertrance! Wie ein Trickster, ein Gaukler, auf der Scheide zwischen Leben und Tod. Einmal (VIII) ist er so durchgeknallt, "so als habe er sich ein Pfund reines → KOKAIN in jede Körperöffnung einverleibt".

> "Die Klänge reisen buchstäblich durch das Labyrinth der Ohren. Denn das Symbol des Requiems ist das Labyrinth, das Zeichen für Leben und Tod, Sonne und Feuer, die Urform aller Symbole." (N. Lens)

> "Flamma Flamma stellt, unabhängig und daher allen Philosophien gegenüber voller Ehrfurcht, die reinen menschlichen Gefühle im kosmischen Übergang dar." (Lens)

Die rhythmusbetonte Komposition ist aus musikalischen Einflüssen aller Zeiten und Kulturen gewebt (ethnisches, Mittelaltermusik, Anleihen an die Carmina Burana, Rammsteinchöre, Chromatik, Atonalität, unendliche Melodien, Sufitöne, Derwischtänze, orientalische Karawanenklänge, slawisches, indisches, metalliges ... frühe Kirchenmusik, Voodootrommeln, Kultchoräle).

Dieses und andere Werke des belgischen Komponisten gehören zu den musikalischen Einflüssen von → THERION. Überhaupt wird diese Musik eher in der Gothic Szene gehört und geschätzt (als vom "Klassik-Publikum").

Das Requiem wurde auch ein Thema der (psychedelischen) Rockmusik (Arthur Brown, Jethro Tull, Jonathan Elias, The Mars Volta), im Metal (Iced Earth, Rage, Requiem) und im Gothic Rock (Agathodamon, Devil Doll, Haggard, → LACRIMOSA, Requiem In White).

• Arthur Brown, Requiem (Re-Issue-CD: CAS Records, 1999)

Ein Stück heißt "Requiem" (Brown/Smith), ist eine Pionierarbeit in Sachen Elektro – nur 20 Jahre vorher!

• Helga Pogatschar, Mars - ein Requiem (Chrome Records, 1996)

Die avantgardistische Komponistin studierte Komposition in München und Göteborg, 1995 Lehrauftrag für elektronische Klangerzeugung an der Hochschule für Musik und Theater München. Das Musiktheaterstück Mars-Requiem ist ein Auftragswerk von Carl Erling; UA: Münchner Reithalle, 1995; danach beim Wave Gotik Treffen in Leipzig aufgeführt. Auseinandersetzung mit der Ideologie der Nazis.

chr.r.

Rice, Anne: Die First Lady der Gothic Novel

Wenn die *Queen of Vampires* Bücher signiert, steigt sie schon mal aus einem Sarg oder sie posiert für ein Foto unter einem Dinosauriergerippe, das schützend seine Klauen über sie und ihren Computer hält. Mit ihren VAMPIRE CHRONICLES, den NEW TALES OF THE VAMPIRES und den MAYFAIR WITCHES eroberte sie sich eine weltweite Fangemeinde. Ihr Roman BLOOD AND GOLD kam 2001 gleich mit einer Auflage von 750.000 Exemplaren heraus. Sie gilt als die moderne Nachfolgerin von Experten des Genre der Gothic Novels wie → HORACE WALPOLE, Mary Shelley und → BRAM STOKER.

Anne Rice veröffentlichte unter dem Namen Anne Rampling auch erotische Romane und unter dem Namen A.N. Roquelaure schrieb sie sich in die Annalen der pornographischen Literatur ein.

Anlässlich ihres 60. Geburtstags schrieb Jordan Mejias in der FRANKFURTER RUNDSCHAU am 4.10.2001:

> "Die Bestsellerautorin, die mit ihren Romanen längst auch Hollywood erobert hat und sich dort neben Stephen King und John Grisham durchaus behaupten kann, verteilt ihre sinnenfrohen Untoten direkt unter uns. Sie mögen abenteuerliche Zeitreisen unternehmen, wie Marius, den sie nun in BLOOD AND GOLD, der neuesten Folge ihrer VAMPIRE CHRONICLES, durchs alte Ägypten und Römische Reich jagt und bei den Druiden vorbeischickt, bevor er sich ein bisschen später in Sandro Botticelli verlieben darf. Aber genau wie der notorische Lestat ist Marius kein echtes Fabelwesen, sondern ein Mensch wie du und ich. Modern und dementsprechend konfliktbeladen, werden Vampire von der dichtenden Kollegin des Doktor Freud auf die Couch gelegt, wo sie ihr Außenseitertum, in exotischer Kulisse angereichert mit Visionen und Sex und Angst, noch einmal lustvoll aufarbeiten."

In dem Film des Regisseurs Neil Jordan INTERVIEW MIT EINEM VAMPIR (1994) spielte Tom Cruise die Rolle des charismatischen Vampirs Lestat aus Anne Rice' Kultbuch VAMPIRE CHRONICLES, in der Rolle des Blutsaugers Louis de Ponte du Lac sahen die Zuschauer Brad Pitt. Der Kindvampir Claudia wurde von Kirsten Dunst gespielt. In einer weiteren Anne Rice-Verfilmung (KÖNIGIN DER VERDAMMTEN, 2002) spielte Aaliyah, eine aus Detroit stammende Soul-Sängerin, die 22-jährig bei einem Flugzeugabsturz tragisch ums Leben kam, überzeugend die Rolle der Akasha, der altägyptischen Königin und Mutter aller Vampire. Der Filmkritiker Rüdiger Suchsland:

> "Alles steht im Schatten Aaliyahs, für die der Film einen idealen Auftritt bot, um sich als Heldin des Düsteren, als dunkle Veronica Lake in Szene zu setzen. Eine gute halbe Stunde dauert es, bis man sie wieder sieht. Im Prinzip gehören ihr nur vier Szenen – aber welch ein phänomenaler Auftritt: Voller Ironie und kontrollierter Koketterie lässt sie sexuelle Verführungskraft, Popstar- und Gewaltallüren verschmelzen, in kleinen, eleganten, immer präzisen Gesten. Zunächst ein versonnener Tanz, dann richtet sie in einer Dark-Wave-Diskothek ein Blutbad unter ihresgleichen an. Später ist sie à la American

> Beauty in einer mit Rosenblättern gefüllten Badewanne zu sehen – in jedem Vampir, sofern er eine Frau ist, steckt unbedingt auch ein Vamp."

Geboren ist Anne Rice in New Orleans als Anne Howard Allen O'Brien am 4. Oktober 1941. 1961 heiratete sie den mittlerweile verstorbenen Künstler Stan Rice. Als ihre 1966 geborene Tochter Michelle im Alter von 5 Jahren an Leukämie starb, fiel Anne in eine tiefe Depression. In ihrem ersten, 1973 erschienenen Buch INTERVIEW WITH A VAMPIRE, erweckte sie ihre Tochter als Claudia, den blonden Kindvampir, wieder zum Leben.

Ab 1989 bewohnte sie mit ihrer Familie eine Art von Backsteinschloss aus dem Jahr 1857, das sie den Mayfair Witches auch als fiktives Heim zuwies. 2004 verkaufte sie das Haus, das nach dem Tod ihres Gatten seinen Charme für sie verloren hatte. Auch den Internet-Versand von T-Shirts mit ihrem Aufdruck und von Vampirpuppen hat sie seither eingestellt.

w.b.

Rohmer, Sax: Lebensunterhalt durch den Chinaman

Der 1883 in Birmingham als Arthur Henry Ward geborene Sax Rohmer besuchte erst mit 9 Jahren eine Schule. Früh schon interessierte er sich für das Alte Ägypten und für okkulte Literatur. Das Studium der Hieroglyphen ließ ihn annehmen, dass er in einer früheren Inkarnation einmal in Ägypten gelebt hatte. Als er mit seiner Frau Rose, einer Sensitiven, das Ouija-Brett befragte, wie er am besten ein Einkommen erzielen könne, bekam er die Antwort C-H-I-N-A-M-A-N (Chinese).

1912 erschien in einem englischen Magazin die erste Geschichte um den diabolischen Meisterverbrecher, den Chinesen Dr. Fu Manchu. 1913 folgte der erste Roman THE MYSTERY OF DR. FU MANCHU, dem bis 1917 zwei weitere Romane mit dieser "Ausgeburt der Hölle" als Haupthelden folgten.

Seinem Assistenten Dr. Petrie beschreibt der Agent Nayland Smith Fu Manchu, den "Meister der seltsamen Todesarten", folgendermaßen:

> "Stell dir eine Person vor, groß, hager und von katzenartigen Bewegungen, hochschultrig, mit einer Stirn wie Shakespeare und einer Fratze wie der Teufel, einem kahl geschorenen Schädel und länglichen magnetischen Schlitzaugen von katzengrüner Farbe. Dann statte sie in Gedanken mit der grausamen Verschlagenheit eines Superhirns aus, das über alle Hilfsmittel der Wissenschaft, die Vergangenheit und Gegenwart zu bieten haben, verfügt und – wenn du willst – über alle Geldmittel einer einflussreichen Regierung, die allerdings jede Kenntnis von seiner Existenz abstreitet. Ja, mal dir solch ein scheußliches Wesen aus, dann gewinnst du eine ungefähre Vorstellung wie Dr. Fu-Manchu aussieht."

Dr. Fu Manchu selbst bezeichnet sich als Gott der Zerstörung. Soweit nicht seine Mordkreaturen, die Thugs, die Diener der Todesgöttin Kali, und die Dakoiten, dämonische Ureinwohner aus dem birmesischen Dschungel, Gegner für ihn töten, setzt der bösartige Doktor bedenkenlos Skorpione, Riesentausendfüßler, schwarze Spinnen, Leprabazillen und todbringende Elixiere, aus Giftpilzen gewonnen, ein, um seine teuflischen Pläne zu verwirklichen.

Er ist auch ein Meister der Hypnose. Einem hochrangigen Regierungsmitglied tauscht er die Schlaftabletten gegen ein Haschischpräparat aus und entlockt dem halluzinierenden Mann mithilfe der Hypnose die geheimsten Pläne.

Seiner Gehilfin, der betörend schönen, glutäugigen ägyptischen Sklavin Kâra-manèh, traut Dr. Petrie erst nicht, aber ihr Charme hüllt ihn schnell "wie eine Zauberwolke" ein. Als ihr schlanker Körper erst einmal an seiner Brust zittert und er die vollkommenen Linien ihrer schlanken Gestalt, nur von einem leichten Seidengewand verdeckt, sieht, gibt er ihrem Flehen nach, sie aus den Klauen ihres grausamen Herrn zu befreien. Aber ist Fu Manchu wirklich in dem gewaltigen Feuer nach der Explosion eines Hauses umgekommen? Smith und Petrie, die keine Spur menschlicher Gebeine in der Asche finden, haben ihre Zweifel. Erst recht als sie seinen Abschiedsbrief lesen:

> "Aus dem Feuer kam ich – dem glimmenden Feuer von etwas, das eines Tages zur vernichtenden Flamme wird; im Feuer gehe ich. Sucht nicht meine Asche. Ich bin der Herr der Feuer! Auf Wiedersehen."

Im dritten Band ließ Rohmer seinen grausigen Chinaman endgültig sterben, erweckte ihn, durch Geldnöte gezwungen, 1931 in dem Roman DAUGHTER OF FU MANCHU aber wieder zum Leben. 1959 schrieb er seinen letzten Roman EMPEROR FU MANCHU.

Cover eines Romans von Sax Rohmer um den teuflischen Dr. Fu Manchu
(Cassel & Company, London 1939)

Rohmer war Mitglied des "Order of the Golden Dawn", dem auch die okkulten Themen zugeneigten Schriftsteller William Butler Yeats, Arthur Machen, → ALEISTER CROWLEY und → ALGERNON BLACKWOOD angehörten. Die eingehende Vertiefung seiner okkulten Interessen verarbeitete er in dem 1917 erschienenen Roman BROOD OF THE WITCH-QUEEN, den Kenner seines Werks für seine beste Arbeit halten.

Neben der Figur des Fu Manchu schuf Rohmer noch einen Detektiv, der seine Fälle mithilfe von Träumen und Visionen löst. Mit DOPE, A STORY OF CHINATOWN schrieb Rohmer 1891 einen der ersten Thriller, die den Drogenhandel zum Inhalt hatten.

1955 verkaufte er alle Radio-, TV- und Filmrechte für 4 Millionen Dollar an die Republic Pictures. Rohmer starb am 1. Juni 1959 in London, wohin er von seinem Altersruhesitz in White Plains, N.Y. aus eine kurze Reise unternommen hatte, an den Folgen eines Schlaganfalles.

w.b.

Rousseau, Henri: Der Maler des heiligen Herzens

Henri-Julien-Felix Rousseau wurde 1844 in der französischen Stadt Laval geboren. 1863 beging er einen kleinen Diebstahl. Um der Haft zu entgehen, verpflichtete er sich zu einem 7-jährigen Militärdienst in Angers. Von 1872 an war er im Zolldienst der Stadt Paris tätig, bis er sich 1893 frühpensionieren ließ, um sich ganz dem Malen widmen zu können und nicht mehr nur "Sonntagsmaler" zu sein. Der dreimal verheiratete Rousseau, ein lang verkanntes Genie, lebte bis zu seinem Tod als glücklicher Kleinbürger unter anderen Kleinbürgern im Stadtteil Montparnasse. Neben seiner "naiven" Malerei betätigte sich der "Zöllner" ebenso erfolglos als Stückeschreiber, Komponist, auf der Geige fiedelnder Musikant und Musiklehrer. In fast allen Bildern, die der Autodidakt malte, tauchen Bäume auf. Rousseau liebte Bäume. Er studierte sie bei vielen Besuchen im Jardin des Plantes. An Ort und Stelle machte er sich Skizzen, die er dann auf seine Bilder sorgfältig übertrug. Die tropischen Pflanzen, die er im Jardin des Plantes sah, regten ihn zu jenen betörend schönen Bildern üppiger Dschungellandschaften an, für die er bis heute unvergessen ist.

1897 malte Rousseau mit der *Schlafenden Zigeunerin* ein bizarres Bild ganz ohne Baum. Er versuchte vergeblich, das Bild seiner Heimatstadt Laval zu verkaufen. In einem Brief an den Bürgermeister beschrieb er das Gemälde:

> "Eine wandernde Schwarze, eine Mandolinenspielerin, schläft in tiefer Erschöpfung, neben ihr ein Krug mit Trinkwasser. Ein Löwe kommt vorbei und schnüffelt an ihr, verschlingt sie aber nicht. Die Szene findet in einer vollkommen trockenen Wüste statt. Die Zigeunerin ist in orientalischer Manier gekleidet".

1891 stellte er im Salon des Indépendants das erste Dschungel-Bild mit dem Titel *Überraschung!* aus, das einen Tiger zeigt, der sich anschleicht.

Als Vorbilder für die exotischen Tiere, die seine Wunderbilder beleben, dienten ihm Motive des von ihm hochverehrten Malers Eugène Delacroix, aber auch ein Album mit Tierdarstellungen BÊTES SAUVAGES – ENVIRON DEUX CENTS ILLUSTRATIONS AMUSANTES DE LA VIE DES ANIMAUX (Wilde Tiere – 200 amüsante Illustrationen über das Leben der Tiere).

Ab 1905 folgten weitere Bilder mit Szenen aus fremdartig schönen Traum- und Wunschwäldern. 1905: *Der hungrige Löwe*, 1907: *Der Schlangenbeschwörer*, 1910: *Waldlandschaft mit untergehender Sonne*, 1910: *Der Traum*, usw.

Der Kunstgeschichtler Marcel Brion:

> "Ausgehend vom Traum (auch wenn sich dieser Traum nur von Jahrmarktbudenschildern, Magazinillustrationen oder Spaziergängen im Jardin des Plantes nährte), münden Rousseaus Bilder auch wieder in ihm; einem so tiefen, so weiten Traum, dass seine Grenzen nicht zu erkennen sind, einem Traum, in dem auch noch anderes regiert: das mächtigste aller Beschwörungselemente, die Musik! Nicht die unschuldigen Walzer, die Rousseau komponiert und auf seiner Fiedel den Malern und Poeten vorgegeigt hat, die ihn zwar

Henri Rousseau (1907): *Der Schlangenbeschwörer* (Ausschnitt)

"gerne hatten", aber doch verhöhnten, wie eben die Superklugen stets die heilige Unschuld verspotten; nein, die geheimnisvollen Harmonien, welche die Flöte zwischen den Bäumen emporsteigen lässt und die sich wie üppige Orchideen oder farbenprächtige Schlangen um die Zweige schlingen. Der Traum entstieg dieser Flöte, aus ihr bezog Rousseau Form und Farbe. Die Musik versteinert die Raubtiere, die mit aufgerissenen Augen fasziniert und uns faszinierend verharren, sie lässt das Gekreisch der Vögel verstummen, lenkt das Schlängeln der Pythons durch die schwere Luft, zaubert mitten im Urwald eine nackte Frau auf ein Sofa, welche ihrerseits von der Flöte verlockt und bezaubert wurde; diese drang in ihren Wachtraum ein und lässt ihn zur üppigen Fata Morgana werden." (1962:24)

Wenige Monate nach der Fertigstellung des Gemäldes *Der Traum* starb der "Maler des heiligen Herzens". Der Dichter Guillaume Apollinaire schrieb einen Epitaph, der auf den Grabstein gemeißelt wurde.

w.b.

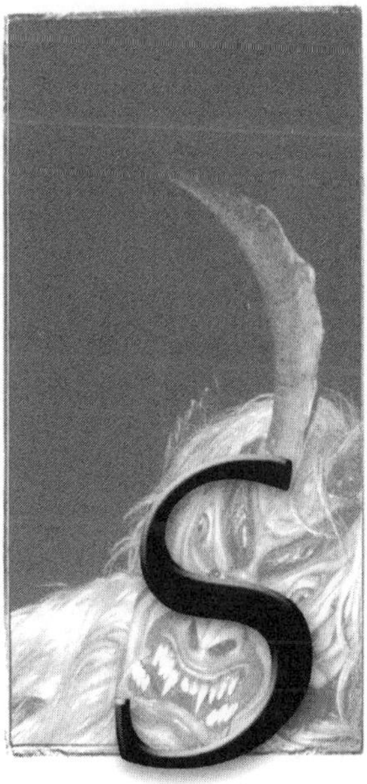
S

Salome: Tanz der sieben Schleier

Salome ist eine biblische Gestalt, aber auch die "skandalöseste weibliche Gestalt der Jahrhundertwende" (BATTA 1999:590). Der englische Dichter Oscar Wilde (1854-1900) hat die biblische Geschichte in seinem auf Französisch geschriebenen Theaterstück SALOMÉ (1893) wesentlich und phantasievoll erweitert (Poetik in Anlehnung an das Hohelied, auch an Charles Baudelaire).

Das skandalöse Stück wurde überall verboten und durfte nicht aufgeführt werden. In den ersten Aufführungen der deutschen Übersetzung von Hedwig Lachmann in Berlin, saß Richard Strauss (1864-1949). Der erkannte sofort, dass die Dichtung ein geniales Libretto für eine Oper abgibt. Wilde wollte "statt eines Orchesters, Räucherpfannen. Stellen Sie sich vor – die aufsteigenden Duftwolken, wie sie von Zeit zu Zeit die Bühne teilweise in einen Schleier hüllen – für jede Empfindung ein anderes Aroma." (BATTA 1999:591) Strauss hat für jede Empfindung eine andere Klangfarbe gewählt. Wie für das Unheil, das von Anfang an über der Handlung schwebt.

> "In einer Berliner Aufführung [1942] erschien Herodes als eine bösartige, groteske Karikatur, eine Mischung von → FRANKENSTEIN und Graf Dracula. Salome war wie ein raffiniertes Revue-Girl maskiert. Dieses Szenenfoto weist eindeutig darauf hin, dass die Salome von der nationalsozialistischen Ideologie auch zu Propagandazwecken benutzt wurde und zugleich zur ‚entarteten Kunst' zählte. Es war eine paradoxe, peinliche Situation, da Strauss in diesen Jahren als Hüter der deutschen Kunst galt." (BATTA 1999:588)

SALOME (UA: 1905) ist eine Oper über die Absurdität der Religion und über die Macht der egomanen Gier. Die ergreifende Musik nimmt nicht Partei; sie entspricht immer dem Wesen und den Gefühlen der Figuren. Die Musik drückt die Gefühlsregungen und Seelenzustände der einzelnen Figuren aus ihrer jeweiligen Perspektive aus. Dadurch kann der Zuhörer in jede Rolle einen emotionalen Einblick erhaschen. Die SALOME wurde als "ein in sich sinnentleertes künstliches Paradies" gedeutet (Horst Fritz). Kernsatz: "Und das Geheimnis der Liebe ist größer als das Geheimnis des Todes..."

Die erblühende 16jährige Prinzessin Salome, Tochter der Herodias (→ KUNDRY), ist von dem eingekerkerten Propheten Jochanaan (= Johannes dem Täufer; heute würde man Jochanaan als einen Hassprediger bezeichnen) erotisch angezogen, wird von ihm aber abgelehnt, sogar verflucht. Als ihr Stiefvater Herodes von Salome verlangt den aufgeilenden Tanz der sieben Schleier für ihn zu tanzen, weigert sie sich. Erst als er schwört, ihr jeden Wunsch zu erfüllen, sagt sie zu. Nach dem Tanz (dem ersten Striptease in einer Oper!) wünscht sie sich das Haupt des Jochanaan auf einem Silbertablett als Lohn. Als sie sich in nekrophiler Lust an dem abgeschlagenen Haupte ergeht, lässt sie der angewiderte Herodes erschlagen. Schluss!

Ein Fall von Nekrophilie (→ RAMMSTEIN): "Ah! Ich habe deinen Mund geküsst, Jokanaan, Ah! Ich habe ihn geküsst, deinen Mund, es war ein bitterer Geschmack auf deinen Lippen. Hat es nach Blut geschmeckt? Nein! Doch es schmeckte vielleicht nach Liebe..." - Die sexuelle Sehnsucht Salomes nach dem Haupt des Jochanaan erinnert ein wenig an Sentas düstere Schwärmerei für den → FLIEGENDEN HOLLÄNDER.

Eine "Hauptrolle" in der SALOME spielt der → MOND, der im Verlaufe des Stückes mehrfach seine Farbe und Erscheinung ändert; er gilt als das Symbol der kranken Seele und als Spiegel der kranken Persönlichkeiten.

Die Musik zum "Tanz der sieben Schleier" basiert auf orientalischen Melodien und Walzerklängen (der Walzer galt als unsittliche, sündige Musik, ganz wie 100 Jahre später der Rock´n Roll).

SALOME ist trotz der perversen Handlung eine der populärsten Opern von Richard Strauss überhaupt. Es ist schon erstaunlich, wie begeistert am Ende der Oper das meist bürgerliche Publikum klatscht.

Verwandte Werke (Auswahl):

Mehrere Komponisten haben Bühnenmusik zu Oscar Wilde's SALOME geschrieben: 1908: Granville Bantock (1868-1946), Alexander K. Glasunow (1865-1936); 1922: Emilios Riadis (1886-1935), 1977: Helmut Eder (*1916), 1988: Roger Doyle (*1949), 1993: Paul Bowles (1910-1999).

Es wurden mehrere Ballettmusiken nach O. Wilde geschrieben: Granville Bantock (1868-1946), Salome, the Daughter of Herodias (1907); Florent Schmitt (1870-1958), Die Tragödie der Salome (1907); Peter Maxwell Davies (*1934), Salome (1978); Michèle Bokanowski (*1943), Salomé, parabole du désir (1985).

Der Salome-Stoff ist nach Strauss noch ein paar mal als Oper bearbeitet worden: Antoine Mariotte (1875-1944), SALOME. Oper in einem Akt nach O. Wilde (1908); Leo Pouget (vor 1880-nach 1910), SALOMÉ, Mimodrama, Text von Xanrof (1910); Edouard Mathé (1863-?), SALOMÉ LA DANSEUSE. Vision in einem Akt, Text von André Avèze (1912); John Joseph Becker (1886-1961), SALOME. Kino-Oper in einem Akt (Fragment); Libretto vom Komponisten (1931); Virgilio Mortari (1902-1993), LA FIGLIA DEL DIAVOLO. Oper in einem Akt (1954); Norbert Jürgen Schneider (*1950), DAS SALOME-PRINZIP. Oper nach O. Wilde (1983); Hubert Stuppner (*1944), SALOME. Szenische Aktion für Sopran-Solo und einen rezitierenden Pianisten, Text von Edouard Corbière und Stéphane Mallarmé (1986). Allerdings haben diese Werke nie das größere Publikum erreicht.

• Jules Massenet (1842-1912), HÉRODIADE (1881)

Oper in vier Akten und sieben Bildern; Libretto von Paul Milliet und Henri Grémont. Frei nach Gustav Flaubert (1821-1880), Hérodiade, 1869.

Hérodiade bzw. Heriodias (→ KUNDRY) ist die Mutter von Salome, die bei Massenet keine Hauptrolle wie bei Strauss ist.

Eine babylonische Tänzerin reicht Herodes einen visionär wirkenden Liebestrank, unter dessen Wirkung er seine begehrte Geliebte sehen und haben kann – in fleischlichen Halluzinationen: "Lass diesen Liebestrank den Unmut dir vertreiben!

/ Herr, trink aus dieser Amphore / Den rosa Wein von Engaddi; / Er ist ein Strahl der aufgehenden Sonne, / gefasst in funkelndes Gold. / Und in der Seligkeit dieses Trankes, / dessen unser Land sich rühmt, / wirst du das Bild des Wesens wiederfinden, / das dir so teuer ist! / Trink diesen Wein!" (2. Akt, 5. Szene)

Massenet (der den Vin Mariani, der reichlich Kokain enthielt, sehr liebte) galt als "Frauenbesinger" und "Historiker der weiblichen Seele", und sollte wegen seiner skandalösen Hérodiade exkommuniziert werden! - "Flüchtige Vision, der ich ewig nachjage..." (begleitet von einem → SAXOPHON!!!, dem Instrument des Lasters).

> "Was für ein sonderbarer Musiker [Massenet] dieser Wagner für Großkokotten doch ist, dieser Mystiker der Séparées... Man liebt ihn, weil seine Musik jene lasterhafte Sentimentalität besitzt, die unseren Halbweltdamen gefällt...; er entwirft seine Werke auf solche Weise, dass ihre Zutaten Dummköpfen gefallen und die Aufmerksamkeit von Weichlingen erwecken können." (WILLY, in: LETTRES DE L'OUVREUSE, 1890)

Hérodiade wird heute nur noch selten aufgeführt.

Heinrich Heine schrieb in Atta Troll (1842): Herodias, die "bis zum jüngsten Tage" mit der Wilden Jagd reiten muss. "In den Händen trägt sie immer / Jene Schüssel mit dem Haupte / Des Johannes, und sie küsst es..." (→ PARSIFAL)

chr.r.

Saturn: Herr der Zeit

"Göttlicher Verbrecher unter allen Sternen" verunglimpfte der Kirchenlehrer Augustinus den Saturn, den alten siebenten Planeten. Exoterisch antike Tradition stempelte Saturn ohnehin als böse ab. Er repräsentierte auch den bösen Geist, der in der Materie gebunden liege. Sein heiliger Tag Samstag (eng.: Saturday) galt als Unglückstag. Mit ihm endete und begann die Woche. Christliche Vorstellungen vermengten Saturn mit → SATAN. Im 12. Jahrhundert kamen erste abstoßende Bilder auf, wie Saturn gierig (seine) Kinder verschlingt. In Indien reitet ein alter, hässlicher, → SCHWARZER Saturn einen ebenso schwarzen → GEIER.

Kronos (sprachlich verwandt mit griech: Korakos = Krähe, → RABE), Vertreter der vorgöttlichen Titanen und Vater des Zeus als Zeugungskraft der Sonne, herrschte in der griechischen Mythologie über Raum, Zeit und → SCHICKSAL. Er wurde bereits früh mit Saturn gleichgesetzt, in ältester Zeit ein Gott der Gerste, dem man vielleicht Menschen opferte. Zeit bietet die Voraussetzung für Entwicklung wie auch für Auflösung. So hält Saturn das Stundenglas in der Hand, Ausdruck unaufhörlich verrinnender Zeit, die als Sanduhr aber jederzeit umgedreht und so zum Neuanfang bewegt werden kann oder muss. Wie im berühmten gleichnamigen Bild von Goya verschlingt die vorwärtsjagende Zeit alles, was hinter ihr liegt. Meist sind es die abgenutzten Formen. Oft wird Saturn als alter Mann mit Sense (→ TOD) dargestellt, mitunter auch krähen- oder janusköpfig. Astrologisch steht er mit dem Sternzeichen Steinbock in Verbindung, das zur Wintersonnenwende beginnt und damit über Ende und Anfang eines Jahres herrscht. Astronomisch verlieh der Gott dem mildbläulich schimmernden Planeten seinen Namen. Mittelalterliche Alchimie ordnet ihm Blei zu, das – durch Transformation leuchtend – als Gold blinkt.

Sein Einfluss, so die Astrologie, begrenze durch Formen den freien Fluss der Energie. Konzentration ist allerdings auch eine Form der Beschränkung, Basis des analytischen Denkens und jeder wissenschaftlichen Arbeit. Er hemme und schränke das ein, was wir auf vernünftige und unvernünftige Weise nutzen könnten, heißt es. Saturn vermöge uns an alles zu binden, was wir geschaffen und erzeugt haben, selbst an hinderliche Gewohnheiten. Er liefere aber zugleich die Energie zur Überwindung: die Transformation unserer Erdgebundenheit in "vollkommen" bewusstes und verantwortungsvolles Handeln. Haben wir dieses Bewusstsein erlangt, werden alle anderen Bewusstseinszustände verschluckt, gefressen. Die Kinder des Saturn erfahren dabei in seinem Schlund einen Prozess der Wandlung – Grundlage für die Entstehung von Neuem. Alles Neue bringt uns eventuell Erlösung. Wer sich aber zu starr in festen Vorstellungen eingerichtet hat, keine Veränderung zulassen und keine verbrauchten Formen oder Ansichten loslassen will, dem kann Saturn allerdings höchst unangenehme Erfahrungen bescheren.

c.z.

Saxophon: Vom Teufel höchstpersönlich erfunden

Das Saxophon ist ein Musikinstrument, das im 19. Jh. aus der Klarinette bzw. dem Bassetthorn entwickelt wurde. Es wurde um 1840/46 in Frankreich von Adolphe Sax erfunden (daher der Name). Es hat zwar einen Blechkörper ist aber aufgrund des Rohrblattmundstücks ein Holzblasinstrument. Es gibt Sopran- (Saxello), Alt-, Tenor-, Bariton-, Bass- und Kontrabasssaxophone.

Das Saxophon gilt neben der Geige und → ORGEL als ein "diabolisches" Instrument, mit einem "lasterhaften" Klang... vom Teufel persönlich erfunden, um die Menschen vollends zu verderben... Oft wird das Saxophon als Phallussymbol, auf dem man bläst, angesehen In der Werbung der 80er und 90er Jahre des 20. Jh. tauchten deshalb gehäuft Saxophon-spielende Frauen in sexy Spots auf.

Das obertonreiche Saxophon wurde nur zögerlich in das Opern- und Symphonieorchester integriert, weil sein "dehnbarer" Klang als zu "schmutzig" empfunden wurde. Der erste Komponist, der ein Saxophon im Orchester eingesetzt hat, ist der US-Amerikaner William Henry Fry (1813-1864; → MACBETH), in seiner SANTA CLAUS, CHRISTMAS SYMPHONY (1853). Der französische Komponist Jule Massenet (1842-1912; → KOKAIN) hat – wahrscheinlich als Erster - ein "liederliches" Saxophon in seiner → OPER HÉRODIADE (1881; → SALOME) sehr effektvoll eingefügt. In den Orchesterwerken vieler Komponisten des 20. Jh. wird das Saxophon integriert, z.B. bei Benjamin Britten (→ REQUIEM), Strawinski und Shostakovich.

Das Saxophon gilt seit ca. 1920 allgemein als das zentrale Musikinstrument im → JAZZ (wegen der äußerst modulationsfähigen Klangbreite) und wird öffentlich (noch immer) mit der verwerflichen "Negermusik" assoziiert (→ BLUES). In den frühen 60er Jahren wurde das Saxophon ein wichtiges Instrument im Bluesrock, in der Rockmusik und im Jazzrock (→ GRAHAM BOND). Im Dark Metal kommt es nur selten zum Einsatz (z.B. bei → AMORPHIS).

chr.r.

Schamanische Klänge: Werkzeug der Transformation

Vom schamanischen Trommelklang erfuhr ich erstmals von der Ethnologin Johanna Wagner. Sie hatte einen überaus einfachen, unstrukturierten Rhythmus von einem Medizinmann (traditional doctor) aus Kenia gelehrt bekommen. Sie benutzte ihn, um Menschen eine Seelenreise erleben zu lassen. (Vgl.: Johanna Wagner, DIE, DIE SO AUSSEHEN WIE JEMAND, ABER MÖGLICHERWEISE ETWAS GANZ ANDERES SIND – AUS DER PRAXIS AFRIKANISCHER MEDIZINMÄNNER, Berlin 1983)

Bei einem Kontakt mit dem amerikanischen Schamanismusforscher Michael Harner überraschte sie es, dass er den denselben monotonen Rhythmus – 15 bis 30 Minuten lang – benutzte, um Menschen in einen schamanischen Trancezustand zu bringen (CD: *Michael Harner's Shamanic Journey*, www.shamanism.org). Nach einem Besuch bei Felicitas Goodman berichtete Johanna, dass die Anthropologin – eingebettet in ein Ritual und der Einnahme einer rituellen Körperhaltung durch die Probanden – 15 Minuten lang trommelt oder rasselt, und so nicht nur das Auftreten eines veränderten Bewusstseinszustands erreicht, sondern auch das Auftauchen von hilfreichen Geistwesen begünstigt (CD: *Ecstatic Trance*, ISBN 90-74597-43-2). Auch der Künstler → HERMAN DE VRIES hat mit Monotontrommelrhythmen experimentiert (CD: *The music of sound – the sound of music*, Centre des livres d'artist, St. Yrieix la Perche, fax: 0033-555757031).

Der Musiker Axel Brück sagt in seinem fundiert recherchierten Buch SCHAMANISCHE RITUALMUSIK UND DIE KRAFT DER KLÄNGE, Uhlstädt 2005 (mit CD):

> "Schamanische Musik hat immer und überall auf der Welt gemeinsame Wesenszüge und Übereinstimmungen. So gibt es zum Beispiel in der schamanischen Musik nur Klanginstrumente und keine Melodieinstrumente. Das hat damit zu tun, dass schamanische Musik überhaupt keine Musik ist, so wie wir dieses Wort heute verstehen, auch wenn sich die gesamte Musikgeschichte nach dem Verständnis der Ethnologen aus ihr entwickelt hat. Die schamanische Musik ist zweckgebundenes Geräusch. Sie dient der Erzeugung veränderter Bewusstseinszustände (Trance, schamanische Reise) und rituellen Zwecken (Herbeirufung der Geister, Öffnen des Tores zur ‚nichtalltäglichen Wirklichkeit', etc.). Sie ist ein Werkzeug der persönlichen Transformation, der eigenen Heilung oder der Heilung durch den Schamanen und wesentlicher Bestandteil der Kraft aller Rituale. Alle Forscher und forschenden Schamanen der Jetzt-Zeit sind übereinstimmend zu der Ansicht gelangt, dass alle diese Ziele ausschließlich mit Klängen und Rhythmen erreicht werden können, während Melodien jeder Art kontraproduktiv sind. Auch physiologische Forschungen auf dem Gebiet der Wirksamkeit von Klängen

kommen zu diesen Schlussfolgerungen. Daher hat die Beschränkung auf Klanginstrumente also keinesfalls mit einem ‚primitiven Entwicklungsstand zu tun, sondern nur mit dem Zweck dieser Musik."

w.b.

Bemalte Berberrahmentrommeln
aus Taroudant/Marokko

Schatten: Die im Dunkeln sieht man schlecht

Sein harmlosester Ausdruck bezeichnet "die durch einen von einer Lichtquelle getroffenen Körper verursachte dunkle Fläche auf der dem Licht abgewandten Seite dieses Körpers". In Berthold Brechts Dreigroschenoper stehen die einen im Schatten, die anderen im Licht, "und die im Dunklen sieht man nicht". Andere stehen in jemandes übermächtigem Schatten und hindern damit ihre eigene Entwicklung. Im Reich des ewigen Schattens liegt die → Unterwelt, aber auch ein glücklos operierendes Schattenkabinett. "Ein Unheil wirft seinen Schatten voraus", und der legt sich oft und gern auf die Lunge. Unsere beschränkte Sicht von der Welt projiziert wie in Platons Höhlengleichnis (→ HÖHLE) verzerrte Schattenbilder, Schatten der Vergangenheit verdunkeln unsere Gegenwart.

Eine der ältesten Formen, in die man die Seele kleidete, war der Schatten. Als Schatten lebt sie besonders gefährlich. Infame Zauberer durchbohren eine solche Projektion mit einem Spieß oder schlagen mit einem Schwert darauf ein, um die Seele und damit die dazugehörige Person zu verletzen. Ein Mensch ohne Schatten gehört dem Jenseits an, den Geistern oder Elfen oder hat sich mit dem → TEUFEL eingelassen. Mancher "hat einen Schatten", gilt aber damit als geistig nicht zurechnungsfähig.

C. G. Jung versteht unter dem Schatten Inhalte des persönlichen Unbewussten: jene dunkle Hälfte der Seele, die man als peinlich oder bedauerlich findet und derer man sich durch Projektion entledigt hat: sei es, dass man in seinem Nachbarn all die Untugenden sehen will, die einen selbst belasten, sei es, dass man seine Sünden in vollkommener Reue einem göttlichen Mittler überlässt.

> "Aber man unterlässt es geflissentlich zu untersuchen, ob nicht gerade in der Macht des Bösen ein besonderer Gotteswille liege, welchen wahrzunehmen man allen Grund hätte" (1984:45).

Die durch den Schatten hervorgerufene Gegensatzproblematik, die sogar wesenhafte Züge annehmen (→ DOPPELGÄNGER) oder zu multiplen Persönlichkeitsspaltungen führen kann, die ein Eigenleben führen, fordert ihre Vereinigung heraus. In mystischer Sprache feiert man diese Vereinigung der Gegensätze in der "chymischen Hochzeit". Jetzt hat der Mensch den Ausgangspunkt gefunden, ganz oder vollständig und damit heil zu werden, in letzter Konsequenz, von allen Blockaden befreit, sein ureigenstes Wesen ausleben zu können.

C.Z.

Manche finden ihren Schatten weder peinlich noch bedauerlich.
Putte von Hans Daucher (1486-1538) in der Fuggerkapelle der St.Anna-Kirche, Augsburg

Scherenschnitt

→ Ernst Moritz Engert

Schicksal: Dynamik des Lebens

Urd, Werdandi und Skuld heißen die Nornen: Gewordene, Werdende und Werdensollende. Sie wissen, was leben und sterben, was aussortiert und in den Stoff eingewoben werden soll, gebieten also über Sein oder Nichtsein und ergehen sich dabei in "weihevollem Weltenklatsch" (Thomas Mann). Die erste spinnt den Lebensfaden (= Atem), die zweite bemisst ihn, die dritte – meist → schwarz oder schwarz- weiß dargestellt – schneidet ihn ab und teilt ihn zu. Frau Holle, alte Patronin der Spinnerinnen, wird manchmal mit Urd gleichgesetzt. Selbst die christliche Maria sitzt gelegentlich noch vor dem sich gleichmäßig drehenden Spinnrad oder Webstuhl, bindet und löst.

Die drei Nornen oder Drei Heiligen Frauen der germanischen Mythologie sind eng verwandt mit den römischen Drei Parzen, den griechischen Drei Moiren, den Drei Grazien als vornehme Variante und den Drei Graien, die mit grau und Grausen zu tun haben. Sie regieren die ersten drei Tage nach der Wintersonnenwende, spinnen das "Rad des Schicksals", zeigen lunaren Charakter (→ Mond) und vertreten die zyklischen Aspekte der Großen Mutter. Altnordische Sagas vermelden, dieses natürliche Ordnungssystem sei älter als die Götter und entstamme der Familie der Riesen (ursprüngliche, undifferenzierte Naturkräfte).

Im Märchen kreuzen sie hinter illustren Verkleidungen unseren Weg, raten als holde Feen, frivole Meerjungfrauen, weise alte Weiblein oder werden als böse Hexen verderblich aktiv. Alle diese "Heilrätinnen" leben zumeist an Brunnen, Quellen (Symbole des Unterbewusstseins) oder am Lebensbaum und besuchen gern ungebeten Geburts-, Reife- und Hochzeitsfeste – Phasen der Wandlung. Als Schutzgebende bei der Geburt finden wir sie noch unter den christlichen "Nothelferinnen". Aber selbst diese sollen uns mitunter schon in der Wiege ein anstrengendes Schicksal unterschieben.

Nach altem Glauben beruht die Gesamtheit des Verhängten, des Schicksals, auf dem Urgesetz, das einem "geschickt" werde. Dabei erkannten die Menschen bereits früh eine unerbittlich gesetzmäßige Kausalkette zwischen Lebensführung und ihren Folgen (→ Karma). In jedem Augenblick stricken wir an unserem Glück oder Verhängnis. Nicht für alles, aber für den allergrößten Teil sind wir selbstverantwortlich. Auch kollektive Muster und → Ahnenprägung zimmern an unserem Schicksal und schließlich noch der berüchtigte Zufall, der einem "zufällt". Beruht der ebenfalls auf Gesetzmäßigkeiten, die wir nur nicht erkennen? Ambrose Bierce definiert Schicksal launisch als "eines Tyrannen Ermächtigung zu Verbrechen und eines Dummkopfs Entschuldigung für sein Versagen" (1980:97). Auf jeden Fall liegt im Schicksal ein dynamisches Element, wenn wir bei seiner Betrachtung nicht zurück, sondern nach vorn schauen; wenn wir darin eine Hürde, eine Prüfung oder Erfahrung sehen, die wir zu meistern haben. Dann bekommt es einen vorwärtstreibenden Sinn und gleicht einem Motor. Werfen wir ihn an und steuern ihn geschickt, kommen wir schneller und leichter voran.

Allerdings unterliegt auch alles, was wir in die Welt setzen, dem wenig beeinflussbaren ehernen Urgesetz vom Rhythmus allen Lebens. In vielen Kulturen sitzt der → MOND selber am "sausenden Webstuhl der Zeit". Über all das wissen die Schicksalsgenien bestens Bescheid. "Euch dank´ ich redlichen Rat!" ruft Brünnhilde den nornenhaften Rheintöchtern in → RICHARD WAGNERS GÖTTERDÄMMERUNG zu.

c.z.

Hans Thoma: *Die Nornen*, 1889

Schneetod: Tanz mit den Schneewirbeln

Im Norden von Russland, in der unmittelbaren Nähe von Finnland, Lappland, Karelien, gab es einen Brauch, der während und nach den Schrecken der Revolution (1917-1923) seine Auferstehung feierte. Sahen besonders die jungen Menschen während zunehmender Verfolgungen, Hungersnöten und Seuchen keinen Wert mehr im irdischen Dasein, gingen sie aus, "dem Schneemädchen oder dem Schneeprinzen (Sneegurka, Sneegurotschka, Sneschny Zarewitsch) zu begegnen". Nicht gerade dicht bekleidet wanderte man beim Eindämmern in die Landschaft des einbrechenden Winters. Meistens bald begegnete man einem vom "schönen Schneevolk", wobei schon dessen bloßer Anblick "die zunehmende Kälte in eine wohlige Wärme verwandelte": Das Wintermädchen oder der entsprechende Jüngling war völlig weiß gekleidet, hatte eine ebenso weiße Haut und entsprechende Haare. Die Augen waren von einem strahlenden Eisblau... Bei dieser Begegnung tanzte die Seele des Verzweifelten, zu immer schönerer Musik eines Schneewirbels, aus dem

Leib und soll sich in einer "Welt der Seligkeit" wiedergefunden haben. Gelegentlich stellt man sich vor, dass die vom "Seneguri Volk" die Begleiter des Frostvaters (Ded Moroz) sind, der den Kindern in der Weihnachtszeit des Mitwinters Geschenke und die Vorahnungen der warmen Jahreshälfte bringt.

s.g.

Schönberg, Arnold: Musik als alchimistisches Destillat

(13.09.1874 - 13.07.1951)

Schönberg galt als Rebell:

> "Welcher Künstler hat jemals nach Wien gepasst? Niemand passt dorthin. Vielleicht hat die Stadt deswegen so viele Genies hervorgebracht. Jeder dort ist ein Rebell." (Sir Simon Rattle)

Der Komponist Arnold Schönberg wurde in Wien als Sohn einer kleinbürgerlichen jüdischen Familie geboren. Er legte, wie übrigens viele deutschsprachige Juden der Jahrhundertwende, keinen besonderen Wert auf den mosaischen Glauben seiner Familie, sondern war an einer Assimilation seiner Kultur in die des Heimatlandes interessiert. Er wurde sogar im Jahre 1898 Mitglied der evangelischen Kirche! Erst Anfang der zwanziger Jahre wandte er sich wieder dem Judentum zu. Als er 1933 seine Dozentenstelle in Berlin aufgeben und vor den Nazis fliehen musste, trat er wieder der jüdischen Gemeinde bei.

Schönberg erwarb seine kompositorischen Fähigkeiten überwiegend als Autodidakt. Manche Musikhistoriker sehen gerade darin den Grund dafür, dass er ein so erfolgreicher und bedeutender Musiklehrer wurde. 1903 begann er seine Lehrtätigkeit an einer Wiener Privatschule. Schon ein Jahr darauf bekam er Alban Berg und Anton [von] Webern als Schüler. In den Jahren 1911-1915 und 1926-1933 unterrichtete er in Berlin. Nach seiner Emigration in die USA unterrichtete er weiter, zunächst in New York, später in Los Angeles (wo er auch gestorben ist).

Schönberg war in seiner Jugend zunächst ein glühender Verehrer von Johannes Brahms (1833-1897). Erst durch die Begegnung mit dem Komponisten Alexander von Zemlinsky (1871-1942) erschließt sich ihm das Werk → RICHARD WAGNERS. Einen starken Einfluss hat die Tondichtung bzw. Programmusik des jungen Richard Strauss (1864-1949). Dadurch angeregt kam Schönberg auf die Idee, diese musikalische Form für großes Orchester kammermusikalisch zu nutzen. Heraus kam das Streichsextett Verklärte Nacht (nach einem Gedicht von Richard Dehmel), ein durchaus spätromantisches Werk (1899). Darauf komponiert er die Tondichtung Pelleas und Melisande für großes Orchester, ebenfalls im spätromantischen Stil, unter Anwendung der Wagnerschen Leitmotivtechnik.

Der Umschwung kam mit seiner ersten Kammersymphonie für 15 Soloinstrumente, fünf Streicher und zehn Bläser, ein Durchbruch zu neuen harmonischen Horizonten. In einer zeitgenössischen Rezension der skandalumwitterten Uraufführung hieß es: "Viele stahlen sich vor Schluss dieses Stückes lachend aus dem Bund, viele zischten und pfiffen, viele applaudierten..." - "Schönberg selbst hat gesagt, Tapferkeit sei die Fähigkeit, etwas zu tun, wozu einem der Mut fehle." (METZMACHER 2005:93)

Schönberg ist vor allem durch seine Erfindung der → ZWÖLFTONMUSIK bekannt, aber auch gefürchtet. Für Schönbergs Kompositionen fällt erstmals das "hässliche Wort von einer entarteten Musik" (METZMACHER 2005:87) Schönberg gehört zusammen mit Alban Berg (→ WOZZECK) und Anton [von] Webern zur Neuen Wiener Schule.

Nach Abschluss der Komposition der *Verklärten Nacht*, widmete sich der 25jährige Schönberg der Vertonung der Gurrelieder, nach Texten aus dem Gedichtzyklus Gurresange des dänischen Romanciers und Dichters Jens Peter Jacobsen (1847-1885). Diese Komposition hat das bis dato größte Orchester aller Zeiten verlangt. Es werden über vierhundert Musiker und Sänger (drei Chöre und fünf Solisten) benötigt (bis zu über 700 Aufführende)! Die Partitur der Gurrelieder ist die größte und umfangreichste aller Zeiten! Dementsprechend wird das spätromantische Werk nur sehr selten aufgeführt (ein Schicksal, das dieses Werk mit Mahlers 8. Symphonie, der "Symphonie der Tausend", teilt!). Die Uraufführung unter Leitung des Komponisten Franz Schreker wird der überwältigendste Erfolg in Schönbergs Laufbahn. Bis heute wissen die Musikwissenschaftler nicht genau, wohin, d.h. in welche Kategorie(n), sie dieses Riesenwerk einordnen sollen. Es ist gleichermaßen Liederzyklus, Oratorium, Melodrama, hat aber eine kammermusikalische Struktur und eine opernhafte Ausführung. Es wirkt wie ein alchemistisches Destillat aus Wagner, Richard Strauss und Mahler.

Der Inhalt gemahnt deutlich an Tristan und Isolde. Zweimal tritt die Wilde Jagd auf. Die Gurrelieder gehören zu den einflussreichsten Kompositionen für die spätere → FILMMUSIK, vor allem für Zeichentrickfilme, speziell für die Vertonung von Tom und Jerry, dessen Komponist, Scott Bradley, ein Schüler von Schönberg war.

Filmmusik ist oft an die Rhythmik von Schönberg angelehnt, nicht jedoch an seine Klangfarben. Aber die dissonant erscheinenden Zwölftonreihen bilden bis heute die Grundlage von Filmmusik für gruselige oder sonstwie dunkle Szenen.

Das Faust-Sujet hat zahlreiche literarische Werke inspiriert, u.a. DOKTOR FAUSTUS (1947) von Thomas Mann (1875-1955). Darin wird der deutsche Tonsetzer Adrian Leverkühn zu Faust. "Figur des syphilitischen Künstlers: als Dr. Faust und dem Teufel Verschriebener. Das Gift wirkt als Rausch, Stimulanz, Inspiration; er darf in entzückter Begeisterung geniale, wunderbare Werke schaffen, der Teufel führt ihm die Hand. Schließlich aber holt ihn der Teufel: Paralyse" schrieb Mann 1904 in sein Notizheft. Im Roman paktiert der Komponist (= Schönberg) mit dem Teufel; er tauscht seine Seele gegen die Erfindung der musikalischen → ZWÖLFTONSPRACHE. Der italienische Komponist Giacomo Manzoni (*1932) versuchte, die im Roman sehr detailliert beschriebene Zwölftonsprache in eine aufführbare, melodramatische Komposition (*Dr. Faustus*) zu übertragen (1985 wurde ein Teil in Venedig uraufgeführt). Die kompletten szenischen Folgen wurde in der Scala von Mailand 1989 uraufgeführt.

Werke (Auswahl):

• *Verklärte Nacht* (1899); Sextett, in spätromantischer Manier.

• PELLEAS UND MELISANDE, op. 5 (1903; UA: 1905); Symphonische Dichtung für Orchester nach dem Drama von Maurice Maeterlinck. Benutzt die Wagner'sche Leitmotiv-Technik.

• *Gurrelieder* (1901-1911)

• *Erwartung*, Monodram in einem Akt, op. 17 (1911)

Dieses Stück, das jeder musikalischen Konvention entsagt, aber noch nicht in der Zwölftontechnik komponiert wurde, ist ein monologisches Psychogramm in Musik, die keiner herkömmlichen Regel entspricht. Es ist weder Oper, noch Kantate, es ist ein visionäres Psychogramm. Eigentlich ist Erwartung die Erfindung des Free Jazz.

• MOSES UND ARON (Oper, unvollendet); die gesamte Musik basiert auf einer einzigen Zwölftonreihe. Dieses Werk ist neben Alban Bergs Violinkonzert der wichtigste Beitrag zur Zwölftontechnik.

chr.r.

Schreck, Max: Der schlurfende Unhold

Der Darsteller des gespenstigen Grafen Orlock in Friedrich Wilhelm Murnaus 1922 entstandenem Film NOSFERATU. EINE SYMPHONIE DES GRAUENS wurde 1879 in Berlin geboren. Er starb 1936 in München. Wegen der Rolle als furchterregender Vampir nahm man lange – vor allem im Ausland - an, "Schreck" (engl.: Terror) sei sein Künstlername. Murnau machte aus dem vornehmen Grafen Dracula des

Max Schreck in seiner erschreckendsten Rolle

→ Bram Stoker ein alptraumhaftes Schreckgespenst, das gerade seinem Grab entstiegen ist.

Der englische Filmkritiker David Pirie:

> "Hier wird der gepflegte dämonische Vampir Stokers in ein skelettartiges, verwachsenes Ungeheuer verwandelt, das mit seniler Zielstrebigkeit über die Leinwand schlurft. Es besitzt eine viel schlagendere Ähnlichkeit mit einer lebendig gewordenen Leiche als die ganze Schar späterer Hollywood-Zombies, Die langen Finger verdünnen sich zu Stöckchen aus Knochen und Nägeln; der gewölbte, kahle breite Schädel mit der grotesk gespannten, bleichen Kopfhaut; die mongoloid zugespitzten Ohren, die starren, weißen Augen und die lückenhaften Zähne. Orlocks Bewegungen sind voller dunkler Andeutungen, besonders wenn er auf jede theatralische Gestik verzichtet und seine ungewöhnlichen Hände dicht an den enganliegenden Rock gepresst herabhängen lässt. In derartigen Augenblicken scheint seinem Gang etwas Inorganisches zu eigen, als sei der schwache Lebensfunke, der noch in ihm steckt, nur ein wilder Reflex jener von schweren Tränensäcken umrandeten, bohrenden Augen." (PIRIE 1977:39)

Nie wieder hat Schreck in den 40 Filmen, in denen er mitwirkte, eine ähnlich eindrückliche Rolle wie die des Grafen als aschfahler Leichnam mit Rattenzähnen, Kahlkopf und starrem Blick spielen können. In dem 1923 nach dem Drehbuch von Bert Brecht entstandenen Film mit dem verheißungsvollen Titel Die Mysterien eines Frisiersalons spielte er einen Kunden. → Karl Valentin agiert als Friseur, der beim Rasieren den Kopf aus Versehen gleich mitabschneidet.

1923 spielte Schreck in dem Film Die Straße einen Blinden, 1924 in dem Film Die Finanzen des Großherzogs einen unheimlichen Verschwörer und 1927 in dem Film Am Rande der Welt einen Trödler. Am Tag vor seinem Tod hatte er im Theater in München noch im Don Carlos den Großinquisitor verkörpert. Die Münchener Neuesten Nachrichten schrieben am 21. Februar 1936 in einem Nachruf:

> "Er zeigte uns immer neue Gestalten, alle groß, herb, düster, oft von grandiosem Humor, immer packend, immer tief hineinleuchtend in nur ihm bekannte Bezirke des Menschlichen. Die Gestalten, die er aus seinem Herzen in das Rampenlicht hob, folgen ihm als ein feierliches, unvergessliches Geleit."

w.b.

Schutzgeister: Elfen im Blumentopf

Blumentöpfe, selbstverständlich am besten vom Freundeskreis geschenkt, "erfüllen unsere Wohnung mit Lebenskraft". Esoterische Wissenschafter, denen u.a. Karl von Reichenbach (1788-1869) ein wichtiger Vorläufer war, versuchte auch mit technischen Mitteln, die Strahlungen, die uns umgeben, nachzuweisen! Andere wollten durch empfindliche Fotoplatten sogar Elfen mit Schmetterlingsflügeln erkennen, die Blumen in der freien Natur und in Wohnungen umschweben! Ich hörte auf alle Fälle mehrfach von Zeitgenossen, die in ihren Zimmern wahre Gärten entwickeln, "dass ihnen die darin wohnenden kleinen bunten Schutzgeister wunderbare Märchenträume schenken".

s.g.

Ein schützender Geist oder steckt der Dämon bereits an der Basis?
Säulengenius in der romanischen Kirche auf Frauenchiemsee

Schwarz: Ursprung und Ressource

Im Anfang war die Erde wüst und leer, Finsternis lag über dem → ABGRUND, beschreibt das erste Buch Mose die Phase vor der Schöpfung. In dieser düsteren Leere gab es noch keinerlei Manifestation, weder Raum noch Zeit, nur Urchaos (→ TIÂMAT), schwarze → EWIGKEIT. Für die Germanen lauerten in der Schwärze des → NORDENS die Riesen der Kälte und der → NACHT.

Dunkelheit ängstigt und birgt vielerlei Gefahren. Auf dem Schwarzen Meer verloren viele Schiffer in dichten, weit ausufernden Nebelbänken jede Orientierung. Freund Hain (→ TOD) wie auch der furchteinflößende → SATURN nähern sich gern im wehenden schwarzen Kapuzenmantel, Todesboten preschen auf wilden Rappen herbei (→ ERLKÖNIG). Unauffälliger spionieren → TEUFEL gelegentlich in Gestalt schwarzer Spinnen oder Schmeißfliegen (→ AHRIMAN). Schwärzungen des Gesichts, um vor allem in den Rauhnächten alles Unheil mit dessen eigener Farbe zu vertreiben, sind noch heute weit verbreitet. Gegen → SCHWARZE LÖCHER, → DUNKLE MATERIE oder andere rabenartige (→ RABE) Erscheinungen hilft aber nicht mal das! Der Physik zufolge erscheint schwarz, wenn ein Objekt alle farbigen Wellenlängen absorbiert und nichts mehr für unser Auge reflektiert – schwarz, Grab aller Farben.

Schwärze breitet sich über die Sphäre des griechischen Hades aus, beschreibt der Dichter Hesiod um 700 v. Chr. in seiner THEOGONIE. Während der Winterzeit hält die → UNTERWELT alle Vegetationskräfte als schwarze Gottheiten gefangen. Demeter und Persephone konnten aber ebenso in schwarz-weiß erscheinen, um ihre Doppelnatur – Leben spendende Göttin und Herrin des Totenreiches – zu offenbaren. In Maria als Lichtgestalt und Schwarze Madonna finden wir diesen Aspekt noch. Schwarze Kleidung trugen die "Klageweiber" und die Opferpriester der Gaben an die Unterweltmächte. Das griechische Wort patheia (= Leiden), rituell markiert durch Weinen und Trauer zur nächtlichen Zeit, führt Herodot als Gehalt der Mysterien an (II,171), weil man dabei das Leiden des Gottes in der Unterwelt nachahmt. Trauer macht leer und "ist in → NACHT gehüllt", hieß es prosaisch im alten Rom.

Schwarz signalisiert aber auch Buße, Schuld und Verdammnis. Es schien zudem nicht ungeschickt, dem Neid der Toten durch ein wenig auffallendes Äußeres jeglichen Wind aus den Segeln zu nehmen. In Makedonien trug man früher während der Trauer dunkle alte Fetzen. Anderswo wendeten Frauen in solcher Zeit Kopftuch und Rock nach innen, die Juden schnitten sich Risse in die Kleidung. In unseren Breiten hatten Frauen bei einem Todesfall, besonders wenn sie Witwen geworden waren, je nach Region sechs Wochen lang Schwarz zu tragen, mitunter drei Monate, ein Jahr, drei Jahre oder gleich für immer.

So kann die Farbe ambivalent für die Dunkelheit des Erdenlebens stehen, für geistige Finsternis, Aberglaube oder Unwissenheit, für vielfältigen Mangel. Schwarze Kunst bedeutete einst – neben der Lust, Papier mit schwarzer Tinte zu beschreiben – im Bereich des Nichtkörperlichen Phänomene hervorzurufen, die bei unaufgeklärten Seelen Angst, Bestürzung oder neugierige Bewunderung auslösten. Schwarz vermag also ebenso Fülle ausdrücken, das, was sich noch nicht offenbart hat oder das, was unser Bewusstsein noch nicht zu erhellen vermochte. Psychologie ordnet der Schwärze den Beginn anfänglicher totaler Unbewusstheit zu, unsere triebhaften Tendenzen wie auch die Ressourcen unserer Vitalseele.

Nigredo, die Schwärzung, war für die Alchimisten das Anfangsstadium im Großen Werk der menschlichen Vervollkommnung. Es bezeichnet den Zustand aller Undifferenziertheit, der sich der Einzelne während seines Reifungsprozesses entwindet. Für andere bezeichnete Nigredo den Zustand von Dunkelheit und innerer Zurückgezogenheit, indem das neue Licht höherer Erkennerst erst sichtbar werden konnte. Der Prophet Jesaia lässt den Herrn sagen: "Ich forme das Licht und erschaffe die Dunkelheit". Damit es Licht werde (45,7).

c.z.

Schwarze Sonne: Zwillingsbruder von Apollon

Besonders die Totale Sonnenfinsternis als Schwarze Sonne hat die Menschen zu allen Zeiten beunruhigt und bot als selten eintretendes Ereignis Anlass zu bösen Vorahnungen und Katastrophenprophezeiungen. Tatsächlich verbindet sich der Augenblick, der etwa sieben Minuten dauern kann, mit einer Art Lähmung der Natur. In manchen Kulturen beschrieb man den Vorgang als Verschlingen. → FENRIS und seine Wolfskinder fressen Sonne und Mond. In China interpretierte man Sonnen- und Mondfinsternisse lange als makrokosmische Störung, meist durch den Herrscher oder das → VERLANGEN seiner Frauen verursacht. Das Wiedererscheinen des Gestirns nach der Finsternis galt als Beginn einer neuen Ära.

Schon im dualen Weltbild der Gnosis besaß der Lichtgott Apollon einen Zwillingsbruder, der als "Sol niger" in der → UNTERWELT regierte und damit im Innern des Menschen brenne. In der Nacht und in jeder Dunkelheit leuchtet die Schwarze Sonne. In der neueren Kunst und Literatur spiegelt ihr Motiv ein Moment metaphysischer Angst und Melancholie, aber auch die Sehnsucht nach einer unbestimmten Rettung. Das dahinter liegende Prinzip ist so alt wie die Beobachtung der Tagessonne und des Jahreslaufes. Es findet sich mit 6, 7, 8 oder 12 hakenkreuzförmigen Sonnenradspeichen auf frühen Felszeichnungen. Die Anzahl der Arme basiert auf unterschiedlichen Unterteilungen des Sonnenlaufes. Ihre nach rechts gerichteten

Der bedrückende Moment einer totalen Sonnenfinsternis

Haken deuten die Bewegung der aufsteigenden Sonne, damit Licht und Leben an, nach links gerichtete die absteigende Bewegung: Tod und Dunkelheit. Jede Neugeburt und jedes neue Licht bedarf der Dunkelheit als Basis der Zeugung. Wer Fliegen fangen will, weiß, dass sie zunächst in die dunkelste Ecke fliehen, um sich neu zu orientieren.

Eine Art messianische Theologie um die Schwarze Sonne konstruierten etwa in den fünfziger Jahren Mitglieder der Neuen Rechten und Anhänger des Thulemythos, der in theosophische Lehren hineinphantasiert worden war. Sie erhoben das Symbol zum Urquell arischer Kräfte. Jüdisch-christliche Religion habe das "Urwissen" um die "Geburt der nordischen Seele" aus grünem Sternenlicht und ihre Herkunft vom "Mitternachtsberg im hohen → NORDEN" verdrängt. Hier, im "Ultima Thule" der Hyperboräer, habe einst Lucifer als Lichtbringer geherrscht, bevor man ihn in das Dunkel der → HÖLLE stieß. An seine Stelle hätten die Juden ihren "zeternden, racheheischenden Stammesgott" gesetzt und damit den Lauf der Weltgeschichte als ewigen Kampf zwischen Thule und Juda programmiert.

Gegen diese Verdrängung rufe das Leitsymbol der Schwarzen Sonne zum Widerstand auf. Wobei man sich auf eine Tradition beruft, die in Himmlers ausgebauter SS-Ordenszentrale Wewelsburg (nahe Paderborn) ein festes Fundament habe. Dort findet sich im sog. Obergruppenführersaal des Nordturmes ein Ornament eines zwölfstrahligen Sonnenrades, das im grünen Marmorfußboden als schwarze Sonne eingelassen ist.

Eine kaum weniger belastete Sichtweise interpretiert unter dem Pseudonym EIWATZ das Motiv als Allrune mit zwölf Vermittlern wie jedes zwölfspeichige Sonnenrad: die durchwebende unsichtbare Göttlichkeit hinter allen Erscheinungen, der ewige Kreislauf des "Stirb und Werde" samt der Botschaft, dass nur "das Edle und Lichte im Einklang mit diesem kosmischen Gesetz schwingt und fortbesteht". Sobald die Zeit der Schwarzen Sonne gekommen sei, leuchte sie als Zeichen für eine neue Zeit, ein neues Reich, gleich der Zeit der reinen Hyperboräer, "geführt von einem nordischen Sargon". Schwarz sei das Licht, dass uns aus einer alten, solaren Welt voran in die Zukunft strahle (EIWATZ 2001).

In den Romanen zum Film → STAR WARS nennt sich das mächtigste intergalaktische Verbrechersyndikat *Schwarze Sonne.* U.a. versuchen sie Vertreter des Provisorischen Imperialen Rats durch Klone zu ersetzen, um die Kontrolle über das Imperium an sich zu reißen. Nicht auszudenken, was dies an Überraschungen geboten hätte, wäre dieser Plan geglückt...

c.z.

Schwarzer Freitag: Ein denkwürdiger Tag

Dies veneris nannten ihn die Römer, Tag der Venus. Frîatag hieß er einst auf dem Boden des heutigen Deutschlands, abgeleitet von Freya, Frühlingsgöttin und germanische Antwort auf Venus. Antike Astronomen hatten alle Wochentage den Planeten zugeordnet, womit den Freitag ursprünglich eher verbindende Züge prägten, wenn nicht heitere oder sogar lustvolle. Spätestens im 4. Jahrhundert löste man die Daten Christi aus dem Vegetationszyklus heraus. Statt zum 21. Oktober starb er nun am Karfreitag, und als Gedächtnis wurde jeder Freitag zum öden oder frommen Fasttag der Woche. In späterer Folge verlegte man wichtige düstere Ereignisse der Bibel auf den armen Freitag, so auch das → JÜNGSTE GERICHT und den Selbstmord des Judas – ein dunkler Tag.

Als es sich durchsetzte, die Woche mit dem Montag als einem Werktag zu beginnen, rutschte der Freitag auf den 5. Tag, als ungerade Zahl ohnehin mit → UNGLÜCK und manch anderen dunklen Aspekten verbunden (→ PENTAGRAMM). Volksphantasie degradierte den ominösen Tag zum Schwarzen Freitag. Hexen fahren am liebsten wohl freitags aus, das Meer hole sich an diesem Tag ein Opfer, schlechtes Wetter bündele sich freitags, u.a.m. Bald war die Beziehung zur holden Göttin für Glück, Ehe, Liebe und Fruchtbarkeit sträflich vergessen. Statt dessen fand wörtliche Auslegung das "frei" nun höchst verdächtig, bedeutete es doch: von keinen Regeln in Zügel gelegt (BÄCHTOLD-STÄUBLI 1930/31:III,51). Tatsächlich beginnt heutzutage am Freitagsnachmittag für viele das "freie" und gegebenenfalls ungezügelte Wochenende.

Am Schwarzen Freitag des 25. Oktober 1929 läuteten Kursverluste "im freien Fall" an der Börse von Wallstreet eine dramatische Krise ein, die in der Folge als Weltwirtschaftskrise fast alle Staaten erfasste. Da bereits an einem Freitag, dem 13. Mai 1927, vor allem aber am Freitag, den 24. September 1869, sich ebenfalls erdrutschartige Kurseinbrüche ereignet hatten, geistert in Börsenkreisen der Schwarze Freitag als Synonym für einen Börsencrash. Freitag ist aber auch ein beliebter Tag für Lottoziehungen, und schon häufig wurde an diesem offensichtlich hellen Termin der Jackpot geknackt.

c.z.

Schwarzes Loch: Ende gut – alles gut?

Sie lauern "wie schwarze Katzen im Kohlenkeller" auf Beute, verschlingen alles und bringen dabei die Gesetze von Raum und Zeit durcheinander: Schwarze Löcher. Wenn sich der Kernbrennstoff massereicher Sterne erschöpft, was ihnen "schon innerhalb wenigen hundert Millionen Jahren passieren kann", geraten sie in eine Krise, verlieren an Wärme, sterben, indem sie schrumpfen. Beim Zusammenziehen nimmt ihre Krümmung zu, die so groß werden kann, dass ein Schwarzes Loch entsteht, aus dem kein Licht zu entweichen vermag (HAWKINS 2001:32,122). Im Innern dieses galaktischen "Gulli" endet die Zeit, auch für jeden unglücklichen Astronauten, der das Pech hätte, dort hineinzugeraten. Er würde "wie eine Spaghettinudel" hineingesaugt und irgendwann als Strahlung "auferstehen", witzeln Astronomen.

Schwarze Löcher werden seit 1783 diskutiert, heute glauben die Astrophysiker fest an ihre Existenz. Einige Duzend Kandidaten stehen z.Zt. auf ihrer Liste, die im Herzen vieler Galaxien sitzen und von denen die gefräßigsten pro Jahr einen Stern von der Größe der Sonne schlucken. Sie lassen sich aber nur über die Wirkung nachweisen, die sie auf ihre Umgebung ausüben. Obwohl vermutlich selbst "wie Kinderkreisel taumelnd", wirbeln Gaspakete oder Sterne um ihren Schlund wie "Wasser um einen Badewannenabfluss" (HORNUNG 1999:118). Dieser kosmische Strudel lösche jede Erinnerung, behaupten die einen. Informationen, die dort hineinfallen, würden wie auf einer "Langspielplatte" gespeichert, beruhigt Hawkins. Was passiert aber mit diesen Informationen, wenn das Schwarze Loch verdampft? Auch hier streiten sich noch die Experten, ob Informationen und Zeit verloren gehen können. Wenn ja, dann ließen sich weder naturwissenschaftlich noch astrologisch wirklich verlässliche Vorhersagen machen. Aber wäre das ein wirklich neuer Zustand?

C.Z.

Schwarzes Schaf

→ AHNENPRÄGUNG

Seelenwanderung: Vom Wurz zur Göttin

Bevor eine Seele mit der Zeugung oder erst bei der Geburt den menschlichen Körper besetze, habe sie bereits in mehreren anderen gewohnt (sog. Präexistenz der Seele), glauben Anhänger der Seelenwanderung. Mit dem Tode verlasse sie das Vehikel auch wieder, um – nach einer mehr oder minder langen Dauer im Jenseits (→ UNTERWELT) – sich in eine neue Form einzuhüllen. Dabei bleibt es reichlich unklar, ob es sich um die gleiche Persönlichkeit mitsamt ihrer Erinnerung handelt, wie bei der jüngeren Reinkarnationslehre, oder nur um Aspekte. Fernöstliche Metempsychose (Seelenwanderung) mit ihren beliebten Paradoxa lehrt, die Seele körpere sich nach einem erkennbaren System, das eigentlich unerkennbar bleibt, sowohl bei Pflanzen, Tieren, Menschen und vordergründig leblosen Gegenständen ein. Hinduistische Brahmanenlehre, die auf die Vedenzeit zurückgeht, hat das Motiv der Tierverwandlung als Strafesystem konsequent bis zu Ende gedacht. Es spiegelt hier einen Läuterungs- und Erfahrungsweg hin zur Reife und Vervollkommnung.

Auch im antiken Griechenland kursierten solche Vorstellungen. Während Pythagoras vermutlich eher ein bewusstseinsmäßig evolutionäres Aufsteigen über die Naturreiche zum Menschen lehrte, wusste Platon, die Seele suche sich einen Körper aus, der ihrer Beschaffenheit am angemessensten wäre: Tyrannen gingen deswegen in Wölfe oder Geier ein, Fleißigen gelänge es, das Stadium der Biene oder Ameise zu erreichen. Neuplatoniker wie Plotin vermuteten sogar Wanderungen aus dem unsichtbar ätherischen Bereich in den irdischen hinein. Aristoteles verwarf solche Lehren, weil sie voraussetzten, dass die als göttlich angesehene Seele dann ja bestimmte Körper bevorzuge und sich anderen gegenüber gleichgültig verhalte.

Tröstlicherweise kennen die jüngeren Lehren bei Seelenwechsel keinen Rückschritt vom Mensch zum Tier, höchstens ein "auf der Stelle treten"; dies allerdings möglicherweise unter animalischen Ausdrucksformen und Verhaltensweisen, um mit → LEIDENSCHAFTEN und Triebkräften vernünftig umgehen zu lernen. Andererseits lässt Metempsychose ungeahnte Höhenflüge zu. Etain schafft es als Pfütze (→ Wasser des Lebens) über Wurm und Schmetterling zu einer keltischen Muttergöttin aufzusteigen, voller Huld, Güte und Schönheit, um später Gattin Midirs, König der Feen in der → Unterwelt zu werden.

c.z.

Sentenced: Selbstmord, Tod und Begräbnis

Sentenced, (engl.) "verurteilt", nennt sich eine finnische → Black Metal oder Düster Metal Band, die von dem Gitarristen Miika Tenkula gegründet wurde. Die Musiker von Sentenced sind sehr am Schamanismus interessiert, der charismatische Sänger und Bassist Taneli Jarva, Sami Lopakka (g), Vesa Ranta (dr). Seit 1998 hat die Band den Sänger Ville Laihiala. Die Texte kreisen um Tod, Begräbnis, Selbstmord, Todessehnsucht, Niedergang, Untergang, Zerstörung... "Grave Sweet Grave"... Ein Song heißt → Nepenthe: *So trinke um zu vergessen, ertränke all deine Sorgen, beerdige deine Träume, wähle die Klärung des Geistes...* heißt es im Gesang.

Discographie:

- *Amok* (Century Media, 1995)

  "Funeral Spring", "Nepenthe", "Dance On The Graves", "Moon Magick"
- *Love & Death* (Century Media, 1995)
- *Shadows Of The Past* (Century Media, 1995)

  Debüt-Album von 1991 remastered... Death Metal! "Dunkelheit erfüllt das Leben, bedeckt den müden Geist, wie die dunkelste Verdammnis ..."
- *Down* (Century Media, 1996), eine Ode an das Ende...
- *Greatest Kills* (Century Media, 1997)

  Sampler mit frühen Stücken...
- *Frozen* (Century Media, 1998)

  Stück "The Suicider": "...I am the light that shall lead you to darkness..." Mit dem Sänger Ville Laihiala...
- *Crimson* (Century Media, 2000)

  Grateful Dead-Zitat: Pleasure and pain: Heaven and Hell my memories / What a long and strange trip this has been for me / What a short and strange life this has been"....
- *The Cold White Light* (Century Media, 2002)

  Zitat aus finnischer traditioneller Musik.... Nemo ante mortem beatus (→ Sprache)...

- *The Funeral Album* (Century Media/SPV, 2005)

  Das "Begräbnisalbum" soll das angeblich letzte Werk, das "letzte Urteil" der Band sein, nach 16 Jahren Bandgeschichte. Im düsteren Booklet gibt es viele finnische Zitate, damit wendet sich die Band an junge Studentinnen der Finnio-Urgristik! Ein würdiger Abschied.

www.sentenced.org

- Poisonblack, *Escapextacy* (Century Media, 2003)

  Seitenprojekt vom Sänger Ville Laihiala und des Sängers von Charon, J.P. Leppäluoto, Die CD wird beworben als "perfect soundtrack for a dance with your demons!" (www.poisonblack.com)

chr.r.

Sexualmagie (Sex Magick)

Andere Namen: Magia Sexualis, Magik, Sexmagik, Sexmagick, Sexuelle Magie, Tantra [Nicht: Liebeszauber!]

Sex Magick oder Sexualmagie ist die spirituelle Nutzung erotischer und sexueller Energien, die durch gezielte und geübte sexuelle Praktiken, die nicht der Fortpflanzung (Reproduktion) dienen (die sexuellen "Perversionen" der Bürgerwelt, sowie des Sigmund Freud), gewonnen werden. Zu diesen sexuellen Praktiken gehören alle der im Hexenhammer bereits beschriebenen "teuflischen Übungen": Cunnilingus und Fellatio, Analkoitus mit beiden Geschlechtern, Homosexualität, Sodomie (Verkehr mit Tieren), Onanie, Benutzung künstlicher Hilfsmittel (z.B. Dildos), Gruppensex, Sadismus und Masochismus. Hinzu kommt der Gebrauch von sexuellen Stimulantien aller Art (psychologisch und pharmakologisch; → Drogen), d.h. die alle Sinne ansprechen: Duftstoffe (Riechen), erotische Mahle (Schmecken), Gestöhne, Gesänge und Musik (Hören), erotische/sexuelle Inszenierungen bzw. Pornographie (Sehen), Bewegung (z.B. Yoga) bzw. Tanz und Berühren oder Anfassen (Tasten).

Sexualmagische Praktiken sind schon im Schamanismus bekannt und benutzt, gehören seit alters her zu mystischen Kulten (Tantra, Dionysien, Voodoo), zur taoistischen Alchemie, zum angeblichen Satanismus und vermeintlichen Hexenkult, aber auch zu den "Neuen Hexen" und zum Wicca, sowie zum Okkultismus, zur Geheimbündlerei, zur Ritualmagie, besonders wichtig bei → Aleister Crowley. Die Sex Magick (eine Schreibform Crowleys) hatte großen Einfluss auf viele Musiker aus den Bereichen der Rockmusik (→ Graham Bond, Led Zeppelin, Rolling Stones), der Psychedelic, des → Heavy Metal, sowie des → Gothic (Marylin Manson, Psychic TV, Rammstein, Sodom, u.a.).

Bei der Sexualmagie verkörpern Mann und Frau Gott und Göttin (meist durch gegenseitigte Verehrung). Die spirituelle und sexuelle Vereinigung erzeugt im Unterleib sexuelle Energie, die im Körper aufsteigt (Kundalini, gedacht als Schlange).

Wenn sie das Herz erreicht, verwandelt sie sich in Liebe (bzw. Liebesenergie); wenn sie weiter aufsteigt, transformiert sie sich im Kopf zu Erkenntnis und Unio mystica. Um diese energetischen Zusammenhänge modellhaft darzustellen, wurde im Himalayagebiet und im alten Indien das System der Chakras (Sanskrit, „Kreis“) entwickelt. Jeder Mensch hat mehrere solcher Energiezentren in seinem Körper. Sie werden gezielt durch die Ernährung und Pharmaka (Aphrodisiaka), durch Meditation und durch Sexualität "ernährt". Je mehr Sexualenergie entsteht, desto mehr spirituelle Erleuchtung!

Von den dominierenden Gesellschaften werden die sexualmagischen Praktiken immer juristisch verboten, moralisch geächtet und als Tor zum Dunklen verteufelt. Sie werden als Walpurgisorgien, Hexensabbate, Teufelsbuhlschaft, Schwarze Messen, Drogenpartys usw. diffamiert und staatlich verfolgt.

Bereits im alten Rom waren die sexuellen Kulte des Dionysos/Baccus bei Todesstrafe verboten. Die Inquisition hat alle sexuellen Rituale und Riten als Teufelswerk verfolgt. In den USA gibt es in denn meisten Bundesstaaten gesetzliche Verbote für Cunnilingus/Fellatio und Analverkehr. Weltweit ist der Gebrauch von psychoaktiven → DROGEN und Aphrodisiaka staatlich kontrolliert und der Besitz solcher Substanzen per Betäubungsmittelgesetz verboten.

Rituelle Anwendungen von Pharmaka sind bei der Sexualmagie besonders wichtig (WILLIAMS 1990). So gilt bei RANDOLPH (1992) die → "HEXENSALBE" als zentrales Stimulationsmittel der Magia Sexualis.

Das Stimulationsmittel der Magia Sexualis

Der US-amerikanische Arzt und Schriftsteller Pascal Beverly Randolph (1825-1875) hat sich der Erforschung des Okkulten, der Magie und der → DROGEN gewidmet. Besonders praktizierten er und seine Anhängerschaft sexualmagische Rituale, bei denen psychotrope Drogen im Spiel waren. In seinem Buch Magia Sexualis, das er für die Studenten der Bruderschaft geschrieben hatte, veröffentlichte er das Rezept eines "Stimulationsmittel, das wir für unsere magischen Experimente verwenden". Es ist ein "Hexensalben"-Rezept.

Auf hundert Gramm gut gereinigten Fettes (mit Kochsalz und kaltem Wasser) kommen:

Haschisch	40 g	Harz vom Hanf (*Cannabis*)
Bilsenkraut	50 g	*Hyoscyamus niger*
Stechapfel	80 g	*Datura stramonium*
Belladonna	20 g	Tollkirsche
Hanf	260 g	Hanfblüten, -kraut
Knoblauch	50 g	
Sonnenblumenkerne	30 g	
Kalmus	60 g	*Acorus calamus*
Mohnblüten	250 g	*Papaver somniferum*
Weizenflocken	100 g	

Wenn alles getrocknet ist, wird es zu Pulver zerrieben und zwei Minuten vor dem "Experiment" auf den Solarplexus, die Mundhöhle, die Arm- und Kniebeugen, die Fußsohlen und die Handflächen aufgetragen.

"Wenn die magische Operation beendet ist, waschen wir uns sofort mit heißem Wasser und reiben uns mit Alaunessenz oder Vaseline ab." (RANDOLPH 1992: 130f.)

Man sieht an diesem Rezept sofort, dass sich die Jungs von der sexualmagischen Bruderschaft von Eulis auskannten. Sie wussten was törnt. Es fällt auch auf, dass ausser den Weizenflocken alle Zutaten Aphrodisiaka sind.

Randolph, Pascal Beverly 1992: MAGIA SEXUALIS: DIE SEXUALMAGISCHEN LEHREN DER BRUDERSCHAFT VON EULIS, Wien: Edition Ananael.

Discographie (Auswahl):

- Alien Sex Fiend, *Altered States of America* (Anagram Records, 1993) "Now I'm Feeling Zombified"
- Red Hot Chili Peppers, *Blood Sugar Sex Magik* (Warner Bros., 1991) "Jede Frau hat ein Stück von Aphrodite in sich, kopulieren zum kreieren, ein Zustand von sexuellem Licht..." heißt es im Titelsong der US-amerikanischen Crossover Band, die sich nach einem Nachtschattengewächs benannt hat.
- Sodom, *Tapping the Vein* (Steamhammer 1992) [Tapping the Vein = "Die Vene anzapfen"] Track 7. Wachturm 3.46; Music: Sodom, Lyrics: Tom Angelripper. Kopf der Gruppe neben ihm Chris Witchhunter – typische Sodomaniacs: "Der Wachturm Ist Die Offenbarung / Für All Die Gotteskinder / Packt Ihn Weg, Es Hat Keinen Zweck / Meine Pornos Sind Mir Lieber"

chr.r.

Sindbad: Dem Paradies schon ganz nah

In der orientalischen Märchensammlung von 1001 NACHT haben bis heute die sieben Abenteuerfahrten des mutigen Sindbad eine bedeutende Stellung. Sie beginnen mit der Schilderung, wie ein armer Teufel auf den Reichtum und den Lebensgenuss des einzigartigen Mannes, der durch alle Märchen wandert und mit deren Ungetümen in Auseinandersetzungen gerät, neidisch ist.

In verschiedenen der 1001 Nächte schildert nun Sindbad dem Unwissenden seine unzählbaren Erlebnisse. Dem Neider, der sich nun in diese Geschichten hineinzudenken vermag, wird damit bewusst, dass er einen entscheidenden Fehler beging, nur auf die glücklichen Ergebnisse der Reisen des Abenteurers zu blicken: Es wäre ihm selber schließlich kaum möglich gewesen, all das siegreich zu erleben, wie es dem Fahrer durch die sieben Weltmeere jahrelang möglich war.

Der Persienforscher Prof. Dr. Rudolf Gelpke sagte mir 1971:

"Ich habe am Kaspischen Meer den überlieferten Rat bekommen, sich, umgeben von Blumendüften und farbigen Lampen, gerade die Sindbad-Geschichten aus 1001 Nacht erzählen zu lassen. Wenn man nach solchem Märchenabend erwacht, hat man viele Ängste aus irdischen Nöten vergessen. Wir erkennen, dass wir in den zeitlosen Geschichten den Schlüssel finden, wie Sindbad nach seinen Reisen, uns nahe dem Paradies zu fühlen."

s.g.

Slasherfilm: Vom Schlitzer voll erwischt

Slasher engl. – Haumesser deutsch (wird aber auch als Schlitzer übersetzt)

Slash engl. – Schlitz o. aufschlitzen deutsch (außerdem auch: Schrägstrich, Bruchstrich, Schlagabraum, Schmarre, Schnitt, und so weiter)

Splatter engl. – Spritzen o. bespritzen deutsch

Das Hauptmerkmal des Slasherfilms ist in erster Linie ein Maskenmörder, der seine Opfer, meist Teenager, mit einem großen Messer absticht.

Die Geschichten dieser Filme zeigen dabei oft recht ähnliche Strickmuster: Ein netter freundlicher Tag, gutgelaunte junge Leute, die dann nach dem "10 kleine Negerlein"-Schema vom Mörder getötet werden, der durchaus auch aus den eigenen Reihen der Opfer stammen könnte. Um dabei eine möglichst gruselige Atmosphäre aufrecht zu erhalten, trägt der Mörder meistens eine Maske und spricht nicht. Erst das Ende des Films präsentiert dann oft noch das Motiv des Mörders: psychologischer Schaden oder die Verhöhnung wegen einer Missbildung.

Beim Slasherfilm handelt es sich meist um einen sehr atmosphärischen Gruselschocker mit einer echten Geschichte und schönen Gänsehautszenen.

Beim Splatterfilm geht es in erster Linie um möglichst blutige und eklige Effekte, die Story, sofern überhaupt vorhanden, steht da eher im Hintergrund.

Doch es sind auch Kombinationen aus Splatter- und Slasherfilmen möglich.

Einer der ältesten und bekanntesten Slasherszenen (Schlitzerszene) weltweit dürfte die berühmte Duschszene in Alfred Hitchcocks PSYCHO" (USA 1960) sein. Eine junge Frau nimmt ein heißes Duschbad und wird dann mit einem großen Messer (Slasher/Haumesser) erstochen. Der Täter, Norman Bates, weiß nicht einmal um seine Täterschaft. Er hält seine Mutter für die Mörderin.

Am Ende des Films erst erfährt der Zuschauer, dass seine Mutter längst verstorben und Norman Bates der Täter ist. Bei dem Mord trat die Persönlichkeit seiner Mutter zu tage und verdrängte seine eigene.

BRAINDEAD (Neuseeland 1992; auch DEAD ALIVE genannt) von Peter Jackson brilliert hingegen als Splatterfilm. Während der romantischen Liebesgeschichte zwischen Lionel und Paquita tyrannisiert Lionels Mutter ihren Sohn und mutiert nach einem Biss durch einen Rattenaffen selber zu einem Zombie. Nun hat Lionel alle Hände voll zu tun, seine Mutter am Beißen anderer Menschen zu hindern und ein völlig normales Leben nach außen hin zu präsentieren. Natürlich geht das schief, und innerhalb kürzester Zeit füllt sich sein Haus mit hungrigen Zombies. Mit einem Rasenmäher bewaffnet versucht Lionel die Zombies endgültig zu töten. Blut und Fleisch spritzt (slasher), eingepackt in Slapstick-Komik.

Der Film Freitag der 13. (USA 1979) vereint hingegen Splatter und Slasher. Ausgiebig widmet er sich den Tötungssequenzen des maskierten Killers. Jugendliche in einem Feriencamp werden nach dem "10 kleine Negerlein"-Schema getötet, die Morde dabei detailiert gezeigt. Am Ende erfahren wir, dass der Mörder, ein Junge, ca. 22 Jahre vor den Morden im See des Feriencamps ertrunken war. Sein Tod hätte wohl verhindert werden können. Der Hass der Mutter, die der Camp-Leitung damals die Schuld am Tod ihres Sohnes gab, holte ihren Sohn aus seinem nassen Grab und ließ ihn die Morde verüben.

In diesem Film werden klassische Horrorelemente vermischt.

- Splatter, detailliert gezeigte Tötungsszenen.
- Slasher, maskierter Mörder mit großem Messer.
- Grusel, untoter Mörder geht um (etwas Übernatürliches passiert).

In den 70er Jahren erlebten die Splatterfilme einen großen Boom, meist in Form von Kannibalenfilmen, mit detaillierten Darstellung der Tötungsszenen. Besonders atmospharisch gute Filme und auch Auslöser der Splatterwelle waren sicher die Streifen von George A. Romero: Die Nacht der lebenden Toten (USA 1968; sw), Zombie – Dawn of the Dead (USA 1979; Zombies im Kaufhaus) und Zombie 2 – das letzte Kapitel (USA 1985)

Dies rief die FSK verstärkt auf die Bildfläche, und viele Filme, die mittlerweile gar keine Altersbeschränkung mehr haben, gerieten auf den Index.

Slasher- und auch Splatterfilme (z.B. Scream, Scary Movie usw.) haben heutzutage eher Satire- oder Comedy-Charakter, vor allem um ein möglichst großes Publikum zu erreichen. Böten diese Filme keine komischen Einlagen, würde die FSK (Freiwillige SelbstKontrolle) diese Filme auf "ab 18" setzen und der Filmindustrie entgingen dadurch nicht unbeträchtliche Einnahmen.

From Dusk till Dawn (USA 1996), Hannibal (USA 2001; Das Schweigen der Lämmer 2), Resident Evil (BRD 2002) zählen als einige der wenigen Splatter- und Slasherfilme unserer Tage weder zu Satire noch Comedy, sondern zu den klassischen Horrorfilmen.

Dennoch sind klassische Slasherfilme ebenso selten geworden wie Splatterfilme.

h.s.

Skorpion als Tierkreiszeichen

→ (Lady) Macbeth

Spiegel: Klarheit mit Gottesfunken

"Spieglein, Spieglein an der Wand: Wer ist die Schönste im ganzen Land?" fragt die so stolze wie übermütige (→ STOLZ) Königin und Stiefmutter (Schatten der Mutter) von Sneewittchen. "Frau Königin, Ihr seid die Schönste hier...", preist der wunderschöne Spiegel.

Wie das Wasser als Symbol des Unbewussten wirft auch mancher Spiegel "womöglich" mehr als das äußere Abbild zurück. Dann dränge es der Seele und mit ihr dem Gottesfunken danach, stärker oder überhaupt einmal wahrgenommen zu werden. Dem Betrachter komme es vor, als sei es sein sinnendes Denken, dass zur Erkenntnis komme. Fleckenlos glänzende Spiegel vermitteln Klarheit, reines reflektiertes Licht. Gnadenlos bringen sie wie die Sonne "die Wahrheit an den Tag", zeigen "das wahre Gesicht", das echte "Ich" und dabei alles Vergängliche in der irdischen Welt. Frau → LUXURIA hält in romanischen Kirchen oft den Spiegel in der Hand, der zugleich alles Eitle und Vordergründige versinnbildlicht. Im Märchen aber wie in der Wirklichkeit dienen sie nur zeitlich gebunden unserer Eitelkeit.

Der Philosoph Schopenhauer liebte den Spiegel als Metapher für den Intellekt. Als unentbehrliches "Navigationsinstrument" lotst ordnendes Denken uns durch die pfadlosen → LABYRINTHE der Psyche, weiß im günstigsten Fall mit dem "scharfen Schwert der Unterscheidung" logisch zu arbeiten – eine mehr männlich geprägte Eigenschaft. In seinem passiven Aspekt weisen andere Philosophien dem Spiegel weibliche Erwartung zu, kontemplative "nichthandelnde Weisheit" und Aspekte des beobachtenden Zeugenbewusstseins. Wie der Seelenkern vermag der Spiegel sich selbst nicht zu erkennen, enthält aber alle Informationen dazu, auch das Verborgene, Verdrängte und im → SCHATTEN liegende. Wahrsager lassen dieses verborgene Wissen sich aus dem Unterbewusstsein in einem Kristall oder Spiegel zurückprojizieren, geben zumindest häufig diesen Anschein. Wer den Spiegel zu benutzen vermag, gewinnt Selbsterkenntnis, findet die Wahrheit hinter der Welt der Erscheinungen – eine oft bittere Pille.

"Aber," reibt der wunderschöne Märchenspiegel der Königin unter die Nase, "Sneewittchen ist noch tausendmal schöner als Ihr!" Unser höherer Seelenanteil liegt allerdings meist wie im Todesschlaf hinter sieben Bergen, bewacht von sieben Zwergen.

c.z.

Spielzeug, Heiliges:

Der Heilige Sergius (ostslawisch Sergij) lebte 1314-1392. Er zog sich als Einsiedler in den Urwald von Radonesch zurück und gilt, weil er den Großfürsten Dimitri zum Widerstand gegen die Tataren begeisterte, für sein Volk als ein "Vater der Freiheit".

Ein wilder Bär war sein "lieber Freund", und er soll nach der Legende bereits sein Bild geschnitzt haben. Solcherlei Tiere schnitzten dann die Mönche, als an Stelle der berühmten Einsiedelei im Walde das Kloster erwuchs. Die "glückbringenden

Spielsachen" dieser Art wurden in immer weiterem Umkreis bei allen Kindern beliebt. Diese sollen ihre Eltern geradezu "gezwungen" haben, ihnen Bären "aus dem an den Heiligen Sergius erinnernden Holze" mitzubringen – denn die "Glücksbringer" wirkten nach dem frommen Märchen nur dann "wirklich lebendig", wenn man sie mit Gebeten und Anhören der Legenden in Radonesch erstanden hatte. Nach der kommunistischen Revolution von 1917 versuchten die Anhänger von Lenin und Stalin, in der Gegend die Spuren des mittelalterlichen Glaubens zu beseitigen. Aber auch für die neue "gottlose" Spielzeugindustrie entstanden die Werkstätten am Kloster-Ort, da die Kinder die Bären sonst abgelehnt hätten! Dass der Siegeszug der kleinen Bären jeder Art im 19.-20. Jahrhundert aus diesem "Bärenland" einige Anstöße erhielt, wird häufig vermutet.

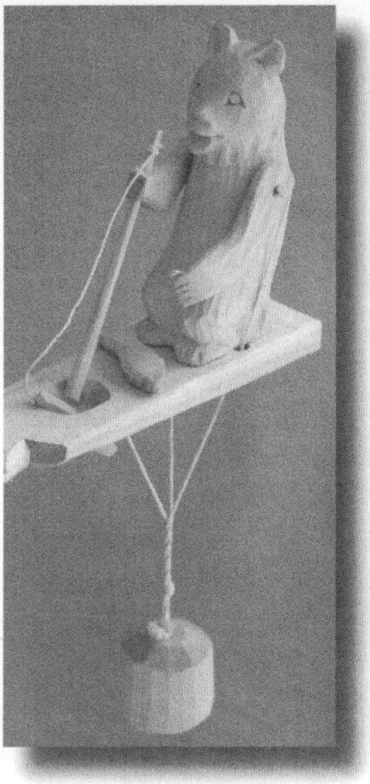

Russisches Bärenspielzeug

Unzählige Kinder aus allen Ländern versicherten mir, dass sie einen solchen Freund brauchen, um mit ihm im Bett glücklich einzuschlafen. Für viele Erwachsene besitzt das liebenswürdige Tier auch später einen Ehrenplatz in der Wohnung. "Es versetzt uns wohl bis zum Tode in den grünen Wald von Radonesch", versicherten mir Flüchtlinge aus dem Osten noch 1981 in Los Angeles am Stillen Ozean.

s.g.

Spirale

→ LABYRINTH

Spiritismus: Besuch suspekter Geister

Ein geistiges Erdbeben des 19. Jahrhunderts, eigentlich endlos wichtiger als die damaligen teuflischen Kriege um Weltmacht und die Versklavung der "farbigen" Völker, war der Spiritismus. Er erhielt sehr bedeutende Anregungen aus der Beschäftigung mit dem Volksglauben und dem lange verleumdeten Hexenwesen durch Forscher wie Grimm, Afanassjew, Frazer. Umgekehrt wurde er dann "zum Auslöser von neuen großartigen Märchendichtungen um Alice im Wunderland, das "über dem Regenbogen liegende Reich von Oz", das Reich des Peter Pan.

Der Spiritismus begann mit den plötzlich wieder beachteten Spukgeschichten und dem als Trost in all den Kriegen und Revolutionen aufgetauchten Glauben an die Unsterblichkeit unserer Seelen. Einer seiner unermüdlichsten Vertreter war der im französischen Lyon geborene Léon Hippolyte Denizard Rivail, der 1804-1869 lebte.

Als Schriftsteller, der sich für die Wiederverkörperung eines keltischen Druiden hielt, nannte er sich Allan Kardec. Sein Wirken, bei dem er sich stets von "hohen Geistern" beeinflusst sah, prägte nicht nur die entsprechenden Kreise in Frankreich und dessen Nachbarländern. Seine Schriften wurden von Südamerika (besonders Brasilien) bis Indonesien studiert und gaben auch den Kolonien die Hoffnung, dank dem Einfluss ihrer "unsterblichen" Ahnen einem eigenen, unabhängigen Fortschritt entgegenzuschreiten.

Der sich in Bern mit dem Spiritismus beschäftigende Maurice Schaerer sagte zu mir um 1950: "Seither haben Millionen von Menschen, wenn die stille Nacht sie umgab, nicht mehr irgendwelche bösen Kobolde gefürchtet, wie die Hexenverfolger sie lehrten. Sie spielten nun mit dem Gefühl, "in heiliger Dunkelheit" näherten sich ihnen ewige Geister, um ihnen wunderbare Gedanken einzugeben.

s.g.

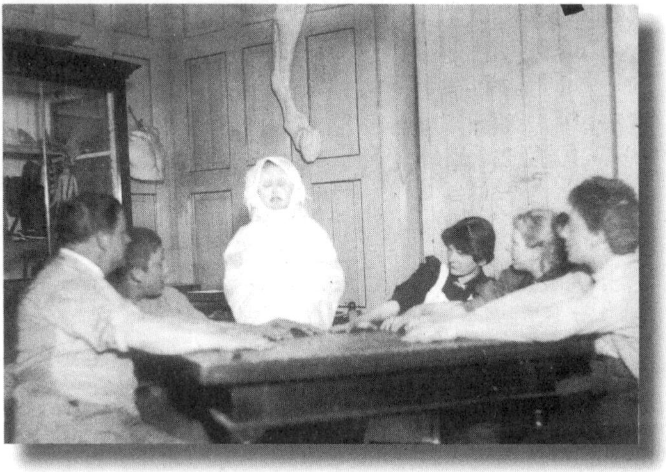

Foto von Heinrich Max, Séance (vor 1900)

Splatterfilm: Plötzlich von der Kettensäge massakriert

Splatter engl. – Spritzer

Ein Motorgeräusch.

Scharfe rotierende Messer eines Rasenmähers bahnen sich ihren Weg durch Blut und Fleisch. Mehr muss man fast nicht sagen, um zu erklären, was ein Splatterfilm ist. Blut spritzt.

Aber nicht immer nur das Blut, das der Zuschauer zu Gesicht bekommt, lässt ihn erschauern. Oft genug bringt das Blut im Kopf des Zuschauers, in dessen Phantasie, ihn dazu, sich angeekelt zu schütteln und zwischen den Fingern hindurch doch zur Leinwand oder zum Bildschirm zu lugen.

Obwohl George A. Romero schon 1968 einen Zombiefilm, Night of the living Dead (USA 1968; Die Nacht der lebenden Toten) schuf, wird Texas Chainsaw Massacre (USA 1974; Blutgericht in Texas) als Urvater der Splatterfilme angesehen, weil in Night of the living Dead einfach noch kein Blut spritzte, auch nicht in den Köpfen der Zuschauer.

Anders als in Slasherfilmen wird das Hauptaugenmerk des Zuschauers bei Texas Chainsaw Massacre auf die Opfer gelenkt. Umso plötzlicher und brutaler tritt dann der Täter, Leatherface, auf.

Es gibt kein wirkliches Motiv, warum Leatherface seine Opfer schlachtet, er tut es einfach. Blut ist im ganzen Film nicht viel zu sehen, aber die Absicht des Täters, was er mit seinen Opfern vor hat, dafür umso deutlicher. Der Rest, das absolute Grauen, spielt sich dann tatsächlich in den Köpfen der Zuschauer ab.

Nachfolgende Splatterfilme zeigen dann schon mehr. Es scheint fast so, als sei mit Texas Chainsaw Massacre eine Hemmschwelle gefallen.

1979 ließ George A. Romero Zombie – Dawn of the Dead (USA) und 1985 Zombie 2 – Day of the Dead (USA) seinem 1968 produzierten Night of the living Dead folgen, Filme die in erster Linie durch ihre trostlose Atmosphäre in der Lage waren, den Zuschauer in eine depressive Stimmung zu versetzen und zusätzlich einen Schauer des Ekels über den Rücken zu jagen. 2004 kamen von Texas Chainsaw Massacre und Dawn of the Dead Remakes in die Kinos, dann George A. Romeros nächster Zombie-Film Land of the Dead (USA 2005). Der Mensch kann das gruselige Ekeln einfach nicht lassen.

Anfang der 80er Jahre folgte eine nicht unbeträchtliche Anzahl von Kannibalenfilmen, wie zum Beispiel Man-Eater (I 1981). Diese Filme riefen verstärkt die FSK (Freiwillige Selbstkontrolle) auf den Plan. Immer mehr Filme fielen der Zensur oder gar dem direkten Verbot zum Opfer.

Dennoch oder gerade dem zum Trotz wurden weiterhin Splatterfilme produziert. Man begann die Zensur der FSK zu umgehen, in dem man die Filme bewusst komisch oder stark überzogen gestaltete, um diese somit als Satire oder gar Horror-Komödie vor der Schere der FSK zu schützen.

Einer der absolut blutigsten aber auch zugleich komischsten Splatterfilme ist Braindead (Neuseeland 1992; Dead Alive), produziert von jenem Peter Jackson, der später die fantastische Herr der Ringe-Reihe auf die Kinoleinwand brachte. Nach dem Vorbild von Psycho finden wir auch hier einen naiven unbedarften jungen Mann und seine äußerst dominante Mutter.

Nachdem seine Mutter von einem Rattenaffen gebissen wird, verwandelt sie sich so nach und nach in einen menschenfressenden Zombie. Der junge Mann, Lionel, hat nun alle Hände voll zu tun, die stetig anwachsende Zombiegemeinde in seinem Haus in Schach zu halten. Irgendwann gelingt ihm dies nicht mehr und er versucht mit Hilfe eines Rasenmähers die Zombiegemeinde zu vernichten. Blut und Körperteile spritzen nur so über den Fernsehschirm und im absolutem Finale bläht sich seine untote Mutter derart auf, dass sie das gesamte Haus in sich aufnimmt und Lionel sie von innen heraus regelrecht zerschnetzelt, bis sie platzt.

Trotz der Komik bietet dieser Film genau das, was das Wort Splatterfilm bezeichnet. Es wird so richtig schön gesplattert, wie der geneigte Horrorfilm-Fan sagen würde.

h.s.

Sprache – als dunkles Gebräu

Sprache hat Klang, durch Klang ertönt sie. Sprechmelodie, Sprechgesang, Deklamation, Rezitativ, unendliche Melodie. – Der Klang der Sprache hat einen wesentlichen Einfluss auf den Gesamtklang eines gesungenen Textes und die Musik. Die Sprachmelodie fließt in die Musik.

Bestimmte Musikarten sind mit dem jeweiligen Sprachklang inniglich verbunden: Italienisch für die leichtere Muse, Deutsch für dramatisch-operales, Englisch für Rockmusik, Französisch für Chansons, Spanisch für Tangos usw.

In der schwarzen Szene wird gerne mit Latein hantiert: in Album- oder Songtiteln, Bandnamen usw.; Worte und Zitate z. B. aus den katholischen Messetexten (→ REQUIEM); beliebt sind auch Hebräische Worte und Namen, auch wenn sie nur die wenigsten Konsumenten verstehen können.

In der ganzen dunklen Geschichte der Künste sind stets Wortneuschöpfungen entstanden. So ist es bei Heavy oder Black Metal Bands in Mode gekommen, die Endung –[t]or zu benutzen. Daraus sind dann Namen wie Terminator, Kreator usw. entstanden. Dabei darf man die Annäherung an die Namen von Bockbieren, also von Starkbieren, die weitaus mehr Alkohol (6,5 - 12%) als normales Schankbier (4,8 - 5,2%) enthalten, nicht ausser Acht lassen. Solche Biere wie Salvator sollen in Erinnerung an den starken Stoff dem Metalnamen mit der –tor-Endung die Härte zeigen. Meist ist Bockbier, dessen Name schon an den heidnischen Thor bzw. an den christlichen Teufel erinnert, dunkel, ein dunkles Gebräu, ein gerühmtes "Hexenbier".

chr.r.

Stalker

→ WAHNSINN

Star Wars: Sieg des Guten

Zwei Hollywood-Gesellschaften haben den Film von George Lukas, der 1975/ 1977 entstand, nicht angenommen. Als die STERNENKRIEGE dennoch hergestellt werden konnten, staunte die ganze Welt über deren einzigartigen Erfolg: Kinder und auch die durch das Kino verwöhnten Erwachsenen waren begeistert.

Der Film beginnt nicht etwa, wie wir es hundertfach in den Science-Fiction-Geschichten gesehen haben, mit dem Abflug der kühnen Raumfahrer in die Weiten des Weltalls. Schon am unmittelbaren Anfang sehen wir in der Dunkelheit zwischen den Gestirnen zwei Sternenschiffe im wilden Kampf: Der Kinogast hat sofort das Gefühl, wirklich in seinen geballten Fantasietraum geraten zu sein.

Wie im Märchenroman tauchen von da an unerwartete Helden auf, so Prinzen, die Königstochter Leia Organa, der magische Einsiedler Ben Kanobi. Geschöpfe der Elfengeschichten wimmeln durcheinander, und nach gruselerregenden Zusammenstössen siegt das Gute über den satanischen "Schwarzen Lord" (Darth Vader). Verständlicherweise wurden auch die Fortsetzungen zu Werdegang und Vorgeschichte der verwirrenden Sternenkriege bis heute zu Erfolgen. Die alten Ahnungen und Hoffnungen auf die Entdeckung von in unserem Wesen verborgenen Energien, in den Filmen einfach "die Kraft" (The Force) genannt, erhalten in den erstaunlichen Bildern von den Sternenkriegen eine Neubelebung.

s.g.

Stevenson, Robert Louis: Licht und Dunkel der Seele

Bis zu seinem siebenten Lebensjahr spielte der am 13. November 1850 in Edinburgh geborene Stevenson liebend gern – mit Hilfe eines Tisches und eines Stuhls als Kanzel – "Kirche". Noch in Samoa hielt er regelmäßig im Kreis seiner Familie und der eingeborenen Diener Andachten ab und veranstaltete eine Sonntagsschule. Prägend für ihn als Kind wirkten sich die drastischen Erzählungen seiner Kinderfrau Cummy über die Hölle aus, in der seine Eltern unweigerlich landen würden, spielten sie doch abends Whist!

In Wachträumen entfaltete sich seine Phantasie, die von "kleinen Leuten" bevölkert wurde, gewissenlosen Geistern, die ganz ihre Leidenschaften in allerlei Abenteuern auslebten. Das Kind liebte es, in einer Bahnhofsbuchhaltung Ausschneidebögen zu kaufen, in denen Schmuggler und Seeräuber dargestellt waren, und auch die Handlung der Oper DER FREISCHÜTZ. Mit 15 Jahren erstellte er ein Opernlibretto mit dem viel versprechenden Titel DIE VERDORBENE KARTOFFEL. In seiner Studentenzeit traktierte er seine schon durch Bronchitis vorgeschädigte Lunge mit dem Genuss von Tabak und Haschisch.

"Ich durchwandere die Straßen / rauch meine Pfeife / freue mich des trödelnden Mädchens / das ins Schaufenster gebeugt / den runden Hintern zeigt.", dichtete der junge Mensch.

In Frankreich verliebte Stevenson sich in die damals noch verheiratete, aus Amerika stammende zehn Jahre ältere Fanny Osborne. Als sie ihm 1879 aus Monterrey ein Telegramm mit einem Hilferuf schickte, eilte er per Schiff und Bahn zu ihr. Fanny war plötzlich aber wieder unentschlossen, was sie tun sollte.

Stevenson zog sich für 3 Wochen in die Wildnis zurück, um dort zu zelten, erlitt einen schweren körperlichen Zusammenbruch und wurde von mitleidigen Farmern gepflegt. Nach der Scheidung von ihrem Mann feierten Stevenson und Fanny Hochzeit. In einer verlassenen Bergarbeitersiedlung verbrachte das Paar die zwei Monate dauernden Flitterwochen.

Die von einem Arzt 1881 gestellte Diagnose Tuberkulose zwang Stevenson zu Aufenthalten in Davos. Während seines zweiten Davos-Aufenthaltes schrieb er 1881/2 unter dem Pseudonym Captain George North den Roman DIE SCHATZINSEL zu Ende. Anregungen fand er in den Werken von Daniel Defoe, → EDGAR ALLAN POE, Wörrishofer und Washington Irving.

Die Hälfte seines Lebens verbrachte Stevenson im (wie er es nannte) "Bettdeckenland". Hier schrieb er, hier lebte er, hier empfing er Besucher.

1886 erschien Stevensons im Stil der Gothic Novel geschriebene Roman DER SELTSAME FALL DES DOKTOR JEKYLL UND MISTER HYDE. Pate für den Helden hatte der Kunsttischler Brodie gestanden, der am Tag höchst respektabel seinem Beruf nachgegangen war, sich des Nachts jedoch als Mörder betätigte. Alpträume nach dem Genuss von "Opiumwein" (→ OPIUM), der Stevenson von seinem Arzt wegen seiner Schlafstörungen angeraten worden war, sind in dieser Geschichte einer Persönlichkeitsstörung, die durch den Konsum einer neuartigen Droge entsteht, mit verarbeitet. Dr. Jekyll, den Erfinder des Pulvers, lässt er sagen:

Stevenson in seiner geliebten Samtjacke,
Radierung aus dem Jahr 1895

> "Dieser Vertraute, den ich aus meiner eigenen Seele hervorrief und allein hinaussandte, damit er nur seinen Lüsten nachgehen konnte, war ein durch und durch boshaftes Wesen. Alle seine Taten und Gedanken kreisten um sein eigenes Ich. Aus jeder Dosis fremder Qual trank er mit tierischer Gier seine eigene Lust, rücksichtslos wie ein Mensch aus Stein. Entsetzt stand Henry Jekyll manchmal vor den Taten Edward Hydes, aber nach den geltenden Gesetzen waren die besonderen Umstände nicht zu beurteilen, und das zerstreute die Bedenken des Gewissens." (REINBOLD 1995:95).

Die Helden des Romans sind – wie Long John Silver in der SCHATZINSEL – zwiespältige Charaktere ohne Gewissen, die vor Verrat und Mord nicht zurückschrecken, wenn es in ihrem Interesse ist. Sie ähneln "den kleinen Leuten", die Stevenson in seinen Tagträumen als Kind gesehen hatte.

1888 bereiste Stevenson mit seiner Familie an Bord der "Casco" die Südsee. Die Reise führte über die Marquesas-Inseln, die Paumotus-Inseln, Tahiti, Hawaii und die Gilbert-Inseln, schließlich nach Hawaii. In Samoa erwarb Stevenson ein großes Anwesen. Er ließ ein Haus bauen, dass wegen der gediegenen Einrichtung auf die Samoaner den Eindruck eines Palastes machte. Hier entstand 1891 seine Kurzgeschichte DER FLASCHENKOBOLD, die zuerst in einer Missionszeitschrift in Samoa erschien. Die Einheimischen verstanden die Geschichte um den Wünsche erfüllenden Flaschenteufel so, dass Stevenson diese Flasche besaß. Woher sonst sollte all die Pracht stammen?

Die Erzählung "Der Flaschenkobold" veröffentlichte er 1893 zusammen mit zwei weiteren Erzählungen, der Zauberfabel "Insel der Stimmen" und der Novelle "Der Strand von Falesa", in dem Band ISLAND NIGHT'S ENTERTAINMENTS (Südsee-Nachtgeschichten). Stevenson schrieb voller Begeisterung über sein Werk:

> "Es sind die ersten realistischen Südseegeschichten, ich meine die ersten, die den Südseecharakter mit den Einzelheiten des Lebens dort wirklich wiedergeben. Jeder mir bekannte Schriftsteller sonst, der sich daran versucht hat, verlor im Zug seines Romans den Boden unter den Füßen und endete in einer zuckersüß verlogenen Romantik, zum Schaden für seine Wirkung. Es fehlt an feiner Radierung, am Griff ins menschliche Leben, folglich an jeder Glaubwürdigkeit. Aber mir ist es geglückt, Duft und Gebärde dieser Welt einzufangen. Man weiß nach meiner Erzählung mehr über die Südsee, als wenn man eine Bücherei durchgelesen hätte."

Am Abend des 3. Dezember, Stevenson hatte gerade eine Mayonnaise für den Salat zubereitet und eine Flasche Burgunder aus dem Keller geholt, brach er zusammen. Einige Stunden später starb der Vierundvierzigjährige. Auf dem Gipfel des Mont Vea wurde er, betrauert von der Bevölkerung, beigesetzt. Die Häuptlinge der Insel verboten in diesem Gebiet den Gebrauch von Schusswaffen, "damit die Vögel ohne Störung über seinem Grab singen könnten."

w.b.

Stiefel: Im dunklen Schaft das Eigentliche verbergen

Über staubige Landstraßen, endlos dornige Heiden und durch unwegsame Wälder führte im Glauben vieler Völker die Wanderung der Verstorbenen zu den Gefilden der Seligen. Zur wichtigsten Ausrüstung der Toten gehörten deswegen noch lange ein paar neue, feste Schuhe als Grabbeigabe. Später brauchten diese nicht mehr unbedingt real neben seinem Leichnam zu stehen. Es reichte, zu Lebzeiten mindestens ein paar neue Schuhe zu verschenken, um sie im Tode wiederzufinden (BÄCHTOLD-STÄUBLI 1931/32:IV,647f.). Träume und außersinnliche Wahrnehmungen haben sicher zu den Märchen und Legenden vom Siebenmeilenstiefel geführt, die den Träger jenseits von Zeit und Raum bequemer und schneller, geradezu in Windeseile zum Ziel führen. Ausdauerndes und solides Schuhwerk trägt → AHASVER und hat es auch bitter nötig.

Ein Schuh, in den man mit dem Fuß hineinschlüpft, taugt als Sinnbild weiblicher Aufnahmebereitschaft und diente bei verschiedenen Ernte- und Hochzeitsbräuchen als Fruchtbarkeitssymbol. Wollte ein Tiroler aber einen Sohn zeugen, musste er während des Beischlafes Stiefel tragen. Mara, archaisch zyprische Muttergöttin und Herrin allen Wachstums aus der Tiefe, wohnte verborgen in einem Stiefel. Bis in jüngste Zeit hatte dieses Schuhwerk ausschließlich männlichen Charakter. Offiziere degradierten niedere Ränge in der Armee lange zum Stiefelknecht. Männchen wie Männer können also nicht nur unter die Pantoffel, sondern auch unter die Stiefel geraten.

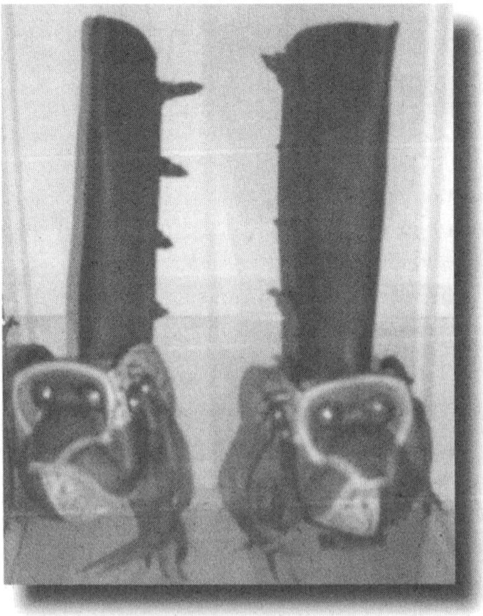

Stiefel der ganz besonderen Art
im Schuhmuseum Weißenfels

Gestiefelt und gespornt ist man bereit für große Taten, und manche Asphalt- und Politcowboys demonstrieren ihren Schneid, indem sie breitbeinig in alle Fettnäpfchen staksen. Auch im Märchen vom "Gestiefelten Kater" dienen die Stiefel dazu, sich Ansehen und Respekt zu verschaffen. So verhilft der listige Kater seinem nichtsnutzigen Herrn zum Aufstieg als Prinz, sogar zur Nachfolge des Königs und wird dessen findiger Minister. Im davon abgewandelten Märchen "Der Meisterkater" fordert der Protagonist vom armen Müllersohn dazu nicht nur Stiefel, sondern auch Handlungsfreiheit. Selbst Beinbekleidung kann also zum Bild für etwas werden, in das man erst noch hineinwachsen muss. Aus dem Stiefel Bier trinken, ein beliebter studentischer Brauch, nimmt zugleich Züge von Großspurigkeit und Trinkfestigkeit an.

In den griechischen Mythen verdecken Stiefel die verwundete Ferse mancher Götter. Hinkend offenbaren sie, dass sie mit einem Fuß der → UNTERWELT angehören. Sie verweisen damit auf das Prozesshafte und im Dunkel Bleibende ihres Prinzips. Im Dionysostheater zu Athen trugen die Spieler der Mysterienspiele zu Ehren des Gottes hochhackige Stiefel. Solche "Kothurne" erinnerten an den oft verhüllten linken Stierfuß des Dionysos, der im astrologischen Weltzeitalter des Stieres unter diesem Zodiakzeichen die wilden Triebkräfte der Natur vertrat. Im Frühjahr drängen sie aus der Tiefe des Lebens an die Oberfläche der Natur. Im Menschen liegen diese Vitalkräfte unter der Oberfläche des Bewusstseins, in der Dunkelheit des Unbewussten. Im darauffolgenden Weltzeitalter rückte der Frühlingspunkt in das Zeichen des Widders (Ziegenbock). Der → TEUFEL versucht in manchen Sagen, seinen verdächtigen Bocksfuß durch hohe Schaftstiefel zu verbergen.

c.z.

Stoker, Bram: Ein Alptraum und die Folgen

Bram Stoker, 1847 in der Nähe von Dublin geboren, war bis zu seinem achten Lebensjahr krank und konnte weder alleine stehen noch gehen. Als Student am Trinity College in Dublin aber war er schnell als athletischer Sportstar bekannt, der gleich im Dutzend Pokale gewann. Mit 24 Jahren pries er sich Walt Whitman, dem amerikanischen Dichter des Gedichtszyklus LEAVES OF GRASS, stolz an:

"Ich bin 24 Jahre alt. War der Beste der Athleten (am Trinity College, Dublin) und habe etwa ein Dutzend Pokale gewonnen ... Ich bin 1 Meter 85 groß, wiege nackt genau 76 Kilogramm und habe einen Brustumfang zwischen 104 und 107 Zentimeter. Ich bin hässlich, jedoch energisch und entschlossen und habe einen Wulst über meinen Augenbrauen. Ich habe einen kräftigen Kiefer und einen großen Mund und ausgeprägte Lippen – empfindsame Nasenflügel – eine Stumpfnase und glattes Haar. Mir ist ein ausgeglichenes Temperament zu eigen und vom Typ her bin ich gelassen, ich verfüge über ein hohes Maß an Selbstkontrolle und bin von Natur aus eher verschlossen. Ich finde Gefallen daran, Menschen, die ich nicht ausstehen kann, Menschen mit einer grausamen, kriecherischen oder feigen Anlage, meine schlechtesten Seiten zu zeigen." (FRAYLING 1996:70)

Mit 31 heiratete er Florence Balcombe, eine Freundin seines Studienkollegen Oscar Wilde und zog nach London, wo er als Manager des Lyceum Theaters für den Schauspieler Henry Irving, seinem lebenslänglichen Idol, arbeitete.

Ein Alptraum im Jahre 1890, den Stoker auf einem Fetzen Papier notierte, gab ihm die Idee zu seinem späteren Dracula-Roman: Eine junge Frau beugt sich über ihn, will ihn aber nicht auf den Mund, sondern auf den Hals küssen. Stoker fühlt Todesangst. Ein alter Graf geht voller Wut und teuflischer Wildheit dazwischen und sagt: "Dieser Mann gehört mir – ich will ihn."

Beeinflusst durch den Vampirroman CARMILLA seines Studienkollegen Sheridan Le Fanu will er seine Geschichte in der Steiermark spielen lassen, entscheidet sich dann aber für Transsylvanien als Schauplatz. Quellen sind Balkankarten des British Museum, die Mythensammlung THE GOLDEN BOUGH von James Frazer, THE BOOK OF WEREWOLVES des im Dartmoor-District lebenden Geistlichen Sabine Baring-Gould (dessen Bücher auch Conan → DOYLE zu seinem Baskerville-Roman anregten) und alte Schriften und Flugblätter des 15. Jahrhunderts mit Beschreibungen des "Blutfürsten" Vlad Draculeas, dem Pfähler, einem Woiwoden der Walachei.

Vom Bühnenbildner des Lyceum Theaters entlieh er den Namen Harker für die Figur des Jonathan Harker. Aus dem am Strand von Whitby aufgelaufenen, aus Narva stammenden Schoner "Dimitry" wurde das aus Varna kommende russische Schiff "Demeter", das den Grafen nach England bringt. Ein Gang auf den Friedhof von Whitby brachte ihn auf die Figur des Seemannes Mr. Swales, der der Mina des Romans alte Legenden erzählt. Das im Nordosten Schottlands gelegene sehr imposant wirkende damals noch bewohnte Slains Castle, das er 1893 besuchte, gab ihm die Idee zur Beschreibung von DRACULAS Schloss.

Ein Abendessen mit dem berühmten Orientalisten → ARMINIUS VAMBERY, der in Budapest an der Universität lehrte, ließ in Stoker die Figur des Vampirjägers van Helsing entstehen. Und von seinem herrischen, hochfahrenden Arbeitgeber übernahm er Charakterzüge für die Figur des Grafen Dracula. 1897 erschien Stokers Vampirsaga in einer Auflage von 3000 Stück. Seine Mutter schrieb ihm einen Brief, in dem sie ihre Begeisterung ausdrückt:

> "Es ist großartig, tausend Mal besser als alles, was Du je geschrieben hast, und ich bin sicher, dass es Dir einen Platz unter den ersten Schriftstellern der Gegenwart einräumen wird ... Kein Buch vor oder nach Mrs. Shelleys 'Frankenstein' kommt Deinem in Originalität und Schrecken gleich – Poe ist nichts dagegen. Ich habe viel gelesen, aber ein Buch wie Deines ist mir nie begegnet. Mit seinem Schrecken und seiner Spannung sollte es Dir einen Namen machen und viel Geld bringen."

Zu Lebzeiten des Autors stellte sich – trotz mehrfacher Auflagen des Buches – der von der Mutter vorhergesagte Erfolg allerdings nicht ein.

Die Literaturwissenschaftlerin Nicole Erickson:

> "Da Bram Stoker ein Mann der Gelehrtheit, der Gesellschaft, der Politik und des Theaters war, ist es nicht anmaßend zu unterstellen, dass er gut informiert

war und daher um den großen Einfluss wusste, den die Frauenbewegung auf die Gesellschaft seiner Zeit hatte. Als Ehemann und auch Sohn einer Aktivistin war Stoker für dieselben Ängste empfänglich, die alle Männer in England hatten. Sein Aufsatz über die "Zensur des Romans", zeigt auf, dass auch er sich, wie jeder Mann dieser Zeit, durch Sexualität bedroht fühlte. Obwohl er auch viele andere Romane und Kurzgeschichten schrieb. Am deutlichsten kommen Stokers Ängste in seinem Roman "Dracula" zum Ausdruck.

Der 1897 veröffentlichte Roman verwendet das in dieser Zeit allgemein gebrauchte Bild des Vampirs: eine interessante Handlung wird in Szene gesetzt, in welcher offene weibliche Sexualität eng mit Vampirismus verbunden ist. Die Bedrohung durch den Vampir ist so groß, dass ihrer Quelle unerbittlich nachgejagt werden muss, damit sie schließlich von den männlichen Darstellern ausgelöscht werden kann. Diese Angst vor weiblicher Sexualität und das Bedürfnis, die Gesellschaft von dieser Bedrohung zu befreien, spiegelt die Angst wider, die die meisten Männer im 19. Jahrhundert hatten."

Im Jahre 1912 im Alter von 64 Jahren starb Stoker. Der Totenschein wies "Erschöpfung" als Todesursache aus. Stokers Neffe, Daniel Farson, Autor einer Biografie über seinen Onkel, nennt Syphilis als Ursache.

Der Kulturgeschichtler Christopher Frayling kommt in seiner Studie über die Ursprünge der Horrorliteratur in England zu dem Schluss:

Titelbild von Bram Stokers Klassiker DRACULA

> "Er (Stoker) hinterließ eine Geschichte, die den Grundstein für zahllose Fortsetzungen, Adaptionen und Parodien legte – die Basis für eine ganze Industrie des 20. Jahrhunderts. Niemand, der heute eine Vampir- oder Horrorgeschichte schreibt, kann sich der Größe und dem Einfluss von 'Dracula' entziehen. Wir sind im Gegensatz zum Autor in der Lage, die verborgenen Themen des Romans offen auszusprechen: Repression, Ansteckung, Verunreinigung, Abhängigkeit, sexuelle Initiation … Doch noch immer scheinen wir die Metapher des Vampirs vorzuziehen, die Märchenversion. 'Dracula' hat ein Eigenleben gewonnen und die Welt der Literatur schon lange verlassen. Der Graf ist so erfolgreich, dass er nicht zur Ruhe kommt." (1996:99)

Nicht erst seit dem hundertsten Geburtstag seines Romans im Jahre 1997 gab es auch in Deutschland einen Vampirboom. Die deutsche Draculagesellschaft (www.dracula-society.de) ein Ableger der 1991 in Rumänien gegründeten "Transsylvanian Society of Dracula", initiierte mehrere Kongresse mit renommierten Referenten. Ein zünftiger "Tanz der Vampire" durfte nicht fehlen. Die richtigen Schritte konnten die Teilnehmer vorher bei einem Tanzkurz lernen. Auch eine Verbindung zum Leiter der Frankfurter Vogelschutzwarte, Klaus Richarz, einem Fledermausexperten, wurde hergestellt. Die Präsidentin der Gesellschaft, Ulrike Wyche, unterhält in Alten Buseck, Kiesacker 5 (Mobil: 0175 - 1191922) das Dracula-Museum der Vampire und Fledermäuse.

w.b.

Stolz / Hochmut: Die Gefahr, am eigenen Ast zu sägen

Im Märchen "Vom Fischer und seiner Frau" lebt das ungleiche Paar in einem "Pisspott nahe dem Meer". Als der Fischer eines Tages einen alle Wünsche erfüllenden Butt fängt, gerät seine Frau Ilsebill in einen Rausch des → VERLANGENS. Ein Häuschen will sie, mit Hof und Garten, dann ein Schloss. König will sie werden, nein, Kaiser, schließlich Papst. Als sie nun auf dem Thron sitzt, "zwei Meilen hoch, mit drei großen Kronen auf dem Kopf", fratzenhaft, voller Stolz und Anmaßung, verlangt sie, Gott zu werden, Sonne und Mond aufgehen lassen zu können. Peinlich berührt macht sich der Fischer wieder auf den Weg zum Butt: "Mine Frau, de Ilsebill, will nich so, as ick wol will..." Der Butt bescheidet ihn knapp: "Geh man hen, se sitt all wedder in´n Pisspott". Und da sitzt sie bis auf den heutigen Tag.

Zeus zeugte Hybris, das Prinzip der überheblichen Vermessenheit, mit Pan, dem Wachstumsdämon der Natur. Offensichtlich ist Hochmut eine naturinhärente Eigenschaft, und Prometheus (→ BÜCHSE DER PANDORA) wie Lucifer (→ TEUFEL / SATAN) seine Protagonisten. Christliche Theologie rechnet Hybris zu den sieben Todsünden (→ ERBSÜNDE, LASTER). "Hochmut kommt vor dem Fall", weiß der Volksmund. Warum wird Größenwahn (→ WAHNSINN) und Hybris in aller Regel jäh auf dem Höhepunkt in der Entwicklung gestoppt und in die Tiefe gerissen? Warum fegt es auch Ilsebill vom Hochthron? Lehren nicht alle Religionen, die etwas auf sich halten, es sei ein ausgesprochen nützliches und legitimes Ziel des Menschen, wie Gott zu werden, über die Enge des Menschseins hinauszuwachsen?

Wenn Stolz und Selbstüberschätzung keine natürliche Basis geschaffen haben, wird man zum Hochstapler. Es wächst die Gefahr, dass ein unsolides Gerüst solche Aufgeblähtheit irgendwann nicht mehr zu tragen vermag. Außerdem verbindet sich Stolz oft mit Verblendung. Äußerer Glanz verhindert leicht eine ausgewogene Beurteilung. Beruht Stolz auf tatsächlichen Fähigkeiten, Eigenschaften und wirklicher Leistung, relativiert er sich auf kurze echte Momente von Zufriedenheit. Dann ruft das Leben auch schon nach dem nächsten Einsatz. Beruht er auf Fassade, neigt diese dazu, rasch brüchig zu werden. Neider werden ohnehin immer alles tun, um jeden, der sich im Rampenlicht sonnt, solange zu attackieren, bis das Image (Imago = Bild) sich vor lauter Schmutz verdunkelt; bis vermeintliche oder einst echte Bewunderer ihn mit Hohn und Spott überhäufen. Demut und Liebe federn jeden Sturz ab.

Derweil dreht sich das Rad der Fortuna unbarmherzig weiter. Und das Sein (→ EWIGKEIT) neigt dazu, in seiner Erfahrungslust jede neue Errungenschaft zu prüfen. Haben wir diese Gesetze geflissentlich übersehen, sitzen wir schnell wieder im Pisspott. Wilhelm Busch bringt es auf den Punkt.

"Wenn einer, der mit Mühe kaum, geklettert ist auf einen Baum,
schon meint, dass er ein Vogel wär`, so irrt sich der."

C.Z.

Storm, Theodor: Dichter nordischen Naturgefühls

Hans Theodor Storm wurde 1817 im damals dänischen Husum geboren. 1835 im Gymnasium in Lübeck machten ihn Freunde mit der zeitgenössischen Literatur bekannt. 1839 sammelte er mit Studienkollegen schleswig holsteinische Märchen, Sagen und Lieder, die 1845 veröffentlicht wurden.

1846 heiratete er überraschend seine Cousine Constanze Esmarch, um schon bald seine Liebe der 19-jährigen Dorothea ("Do") Jensen zu schenken. Do, die einer Ehe zu dritt nicht zustimmen mochte, verließ Husum. Erst 1866 nach dem Tod seiner Frau konnten die beiden heiraten. Storm hat Do in Gedichten, im BUCH DER ROSEN und im MYSTERIUM, besungen.

Als ihm der dänische Staat die Advokatur entzog, war er 1853 nach Berlin emigriert. Hier befreundete er sich mit Fontane, Menzel und Eichendorff. Bis 1961 entstanden trotz einer sehr schwierigen materiellen Situation eine Reihe tragischer Schicksalsnovellen, darunter IMMENSEE sowie VON JENSEITS DES MEERES und eine Sammlung von Gespenstergeschichten (AM KAMIN). 1864 wurde Storm, nach dem Einmarsch preußischer und österreichischer Truppen, in Husum zum neuen Landvogt ausgerufen. Storm, der immer bekannter wurde, schrieb sich mit Iwan Turgenjew und Gottfried Keller. Bis 1886 entstanden weitere Novellen, darunter auch die märchenhaft-phantastischen Erzählungen DIE REGENTRUDE, DER SPIEGEL VON CYPRIANUS und BULEMANNS HAUS und eine große Anzahl naturlyrischer Gedichte.

Trotz einer schweren Krankheit gelang es ihm, seine längste und bekannteste Novelle, den SCHIMMELREITER noch fertig zu stellen. Im SCHIMMELREITER benutzte er eine raffinierte Erzähltechnik, die den Leser immer tiefer in das Geschehen hineinzieht. Der erste Erzähler verweist auf eine Geschichte, die er vor 50 Jahren bei seiner Urgroßmutter in einer Zeitschrift gelesen hat. Plötzlich reitet der Leser mit dem Redakteur bei starkem Unwetter auf einem nordfriesischen Deich entlang. Als eine schwarze Wolkenschicht es pechfinster werden lässt, kommt eine gespenstische Gestalt auf ihn zu:

> "Sie saß auf einem Pferde, einem hochbeinigen hageren Schimmel, ein dunkler Mantel flatterte um ihre Schultern, und im Vorbeifliegen sahen mich zwei brennende Augen aus einem bleichen Antlitz an."

Als die Erscheinung noch ein zweites Mal lautlos vorbeistreift, fragt der Redakteur in einem Wirtshaus nach dem geheimnisvollen Reiter. Ein alter Schulmeister erzählt ihm schließlich die traurige Geschichte des Schimmelreiters, des Deichgrafen Hauke Haien und seiner Familie.

Am 4. Juli 1888 starb Storm in Hademarschen. Er wurde, von einer riesigen Menschenmenge begleitet, ohne Priester, wie es sein ausdrücklicher Wunsch war, auf dem Friedhof St. Jürgen im Husum beigesetzt. "Erzogen wurde an mir wenig, von Religion oder Christentum habe ich nie reden hören", hatte er einmal über sein Elternhaus gesagt.

w.b.

Theodor Storm, Autor des Schimmelreiters

Stundenglas

→ SATURN

Symphonische Musik: Orgie des Rhythmus

> "Musik braucht keine Übersetzung. Es ist ihre ungeheure Stärke, dass sie nichts anderes bedeuten kann und will als sich selbst." (METZMACHER 2005:25)

Von griechisch sym phony "Zusammenklang"; sinfonia zunächst im 17. Jh. für Opern- und Suiten-Ouvertüren in italienischen Opern. Alessandro Scarlatti (1685-1757) gab als erster seinen Ouvertüren eine dreiteilige Form (lebhaft-langsam-lebhaft). Bald wuchsen sich diese Opern-Symphonien zu selbstständigen Instrumentalstücken zurecht (Allegro-Andante-Allegro).

Die "Mannheimer" Komponisten fügten als vierten Satz ein Menuett (Tanz des Barock) ein, das später (bei Beethoven) zum Scherzo wurde. Haydn, Mozart, Beethoven, Schumann, Schubert, Brahms, Bruckner, Mahler, Hartmann, Henze, usw. haben sich überwiegend an diese Struktur gehalten. Aber alle hatten Angst vor der Neunten; sie galt als das → REQUIEM des Komponisten und als sein Abschied von der Welt.

Zu Anfang des 19. Jahrhunderts war die Symphonie schon zu einer eigenen Gattung herangereift; ihr vorerst endgültiges Wesen wurde durch → LUDWIG VAN BEETHOVEN, den "großen Symphoniker" begründet (speziell die 5., die "Schicksalssymphonie").

Ludwig van Beethovens Sinfonie Nr. 7 A-Dur op. 92 (1813) ist "klassisch", viersätzig. Diese Symphonie mit der magischen Zahl Sieben gilt unter Klassikfreunden und Beethoven-Fans als das Meisterwerk seines sinfonischen Schaffens. Sie wurde 1813, im Geburtsjahr von Richard Wagner, mit großem Erfolg in Wien uraufgeführt; der populäre zweite Satz (Allegretto, in a-moll!) musste da capo gegeben werden! Das rhythmische Modell, das diesem Satz zugrunde liegt, könnte auch einen Trauermarsch ergeben – ist aber dafür zu feierlich und verspielt.

Romain Rolland bezeichnete das Werk zu recht als "Orgie des Rhythmus". Und Richard Wagner bezeichnete den vierten Satz als "Apotheose des Tanzes". Für mich ist die Siebte der Beginn der Rockmusik. Beethoven outete sich mit dieser Komposition als Rocker, der den Groove hat. Beethovens Siebte gilt auch als politisches Werk; der Musikwissenschaftler Harry Goldschmidt spricht geradezu von einer "Sinfonie gegen Napoleon". Richard Wagners Erweiterung des Orchesters durch Einfügen tiefer Instrumente (Nibelungentuben, Bassklarinette, Kontrafaggott, Contrabassposaune, ...) ermöglichte Klänge, die den Bereich des "Dunklen, Geheimnisvollen wie Drohenden" (Wulf Konold) zu evozieren vermochten. "Das Orchester besitzt unleugbar ein Sprachvermögen" (Richard Wagner). "Musik braucht keine Übersetzung. Es ist ihre ungeheure Stärke, dass sie nichts anderes bedeuten kann und will als sich selbst." (METZMACHER 2005:25)

Die symphonische Musik entfaltete sich nicht nur in der eigenen Musikgattung der Symphonie (Sinfonie), sondern auch zunehmend in den Orchestrierungen der → OPERN und Ballette. Die Symphonik hat auch stark zur Entwicklung der → FILMMUSIK beigetragen.

Die symphonische Musik hat seit Ende der Sechziger Jahre zunehmend die Rockmusik, den Metal und Gothic beeinflusst. Desto mehr studierte Musiker und Konservatoriumsabsolventen sich dem Rock oder der Psychedelik gewidmet haben, desto mehr haben sie die Partituren der großen Symphoniker studiert. Dies wurde vor allem bei Bands wie Yes, Genesis, Vanilla Fudge, Procol Harum, Renaissance, Deep Purple, Jethro Tull oder auch Dream Theatre deutlich.

Die musikalische Bandbreite eines Symphonieorchesters ist fast unbeschränkt. Deshalb kann die Partitur in tiefste Tiefen wie auch in höchste Höhen vordringen. In der Symphonik, vor allem bei den späteren Komponisten wie → ARNOLD SCHÖNBERG, Gustav Mahler, Dmitri Shostakovich (= Schostakowitsch; 1906-1975), Hans Werner Henze usw., führten manche Passagen in dunkle Tiefen, die von den Zuhörern geradezu als gruselig oder schauderhaft empfunden wurden.

Werke (Auswahl):

• Bantok, PAGAN SYMPHONY

• Gustav Mahler (1860-1911)

Der in Österreich geborene Komponist Gustav Mahler war ein zum Katholizismus konvertierter Jude. Er ist einer der bedeutendsten Symphoniker der Musikgeschichte. In vielen seiner Symphonien sind Trauermärsche, Klagelieder und düstere Visionen vertont. "Janusköpfig ist seine Musik auf der Schwelle, die klanggewordene Krise. Er ist Sammler, Bewahrer und Zerstörer... Kein musikalischer Ausdruck ist ihm fremd, alles wird gesucht, aufgespürt, zitiert, verwendet, vorgeführt, aufgebaut, hingehalten, um dann unter Hohngelächter und Schmerzensschreien aufgerieben zu werden, bis nur noch die dünne Melodie einer Geige bleibt, gespielt von einem übernächtigten vergessenen Musikanten in einem ausgebrannten Haus." (Fritz Winter)

-, SYMPHONIE NO. 2 "Auferstehungs-Symphonie" (1895)

Diese schwer aufführbare Symphonie für Riesenorchester, Solisten und große Chöre (mindestens 180-225 Ausführende!) ist eigentlich eher ein → REQUIEM oder eine Kantate ("Tod und Auferstehung") als eine "klassische" Symphonie in Sonatenform. Der erste Satz (Allegro maestoso), ursprünglich als selbständige Symphonische Dichtung konzipiert, ist eine Totenfeier ("Totenmusik") mit eingestreutem Dies irae (→ REQUIEM). Der 5. Satz (Im Tempo des Scherzo. Wild herausfahrend) mit "Die Auferstehung" (Sopran-Solo, Alt-Solo, Chor, Text: Friedrich Gottlieb Klopstock & Gustav Mahler), ist der Wiederauferstehung der Toten gewidmet ("Verkündigung des Weltgerichts", "apokalyptische Vision", Dies irae, "Schreckensmotiv" und "Ewigkeitsthema"). UA: 13. Dezember 1895 in Berlin. Dieses Werk ist auch als "Hamburger Symphonie" bekannt, weil Mahler in der Hamburger Michaeliskirche (der ‚Michel') bei der dort stattfindenden Trauerfeier für den Pianisten und Dirigenten Hans von Bülow (→ WAGNER), übrigens der Opa von Loriot, eine musikalische Vision empfangen hat: "Die Stimmung, in der ich dasaß und des Heimgegangenen gedachte, war so recht im Geiste des Werkes, das ich damals mit mir herumtrug. Da intonierte der Chor von der → ORGEL den Klopstock-Choral Auferstehn! – Wie ein Blitz traf mich dies und alles stand ganz klar und deutlich vor meiner Seele! Auf diesen Blitz wartet der Schaffende, dies ist die heilige Empfängnis!" erinnert sich der Komponist. Eine musikalische Vision in einem zeitlosen Moment!

-, *Kindertotenlieder* (1901-1904); Texte von Friedrich Rückert: für Gesang (Mezzosopran oder Bassbariton); schon der Titel lässt den gewöhnlichen "Klassik-Konsumenten" erschüttern. Mahler schrieb diese dunklen Gesänge aufgrund persönlicher Erfahrungen; in seiner Familie gab es viel früh Verstorbene. Mit diesen hinreissenden Orchesterliedern hinterließ der Komponist all seine Trauer, aber auch den Ausblick auf eine schönere Zukunft. Die Kindertotenlieder werden nur selten aufgeführt; wahrscheinlich, weil sie zu tief das Innerste berühren und aufrütteln. Bis heute haben die Kindertotenlieder ein schauriges Bild des Dunklen hinterlassen.

-, SYMPHONIE NR. 8, ES-DUR (1906; Uraufführung 12.9.1910)

Zweiter Teil (Text): Schlussszene ("Bergschluchten, Wald, Fels, Einöde") aus Goethes FAUST II (wie eine Kantate oder → OPER behandelt). Die sogenannte "Symphonie der Tausend" wurde in München mit 858 Sängern und 171 Instrumentalisten uraufgeführt! Mahler bezeichnete diese Komposition ("wie eine blitzartige Vision") als sein Hauptwerk und als "Geschenk an die Nation". Als Thomas Mann eine Aufführung der Achten erlebte, beschrieb er Mahler als den "ernstesten und heiligsten künstlerischen Willen unserer Zeit". Der legendäre Dirigent Sir Georg Solti schrieb darüber: "Ich halte die Achte für Mahlers letztes großes Werk des 19. Jahrhunderts. Für den Dirigenten liegen die meisten Probleme dieser Sinfonie in ihrer Massivität. In gewisser Hinsicht ist die Achte eine gewaltige Oper, deren visueller Aspekt in der Vorstellung verbleibt." Zum Schlussteil, dem Chorus Mysticus, sagte Mahler: "Denken Sie sich, dass das Universum zu tönen und zu klingen beginnt." Ein wahres Mysterienspiel! Eine Verklärung des Dunklen zur Unio mystica! Eine gewaltige musikalische Interpretattion von Goethes FAUST II.

• Gustav Mahler/Uri Caine, Urlicht/Primal Light (Music Edition Winter & Winter, 1997); Musik für den Gustav Mahler Film (von Franz Winter), die live bei der Filmvorführung in der New Yorker Knitting Factory (1995) von einer Jazz-Kapelle unter Leitung von Uri Caine gespielt wurde. Daraus entstanden zwei CD-Alben. So der Trauermarsch aus der SYMPHONIE NR. 5, einige *Kindertotenlieder*, der "Abschied" (Lied von der Erde).

• Jean Sibelius (1865-1957), Musik inspiriert von dem finnischen Nationalepos Kalevala, für philharmonisches Orchester; → AMORPHIS.

• Gustav Holst (1874-1934), THE PLANETS op. 32 (um 1914-1916).

Der Schweizer Komponist widmet dieses symphonische Werk den sieben Planeten (Mars, Venus, Merkur, Jupiter, Saturn, Uranus, Neptun) mit jeweils einem Satz für großes Orchester. Dieses symphonische Werk offenbart nicht nur die astrologischen Konstitutionen der Planeten, sondern auch ihre verschiedenen, eben hellen und dunklen Seiten. Besonders der Satz zu Mars ist in der → FILMMUSIK, speziell bei Starwars, benutzt worden.

• Sergei Rachmaninov (1873-1943), DIE TOTENINSEL op. 29 (1909)

Dieses symphonische Werk ist eine Vertonung des Gemäldes → "DIE TOTENINSEL" von Arnold Böcklin. Dazu benutzt der Komponist alle erdenklichen Muster der dunklen Musik, wie das Dies Irae (→ REQUIEM). Eine Reise durch das Bild in den → TARTAROS.

• Igor Stravinsky, PERSÉPHONE (1933-34); "Melodram" mit oratorischen Elementen; für Orchester, Tenorsolisten, Chor und Erzählerin. Basiert auf dem französischen Text Perséphone (Gedicht) von André Gide, dessen Quelle der Homerische Hymnos an Demeter war. Das Werk besteht aus drei Teilen: die Entführung der Persephone, Persephone in der Unterwelt ("Der Tod der Zeit macht hier das Leben ewig"), und die Wiedergeburt der Persephone.

• Metallica, S&M (Vertigo, 1999); Hier spielt eine der "klassischen" Bands aus dem → HEAVY METAL - Bereich zusammen mit einem Orchester eine Metal-Symphony, einen "Wagnerianischen Orgasmus" (→ THERION).

chr.r.

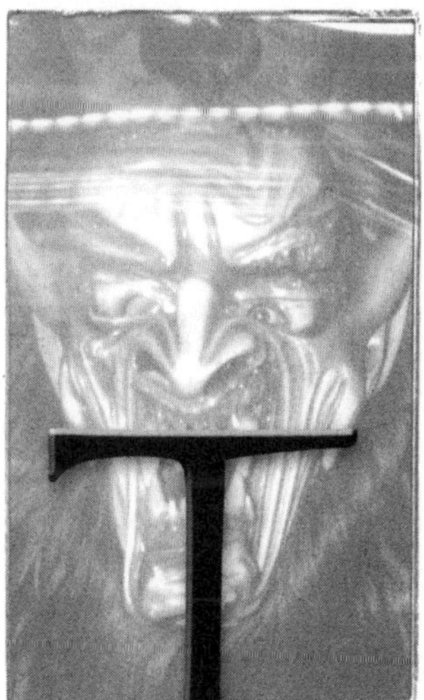
T

Tarot: Schlüssel zu den Geheimnissen der Welt von Mikro- und Makrokosmos

Die Bildkarten des Tarot gehen in das Mittelalter zurück und haben 78 Trümpfe (Arkanen), die von verschiedenen Überlieferungen als Schlüssel zu den "Geheimnissen der Welt" angesehen werden. Zu den 22 "großen Trümpfen" gehört als Bild 18 DER MOND, gelegentlich auch als DIE NACHT bezeichnet. Beim Wahrsagen mit Tarot, das seit jeher beliebt ist, deutet diese Karte auf "eine wichtige Entscheidung".

Durch das Bild führt ein Weg: Er vereinigt das Wasser der Tiefe, in dem ein rückwärtslaufender Krebs hervorgrüsst, mit dem von Sternen bedeckten Himmelszelt. Ein Hund und ein Wolf sitzen dazwischen und zwingen den Wanderer, den einen oder andern als Beispiel zur Nachahmung zu erwählen.

Der Wolf streift frei durch die Welt, muss aber für seinen Unterhalt oft auf Leben und Tod ringen. Der Haushund auf der andern Seite besitzt dank seinem Herrn, dem Menschen, das nötige Futter, ist aber der Sklave seines Ernährers.

Die Tarot-Leger sagen etwa bei ihrer Beratung: "Jede Nacht fragen wir uns, im Wachen und Träumen, wie es mit uns weitergeht und wie unabhängig wir künftig handeln können."

s.g.

Tarotkarte DER MOND aus DEMEROTICON

Tartaros: Reich der Toten

Tártaros heißt im Griechischen → UNTERWELT; wird auch Erebos, Hades oder Orkus genannt. Er ist nicht mit der → HÖLLE vergleichbar. Diese Unterwelt wird von Göttern, Dämonen und Ungeheuern bevölkert: Hekate, Erinyen, Gorgonen, Harpyien, Chimaira, Echidna, Empusa, Hydra, u.a. Er ist das von Hades und Persephone beherrschte, finstere Reich der Toten unter der Erde, in dem die Verstorbenen ihr wesenloses Schattendasein fristen.

"Die Schatten sind unglücklich nicht.
Ohne Hass, ohne Liebe, ohne Kummer, ohne Neid
Ist ihnen kein anderes Los zugedacht
Als ewig neu zu beginnen
Die unvollendete Geste des Lebens."
(Stravinsky, PERSEPHONE)

Hermes als Psychopompos führt die Seelen der Toten durch die eherne Pforte des Tartaros, der Totenfährmann Charon setzt die Seelen über die umliegenden Gewässer (die Flüsse Acheron, Styx, Kokytos), in einer Höhle am Eingang haust der → KERBEROS, der aufpasst, dass die Seelen zwar in die Unterwelt gelangen, aber nicht zurückkehren können.

Die Totenrichter Minos, Rhadamanthys und Aikos halten Gericht. Die einen gehen in die vom Lethestrom ("Strom des Vergessens") umflossenen elysischen Gefilde ein, wo sie in ewiger Glückseligkeit leben. Die Frevler werden in den von einer dreifachen Mauer umschlossenen eigentlichen Tartaros gestoßen, den der Pyriphlegethon ("Feuerstrom") umfließt.

Der Tartaros oder die Unterwelt in der Musik (Auswahl):

- Claudio Monteverdi, L' ORFEO (1607)
- Henry Purcell (1659-1695), HASTE, GENTLE CHARON (1681)
- Georg Philipp Telemann (1681-1767), ORPHEUS ODER DIE WUNDERBARE BESTÄNDIGKEIT DER LIEBE (= Die rachgierige Liebe...) (1726)
- Christoph Willibald Gluck (1714-1787), ORFEO ED EURIDICE (1762, 1769, 1774)
- Franz Schubert (1797-1828), "Lied des Orpheus, als er in die Hölle ging"(D 474, "Wälze dich hinein", 1816)
- Hector Berlioz, LA MORT D'ORPHÉE (1827)
- Franz Liszt (1811-1886), ORPHEUS (1854)
- Jacques Offenbach (1819-1880), ORPHEUS IN DER UNTERWELT (1858)
- Clément Philibert Léo Delibes (1836-1891), LA MORT D'ORPHÉE (1877)
- Gustave Charpentier (1860-1956), ORPHEUS (1909)
- Igor Strawinsky (1882-1971), ORPHEUS (Ballett); → SYMPHONISCHE MUSIK (Persephone)
- Hans Werner Henze (1926*), ORPHEUS (Ballett)
- Philip Glass (1937*), ORPHÉE (Kammeroper, 1993)
- Rick Wakeman, *The Real Lisztomania* (Voiceprint, 2002); Soundtrack, mit Bearbeitungen von Kompositionen von Liszt und Richard Wagner; Songtitel: "Dante Period", "Orpheus Song", "Hell", "The Dream of Hell", "The Inferno Ride".

chr.r.

Teppiche: Reisekarten in die Länder der Phantasie

Die für die Wandlungen des Lebensstils in den Sechzigern so wichtige Hippie-Zeit (1966-1973) brachte in Europa und Nordamerika eine erstaunliche Aufwertung der Teppiche. Stühle und Tische, die vorher das Bild der Wohnzimmer allein beherrschten, wurden vielfach entfernt. Gesessen oder halbwegs gelegen wurde auf dem häufig mit Kissen bedeckten Boden. Ein Mittelpunkt für den seine Traumwelt suchenden Freundeskreis war der summende Teekocher, wenn möglich sogar der von Osten nach Europa einwandernde, "golden aufglänzende" Samowar, dessen "murmelnder" Gesang tatsächlich die Eigenschaft besitzt, genau wie leise Musik, "uns zu verzaubern": "Wer sich angewöhnt, bei Kerzenschein im Kreis der Freunde Tee zu trinken, der wird nie mehr die Fliegenden Teppiche der orientalischen Helden für Märchen halten."

Die eingeknüpften und eingewobenen Bilder und Zeichen, wie wir sie auf unseren aus dem Morgenland stammenden Bodenbedeckungen schauen, sind uns dann nicht nur die hübschen Spielereien der Weber. Sie erscheinen immer mehr als vielversprechende Reisekarten von Fantasie-Landschaften.

s.g.

Teufel und Satan: Ein Blendwerk

Nach altiranischem Weltbild steht seit Beginn der Schöpfung dem lichten Prinzip sein ewig unversöhnlicher Gegensatz gegenüber: → AHRIMAN, der "böse Geist". Dieser König der Finsternis offenbart sich als Dunkel, Materie, Lüge, Trug, und ist verantwortlich für die sichtbare Welt. Vermutlich beeinflusste dieser Dualismus auch die christliche Lehre. Denn schon im Alten Testament hat Satan (hebräisch = Widersacher, Verleumder, Entzweier; griech: diabolos) nichts anderes im Sinn, als Gottes Heilsplan penetrant zu stören.

Einst aber war er schönster der lichten Engel und hieß Lucifer (= Lichtbringer). Neid und Stolz (→ STOLZ) entfachten seine Auflehnung gegen Gott, dem er sich gleichsetzen wollte. Doch der machte kurzen Prozess und bestrafte solches Mobbing mit dem Sturz aus dem Himmel. Lukas, der Evangelist, beschreibt (10,18), wie Satan als Blitz aus der Höhe herabschießt. Seither fristen er – als "Fürst der Welt" (→ LUXURIA) – und seine Anhänger ihr Dasein in irdischer Finsternis, als Personifizierung alles Übels in der Welt. So gehören → TOD und Teufel eng zusammen. Als endzeitlicher Menschenverschlinger (→ ANTICHRIST) übernimmt er Züge von → SATURN. "Ihre schwarze Majestät" und seine "Legionen" verführen die Menschen und offenbaren sich als heftige → VERLANGEN, Laster und sündhafte Neigungen, als irdische Verhaftungen, aber ebenso als Widerstandsprinzip im Leben (→ TYPHON): unser "Tanz mit dem Teufel". Sie repräsentieren somit Ursache und Folgen der → ERBSÜNDE.

Tritt Satan in frühchristlicher Zeit als Schlange, Drache, Löwe, Basilisk oder Aspis auf, im 9. Jahrhundert mehr als dunkler Engel, verunsichert er seit dem 11. Jahrhundert als → DÄMON oder fratzenhaft satyrähnliches Zwitterwesen unsere

Existenz. Seine Bocksgestalt besitzt viele Anklänge an vorchristliche Kulte um körperliche und vegetative Fruchtbarkeit (Dionysos). Überhaupt degradieren Gott und Götter eines früheren Entwicklungsstadiums oft zu vom Sockel gestürzten "finsteren Geistern". Der ewige Kampf mit dem Teufel spielt sich denn auch als Reibung zwischen Unbewusstem und Bewusstsein ab, zwischen Herz und kaltem Intellekt – als ständige Auseinandersetzung von Entwicklung und Wachstum mit unserem → SCHATTEN. Ohne diesen Kampf gibt aber es keinen Sieg, keinen Fortschritt – auf welche Seite man sich auch stellt.

Westliche Mystik versteht die Erscheinung des monströsen Teufelmotivs als Ergebnis oberflächlicher Schlussfolgerungen, unserer aus Unwissenheit und Illusionen getrübten Sichtweise der Welt. Dieses monströse Bild macht sich vor allem dann breit, wenn Menschen in ihrem Dasein nur eine anstrengende Häufung unvereinbarer Gegensätze sehen wollen und von daher engherzige Lebenskonzepte zimmern. Solche Täuschungen können sich zu festen Negativmustern formen, Ursache unserer Ängste werden, uns sogar mit elementarer Gewalt dauerhaft beherrschen. Haben wir gelernt, dass alle vordergründig negativen Erscheinungen zur Vollständigkeit der Welt und zur Bandbreite kosmischer Entfaltung gehören, wird der Trug überwunden. Das Bild des Teufels löst sich auf, das selbst "Blendwerk" ist. Dagegen wehrt er sich heftig, und, wie man sieht, äußerst erfolgreich. "Ein Lump, dessen fehlerhafte Sicht die Dinge sieht, wie sie sind, und nicht, wie sie sein sollten", ist aber nach Ambrose Bierce in seinem WÖRTERBUCH DES TEUFELS nichts als ein Zyniker (1980:129).

c.z.

Satan mit Spitzbart als oberster Dämon des mentalen Ego, des isolierten Intellekts

Teufelspakt: Verkauf der Seele

> "Der Teufel in der Musik wird zu einem Motiv, das man nicht verjagen kann, das nicht zu bremsen ist, wie eine Idee, die stärker ist als das Subjekt, das sie denkt und vernimmt: das Motiv besetzt das Individuum." (GIOVANNINI 1987:108)

Der Flair des Teufelspaktes ist sehr werbewirksam. Hat ein Künstler den Nimbus des Teufelspaktierers erreicht, wird über ihn geredet, Legenden werden gebildet, phantastische Behauptungen in Umlauf gebracht. Von so einem angenommenen Teufelspakt haben nicht nur Paganini und Tartini, sondern viele Virtuosen (→ LISZT) nach ihnen profitiert bzw. profitieren noch heute davon, z. B. viele Rockgitarristen.

Viele Ausnahmekünstler, vor allem virtuose Musiker haben dem Volksglauben nach ihre Seele an den Teufel verkauft, um übermenschlich musizieren zu können. So glaubte man, dass der Blues-Protagonist Robert Johnson einen Pakt mit dem Teufel eingegangen sei. In der Tat singt er in seinem Stück "Crossroads" (= Kreuzwege, Scheidewege, Dreiwege) davon. Auch andere Künstler, wie die Maler Goya und Bosch, sollen Teufelspaktler gewesen sein.

Musikwerke, die den musikalischen Teufelspakt darstellen (Auswahl):

• Igor Stravinsky, *L'Histoire du soldat* (1918) = The Soldier's Tale (= Geschichte vom Soldaten); Melodram; Text vom Schweizer Charles-Ferdinand Ramuz (basiert auf einem russischen Volksmärchen, Sammlung Afanasjev). Der faustische Soldat verkauft dem Teufel seine Seele für eine Geige. Damit spielt/geigt der Soldat so "höllisch", dass sich der Teufel bis zur vollkommenen Erschöpfung tanzen muss – Der Teufelsgeiger-Archetypus (→ PAGANINI).

• Zappa in New York (Barking Pumpkin Records, 1977; Re-Issue; Zappa Records, 1991); in dem Song "Titties & Beer" wird die Gegenleistung des Teufels für die "Seele" lediglich auf Busen und Bier reduziert.

• Steve Vai: In dem Kinofilm CROSSROADS (USA) wird die Teufelspaktgeschichte um die Blues-Legende Robert Johnsson dargestellt. Es kommt zwischen dem Gitaristen und dem Teufel zu einem Gitarrenduell, bei dem Steve Vai beide Parts spielt. Der US-amerikanische Komponist Frank Zappa (1940-1993), bekannt für seine höchsten Ansprüche an seine Musiker, sagte, dass der Ausnahme-Gitarrist Steve Vai der einzige echte Virtuose sei, den er jemals getroffen hätte. Steve Vai war der erste Gitarrist, der Zappas Kompositionen tatsächlich notengetreu spielen konnte (stunt guitar, impossible guitar lines). Auch unter Gitarristen gilt Vai als "Gott", denn er spielt so "höllisch" gut, dass es kaum zu glauben ist. Ein echter "Teufelsgitarrist"! Der → PAGANINI der E-Gitarre.

• Al Di Meola, *Race With Devil On Spanish Highway* (Di Meola)

Der von dem Gitarrenvirtuosen Al Di Meola komponierte Jazz Rock Song nimmt bezug auf des Teufels Zaubergeige, transponiert auf die E-Gitarre, und mit Anklang an den alten Hit "Race With The Devil" von der Hard Rockband Gun (ca. 1969).

Die Gitarre ersetzt oder folgt der Geige; beide Instrumente verlangen höchste Spielkunst und Virtuosität.

Die Studioaufnahme wurde erstmals auf der Al Di Meola-LP Elegant Gypsy (CBS, 1977) veröffentlicht. Ein Live-Mitschnitt findet sich auf der Al Di Meola-LP, Tour de Force – "Live" (CBS, 1982). Eine Neueinspielung als Gitarrenduell zwischen Al Di Meola und Steve Vai soll auf einer aktuellen CD publiziert worden sein.

• Gun, n.n. (Epic Records, ca. 1969)

Auf dieser Debüt-LP der englischen Hard Rock - Band (Power Trio; g. b. dr) ist der turbulente Hit-Song "Race With The Devil" erstmals publiziert worden. Darin übernimmt die rasende E-Gitarre (Adrian "Curtis" Gurvitz) die Rolle der Zaubergeige des Teufels beim Wettrennen um die faustisch verdingte Seele. Auch das von W. Roger Dean gemalte Cover-Bild zeigt eine Art Höllensabbat.

chr.r.

Teufelstriller: Vom Teufel persönlich gespielt

Der italienische Barock-Komponist Giuseppe Tartini (1692-1770), ein berühmter Geigenvirtuose seiner Zeit, hinterließ Hunderte von Geigenkompositionen. Doch nur eine ist bis heute populär: die Teufelstrillersonate.

Tartini hat in einem Traum gehört, wie der Teufel persönlich "auf der Violine einen wirklich teuflischen Triller" spielt. Dadurch inspiriert, hat er seine berühmte viersätzige Sonate in g-moll komponiert, die seither Teufelstriller-Sonate genannt wird. Diese Sonate mit hohen virtuosen Ansprüchen wurde natürlich gerne von dem "Teufelsgeiger" → PAGANINI aufgeführt. Fritz Kreisler bearbeitete die Sonate als modernes Vieuxtemps (mit Klavierbegleitung), das heute meist aufgeführt wird (z.B. von David Oistrakh). Diese Sonate gilt als "dämonisch" und "legendenumwittert". "Teuflisch" bezieht sich nicht auf verbotene Musik oder den → "AKKORD DES TEUFELS", sondern auf die technische Schwierigkeit, die vom Violinisten gefordert wird – er muss ein "Teufelsgeiger" sein.

chr.r.

Therion: Jenseits der Heiligkeit

Die schwedische Band wurde 1987 von Christofer Johnsson gegründet und hieß zunächst Blitzkrieg. Der Name der Band wurde aber schnell geändert: therion ist altgriechisch und heißt "Bestie" oder "Biest" und stellt einen Bezug zu der teuflischen Zahl 666 (→ DIE ZAHL DES TIERES) und zu → ALEISTER CROWLEY her. Zuerst spielte das notenunkundige Trio heftigen Death Metal, wie auf dem Debütalbum *Of Darkness* ("Vom Dunklen") von 1991 zu hören ist. Dabei fiel gleich auf, dass die Texte hintergründig, kritisch und umweltbewusst waren. Das zweite Album Beyond Sanctorum ("Jenseits der Heiligkeit"), ebenfalls 1991 aufgenommen, war zwar noch echter Death Metal, aber mit Innovationen in bezug auf Tempi. Dieses Album war literarisch von H.P. Lovecraft inspiriert. Das dritte Album sollte schon vom Titel her auf die weitere Entwicklung der Band bzw. ihres Gründers weisen: *Symphony Masses: Ho Drakon Ho Megas* (1993). Christofer Johnsson befasste sich zunehmend mit klassischer Musik und wurde Wagnerfan (er liebt besonders den Rienzi). Davon wurde dann das Album *Lepaca Kliffoth* (1996) geprägt. Erstmals benutzte er orchestrale Klänge und Stimmen von Opernsängern. Von da an nahm die Musik von Therion immer mehr Elemente klassischer und romantischer Klänge auf.

Das darauffolgende Album *Theli* (1996) war dann eine bis dato nicht erreichte Verschmelzung von Metal mit symphonischer und operaler Musik. Die Band spielte mit einem Symphonieorchester, einem klassisch ausgebildetem Chor und echten Opernsängern und –sängerinnen. Theli ist eindeutig der Beginn der operalen und symphonischen Heavy Metal Musik. Vor allem die Choräle sorgten für dunkle Stimmungen. Dadurch wurde Therion für die Schwarze Szene immer interessanter. Auf dem nächsten Album (*Vovin*, 1998) war die operale Seite der heftigen, aber auch lyrischen Musik voll ausgebildet. Dieses musikalische Konzept wurde auf allen folgenden Alben vertieft. Das Besondere an diesen "Rock meets Classic"-Konzept ist, dass die Musik für Band, Chor und Gesang ausschließlich von Johnsson komponiert wurde und dadurch zu einer wirklichen Fusion führte.

Bei Therion ist nicht nur die Musik von Bedeutung, sondern auch die Texte, die in englisch, schwedisch, altschwedisch und deutsch geschrieben werden. Die Inhalte beziehen sich auf germanisch-heidnische, mesopotamische und antike Mythen; aber auch auf okkulte und ritualmagische Bereiche. Johnsson ist Mitglied der mystischen Loge "Dragon Rouge" ("Roter Drache") – auch davon sind die Texte geprägt. Viele Texte handeln von der dunklen Seite, aber auch von göttlichen Hymnen. Die Texte wurden von einem Logenbruder, Thomas Karlsson, verfasst. Der Texter ist selbst Autor von Büchern über kabbalistische und goetische Magie.

Das aufwendig produzierte Album *Deggial* (2000) basiert auf der CARMINA BURANA von Carl Orff. Es fand besonders in der Schwarzen Szene Interesse.

Das Album *Secrets of the Runes* ("Das Geheimnis der Runen", 2001) beschreibt die nordische Mythologie. Mit jedem Text wird eine der neun Welten am Weltenbaum Yggdrasil beschrieben. Die Musik ist stark von Richard Wagner beeinflusst; sie wird nicht nur von der vierköpfigen Band, sondern auch von einem riesigen Symphonieorchester, Chören und Opernsängern und Sängerinnen dargeboten.

Nachdem ein Live-Album (*Live in Midgard*, 2002) erschien, arbeitete Johnsson an zwei Alben, die nicht mehr Konzeptalben waren, sondern sich verschiedenen mythischen Themen widmeten (*Sirius B* und *Lemuria*, 2004). Darauf werden heidnische Götter (z.B. der aztekische Quetzalcoatl, → ABRAXAS und Prometheus) besungen.

Einen wunderbaren Einblick in das bisherige Gesamtwerk gibt die sechsteilige CD/DVD-Kompilation *Celebration of Becoming* (2006). Diese Box zeigt eindrücklich die Entwicklung dieser außergewöhnlichen Band, deren Kopf Christofer Johnsson ist.

Therion hat die "Klassik", oder besser Symphonik (→ SYMPHONISCHE MUSIK, → OPER) in den Metal eingebracht wie keine andere Band. Auch hat Therion viele Bands beeinflusst, z.B. → CRADLE OF FILTH, → DIMMU BORGIR, Rage, Nightwish usw.

Discographie (Auswahl):

- *Theli* (Nuclear Blast, 1996)
- *Lepaca Kliffoth* (Nuclear Blast, 1996; Remix)
- *A'arab Zaraq Lucid Dreaming* (Nuclear Blast, 1997); Musik aus dem Soundtrack des Films The Golden Embrace (1997)
- *Crowning of Atlantis* (Nuclear Blast, 1999); EP mit Studio und Live-Aufnahmen
- *Deggial* (Nuclear Blast, 2000); "O Fortuna" von Orff
- *The Early Chapters Of Revelation* (Nuclear Blast, 2000); 3-CD-Box der ersten drei Alben in Remix und mit Bonustracks.
- *Secret of the Runes* (Nuclear Blast, 2001) Operaler Gothic Dark Metal. Im deutschsprachigen Song "Schwarzalbenheim" wird u.a. das Myzelium der → ZAUBERPILZE besungen.
- *Live in Midgard* (Nuclear Blast, 2002)
- *Siriuz B und Lemuria* (Nuclear Blast, 2004)
- *Celebration of Becoming* (Nuclear Blast, 2006); Box mit 4 DVDs und 2 CDs, sowie ausführlichem Booklet.

Literatur:

Karlsson, Thomas

- 2003 UTHARK. IM SCHATTEN DER RUNEN. EIN MAGISCHES PRAXISBUCH; Engerda, Arun-Verlag. Die Hardcover-Ausgabe des Buches enthält eine Sonderpressung der CD "Therion: Secret of the Runes".
- 2006 KABBALAH, QLIPHOTH UND DIE GOETISCHE MAGIE, Rudolstadt: Edition Roter Drache.

chr.r.

Tiâmat: Mütterliche Urmaterie

Am Anfang existierte weder Himmel noch Erde, nur eine gestaltlose Masse von → EWIGKEIT her, das Urgewässer, so der babylonische Schöpfungsmythos. Aus seiner Masse lösten sich zwei anfängliche Ursachen: Apsu und Tiâmat, als männlicher Süßwasserozean und weiblicher Salzwasserabgrund gedeutet (SCHÖPFUNGSMYTHEN 1998:122f.). Tiâmat, das Ungeheuer der tiefen Wasser, glich einem Fötus von kosmischem Ausmaß, der die schrecklichsten Ungeheuer gebären konnte. In späteren Darstellungen wird es als Drache oder Schlange dargestellt und verkörpert die formlose, im Dunkel liegende mütterliche Urmaterie. In der undifferenzierten Ureinheit vor jeder Schöpfung enthält dieses Ungeheuer alles Zukünftige schon als Idee, aber noch unmanifestiert. Wasser, ein großes Sammelbecken aller Samen und Keime, passt sich allen Gegebenheiten an und bietet damit die Möglichkeit zu allen Formen. Symbolisch stellt sich dieses urweibliche Chaos dem gestaltenden und ordnenden Geist entgegen, dem zeugenden Vater und Schöpfergott (LURKER 1990:179). Marduk, Gott der Frühlingssonne, ließ aber die Kräfte seines Geistes in ihn eindringen, und diese zerrissen Tiâmat (→ ZERSTÜCKELUNG). Aus ihrem Körper wölbte sich der Himmel und dehnte sich die Erde.

Wo immer Unbewusstes und Seele mit Bewusstsein kämpft, Dunkles gegen Licht, kämpft Tiâmat gegen Marduk. Dabei ließ das Unbewusste selbst das Bewusste aus sich hervorgehen. Für C.G. Jung gleicht Tiâmat, die "Fabulosität tierischer Urwesen", der Prima materia in der Alchimie, dem Grundstoff der Schöpfung, der sich aus sich selbst heraus erzeugt und wieder zerstört (1984:38f). Aus diesem Urgrund entstanden auch die Götter und schließlich immer individuellere Zeugungen von Leben und Bewusstsein.

c.z.

Tiâmat: Aus dem babylonischen Schöpfungslied (ENUMA ELISCH, "Einst als droben..."):

Die Chaosmutter, die alles gebildet,
gab feste Waffen, gebar Riesenschlangen
mit spitzen Zähnen, ohne alle Schonung,
füllte mit Gift statt mit Blut ihren Leib.

Wütende Drachen von schrecklichem Anblick,
von Furchtbarkeit strotzend, ließ sie erstehen:
wer sie erblickte, der sollte erstarren;
den bäumenden Leibern gibts kein Widerstehen.

Ins Feld führt sie Ottern, Basilisken und Molche,
tolle Hunde, Orkane und Skorpionmenschen,
gewaltige Stürme, Fischmenschen, Meerwidder:
mit wütenden Waffen, den Kampf nicht fürchtend.
(PEUCKERT 1951:471)

Nach der babylonischen Chaosmutter hat sich die 1988 gegründete schwedische Death Metal Band um Mastermind Johann Edlund (g, voc) Tiamat benannt. Mit ihrem Album *Wildhoney* (1994) kam nicht nur ein Stilwechsel zum Dark Metal verbunden mit Psychedelik á la Pink Floyd (den Touch of Goth), sondern auch der internationale und kommerzielle Durchbruch. Heute gehört die dunkle → BAND zu den Stars der → GOTHIC Szene.

Ihre Texte behandeln mythische, dunkle, antichristliche Sujets. Häufig geht es um → DROGEN (LSD, → OPIUM, → ZAUBERPILZE: "*Honey tea, psilocybe larvae/Honeymoon, silver spoon/Psilocybe tea*"). Tiamat hat den Stechapfel (*Datura stramonium*) und dessen Wirkung in dem Song "Whatever That Hurts" besungen ("Wildhoney", 1994; "Gaia", 1994).

Discographie:
- *The Sleeping Beauty – live in Israel* (Magic Arts, 1992)
- *Wildhoney* (Century Media, 1994)
- *Gaia* (Century Media, 1994)
- *Cold Seed* (Century Media, 1997)
- *A Deeper Kind Of Slumber* (Century Media, 1997)
- *For Her Pleasure* (Century Media, 1999)
- *Skeleton Skeletron* (Century Media, 1999)
- *Judas Christ* (Century Media, 2002)

Seitenprojekte:
- Sundown, *Design 19* (Century Media, 1997)
- Sundown, *Glimmer* (Century Media, 1999)

chr.r.

Tiere: Raum für alle hat die Erde

Es gibt eine große Zahl von Menschen, die ein Tier als ihren "besten Freund" ansehen und auch entsprechend zu behandeln versuchen. Indienfahrer berichteten mir von für heilig angesehenen Menschen, die nie vergessen, ihre Sorgen und Hoffnungen jeden Abend einer Kuh mitzuteilen. Auch in Alpentälern gab es in den Tagen meiner Kindheit Kleinbauern, die ähnlich handelten und mehr ihrer Freizeit bei ihrem Vieh verbrachten als bei "Zweibeinern".

In dem wunderbaren Buch von Jonathan Swift über GULLIVERS REISEN ist der Held von der Menschheit, die er in allen ihren Formen gründlich kennen lernt, bitter enttäuscht. Er vermeidet auf alle Arten, im Alter noch mit ihr zu verkehren! Von allen Geschöpfen will er nur noch den Rossen nahe sein, die er als edelste, schönste und an sich vollkommenste unter den erschaffenen Wesen erkannt haben will.

Es gibt Angehörige des Reitervolkes, erstaunlicherweise darunter auffallend viele junge Frauen, die ziemlich alle ihre bescheidenen Ersparnisse für den Besitz eines Rosses opfern. Von Menschen, die einen Hund oder eine Katze als "ihrem Herzen am nächsten" bezeichnen, wissen wohl alle.

Ist dies übertrieben? Ich konnte in meinem eigenen Dasein doch vor allem menschliche Freundschaften genießen! Aber ich hatte in glücklichen Jahren auch ziemlich enge Beziehungen zu Tieren, die meine Fantasie zweifellos bereicherten. Meine Großmutter Anna versicherte ebenfalls:

> "Wenn die Leute früher von einem treuen und echten Freundeskreis redeten, meinten sie, dass dazu alles, was der Liebe Gott erschaffen hatte, gehören musste: Menschen, Tiere, Bäume, sowie auch Engel, die die verbundenen Wesen segneten und ihnen in ihrer Gesamtheit ermöglichten, auch in der Not von Krieg und Seuche zu überleben."

In einem Gedicht über die Alpenwelt lässt Friedrich Schiller den Berggeist den gegenüber den wilden Tieren unbarmherzigen Jäger bestrafen. Er tritt aus einer Gletscherspalte hervor und spricht: "Raum für alle hat die Erde, / Was verfolgst du meine Herde?"

Frau Holle der deutschen Märchen, die Eisjungfrauen des Tiroler Gebirges, die in glänzenden Kristallpalästen hausen, die keltischen Feen – sie alle erscheinen als Beschützer der Alpennatur (u.a. die Sammlungen v. Alpenburgs).

Die slawische Baba-Jaga, die "Obere des Hexenvolkes", lehrt nach dem Dichter Remizow (POSOLON:191): "Tut den Tieren, dem Vieh kein Leid; füttert, tränkt und pflegt Pferde und Hirsche."

s.g.

Die, die so aussehen, wie etwas, aber in Wirklichkeit etwas ganz anderes sind...
(Zeichnung von Ruth Koser-Michaels)

Tod: Der große Verwandler

Eines Tages verstellt er uns als Schnitter mit der Sense den Weg, mahnt an die unwiderruflich näher heranrückende Ernte, an Auflösung (→ SATURN) und zyklische Dauer unseres endlichen Daseins. Als klapperndes Gerippe zeigt Freund Hein mit seinem Knochenfinger auf uns, droht und weist auf die Hinfälligkeit und Dürftigkeit der Welt allen Scheins (→ MEMENTO MORI). Als Spielmann mit Pfeife oder Trommel zwingt er zum letzten Tanz in das Grab. Slawische und romanische Völker kennen sogar sein Weib, die Tödin, eine weiße Gestalt mit grünen Augen (PUHLE 2004:310): Manche suchen mit ihm, dem Gevatter Tod, zu handeln. Doch müssen sie schon gute Gründe vorweisen, um einen Aufschub zu erwirken.

Älteste Kulturen beweisen, dass dem Menschen früh bewusst wurde, wie sehr Tod und Leben einander bedingen. Es gibt keine Neugeburt, keine neue Fruchtbarkeit ohne vorheriges Absterben, auch nicht auf der seelischen und geistigen Ebene. Tod bietet daher trotz aller Düsternis und allem Schrecken nicht nur das → PORTAL zu einer neuen Existenz, sondern auch das Ferment dazu. Tod ist der Große Verwandler und Transformator, steht an der Schwelle zwischen den Seinsebenen (→ UNTERWELT), spielt unseren treuen Reisebegleiter und zeigt sein wahres Gesicht, seine Mysterien, oft nur während einer → INITIATION.

Bewusstseinsforscher wie Ken Wilber glauben, dass wir seit unserer Ichfindung und dem gleichzeitigen "Fall" aus der ursprünglichen Einheit des Unbewussten verzweifelt und hartnäckig gegen jede Auflösung unserer Existenz ankämpfen.

Schon naht die züngelnde Schlange,
die gottlose Kröte hat sich schon über die Eingeweide hergemacht.
Mittelalterlicher Sarkophag in der Stiftskirche St. Zeno

Unser nun isoliertes Ichempfinden kann und will den Tod zumeist nicht akzeptieren. Dämme aus → Angst blockieren häufig den Fluss des Lebens. Permanente Todesfurcht ließ Religionen und Lehren entstehen, die zumindest auf anderen Daseinsebenen von Unsterblichkeit wissen wollen und von der Reinkarnation (Wiederfleischwerdung) individueller Anteile. Zugleich entwickelte sich eine heftige Neigung zur Wiedervereinigung alles Trennenden und der Auflösung des separaten Ich. Diese Urangst kann sogar als eine unnennbare, nie zu stillende Sehn*sucht* den Menschen drängen, über den Zeitfluss hinaus Anschluss an etwas Überzeitliches zu gewinnen. Es ist zugleich die Suche, seine niedrige Form und alle hinderliche Begrenzung abzustreifen, zum verwirklichten Mensch oder Gott zu werden. Todessehnsucht schlägt den scheinbar geradlinigsten Weg zum Ursprung ein, zur Quelle des Seins. Die Sehnsucht begleitet uns schon Tausende von Jahren, der Weg dahin nimmt unterschiedliche Formen an. Auch Krankheit kann sich damit verbinden, jeglicher Sorge und Verantwortung zu entfliehen, und dahinter steckt der verborgene Wunsch, zu sterben.

Gelinge es dem Menschen nicht, seinem tiefen Wunsch nachzugehen, das eigene Ich zu opfern, zu "töten", suche er ein Ersatzopfer, um die Furcht vor der Konfrontation mit dem Tod zu mildern. "Extrovertierter Todestrieb" kann dabei in mörderische Aggression und andere Verbrechen einmünden, um sich damit vom eigenen Tod freizukaufen. Todesangst, Todessehnsucht und Ichempfinden hängen a priori so sehr zusammen, dass eine Lösung nur darin bestehen kann, unser Ich zu transzendieren, um das wahre Selbst zu finden (WILBER 1999:179ff.,78).

Alles Sein unterliegt ewigem Wandel. Tod und Leben sind seine Gesichter. Nur die Antriebskraft, die alles Geschaffene in Bewegung hält, bleibt unveränderlich gleich. "Die im Herzen weise sind, trauern weder um die, die leben, noch um die, die sterben. Niemals hat es weder mich, noch dich, noch einen von jenen nicht gegeben, niemals werden sie nicht sein. Jetzt bis in alle Ewigkeit!" verspricht die Bhagavad-Gita. So ist gegen den Tod "ein Kraut gewachsen": Mut zur Erkenntnis ewiger Wahrheit und ihre Bewährung im praktischen Alltag. Zwischen jeder Saat und Ernte, zwischen Aufbruch und Reife liegt das große Geheimnis der Vollendung. Wir müssen täglich sterben, um bewusster leben und Freiheit gewinnen zu können. Bei jeder Auflösung wird Energie frei, und dieses Gesetz der Umwandlung durch Auflösung macht sich vor allem die Atomindustrie (Kernspaltung) zu Nutze. Wer dieses Gesetz erkennt, wird die freigesetzte Energie suchen, um damit an seiner Entwicklung zu arbeiten, an seinem Wachstum.

c.z.

Totenhand: Das Glück in der Schublade

Nach altem Volksglauben besitzen Leichname heilende Zauberkraft. So soll die Bestreichung mit der Hand eines Toten (es kann auch die Hand einer → Mumie sein), Warzen, Flechten, Muttermale, Gewächse, Hals- und Zahnschmerzen und Überbeine vertreiben.

Die Hand eines ungetauft gestorbenen Kindes öffnet einem Dieb Schlösser und Türen und macht ihn unsichtbar. In der Pfalz mussten noch bis zur Mitte des vorigen Jahrhunderts die Friedhöfe bewacht werden, um die Leichname beigesetzter Kinder vor dem Raub ihrer Hände zu schützen.

Der Finger eines hingerichteten "Armen Sünders", den man in seinen Geldbeutel tut, schafft Geld bzw. lässt es nie ausgehen. Vergräbt man ein solches Knöchlein unter der Schwelle zum Haus, geht der Segen nie aus.

Legt ein Buchhändler ein solches "Glücksknöchlein" unter seine Ware, verkaufen sich die Bücher von allein. Und Verlegern, die eine Totenhand in der Schublade ihres Schreibtischs haben, sind selten um neue, bestsellerreife Ideen verlegen. Kommt ein Autor mit einem Manuskript, kann man aus der Zahl der Klopflaute, die die Hand in der Schublade macht, die Anzahl der Auflagen, die das Buch erzielt, ablesen. Eine Totenhand ist auch Motiv in Mythen, in Oper- und Theaterstücken, im Film und in der Literatur:

Eine abgerissene Hand trägt der als Herr des sakralen Jahres amtierende, altmexikanische Gott Tezcatlipoca. Sie verleiht ihm besondere Zauberkräfte. Der Raub kam ihn aber teuer zu stehen. Das Gegenüber, dem er die Hand abriss, riss ihm dafür den rechten Fuß aus.

In Richard Wagners GÖTTERDÄMMERUNG bricht an Siegfrieds Leichnam ein Streit zwischen Gunther und Hagen über den Besitz des magischen Rings aus, den der tote Held an seiner Hand trägt. Hagen tötet Gunther mit dem Schwert und greift gierig nach Siegfrieds Hand. Diese entzieht sich ihm und hebt sich drohend empor, so dass Brünhilde herbeieilen kann, um dem jetzt willigen, toten Gatten den zaubermächtigen Ring vom Finger zu streifen.

In dem MGM-Film BLOOD FROM THE MUMMY'S TOMB (1971) finden Archäologen die Mumie einer ägyptischen Königin. Als sie der Mumie eine Hand abschneiden, dringt Blut aus der Wunde.

In dem Horrorfilm TANZ DER TEUFEL (1987) versucht die Hand des Helden Ash – dämonisch besessen – ihn zu erwürgen. Um sein Leben zu erhalten, muss Ash seine Hand mit einer Motorsäge abtrennen.

Das "eiskalte Händchen" im Film DIE ADDAMSFAMILIE IN VERRÜCKTER TRADITION (1993) steuert furios ein Auto.

In dem im November 2004 im Staatstheater Darmstadt gespielten Bühnenstück ELISABETH VON ENGLAND schleppte Elisabeths Lieblingsfeind, König Philipp II. von Spanien, ein religiöser Irrer, permanent einen linken Arm als Reliquie mit sich herum.

Der Lovecraft Freund August Derleth schrieb schon 1964 den Horrorroman DIE TOTENHAND und in den achtziger Jahren verfasste Thomas B. Davies einen Vampir-Horror-Roman DIE TOTENHAND AUF DEM HÜGEL. Horror erlebt auch der Sohn, der seine Hand gegen die Mutter gehoben und sie geschlagen hat. Unweigerlich wächst nach dem Tod ihre Hand aus dem Grab und weist auf die Untat hin. Es hilft nichts, die Hand abzuschneiden. Am nächsten Tag ist sie wieder nachgewachsen!

w.b.

Toteninsel: Kollektiver Traum von unserer Heimat

Erlen umgeben das düstere Totenreich der Zauberin Kirke, der Tante → Medeas. Dort sitzt sie wie eine der Nornen (→ Schicksal) am Webstuhl, beschreibt Homer in seiner Odyssee. In naturmythischer Deutung besucht die Sonne während ihrer Nachtfahrt diese "Insel der Morgendämmerung". Viele Kulturen kennen das Motiv einer einsamen Insel der Toten, deren irdische Entsprechung nach dem Lauf der untergehenden Sonne vom Betrachter aus im Westen oder Nordwesten (→ Norden) liegen musste. Die Britischen Inseln (England = Engel- oder Elfenland) gehörten dazu, Helgoland, Île de Sein (irdisches Abbild von Avalon), die Toteninseln im Rhein bei Lorch, im Mittelmeer Korfu, Gozo bei Malta.

Wie kaum ein anderes Bild trifft Arnold Böcklins (1827-1901) Bild Die Toteninsel die im Urgut kollektiver Träume ruhenden Vorstellungen von Kirkes Reich. Es traf offensichtlich auch mitten ins Herz des Zeitgefühls, wie die ungeheure Popularität und die außerordentliche Verbreitung in Reproduktionen und Verarbeitungen anderer Künstler seiner Zeit beweisen. Wieder suchten Zeitgenossen die irdische Motivvorlage. U.a. wollten sie diese auf der Insel Ischia oder auf Pondikonisi vor Korfu gefunden haben. Böcklin malt seine Insel nicht als schreckliche → Hölle, sondern als "stilles Eiland" einer "Begräbnisinsel", so auch zwei der ursprünglichen Bildtitel. Ruhig und gemessen gleitet ein Kahn auf den Zypressenhain (→ Unterwelt) einer wie abrupt aus dem Wasser auftauchenden steilfelsigen Insel zu. Weißverhüllt und statuenhaft steht eine Frau aufrecht im Boot und unterstreicht das Gefühl von einer visionären Erscheinung, die sich nicht an irdische Vorstellungen bindet. An die Käuferin der zweiten Fassung des Bildes schrieb der Maler im April 1880:

Arnold Böcklin: Toteninsel.
Unwillkürlich denkt man an keltische Priesterinnen, die Tote nach dem legendären Avalon (Apfelinsel) überführen und ihre Wiederauferstehung überwachen.

"Sie werden sich hineinträumen können in die dunkle Welt der → SCHATTEN, bis Sie den leisen Hauch zu fühlen glauben, der das Meer kräuselt, bis Sie Scheu haben, die feierliche Stille durch ein lautes Wort zu stören..." (BÖCKLIN 1977:I,137).

• Sergei Rachmaninov (1873-1943), DIE TOTENINSEL op. 29 (1909)

Diese symphonische Dichtung wurde durch das gleichnamige Gemälde von Arnold Böcklin (es gibt fünf Fassungen aus den Jahren 1880-1886) inspiriert. Der Komponist zitiert das *Dies irae* der katholischen Liturgie (→ REQUIEM), lässt das Meer des Vergessens ertönen und den Hörer von Charon über den Styx setzen. Die → ORGEL spielt die Wellen. Die musikalische Reise zur Toteninsel endet aber nicht im Dunklen oder in der Finsternis, der Nachen fährt durch die dunkle Insel hindurch und erreicht das strahlende Licht in Es-Dur.

c.z.

Totenkopf: Die Hölle im Gefolge

Vom Gebrauch eines Totenkopfes für magische Zwecke erzählt eine Sage aus dem Bayerischen Wald: Um zu Geld zu kommen, wollten die Bewohner eines Hauses aus Loitzendorf den Totenschädel einer Person, deren Seele im Himmel war, in der Christnacht auf dem Ofen kochen. Sie vergriffen sich aber im Beinhaus und hatten stattdessen den Schädel eines in die Hölle Verdammten genommen. Flugs füllte sich die Küche mit einer großen Zahl von Teufeln. Der größte unter ihnen hatte tatsächlich eine Kiste voller Geld mitgebracht, auf der er provokativ saß. Guter Rat war teuer. Die Seele dem Teufel versprechen zu müssen, erschien ein zu hoher Preis. Die Teufel mochten aber nicht weichen. Der Pfarrer wurde geholt. Er konnte aber ebenso wenig helfen wie der Pfarrer der Nachbargemeinde, den man hinzuzog. Erst als man aus Wetzelsberg einen jungen Kooperator holte, der in einer Schwarzen Schule gelernt hatte, kam es zu Verhandlungen. Kleinlich warf der Oberteufel dem Geistlichen vor, seiner Mutter einmal ein Ei gestohlen zu haben, um sich Schreibfedern zu kaufen. Der Geistliche erwiderte schlagfertig, es sei für einen guten Zweck gewesen, er habe sie zum Studium der Theologie gebraucht. Schließlich einigte man sich, dass der letzte, der die Stube verlässt, des Teufels sein soll. Darauf ging der Geistliche nach den Bauersleuten rückwärts als letzter zur Tür hinaus, hielt aber listig eine geweihte Hostie vor sich. Die Teufel waren geprellt und mussten sich trollen.

w.b.

Totentanz

→ MEMENTO MORI

Traum

→ GOTTFRIED KELLER

Typhon oder Seth: Nichts bleibt, wie es ist

Osiris, ägyptischer Gott allen Lebens und Sterbens, ursprünglich aber Personifizierung des Nils, war gerade von einer Reise zurückgekommen. Da lud sein Bruder Seth (griech: Typhon) ihn zu einem Festgelage ein. Heimlich hatte der vorher den Leib des Osiris ausgemessen und einen passenden, reichverzierten Sarg gefertigt. Als alle während des Festes diese vielversprechende Lade bewunderten, erklärte ihr hinterlistiger Schöpfer, sie demjenigen zum Geschenk machen zu wollen, der sie beim Hineinlegen völlig ausfülle. Als schließlich Osiris an die Reihe kam, hineinstieg und sich niederlegte, sprangen plötzlich 72 Helfershelfer des Seth hinzu, verschlossen den Sarg eiligst und nagelten ihn zu. Dann schulterten sie den Kasten zum Fluss und warfen ihn ins Wasser. Es spülte Osiris bis ins Meer hinaus.

Der "rote" Seth zählt zu den ältesten Göttern Ägyptens und symbolisierte ursprünglich die rötlich flimmernde Wüste. Seine Herrschaft begann während der Hundstage, der heißesten Zeit im Jahr, in der die austrocknenden, rotstaubigen Sandwinde einfallen. In dieser Periode setzt aber auch die Nilüberschwemmung ein, die neues Leben und Wachstum erst wieder möglich macht. Diese Zeit des ägyptischen Hochsommers berechnete man als ein Fünftel des Jahres (von 360 Tagen = 72). Seth formt also Leben, schließt die Lebenskraft damit aber in den Sarg des Körpers ein und sorgt dafür, dass jedes irdische Sein auch dem Tod anheimfällt. Später übernimmt Seth überhaupt das Prinzip des ewigen Widerstands im Universum, das gegen jede Aktion eine Reaktion setzt.

Nach langer Irrfahrt auf dem Meer strandete der Sarg des Osiris im Osten des Landes an der Küste, direkt bei einer Tamariske, dem Lebensbaum (→ KREUZ / ROTA). Isis, Schwester und Gattin des Gottes, barg die Leiche und brachte sie in Sicherheit. Doch Seth entdeckte seinen Bruder, während er in der → NACHT jagte, und zerstückelte ihn in 14 oder 16 (Zahl des ewigen Lebens) Teile. Die trauernde

Isis aber suchte so lange, bis sie alle seine Glieder wiedergefunden hatte. Auf recht abenteuerliche Weise zeugte sie mit dem wohl noch recht lebendigen Glied ihres Mannes den gemeinsamen Sprössling Horus, den wiedergeborenen Osiris, das neue Leben. Sobald Horus kräftig genug war, rächte er seinen Vater und bezwang Seth in einer wilden Schlacht.

Als die Mythen um Osiris das antike Griechenland erreichten, wurden die Legenden ausgefeilt und vertieft. Leiden und Irrfahrten jüngerer Osirismythen beschreiben den Weg der individuellen Seele durch das Meer des Unbewussten und ihre Prüfungen im menschlichen Leben. Auf geistiger Ebene vertritt Seth die analytisch "zergliedernde" und trennende Funktion des Intellekts. Seine Symbolik enthält viele Ursprünge von dem, was sich später in den Vorstellungen vom → TEUFEL widerspiegeln sollte. Aber auch Sinneseindrücke zerstückeln in unserem irdischen Dasein unsere Seele (→ ZERSTÜCKELUNG) und drängen Teile ihrer Ganzheit in den → SCHATTEN. An diesen Erfahrungen aber wachsen wir, und Seth bleibt der unverzichtbare Motor dieser Reifung durch Reibung und Herausforderung.

c.z.

Horus-Seth

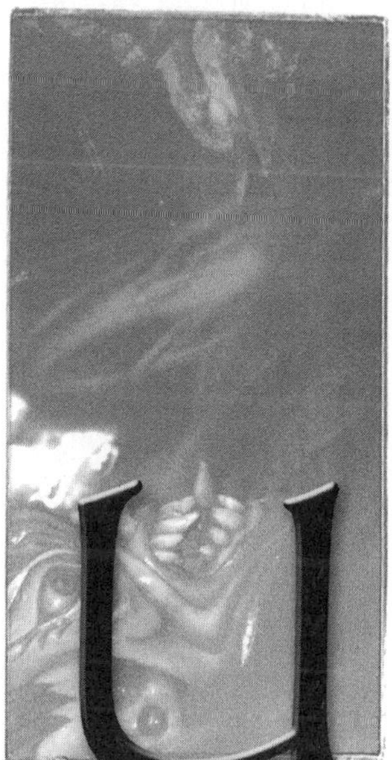

U

Unbunte Farben

→ VINCENT VAN GOGH

Unglück: Jedes Begehren erzeugt Leid

Spätestens seit Paul Watzlawiks unübertroffenen ANLEITUNGEN ZUM UNGLÜCKLICHSEIN verbreitet sich die Gewissheit, dass Glück oder Unglück sehr viel damit zu tun hat, wie wir unsere Wahrnehmungen interpretieren. Engen wir unseren Blickwinkel darauf ein, was durch eine neue Situation nicht mehr gegeben ist, blenden wir alle Chancen aus, die sich nun mit einer Änderung bieten. Jede Krise birgt immer zunächst die Möglichkeiten, Rückblick zu halten, den Standort neu zu bestimmen und einen Neubeginn zu aktivieren. Genauere Betrachtung lässt uns oft feststellen, dass viele von außen herangetragene Missliebigkeiten weniger magisch als natürlich angezogen oder durch Fehlverhalten eingeleitet wurden. Krankheiten z.B. fallen selten vom heiteren Himmel, sondern entstehen als direkte Folge unserer Lebensführung, nicht zuletzt unserer Art zu denken. KRANKHEIT ALS CHANCE nannte Thorwald Detlefsen seine Studie, die zum Bestseller aufstieg.

Doch nicht alles "Geschick" (→ SCHICKSAL) lässt sich auf erkennbare eigene Verursachung zurückführen. Schon das Unerklärliche und rätselhaft Fremde mancher "Betroffenheiten" schafft → ANGST und Leid. Seitdem wir aus einem ursprünglich paradiesischen Bewusstsein (→ BÜCHSE DER PANDORA) herausgerissen sind, das alle Entäußerungen des Lebens als Fülle des Seins akzeptierte, leiden wir an all dem, was uns nicht in den Kram passt. Wir vermögen nur noch in bewertenden Gegensätzen zu denken. Unsere Leiden beruhen denn auch weitestgehend auf dem Dauerkonflikt unseres Identitätsbewusstseins mit der sich ständig wandelnden Wirklichkeit. In unserem Drang nach Glück und Leben möchten wir Beeinträchtigungen wie Mangel, Alter und Tod am liebsten verbannen. Mit äußerstem Willenseinsatz versuchen wir unsere Situation auf scheinbarem Glückskurs zu halten. Damit aber laufen wir Gefahr, bei Nichtgelingen in Unglücklichsein zu verfallen. Jedes Begehren, mag es noch so sinnvoll sein, erzeugt bitteres Leid, findet es keine Befriedigung. Buddha fand, irdisch vergängliches Leben sei grundsätzlich leidvoll, weil wir im Wahn danach Verlangen trügen, es könne uns Lust bereiten. Er empfahl, zwanghafte Vorstellungen vom Ich besser aufzugeben und sich von Begehrlichkeiten völlig frei zu machen. Das steht ganz im Gegensatz dazu, dass hierzulande aktuell Konsumverzicht als vaterländischer Verrat an den Pranger gestellt wird.

Westliche Meister sind da auch gnädiger und raten, es zumindest bei realistischen und unsere Entwicklung fördernden Wünschen zu belassen, Leid aber genau so wie Freude einfach anzunehmen und als wertvolle Erfahrung und Teil unserer Vollkommenheit in unser Dasein zu integrieren. Leid steigert und intensiviert das Bewusstsein, vermag den Horizont zu erweitern und harte Schalen aufzubrechen. Leid zwingt auch zur Wahrhaftigkeit und demaskiert zuweilen das falsche Selbstbild. Wer allerdings glaubt, allein durch Leiden führe der Weg zur Seligkeit und Gott peinige den, den er besonders liebe, der sollte schleunigst sein dunkles Gottesbild mit Vernunft überprüfen.

c.z.

Unsterblichkeit: Es gibt für uns keinen Tod. Tod wo ist dein Stachel?

Der polnische Volkskundler Stanislaw v. Vincenz, den wir, als Flüchtling aus seiner Heimat, im Süden von Frankreich und in der französischen Schweiz treffen durften, erzählte uns vom Bergvolk der Huzulen, die bis in die Gegenwart hinein als ursprüngliche Hirten in den Karpathen hausten: "Wenn sie sich auf ihren einsamen Wanderungen auf gefährlichen Pfaden begegneten, grüssten sie sich mit den Worten: "Es gibt für uns keinen Tod!" (Na nas nema smerti). Diese Worte sollen, wenn man sie vor allem am frühen Morgen oder beim Einbrechen der Dunkelheit vernahm, "jede Gefahr in die Flucht schlagen und an Stelle der Furcht lustige Zeit schenken."

s.g.

Unterwelt / Jenseits: Haus der Träume

Als der trojanische Held Aeneas in Italien landet, besucht er die berühmte Sybille von Cumae. Mit ihrer Hilfe betritt er die Unterwelt des Hades, das "Haus der Träume", um dort seinen Vater Anchises zu befragen (→ AHNENPRÄGUNG). Mit einem "Goldenen Zweig" öffnet er die Pforten des Orkus und wandelt so zielsicher durch das → LABYRINTH des Dunkels. Ein Besuch im Reich des Schattens verschafft Begegnungen mit Aspekten des Todes und öffnet die Pforten zur Wiedergeburt. Alle mythischen Abstiege zur Unterwelt, in die Nacht des Todes, beschreiben deswegen auch einen Vorgang der → INITIATION.

Schwarzpappeln, Espen und alte Weiden, Erlenbrüche und Zypressenhaine weisen in der griechischen Mythologie auf die Gefilde der Toten hin. Ovid berichtet, der Weg zur Unterwelt werde von Eiben überschattet. Neben Lethe, dem Wasser der Vergessenheit, steht eine weiße Zypresse. Nur ein Fluss (Strom des Unbewussten) trennt nach antiken Vorstellungen das Reich der Verstorbenen vom dem der Lebenden. Ein Fährmann steuert Besucher auf einem Floß oder im Kahn hinüber (→ TOTENINSEL), sofern man ihn dafür korrekt bezahlt. Alles hat schließlich seinen Preis.

Am anderen Ufer angekommen, muss man sich erst zurecht finden. Die griechische Unterwelt hat mehrere Abteilungen. → ERINYEN schleppen Gottlose und Verdammte in den Erebos, den finsteren Teil, auch → ABGRUND der → HEKATE genannt. Unterhalb des Hades aber erstreckt sich der Tartarus, eine finstere Leere und Zwangaufenthalt der Titanen als elementare Naturkräfte. Wenn sie sich befreien, was ihnen immer wieder gelingt, wird unsere Welt in ihren Grundfesten erschüttert. Alle diese Bereiche liegen im Schatten der Erde. Kein Sonnenlicht erreicht sie, und deshalb mangelt es ihnen an der Harmonie höherer Sphären. Für den griechischen Philosophen Plutarch (46-120 n.Chr.) schuf diese Schattenwelt der → MOND. Aber die Vorstellungen, unter welchen Bedingungen die Seelen "auf der anderen Seite" leben, gehen weit auseinander.

Manche esoterische Schulen lehren, das Jenseits, der Hades, sei gleichzusetzen mit dem Bereich der Vitalseele im kollektiven Unbewussten. Hier nehme alles auf den Menschen Bezogene seinen Anfang und dorthin müsse alles zurückkehren. Hades (von aides = der Unsichtbare), griechischer Herrscher der verbergenden Tiefe, versteckt in seinem Zweitnamen "Plutos" (= Reichtum) auch den Aspekt der Fülle. Sein Refugium ist Ausgangspunkt aller Entwicklung und Ort der Neugeburt. Dorthin richte sich das Bewusstseinszentrum der Verstorbenen und verlagere die Wahrnehmung von der physischen Ebene. Damit aber lägen Unterwelt und → HÖLLE nicht irgendwo, sondern in beunruhigender Nähe.

c.z.

Uralte im Wald, Die

Die Vorstellung von einer Hexe hat sich bei den meisten Menschen aus der Bekanntschaft mit dem (1812 erstmals im Druck erschienenen) Märchen der Gebrüder Grimm HÄNSEL UND GRETEL gebildet. Die einen haben es in ihrer Kindheit erzählt bekommen, in einem Bilderbuch ausgemalt, selbst gelesen, die anderen auf einem Ausschneidebogen entdeckt, als vom Bäcker gefertigtes Hexenhaus aufgegessen, auf einer Kassette gehört oder in einem Märchenvideo gesehen.

Was erzählt das Märchen über die Hexe?

Sie ist steinalt. Sie hat rote, trübe Augen, mit denen sie nicht weit sehen kann. Sie hat dünne Hände. Sie stützt sich beim Gehen auf eine Krücke und beim Sprechen wackelt sie mit dem Kopf. Ihre Stimme ist fein, ihr Gang schleichend. Sie ist hinterhältig, falsch, boshaft, schlau. Sie hat eine feine Witterung und riecht Menschen, wenn sie in ihre Nähe kommen. Sie lockt Kinder an, macht sie tot, kocht sie und isst sie mit Behagen. Ein solcher Tag ist ein Festtag für sie. Das Märchen bezeichnet sie als "böse Hexe".

Um ihr "essbares" Häuslein aus Brot, das mit Kuchen gedeckt ist und dessen Fenster aus hellem Zucker bestehen, gibt es einen Hexenwald, der auf einer Seite von einem großen Wasser begrenzt ist. Eine weiße Ente bringt die Kinder nach bestandenem Abenteuer über das große Wasser zurück in das Diesseits.

Viele Menschen haben als Kind das Märchen in der Weihnachtszeit in einer Aufführung von Engelbert Humperdincks (am 23. Dezember 1893 erstmals in Weimar gespielten und von Richard Strauß geleiteten) Oper HÄNSEL UND GRETEL erlebt. Das Libretto zur Oper schrieb Humperdincks Schwester Adelheid Wette. Sie machte bei der Skizzierung der Hexe Anleihen im Volksglauben der Antike und des Mittelalters. Ihre Hexe reitet auf dem Besen um Mitternacht zur Hexenjagd. Und sie verfügt über einen Zauberstab, mit dem sie die Kinder hypnotisiert und ihrem Willen unterwirft. Gut gelaunt freut sich die Kinderfresserin auf die beiden neuen Brätelein. Von den Kindern schließlich in den Ofen geschubst, verbrennt sie und verwandelt sich in einen Lebkuchen.

Diese mit übernatürlichen Fähigkeiten ausgestattete Knusperhexe, die auf dem Besen reiten und fliegen kann, Bann- und Zaubersprüche kennt und Verbindung zum Teufel hält ("vom Teufel selbst hat sie die Gewalt"), hat nichts mit der sehr viel urtümlicher gestalteten Grimmschen Hexe gemein.

Das Motiv einer menschenfressenden, alten Frau tauchte schon in zwei Märchen des 17. Jahrhunderts auf: 1634 in Italien in Giambattista Basiles "Nennilla e Nannella" und 1697 in Charles Perraults Märchen vom "Kleinen Däumling" ("Le petit poucet"). Die Grimms ließen sich das Märchen vermutlich von Angehörigen der Kasseler Familie Wild erzählen, die es ihrerseits vom Hörensagen her kannten.

Wo und aus welcher Zeit mag die Mär von der kinderfressenden Kannibalin im Wald herstammen?

Eine interessante These bot der russische Völkerkundler Vladimir Propp (1895-1975) an. Aus der Analyse von Märchen und Mythen aus aller Welt und der Analyse von Bräuchen, Riten und Kulten bei den Geheimgesellschaften von Naturvölkern kam er zu dem Schluss, dass die europäischen Zaubermärchen mündlich tradierte Überlieferungsreste von in vorchristlicher Zeit bei Jagdvölkern praktizierten Initiationsriten darstellen.

In einer Gesellschaft, die ihren Lebensunterhalt ausschließlich über die Jagd fand, war der Mythos um die Große Mutter noch komplett. Sie schenkte nicht nur das Leben, alles und alle waren ihre Kinder, sie war auch wohltätig gegen sie, gab den Männern Jagdglück und schenkte den Frauen magisches Wissen. Sie nahm aber auch die Menschen, ihre Kinder, wenn sie gestorben waren, wieder zu sich. (Die Ursprünge unserer Zaubermärchen werden in den vormythischen Mysterienlegenden der Bronzezeit bzw. der jüngsten Steinzeit vermutet.) Nachfolgende, agrarwirtschaftlich ausgerichtete Gesellschaften, die ihre Göttinnen in Wiesen, Fluren und Feldern ansiedelten, wo sie für Fruchtbarkeit sorgten, sahen in der Alten im Wald nunmehr nur noch die große Verschlingende, die alles Leben auffraß. Sie mutierte zum Totengeist, zur Walddämonin, die man – ebenso wie den ganzen wilden, unheimlichen und gefährlichen Wald – am besten mied und vor der man jede neue Generation zu warnen suchte: Der Gang in den Wald ist (d)ein Gang in den Tod!

Propp:

> "Mit dem Aufkommen der Landwirtschaft und der agrarischen Religion verwandelt sich die ganze ‚Waldreligion' in ausgemachtes Teufelzeug, der große Magier in einen bösen Zauberer, die Mutter und Herrin der Tiere in eine Hexe, welche Kinder zum überhaupt nicht symbolischen Auffressen verschleppt."

Propp sieht in der Gestalt der Hexe den Hinweis auf den uralten Glauben, dass im → Wald der Eingang zur Anderswelt zu finden sei, der von einem mächtigen Geist, der Großen Mutter, bewacht wird. Der Wald umgibt das andre Reich, das den Menschen normalerweise, außer im Ritus der Initiation, nicht zugänglich ist. Aus den Angaben bei den Brüdern Grimm, dass die Hexe entzündete Lider und rote Augen hat, leitet Propp ab, dass sie eigentlich keine Augäpfel hat, sondern rote Augenhöhlen ohne Augen, als Tote also blind war. Typisch für "lebende" Tote kann sie Menschen aber sehr gut riechen. Sie ist ein Hexengeist, ein Totengeist, und keine lebende Frau, die Hexerei betreibt.

Die Begebenheiten im Märchen von "Hänsel und Gretel" finden Entsprechungen in Initiationsriten: Das Fortführen oder die Verjagung der Kinder in den Wald, das Finden des Hüttchens, das Antreffen der Hexe (bei Naturvölkern von einem maskierten Stammesangehörigen gespielt), das Vorzeigen eines Knöchelchen statt eines Fingers (mit dem Hänsel einen Aufschub erhält), der Hexenofen als Symbol der Verwandlung und der Kontakt mit tierischen Zauberhelfern (der schneeweiße Vogel und die Ente), die zwischen Diesseits und Jenseits vermitteln.

Von Erzählung zu Erzählung über Hunderte von Generationen hinweg immer weiter abgeschliffen reduzierte der Mythos um die Große Mutter sich schließlich auf die Gestalt der Hexe als Kannibalin. Die Hexe in "Hänsel und Gretel" behält ihre archaischen Züge. Die christliche Umwandlung zur Teufelshexe erfolgte nicht. In Rudimenten erhalten hat sich noch der Charakter als Schenkerin. Als Hänsel und Gretel das Hexenhaus verlassen, nehmen sie reichlich Edelsteine und Perlen aus dem Besitz der Hexe mit sich. Für ihr Dasein in der Welt der Lebenden ist gesorgt. Verwandelt kehren die beiden zum Vater, der sie dem Wald und seinen Geistern überlassen hatte, zurück.

Der Grimmschen Hexe ähnlich ist die furchtbare, skelettartige, russische Hexe Baba Yaga, die in ihrem, in einem unermesslichen Wald gelegenen Hüttchen (es steht auf Hühnerbeinen und kann sich ganz nach den Wünschen ihrer Besitzerin drehen und wenden) auf junge Mädchen lauert, um sie zu schlachten, auf ihrem Ofen zu kochen und zu essen.

> "Es scheint, als wäre die Baba Yaga die große Herrin eines Einweihungsrituals für junge Mädchen, die mit den Schrecken eines furchterregenden Rituals konfrontiert wurden und sich ihnen gewachsen zeigen mussten, um zu den Gaben der Waldfrau zu gelangen. Vermutlich wurde eine altheidnische Urmuttergestalt zur gefährlichen Hexe umstilisiert, als in Osteuropa das Christentum den Sieg über ältere Formen des religiösen Lebens davontrug - wie auch in anderen Bereichen große Urmuttergestalten zu hexenartigen Dämonenfiguren werden mussten. Dies gilt wohl auch für die "Frau Holle" des deutschen Märchens, die zwar mit großen Zähnen und schreckhaftem Äußeren geschildert wird, aber dem unerschrocken und fleißig arbeitenden Mädchen (der "Goldmarie") Segen spendet." (BIEDERMANN 1993:42)

In der Initiationshütte wurden die Initianten - im Sinne eines heute noch von Schamanen praktizierten Mockstresses - mit dem Tod bedroht (man soll angeblich getötet und gegessen werden). Den Initianten wurde (wie ein reiches ethnographisches Material zeigt) berauschend, behexend und euphorisierend wirkende Speisen und Getränke vorgesetzt. Nach dem Genuss der "Lebkuchen" und anderer Speisen im Haus der Hexe meinen Hänsel und Gretel denn auch, "sie wären im Himmel".

Illustratoren von Märchenbüchern zeigen in ihren Zeichnungen häufig den Fliegenpilz, so als sähen sie in diesem ehemals als heilig verehrten Rauschmittel den Verursacher oder Auslöser für die zauberischen Vorgänge. So sind die "Blumen", die Rotkäppchen abseits vom Weg pflückt, rot leuchtende Fliegenpilze, der Wolf schaut nicht mit Gier auf das Rotkäppchen, sondern auf die Fliegenpilze neben ihr. Fliegenpilze wachsen vor und um das Lebkuchenhaus der Hexe und geben Hinweis darauf, was die Hexe an die Wände ihres Häuschens zum Trocknen gehängt hat.

Anstatt eine Quelle zu malen, deren "Wasser" das Brüderchen in ein Reh verwandelt, zeigt der Maler im Märchen "Brüderchen und Schwesterchen" uns einen Fliegenpilz. Neben Sneewittchens Sarg wachsen ebenso Fliegenpilze wie neben dem Zwerg, der im "Wasser des Lebens" dem Königssohn den Weg zum Wunderwasser weist.

Die Mythe von der Uralten im Wald, die Kinder fängt und schlachtet, bleibt ein Evergreen: 1999 drehten Eduardo Sanchez und Dan Myrik den Horrorfilm THE BLAIR WITCH PROJECT.

Der Inhalt: Die drei Filmstudenten Heather, Joshua und Michael wandern am 21. Oktober 1994 in dem im Bundesstaat Maryland gelegenen Black Hill Forest, um einen Dokumentarfilm über die Hexe von Blair zu drehen. In dem Städtchen Burkitsville, das am Ort Blair gegründet worden war, erfahren sie, dass 1785 eine Frau, die der Hexerei bezichtigt wurde, von Bewohnern des Dorfes Blair in den Wald getrieben wurde. Kurz danach verschwanden die Ankläger und einige Dorfkinder für immer. Spotten die drei jungen Leute am Anfang noch über die abergläubigen Hinterwäldler, vergeht ihnen das Lachen, als sie sich im Wald verirren, orientierungslos werden und ihnen die Lebensmittel ausgehen. Als sie nachts die Stimmen der vor Jahrhunderten verschwundenen Kinder hören, schwant den Studenten Übles. Nacht für Nacht verschwindet ein Begleiter nach dem anderen. Hat die Hexe (die im Film nie gezeigt wird) sie weggeholt, um sie zu schlachten? Dass Heather, die allein zurückbleibt, schließlich das Haus der Hexe entdeckt, gerät ihr nicht zum Vorteil... Keiner der drei wird jemals wiedergefunden, nur die Kamera mit dem Filmmaterial wird ein Jahr später entdeckt.

Der Film war die profitabelste Filmproduktion aller Zeiten: 40.000 Dollar kostete die Produktion dieses Horrormärchens über Hänsel und Gretel im TV-Zeitalter. Über 200 Millionen Dollar spielte der Film ein!

Die böse Hexe hat aber auch in unserer Wirklichkeit noch ihren Auftritt. Kaum jemand weiß, dass der "Kannibale von Hessen", der über das Internet einen Mann in den einsam gelegenen, trauten Fachwerkhof seiner Mutter lockte, ihn schlachtete und teilweise aufaß, als Kind auf den Knien der Satanspriesterin Ulla von Bernus, die im Nachbarhof ein Cottage gemietet hatte, saß und fasziniert lauschte, wenn sie sich mit der Mutter über schwarzmagische Rituale unterhielt.

Die Kinder- und Hausmärchen der Brüder Grimm gehören seit 2006 zum Weltdokumentenerbe. Für die UNESCO ist die Märchensammlung neben Luthers Bibelübersetzung das weltweit am meisten verbreitete Buch der deutschen Kulturgeschichte. Die Steinalte im Wald wird es gefreut haben.

w.b.

V

Valentin, Karl: Humorist des Grotesken

Karl Valentin wurde am 4. Juni 1882 in München im Stadtteil Au in der Entenbachstraße 63 als Valentin Ludwig Fey geboren. Als Kind war er als "Schrecken der Au" wegen seiner "verruchten Phantasie" (H. SCHWIMMER) bei den anderen Kindern gefürchtet. Nur zu gern schlug er kleinen Mädchen mit der Peitsche um die Waden. Auf einer Wiese vor dem Haus seiner Eltern streute er an Orten, wo die Kinder im Sommer barfuss spielten, Glasscherben ins Gras. Die verletzten Kinder holte er mit seinen Spielkameraden auf einer Bahre ab und behandelte sie mit Hoffmannstropfen und Mullbinden in seiner "Sanitätsstation". Als er anfing, eine Totenbahre zu basteln, verbot die Mutter, Schlimmes ahnend, ihm die weitere Beschäftigung mit diesem makabren Spiel. Valentin spielte als Kind auch gern Scharfrichter. Er bastelte sich nach einem Bild in einer Zeitung eine "Köpfmaschine" und malträtierte damit anfangs Wachspuppen und später lebende Mäuse.

Das Arbeiten an einer Kreissäge als Lehrling in einer Schreinerei gab ihm die Idee, wie er seiner Mutter wirklich einmal Angst machen konnte:

> "Ich tauchte ein Stück Schwamm in die nussbraune Beize, nahm's in die hohle Hand, lief nach Hause und schrie: ‚Muatta, hol schnell an Dokta, i bin in d'Kreissägn neikomma!' Dabei drückte ich das Schwämmchen zusammen, dass die Brühe nur so hervorquoll. Die arme Mutter muss vor Schreck farbenblind geworden sein. Sie sah sofort rot statt braun, kreischte ‚Um Gottes willen!' und war einer Ohnmacht nahe. Aber da lachte ich schon und rief: Aprilaff!" (SCHWIMMER 1977:106)

Im Kreis von Freunden liebte Valentin es, mit Behagen über blutige Unglücke, grausame Begebenheiten und körperliche Abnormitäten zu sprechen. In der Horrorabteilung des von ihm errichteten Valentin Museums schritt man durch Kerker und Verliese mit verhungernden Gefangenen, modernden Gebeinen und huschenden Riesenratten. Durch Gitter sah man die Spiegelbilder Hingerichteter. Ging man über einen Laufsteg über einen dunklen See, verlor man auf der Mitte den Boden unter den Füßen und stand auf dem aufgeschwemmten Bauch einer Wasserleiche. Als die Polizei ihn zwang, ein echtes Schafott, mit dem in Hamburg vierzig Mörder hingerichtet worden waren, aus seinem Panoptikum zu entfernen, stellte er es in seinem Garten in Planegg auf, damit sein Enkelkind etwas zum Spielen hätte. Nicht verbieten konnte ihm die Polizei, dass er einen ehemaligen Gehilfen des Münchener Scharfrichters als Aufseher in seinem Museum beschäftigte.

Valentin selbst war ein überaus ängstlicher Mensch. → ANGST war der Grundzug seines Wesens. Er erlebte sie als etwas ganz Existentielles: "I hab Angst vor der Angst! Und die kommt wia a schwarze Wolkn auf mi zua!", gestand er seiner Tochter.

Seine Partnerin Liesl Karlstadt dichtete über ihn:

"Ich kenn einen Mann, der ist immer traurig!
Er sieht alles schwarz, und das ist sehr traurig!
Er ist Pessimist, Hypochonder en gros,
bald sticht's ihn am Herz und bald hinten am Woh-Woh."

Innerhalb weniger Tage konnten sich bei ihm Symptome von Katarrh, Husten, Kopfschmerzen, Nervenschwäche, Bronchitis und Durchfall einstellen. Von seinem 35. bis zu seinem 47. Lebensjahr besuchte Valentin 47 Ärzte.

Prägend für Valentin war ein Erlebnis im Alter von 12 Jahren, als er auf dem Eis eines Sees im Englischen Garten, zusammen mit einem Schulkameraden, einbrach. Der Freund starb, Valentin entwickelte ein lebenslang anhaltendes, schweres Asthma. Alle Viertelstunde musste er mit einem Glasinhalator gegen seine Erstickungsangst ankämpfen. Neben schweren Lampenfieberängsten vor einem Auftritt plagte ihn auch die Angst, er könne während eines Auftritts ersticken. Hinter den Kulissen musste deshalb ein Arzt anwesend sein.

Valentin konnte nicht essen, wenn andere Leute mit im Raum waren, und, wenn er Taxi fuhr, verkroch er sich am Boden aus Angst, es könne ihn jemand von den Passanten erkennen. Fuhr er bei Liesl Karlstadt mit im Auto, durfte sie nicht schneller als 30 km fahren. Als er 1926 eine Einladung nach Hollywood bekam, um dort Filme zu drehen, lehnte er ab, weil er sich nicht an Bord eines Schiffes getraute.

Bei Anfällen von Depression las er begeistert in Kants Schrift VON DER MACHT DES GEMÜTS, KRANKHAFTER EMPFINDUNGEN UND ZUSTÄNDE DURCH DEN BLOßEN WILLEN HERR ZU WERDEN und freute sich, wenn er eine Stelle fand, in der er sich mit seinen Leiden wieder erkannte.

Seine Menschenscheu nahm über die Jahre immer groteskere Formen an. An der Tür seiner Wohnung gab es nur an der Innenseite der Wohnungstür ein Namensschild. Sonntags spazierte er im menschenleeren, nach außen abgeschlossenen Inselgarten des Alpiner Museums, für den er sich einen Schlüssel erbeten hatte. Und wenn er sich abends in einer Gaststätte einen Tisch nahm, Zither spielte und dazu sang, musste der Wirt die übrigen Gäste wegschicken und das Lokal absperren. Während der Dreharbeiten zu dem Film KIRSCHEN IN NACHBARS GARTEN verlangte er, dass das Atelier leer war. "Koane Leut und nix, das irritiert mi."

Über sein Aussehen, seine lange, dünne traurige Gestalt, befand er einmal: "Was muss ich denn verbrochen haben, dass mich die Natur gar so grauslich zusammengricht hat?" Der Schriftsteller Lion Feuchtwanger beschrieb ihn anlässlich einer Chorprobe: "Die Gurkennase kläglich weiß, zwei feuerrote Clownflecken auf den Backen, klebte er wie eine Fliege auf einem armseligen Stuhl; die hageren Waden, aus viel zu weiten Stiefeln herausstehend, hatte er kunstvoll um die Stuhlbeine gewickelt."

Am Rosenmontag des Jahres 1948 starb der weltbekannte Komiker und Humorist an einer Lungenentzündung. Mit seiner lebenslang gehegten Bazillenangst hatte er schlussendlich Recht behalten. Sein Grab befindet sich auf dem Friedhof von Planegg.

w.b.

Vambery, Arminius: Als Derwisch in Asien

→ BRAM (= ABRAHAM) STOKER, der Autor des Romans DRACULA, gab dem Vampirjäger → VAN HELSING seinen Vornamen, der auch der Vorname seines Vaters war, sowie Züge eines ungarischen Professors, Arminius Vambery, (1832-1913), der an der Universität von Budapest orientalische Sprachen lehrte. Vambery war in seiner Jugend auf den Spuren Marco Polos in Mittelasien als Derwisch verkleidet unter abenteuerlichen Umständen herumgereist. Seine REISE IN MITTELASIEN wurde bis ins 20. Jahrhundert immer wieder aufgelegt. Die 20 Sprachen, die er kannte, machten ihn zum Experten für die Literatur und Geschichte des Ostens. Britische Politiker suchten gern seinen Rat. Er wurde hoch dekoriert und im September 1888 empfing ihn der Prinz von Wales sogar bei einem Besuch in Pest.

Es war Vambery, der Stoker am 30. April 1890 bei einem Treffen in London erstmals auf den Woiwoden Vlad Tepes, genannt Dracula, aufmerksam machte. Stoker setzte Vambery in seinem Roman dafür ein literarisches Denkmal. Van Helsing nennt ihn seinen Mitstreitern als den Mann, der ihn über den Grafen und seine Familie sachkundig informierte:

> "Die Dracula waren, sagt Arminius, ein großes und edles Geschlecht; von einzelnen seiner Sprösslinge erzählten allerdings die Zeitgenossen, dass sie Bündnisse mit dem Satan hätten. Sie lernten seine Künste in den Bergen beim Hermannstädter See, wo der Teufel jeden Zehnten seiner Schüler als Tribut fordert. In unseren Akten kommen Wort vor wie "Stregioca" – Hexe, "ordog" und "pokol" – Satan und Hölle; in einem der Manuskripte fanden wir den Grafen Dracula sogar als "Vampyr" bezeichnet. Wir wissen ja alle, wie viel Wahres daran ist. Aus den Lenden dieses einen entsprangen große Männer und edle Frauen, deren Gräber die Erde heiligen, auf der solche Scheußlichkeiten existieren können. Denn es ist nicht der kleinste der von ihm ausgehenden Schrecken, dass er seine Wurzeln tief in alles Gute schlägt."

Im LEXIKON DER ABENTEUER – UND REISELITERATUR liest man über den abenteuerlustigen Gelehrten:

> "Vamberys sprachgeschichtliche Untersuchungen sind heute weitgehend überholt, da sich vor allem die sowjetische Forschung etymologisch und archäologisch für das alte Transoxanien anhaltend interessierte. Seine Geschichte der Stadt Buchara und ihres Umlandes gilt aber bis heute als Basiswerk. Schon 20 Jahre vor seinem Tod begann Vambery Bilanz seines abenteuerlichen Lebens zu ziehen, die er in London veröffentlichte (Arminius Vambéry, HIS LIFE AND ADVENTURES und STORY OF MY STRUGGLES). Nicht alles in seinem umfangreichen Werk kann man auf die Goldwaage legen; als abenteuernder Forscher und Reisender mit Idealen ist er gleichwohl eine positive Erscheinung in diesem Gelehrtenjahrhundert, das den Wissenschaften so große Fortschritte brachte."

w.b.

Vampire: Maskottchen der schwarzen Romantik

→ Lord Byron (1789-1824) war ein Vertreter der "schwarzen Romantik", die noch heute fortwirkt. Nach Ende der Napoleon-Kriege schuf er bei Genf mit seinen Freunden Percy Bysshe Shelley und dessen künftiger Gattin Mary W. Godwin eine Unzahl von Anregungen zu Spukgeschichten: Noch heute berühmt ist die Erzählung von Frau Shelley über das von Baron Frankenstein erschaffene Ungetüm.

Byron dichtete über einen recht gebildeten Vampir, woraus dann der ebenfalls anwesende Arzt Dr. John Polidori eine Geschichte zusammenschrieb. Es scheint, dass aus diesen Genfer Nächten die Dichtung des 19. Jahrhunderts sehr befruchtet wurde. Die eigennützigen Kolonialkriege gegen die "farbigen Völker" widerten viele Gebildete an: Lieber versenkte man sich im Geiste in alte Geschichten um Gemäuer zerfallender Bergschlösser und über Grüfte, deren Eingänge von Farnkraut umwachsen sind.

Berühmt wurde die Carmilla (1872), die Erzählung um einen sinnlichen weiblichen Vampir von Joseph Sheridan Le Fanu, und dann vor allem Dracula von → Bram Stoker (1897).

Die "Vampire" kennt unser Erdteil vor allem aus östlichen Sagen der Slawen, wo sie "Upyre" heissen – und Rumänien. Bram Stoker nahm als sein Vorbild den historischen Grafen Dracula, der im 15. Jahrhundert von der Walachei die Stürme

In Francis Ford Coppolas Film "Dracula" von 1993
ist Gary Oldman Graf Dracula. Neben ihm
Winona Ryder als Draculas Darling.

der Türken und Tataren abzuwehren suchte. Gerade in Balkan, Polen und Ukraine war der Glaube verbreitet, dass bedeutenden Menschen, wenn sie der körperliche Tod erreicht, viele von ihren Gefährten nachfolgen, um mit ihnen zusammen die jenseitigen Zustände zu erleben. Auch der deutsche Volksglaube kennt solche Gestalten, die andere nachziehen, als "Nach-Zehrer" oder "Nach-Zerrer".

Mit solchen Überzeugungen verbindet sich die Auffassung, dass man die "Kunst" erlernen kann, aus seiner Umwelt Lebenskraft aufzunehmen, "zu trinken". (Es muss sich dabei nicht unbedingt um Blut handeln!) In diesem Fall soll es möglich werden, sein irdisches Dasein erstaunlich zu verlängern: In neuen Filmen um Graf Dracula und seine Genossen sind darum seine "Opfer" gar nicht unglücklich. Sie freuen sich geradezu diebisch, ihrem Meister und Vorbild in die "Unsterblichkeit" folgen zu dürfen.

s.g.

Verdammte

→ Iblis

Verlebendigung

→ Joseph Beuys

vries, herman de: erde, asche, blut[1]

Schon mit vier Jahren spazierte der 1931 in Alkmaar geborene herman gern in den Parks seiner Heimatstadt Alkmaar und besuchte alte Bäume. Wurde einer seiner Freunde umgehackt, sammelte er Stücke der Holzspäne und verwahrte sie als Erinnerung in Zigarrenkisten.

Als älteres Kind zog er, wenn er keine Lust auf die Vereinnahmung durch die Spiele der anderen Kinder hatte, einen "Zauberkreis" um sich und sagte: "Hier könnt ihr nicht hinein." Heute – als Künstler – zieht er aus lanzenförmig zugespitzten Stahlstäben einen kreisförmigen Zaun mitten um ein Stück kahlen Bodens an einem Autobahnzubringer in Stuttgart. Der Raum innen ist dem Zugriff der Menschen entzogen. Es wird ein Schutzraum geschaffen, in dem die Natur sich ohne menschliches Zutun manifestieren kann. Im Beobachten dieser Fläche über die Zeit hin sieht der Künstler die Chance, unsere Unwissenheit über die Abläufe der Natur und ihre lebenserhaltenden Beziehungen zu uns besser zu erkennen. de vries: "Die Pflanzenwelt, die sich im "sanctuarium" entwickeln wird, wird am Anfang gering sein. 'Unkraut' werden es einige bei oberflächlicher Betrachtung nennen. Diese Un-Kräuter sind aber in einem natürlichen Zusammenhang als Pioniere für eine neue

Anmerkungen

[1] Der Künstler benutzt seit 1956 Kleinschrift, weil er jede Form von Hierarchie ablehnt.

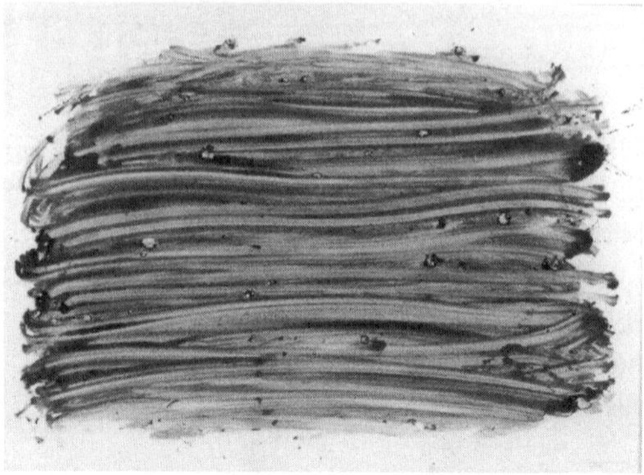

Bild aus Blut

Pflanzenhaut über der kahlen Erde wertvoll. Un-Kräuter sind auch Pflanzen, die den Boden heilen und für weiteren Pflanzenbewuchs, in Sukzession, vorbereiten. Auch für den Menschen sind viele von diesen Pflanzenarten, die sich spontan in seiner Umgebung ansiedeln, Heilpflanzen. Die Natur trägt uns diese natürliche Beziehungen praktisch an – nur, unsere Erkenntniskapazität hat nachgelassen."

Bei der Einrichtung eines "sanctuariums" in Roche-Rousse in Digne in der Haute-Provence erlaubten ihm die Behörden einen darauf befindlichen Wald von 30 Hektar Umfang zum "bois sacré", zum "heiligen wald", zu erklären. Dieser Wald wird nicht mehr bewirtschaftet, "alles darf so wachsen, wie es will" und dort darf auch nicht mehr gejagt werden. An den fünf Zugängen weist jeweils eine Lanze mit vergoldeter Spitze und der Inschrift "silence" (Ruhe, Schweigen) die Spaziergänger auf die Besonderheit des Ortes hin. Auch die seither vermehrte Anwesenheit von Wölfen in diesem Gebiet dürfte dazu beitragen, dass der Heilige Wald dauerhaft respektiert wird.

In seinen Werken präsentiert herman de vries Dinge, die er in der Natur findet, unbearbeitet. Für ihn ist Natur, "so wie sie ist", Kunst. "sie ist sich selbst – und für uns eine offenbarung, die meist nicht wahrgenommen wird." Als ihn einmal ein Fernsehjournalist bei der Arbeit in seinem Atelier filmen wollte, ging er mit ihm von seinem Haus zum Waldrand und erklärte dem verblüfften Mann, der nördliche Steigerwald (von 200 Quadratkilometer Größe) sei sein Atelier. Von langen Spaziergängen in den dunklen Buchenwäldern bringt er pflanzliches Material mit nach Hause und befestigt die Fundstücke auf Papier. Ein 50 x 70 cm großes Bild "vom waldboden" entstand auf diese Weise.

Für das Bild "ein nachmittag unter dem kirschbaum" setzte er sich mit seiner Frau Susanne im Herbst unter einen Kirschbaum, legte ein großes Blatt Papier darunter und wartete auf das Fallen der Blätter. So wie sie zufällig herabfielen, wurden sie auf dem Papier festgeklebt. 1992 präsentierte er in seiner "eschenauer summer press" Sporenbilder des Fliegenpilzes (gefertigt von Chris Drury) auf schwarzem Karton. Jedes Bild ist ein Unikat, keines gleicht dem anderen.

Mit seinen zwischen 1960 und 1975 entstandenen "random objectivations" (zufallsobjektivierungen) wollte er "nichts anderes darstellen, als die wirklichkeit". Zu sehen sind Zufallsverteilungen von Texten, Holzstücken, Punkten, Linien oder Streifen auf Karton. Es ist eine demokratische Kunst: "es gibt keine elemente in meinen bildern, die wichtiger sind, als andere elemente. alle sind gleich wichtig."

Seit 1983 sammelte er in seinem "erdmuseum" über 7000 Erdproben aus aller Welt. Er präsentiert sie in rechteckigen Bildprojekten in verschieden großen Rasterfeldern oder als Erdteppich in einer rasterförmigen Bodeninstallation. Besucher von Ausstellungen sind frappiert von der Schönheit und Vielfalt, die sich dem Auge zeigt. Der Literaturgeschichtler Cees de Boer schrieb über diese Erdarbeiten: "Wenn man alle Titel der Erdausreibungen von de vries aneinander reiht, so intonieren sie das Mantra, das sein "erdmuseum" leise vor sich hin singt. Wenn man bedenkt, dass dieses "erdmuseum" ein Fragment der ganzen Erde ist, dann wird dieses Mantra wieder aufgenommen von dem nie endenden Mantra, das die Erde selbst singt, während sie sich auf ihrer Reise durch das Universum wie eine Gebetsmühle dreht."

Bild "ich war eine eiche"

Zum "erdmuseum" gehören Aschen, die de vries den Resten eines Sonnwendfeuers oder Brandstätten im Wald entnahm. Asche stellt einerseits einen Endzustand dar, deutet aber andererseits auf einen Wandel ("change") hin. Zu seinen Arbeitsmaterialien gehört auch Blut, das ihm nach einem Aderlass durch seinen Hausarzt zur Verfügung stand. Auf Papier gestrichen entwickelten sich faszinierende Strukturen. In einer Ausstellung 2002 in Bamberg "erde, asche, blut" stellte er Objekte aus diesen drei Materialien zusammen aus.

Die unerwartete, zauberschlagähnliche Befreiung von einem lebensbegleitenden chronischen Asthma durch die Einnahme einer psychoaktiven Substanz ließ ihn sich für die heute in Europa als Rauschgifte verteufelten Visionspflanzen der Weisen Frauen und Schamanen engagieren. In der Ausstellung "natural relations" 1989 in Hagen präsentierte er unter dem Motto "zum gedächtnis dem, was vergessen ist" 21 solcher geistbewegenden Pflanzen in einem Gewächshaus ("das verschlossene paradies"). Mit dieser Hagener Ausstellung, einer Sammlung von insgesamt 2000 Pflanzen und Pflanzenteilen aus Indien, Afrika und dem Steigerwald, denen eine heilende, Geister bannende oder rufende Wirkung zugeschrieben wird, machte er einen Sprung aus unserer Kultur, in der die Beziehung zur pflanzlichen Welt stark oder gänzlich verschwunden ist, in eine Kultur, in der die Kenntnisse über die Kräfte der Pflanzenwelt sich zumindest teilweise noch erhalten haben. Augenfällig demonstrierte er den Reichtum in der Beziehung traditioneller Kulturen der Natur gegenüber.

Eine ausführliche Würdigung seines Werks findet sich in der prachtvoll bebilderten Monografie von Mel Gooding Chance and Change (erschienen 2006 bei Zweitausendeins, Frankfurt/Main).

w.b.

W

Wagner, Richard: Das Ganze ist ein Feuerwerk

(1813-183)

"Wagners Musik hat etwas Glühendes und Ausschließliches, Totalitäres."
(HANS WERNER HENZE 1976:223)

Wagner war Revolutionär, Anarcho und Freak. Er sagte über sich selbst: "Ich bin eine Anomalie" (25.11.1879).

In Leipzig (→ GOTHIC DARK WAVE, Wave-Gotik-Treffen) entstand der Text, in Würzburg und Leipzig die Musik (1833-34) zu seinem Frühwerk DIE FEEN, große romantische Oper in drei Akten nach "La donna serpente" (Die Schlangenherrin) von Carlo Gozzi (die Uraufführung fand erst nach seinem Tod in Würzburg 1888 statt).

In seiner Tätigkeit als Kapellmeister und Operndirigent hat er mehrere Werke anderer Komponisten bearbeitet. Berühmt ist seine "deutsche" Bearbeitung (1847) von IPHIGENIE IN AULIS von → GLUCK. Für → MARSCHNERS Der Vampyr hat er ein neues Schlussallegro zur Arie Nr. 15 (Aubry) geschrieben (1833). Wagner hat auch eine Bassarie in F-Dur "Norma il predisse" mit Männerchor als Einlage (Orivist) zu Bellinis → OPER NORMA komponiert (1839). Er hat sogar den DON GIOVANNI von Mozart bearbeitet (1850).

Richard Wagner war kein normaler Komponist, der für die Massen im Auftrage von Staat und Kirche gearbeitet hat, diesem ach so heiligen Ehepaar, diesem quasi homoerotischen Paar (denn Staat und Kirche sind Männersache, Männerdomäne). Beide stellt Wagner in Frage, wenn nur diejenige, durch eigene Erfahrung des Frauseins zu allwissenden Göttin gewordene, den Schlamassel, der durch Gier, Hass und Ignoranz unser Leben zerstört, auflöst, – wenn sich das Weibliche uneigennützig der Welt opfert, damit das Licht der Liebe eine Chance bekommt neu zu erstrahlen. Die Götterdämmerung ist nicht das Ende der Welt, sondern ein Neuanfang: der Moment im Zyklus des Seins, der jenseits von Gott und Böse den Weg der Liebe, des Herzens öffnet. Verpasst man diesen Augenblick, verfängt man sich wieder in der Welt der Erscheinungen, deren Triebfeder die drei Grundübel und Ursache aller Zivilisationskrankheiten ist. Es ist wie im Bardo Thödol, im TIBETISCHEN TOTENBUCH. Wenn man stirbt, kann man durch die Tore zur Erleuchtung treten, sich befreien von der einem selbst aufgezwungenen Welt. Traut man sich nicht, den Spalt zur Liebe zu öffnen, verheddert man sich wieder in den Verstrickungen, verfällt wieder dem Willen zur Macht, gebiert wieder faschistisch-totalitäre Ideologien, die man der Welt als Religion, als Glauben an etwas Höheres als das eigene Selbst, zu verkaufen sucht. Staat und Kirche sind Hirnwäsche-Institutionen, die dem Menschen die Möglichkeit der eigenverantwortlichen Meisterung des Lebens verbieten und zwingen, an die Macht dieses Schwulenpaares zu glauben. Nur die Anarchie des Denkens ist befreiend, der Glaube wirft einen in den Kerker virusartiger Kulturgefängnisse. Zum Universum sagte er: "das Ganze ist ein Feuerwerk" (14.10.1879); und er lachte über die Deutschtümelei (30.9.1879)... "Wirklich, die Deutschen sind Crétins." (23.7.1879).

> "Im Drama nicht die Darstellung des Wunderbaren vergessen, das Hexen- und Zauberwesen, das Romanhafte und Abenteuerliche.
>
> Die Umgebung, die Atmosphäre, in die eine Erzählung eingetaucht sein muss (siehe Usher [von Edgar Allen Poe] und daraus Rückschlüsse ziehen auf die eigentümlich tiefen Empfindungen des Haschischs und Opiums)." (BAUDELAIRE 1966:14f.)
>
> "Die Welt geht ihrem Untergang entgegen. Der einzige Grund für ihren weiteren Bestand ist ihr tatsächliches Vorhandensein." (BAUDELAIRE 1966:28)

An Wagner scheiden sich die Geister. Sich der Macht seines Werkes zu entziehen ist kaum möglich. Wagner wird heiß geliebt oder leidenschaftlich gehasst! – Die, die ihn hassen, tun dies deswegen, weil sie von ihm bzw. seinem Werk in Frage gestellt werden! Richard Wagner war kein Vorreiter-Ideologe der Nazis, sondern ein skaldischer Visionär, der mit seinem Werk, sowohl in Dichtung als auch Musik, seherisch das Weltdrama entblättert. Wenn Hitler Wagner auch nur ansatzweise verstanden hätte, hätte er das Werk als "entartete Kunst" verbieten müssen. Denn Hitler war der vor Geilheit (ver-)schmachtende Alberich, der "höckrige Geck", das "schwarze schwelige Schwefelgezwerg", der unterweltliche Zwerg, der Nibelungen Fürst, der die Liebe verflucht hat, um maßlose Macht zu erlangen. Dass zum Schluss des Ringes, zum Abschluss, zur Götterdämmerung, die wieder hervorquellende Liebe der alles wissenden Göttin, Brünhilde – Tochter von Himmel und Erde, von Wotan und Erda – siegt, ist nur ein Leckerbissen der Ring-Dichtung.

Der musikalische Einfluss von Richard Wagner war ungeheuerlich. Er benutzte Tonfarben, die bis dato unbekannt waren, erfand für seinen Ring des Nibelungen die "Wagner-Tuben", führte in Tristan und Isolde die Dissonanz und Chromatik ein (die sich später zur → ZWÖLFTONMUSIK weiterentwickeln sollte) und erfand die unendliche Melodie. Bis heute reicht sein Einfluss, den man besonders im Heavy Metal (→ THERION) spüren kann. Ebenso lieferte er zahlreiche Anregungen für Filmkomponisten.

> "Ich kapiere Strauss und Wagner. Diese Kerle sind gut. Ich denke, sie werden den Hintergrund für meine Musik liefern. Im Himmel darüber fließt der Blues – Ich habe noch ziemlich viel Blues in mir – und da werden die westliche Himmelsmusik und die süße Opiummusik miteinander vermischt und eine Einheit bilden." Jimi Hendrix (zitiert im Booklet der CD *In From The Storm* (BMG Entertainment, 1995)

Werke (Auswahl):

Opern (Musikdramen):

- DIE FEEN (Komposition 1834, Uraufführung 1888)
- DAS LIEBESVERBOT (1836)
- RIENZI (1838/40)

- DER FLIEGENDE HOLLÄNDER (1841)
- TANNHÄUSER (Dresdner Fassung 1845; Pariser Fassung 1861)
- LOHENGRIN (1850)
- DER RING DES NIBELUNGEN (in einem Vorspiel und drei Abenden):
  - DAS RHEINGOLD (1869)
  - WALKÜRE (1870)
  - SIEGFRIED (1876)
  - GÖTTERDÄMMERUNG (1876)
- TRISTAN UND ISOLDE (1865)
- DIE MEISTERSINGER VON NÜRNBERG (1868)
- PARSIFAL (1882)

Andere Werke:

- *Eine Faust-Ouvertüre* (1. Fassung 1839/40; 2. Fassung 1855)
- *Wesendonck-Lieder* (1862)
- *Siegfried-Idyll* (1870)
- *Kaisermarsch* (1871)

- Grave Digger, *Rheingold* (Nuclear Blast 2003)

Dieses Konzeptalbum der deutschen Dark Metal - Band Grave Digger, "Grab-Gräber"/ "Totengräber" (die u.a. durch einen Zyklus zu König Arthur bekannt wurde), ist eine Adaption von Richard Wagners Ring, ganz davon inspiriert, wie der Cover-Text verrät.

In zehn Stücken wird die Wagner'sche Dichtung nacherzählt. Die Heavy Metal Band wird von einem (virtuellen) Orchester, Chor und Gastsängern (Das Letzte Einhorn/In Extremo; Mittelaltermusik) unterstützt. Das ergibt einen unheimlichen Bombast-Sound. Die Band zeigt, dass Wagners Musik durchaus Heavy-Metal-kompatibel ist.

Das erste Stück (instrumental) heißt "The Ring (Overture)" und zitiert das Weltentstehungsmotiv aus dem Vorspiel von Wagners Rheingold. Danach krachen breite Gitarren und deftige Gesänge los. In den rifforientierten metallischen Rocksongs werden gelegentlich Wagner'sche Motive aus dem Ring zitiert: natürlich der Walkürenritt, die unterirdische Nibelungenschmiede mit dem Ambossrhythmus (Industrial), Siegfrieds Rheinfahrt, und das Unheilsmotiv...

Die Musik wurde von den Bandmitgliedern selbst geschrieben und arrangiert: Chris Boltendahl (voc), Manni Schmidt (g), Jens Becker (b), Hans Peter Katzenburg (keys); die englischsprachigen Texte stammen vom Sänger Boltendahl.

Grave Digger ist eine der ältesten deutschen Heavy Metal - Bands, die in den achtziger Jahren gegründet wurde, und bis heute recht erfolgreich ist und eine ganze Reihe von Alben produziert hat (zuletzt – wohl leicht blasphemisch – The Last Supper, 2004/5).

chr.r.

Wahnsinn: Rendezvous mit dem Schatten

Wahn bezeichnet einen Krankheitszustand, in dessen Verlauf der Mensch zu Vorstellungen und Überzeugungen gelangt, die in der Regel unbegründet sind und keinen Wirklichkeitsbezug haben. Selbst bei überzeugenden Gegenbeweisen legen die Betroffenen ihre Vorstellungen nicht ab, so z.B. beim Schuldigkeitswahn, Größenwahn, Verfolgungswahn, dem Wahn der Eifersucht oder Schlankheitswahn. Ambrose Bierce geht zynisch noch weiter und schreibt vom "Vater einer höchst ehrbaren Familie, zu der Begeisterung, Zuneigung, Selbstverleugnung, Glaube, Hoffnung, Barmherzigkeit und viele andere wohlgeratene Söhne und Töchter gehören" (1980:123). Artet belästigender Liebeswahn zum reinen Psychoterror aus, sprechen wir neuerdings vom Stalker. Werden bei solch verzerrten Realitäten nur seelische Ausnahmesituationen verarbeitet, betreten wir den Bereich der Depression. Verknüpfen sich einzelne irrige Vorstellungen zu einem fixen System, entsteht wahnsinnige Paranoia. C.G. Jung definierte Wahn als "Zusammentreffen mit dem → SCHATTEN".

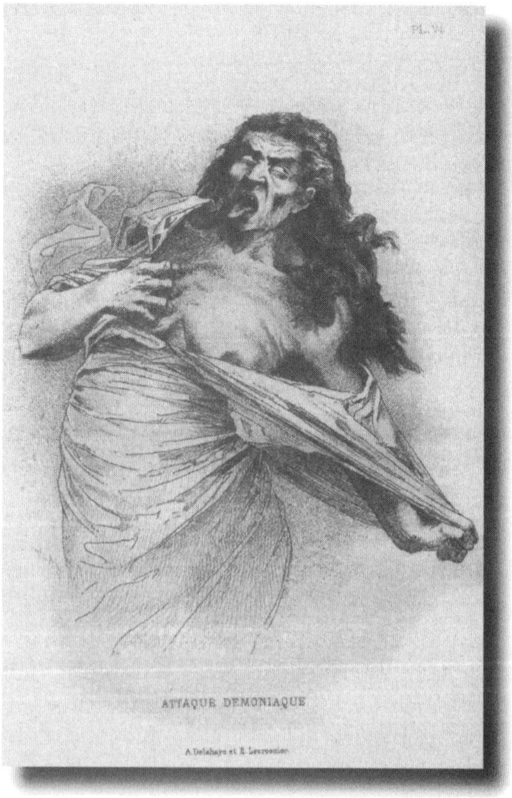

Attacke eines Dämons aus dem
Bereich Hystero-Epilepsie, Kupferstich von 1885

Bis ins 17. Jahrhundert hinein machte die Medizin ein Übermaß an schwarzer Galle für den Wahn verantwortlich, der mit Melancholie gleichgesetzt wurde. Erst seit dem 18. Jahrhundert suchte man die Ursache im Gehirn und fand eine Diskrepanz zwischen Wahrnehmung und ihrer Interpretation. Kurzsichtige oder "dunkle" Betrachtung ordnete bald Wahn, der jetzt mit Hysterie (*hystera* = Gebärmutter) gleichgesetzt wurde, allein den Frauen zu. Tatsächlich führt beim weiblichen Geschlecht oft während des Übergangs vom Kindsein zum Erwachsenenleben "die Konfrontation mit dem sexuellen Körper zu Spannungen, die mittels hysterischer Reaktionen gelöst werden."

> "Hysterie – das Schwanken zwischen Extremen, zwischen Selbstüberschätzung und Minderwertigkeitsgefühlen oder zwischen Verschmelzungswünschen mit dem Du und narzisstischer Abgrenzung – ist also ein notwendiges Übergangsstadium, bis die erforderlichen Integrationsprozesse auf dem Weg zum erwachsenen Individuum erreicht sind. Fehlen in dieser Phase Entwicklungsspielräume, fixiert sich die Hysterie" (LAUTENSCHLÄGER 1999).

Altertum und Antike verstanden unter Wahnsinn noch die Manifestation einer göttlichen Macht, die den menschlichen Geist ergreift oder überschattet. Sokrates erklärte, die größten Güter der Welt entständen durch Manía (Raserei, Wahnsinn), als ein Geschenk Gottes. Wahre Kunst und Dichtung beruhten auf dem trunkenen Erlebnis göttlicher Nähe, nicht auf handwerklichem Geschick – ein frühes Bild für das Verschwimmen von Genie und Wahnsinn. Sibyllen und Propheten weissagten oft, wenn sie "außerhalb ihrer Sinne" waren. Zeitgenössische Beobachter dionysischer Raserei, die sich anfänglich Frauen vorbehielten, unterstellten den Teilnehmern Wahnsinn.

Manche Menschen flüchten aus der Realität mit ihren oft belastenden Zwängen in den Wahnsinn, andere erproben ihn als Form des Widerstands, so in dem wunderbaren Film EINER FLOG ÜBER DAS KUCKUCKNEST. Und manche erfolgreichen Zeitgenossen verdienen sich eine goldene Nase damit, ihren Wahnsinn in Politik, Kunst und Kultur als kreativen Fortschritt oder als geistreiche Unterhaltung zu verkaufen.

c.z.

Wald: Dunkle Urmacht

Unendlich undurchdringlicher Wald, in dem zyklopische Barrieren, wuchernde Pflanzen und dichte Laubkronen quirliges Leben verbergen und alle davon ausgehenden Gefahren, muss in menschlicher Frühzeit als beklemmende Bedrohung gewirkt haben. Lange vermochte der Mensch nicht, den Kampf mit der Natur aufzunehmen. So darf sie dort, wo es die Bedingungen zulassen, ungebremst steten Wandel und Wachstumsdrang ausleben. Ruhelos streift der überpotente bocksfüßige Pan mit riesigem Phallus durch seine Welt, in permanenter Erregung und Bereitschaft zu lustvoller oder gar gewalttätiger Zeugung. Unser Begriff Panik führt sich auf ihn zurück.

In der Psychologie symbolisieren Wald, → MOOR und Sumpf zunächst das Ungeformte und Unheimliche in den weglosen Tiefen des Unbewussten, die ewige, unerschöpfliche Macht der Natur, die dunklen Urmächte. Hier hausen die unverbrauchten chaotisch wilden Wachstumskräfte, die ebenso zerstörerisch wie aufbauend auftreten können, so verderbend wie hilfreich. Hier harren in der sogenannten Vitalseele Instinkte und Triebe, die uns als starke Erregungen des Gemüts oder unbeherrschte Emotionen oft in Schwierigkeiten bringen. Im Traum jagen sie uns als wilde Tiere → ANGST und Schrecken ein. Verharren wir im Wald, kann der Traum uns vor einem Überhandnehmen solch chaotischer Mächte warnen. Andererseits wuchsen viele mythische Heroen als Findling im Wald auf. Auch der griechische Urarzt und Kentaur Chiron lebte hier, von dem sich unsere Chirurgie ableitet. Er vertritt unser natureigenes Heilungspotential, mit dem das Unterbewusstsein in der Nacht den Körper regeneriert. Laufen wir im Märchen wie in der Psyche solch elementaren Waldriesen oder -dämonen über den Weg, fürchten wir eine elementare Bedrohung, steht ein erlösendes Moment zum Greifen nahe – oder beides.

So weist Wald als Archetyp in unserem Bewusstsein eher zwielichtigen Charakter auf. Im Märchen vertritt er einen Schauplatz dramatischer Handlungen, zumeist verbunden mit Verirrungen. In seinem so gefährlichen wie geheimnisvollen Bereich haust neben guten und bösen Mächten sogar der → TOD. Phosphoreszierende Baumleichen hinterlassen einen starken Eindruck von dessen schillernder Wesenhaftigkeit,

Im Urwald

die den Prozess der Umwandlung begleitet. Bereits in der Antike wird der Wald aber auch bevorzugter Ort erster Eremiten und Asketen. Für diese wandelt er sich zum Einzugsbereich kontemplativer Innerlichkeit, zur Stätte von Abgeschiedenheit, Geborgenheit und der Rettung vor einer Welt voller Gewalt, Äußerlichkeiten und Disharmonien. Für andere bleibt dichter, dunkler Wald bis heute eine Sphäre irrationalen Verlorenseins oder ein passender Ort für wilde Mülldeponien.

c.z.

Walpole, Horace: Verfolgung der Unschuld

Als viertes Kind von Sir Robert Walpole wurde Horace im September 1717 in London geboren. Nach Studien am Eton und King's College in Cambridge und einer Rundreise durch Europa saß er als Parteipolitiker von 1741-1768 im britischen Parlament.

Eine 1749 erworbenen Villa in Twickham nahe bei London (Strawberry Hill) ließ er für 20.00 Pfund über Jahrzehnte in ein verwinkeltes, gotisches Schloss umbauen, das beim Betrachter eine Fülle von Gefühlen, von Schauder und Düsternis bis zu einer eigenwilligen Heimeligkeit, auslöste. Verwinkelte Gänge mit Balustraden führten zu Salons mit Spitzbogenfenstern, die mit Heiligen aus bemaltem Glas geschmückt waren und von denen aus ein Hain mit einem malerischen Wäldchen zu sehen war. Die Nischen der Räume waren voll gestopft mit Siegestrophäen, alten Rüstungen, Schilden aus Rhinozeroshaut, Pfeilen, Bogen und Speeren, angeblich alles Beutestücke aus der Zeit der Kreuzzüge. Es sei ihm, erklärte Walpole bei seinem gothic castle einzig darum gegangen, eigene Träume mit diesem verspielten Phantasiegebilde zu verwirklichen. Besucher bat Walpole, deshalb leise aufzutreten: "Ihr tretet auf meine Träume!"

In einer Sommernacht des Jahres 1764 träumte Walpole, er befinde sich in einem alten Kastell. Auf dem obersten Geländer eines mächtigen Treppenhauses sah er eine riesenhafte Hand, die im Stück einer Rüstung steckte. Aus diesem Traumerleben wurde Europas erste gothic novel, die Schauer- und Gespenstergeschichte DIE BURG VON OTRANTO. Walpole nutzte alle einschlägigen Requisiten: Eine dunkle Prophezeiung, ein schamloser, schurkischer Verfolger einer noch unschuldig Schönen, schaurige unterirdische Gewölbe, ein als Eremit gewandetes gespenstisches Gerippe und rasselnde Ritterrüstungen. Der heilige Nikolaus, der zum Schluss in den Wolken erscheint, sorgt schließlich für einen himmlischen Abgang. Walpole ließ das Buch zuerst als angeblichen Neudruck des spätmittelalterlichen Autors Anuphrio Muralti erscheinen und bekannte sich erst ab der zweiten Auflage als Verfasser.

In einem Brief von 1766 an einen Freund nennt er die Gründe für seine auf die Vergangenheit bezogene, nostalgische Weltsicht:

> "Träume, Du weißt es, waren seit jeher mein liebster Weidegrund, und weit entfernt, endlich alt zu werden, dass mich Ihre Leere langweilt, glaube ich allmählich fast, dass es keine Weisheit gibt, vergleichbar dem Grundsatz, das, was man gemeinhin die Realitäten des Lebens nennt, auszutauschen gegen

Träume. Alte Kastelle, alte Bilder, alte Geschichten und das Schwätzen der Leute lassen einen nach rückwärts leben, in die Jahrhunderte hinein, die einen nicht enttäuschen können. Da hält man die Vergangenheit fest und gewiss in Händen. Die Toten haben ihre Macht zu betrügen verloren – man kann heute Katharina von Medici vertrauen."

1766 schrieb Walpole, unter dem Eindruck der Geschehnisse in einer Adelsfamilie, die Tragödie um einen doppelten Inzest DIE GEHEIMNISVOLLE MUTTER nieder. 1785 veröffentlichte er unter dem Titel HIEROGLYPHISCHE GESCHICHTEN im Selbstverlag in sechs Exemplaren Unsinnsmärchen und Lügengeschichten. 1794 erschien ein Buch ÜBER DIE ENGLISCHE GARTENKUNST, das auch deutsche Landschaftsarchitekten in ihren Ideen beeinflusste.

Walpole hinterließ einen Berg von Briefen, die – in einer 48-bändigen Ausgabe – eine Fundgrube für Historiker wurden. Walpole starb am 2. März 1797 in London.

w.b.

Walpurgisnacht: Wilde Jagd auf dem Brocken

Jakob Grimm glaubte, Blocksberg sei aus *Brocksberg* entstanden, der 1581 als *Broccenberges*, 1588 als *Bloccenberges* in den Urkunden erscheint (1968:878f). Brocken und Blocksberg seien also Synonyme. Unter den fast ein Dutzend Bergen mit diesen Namen kursiert ihr bekanntester Vertreter, die höchste Erhebung im Harz, in den älteren Sagen als Wetterprophet und – aufgrund einiger → HÖHLEN – als Jenseitsrefugium der Verstorbenen. Von hier begann die Wilde Jagd, auf der vegetativen Bedeutungsebene ein Bild für tosenden Sturm und Schaden anrichtendes Unwetter. Auf all diesen "Brocken" hausen allerlei Unholde und Gebannte. Noch heute verwünschen wir mitunter Nervende oder Ungeliebtes auf den Blocksberg, seltener auf den Brocken.

Ein Beichtbuch aus dem 15. Jahrhundert erwähnt bereits einen "Brockesberg" als Hexenversammlungsort (GRIMM ebd.). Seit dem 17. Jahrhundert wird dieser mythische Berg ebenfalls mit dem Harzer Brocken gleichgesetzt, und zahllose Sagen und Legenden wissen Genaueres. Hohe Felsen ragen auf seinem Gipfel hervor. Dazwischen sprudele ein nie versiegender Quell, dicht neben einem muldenförmig ausgehöhlten Granitblock, dem sog. Teufelsnapf. Mitten auf einer Feldwiese des Gipfelplateaus aber steht ein Thron. Dort hat ein monsterhafter Bock Platz genommen, dem alle ergeben das Hinterteil küssen müssen. Hierher treibt es die Hexen zu gewissen Tagen, vornehmlich in der Walpurgisnacht. Hier tanzen sie und ergehen sich in unzüchtigen oder unaussprechlichen Exzessen. Die Hexe (→ URALTE IM WALD), die als letzte kommt, bestraft das Leben. → SATAN, der den Thron eingenommen hat, benützt sie als Hackblock und brät auf ihr seine Würstchen, weiß der gelehrte Praetorius. Das rauschende Fest dauert bis Schlag Mitternacht oder bis zum ersten Hahnenschrei. In einem Augenblick hat sich dann der ganze Spuk in Nichts aufgelöst, als sei man nur einem wollüstigen Trugbild zum Opfer gefallen.

Ganz ähnliche Bedeutung und Zuordnungen gewannen die *Heuberge*. Otto Höfler bringt Heuberg in Beziehung zur → UNTERWELT (1952:52f.), da in Heinrich Wittenwillers RING, ein Heldengedicht aus der nordöstlichen Schweiz um 1400, tote Recken in oder beim Heuberg leben – wie im Untersberg, Hörselberg, Odenberg o.a.

Jakob Grimm erwähnt auch die wichtige Verbindung mit Salz. Hexen reiten in der Nacht auf Besen und Ofengabeln zu den Salzgewinnungsstätten. So vermutet er bei den Bergen, die sie als Versammlungsort wählen, alte Salzlager. Alchimie und esoterische Psychologie beschreiben mit Salz die Arbeit unseres Unbewussten. Artemis und Diana, bereits in der Antike oft als Hexengöttinnen verunglimpft, vertreten als Aspekt des → MONDES und weiblicher Schöpferkraft auch unsere dahinfliegenden Bilder in der → NACHT. Gerade dann eilen diese rastlosen Jägerinnen des Unterbewusstseins von Gedanke zu Gedanke, um die unaufhörliche Flut von Suggestionen und Informationen zu bearbeiten, die diesem tagsüber unaufhörlich vom Wach- oder Oberbewusstsein zufließen. Gerade wenn wir vor dem Zubettgehen nicht mit einer Rekapitulation des Tagesgeschehens abschließen und alle Emotionen besänftigen, bricht im Schlaf auf der Traumebene die Walpurgisnacht an.

c.z

Die "klassische Walpurgisnacht", Johann Heinrich Ramberg (1763-1840)

Wasser des Lebens oder: Die verschiedenen Formen "baden zu gehen"

"Alles kommt aus dem Wasser", lehrte Thales von Milet im 6. Jahrhundert v. Chr. Es scheint, dass in unserer Frühzeit der Ursprung sowohl des Männlichen wie des Weiblichen ins Feuchte verlegt wurde. Die Erde gibt den Urstoff ab, den das Wasser befruchtend durchdringt, um Lebenskeime zu entwickeln. Im Mythos charakterisieren Wasser und Meer die noch nicht geformten, gestaltsuchenden Kräfte, die universale unterbewusste Ebene aller Lebensaktivität. Sie kann passiv bleiben wie die unbewegte Oberfläche eines stillen Teichs oder aufschäumen wie eine tobende See, Ausdruck des elementaren dunklen Urchaos und wilder Ungeheuer von angsteinflößendster Gestalt (→ TIÂMAT). Diese geheimnisvoll unheimliche Lebenskraft und Macht wird in unergründlicher Tiefe lokalisiert, in unserer Psyche, und ist "Träger der Projektionen unserer seelischen Inhalte", so C.G. Jung. "Seele, wie gleichst du dem Wasser!" ruft Goethe aus.

Als "Wasser des Lebens" braucht es der Mensch, um sich von Zeit zur Zeit per → INITIATION oder sonstwie bewusst zu befruchten und zu erneuern. Selbst Athene und andere Göttinnen des → MONDES nehmen regelmäßig ein Erneuerungsbad (Jungbrunnen). Spannern, die unbedingt dabei sein wollen, wenn sich die Schöne entblößt, und damit die unverhüllte Wahrheit erschauen, kostet dies gewöhnlich das Augenlicht. Die Unvorbereiteten fallen in noch tiefere Blindheit für die Wahrheit der Dinge (→ TEUFEL). Gut Vorbereitete "baden in dem Licht der Erkenntnis" und werden rein von falscher Deutung.

Alle Gegensätze zerfließen im Wasser. Daher empfinden wir ein Hinabtauchen als sehnsüchtige Verlockung nach (Wieder-)Ganzheit und Vervollständigung. Dies erzählen die Märchen u.a. von den Männern, welche im Schein des Mondes Seerosen auf den Mummelteichen (Mummel, Muhme = weiblicher Ahn und Urgrund) pflücken wollen und von eifersüchtigen Wassergeistern in die Tiefe gerissen werden. Das bewusste Wahrnehmen des universellen Geiststoffes dort führt zu ganzheitlichem Heil und Heilung von allen Leiden. Wer es nicht findet, droht "baden zu gehen". Als Petrus den "Herrn" nachahmen und über die Kräfte dieses Wassers oder auf ihnen schreiten wollte, ging er sofort unter, weil er den eigenen Kräften des Unbewussten nicht mehr vertraute.

c.z.

Wein: Opfer für die Geister

In verschiedenen Alpensagen wird in die "Vertiefungen in großen Steinblöcken", als Gabe für die Bergleutlein, guter Wein eingegossen. Dieser vermischt sich mit dem niederströmenden Regenwasser, was einen Trank von "besonderer Kraft" bilden soll. "Rebengetränk aus der besten Erde und der Fluss vom Himmel ergibt auch für den Menschen einen kostbaren Genuss, wenn auch keine rasche Berauschung."

Bei den Ostslawen ist der Wein ein Lieblingsgetränk der Waldkobolde (Leschie), die die Tierwelt beschützen, so dass die Jäger diese nur mäßig für ihren Nutzen töten dürfen, wenn sie den Geistern der Bäume "opfern" (AFANASSJEW 2002:II,231). Dies wiederum, wie mir Großmutter Anna bezeugte, indem sie in Wurzelhöhlungen und Vertiefungen in Holzstrünken etwas Wein gossen.

Davon nahmen auch die Jäger vor ihren Abenteuern ein Schlückchen. Dies habe bewirkt, dass sie mit dem Wald und dessen vielfältigen Bewohnern in guter Bruderschaft lebten und auch im vorgerückten Alter "jung blieben".

s.g.

Welles, Orson: Charisma des Magiers

Der am 6. Mai 1915 in Kenosha, Wisconsin geborene Orson Welles geriet 1938 plötzlich in die Schlagzeilen. Sein am 30. Oktober produziertes Hörspiel DER KRIEG DER WELTEN, nach einem Buch von H.G. Wells, in dem Marsianer die Erde angreifen, hatte er dermaßen suggestiv inszeniert, dass es bei den Zuhörern zu einer Massenhysterie kam. Über dieses gekonnte Zauberkunststück öffneten sich für Welles die Türen Hollywoods.

Plötzlich da zu sein, z.B. in dem Film Wuthering Heights (1939) im Moor aus dem Nebel aufzutauchen, war eine der Lieblingsposen des Regisseurs und Schauspielers Orson Welles. Und das nicht nur im Film, sondern auch bei spektakulären Auftritten in der Öffentlichkeit:

> "Gleich einem königlichen Hermelinmantel wallte ein schwarzer Umhang von seinen Schultern, als Orson Welles das menschenwimmelnde Foyer eines Hotels in los Angeles durchquerte. Der Spazierstock mit Silberknauf, wie ein Zepter geschwungen, hielt seinen massigen, an die zweihundertsiebzig Pfund schweren Körper nur unzulänglich in der Balance. Hotelgäste stoben zur Seite, begannen aufgeregt zu flüstern, indes ein Schwarm junger Paladine mit ernsten Gesichtern ihm stillschweigend den Weg bahnte. Zigarettenrauch umhüllte sein Gesicht, während die verhangenen, asiatisch geschlitzten Augen nicht erkennen ließen, ob er sich des Aufsehens, das er erregte, bewusst war. Jenes Gesicht, einstens als das eines "reichlich lasterhaften Kindes" apostrophiert, war mittlerweile zerfurcht, das Haupt hatte etwas Löwenartiges angenommen. Die weißen Strähnen, verschwenderisch in Kopf- und Barthaar eingewoben, liehen dem Stupsnasenantlitz ein gewisses Air von Seriosität. Diejenigen Gäste, die in der Eingangshalle rumsaßen, renkten die Hälse, während Welles unbeirrt seinen Weg zum Fahrstuhl fortsetzte und so jählings verschwand, wie er gekommen war." (MCBRIDE 1982:11)

Ein prägendes Erlebnis war es für ihn gewesen, als er – nach einer Vorstellung des berühmten Illusionsmagiers Harry Houdini – mit diesem fachsimpeln durfte. In den frühen Vierziger Jahren hatte es ihn schließlich nicht gehalten: Mit seiner Mercury-Wonder-Show, einer Revue im Zirkus-Zelt zog er zaubernd durch Amerika und führte magische Handfertigkeiten und spektakuläre Illusionen vor.

In dem Film Follow The Boys (1944) hat er seine Bewunderer mit einer weiteren Variante des plötzlichen "Vom-Himmel-Fallens" überrascht. Zu einer orientalisch klingenden Musik erscheint ein weißes Kaninchen, geht in Rauch auf – und Orson

Orson Welles

Welles erscheint! "Das dürfte zum erstenmal sein, dass ein Kaninchen einen Zauberkünstler aus dem Hut holt", sagt Welles; befiehlt mit einer Geste eine in der Luft frei schwebende Zigarre zwischen seine Lippen und macht sich dann genüsslich daran, Marlene Dietrich als Jungfrau zersägen zu lassen.

Auch dazusein, ohne eigentlich dazusein, gehört zu seinen Spezialitäten. In dem Film TRENT'S LAST CASE (1953) sieht der Zuschauer, wie sich eine Tür schließt; von der Hauptfigur aber, dem düsteren Millionär Sigsbee Monderson, sieht man nichts anderes als nur den Rauch einer Zigarre.

1936 hatte er schon den Zauberer → FAUST auf der Bühne gespielt und 1938 dem zaubermächtigen Dracula seine Stimme geliehen. Seinen ersten Filmauftritt (1934 in THE HEARTS OF AGE) hatte Welles als der Zauberer gehabt, dessen Erscheinen garantiert immer Überraschung und Schock im Gefolge hat – als der Tod. Mal mehr in Richtung "Tod", mal mehr in Richtung "Teufel": Orson Welles liebte es, den vielen Masken des Magiers Gestalt zu verleihen.

Mit überraschenden Verwandlungseffekten aller Art arbeitete Welles auch gern bei seiner Arbeit als Regisseur. Für seinen Biographen James Naremore ist Welles ein Magier:

> "Seine Filme zu betrachten, ist manchmal so, als nehme man an einer Vorstellung bei Blackstone oder Sorcar teil. In CITIZEN KANE z.B. gibt es eine berühmte Szene, wo die Kamera in die Nahaufnahme eines Gruppenfotos von der Chronicle-Belegschaft geht, während Kane darüber spricht, was das für gute Menschen sind: Plötzlich geht Kane direkt in das Foto hinein, und nachdem die Kamera sich von den versammelten Journalisten zurückzieht, finden wir uns bei einer Inquire-Party sechs Jahre später wieder". (1978: 39)

In dem Film MAGNIFICIENT AMBERSONS (1941) zeigt Welles – in einer langen Einstellung – zu Beginn ein Haus an einer Straße im Winter. Langsam verdunkelt sich der Himmel, ein Mond erscheint, und das Haus ist mit Lichtergirlanden geschmückt: Simsalabim – und schon hat sich ein Wintertag magisch in eine Sommernacht verwandelt.

Seinen starren hypnotischen Blick bannend auf sein jeweiliges Gegenüber gerichtet, verlieh Welles 1947 in dem Film BLACK MAGIC dem Zauberer Cagliostro Gestalt und verkörpert als Mr. Arkadin auch "Herrn Satan persönlich" (so der deutsche Titel des 1954 gedrehten Films über einen Waffenhändler).

Seine Präsentatorin in der V.I.P.-Schaukel des ZDF, Margret Dünser, erlebte bei ihrem Zusammentreffen in Paris mit Welles noch diese "mir besonders im Gedächtnis gebliebene Art der Auge-zu-Auge-Faszination". Bei dem Versuch, sich mit Welles für ein Interview zu verabreden, zeigte dieser sich als Verwandlungskünstler von schon proteushafter Qualität. Nacheinander, in drei Pariser Feinschmeckerrestaurants, vereinbarte sie mit Welles Sekretär ein Treffen mit dem Schauspieler für abends acht Uhr. Jedesmal sagte der Sekretär oder ein anderer Mann bedauernd ab und vereinbarte einen neuen Termin. Schließlich verabredete sie sich mit ihm im Restaurant "Olivier":

> "Es klingt wie erfunden, aber der Fernsprecher klingelte auch am nächsten Abend, und am anderen Ende der Leitung bedauerte eine nuschelige Männerstimme im Namen von Monsieur Welles. Diesmal hatte er einen Grund, wie ich hinterher erfuhr. In besagtem Restaurant waren, wie man mir diskret verriet, noch alte Welles-Rechnungen zu begleichen. Meine gesammelte Wut ergoss sich über den Mann am Telefon. Ich hatte gerade unverblümt Mister Welles dorthin gewünscht, wo der Pfeffer wächst, alle Versuche des Hans-Moser-Imitators, mich zu unterbrechen, nicht achtend, als plötzlich die nuschelige Stimme verstummte und "His Masters Voice" ertönte. Die berühmte Bassstimme bat mich charmant beschwichtigend um die Ehre, mit ihm am darauffolgenden Tag um 12 Uhr 30 im "Méditerrannée", einem bis dahin zweitrangigen Fischlokal an der Place d'Odeon, das ich ihm, dem Feinschmecker, nie zugemutet hätte, zu speisen. Orson Welles überbot sich in Artigkeiten, und als ich nach vier Dutzend Austern, Seeigeln und Krebsen meinerseits bedauerte, dass ich zu seinem Sekretär, seinem Butler oder was immer am Telefon nicht sehr freundlich gewesen sei, verschluckte er sich fast vor Lachen. Aus einer Augenblicksregung heraus verriet er mir sein Geheimnis: Alle diese Personen am Telefon war er selbst gewesen. Er hatte die Stimmen nachgemacht." (1979:258)

Welles Vorliebe für die Zauberkunst geht bis in seine Kindheit zurück: sein Privatlehrer, der Arzt Dr. Bernstein, hatte ihm einen Zauberkasten geschenkt und ihn gelehrt, "Puppen lebendig werden und Dinge verschwinden zu lassen". Sich plötzlich zu verwandeln, war ihm schon damals ein besonderer Genuss. Als Dr. Bernstein einmal in das Zimmer des Zehnjährigen trat, fand er seinen Schützling nicht mehr vor. Stattdessen traf er auf einen "zerzausten, winzigen Alten mit unstetem Blick": Orson probte gerade König Lear.

> "Ich war regelrecht versessen aufs Zaubern" erzählte Orson Welles: "Mein Vater wollte, dass ich durch die Beherrschung der Tricks Sicherheit des Auftretens, Konzentration und Körperbeherrschung bis in die Fingerspitzen lerne. Ich bin bis heute der höchstbezahlte Zauberer der Weltgeschichte. Möglicherweise der schlechteste, aber Sie werden nie von einem Zauberer hören, er sei nicht gut. Aber Zauberer sind nicht bescheiden, jeder ist immer der größte. Zaubern hat etwas von Unschuld, die mich anspricht. Es ist ein Rückgriff auf die Kinderzeit. Man kann sich wieder wundern, auf einer gewissen Ebene. Zauberei ist reines Spiel. Bei großer Zauberei, da kommt ein Moment, wo der Unglaube aufhört. Und dann wird es sehr gutes Theater." (DÜNSER 1979:258)

Einen weiteren Auftritt als Magier hatte Orson Welles 1972 in dem Film GET TO KNOW YOUR RABBIT, wo er einen Lehrer der Magie spielte.

1977, in dem Film F FOR FAKE über das Leben des Meisters der Kunstfälscher, Elmyr de Hory, zog er noch einmal alle Register seines Könnens. Der Kunsthistoriker Stefan Römer:

"Bei *F for Fake* handelt es sich um einen Filmessay, der sich als eine gefälschte Reportage über Kunstfälschung darstellt. Seine Mehrdeutigkeit wird vor allem dadurch verstärkt, dass die mediale Montage auch eine Montage auf der Subjektebene intendiert. Dies wird durch die Serie der sich ineinander verschiebenden Erzählperspektiven erreicht. Zudem suggeriert dies aber auch, dass sich der Haupterzähler Welles mit der Figur des Fälschers identifiziert."

Am frühen Nachmittag des 10. Oktober 1985 - Welles tippte gerade auf der Schreibmaschine Anweisungen zu einem TV-Projekt (THE MAGIC SHOW) – ereilte ihn der Tod. Seinen filmischen Nachlass hinterließ er seiner Lebensgefährtin Oja Kodar. Viele Filme konnte Welles aus Geldmangel nicht vollenden. Von Projekten wie der geplanten Verfilmung von → JOSEPH CONRADS Roman DAS HERZ DER FINSTERNIS existieren nur Probeaufnahmen.

w.b.

Weltschmerz: Leiden an der Wirklichkeit

Du geleitest mich durchs Leben / Sinnende Melancholie
Mag mein Stern sich strahlend heben / Mag er sinken – weichest nie!

"Melancholiker", "Hypochonder" oder gemütskranker "Weltschmerzler", so titulieren Germanisten den Dichter → NIKOLAUS LENAU (1802-1850), dessen Leben nach geistigem Zusammenbruch tragisch in einer Irrenanstalt nahe Wien endete. Den Begriff Weltschmerz soll Jean Paul geprägt haben, für ein diffuses Gefühl und Leiden an der als unzulänglich empfundenen Wirklichkeit. Er kann sich als unstillbare Sehnsucht nach dem scheinbar Unerreichbaren äußern. Es können ebenso die eigenen Schwächen stacheln, die als → SCHATTEN, von sich separiert, nach außen projiziert werden. So entstehen Pessimismus, Resignation, Realitätsflucht und selbstgeschaffene Vereinsamung, sogar eine unterschwellige Verliebtheit ins Scheitern, das solches natürlich unweigerlich anzieht. Wie verlockend muss es für manche sein, im Schmerz zu baden! Wir können darin auch den → TEUFEL einer dürftigen Wahrnehmung erkennen, die sich mit der Oberfläche der Erscheinungen zufriedengibt, statt ihnen auf den Grund zu gehen und Phänomene in ihrem Gesamtausdruck zu untersuchen. Ganzheit vermag die Mannigfaltigkeit von Ausdrucksformen in der Welt als integrale Bestandteile zu werten. Solche Ein- und Übersicht liefert eine sichere Grundlage zu besserem Verstehen, warum die Dinge so sind wie sie sind. Es löst zugleich Verständnis und Gefühle aus, die stärker von Vernunft bestimmt sind.

Nach antiker Lehre liege dem Phänomen der Melancholie ein Übermaß an schwarzer Galle (→ WAHNSINN) zugrunde. Soranos von Ephesos führte unter den daraus resultierenden Symptomen Beklemmung, Niedergeschlagenheit und "wortlose Traurigkeit" an. Letzteres scheint nicht für alle Patienten zuzutreffen. Und in der Romantik wussten einige Vertreter, solche bislang eher unterdrückten oder verdrängten lästigen Gefühle zu kultivieren. Schwermut, vom Zweifel zur Verzweiflung fortschreitende Zerrissenheit, kann nämlich einen Künstler auch zu besonderen Leistungen anregen und zu außergewöhnlicher Kreativität. In der Renaissance glaubten der Philosoph Marsilius Ficinus und seine platonische Akademie in Florenz sogar an eine unzertrennliche Beziehung zwischen melancholischem Temperament und dichterischer wie künstlerischer Profession, vor allem von "wahrer Philosophie". Ficinus führte trübsinnige Disposition überdies auf Einflüsse des → SATURN zurück.

Manche "Weltschmerzler" liebäugeln letztendlich mit Suizid, andere verarbeiten solche morbiden Anflüge mit ihrer Feder. In seinem Gedicht "Drei Indianer" lässt → NIKOLAUS LENAU "Vater, Sohn und Bruder", nachdem sie so "armumschlungen" wie eindrucksvoll alle völkermordenden Weißen verflucht haben, sich singend vom Katarakt des Niagara hinunterstürzen – "umtaumelt von "sturmesmunteren Möwen".

Weltschmerz muss von gewöhnlichem Schmerz unterschieden werden. Ambrose Bierce definierte letzteren in AUS DEM WÖRTERBUCH DES TEUFELS (1980:98):

> "Ein unbehaglicher Geisteszustand, der entweder eine physische Ursache hat, wenn dem Körper etwas zustößt, oder rein psychischer Natur ist (hervorgerufen durch das Glück der anderen)."

C.Z.

Weltschmerz scheint ansteckend zu sein.
Melancholischer Engel über einem Grab auf der Insel Frauenchiemsee

Weltuntergang: Wie ein Phönix aus der Asche

Wie viele echte oder Möchtegern-Propheten haben ihn vorausgesagt! In allen Krisen- und Umbruchszeiten projizieren Menschen ihre Ängste und Ahnungen von einer individuellen Apokalypse nach außen. Dabei nehmen die Gefahren und Ausmaße für solche kollektiven Krisen durchaus zu. Viele Zeitgenossen legen offensichtlich sogar ihren ganzen Ehrgeiz hinein, ein "Ende in Schrecken" herbeizuführen.

Kulturen und Generationen kommen und gehen, blühen und verwelken. Religionen und Philosophien wühlen machtvoll die Emotionen der Menschheit auf, bis sich die Wogen wieder glätten und neue Ideen uns entzünden. Wenn das gestaltende Prinzip als Idee in den Lehren erlischt oder der Entwicklung unseres Bewusstseins nicht mehr zu folgen vermag, löst sich alle Erscheinung im scheinbaren Chaos des Werdens und Vergehens auf. Vergänglich sind Sternenwelten, Sonnen und Sonnensysteme. Nichts bleibt von ihnen als der Große Schlaf (Pralaya) oder das Große Schweigen in der Phase der Dunkelheit scheinbaren Todes. In dieser ruhenden Unendlichkeit (→ Ewigkeit) vollzieht sich aber regelmäßig der schöpferische Akt neuen Werdens als Wiedererwachen, als Auferstehung und unwiderstehliche Triebkraft zur Neugeburt. In diesem Sinne trifft katholische Liturgie den zyklischen Charakter des schöpferischen Allgeistes: "Deinen Tod oh Herr verkünden wir, deine Auferstehung preisen wir, bis du [wieder]kommst in Herrlichkeit!"

Die Lehre vom Atmen des Weltschöpfers, vom Rad des Seins in fast allen Kulturen ähnlich –, beruht auf der frühesten Erfahrung der Zuverlässigkeit des Tages- und Jahreslaufes, der sich nur in seinen Ausdrucksformen änderte. Solches Wissen, untermauert durch die Kenntnis astronomischer Gesetze, fand der Mensch ebenso in inneren Entsprechungen, bei der eigenen Wanderung durch die Zyklen. Kosmische Rhythmen spielen bis in die kleinsten Zeitabläufe hinein. So hat jedes Ding seine Zeit und seinen Schicksalsfaden (→ Schicksal), vielleicht auch die Erde. Mythen überliefern viele Formen echter und symbolischer Kataklysmen: Sintflut, Sintbrand, Götterdämmerung, etc. Meist aber sprechen sie vom inneren Weltende vor der Wiedergeburt oder meinen das astrologische Ende der Weltzeitalter, die mit beunruhigenden Turbulenzen einander nach etwa 2160 Jahren abwechseln. Ökologen weissagen, wir könnten es diesmal aber schaffen, den irdischen Weltuntergang noch vor Beginn des Wassermannzeitalters herbeizuführen, das kalendarisch erst Mitte des nächsten Jahrhunderts offiziell seine Tore öffnet.

c.z.

Wolf: Begegnung mit der Forderung zum Wandel

Überall in der Welt, wo der Wolf auftauchte, entsetzte er die Menschen ob seiner Blutrunst, die ihn während der Jagd überfallen konnte. Dann riss er mehr, als für seine Sättigung nötig. Glaubhafte Berichte versichern, dass der "Grimmige" manchmal von einer Herde Schafe nicht eines lebend zurückließ. So charakterisierte er das Böse, das Grausame, die wachstumsfeindlichen Kräfte und das unkontrolliert

Ausufernde der Natur. Selbst die griechischen Sonnengötter Zeus und Apoll wiesen eine dunkle Seite auf, "lykaios", das Wölfische.

Mit dem Wolf kam meist der Tod. → HEKATE nahm Wolfsgestalt an, der Fährmann Charon (→ UNTERWELT) hatte Wolfsohren. Kampfberauschte Krieger zogen mit einem umgehängten Wolfsfell in die Schlacht. Wölfe als "Jagdhunde Gottes" bereinigten die Schlachtfelder und lungerten noch im Jenseits um die Toten. Doch die Nachtseite der Natur verschenkt ebenso aufbauende, regenerierende und lebenserhaltende Kräfte, wie wir während des Schlafes erfahren. Zahlreiche Legenden berichten, wie mütterlich sich Wölfe im → WALD ausgesetzter Kinder annehmen. Eine Wölfin säugte die mutterlosen Zwillinge und Gründer Roms, Romulus und Remus, Söhne des Mars, Herr der wilden Antriebskräfte im Menschen. Die Etrusker bildeten ihn selbst oft mit einem Wolfskopf ab. Ein grauer Wolf wird als Ahn von Dschingis Khan gehandelt. Allerdings hatte damit die Wolfsnatur wieder nur Väter von äußert kriegerischen Völkern genährt, die der Welt blutige Zeiten bringen sollten. Eine Wölfin war es aber auch, die Zarathustra gesäugt haben soll.

Christliche Lehren charakterisierten mit dem Wolf die Wildheit Satans (→ TEUFEL / SATAN), das raubgierig Gottlose, bereit, sich jederzeit auf den Gläubigen zu stürzen, ihn wie ein Lamm wegzutragen und zu verschlingen. Im Neuen Testament heißt es, Christus sendet die Apostel aus wie Schafe unter die Wölfe. Wölfe mussten als Sinnbild für "falsche Propheten", Häretiker, gnadenlose Richter und hartherzige oder halsstarrige Menschen herhalten. Vom echten Wolf glaubte man, er könne seinen Hals nicht drehen. "Wölfische Gesinnung" äußere sich ferner in Treulosigkeit, Falschheit und schrankenlos blinder Gier (Wolfshunger), die im Märchen oft an eigener Bedenkenlosigkeit zugrunde geht. Unstetheit, charakterlose Anpassung, Hinterlist ("Wolf und die sieben Geißlein") und Gewissenlosigkeit gehören zu seinen Zuschreibungen, Merkmale von Seelenverführern. Er personifiziert die dämonisierte intellektuelle Energie, das männliche Gegenstück zur Hexe (→ URALTE IM WALD). Zugleich übernimmt er die Rolle des Prüfers, Versuchers und Zerstörers.

Psychologen finden in der Wolfssymbolik die finstere Seite des Unbewussten, das Zentrum der Urängste. Dem drohte und droht das entwicklungsgeschichtlich jüngere Ober- oder Wachbewusstsein ständig zu verfallen, solange es noch in Kinderschuhen steckt. Wölfe verkörpern jene Bedrohtheit der als chaotisch empfundenen Innenwelt, deren Kennzeichen alles Lebendige trägt. Die Edda ließ Angrboda (→ ANGST), die Gattin des Feuergottes Loki, "am Grunde aller Dinge" wohnen. Loki und Angrboda, Feuer und Angst, waren die Eltern der Urängste, der Todesgöttin Hel und des → FENRIS.

Im Bild des "Graukittels" zeigt sich ebenso der → SCHATTEN des Menschen, wenn er seinen elementaren und wilden Trieben und Instinkten unterworfen bleibt. Treten sie an die Oberfläche unseres Bewusstseins, verdunkeln sie alles Licht und können uns unangenehme Scherereien einhandeln. "Graue Wölfe" nennt sich ein serbischer Geheimbund, der sich tatkräftig am drohenden Genozid der Albaner beteiligte. Einen Werwolf nannten Germanen einen zum friedlosen Geächteten und Waldgänger Verurteilten, der damit außerhalb menschlicher Gesellschaft stand oder sich selbst stellte und das Licht scheute. Heutzutage weisen genauere Beobachtungen dem Wolf Tapferkeit, ausdauernden Jagdinstinkt und unbedingten Freiheitswillen zu, gepaart mit sozialem Vorbildcharakter.

Eine esoterische Psychologie sieht im Symbol Wolf das Ergebnis der natureigenen Entwicklung, d.h., der natürlichen Bedingungen und Ressourcen, die durch Anpassung verändert werden können (CASE 1992:163). Jede Begegnung mit dem Wolf ziele auf Wandlung, und Wandlung schaffe neues Potential und neue Chancen. So folgen graue Wölfe in Legenden auch weißen Jungfrauen, die unbedingt erlöst werden wollen. Die lebensbedrohenden Kräfte aber sorgen für den Ausgleich im Fluss allen Werdens.

c.z.

Wollust

→ LUXURIA

Wozzeck: Sinnlos leben in einer leeren Welt

= Woyzeck

Die historische Figur Johann Christian Woyzeck (1780-1824) wurde in Leipzig (Gothic-Treffen) am 27. August 1824 öffentlich hingerichtet, weil er drei Jahre zuvor seine Lebensgefährtin getötet hatte. Diese Hinrichtung löste eine kontroverse Diskussion um Woyzecks Zurechnungsfähigkeit aus. Man hielt ihn für einen "unschuldigen Mörder", der durch seine grausame Umwelt zu der schrecklichen Tat verführt wurde. Der junge Arzt und Dichter Georg Büchner (1813-1827) befasste sich mit den Prozessunterlagen und schrieb ein Drama fürs Theater. Noch während der Arbeit verstarb er infolge einer Typhusinfektion. Rund vier Jahrzehnte später wurde Büchners Fragment von dem Schriftsteller und Literaturwissenschaftler Karl Emil Franzos (1848-1904) in eine aufführbare Version gebracht. Franzos deutete das handschriftliche gotische "y" als "z" und veröffentlichte das Drama unter dem Titel *Wozzeck* statt *Woyzeck*. Berg erfuhr erst Jahre nach Fertigstellung seiner → OPER von dem Schreibfehler, wollte ihn nachträglich korrigieren, gab diesen Plan jedoch auf. Wozzeck klingt schärfer und gnadenloser... "Ohne geistigen und materiellen Besitz ist Woyzeck das Sinnbild der ausgelieferten, wehrlosen Kreatur in einer leeren Welt." (Armgard Seegers, HAMBURGER ABENDBLATT 5./6. März 2005)

Verschiedene Komponisten haben Bühnenmusik zur Aufführung von Büchners Drama WOYZECK geschrieben: 1953: Heinrich Sutermeister (1910-1995); 1961: Hans Dieter Hosalla (*1919); 1969: Ernst Kölz (*1929); 1988: Alexander Kubelka (*1963); 1996: Christoph Cech (*1960); 1998: Jürgen Löchter (*1939). Büchners WOYZECK wurde von Werner Herzog (→ NOSFERATU) mit → KLAUS KINSKI in der Titelrolle verfilmt. Die → FILMMUSIK stammt von Popol Vuh.

WOZZECK, nach dem Fragment WOYZECK von Georg Büchner (1813-1827), wurde gleich zweimal als Oper vertont: von Alban Berg (1885-1935) und auch von Manfred Gurlitt (1890-1972), zur gleichen Zeit unabhängig voneinander. Beide Komponisten wählten ungefähr dieselben Szenen aus Büchners Text aus; beide änderten den büchner'schen Namen Woyzeck in Wozzeck um (gemäß der Insel-Ausgabe von 1914). Bergs Oper gehört bis heute zum internationalen Standardrepertoire, Gurlitts Werk geriet vollkommen in Vergessenheit. Berg beschäftigte sich mit seinem WOZZECK von 1914-1921, Gurlitt arbeitete an seiner Version von 1920-1925. Keiner der Komponisten wusste von der Arbeit des anderen. Bergs WOZZECK wurde im Dezember 1925 in Berlin uraufgeführt, Gurlitts WOZZECK nur vier Monate später in Bremen. Sogar die ins Atonale tendierenden Musiken haben gewissen Ähnlichkeiten! Sie bieten beide eine Reihe sehr dunkler Klänge. Bergs WOZZECK hatte großen Einfluss auf die → FILMMUSIK.

Werke (Auswahl):

• Alban Berg (1885-1935), WOZZECK (1925)

Oper in 3 Akten und 15 Szenen op. 7; Libretto vom Komponisten nach dem Fragment *Woyzeck* von Georg Büchner (EA 1879). UA: Berlin Dezember 1925.

> "Berg war ein Avantgardist von romantischer Natur und der begabteste der Musikdramatiker im Umkreis → SCHÖNBERGS. Seine Neigung zur Zahlenmystik begleitete ihn ein Leben lang." (BATTA 1999:35)

Bergs Lieblingszahl war die Sieben, deshalb bekam sein *Wozzeck* die Opus-Nummer op. 7. Das ganze Werk ist von Bergs Hang zur Zahlenmystik strukturiert und symbolhaft befrachtet.

• Manfred Gurlitt (1890-1972), WOZZECK (1926)

Musikalische Tragödie in 18 Szenen und einem Epilog op. 16.

Text nach dem Fragment WOYZECK von Georg Büchner (1813-1827). UA: Bremen 22. April 1926.

Gurlitt war Schüler von Engelbert Humperdinck, Musikalischer Assistent der

Bayreuther Festspiele (→ WAGNER), Gründer der Gesellschaft für Neue Musik (1920) und Generalmusikdirektor des Bremer Stadttheaters.

Gurlitts Musik galt als "entartete Kunst" und wurde von den Nazis verboten. Der linkssozialistische Komponist wurde als "Kulturbolschewist" diffamiert und verfolgt und ging nach Japan ins Exil. Sein WOZZECK wurde erst Mitte der 80er Jahre des 20. Jh. wiederentdeckt, rekonstruiert und aufgeführt.

• Kurt Pfister (1895-1951), WOZZECK (1950)

Oper in drei Akten nach G. Büchner. UA: Regensburg.

• Tom Waits (*1949), WOYZECK (2000)

Ein Musical mit der Musik von Tom Waits (→ FREISCHÜTZ), Buch von Robert Wilson (*1941); Songtexte von K. Brennan nach Büchner. UA: Kopenhagen.

chr.r.

Z

Zauber, Schwarzer: Verdrehte Träume

Es gibt noch (oder wieder?) viele der Mitmenschen, die ihre Vorstellungen von verdrehten Bräuchen dazu verwenden, anderen Leuten "Pech und Krankheit" anzuwünschen. Meistens haben die "schwarzen Zauberer" dabei aber selber ein "schwarzes" Gewissen. Aus diesem Grunde ziehen sie dann um sich einen sie angeblich schützenden → ZAUBERKREIS. Neben diesen stellen sie etwa ein schwarzes Huhn oder eine Ziege: Diese sollen den "Rückschlag" von ihren boshaften Gedanken auf sich nehmen, wenn diese vom Ziel ihres Angriffs "abprallen" und auf den Verursacher der Zaubereien "zurückfliegen".

Am meisten hörte ich die Auffassung, dass schlimme Gedanken tatsächlich auf denjenigen "zurückfließen", der sich nicht schämt, sie einem anderen zu "senden". Dies finde höchstens nur dann nicht statt, wenn das "Opfer" schlimmer sei als dessen "hexender" Feind: "Dies ist aber eigentlich kaum menschenmöglich."

Ein ziemlich verbreiteter Gegenzauber formuliert als hübsche Anrede zu Abend und Morgen: "Ich wünsche allen genau das, was sie mir wünschen, dreifach dreimal." Dieser Spruch hat in vielen Fällen erfreulich gewirkt: "Es ist einfach für uns nützlicher, andere zu segnen als sie zu verdammen."

s.g.

Zauberhut: Symbol für den Blick in die Anderswelt

Die heutigen Halloween-Hexen tragen breitkrempige, hohe Spitzhüte, eben Hexenhüte. Die Zauberer der Märchen tragen hohe spitze Hüte, eben Zauberhüte. Warum? Sollte der spitze Hut ein Zeichen sein? Ein Zeichen für den Zugang zur Anderswelt? Woher stammen die magischen Zauberhüte?

Einen Hinweis oder eine mögliche Antwort bietet der römische Naturkundler C. Plinius Secundus d.Ä. (23-79 n. Chr.) in seiner NATURALIS HISTORIAE (= Naturgeschichte) im Abschnitt über → PILZE. Neben den essbaren und giftigen Pilzen nennt Plinius Pilze (*boleti*), die er als ungenießbar, aber nicht als schädlich klassifiziert. Darunter finden sich "die weißen, wie mit der spitzen Priestermütze [*apex*] des Flamen[1] auf ihren kennzeichnenden Strünken" (XXII, 96). Diese Priestermütze ist eine kegelförmige, aus dem Fell eines Opferlammes gefertigte Kopfbedeckung, die mit einem wolleumwundenen Olivenzweig geziert war. Sie war das Kennzeichen des Flamen Dialis, das ist der höchste Jupiterpriester (seit etwa 300 v. Chr.)! Möglicherweise kannte Plinius sogar die Spitzkegeligen Kahlköpfe (→ ZAUBERPILZE), die dann wohl mit einem Zeus- bzw. Jupiter-Kult in Zusammenhang standen (RÄTSCH 1995).

Spitze hohe Hüte mit Krempe sind in Europa aber viel älter als der Apex des Flamen Dialis. Im Bereich der "Westlichen Urnenfelder" (von Zentral- und Westfrankreich bis Südwestdeutschland) sind vier sogenannte "Goldenen Hüte" gefunden worden. Sie stammen aus der Bronzezeit (2200 bis 800 v. Chr.). Es sind hohe, kegelig spitz zulaufende Kopfbedeckungen (bis zu 90 cm!), die aus Gold getrieben und reichlich mit Ornamenten verziert wurden. Die Ornamente sind umlaufende Rippen mit konzentrischen Kreisbuckelmotiven. Sie werden neuerdings als "komplexes kalendarisches Zahlenwerk und abstraktes Abbild der kosmischen Ordnung" gedeutet (SPERBER 2005).[2] Dadurch sind sie viel weniger Insignien der Macht, sondern Ritualobjekte; wahrscheinlich Schamanen- oder Priesterhüte. Vielleicht stellen sie die Spitzkegeligen Kahlköpfe, die Reisepilze der Schamanen und Visionäre dar, die den kosmischen Einblick ermöglichen. Sie sehen jedenfalls wie Pilzhüte, Zauberhüte oder Hexenhüte aus. Vielleicht sind die "Goldenen Hüte" Zeichen eines bronzezeitlichen Pilzkultes (→ ZAUBERPILZE).

In Italien sind heutzutage die häufigsten psychedelischen Pilze die Spitzkegeligen Kahlköpfe (*Psilocybe semilanceata*). Man nimmt an, dass sie dort seit 10000-12000 Jahren heimisch sind. In Norditalien (Monte Bego, Valcamonica) gibt es verschiedene spätneolithische Felsbilder, die Darstellungen von Pilzen in schamanischen Zusammenhängen zeigen (SAMORINI 2001).

chr.r.

Anmerkungen:

[1] Der Flamen war ein römischer Sonderpriester, dessen Amt (Numa) in der Frühzeit Roms geschaffen wurde. Es gab drei Große Flamines (ausschließlich Patrizier!), entsprechen der alten Götterdreiheit: den Flamen des Iupiter (Flamen Dialis), den Flamen des Mars (Flamen Martialis) und den Flamen des Quirinus (Flamen Quiringalis) ein alter kriegerischer Gott, nach dem der römische Hügel Quirinal benannt wurde). Daneben gab es noch 12 kleine Flamines, deren Zuordnung zu Gottheiten bereits in der Antike vergessen war.

[2] Es hat seit dem ersten Fund (1835, bei Schifferstadt) sehr lange gedauert, bis diese Objekte als Hüte gedeutet wurden. Früher hielt man sie für Köcher, Gefäße, Pfahl- oder Kultstelenbekrönungen, oder sogar für Phallusdarstellungen...

Zauberkreis: Zeichen beim Aufstieg des Abendsterns

Wenn man glaubt, dass schlechte Gedanken uns umschwirren, empfiehlt man etwa, einen Zauberkreis auf dem Waldboden zu ziehen. Dazu steckt man einen Pfahl in den Boden und beschreibt mit einem Hanfstrick einen möglichst gleichmäßigen Kreis "in der Richtung des Uhrzeigers". Als sehr gut gilt es, dies auf der "lebendigen Erde" zu tun, worunter man meistens einen mit grünem Moos bedeckten Boden versteht. Ob die Kreislinie sichtbar ist oder nur in unseren Gedanken besteht, bleibt gleichgültig. Kreise, besonders beim Aufsteigen des Abendsterns gezeichnet, "verwandeln" etwaige böse Einflüsse: Sie werden also in ihr Gegenteil "gedreht", was man schon beim Aufstieg des Morgensterns, "spätestens aber am dritten Morgen" deutlich erkennen soll.

s.g.

Zaubermädchen: Blüten in Klingsors Garten

Andere Namen: Blumenmädchen, Gassenmädel, Mädel, "wild holdes Blumengedränge"

Die Zaubermädchen, oder "Blumenmädchen", sind eine Erfindung von → Richard Wagner. Sie treten in seiner → Oper → Parsifal (1882) auf, in Blumengewändern, selbst wie Blumen erscheinend... Wagner schrieb dazu: "Zaubermädchen, Blüten in → Klingsors verhextem Garten (tropisch), mit dem Frühling sprießen sie auf und leben bis zum Herbst, um als junge Mädchen ganz naiv und anmutig die Gralshelden zu umgarnen." Wagner hat seine Zaubermädchen salopp "Gassenmädchen" genannt (laut Cosimas Tagebucheintrag; C. WAGNER 1977:II,70).

Die umstrittene und zunächst stark zensierte Gedichtsammlung Die Blumen des Bösen von Charles Baudelaire gelten als primäre Inspirationsquelle für Wagners Zaubermädchen im Parsifal. Besonders folgende Strophen:

"Mit Farben in hallendem Flor
Besäst du die Kleider und Lichte.
Sie streuen dem Dichter Gesichte
Von Blumen, die tanzen im Chor."
Charles Baudelaire, Die Blumen des Bösen
(CXXIX Der Allzufröhlichen)

"Sieh diese Zeit, wo bebend am Gezweig sich dehnen
Die Blumen; sie verdampfen wie ein Weihrauchbecken.
Die Abendlüfte Ton und Duft zum Tanze wecken.
Die Geige zittert wie ein wundes Herz in Tränen."
Charles Baudelaire, Die Blumen des Bösen
(XLVII Abendeinklang)

Die Zaubermädchen dienen → KLINGSOR im Kampf gegen die Gralsritter, gegen das "Rittergezücht". Sie sollen die reinen Ritter versuchen, verführen, verderben. Als Parsifal den Garten betritt, wollen sie auch ihn, den "reinen Tor", verlocken. Die Blumenmädchen singen:

"Komm! Komm, holder Knabe!
Lass mich dir erblühen!
Dir zu Wonn' und Labe
gilt unser minniges Mühen!"
Parsifal entgegnet erstaunt:
"Wie duftet ihr hold!
Seid ihr denn Blumen?"
Die Blumenmädchen antworten ihm:
"Des Gartens Zier –
– Und duftende Geister.
Im Lenz pflückt uns der Meister!
Wir wachsen hier –
In Sommer und Sonne –
Für dich erblühend in Wonne.
Nun sei uns Freund und hold!
Nicht karge den Blumen Sold!
Kannst du uns nicht lieben und minnen,
Wir welken und sterben dahinnen."

Trotz allem lässt sich Parsifal nicht von ihnen betören und verscheucht sie. Dabei trifft er auf → KUNDRY.

Die Zaubermädchen sind also Pflanzenseelen. Auch sie haben ihre eigene Musik:

> "Wagners Zaubermädchen haben im Dreivierteltakt nach einer langsamen Walzermelodie zu singen und zu tanzen. Im Jahr der Komposition [1878] befand sich der Walzer im Zenit seiner Popularität und galt als die Inkarnation des Rausches und des Vergessens." (BATTA 1999:827)

→ SALOME, Tanz der sieben Schleier.

Cosima Wagner sagte einmal über die Teerose, die "so berauschend wie ein süßes Gift wirke"; ihr Duft ist "etwas wie die Melodie deiner Blumenmädchen..." (24.7.1878)

chr.r.

Zauberpilze: Sakrament der Hippie-Kultur

Andere Namen: Funghi allucinogeni, Halluzipilze, Hongos mágicos, Hongos maravillosas, Magic Mushrooms, Narrenschwämme, Psilos, Teonanacatl (Nahuatl/Aztekisch "Fleisch der Götter"),

Das Wort Zauberpilz stammt von Dr. Dr. h.c. mult. Albert Hofmann (*1906), als er seine chemischen Forschungsergebnisse über einen mexikanischen Pilz (*Psi-*

locybe mexicana) mit psychedelischer Wirkung veröffentlichte. Den mexikanischen Zauberpilz erkennt man – natürlich – an seinem Hut, der wie ein Sombrero aussieht. Der Mexikaner hat aber einen Verwandten, den Spitzkegeligen Kahlkopf (*Psilocybe semilanceata*), auch unter dem Namen Zwergenmützchen bekannt, der in aller Welt, außer in Mexiko, vorkommt. Er hat dieselbe Wirkung wie der Exot, denn er enthält dieselben Wirkstoffe Psilocybin und Psilocin, die chemisch strukturell mit dem LSD verwandt sind. Seit der Entdeckung dieser Wirkstoffe in Hofmanns Forschungslabor (Firma Sandoz, Basel), sind weltweit über hundert Pilzarten (aus den Gattungen *Psilocybe*, *Stropharia*, *Panaeolus*, *Conocybe*, *Gymnopilus*, *Inocybe*, *Pluteus*) beschrieben worden, die ebenfalls Psilocybin und Psilocin, je nach Art in unterschiedlicher Konzentrierung, enthalten.

In Mexiko werden die Zauberpilze (aztekisch *teonanacatl*, "Fleisch der Götter") seit prähistorischer Zeit im Schamanismus benutzt. Sie werden vom Schamanen und seinen Patienten, aber auch von Gesunden in nächtlichen Zeremonien zwecks Heilung und spirituellem Wachstum eingenommen, nachdem sie mit → RÄUCHERWERK beräuchert und geweiht wurden. In der Nacht vom 28. auf den 29. Juni 1955 hat erstmals ein Weißer, nämlich der New Yorker Bankier Robert Gordon Wasson (1898-1986) an dem *velada* (span. "Nachtweihe") genannten Kreisritual unter Leitung der mazatekischen Schamanin María Sabina (1894-1985) teilgenommen und 1957 in der Maiausgabe des US-amerikanischen *Life* Magazins darüber ausführlich berichtet. Dieser Bericht hatte enorme Folgen für die Wissenschaft und die internationale Gesellschaft. In den USA wurden die Zauberpilze durch Dr. Timothy Leary (1920-1997) popularisiert. In Europa sorgten die Publikationen und Vorträge von Albert Hofmann für die Verbreitung, besonders nachdem der Schweizer Chemiker in einer einheimischen Pilzart dieselben Wirkstoffe nachgewiesen hatte. In akademischen Kreisen entstand die Wissenschaft der Ethnomykologie, in der Gegenkultur entwickelte sich ein ritueller und rekreativer Gebrauch der Zauberpilze. In den Sechziger Jahren wurden sie neben LSD zu einem wesentlichen Sakrament der Hippiekultur, in den Neunzigern wurden sie Bestandteil der Goa-Szene und psychedelischen Trance-Party-Kultur (→ WALPURGISNACHT). -

> "Dieser Pilz ist ein transdimensionaler Eingang, den verschmitzte Feen ein wenig haben offenstehen lassen, damit ein jeder eintritt, der den Schlüssel finden kann und die Kraft zu benutzen wünscht - die Kraft der Vision -, diesen besonderen und natürlich vorkommenden psychoaktiven Komplex genauer zu erkunden." (McKENNA 1989:75)

Die Zauberpilze haben ebenfalls einen starken Einfluss auf die Bands der Grunge-Szene von Seattle ausgeübt und unter Musikern des → HEAVY METAL und des → GOTHIC viele Freunde gefunden. Aber nicht nur Musiker (z.B. Jim Morrison) haben sich von der visionären Kraft der Zauberpilze inspirieren lassen, ebenso Schriftsteller (z.B. Aldous Huxley, Ernst Jünger), Maler (z.B. Mati Klarwein, Alex Grey, Fred Weidmann), Regisseure (z.B. Ken Russel, Nicholas Roegg; → FILMMUSIK), u.a. Viele sehen in den Zauberpilzen Lichtgestalten, im → FLIEGENPILZ hingegen das Dunkle. - "Die Pilze sind für die Erforschung des inneren Bewusstseins das, was die Fernrohre für die Erforschung des äußeren Weltalls sind." MICKEY REMANN (1989:258)

Terence McKenna hat die Hypothese aufgestellt, dass psilocybinhaltige Pilze der induzierende Katalysator in der Evolution der Primaten war, durch den die Affen zu Menschen wurden. Der Gebrauch von psychoaktiven Pflanzen und Pilzen soll - nach Weston La Barre (1972, 1990) - am Anfang der Kultur, der Religion und des Schamanismus gestanden haben.

Die Pilze sind ein wahres Naturwunder. Ihre Lebenszyklen sind so fremdartig, dass man sie wirklich für Außerirdische oder *Aliens* halten könnte – Terence McKenna glaubt, dass sie von den Sternen als eine Art "kosmische Flaschenpost" zu uns gelangt sind. Aber sie sind ganz tief mit unserem Planeten, mit unserer Kultur und vor allem mit unserem Bewusstsein verwurzelt. Es haben noch niemals so viele Menschen psychedelische Pilz-Erfahrungen gemacht wie heute. Der Pilz wird zunehmend als heiliges Wesen, als Naturgottheit oder spiritueller Wegbereiter verehrt. Selbst Menschen, die in psychotherapeutischen Settings die Pilzwirkstoffe verabreicht bekamen, sind mit religiösen Gefühlen erfüllt und haben oft tiefe spirituelle Einsichten, durch die sie ihr Leiden überwinden können. Viele Menschen, die mit den Zauberpilzen Freundschaft geschlossen haben, erkennen die Heiligkeit der Natur, zu der auch sie gehören.

Viele Rockbands und Rockmusiker des Undergrounds der späten Sechziger und frühen Siebziger wurden durch den Genuss von psilocybinhaltigen Pilzen inspiriert: The Allman Brothers Band, The Doors, Gong (Magick), Grateful Dead, Guru Guru, Hawkwind, Jefferson Airplane, Phish, Porcupine Tree, Yes.

Die Zauberpilze haben in vielen Musikrichtungen und Stilen ihre Spuren hinterlassen: Acid Rock, Alternative, Ambient, Art Rock, Avantgarde, Classic Rock,

Crossover, Dark Metal, Elektro, Ethno, Experimentalmusik, Gothic, Grunge, Hardcore, Heavy Metal, Industrial, New Age, Pop, Psychedelic Punk, Psychedelic Trance (Goa), Punk, Reggae, Rock, Techno, Weltmusik.

Discographie "Bepilzte" Musik (Auswahl):

- [The] Chocolate Watchband, *No Way Out* (1967; Re-Issue-CD mit Extratracks: Ace Records, 1993). Song: "Dark Side Of The Mushroom" (B. Cooper, R. Polodor). Klingt wie eine Ankündigung von dem Pink Floyd-Album *Dark Side Of The Moon*)
- The Golden Dawn, *Power Plant* (Independent Artists, 1967) → Sexualmagie
- Incubus, *fungus amongus* (Sony Music, 1996) → FLIEGENPILZgemälde auf Cover: von Brett Spivey. Death Metal; Song: "Psychopsilocybin"
- Mandra Gora Lightshow Society, *Beyond the Mushroom Gate*. Psychedelic
- Ministry, *Filth Pig* (Warner Bros. Records, 1996)
- Mushroomhead, XIII (Universal Records, 2003)
- Mushroomhead, XX (Universal Records, 2002)L
- Mushroom Trail, *My Medicine* (LSD/A&M Records, 1993) Klappt man das Cover auf, sieht man die Lehrbuchabbildungen von → FLIEGENPILZ und *Psilocybe semilanceata*
- Therion, *Secret of the Runes* (Nuclear Blast, 2001). Operaler Gothic Dark Metal. Im deutschsprachigen Song "Schwarzalbenheim" wird u.a. das Myzel der Zauberpilze besungen.
- Tiamat, *Wildhoney* (Magic Arts, 1994). "Honey tea, psilocybe larvae/ Honeymoon, silver spoon/Psilocybe tea"

Gothic-Dark-Kompilation:

- V.A., *To Magic 2* (Prophecy Productions, 2001)
- Nirvana, *Incesticide* (Geffen, 1992). Coverpainting: Kurt Cobain: Pilze (Pilzmännchen) und Schlafmohn!

  Grunge (die ganze Grunge-Szene ist stark von den um Seattle herum reichlich verbreiteten Zauberpilzen (*Psilocybe azurescens*, *P. cyanescens* usw.) beeinflusst (pers. Mitteilung von Paul Stamets).

chr.r.

Zauberstab: Wer sucht, der findet

"Magisch" aufgeladene, "wach" gemachte Gegenstände behielten ihre Kraft auch dann, wenn sie in andere Hände gerieten, erklärte mir einmal die Ethnologin und Medizinfrau Dr. Johanna Wagner (1923-1990). Die Attraktivität des Besuchs von

Flohmärkten z.B. hinge damit zusammen, dass Menschen, die bewusst oder unbewusst eine "metaphysische" Antenne in sich trügen, von bestimmten Gegenständen angezogen würden. Diese Gegenstände seien nur für diese Personen interessant. "Ein anderer Mensch sieht nichts in ihnen und lässt sie als wertlos liegen."

Ein 30jähriger Arzt erzählte mir von einem Erlebnis als Student. Bei einem Aufenthalt in Paris hatte er mit Freunden einen Flohmarkt besucht. An einem Stand fiel sein Blick auf ein Gestell, in dem sich allerlei Stöcke mit arabesk geschnitzten Griffen aus Elfenbein, Horn und Holz befanden. Er besah sich die Stöcke näher und sah, inmitten der anderen gleichsam versteckt, einen kleineren, sehr schlichten Stock, in dessen Griff ein Tier, eine Mischung aus Hund, Schakal und Wolf, geschnitzt war. Er habe sofort gespürt, "dies ist *dein* Stock"! Er erwarb ihn für ein paar Franc und nahm ihn mit zurück nach Deutschland. An einem späten, sehr heißen Samstagnachmittag im Sommer saß er in einem Zimmer, in dem sich nur ein Sessel und ein uralter Teppich, den er einmal in Anatolien gekauft hatte, befand. Durch das Fenster betrachtete er behaglich das Spiel des Lichts in den Bäumen und schmauchte ein mit etwas Haschisch "aufgebessertes" Pfeifchen. Nach einer Weile griff er ohne eigentliche Absicht den Stock, den er in Paris gekauft hatte, schwenkte ihn hin und her und begann damit in der Luft Kreise zu machen. Der Stock wirkte plötzlich wie lebendig und zog ihn hoch und zum Teppich hin. Auf dem Teppich machte er innerhalb der Muster kleine Tanzschritte; ein Verhalten, das ihm ziemlich seltsam vorkam. Um ihn herum verdunkelte sich alles, der Raum, in dem er sich befand, löste sich auf, ein Sog zog ihn aus dem Zimmer. Er fand sich inmitten einer trommelnden, tanzenden, singenden und schreienden Menge in einer Hütte wieder. In der Mitte des Raums saß ein älterer Mann, der einen ähnlichen Stock in der Hand hatte wie er selbst. Ihm schien es, als befinde er sich irgendwo in der Karibik und nehme an einer Voodoozeremonie teil, sei dabei unsichtbar, obwohl der Leiter der Zeremonie über seine Anwesenheit Bescheid zu wissen schien, ihn in einem seltsamen Französisch begrüßte, vor ihm eine Flüssigkeit ausgoss und ihn einlud, an der Feier teilzunehmen. Er schlüpfte (er wusste nicht wie) in den Körper einer jungen, schönen Schwarzen und gab sich ganz dem immer wilder werdenden Rhythmus hin. Schließlich sei seine Tänzerin niedergestürzt, ihm seien die Sinne geschwunden und er habe sich zu Hause auf seinem Teppich liegend wiedergefunden. Bei sich habe er gedacht, so also funktioniert ein Zauberstab! Jeder Versuch, dieses Experiment später zu wiederholen, missglückte. Er erzählte das Erlebnis seiner Freundin und einem Mediziner, mit dem er studierte, merkte aber an ihrer Reaktion, dass sie ihm nicht glaubten und an seinem Verstand zweifelten. Er habe da ja wohl ein übles Teufelskraut geraucht, war noch ihre freundlichste Erklärung.

w.b.

Zerstückelung: Vorstufe zur Wiedergeburt

Die Glieder jakutischer Schamanenanwärter werden – im Traum, in der Vision oder in symbolischem Ritual – mit einem eisernen Haken abgeschnitten und zertrennt, die Knochen gesäubert, die Fleischstücke abgekratzt. Man reißt ihnen die Augen aus den Höhlen und schüttet alles Flüssige weg. Nach dieser Prozedur werden alle Knochen wieder eingesammelt und mit Eisen zu einem Körper verbunden (ELIADE 1956:46).

Was so grausig anmutet, gehört zu einer interkulturellen → INITIATION: ritueller Tod durch Zerlegung und Erneuerung des Körpers der Neophyten, "Wiederherstellung im Fleisch" als Voraussetzung mystischer Erfüllung seines Daseins. Bei den australischen Aborigines schläft der Anwärter mitunter dazu auf einem → GRAB, und ein Ahne (→ AHNENPRÄGUNG) übernimmt Zerteilung und Wiederzusammenfügung (ELIADE ebd.:48,54f.).

In zahlreichen Mythen entsteht die Welt erst aus der Zerstückelung eines Urwesens (→ TIÂMAT, Purusha, Osiris, Dionysos, Orpheus, u.a.), das sich selbst opfert. Plutarch (ca. 46-ca. 120 n.Chr.) erklärte, Gott, der seinem Wesen nach zwar unvergänglich und ewig sei, unterziehe sich zufolge eines Weltgesetzes Wandlungen seines Wollens und Denkens. "Wenn er sich aber in Winde und Wasser, Erde und Gestirne und die Geschlechter von Pflanzen und Tiere verwandelt und umgestaltend zerlegt, so stellen [die Weiseren] dieses Geschehen als Zerreißung und Zergliederung dar..." (ÜBER DAS E IN DELPHI, 9). Zeit, Winter oder Tod, Prinzipien des Hauptwiderstands der Schöpfung, sorgen für die notwendige Zerstücklung, damit sich Einzelteile wie Körper, Seele und Geist neu formieren, optimieren und vollkommener – im Mythos verschönert und verjüngt – auf die Erde zurückkehren. In keltischer Überlieferung werden die zerteilten Knochen dazu im "Kessel der Wiedergeburt" gekocht. Wenn Seth oder → TYPHON dabei Osiris in 14 Teile zerlegt und das Mondprinzip → MEDEA ihre Opfer in ebenso viele Stücke zerfleischt, zergliedern die 14 Tage des Dunkelmondes den Sonnenlauf und damit den Träger geistiger Lebensimpulse.

In manchem Zerstückelungsmörder mögen noch dunkle Ahnungen von diesem heiligen Prozess schlummern. Doch sollte dieses Opfer korrekter und besser bei sich selbst vollzogen werden, als geistiger Prozess. Um nämlich etwas zu verstehen, brauchen wir ebenso die begriffliche Scheidung in einzelne Bestandteile, die Reinigung von allen einseitigen und begrenzten Vorstellungen, ehe es sich wieder zu einem klareren oder integrativeren Bild zusammenfügt.

c.z.

Zufall

→ HERMAN DE VRIES

Zügellosigkeit

→ LUXURIA

Zwerge: Segen spendende Däumlinge

(Härdlütli) Bärtige kleine Kobolde, die als "Gartenzwerge" in stetig steigender Zahl die Gärten schmücken.

"Sie bewirken, dass in ihrer unmittelbaren Nähe heilsame Kräuter, besonders auch gesundes Gemüse gedeihen. Sie sollen ihre Besitzer vor schlechten unruhigen Träumen bewahren, 'sogar wenn sie im Garten schlafen'.

Wesen dieser Art scheinen in Europa uralt zu sein. So kannten die Litauer ihre "Barzdakai". Matthias Prätorius, der etwa 1635-1707 lebte, schrieb über sie: "Segen spendende Däumlinge, die unter dem Holunder in der Erde wohnen; in der Scheune wird ihnen der Tisch gedeckt." Ihr Name wird von barzda = Bart abgeleitet, also die Bartmännlein, Bartkobolde (USENER 1948:87f.).

Auch im heutigen Europa werden den "Zwergenfamilien", besonders an festlichen Tagen, gern Näpfchen mit Milch hingestellt. Auf den Hinweis, dass die Katzen diese auslappen, erzählte meine Großmutter dann jeweils den Kindern: "Früher hat man gesagt, dass die uns nächtlich erfreuenden Hauskobolde gern in ein Katzenfell schlüpfen."

s.g.

Im Barock liebte man sie als Ausdruck des Grotesken und Unvollkommenen.
Zwerg im Garten von Schloss Mirabell, Salzburg

Zwölften, Die: Umzug himmlischer Wesen

In den "Zwölf heiligen Nächten", die man vom Weihnachtsabend bis zum Abend von Dreikönigen zählt, sollen die "guten Geister, die von den Sternen kommen", auch die Haustiere besuchen. Sie lauschen, was diese über "ihre Menschen" erzählen und ziehen sich, wenn sie unfreundlich zu den "für uns stummen Geschöpfen" waren, im kommenden Jahre von ihnen zurück.

Menschen, die "empfindliche Sinne" besitzen, können in diesen "heiligen Nächten" um die Haustiere zarte Licht-Erscheinungen wahrnehmen und auch das zarte

Klingen, das den Umgang der Katzen, Hunde, Rosse, Kühe mit den "himmlischen Wesen" bedeutet.

s.g.

Zwölftonmusik: Schreckgespenst der Konzertsäle

Andere Namen: Dodekaphonie, Zwölftonsprache, Zwölftontechnik

Zwölftonmusik gilt vielen als Teufelssprache, als satanische Musik. Denn in ihr sind sämtliche Reste bürgerlicher Musikempfindung gnadenlos ausgelöscht.

Zwölftonmusik ist Anarchie: kein Ton der Oktave hat ein Vorrecht und darf den Musikfluss beherrschen oder lenken. In der Zwölftonmusik sind alle Töne und Halbtöne der Oktave gleichberechtigt. Die Zwölftonmusik unterliegt keinem harmonischen oder akademischen Vormaß. Sie lässt sich nur als eigene Kategorie erfassen. Und hören. Noch immer gilt sie als "modernes Schreckgespenst"; denn sie erzeugt Angst. Eben weil nichts mehr vorhersehbar ist. Die Gleichberechtigung der zwölf Töne erzeugt bei vielen Menschen Unbehagen; sie wird als extrem dunkel und als "unverständlich" empfunden.

Richard Wagners TRISTAN UND ISOLDE gilt als Vorreiter der Zwölftonmusik. Aber die erste Zwölftonreihe der Musikgeschichte stammt von → FRANZ LISZT, ein Motiv in seiner Faustsymphonie (→ SYMPHONISCHE MUSIK). Erst durch → ARNOLD SCHÖNBERG wurde sie theoretisch durchdacht und kompositorisch umgesetzt. Die dodekaphonen Hauptwerke stammen allesamt von den drei Komponisten Alban Berg, Arnold Schönberg, Anton [von] Webern, die als "Neue Wiener Schule" in die Musikgeschichte eingegangen sind. Die Uraufführungen dieser Werke waren meist ein Fiasko. Die Zuhörer waren derart schockiert von diesen seltsamen, düsteren, schrägen Klängen, dass sie es kaum aushielten. Merkwürdigerweise hat sich der Schrecken, in den die Bildungsbürger bei Aufführungen von Zwölftonstücken verfallen, bis heute erhalten.

Klänge der Zwölftonmusik werden gerne von Filmmusikkomponisten bei schauerlichen, düsteren, gruseligen oder erschreckenden Passagen eingesetzt – meist mit Erfolg, denn: die Musik macht den Film!

Viele Komponisten des 20. Jahrhunderts haben, durch die Neue Wiener Schule angeregt, ebenfalls Zwölftonmusik geschrieben, oder in ihren grundsätzlich anderen Kompositionsmustern für spezielle Klangfarben Zwölftonreihen eingebaut, z.B. Olivier Messiaen, Igor Strawinsky (1882-1971), Frank Zappa, Arthur Barrow.

Werke (Auswahl):

- Franz Liszt (1811-1886) komponierte, durch → BERLIOZ' SYMPHONIE FANTASTIQUE angeregt, seine EINE FAUST-SINFONIE (1854), deren 2. Fassung (mit dem Chor "Das Ewig-Weibliche...") er aus Dankbarkeit dem französischen Kollegen widmete. Das Thema des ersten Satzes ("Faust") ist die erste Zwölftonreihe der Musikgeschichte, sie stellt die innere Zerrissenheit des Faust dar.

- Alban Berg (1885-1935), Violinkonzert (1934/35) "Dem Andenken eines Engels"
- Igor Strawinsky (1882-1971), Concertino für 12 Instrumente (1952)

"Mechanistische Skalenbewegungen singen hier das Lied des heraufkommenden Maschinenzeitalters, während der Violinpart von dichten Zwölftonfeldern beherrscht wird." (Detlef Gojowy, Booklet zu Stravinsky/Ragtime etc. [Kammermusik], Ashkenazy/European Soloists Ensemble, Decca, 1996: 15)

- Arthur Barrow, Music For Listening (Cydonia Music, 1991) Der ehemalige Bassist von Frank Zappa hat auf diesem Soloalbum das Stück "Visitor's Gift" vollkommen in Zwölftontechnik eingespielt (mit Bruce Fowler an der Posaune).
- Mark Nauseef benutzt auf Tamna Voda von → DARK eine Zwölftonreihe.

chr.r.

Anhang

# Wir danken

- Michael Günther (Vorwort), Holger Kliemannel (Pazuzu), Heike Schäfer (Gothic, Horrorfilm, Slasherfilm, Splatterfilm) und Hart Kohr (Dantes Inferno) für die Bereitstellung ihrer Texte

- Leonard Ashley (New York), Gerd Bauer (Wiesbaden), Renate Blank (IPSA-Institut, Frankfurt/Main), Werner Bonin (Leinfelden), Alex Choinka, Rainer Dobramysl (Frankfurt/Main), Nicole Erickson (Troy/Michigan), Uschi Felix (Monash University, Melbourne), Rainer G. Feucht (BMFC-Fachantiquariat, Allmendingen), Doris und Ulrich Freund (Bad Orb), Hartmut Geerken (Sunra Archiv, Wartaweil), Diana Gies (Essen), Madeleine Gläser (Vaake), Migki und Sergius Golowin (Bern), Margot Glosz (Alaior/ Menorca), Martin Hanslmeier (Passau), Clark Heinrich (Santa Cruz), Stefan Hertrich (Betray My Secrets, Shiva In Exile, SpiRitual), Ulrich Holbein (Allmuthshausen), Hans Holzer (Committee for the Investigation of Paranormal Occurrences, New York), Christofer Johnsson (Therion), Holger Jordan (Magische Blätter, Runkel), Florian Kemper, Ute und Edzard Klapp (Steinenbronn), Jenny Klemm (Appen), Bernd Kreuzer (Fuldatal), Stanley Krippner (San Francisco), Annabel Lee (USA), Gerhard Lösch (Westerburg), Eric Maple (London), Reinhild Massey (Rodgau), Daniela Moeser (Berlin), Michael Moynihan (USA), Adelheid Mühlan (Antiquariat für Altes Wissen, Landau-Wollmesheim), Claudia Müller-Ebeling (Hamburg), Mark Nausseef, Hans Neusser (Wildenhag), Ömer Olgunsoy (Oxford), Barbara und Rainer Pließ (Institut für Erfahrungswissenschaften, Sulzheim), Christian Redemann (Frankfurt/Main), Norbert Rink (Traumwerkstatt, Schmitten), Stefan Römer (Köln), Matthias und Mascha Rhein (Wahlsburg), Alexandra Rosenbohm (Koemmet-Design, Wuppertal), Marita und Ingolf Schulze (Kronberg), Marion und Dorian Schwab (Frankfurt/Main), Imogen Seger-Coulborn (Mainz), Carolyn Spiller (Great Bealings, Suffolk), Lisa Stern (Great Orange, N.Y.), John Symonds (London), Susanne und Herman de Vries (Natural relations, Eschenau), Johanna Wagner (Chur), Herbert Witzel (Frankfurt/Main), Monika Wurmdobler (La Barthale, Provence), Andrea Wutta (Teldau), Dany und Claudia Wyer (Gamsen) für Bereitstellungen von Informationen.

- Sybille Schmied und Inge Wolfhard für die Übertragung von Manuskripten

- Katja Redemann und Barbara Aigmüller für ihre unermüdliche Redigierung unserer Texte

- Holger Kliemannel und Frances Hofmann für das Layout und Stefan Ulbrich, unserem Verleger, für den Mut, dieses dunkle Buch zu publizieren!

Wolfgang Bauer, Christian Rätsch und Clemens Zerling

Literatur

AFANASSJEW, A.
2002 *Mythen, Volks- und Aberglauben der Slawen* (Mify, powerija i suewerija slawian), Moskau.
ADELUNG, J. C.
1799-1801 *Grammatisch-kritisches Wörterbuch der hochdeutschen Mundart*, Leipzig.
ALPENBURG, J. N. v.
1857 *Mythen und Sagen Tirols*, Zürich.
ALLEN, Gay Wilson
1961 *Walt Whitman in Selbstzeugnissen und Bilddokumenten*, New York.
ARNOLD, Paul
1961 »Baudelaires ‚Künstliche Paradiese'«, *Antaios* 2(5): 422-434.
ARNOTT, Anne
1998 *Das geheimnisvolle Land des C.S. Lewis*, Moers.
ASTERIX-Lexikon
1990 *Das grosse*, Wien.
AUBERT, Joachim
1973 *Handbuch der Grabstätten berühmter Deutscher, Österreicher und Schweizer*, München.
BÄCHTOLD-STÄUBLI, Hanns
1927-1941 *Handwörterbuch des Deutschen Aberglaubens*, 9 Bde., Berlin und Leipzig.
BAIGENT, Michael / LEIGH, Richard
1977 *Verschlusssache Magie*, München.
BARBER, Sally and Chips
1995 *Dark and Bastardly Dartmoor*, Exeter.
BAROJA, Julio Caro
1967 *Die Hexen und ihre Welt*, Stuttgart.
BARRETT, F.
1801 *The Magus*, London.
BATTA, András (Hrsg.)
1999 *Opera: Komponisten, Werke, Interpreten*, Köln: Könemann.
BAUER, Hans-Joachim
1995 *Richard Wagner: Sein Leben und Wirken oder Die Gefühlwerdung der Vernunft*, Berlin: Propyläen (Propyläen-Biographie).
BAUER, Wolfgang / ZERLING, Clemens
2004 *Das Lexikon der Orakel*, München.
BAUER, Wolfgang
1984 *Metamorphosen. Ein wahres ABRACADABRA der Kunst der Verwandlungen*, Berlin.
1973 Rückkehr der Hexen, in: ERIC MAPLE, *Hexensabbat – Schwarze Kunst und Zauberei im Spiegel der Jahrtausende*, Eltville.
BAZIN, André
1980 *Orson Welles*, Wetzlar.

BECKER, Christoph (Hrsg.)
1998 *Paul Gauguin, Tahiti*, Stuttgart.
BECKER, G. u.a.
1977 *Aus der Zeit der Verzweiflung*, Frankfurt / Main.
BECKFORD, William
1964 *Vathek – Mit den Episoden*, übersetzt von Franz Blei, Frankfurt / Main.
1987 *Vathek – Eine orientalische Erzählung*, übersetzt von Wolfram Benda, München.
BELOVIC, J.
1927 *Die Sitten der Südslawen*, Dresden.
BEMMELEN, D.J. van
1975 *Zarathustra*, Stuttgart.
BERENDT, Joachim-Ernst
1985 *Nada Brahma – Die Welt ist Klang*, Reinbek: Rowohlt.
BERGER-FIX, A. (Hrsg.)
1986 *Justinus Kerner – Nur ... wenn man von Geistern spricht*, Stuttgart.
BERLIOZ, Hector
2002 *Schriften: Betrachtungen eines musikalischen Enthusiasten*, ausgewählt, herausgegeben und kommentiert von Frank HEIDLBERGER, Kassel: Bärenreiter; Stuttgart und Weimar: J.B. Metzler.
BIEDERMANN, Hans
1993 *Dämonen, Geister, dunkle Götter*, Bindlach.
BIERCE, Ambrose
1980 *Aus dem Wörterbuch des Teufels*, Frankfurt a. M und Leipzig.
BLACKWOOD, A.
1979 *Der Griff aus dem Dunkel*, Vorwort von K. Kirde, Frankfurt.
BÖCKLIN, Arnold
1977 *Katalog der Ausstellung zum 150. Geburtstag*, 2 Bde., Darmstadt.
BOHN, Nicolette
2005 *Kleines Lexikon der „Sekten", Psychogruppen und Strukturvertriebe*, Leipzig.
BONAPARTE, Marie
1934 *Edgar Allan Poe, eine psychologische Studie*, mit einem Vorwort von Sigmund Freund, 3 Bände, Wien.
BONIN, Werner F.
1976 *Lexikon der Parapsychologie*, München.
BORNEMANN, Ernst
1978 *Lexikon der Liebe*, 5 Bände, Berlin.
BORRMANN, Norbert
2002 *Der Monster, Geister und Dämonen. Die Geschöpfe der Nacht aus Mythos, Sage, Literatur und Film*, Köln.
2004 *Orte des Schreckens. Warum das Grauen überall nistet*, München.
BRAUN, Barbara u.a.
1993 *Unterwegs am Dresdner Elbufer*, Sächsische Bildungsgesellschaft.
BREITENBRUCH, Bernd
1973 *Gottfried Keller*, Reinbek bei Hamburg.

BRINKER, Horst
1983 Todesfälle im Schornstein. Ein Deutungsversuch, in: *Archiv für Kriminologie* Bd. 171, Essen.
1987 Zum Täterverhalten in Vermißtensachen mit verborgener oder beseitigter Leiche, in *Archiv für Kriminologie* Bd. 179, Essen.
BRION, Marcel
1962 *Jenseits der Wirklichkeit*, Wien.
BRÜCK, Axel
2005 *Schamanische Ritualmusik*, Uhlstädt-Kirchhasel.
BRUNNHOFER, H.
1910 *Die schweizerische Heldensage*, Bern.
BÜRGER, Gottfried August
2002 *Münchhausen*, Stuttgart.
BUNSON, Matthew
2002 *Das Buch der Vampire*, München.
CASE, Paul Forster
1992 *Schlüssel zur ewigen Weisheit des Tarot*, Neuhausen.
CASTIGLIONI, Arturo
1982 »Der Teufel und die Magie« und »In Luzifers Krallen«, in: *Hexen und Hexenmeister*, Gütersloh: Moewig, S. 9-46.
CHRISTE, Ian
2004 *Höllen-Lärm: Die komplette, schonungslose, einzigartige Geschichte des Heavy Metal*, aus dem Englischen von Conny Lösch, Höfen: Hannibal.
CIBA Zeitschrift
1935 *Der Arzt im Märchen*, Ausgabe 28, Basel.
COLLIN DE PLANCY, Jacques A.
1989 *Die Kinder Lucifers: Kleines Lexikon der schwarzen Engel*, Berlin: Verlag Clemens Zerling.
CONDREAU, Gion
1991 *Der Mensch und sein Tod*, certa moriendi condicio, Zürich.
COOPER, J.C.
1986 *Illustriertes Lexikon der traditionellen Symbole*, Leipzig.
COPE, Julian
[1996] *KrautRockSampler:: One Head's Guide To The Grosse Kosmische Musik*, Löhrbach: Der Grüne Zweig 186.
COPPER, Basil
1973 *The Vampire*, London.
COPPIN, Giorgio
1990 *Die Eule*, o.O.
COVELL, Alan Carter
1983 *Ecstasy: Shamanism in Korea*, Seoul / Elizabeth NJ: Hollym International Corp.
1984 *Shamanist Folk Paintings: Korea's Eternal Spirits*, Seoul / Elizabeth NJ: Hollym International Corp.

COVELL, Jon Carter
1992 *Korea's Cultural Roots*, Seoul / Elizabeth NJ: Hollym International Corp.
CREUZER, Georg Friedrich
1836-43 *Symbolik und Mythologie der alten Völker*, besonders der Griechen, 4 Bde., Leipzig und Darmstadt. Nachdruck Hildesheim / Zürich / New York, 1990.
1822-23 *Symbolik und Mythologie der alten Völker*, fortgesetzt von Dr. Franz Josef Mone: Geschichte des Heidentums im nördlichen Europa, 2 Bde. (gezählt als Bd. 5 + 6), Leipzig und Darmstadt. Nachdruck Hildesheim / Zürich / New York, 1990.
CROWLEY, Aleister
1971 *The Confessions of Aleister Crowley*, New York .
CZOGALLA, A. und H.
o.J. *Die zwölf Arbeiten des Herakles*, Icking.
DÄHNHARDT, O.
1907 *Natursagen*, Leipzig.
DAHLHAUS, Carl
1973 »Richard Wagner: Parsifal«, in: Begleitheft zur Aufnahme Solti / Wiener Philharmoniker, Wagner / *Parsifal*, London: The Decca Record Company.
DAVIS, Miles [mit Quincy TROUPE]
1990 *Die Autobiographie*, aus dem Amerikanischen von Brigitte Jakobeit, Hamburg: Hoffmann und Campe.
DEROGATIS, Jim
1996 *Kaleidoscope Eyes: Psychedelic Rock From the '60s to the '90s*, Secaucus: A Citadel Press Book.
DETHLEFSEN, Thorwald
1992 *Gut und Böse*, 3.Aufl., München.
DICK, Rainer
1996 *Stars des Horrorfilms*, München.
DIEDERICHS, Ulf
2002 *Who`s who im Märchen*, 4. Aufl., München.
DOBKIN DE RIOS, Marlene
1974 »Cultural Persona in Drug-Induced Altered States of Consciousness«, in: Thomas K. FITZGERALD (Hrsg.), *Social and Cultural Identity, SAS Proceedings* No.8: 16-23.
1977 »Hallucinogenic Ritual as Theatre«, *Journal of Psychedelic Drugs* 9(3): 265-268.
DOBKIN DE RIOS, Marlene und David E. SMITH
1976 »Using or Abusing? An Anthropological Approach to the Study of Psychoactive Drugs«, *Journal of Psychedelic Drugs* 8(3): 263-266.
1977 »The Function of Drug Rituals in Human Society: Continuities and Changes«, *Journal of Psychedelic Drugs* 9(3): 269-275.
DÖMLING, Wolfgang
2001 *Hector Berlioz* (5. Aufl.), Reinbek: Rowohlt (rororo Bildmonographien).

DROß, Annemarie
1978 *Die erste Walpurgisnacht: Hexenverfolgung in Deutschland*, Reinbek: Rowohlt.
DRURY, Nevill
2004 *Magie für den Alltag*, München: Atmosphären.
2004 *Magie: Vom Schamanismus und Hexenkult bis zu den Technoheiden*, Aarau und München: AT Verlag.
DÜNSER, Margret
1979 *Highlife*, München.
DVORAK, Josef
1989 *Satanismus. Geschichte und Gegenwart*, Frankfurt.
EHRENREICH, B. / ENGLISCH, D.
1975 *Hexen, Hebammen und Krankenschwestern*, München.
EIWATZ
2001 *Die Schwarze Sonne*, unter Internet: www.eiwatz.de.
ELIADE, Mircea
1954 *Schamanismus und archaische Ekstasetechnik*, Zürich / Stuttgart.
ENZENSBERGER, Hans Magnus (Hrsg.)
1973 *Gespräche mit Marx und Engels*, Frankfurt / Main.
ERICKSON, Nicole
1999 *Stoker, Sex and the Victorians* (Manuskript), Baltimore.
EVERSON, William K.
1974 *Classics of the Horror Film*, Secaucus N.Y.
FAMOUS MONSTERS OF FILMLAND
1974 [Jahrgang], New York.
FARSON, Daniel
1975 *The Man Who Wrote Dracula, A biography of Bram Stoker*, London.
FECHTNER, Paul
o.J. *Geschichte der deutschen Literatur Bd. 1*, Gütersloh.
FLEMMER, Walter (Hrsg.)
1961 *Deutsche Balladen*, München.
FLENSBURGER HEFTE
1988 *Über Tod und Sterben*, Sonderheft 11, Flensburg.
1993 *Schwarze und weiße Magie. Von Satan zu Christus*, Sonderheft 12, Flensburg.
FLETCHER, Matt u.a.
2001 *Marocco*, Melbourne.
FOYLE, Alexander
1998 »Das Imperium, das Opium und der Aufstieg der Britisch Ostindien Gesellschaft (BOG)«, in: Werner PIEPER, *Die Geschichte des O.: Opiumfreuden – Opiumkriege*, Löhrbach: Edition Rauschkunde, S. 26-35.
FRANZ, Marie-Louise von
1985 *Der Schatten und das Böse im Märchen*, München.
FRAYLING, Christopher
1996 *Alpträume, Die Ursprünge des Horrors*, Köln.

FRIEDLAENDER, Salomo
2001 *Mynona, Das magische Ich*, Bielefeld.
FREYBE, Albert
1909 *Das Memento mori in deutscher Sitte, bildlicher Darstellung und Volksglauben, deutscher Sprache, Dichtung und Seelsorge*, Gotha.
FUHLENDORF, Hans-Dietrich
1992 *Rückkehr zum Paradies oder Erbauen des Neuen Jerusalem? Geschichtsbetrachtung in apokalyptischer Zeit*, Flensburg.
FUHRMANN, Günther
1950 *Der Atriden-Mythos im modernen Drama: Hauptmann – O`Neill – Sartre*, Dissertation, Dortmund.
FULD, Werner
2003 *Paganinis Fluch: Die Geschichte einer Legende*, Reinbek: Rowohlt.
GARDEN, Nancy
1973 *Vampires*, Philadelphia / New York.
GAUGUIN, Paul
1960 *Noa, Noa*, Frankfurt / M.,
1997 *Paul Gauguin, Emil Nolde und die Kunst der Südsee*, KATALOG zur Ausstellung, Ingelheim.
GEERKEN, Hartmut (Hrsg.)
2003 *Salomo Friedländer, Mynona, Ich (1871-1936), Autobiographische Skizze*, Bielefeld.
GEIGER, Rudolf
2002 *Rückblick in mein Leben*, Borchen.
GIESEN, Rolf
1984 *Lexikon des phantastischen Films*, 2 Bände, Berlin.
GIOVANNINI, Fabio
1987 »Diabolus in Musica«, in: A. M. CRISPINO et al., *Das Buch vom Teufel: Geschichte, Kult, Erscheinungsformen*, Frankfurt / M.: Eichborn, S. 105-113.
GLASENAPP, Helmuth von
1926 *Brahma und Buddha. Die Religion Indiens in ihrer geschichtlichen Entwicklung*, Berlin.
GÖRRES VON, Josef [1776-1848]
1942 *Das Nachtländische Reich*, ausgewählt und bearbeitet von Laurenz Wiedner, Villach: Moritz Stadler
GOLDSCHNEIDER, Ludwig (Hrsg.)
1929 *Klabund Literaturgeschichte*, Wien.
GOLOWIN, Sergius
1974 *Die Magie der verbotenen Märchen*, herausgegeben von Wolfgang Bauer, Hamburg.
1991 *Atombombe DADA: Wie die Urzeit modern wurde*, Bern.
1991 *Die weisen Frauen – Die Hexen und ihr Heilwissen*, 2. Aufl., München.
1992 Tiererzählungen, in: Hans RÜTTIMANN, *Govachen, Zeichnungen, Kleinplastiken*, Bern.
1993 *Das Geheimnis der Tiermenschen*, Basel.

1983 *Das Traumdeutungsbuch des Fahrenden Volkes*, Freiburg / Brsg.
1991 *Edelsteine: Kristallpforten zur Seele*, München.
GOLTHER, Wolfgang
2003 *Handbuch der Germanischen Mythologie*, Wiesbaden.
GOODMAN, Felicitas D.
1992 *Trance - der uralte Weg zum religiösen Erleben*, Gütersloh: GTB.
GREEN, Andrew
1974 *Our Haunted Kingdom*, Fontana.
GRIMM, Günter (Hrsg.)
1981 *Justinus Kerner, Ausgewählte Werke*, Stuttgart.
GRIMM, Jakob
1968 *Deutsche Mythologie*, 1875-78, Nachdruck der 4. Aufl., Graz.
GROENER F. / KANDLER R.M.
1987 *7000 Eichen Joseph Beuys*, Köln.
GÜNZEL, Klaus
1995 *Die deutschen Romantiker*, Düsseldorf / Zürich.
GUNN, James (Hrsg.)
1989 *Von Poe bis Wells*, München.
GUSSMANN, Renate
1989 *Todessehnsucht und Lebensgier. Aufzeichnungen einer krebskranken Ärztin*, Frankfurt.
HAAS, Volkert
1977 *Magie und Mythen im Reich der Hethiter*, Bd. I. Vegetationskulte & Pflanzenmagie, herausgegeben von Wolfgang Bauer, Hamburg.
1978 *Magie und Mythen in Babylonien*, herausgegeben von Wolfgang Bauer, Vastorf.
HAENSEL, C.
1961 *Das war Münchhausen*, Herrenalb / Schwarzwald.
HAINING, Peter (Hrsg.)
o.J *The Dracula Scrapbook*, New York.
1977 *The Frankenstein File*, London.
1983 *Das Große Gespensterlexikon*, Düsseldorf.
1978 *Terror! A History of Horror Illustrations from the Pulp Magazines*, London.
HALIFAX, Joan
1993 *The Fruitful Darkness*, San Francisco: Harper.
HAMMERSTEIN, Reinhold
1986 *Macht und Klang – Tönende Automaten als Realität und Fiktion in der alten und mittelalterlichen Welt*, Bern.
HANUSCH, I. J.
1842 *Die Wissenschaft des slawischen Mythus*, Lemberg.
HAVEKOST, Ernst
1914 *Die Vampirsage in England*, (Dissertation), Halle.
HAWKINS, Stephen
2001 *Das Universum in der Nußschale*, 2. Aufl., Hamburg.

HAYTER, Alathea
1988 *Opium and the Romantic Imagination: Addiction and Creativity in De Quincey, Coleridge, Baudelaire and Others*, Wellingborough: Crucible.
HENTSCHEL, Kornelius
1977 *Geister, Magier und Muslime*, München.
HERR, Matthias
1998 *The Black Metal Bible*, Berlin: Verlag Matthias Herr.
HESSE, Hermann
1979 *Der Steppenwolf – Erzählung*, Frankfurt / M.: Suhrkamp (zuerst 1955).
HEUBNER, Rudolf
1922 *Der verhexte Genius*, Leipzig
HITZIG, Julius E.
1986 *E.T.A. Hoffmanns Leben und Nachlass*, Frankfurt / Main.
HODGSON, Barbara
1999 *Opium: A Portrait of the Heavenly Demon*, San Francisco: Chronicle Books.
HÖFLER, Otto
1952 *Der Runenstein von Rök und die germanische Individualweihe*, Wien.
HOFFMANN, E.T.A.
1982 *Die Elixiere des Teufels*, Stuttgart: Reclam.
1953 *Der goldene Topf*, Stuttgart.
HOLBEIN, Ulrich
2005 *Vom Heiligen Hain der Baumseele zur städtischen Grünanlage*, (Manuskript), Allmuthshausen.
HORNUNG, Helmut
1999 *Schwarze Löcher und Kometen. Eine Einführung in die Astronomie*, München.
HOWARD, Michael
1993 *Gauguin*, Stuttgart.
HÜMMELER, H.
1951 *Helden und Tagesheilige*, 3.Aufl. Siegburg.
HUGHES, Pennethorne
1952 *Witchcraft*, London.
HUGHES, Thomas Patrick
1995 *Lexikon des Islam*, Wiesbaden.
HULTKRANTZ, Åke
1994 *Schamanische Heilkunst und rituelles Drama der Indianer Nordamerikas*, München: Diederichs Verlag (DG 112).
HUXLEY, Aldous
1955 *Die Teufel von Loudun*, übersetzt von Herberth E. Herlitschka, München: Piper (Originalausgabe: *The Devils of Loudun*, London: Chatto & Windus, 1952).
HUYSMANS, Joris-Karl
1985 *Tief unten*, Berlin.
1984 *Magie in Poitou.* Gilles de Rais, München.
INGENSIEP, Hans Werner
2001 *Geschichte der Pflanzenseele*, Stuttgart.

JÜNGER, Bernd / BLÖß, Willi
1998 *Joseph Beuys: Der lächelnde Schamane*, Michelsberg.
JULLIAN, Philippe
1971 *Mythen und Phantasmen*, Berlin.
JUNG, Carl Gustav
1984 *Psychologie und Alchemie. Traumsymbole des Individuationsprozesses. Die Erlösungsvorstellungen in der Alchemie* u.a., 4. Auflage, Olten und Freiburg.
1990 *Von Gut und Böse, Einsichten und Weisheiten*, ausgewählt von Franz Alt, Olten.
2001 *Traum und Traumdeutung*, München.
JUNG, Carl Gustav u.a.
1985 *Der Mensch und seine Symbole*, 8. Aufl., Olten.
KAISER, Reinhard
1991 *Der kalte Sommer des Doktor Polidori*, Frankfurt / Main.
KARDEC, A.
2004 *Das Buch der Geister*, Darmstadt.
2004 *Das Buch der Medien*, Darmstadt.
KAST, Verena
2001 *Der Schatten in uns. Die subversive Lebenskraft*, 5. Aufl., Düsseldorf und Zürich.
KEMPER, Wolf-R.
2003 *Die „Cocaine Blues" Story*, Löhrbach: WeltBeat in der Edition Rauschkunde.
KERÉNYI, Karl
1966 *Die Mythologie der Griechen*, 2. Bde, 22. Aufl., München.
1998 *Dionysos. Urbild des unzerstörbaren Lebens*, 2. Aufl., Stuttgart.
KERNER, Justinus
1957 *Bilderbuch aus meiner Knabenzeit*, Leipzig.
o.J. *Die Seherin von Prevorst*, Leipzig.
KERR, P.B.
2004 *Die Kinder des Dschinn*, Hamburg.
KIM Dong-ni
1989 *The Shaman Sorceress*, London and New York: Kegan Paul International. (A novell)
KLEE, Ernst
1997 *Dokumente zur Euthanasie*, Frankfurt.
KLEINMANN, Kirat
2003 "*Black Metal – Eine Bestandsaufnahme*", *Hanfblatt* 10(86): 63.
KLIER, Rosmarie
1985 *Parsifal: Erlösung dem Erlöser? Versuch einer anderen Deutung*, Selbstverlag.
KLEßMANN, Eckhart
1988 *E.T.A. Hoffmann oder Die Tiefe zwischen Stern und Erde*, Frankfurt / Main.
KNAUT, Horst
1970 *Rückkehr aus der Zukunft*, München / Bern.

KNEIF, Tibor
1978 *Sachlexikon Rockmusik*, Reinbek: Rowohlt.
KRIPPNER, Stanley
1980 *Human Possibilities*, Garden City, New York.
KULESSA, Hanne (Hrsg.)
1984 *Der Schatten. Ein Lesebuch vom verlorenen Schatten*, Darmstadt und Neuwied.
KUPFER, Alexander
1992 *Piranesis Carceri*, Stuttgart / Zürich.
1996 *Göttliche Gifte - Kleine Kulturgeschichte des Rausches seit dem Garten Eden*, Stuttgart.
LAUTERWASSER, Alexander
2002 *Wasser Klang Bilder – Die »schöpferische Musik des Weltalls«*, Aarau: AT Verlag.
LAVEY, Anton Szandor
1998 *Satan Speaks!*, Venice, CA: Feral House. [Foreword by Marilyn Manson]
LAVRIN, Janko
1963 *Fjodor M. Dostoijevskij*, Reinbek bei Hamburg.
LENAU, Nikolaus
1998 *Gedichte*, ausgewählt und mit einem Nachwort versehen von Hans Georg Schmidt-Bergmann, Frankfurt / Main.
LENNIG, Walter
1978 *Edgar Allan Poe in Selbstzeugnissen und Bilddokumenten*, Hamburg.
LEWANDOWSKI, Rainer
1996 *E.T.A. Hoffmanns Bamberg, Fränkischer Tag*, Bamberg.
LEWIS, C.S.
1958 *Jenseits des schweigenden Sterns*, Hamburg.
1976 *Perelandra*, München.
LEXIKON DER TRAUMDEUTUNG
1984 Berg am Starnberger See
LORENZ, Konrad
1995 *Das sogenannte Böse. Zur Naturgeschichte der Aggression*, Augsburg.
LORIOT
2003 *Loriot's Kleiner Opernführer*, Zürich: Diogenes.
LOVECRAFT, H.P
1973 Supernatural Horror in Literature, in: *Dagon and other macabre tales*, Frogmore.
LUCK, Georg
1962 *Hexen und Zauberei in der römischen Dichtung*, Zürich und Stuttgart.
LUDLAM, Harry
1962 *A Biography of Dracula, The Life Story of Bram Stoker*, London.
LUDLOW, Fritz Hugh
1981 *Der Haschisch-Esser*, Basel.
LURKER, Manfred
1973 *Wörterbuch biblischer Bilder und Symbole*, München.

1984 *Lexikon der Götter und Dämonen. Namen, Funktionen, Symbole, Attribute*, Stuttgart.
1990 *Die Botschaft der Symbole. In Mythen, Kulturen und Religionen*, München.
LUSSI, Kurt
[1992] *Himmel und Hölle*, Willisau: Buchverlag Willisauer Bote.
1996 »Verbotene Lust: Nächtliche Tänze und blühende Hanffelder im Luzerner Hexenwesen«, *Jahrbuch für Ethnomedizin und Bewußtseinsforschung* 4(1995): 115-142.
2002 *Im Reich der Geister und tanzenden Hexen: Jenseitsvorstellungen, Dämonen und Zauberglaube*, Aarau: AT Verlag.
MAD MONSTERS Zeitschrift
1964 [Jahrgang] Derby / Conn.
MAGISTER BOTANICUS
2002 – 2006 Magische Blätter, Ausgaben 1 – 9, Runkel.
MAIER, Bernhard
1994 *Lexikon der keltischen Religion und Kultur*, Stuttgart.
MANNHARD, Wilhelm
1858 *Germanische Mythen*, Berlin.
1904-1905 *Wald- und Feldkulte*, 2. Aufl. Berlin.
MARLOWE, Derek
1969 *A Single Summer With L.B., Byron, Shelley and Polidori in Switzerland*, Harmondsworth.
MASLOWSKI, Peter
1978 *Das theologische Untier: Der sogenannte Teufel und seine Geschichte im Christentum*, Berlin.
MASTERS, Antony
1975 *Vampire*, Frogmore, St, Albans.
MASTERS, Robert / HOUSTON, Jean
1984 *Phantasiereisen*, München.
MASTERS, R.E.L.
1968 *Die teuflische Wollust. Sex und Satanismus*, München.
MATZKE, P. / SEELIGER, T. (Hrsg.)
2003 *Das Gothic- und Dark-Wave-Lexikon, Die schwarze Szene von A-Z*, Berlin.
MAUGHAM, Sommerset
1966 *Der Magier*, Frankfurt / Main.
MCBRIDE, Joseph
1982 *Orson Welles*, München.
MEBUSCH, Heinz-Günter
2001 *Was war los am Beuys Geburtstag 1991?*, Düsseldorf.
METKEN, Günter
1989 *Gauguin in Tahiti*, München.
METZMACHER, Ingo
2005 Keine Angst vor neuen Tönen: Eine Reise in die Welt der Musik, Berlin: Rowohlt.

MICHAUD, P.R. / WILSON, C. (Hrsg.)
1973 *Necronomicon*, Paris.
MICHELET, Jules
1863 *Die Hexe*, Leipzig.
MIERS, Horst E.
1970 *Lexikon des Geheimwissens*, Freiburg.
MINSSEN, Mins u.a.
1997 *Äolsharfen – Der Wind als Musikant*, Frankfurt / Main.
MÖRICKE, Eduard
1977 *Gedichte*, Stuttgart.
MOLKOW, Wolfgang
1989 *„Du bleicher Geselle". Der Doppelgänger in der Literatur und in der Musik.* Rundfunkmanuskript des RIAS Berlin vom 4.11.1989.
MOORE, Christopher
1997 *Der kleine Dämonenberater*, München.
MORRIS, William
1981 *Das Reich am Strom*, Bergisch Gladbach.
1981 *Die Quelle am Ende der Welt*, Bergisch Gladbach.
1984 *Die Zauberin jenseits der Welt*, Bergisch Gladbach.
1991 *Kunde von Nirgendwo oder Ein Zeitalter der Ruhe*, Berlin.
MOSS, Robert
1982 *Der klassische Horror-Film*, München.
MOYNIHAN, Michael und Didrik SØDERLIND
2002 *Lords of Chaos – Satanischer Metal: Der blutige Aufstieg aus dem Untergrund*, Zeltingen-Rachtig: ProMedia / Prophecy Productions (für Deutschland bear beitete Ausgabe); + Begleit-CD: *Lords of Chaos – Die Geschichte der okkulten Musik.* [Originalausgabe: *Lords of Chaos – The Bloody Rise of the Satanic Metal Underground*, Venice CA: Feral House, 1998]
MÜLLER, Hartmut
1997 *Byron*, Reinbek bei Hamburg.
MÜLLER, Herbert Joseph
1962 *Thomas Wolfe*, Reinbek bei Hamburg.
OBLESER, Horst
1993 *Odin, ein Gott auf der Couch*, Waiblingen.
OEHLMANN, Johannes
1999 Zum Gebrauch von Gongs und Tamtams als therapeutische Instrumente, in: *Umschau* 11, S. 224 – 236
OSBOURNE, Ozzy
2003 *Talking*, übersetzt von Julia Rickers, Berlin: Schwarzkopf & Schwarzkopf.
OSTERWOLD, Tilman / KNUBBEN, Thomas (Hrsg.)
1998 *Joseph Beuys, Wasserfarben 1942-1963*, Ravensburg.
PEUCKERT, Will-Erich
1951 *Geheimkulte*, Heidelberg: Carl Pfeffer Verlag (Nachdruck Hildesheim, Olms Verlag, 1988).

PIRIE, David
1977 *Vampir Filmkult*, Gütersloh.
PLASSMANN , J.O. (Hg.)
1982 *Orpheus: Altgriechische Mysterien*, Köln: Diederichs.
PLATON
1988 *Der Staat*, Leipzig.
PLETICHA, Heinrich / AUGUSTIN, Siegfried
1999 *Lexikon der Abenteuer- und Reiseliteratur*, Stuttgart – Wien – Bern.
POPP, Georg
1955 *Die Großen der Welt*, Würzburg.
PRAETORIUS, Johannes [1630-1680]
1669 *Blockes-Berges Verrichtung...*, Leipzig: Johann Scheiben / Frankfurt am Main: Friedrich Arnsten.
1979 *Hexen-, Zauber- und Spukgeschichten aus dem Blocksberg*, herausgegeben von Wolfgang Möhrig, Frankfurt / M.: Insel.
PRATHER, M. / STUCKEY, Ch. F. (Hrsg.)
1993 *Paul Gauguin 1848-1903*, Köln.
PRIEVER, Werner / RITSCH, Christian
1997 *Rudolf Geiger wurde 90 – ein Porträt*, Friedrich-Husemann-Klinik, Buchenbach.
PRINZ, Friedrich
1980 *Askese und Kultur. Vor- und frühbenediktinisches Mönchstum an der Wiege Europas*, München.
PROPP, Vladimir
1987 *Die historischen Wurzeln des Zaubermärchens*, München.
PRÜßMANN, Karsten
1993 *Die Dracula-Filme*, München.
PRZYBYSZEWSKI, Stanislaw
1979 *Die Synagoge Satans: Entstehung und Kult des Hexensabbats, des Satanismus und der Schwarzen Messe* (2. Aufl.), Berlin:Verlag Clemens Zerling (Nachdruck der Ausgabe von 1900).
PUHLE, Annekatrin
2004 *Das Lexikon der Geister. Über 1000 Stichworte aus Mythologie, Volksweisheit, Religion und Wissenschaft*, München.
QUAK, Udo
2004 Eduard Möricke – Reines Gold der Phantasie, eine Biographie, Berlin.
RÄTSCH, Christian
1986 »Musique fantastique«, in: S. HÖHLE *et al.* [Hrsg.], *Rausch und Erkenntnis*, München: Knaur, S. 307-325.
1995 *Heilkräuter der Antike in Ägypten, Griechenland und Rom*, München: Diederichs.
2003b »Compositores clásicos y sus „musas" psicoactivas«, *Cáñamo Especial: Música y drogas* (12/03): 28-36.
RAM DASS
1976 *Alles Leben ist Tanz*, Berlin.

RANKE-GRAVES, Robert von
1981 *Die weiße Göttin, Sprache des Mythos*, Berlin.
1960 *Griechische Mythologie. Quellen und Deutung*, 2 Bde. 10. Aufl., Reinbek.
RAVE, Paul Ortwin
1999 *Das Jahrhundert Goethes*, Köln.
REICHENBACH, K. v.
1854 *Der sensitive Mensch und sein Verhältnis zum Ode*, Stuttgart.
REICHERT, Carl-Ludwig
2001 *Frank Zappa* (dtv Portrait) (2. Aufl.), München: dtv.
REINBOLD, Michael
1995 *Robert Louis Stevenson*, Reinbek bei Hamburg.
REISCHERT, Alexander
2001 *Kompendium der musikalischen Sujets: Ein Werkkatalog*, Kassel, Basel, London, New York, Prag: Bärenreiter (2 Bde.).
REMIZOW, A.
1930 *Posolon*, Paris.
1978 *Iz brannoie* (Das Ausgewählte), Moskau.
RICHTER, E.
1960 »Der nacherlebte Hexensabbat«, *Forschungsfragen unserer Zeit* 7: 97ff.
RIELÄNDER, Maximilian
o.J. *Wege nach Innen*, Bonn.
RIES, Hans
1992 *Die Illustrationen zu den Kinder- und Jugendbüchern im deutschsprachigen Raum 1871-1914*, Osnabrück.
RINK, Norbert
1999 *le rêve, Konzept einer Ausstellung* in Wesseling.
ROCCOR, Bettina
1998 *Heavy Metal: Kunst, Kommerz, Ketzerei*, Berlin: Iron Pages Verlag.
RÖMER, Stefan
2001 *Fake*, Köln.
ROSENBERG, A.
1968 *Don Giovanni*, München.
ROSENZWEIG, Tabea / KOENIG, Sergej
2002 *Das Buch der Dämonen*, Köln.
ROSKOFF, Gustav
1987 *Geschichte des Teufels. Eine kulturgeschichtliche Satanologie von den Anfängen bis ins 18. Jahrhundert*, Nördlingen.
RUDHYAR, Dane
1984 *Die Magie der Töne*, München.
SAFRANSKI, Rüdiger
1992 *E.T.A. Hoffmann*, Reinbek.
SAMORINI, Giorgio
2001 *Funghi allucinogeni: Studi etnomicologici*, Dozza: Telesterion.

SANDERS, Ed
1972 *The Family, Die Geschichte von Charles Manson und seiner Strand-Buggy Streitmacht*, Reinbek bei Hamburg.
SAUER, Gerhard
1990 *Friedrich Glauser*, Frankfurt.
SCHADE, Werner (Hrsg.)
o.J. *Joseph Beuys*, Early Watercolors, Düsseldorf.
SCHENK, Gustav
1958 *Panik – Wahn – Besessenheit: Die zügellose Masse gestern und heute*, Stuttgart: Mundus-Verlag.
SCHMALENBACH, Werner
1998 *Henri Rousseau, Dreams of the Jungle*, New York.
SCHMIDT-JOOS, Siegfried
1977 »Sympathy For The Devil: Aleister Crowley, Kenneth Anger und die Folgen«, in: Jörg GÜLDEN und Klaus HUMANN (Hg.), *Rock Session 1 – Magazin der populären Musik*, Reinbek: Rowohlt, S. 10-19.
SCHNEIDEWIND, Friedhelm
1999 *Das Lexikon rund ums Blut: Der rote Lebenssaft in Mystik und Mythologie, Magie und Medizin, Religion und Volksglauben, Legende und Literatur*, Berlin: Lexikon Imprint Verlag.
SCHÖPFUNGSMYTHEN
1998 *Die Schöpfungsmythen: Ägypter, Sumerer, Hurriter, Hethiter, Kanaaniter und Israeliten*, Düsseldorf.
SCHREIBER, Hermann
1971 *Das Kauen und Schmatzen der Toten*, München.
SCHULTE, Michael (Hrsg.)
1974 *Das große Valentin Buch*, München.
1985 *Karl Valentin, Gesammelte Werke in einem Band*, München.
SCHWEIGGERT, Alfons
1996 *Winter- und Weihnachtsgeister in Bayern*, Dachau: Verlagsanstalt „Bayerland".
SCHWEIZER, Albert
1935 *Die Weltanschauung der indischen Denker. Mystik und Ethik*, München.
SCHWIMMER, Helmut
1977 *Karl Valentin*, München.
SEEFELDER, Matthias
1996 *Opium - Eine Kulturgeschichte*, Hamburg.
SEEßLEN, Georg und Claudius WEIL
1980 *Kino des Phantastischen: Geschichte und Mythologie des Horror-Films*, Reinbek: Rowohlt.
SELIGMANN, Kurt
1982 »Hexensabbat«, in: *Hexen und Hexenmeister*, Gütersloh: Moewig, S. 69-84.
SEMENOW, M. (Hrsg.)
2002 *Musej russkich suewerij* (Museum russischer Aberglauben), Kaliningrad / Königsberg.

SHAKESPEARE, William
1995 *Macbeth.* Zweisprachige Ausgabe, deutsch von Frank Günther, mit einem Essay von Ulrich Suerbaum, München: Deutscher Taschenbuch Verlag (dtv Klassik).
SINCLAIR, Emil [Pseudonym von Hermann Hesse]
1919 *Demian. Die Geschichte einer Jugend*, Berlin: S. Fischer.
SINGER, Claire
2001 *Teufel: Entstehung, Mythos und Wirken des personifizierten Bösen*, Wien: Tosa Verlag.
SPERBER, Lothar
2005 *Goldene Zeichen: Kult und Macht in der Bronzezeit*, Speyer: Historisches Museum der Pfalz.
STADT FRANKFURT / MAIN (Hrsg.)
2004 *Drudenfuss und Hexensessel – Magische Pflanzen*, Palmengarten Sonderheft 38, Frankfurt / Main.
STADTMUSEUM Erlangen (Hrsg.)
1990 *„Memento mori!" Zur Kulturgeschichte des Todes in Franken*, Erlangen.
STADT ULM (Hrsg.)
1998 *herman de vries – Aus der Wirklichkeit* – Katalog zur Ausstellung, Ulm.
STANOMIR, Gigi
1976 Die literarisch-dramatische Bewältigung des Mittelalters in: *Marin Sorescus Draculalegende „Răceala" (Die Erkältung)*, Frankfurt / Main.
STEINER, Rudolf
1986 *Die Erkenntnis des Übersinnlichen in unserer Zeit und deren Bedeutung für das heutige Leben*, Dornach.
STEPHENSON, Gunter (Hrsg.)
1980 *Leben und Tod in den Religionen. Symbol und Wirklichkeit*, Darmstadt.
STERN, D.A.
2000 *Blair Witch*, München.
STOKER, Bram
1899 *Dracula*, New York.
1998 *Dracula* (gekürzte Fassung für Kinder), Hildesheim.
SÜNNER, Rüdiger
1999 *Schwarze Sonne. Entfesselung und Mißbrauch der Mythen im Nationalsozialismus und rechter Esoterik*, Freiburg.
SUMMERS, Montague
1926 *History of Witchcraft and Demonology*, London.
SYMONDS, John
1983 *Aleister Crowley: Das Tier 666*, Basel.
TABOR, Edward
1970 "Plant Poisons in Shakespeare", *Economic Botany* 24(1): 81-94.
THE MONSTER TIMES – WORLD'S FIRST NEWSPAPER FOR HORROR & FANTASY
1975 - 1976 [Jahrgang], New York.
THIELE, Johannes
1989 *Die mystische Liebe zur Erde*, Stuttgart.

TIECK, Ludwig
1988 *Hexen-Sabbat*, Frankfurt / M.: Insel.
TIMMERMANN, Harry
2005 *Träume waren mein liebster Weidegrund – über den Gräueldichter und Erfinder des ästhetischen Privatmanns Horace Walpole*, www.freilach.com/Literatur/Walpole.htm
TODORIV, Tzvetan
1972 *Einführung in die fantastische Literatur*, München.
TOTENTANZ
1987 *Kontinuität und Wandel eines Bildthemas vom Mittelalter bis heute*, Ausstellungskatalog des Mannheimer Kunstvereins, Baden-Baden.
TROCHU, Francis
1928 *Der heilige Pfarrer von Ars*, Stuttgart.
USENER, H.
1948 *Götternamen*, Frankfurt.
VAMPIR – ZEITSCHRIFT FÜR SCIENCE FICTION UND HORROR-FILM
1972 – 1981 [Jahrgang] Nürnberg.
VERMILYE, Jerry
1979 *Bette Davis*, München.
VERNE, Jules
o.J. *20.000 Meilen unter dem Meer*, Berlin.
VISEUX, Dominique
1991 *Das Leben nach dem Tod in den großen Kulturen*, München.
VOLLMAR, Klausbernd
2004 *Das Buch der Traumdeutung*, Krummwisch.
VON ASTER, Christian
2001 *Horrorlexikon*, Köln.
VON DROSTE-HÜLSHOFF, Annette
1998 *Der Distel mythische Rose*, Frankfurt / Main – Leipzig.
VON MADAURA, Apuleius
1961 *Metamorphosen oder Der Goldene Esel*, Berlin.
DE VRIES, herman
1989 *natural relations – eine Skizze*, Nürnberg.
WAGNER, Cosima
1977 *Die Tagebücher. Band I 1869-1877, Band II 1878-1883*, München und Zürich: Piper.
WAGNER, Guy
1995 *Mikis Theodorakis. Ein Leben für Griechenland*, Reihe Musik, No 412, Luxemburg.
WARRINGTON, Freda
1998 *Dracula, Der Untote kehrt zurück*, Köln.
WEBER, Gunthard (Hrsg.)
1998 *Zweierlei Glück: Die systemische Psychotherapie Bert Hellingers*, 11. Aufl., Heidelberg.
WEINSTEIN, Deena
1991 *Heavy Metal: A Cultural Sociology*, New York: Lexington Books.

WEIRD FICTION TIMES – ZEITSCHRIFT FÜR HORRORLITERATUR
1976 [Jahrgang], Remscheid.
WILBER, Ken
1991 *Wege zum Selbst. Östliche und westliche Ansätze zu persönlichem Wachstum*, München.
1999 *Halbzeit der Evolution. Der Mensch auf dem Weg vom animalischen zum kosmischen Bewußtsein*, 4. Aufl., Frankfurt.
WILTKOP-MÉNARDEAU, Gabrielle
1992 *E.T.A. Hoffmann*, 12. Aufl., Reinbek.
WÜHRE, Paul-Wolfgang
1982 *Der goldene Topf - Erläuterungen und Dokumente*, Stuttgart.
WUTTKE, Adolf
1970 *Der deutsche Volksaberglaube in der Gegenwart*, Leipzig.
YU Chai-shin and R. GUISSO (ed.)
1988 *Shamanism: The Spirit World of Korea*, Berkeley, CA: Asian Humanities Press.
ZACHARIAS, Gerhard
1964 *Satanskult und Schwarze Messe: Ein Beitrag zur Phänomenologie der Religion*, München – Berlin.
ZERLING, Clemens / SCHWEIGER, Christian
2005 *Masken im Alpenraum. Perchten, Tresterer, Wilde Leut´…* , Graz: Leopold Stocker Verlag.
2003 *Lexikon der Tiersymbolik*, mit einem Vorwort von Wolfgang Bauer, Frankfurt / Main.
ZIMMER Bradley, Marion
2004 *Die Ahnen von Avalon*, Roman, 3. Aufl., München.
ZIPPERT, Erwin
1975 *Die Religionen Asiens und das Christentum*, Icking.
ZONA, Umberto
1987 »Kränklicher Tod in schwarzen Strümpfen: Der ‚Dark'-Teufel«, in: A. M. CRISPINO et al., *Das Buch vom Teufel: Geschichte, Kult, Erscheinungsformen*, Frankfurt / M.: Eichborn, S. 122-123.
ZONDERGELD, Rein A.
1982 *Lexikon der phantastischen Literatur*, Frankfurt / Main.
ZUNDEL, Edith / LOOMANS, Pieter (Hrsg.)
1994 *Psychotherapie und religiöse Erfahrung. Konzepte und Methoden transpersonaler Psychotherapie*, Freiburg – Basel – Wien.
ZWEITE, Armin (Hrsg.)
1992 *Joseph Beuys – Natur - Materie - Form*. Katalog zur Ausstellung der Kunstsammlung Nordrhein-Westfalen Düsseldorf, München.

Index

Symbole

A

B

C

D

E

L

M

N

O

P

S

Verzeichnis der Fotographen:

Bauer, Wolfgang:	S. 37, 148, 203, 229, 251, 298, 387, 407, 416, 418, 454, 475, 538
Erikson, Nicol:	S. 43
Groth-Schmachtenberger, E.:	S. 27
Herweg, Astrid:	S. 15
Holbein, Ulrich:	S. 430
Jakob-de Vries, Susanne:	S. 250
Mebusch, Heinz-Günther:	S. 73
Niemann, Axel:	S. 421
Rätsch, Christian:	S. 20, 76, 268, Titelmotiv, alle Kapitelanfänge
Schäfer, Heike:	S. 244
Sievert, Hans H.:	S. 199
Zerling, Clemens:	S. 59, 138, 159, 169, 181, 212, 240, 241, 285, 287, 317, 338, 340, 363, 371, 462, 482, 506, 548, 566

Wolfgang Bauer, geb. 1940, Psychotherapeut und Autor, in der Studienzeit Mitarbeiter der Zeitschrift "Vampir". Herausgeber einiger Schriften zu den Themen Angst, Vampirismus, Lykantropie, Besessenheit und psychotrope Pflanzen. (Mit-) Autor von Büchern im Bereich Okkultismus, Symbolismus und Altes Wissen. *w.b.*

Sergius Golowin, (1930–2006), einer der ersten "grünen" Parlamentarier der Schweiz, lebte bis zu seinem Tod als freier Schriftsteller in Bern. Hauptwerke: "Die Magie der verbotenen Märchen", "Hexen – Hippies – Rosenkreutzer", "Das Traumdeutungsbuch des fahrenden Volkes" und "Die großen Mythen der Menschheit". *s.g.*

Christian Rätsch, geb. 1957, Dr.phil., Altamerikanist, Ethnopharmakologe, Ethnobotaniker, erforscht seit vielen Jahren den ethnomedizinischen und rituellen Gebrauch von Pflanzen, insbesondere die kulturelle Nutzung psychoaktiver Pflanzen im Schamanismus. Herausgeber, Referent und Autor zahlreicher Bücher, u.a. der großen Standardwerke "Enzyklopädie der psychoaktiven Pflanzen" und "Lexikon der Liebesmittel". *chr.r.*

Clemens Zerling, geb. 1951, in den 80/90er Jahren in Berlin Verleger u.a. von Büchern zum Thema Schwarze Kunst und zur Phänomenologie des Bösen. Publizist und freier Journalist. Zahlreiche Veröffentlichungen in den Bereichen Kulturgeschichte, Symbolik und Brauchtum, zuletzt "Lexikon der Tiersymbolik", "Heilige Haine" und "Masken im Alpenraum. Perchten, Tresterer, Wilde Leut ...". *c.z.*